Historia nova; edidit Ludovicus Mendelssohn

Zosimus Zosimus, Ludwig Mendelssohn

ZOSIMI

COMITIS ET EXADVOCATI FISCI

HISTORIA NOVA

EDIDIT

LUDOVICUS MENDELSSOHN

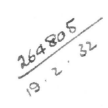

LIPSIAE

IN AEDIBUS B. G. TEUBNERI

MDCCCLXXXVII

LIPSIAE TYPIS B G. TEUBNERI

Printed in Germany

RUDOLFO SCHOELL

SACRUM

Praefatio.

Zosimi, labentis imperii rerum scriptoris, memoria iam antiquis temporibus ita exoleverat ut hodie ne aetas quidem certo aliquo definiri possit testimonio. cum enim Suidiana s. v. *Ζώσιμος Γαζαῖος ἢ Ἀσκαλωνίτης* nimis incerta sint quam ut adscisci possint (v. infra p. XI), unus restat Euagrius h. e. III, 41 de Zosimo haece referens: *σὺ γὰρ οὐδὲ ἀκοὴν γράφεις, μήτι γε δὴ ἀλήθειαν, πολλοῖς ὕστερον χρόνοις ἐπὶ Ἀρκαδίου καὶ Ὁνωρίου, μέχρις οὗ (ὧν* coni. Arn. Schaefer, fort. recte, cf. Niceph. Call. h. e. XVI, 42: *οἷς καὶ τὴν συγγραφὴν ἔστησας) γέγραφας, ἢ καὶ μετ' αὐτοὺς γεγονώς (ἴσως δὲ καὶ πολλῷ γενόμενος ὕστερον* Niceph.). quae verba cum aperte docerent ne ad Euagrium quidem, exeuntis saeculi sexti hominem, certam de Zosimi vitae temporibus notitiam pervenisse, magna de ea re inter recentioris aetatis homines doctos orta est controversia summaque opinionum varietas prolata. nos eam varietatem non persequemur, sed quid nobis statuendum videatur breviter exponemus.

habemus igitur ad aetatem Zosimi paulo accuratius circumscribendam triplex quaerendi adiumentum: scriptorum quos ipse secutus est memoriam, scriptorum qui ipsum legerunt aetatem, denique rerum aliquot quas ipse memorat nota aliunde tempora. quibus ex subsidiis perexigui fructus est primum. quod enim Reitemeier (praef. p. XXIII sq. ed. Bekk.) ex Syriani philosophi mentione (IV, 18, 4) conclusit post a. 431 vixisse Zosimum — circa illum enim annum Syrianum floruisse —, temerarie omnino conclusit. nam cum omnino Syriani tempora obscura sint (v. Zeller hist. phil. Gr. t. III², 2 p. 759, 4), tum plane latere quo anno hymnum in Achillem, a Zosimo l. d. memoratum, composuerit recte

dixit L. Ieep mus. Rhen. t. XXXVII (a. 1882) p. 433. Sy-
rianus igitur cum ab hac quaestione prorsus segregandus sit,
ex scriptoribus ad quos provocari possit unus relinquitur
Olympiodorus Thebanus, ab ipso Zosimo V, 27, 1 tamquam
testis excitatus. qua ex Olympiodori mentione id quidem
intellegimus post a. 425 Zosimum opus suum composuisse
— ad hunc enim annum Olympiodorus descenderat —, at
accuratiorem terminum non lucramur, quando quidem plane
ignoramus quo tempore Olympiodorus historias suas ediderit.
ac ne si sciremus quidem multum proficeremus, cum plane
obscurum foret quantum intervallum inter illarum editionem
ac Zosimi expilationem fuerit interpositum.[1])

---

1) aliter de Olympiodoro visum est Ieepio l. d. qui postquam
recte dixit morte impeditum videri Zosimum ne opus absolveret nec
quicquam in fine intercidisse — idem ex Photii testimonio iam effe-
cerant Sylburg (ad Zos. VI, 13) et Tillemont t. VI p 594 sq., dubi-
tanter ille confidenter hic, et certissime potest effici ex ipsa sexti libri
condicione, cf. ad VI, 7, 6 —, ita pergit: 'dieser (Zosimi mors) ist
wahrscheinlicher Weise bald nach dem Jahre 425 eingetreten oder ge-
nauer gleich nach dem Erscheinen des Olympiodorischen Werkes.
Dies fand nicht viel spater statt, da Olympiodor bereits 412 als Ge-
sandter verwandt wurde, also sicherlich schon ein Mann in gesetzten
Jahren war, ausserdem aber sein Werk dem Kaiser Theodosius ge-
widmet war, und es würde doch im höchsten Grade unwahrscheinlich
sein, wenn er, da er einmal die Regierung dieses Kaisers angefangen
hatte, sie nicht auch bis zu der damaligen Gegenwart fortgeführt
haben sollte' .. ... 'damit ist auch diese kleine Schwierigkeit (in
Syriano posita, v supra) beseitigt und wir können den Zosimos mit
Sicherheit dem Anfange des 5. Jahrhundert zutheilen' haec ille. iam
si prius argumentum ex Olympiodori a 412 ad Hunnos legatione
(Olymp. fr 18) petitum perpendimus, nihil magnopere eo probari elu-
cet fac Olympiodorum tricenarium ad barbaros missum esse — etiam
minor erat Stilicho, cum ei Persica legatio committeretur — potuit
viginti vel triginta annis post historiae condendae operam dare; ut cui
illum circa a. 425 historiam scripsisse putemus causae nihil sit   alte-
rum autem Ieepii argumentum non fallax modo est sed aperte falsum.
ni mirum Olympiodorus omnino non Theodosii, i. e. imperii orientalis,
sed Honorii successorumque, i e imperii occidentalis, historiam scrip-
sit hanc autem cur ad a 425 nec ultra deduxerit facile intellegitur:
nolebat ille vivi Valentiniani tertii res perscribere, ideoque substitit
in eo tempore quo Valentinianus a Theodosio occidentis Augustus no-
minatus erat (Olympiod fr 46). cur autem Theodosio Olympiodorus

quodsi illa via nihil efficitur nisi ut post Olympiodorum vixerit Zosimus, iam temptandi sunt ei scriptores qui huius ipsius opus cognitum habebant. inter hos aetate primus est Eustathius Epiphaniensis, qui in breviario a. 502 edito (Mueller F. H. G. t. IV p. 138) praeter alios scriptores etiam Zosimo usus est, ut testatur Euagrius h. e. V, 24. quo ex Euagrii loco, noto eo quidem sed huic quaestioni antea non adhibito, Ieep l. d. p. 426 verissime conclusit Zosimi historiam ante a. 502 fuisse editam. quod autem idem Ieep Euagrii de aetate Zosimi dubitationem (v. supra) ipsam quoque ad Eustathium revocavit, nequaquam id posse fieri mox adparebit.

coartatus igitur iam Zosimus est intra annos 425 et 502. magis etiam ut coartetur, iam ipsa adeunda est historia. quae quidem historia ita comparata est ut non paulatim edita videatur sed uno tenore: nimis enim exiguum erat volumen quam ut discerpendo auctor operae pretium faceret. porro tam neglegenter opus consarcinatum est ut non multorum annorum sed brevis temporis videatur labor. denique accuratius rem inspicienti facile patet sextum librum nec ad umbilicum perductum esse et multa habere imperfectae condicionis vestigia (cf. supra p. VI, adn. 1). unde certa coniectura efficitur ab ipso Zosimo opus vulgatum non esse — quod vel propter Constantini Theodosiique insectationem ce-

---

occidentalis imperii historiam inscripserit scire iam non possumus, cum omnino de Olympiodori rebus perpauca cognita habeamus (v. Tillemont t. V p. 656 sq.). quodsi de Olympiodoro manet id quod tribus verbis complexus est Tillemont: 'il écrivoit entre 425 et 450', corruit tota Ieepii argumentatio ex Olympiodori rebus ducta. ac per se parum foret credibile eodem fere tempore et scripsisse Olympiodorum historiam et transcripsisse Zosimum. (ceterum si quis forte putet Olympiodori tempora aliquatenus posse astringi eo quod Ieep ('Quellenuntersuchungen zu den griechischen Kirchenhistorikern' ann. phil. suppl. t. XIV. 1884. p. 73 sq.) demonstraverit Olympiodori opere iam usum esse Philostorgium — qui quidem ante Socratem et Sozomenum historiam ecclesiasticam scripsit (Ieep l. d. p. 57) —, mihi quidem ne illa quidem Ieepii argumentatio probatur, non solum de ea Olympiodori parte quae a Zosimo excerpta est (v. ad V, 26, 1), sed etiam de ea quae res inter annos 410 et 425 gestas complectitur).

teraque indignationis, qua homo ethnicus Christianorum res
prosequitur, indicia periculosum tum fuisset viro praesertim
dignitatibus magnis perfuncto —, sed ab aliis ex mortui
scriniis productum.[1]) ipsam igitur scriptionem si ultimis
Zosimi annis tribuemus vix errabimus.

haec praefati iam circumspiciamus num forte in ipsa
historia insint quae ad certum aliquod tempus tuto referri
possint. quam quaestionis partem prorsus practermisit Ieep,
non praetermiserunt qui olim de Zosimo disputaverunt Tille-
mont ac Reitemeier. ac Reitemeier quidem (praef p. XXIV)
recte dixit ex eis Zosimi locis ubi imperii prorsus collapsi
condicionem deploret sequi ut longo satis intervallo ille vi-
xerit post Honorium[2]) — quippe sub hoc coeptum modo est
imperium discerpi, sed plena ruina diu post consummata.
quod argumentum quin eam vim habeat ut tempora medio
saeculo quinto priora omnino excludantur rerum peritus nemo
dubitabit: inde ab Attilae enim demum temporibus ἡ Ῥω-
μαίων ἀρχὴ κατὰ βραχὺ βαρβαρωθεῖσα εἰς ὀλίγον τι, καὶ
αὐτὸ διαφθαρέν, περιέστη (I, 58, 4).

non tamen desunt certiora etiam aetatis indicia. quippe
scriptor II, 38 enumerat tria collationum genera quae inde
a Constantini M. temporibus invaluerint, chrysargyrum, prae-

---

1) quod cum ita sit, ad aetatem Zosimi definiendam uti nolo
sanctione illa imperatoria anni 468 qua pagani ab advocatione exclusi
sunt (cod. Iust II, 6, 8). quippe fieri potest ut Zosimus multorum
exemplum secutus palam novam secreto veterem persuasionem pro-
fessus sit quodsi forte post annum 468 vixerit, ne sanctio quidem
illa obstabat ne advocati munere fungi pergeret indeque ad fisci ad-
vocationem perveniret

2) sufficit monstrasse locos quales sunt I, 58, 4; III, 32, 6; IV, 21, 3;
IV, 59, 3. ceterum ex loco I, 57, 1: Πολυβίου γὰρ ὅπως ἐκτήσαντο
Ῥωμαῖοι τὴν ἀρχὴν ἐν ὀλίγῳ χρόνῳ διεξελθόντος, ὅπως ἐν οὐ πολλῷ
χρόνῳ σφῆσιν ἀτασθαλίῃσιν αὐτὴν διέφθειραν ἔρχομαι λέξων, certi quic-
quam effici vix possit, quamquam ita visum Reitemeiero incertum
enim est cum initium computi — quamquam videri potest inde ab
a 395 deductus, v. IV, 59, 3 — tum ipsum inclusi temporis spatium
quippe plane latet scriptorne significet incrementi χρόνῳ ὀλίγῳ (i. e
quinquaginta tribus annis, v. I, 1, 1) ruinae οὐ πολὺν χρόνον examus-
sim respondere, an generalis potius sit aequatio. ac mihi quidem hoc
videtur.

turam, follem. pergit § 4: ἐπιμεινάσης γὰρ καὶ μετὰ Κων-
σταντῖνον τῆς ἀπαιτήσεως ἐπὶ χρόνον συχνόν, ἐξαντλουμένου
κατὰ βραχὺ τοῦ πλούτου κτέ.; ut quin ipsius aetate colla-
tiones illae aut omnes aut ex parte cessaverint dubium esse
non possit. iam autem constat chrysargyrum quidem anno
demum 501 ab Anastasio abolitum esse; contra iam a. 450
imperatores Valentinianus et Marcianus sanxerant ne quis
ex clarissimis et spectabilibus qui in provinciis degerent ad
praeturam postea devocaretur (cod. Iust. XII, 2, 1), eodem-
que fere tempore eidem imperatores follem aboleverant (ib.
I. 2). quam abolitionem cum Zosimi capite illo ita posse
coniungi ut scriptoris aetas illinc eliceretur cum ipse mihi
dudum persuasissem, tum postea vidi etiam Tillemontium
(t. VI p. 595) eius memorem fuisse. qui tamen quod putat
chrysargyri abolitionem a Zosimo respici indeque scriptorem
in Anastasii temporibus collocandum — quo facto illum, si-
militer ac Valesius (ad Euagr. III, 41), eundem putat ac
Zosimum sophistam, qui secundum Suidam κατὰ τοὺς χρόνους
Ἀναστασίου τοῦ βασιλέως erat —, haud dubie errat. quippe
iam recordandum est Eustathium Epiphaniensem in brevia-
rium a. 502 vulgatum Zosimeae historiae particulas recepisse.
unde cum pateat chrysargyri quidem uno anno ante sublati
mentionem facere non potuisse Zosimum, praesertim cuius
historia post mortem scriptoris sit edita, nihil relinquitur
nisi ut abolitionis memoria illa referatur ad praeturam et
follem, i. e. ad a. 450.[1])

---

1) iam reverti possumus ad locum illum Euagrii (III, 41) quo
scriptor nescire se fassus est sub Arcadio Honorioque an postea Zosi-
mus vixerit. quem locum non ex ipsius Euagrii lectione fluxisse sed
ex Eustathio transcriptum esse Ieep mus. Rh. t. XXXVII p. 427 sq.
inde conclusit quod certum esset Prisci historias ex Eustathii breviario
innotuisse Euagrio. licere autem id quod de Prisco valeret ad Zosi-
mum sine cunctatione transferre. iam quin Euagrius revera ex Eusta-
thio desumpserit ut pleraque alia ad historiam profanam pertinentia
ita etiam quae ex Prisco adfert numquam dubitavi, dixerantque id
pridem C. Mueller F. H. G. t. IV p. 138 et A. Koecher 'de Ioannis
Antiocheni aetate' (diss. Bonn. a. 1871) p. 37 sq. idem tamen cum
Euagrii ex Zosimo eclogas considerabam easque et ex pluribus histo-
riae partibus fluxisse et ipsa Zosimi verba reddere referre videbam,

certissimis igitur argumentis effectum iam est ut opus
nec ante a. 450 nec post a. 501 poni possit. hoc autem
ipsum semisaeculare intervallum denuo certioribus terminis
artare vix poterimus: coniecturae saltem quaedam quae ex
silentio scriptoris fieri possint prorsus sunt incertae.[1]) itaque

ambigere coepi an non Zosimum quidem etiam ab ipso Euagrio lecti-
tatum esse concederemus, praesertim cum plane lateat compilationis
Eustathianae et modus et ambitus et recte me sensisse nunc patet
quippe postquam intelleximus historiam Zosimi post a. 450 esse com-
positam, manifestum est Eustathium, aequalem cum fere Zosimi vel
paulo iuniorem, numquam potuisse isto modo de illius aetate dubitare.
ni mirum is ex Zosimo eclogas quasdam fecerat aetatis notatione non
addita, centum annis post Euagrius eclogis illis adductus est ut ipsum
Zosimi opus adiret et inde quae ipse in suos usus convertere posset
delibaret. cum autem de fontis aetate nusquam quicquam adnotatum
inveniret, ne apud ipsum quidem Eustathium, ipse coniecturam fecit
eamque sat indefinitam — potest autem ex hoc exemplo disci post
tot scriptorum veterum iacturam nostras de nexu eorum mutuo opina-
tiones tum demum a ruina esse tutas ubi muniri possint fide ex ipsis
rebus petita, nec quicquam in his litteris esse fallacius quam argu-
menta ex analogia ducta ('zwar vermag ich uber Zosimos, den nach
Euagrius Eustathios benutzt haben soll, einen derartigen Nachweis,
wie oben uber Priscus, nicht zu erbringen; jedoch erscheint dieser
in der That nun auch vollstandig uberflussig, nachdem wir die
Zuverlassigkeit unserer Angaben in einem wesentlichen Punkte als be-
friedigend erkennen konnten und so kann es nicht zweifelhaft
sein, dasz auch die Erwahnung des Zosimos bei Euagrius III 40 und
41 allein auf Eustathios zuruckzufuhren ist, wie ahnliches schon
C. Mueller vermuthet F. H G t IV p 138': Ieep p. 431).

1) veluti putabam aliquando ex eo quod Zosimus III, 11, 3 biblio-
thecae a Iuliano Cpli constitutae mentionem facit non memorato in-
cendio quo illa postea absumpta est (Tillemont t. VI p. 485), effici
posse ut historia ante a. 476 composita sit. sed talem conclusionem
omni cogendi vi carere nunc intellego. aliquanto certius argumentum
fortasse inde potuisset deduci quod ille IV, 18, 3 Minervae signi
eburnei ita meminit ut ipsius aetate in Parthenone superfuisse videatur
(ὑπέθηκε i e. Nestorius a. 375 τῷ ἐν Παρθενῶνι καθιδρυμένῳ τῆς
Ἀθηνᾶς ἀγάλματι, non addito τότε) at, quantum video, non constat
quando Παρθένος ex sede sua fuerit depulsa, nisi quod id accidisse
debet ante Procli mortem, i e ante a 485 (v Wachsmuth 'Stadt
Athen' t. I p 720, 4). itaque hoc quoque indicium diffluit prope to-
tum restatque nihil nisi probabilitatis quaedam species qua verba illa
ante a. 485 scripta esse videri possint. quamquam ipsa haec species
quam sit incerta ac dubia non me fugit.

hic subsistendum censeo. ceterum si quis ex eo quod a. 502
Eustathius Zosimi mortui opus excerpsit concludat iam pri-
dem opus fuisse notum, recte forsitan concluserit. quod utut
est, quadraginta ad minimum annorum continua historia in-
tempestiva Zosimi mors nos fraudavit: ad suam enim aeta-
tem se pergere velle causasque ruinae omnes accurate expli-
care identidem scriptor profitetur. quod damnum, ut nunc
res est, aliunde prorsus non sarciri posse sciunt qui quinti
saeculi historiae operam dederunt.

de ipso autem homine perpauca dici possunt. ex operis
inscriptione adparet fuisse eum comitem et exadvocatum fisci,
i. e. hominem qui per officii dignitatem et satis alto honoris
in gradu positus fuisset[1]) et res humanae qua ratione ad-
ministrarentur usu cognitum habere posset. de patria certi
nihil traditum. quod enim Suidas ex Hesychii onomatologo
habet lemma: Ζώσιμος Γαζαῖος ἢ Ἀσκαλωνίτης, σοφιστής,
κατὰ τοὺς χρόνους Ἀναστασίου τοῦ βασιλέως. ἔγραψε λέξιν
ῥητορικὴν κατὰ στοιχεῖον καὶ ὑπόμνημα εἰς τὸν Δημοσθένην
καὶ εἰς Λυσίαν, id quamquam saepe huc tractum est mihi
tamen invocari posse non videtur. ac primum Clinton (f. R.
t. II p. 323) recte dixit confundi illic Zosimos duos, sophi-
stam Gaza oriundum atque Ascalonitam grammaticum. neu-
trum autem quicquam cum Zosimo rerum scriptore commune
habere arbitror. atque Ascalonitam quidem aliunde novimus
ex opera in Demosthene explicando collocata (cf. Dindorf
praef. ad Dem. t. VIII p. XII sq.), videturque is sub Ana-
stasio vixisse. quem qui eundem putant atque historicum eo
possunt argumento uti quod hic in eclogis Constantinianis
ipse quoque dicitur Ascalonita. quam tamen appellationem
non testata aliqua memoria niti sed ex coniectura fluxisse
persuasum habeo. ipsum enim rerum scriptoris opus patriam
in titulo non praetulisse cum ex Vaticani codicis inscriptione
adparet tum ex Photio. praeterea tam rara, ut vidimus, ac
paene nulla de ipsis Zosimi rebus inter veteres erat memoria
ut credibile non videatur eclogarum Constantinianarum com-

1) cf. S. Herrlich 'de aerario et fisco Romanorum' (diss. Berol.
a. 1872) p. 36 sq

positores quicquam de patria hominis invenire potuisse, si
vel maxime indagare operae pretium duxerint. denique si
vitam Demosthenis ab Ascalonita conscriptam (Dem. ed. Dind.
l. d. p. 18 sq.) cum rerum scriptoris dicendi genere compara-
mus, diversitatem deprehendimus summam congruentiam nul-
lam. atque omnino ab omni probabilitate abhorret obscuram
hominis grammatici diligentiam potuisse cadere in viri no-
bilis ac negotiosi dignitatem. itaque dubium esse non potest
quin in eclogis illis rerum scriptor Ascalonem patriam nactus
sit ex coniectura, eaque ex duorum hominum confusione nata.

nec magis hic Zosimus idem ac Gazensis sophista fuisse
potest quem a. 489 a Zenone interfectum esse refert Cedre-
nus (t. I p. 622, 2 Bk.: τὰ ὅμοια δὲ πέπονϑε καὶ Ζώσιμος
ὁ Γαζαῖος ῥήτωρ κτέ., cf. Tillemont t. VI p. 522). nam quam-
quam fuerunt qui in rerum scriptore sophisticum quiddam
ac rhetoricum agnoscere sibi viderentur, vix tamen credo
illos in eam opinionem fuisse venturos si non extarent illi
Suidae ac Cedreni loci de Zosimo quodam sophista ac rhe-
tore. atque cum ea opinio qua rerum scriptor non diversus
fuisse putatur ab Ascalonita, i. e. a grammatico, ad ecloga-
rum saltem Constantinianarum, qualecumque id est, provocare
possit testimonium, altera qua Gazensis putatur idemque ac
rhetor ille et sophista, nullum prorsus habet adiumentum nisi
quod peti possit ex fallaci specie. ac falsam esse eam spe-
ciem ipse docere potest Zosimus, cuius oratio tam longe re-
mota est a sophistarum splendore rhetorumque pompa ut
humi potius repat ieiunaque sit atque exilis. itaque Gazensis
quoque procul habendus est, sicuti etiam visum Iflandio ('der
Kaiser Theodosius der Grosse', Hal. Sax. a. 1878 p. 9).[1]

quodsi ipsa patria in medio relinquenda est — fuit
autem aetate imperatoria nil frequentius quam Zosimi no-
men —, dubium tamen non est quin vitae partem Cpli egerit.
id enim sequitur vel ex accurata urbis descriptione (II, 30 sq.),

---

[1] Hesychius igitur, qui multorum scriptorum Zosimo iuniorum
in Onomatologo meminerat (v Flach Hesych. Mil Onom. p. X sq.),
Zosimi rerum scriptoris prorsus fuit incuriosus. (quae Suidas habet
lemmata Zosimiana per lexicon sparsa ex eclogis Constantinianis flu-
xisse infra adparebit.)

quae proficisci non potuit nisi ab incola. animo paganum
fuisse studiosissimumque sacrorum veterum ipsum opus do-
cet; quod etiam hanc ob causam post scriptoris mortem
editum videri supra diximus. quamquam utrum ille, dum in
vivis est, veteris superstitionis cultum aperte profiteri potu-
erit an secreto fovere necesse habuerit scire ideo non pos-
sumus quod certo aliquo in tempore illius vitam publicam
collocare non possumus. quaecumque autem Zosimus in vita
publica secutus est castra, mens eius veterum dedita erat et
sacris et litteris. una enim ex parte Herodotea, Thucydidea,
Polybiana, Iulianea studia ex ipso perlucere opere adparebit
simul atque ad Zosimi dicendi genus perventum fuerit. altera
ex parte Neoplatonicorum eum studuisse doctrinae cum Sy-
riani mentio docet tum sequitur ex locis I, 1, 2; V, 35, 5;
41, 5, qui non possunt explicari nisi ex illius sectae prae-
ceptis. atque omnino qui morientis Olympi partes sustine-
rent illi doctrinae prae ceteris favisse notum est.

veniendum iam ad ipsum opus. quod accuratius ab uno
Photio describitur, bibl. cod. 98 p. 84 Bk., ubi leguntur haec:
ἀνεγνώσθη ἱστορικὸν λόγοις ἓξ Ζωσίμου κόμητος ἀποφισκο-
συνηγόρου. ἔστι τὴν θρησκείαν ἀσεβὴς καὶ πολλάκις ἐν πολ-
λοῖς ὑλακτῶν κατὰ τῶν εὐσεβῶν, σύντομος δὲ καὶ τὴν φράσιν
εἰλικρινής τε καὶ καθαρός, οὐδὲ τοῦ ἡδέος ἀπῳκισμένος. ἔρ-
χεται μὲν τῆς ἱστορίας, ὡς ἄν τις εἴποι, ἀπὸ Αὐγούστου,
ἐπιτρέχει δὲ πάντας τοὺς μέχρι Διοκλητιανοῦ, ψιλὴν ὥσπερ
τὴν ἀνάρρησιν καὶ τὴν διαδοχὴν αὐτῶν ἀφηγούμενος. ἀπὸ
δὲ Διοκλητιανοῦ πλατύτερον περὶ τῶν βεβασιλευκότων δια-
λαμβάνει ἐν βιβλίοις πέντε· τὸ γὰρ πρῶτον τοὺς μέχρι Διο-
κλητιανοῦ ἀπὸ Αὐγούστου ἀριθμεῖται. καὶ πληροῖ τὴν ἕκτην
βίβλον ἐν ἐκείνοις ἀπαρτιζομένην τοῖς χρόνοις, ἐν οἷς Ἀλά-
ριχος τὴν Ῥώμην τὸ δεύτερον πολιορκῶν, καὶ τῶν ἐνοικούν-
των ἀπορουμένων, λύει τὴν πολιορκίαν, βασιλέα τούτοις Ἄτ-
ταλον ἀνειπών. εἶτα δὲ καὶ τῆς βασιλείας τοῦτον παραλύσας
διὰ τὸ μὴ δοκεῖν εὖ διατίθεσθαι τὰ τῆς ἐγκεχειρισμένης αὐτῷ
βασιλείας, πρὸς Ὁνώριον τὸν βασιλέα κατὰ τὴν Ῥάβενναν
διατρίβοντα ἐφ᾽ ᾧ σπείσασθαι ἵετο. ἀλλὰ Σάρος, Γότθος
καὶ αὐτός, διάφορος ὢν Ἀλαρίχῳ, ἔχων τε ὑπ᾽ αὐτὸν ἄχρι
τριακοσίων καὶ προστεθεὶς Ὁνωρίῳ καὶ συμπολεμεῖν αὐτῷ

κατὰ Ἀλαρίχου διατεινόμενος, ἐμποδὼν ἔστη. καὶ ἡ μὲν ἕκτη
αὐτῷ ἱστορία ὧδε τελευτᾷ

εἴποι δ' ἄν τις οὐ γράψαι αὐτὸν ἱστορίαν, ἀλλὰ μετα-
γράψαι τὴν Εὐναπίου, τῷ συντόμῳ μόνον διαφέρουσαν, καὶ
ὅτι οὐχ, ὥσπερ ἐκεῖνος, οὕτω καὶ οὗτος Στελίχωνα διασύρει·
τὰ δ' ἄλλα κατὰ τὴν ἱστορίαν σχεδόν τι ὁ αὐτός, καὶ μάλιστα
ἐν ταῖς τῶν εὐσεβῶν βασιλέων διαβολαῖς. δοκεῖ δέ μοι καὶ
οὗτος δύο ἐκδόσεις, ὥσπερ κἀκεῖνος, πεποιηκέναι. ἀλλὰ τού-
του μὲν τὴν προτέραν οὐκ εἶδον· ἐξ ὧν δέ, ἣν ἀνέγνωμεν,
ἐπέγραφε „νέας ἐκδόσεως" συμβαλεῖν ἦν καὶ ἑτέραν αὐτῷ,
ὥσπερ καὶ τῷ Εὐναπίῳ, ἐκδεδόσθαι. σαφὴς δὲ μᾶλλον οὗτος
καὶ συντομώτερος, ὥσπερ ἔφημεν, Εὐναπίου, καὶ ταῖς τροπαῖς,
εἰ μὴ σπάνιον, οὐ κεχρημένος.

hoc autem Photii in testimonio plura inesse quae rerum
veritati repugnent perspicuum est. quod enim Zosimum nil
egisse adfirmat nisi ut Eunapiani operis compendium con-
ficeret, id quam leviter dictum sit uni cuique patet. ni mirum
bonus vir vel Olympiodori, ex quo tamen prolixa 'lectionis
adposuerat exempla (cod 80), tam fuit oblivisiosus ut ne
eum quidem saltum senserit quo Zosimus ab Eunapio Stili-
chonis obtrectatore ad Olympiodorum transiliens bene iam
cum hoc de Stilichone existimare coepit. deinde nequaquam
ab ipso Zosimo alteram operis editionem curari potuisse ex
eis quae supra exposuimus sequitur: nempe ille nullam unam
curare potuerat. primitiva autem editio quin ἱστορίας νέας
inscriptionem, quae in Vaticano codice est, habuerit legiti-
mam dubitandi causam habemus nullam. qui vero factum
sit ut Photii• exemplo fuerit inscriptum 'νέα ἔκδοσις' sciri
iam nequit. potest fraus subesse redemptoris, potest revera
opus postumum denuo editum esse. quod utcumque est,
Photium saltem ipsi Zosimo alteram editionem tribuentem
errasse nemo iam negabit.

contra nihil est quod Photio fidem denegemus de ipsa
operis in sex libros distributione. quod enim in Vaticano
Zosimi codice quinque non sex libri a rubricatore numeran-
tur, rubricatoris illius uon ipsius librarii ei sunt numeri, —
positi quidem ei propter magnam illam lacunam quae primi
libri finem secundique exordium hauserat (v. infra). sex

autem libri erant et in ipsius Vaticani archetypo et in eo
Zosimi exemplo ex quo fluxerunt eclogae Constantinianae;
ut quin ab ipso scriptore senaria illa partitio profecta sit
in triplici rei confirmatione non possit dubium esse.

ipsam autem historiam ex eis scriptoribus quorum super-
est memoria excitant Euagrius, Ioannes Antiochenus, Photius,
eclogarum Constantinianarum compositores, Suidas, Nicepho-
rus Callistus. praeterea, ut supra expositum, Eustathius
Epiphaniensis in breviarium suum aliquot Zosimi particulas
receperat. ad reliquos quos attinet, Euagrius — quem ipsum,
non intercedente Eustathio, Zosimi historiam adiisse contra
Ieepium supra adnotavi — sat religiose in illius verbis red-
dendis versatus est. ceterum, quantum vidi, praeter ea capita
ubi nominatim Zosimus ab Euagrio adfertur non extant loci
in quibus ille celato nomine in usum ab hoc sit vocatus.
ex Euagrio autem (III, 40) Zosimi notitiam hausit Nicepho-
rus (h. e. XVI, 41). de Photio iam dictum, ad Ioannem
Antiochenum, eclogas Constantinianas et qui hinc pendet
Suidam infra recurrendum, ubi ad instrumentum criticum ex-
aminandum perventum erit.[1])

---

1) quod O. Holder-Egger ('neues Archiv der Gesellschaft für
ältere deutsche Geschichtskunde' t. II. a. 1876. p. 102) coniecit Mar-
cellinum comitem in Chronico Zosimi historia usum esse, equidem con-
iecturae fidem non habeo. sunt quidem certae inter Marcellinum et
Zosimum similitudines, facile tamen eae ita explicari possunt ut eodem
ex fonte illic Eunapius ac Marcellinus sua hauserint. (ceterum Hol-
der-Egger adnotationem Marcellini ad a. 408 excerptis Orosianis prae-
missam: '(Stilicho comes) cuius duae filiae Maria et Thermantia sin-
gulae uxores Honorii principis fuere, utraque tamen virgo defuncta'
omittere hac in quaestione debuit. nam tam breviter illa concepta
sunt ut vix inde confidenter cum Holdero effici possit ex Marcellini
opinione Thermantiam quoque ante patrem mortuam esse. ut tamen
hoc concedamus, nequaquam eadem fuit Zosimi sententia. quod enim
ait (V, 28, 3): τελευτᾷ ἡ κόρη μετ᾽ οὐ πολύ, ταὐτὰ τῇ προτέρᾳ παθοῦσα,
nec per se ulla necessitas est ut virginis mors inde ante patris cae-
dem ponatur, et omnino id admitti non posse sequitur ex eis quae
Zosimus postea (V, 35; 37) de Thermantia matri reddita narrat. ita-
que si Holderi in explicandis Marcellini verbis rationem sequimur,
manifestus hunc inter et Zosimum est dissensus; si non sequimur,
prorsus inutilis est disceptatio, cum ita plane lateat quando Therman-

tantula igitur antiquitatis est de Zosimo memoria. nec admodum magnam recentiorum temporum homines doctos illius habuisse curam ex eis quae iam dicentur adparebit (cf. Reitemeier praef. p. IX sq.).

primus post renatas litteras Zosimi mentionem fecisse videtur *Angelus Politianus.* is Miscell. I cap. 58 de ludis saecularibus disputans cum alios ex initio libri secundi locos in Latinum translatos adlegat tum versus Sibyllinos (II, 6) Graece Latineque adponit. iam quamquam Politianus de 'vetustissimis codicibus' Zosimi loquitur, tamen non crediderim vetusto Vaticano Gr. 156 eum usum esse, sed huius apographo aliquo — sive Florentiae nactus erat sive alibi[1]) —; etsi enim lectiones plurimae a Politiano adductae conspirant cum Vaticano, non desunt tamen differentiae. eadem plane causa est *Onuphrii Panvinii,* qui in librum de ludis saecularibus a. 1558 editum (sive Thes. antiq. Rom. ed. Graev. t. IX p. 1067 sq.) totum illum Zosimi locum 'ad amussim', ut ipse

---

tiam Marcellinus mortuam voluerit — non minus quam quando voluerit Zosimus μετ' οὐ πολὺ illius obitum collocans)

1) cf Ruberto riv. di filol. class t XII (a. 1884) p 224 ipsum Miscellaneorum opus cum in Novembri a 1489 prodierit (Ruberto p 213), non potest Politianus usus esse codice Laurentiano LXX, 22 quippe qui in Septembri a. 1490 a Rhoso scriptus fuerit (v. infra), potest fortasse illo codice qui in inventario vetere ab Aenea Piccolomini edito ('intorno alle condizione ed alle vicende della libreria Medicea' Flor 1875) p 73 ita describitur: '68 Zosimi historia, in membranis, grecus codex, pulcer et rubeus — Gre.' scilicet is codex nequit idem esse ac superstes Laurentianus LXX, 22: hunc enim Laurentius de Medicis scribendum curaverat ut bibliothecae publicae Mediceae, i e Marcianae, inferetur, ille in privata Mediceorum bibliotheca servabatur qua ex bibliotheca cum per turbas a 1494 (cf ann. philol. 1884 p 849 sq) permulti codices abstracti sint, fieri potest ut etiam Zosimi codex novos dominos tum invenerit quod utut est, nos damni quicquam in Politianeo codice, sive Mediceus erat sive alibi a Politiano inspectus, fecisse non credo. — ceterum Politiani nomen me admonet ut errorem quendam in praef ad Herodian p V adn 1 post alios a me commissum corrigam quod enim illic de Omnibono Leonceno Politianoque Herodiani interpretibus disputans adnotavi Omnibonum a 1493 demum obiisse, stare non potest paulo enim ante a. 1476 ex vita eum excessisse nuper docuit Loeffler diss Argent t. VI p. 42, 4

nit, 'translatum' recepit, ita tamen ut ea quae iam a Poli-
tiano conversa essent fere retinerentur.[1]) 'acephalum' Zosimi
librum secundum esse cum ipse Panvinius addat (p. 1091),
hoc quoque indicium ducit ad originem codicis quo usus
interpres est patefaciendam (v. de codice Vaticano). quodsi
codicibus qui Politiani ac Panvinii interpretationibus adhibiti
sunt aequo animo iam caremus, nescio an non idem cadat
in eum librum quem *Petrus Gillius* olim inspexit. quippe in
egregiis de topographia Cplis commentariis a. 1561 post
scriptoris mortem primum vulgatis non solum adducuntur a
Gillio quae ex Zosimo huc pertinent (II, 29 sq.) sed ita ad-
ducuntur ut pateat lacunam illam capitis 29, quae in nostra
demum editione ex Vaticano libro expleta est, sartam fuisse
etiam in libro Gilliano. quem librum ipsum Vaticanum
fuisse si quis dicat recte fortasse dixerit: quamquam enim
in particulis Graece a Gillio adlatis quaedam sunt quae a
Vaticani scriptura discrepant, non tamen ita discrepant ut
non ab homine Graeci sermonis perito coniectura reperiri
potuerint. altera ex parte qui Gillii fatorum vicissitudinem
(cf. C. Mueller geogr. Gr. min. t. II p. I sq.) secum reputet,
fieri potuisse ut in terrarum aliquo angulo ignotum Zosimi
codicem ille inspexerit non negabit.

minore iudicii cautione in *Mureto* utendum videtur. cui
Zosimum fuisse cordi disci quidem poterat iam ex Thuani
de se ipso commentariis, sed multo magis nuper adparuit ex
Mureti epistulis ad Claudium Puteanum datis. quae tamen
epistulae ut aperte docent particulas quasdam Zosimi Romae
excerptas fuisse a Mureto transmissasque ad Puteanum ita
non docent ipsam originem excerptorum. tam obscure enim

---

1) Zosimi particulas illas non ab ipso Onuphrio sed ab alio ali-
quo homine docto translatas esse sequitur ex Mureti epistula a Petro
de Nolhac nuper edita (Mélanges Graux p. 395), ubi leguntur haec:
'cellui qui le traduisist pour Frate Onofrio est mon ami. Ie verrai
s'il aura tenu quelque copie de sa traduction.' Vaticano codice Gr. 156
interpretem usum videri cum negaverim, relinquitur ut ille inspexerit
aut Salviatianum (v. infra) aut Vaticanum 1206. hic certo transcriptus
est ex Vaticano 156, nec est quod Salviatiani aliam fuisse originem
suspicemur.

Mureti verba concepta sunt ut tam de Vaticano 156 quam
de Salviatiano codice tamquam exemplo archetypo cogitari
possit. at, ni fallor, perinde est. ex illo si fluxerunt salva
res est, cum supersit Vaticanus; sin ex hoc, quod potius
crediderim, derivata fuerunt, ne sic quidem nimium detri-
mentum fuerit, cum credibile non videatur non fluxisse etiam
Salviatianum ex Vaticano.[1])

---

1) liber Caroli Graux piae memoriae dicatus cum paulo rarior sit,
excerpam inde locum huc facientem (P. de Nolhac 'lettres de Muret':
Mélanges Graux p. 390). scribit igitur Puteano Muretus in epistula
Romae d. II. m. Nov. a. 1572 data: 'En ce bruit de Tacitus, — prohi-
bitus erat Muretus de Tacito tamquam Christianorum osore scholas
habere —— ie n'oserois toucher rien de Zosimus, quem Sirlettus ab-
dendum iampridem curauit in penitissimam partem bibliothecae Vati-
canae, damnatum tenebris et carcere caeco. — Il n'i en auoit en ceste
uille que deux exemplaires: vn in Vaticano, et vn en la librairie du
feu Card[al] Saluiati: mais elle a esté portée toute à Florence. — (ad-
dit doctissimus editor: 'ce passage entre tirets est dans la marge du
ms. — Giovanni Salviati, le plus lettré des cardinaux de ce nom, était
mort en 1553. Le savant abbé Anziani, conservateur de la Lauren-
tienne, m'a renseigné sur le sort de la bibliothèque de Salviati, qui
contenait 130 mss. grecs, dont plusieurs précieux et inédits. Une
partie resta à Rome et fut dispersée seulement à la fin du siècle der-
nier; quelques mss. furent alors achetés pour la Vaticane.') — Ce peu
que i'en ai est à vostre commandement; et si d'aduenture, si peu que
c'est, vous peut seruir, ie vous l'ennoierai plus que vouluntiers.'
quas particulas a. 1573 exeunte revera accepisse Puteanum sequitur
ex epistula Mureti quinta (p. 393 sq.) ubi addit: 'de reliquo non magna
spes. Cellui qui le traduisist' etc. (v. supra p. XVII adn. 1). Vatica-
num autem codicem inspicere cum non posset, Muretus operam dedit
ut intercedente Paulo Foxio, legato Gallico, Iacobo Augusto Thuano
amico Florentini exempli usus concederetur. quae res quem exitum
habuerit operae pretium est audire narrantem ipsum Thuanum (de vita
sua lib. I ad a. 1574 p. 14 ed. Paris. a. 1621): 'ibi (i. e. Florentiae)
Thuanus memor Muretum Zozimi, qui historiam Eunapianam contraxit
desiderio tantopere flagrare, et quia exemplar, quod in Vaticana biblio-
theca asservabatur, habere non potuerat, Florentinum ut habere posset
Foxii interventu sperasse, Foxio aurem vellit, ut illius ad aliquot
menses usum a Francisco (duce) impetraret. quod initio concessum,
sed postea compertum, ut Romae, sic Florentiae Pii V temporibus
interdictam huius libri lectionem fuisse. —— ubi (Romae) de Zozimo
Thuanus Foxium apud Muretum excusavit, et fore dixit, ut quam-
primum in Galliam reversus esset si uspiam aut apud nos aut in Ger-

Politiani autem, Panvinii, Gillii, Mureti opera cum se
continuisset in selectis quibusdam Zosimi locis proferendis,
integram historiam a. 1576 primus produxit *Ioannes Leun-*
clavius, non quidem eam Graece loquentem sed vicaria Latini
sermonis opera utentem. vulgari quidem exemplo Graeco
Leunclavius usus erat, i. e. apographo aliquo Vaticani codi-
cis 156[1]); ipsa tamen interpretatio perite facta est, habent-
que quiddam utilitatis etiam additae Leunclavii coniecturae.

prima editio Graeca, quae tamen non complectitur nisi
priores libros duos, a. 1581 curata est ab *Henrico Stephano*,
una cum Herodiano. Graeca verba et ipsa ducta sunt ex vili
aliquo codice[2]), sed haud paucis locis emendata ab editore
aut saltem temptata. Latina interpretatio Leunclavii est, sed
interdum a Stephano meliora substituta sunt.

Stephanianam curam, ut utilem ita mancam, mox ex-
cepit *Friderici Sylburgii* industria. is Romanae historiae
scriptorum Graecorum tomo tertio Francofurti a. 1590 emisso
totum inseruit Zosimi opus addita Leunclavii interpretatione

---

mania exemplar Zozimi extaret, daret operam, ut eius desiderium ex-
pleret. quod et sedulo fecit, sed fortasse serius, ut in sequentibus
adparebit.' Muretus quidem praeter particulas ad Puteanum missas
— quae quin adhuc inter chartas Puteaneas extent non dubito —
Zosimiana nactus esse non videtur. [de bibliothecae Salviatianae fatis
videnda etiam quae nuperrimo R. Reitzenstein adnotavit in 'Wochen-
schrift für klassische Philologie' a. 1887 p. 836.]

1) quod Thuanus dicit (l. c. p. 54): . . . . 'ex autographo Ioannis
Leunclaii, quod ipse Bizantinae legationis Caesareae comes inde secum
attulerat, et quo ante aliquot annos in eo scriptore Latine vertendo
usus fuerat', inde non sequitur Cpli Leunclavium exemplum illud sibi
comparasse. potius Italicum fuisse putaverim. ceterum etiam ad
Leunclavium fama de codice Vaticano pervenerat: ad hunc enim
librum sine dubio spectant ea quae scribit ad H. Stephanum (cf. Reite-
meier p. X) de exemplo quodam quod illic admodum secreto custodi-
retur. — ipse Leunclavii codex, quem post absolutam translationem
ille Francisco Pithoeo donaverat, num adhuc supersit ignoro. ducta
inde erant exempla duo, alterum ab ipso Leunclavio transcriptum et
ad Stephanum missum, alterum Sylburgii in gratiam a Thuano clam
confectum (v. infra).

2) quod Reitemeier p. X sq. suspicatus est Leunclaviani codicis
apographo quamvis ad se misso Stephanum usum non esse, idem mihi
videtur. fortasse apographum illud in itinere interciderat.

Latina usus erat Sylburgius codicibus duobus, Leunclaviani
libri apographo et Palatino quodam[1]), qui quin ambo vulgari
generi accensendi sint dubium non est. quodsi hac a parte
Sylburgii editio magnum damnum passa est — nullo quidem
editoris peccato, quippe clausus etiamtum erat aditus ad
exemplum Vaticanum (v. supra p. XVIII adn 1) —, damnum
tamen illud compensant multae egregiaeque Sylburgii emen-
dationes; quarum bonae parti Vaticani libri fidem iam acce-
dere nostra editio docet.

ex eis quae secutae sunt editionibus *Cellarianae* et *Oxo-
niensis* (cf. Reitemeier p XI sq.) memorabiles non sunt. contra
magna laude digna est *Io. Frid. Reitemeieri* cura, Lipsiae
a. 1784 *Heynio* auctore et adiutore prodita. quae editio
notabilis est non quidem propter progressum aliquem in re

---

1) qui factum sit ut Sylburgius apographum illud nancisceretur
ipse Thuanus exponit l c. p. 54 'sub id (i e. a. 1588) Ioannes Obso-
poeius, is qui egregiam cum Nicolao Fabro operam in Seneca M. Ant
Mureti recudendo navaverat, et tunc in Sibyllarum, sive piorum Chri-
stianorum, Zoroastrae et aliis colligendis oraculis versabatur, a factio-
sis iniuriose captus est, et vix Thuani, qua apud magistratus adhuc
pollebat, auctoritate carcere liberatus est, et necessitas per libertatem
illam imposita urbe exeundi. itaque cum videret illum in eo esse, ut
in Germaniam proficisceretur, fidei eius commisit exemplar Zosimi,
quod per Vlricum Oltingerum Laufenburgensem adolescentem opti-
mum qui tunc in ipsius familia erat, et Graece Latineque eleganter
scribendi peritissimum curaverat describendum ex autographo Ioannis
Leunclaii, quod ipse Bizantinae legationis Caesareae comes inde secum
attulerat, et quo ante aliquot annos in eo scriptore Latine vertendo
usus fuerat. id porro ille post versionem suam absolutam, quam cum
Procopio et Agathia Latine olim a Christophoro Persona versis et a
se recensitis per Petrum Pernam publicaverat, Francisco Pithoeo, cum
Basileae esset, donaverat, ut Pithoeus aiebat, lege addita, ne nisi se
monito evulgaretur Itaque Thuanus fidei Mureto datae memor, quam-
vis iam decessisset, et quod a multis pariter expeti sciret, splendida
fraude sibi utendum censuit, reddito autographo Pithoeo, et descripto
ex illo ad Fridericum Silburgium per Obsopoeum transmisso. quod
biennio post Francofurti cum aliis Graecis Romanae historiae scripto-
ribus ex Vecheliana typographia prodiit, sicuti et ipse Silburgius in
praefatione professus est.' alterum Sylburgii exemplum manu scrip-
tum Heidelbergense erat et ex Baptistae Egnatii quidem bibliotheca
profectum; nunc sine dubio Romae est.

critica factum — ea enim a parte, quamquam non desunt recte emendata, minus valebant et editor et adiutor, nec aderat eis quicquam instrumenti critici praeter supellectilem Sylburgianam — sed propter rerum doctam accuratamque enarrationem, quae hodie quoque cum fructu adiri potest.

hanc Reitemeieri editionem *I. Bekker* in praefatiuncula editioni Bonnensi anni 1837 praemissa ita retractasse se ait ut quae tacite Reitemeier a Sylburgio discedens immutasset removerit criticasque illius adnotationes quas improbaret sustulerit. sed ei qui rem propius inspiciat multo maiorem Bekkero laudem deberi facile patet. quippe ille non solum sua interpungendi arte Zosimi verba magno opere adiuvit, sed ipsam quoque emendationem haud paucis egregie inventis ita promovit ut hac in parte proxime accedat ad Sylburgii merita.

haec igitur fere est doctae sedulitatis in Zosimo adhuc versatae historia. esse codices Leunclavianum et Palatinum, aeque ac Coislinianum 150 a Montefalconio memoratum, ex uno eodemque libro profectos iam Reitemeier praef. p. XIII perspexit, idemque Italicarum membranarum subsidio opus esse iam persensit. quam divinationem veram fuisse plene adparuit ex quo *A. Kiessling* docuit in Vaticano cod. Gr. 156 librorum primi secundique ac quinti lacunas inde esse ortas quod quaternio quartus deesset et quaternionis duodevigesimi folium primum excisum esset (v. mus. Rhen. t. XVIII. a. 1863 p. 135 sq.). unde iure ille collegit recentiores codices ceteros, cum omnes lacunas illas haberent, esse ex hoc ipso Vaticano derivatos. quo invento cum crisis Zosimea certum fundamentum tandem nacta sit, ad unum Vaticanum abiectis reliquis attendendum iam esse consentaneum est.[1]

---

1) Vaticani libri ultima pars cum s. quarto decimo demum scripta sit (v. infra), iam patescit cur apographum nullum saeculum quintum decimum superet. quibus ex apographis (cf. Reitemeier p. XIII) ipse tractavi Laurentianum LXX, 22 et Venetum Marcianum 390. ille, ut subscriptio docet, Florentiae m. Septembri a. 1490 sumptibus Laurentii de Medicis a Rhoso Crete scriptus est, et admodum quidem nitide. ad marginem hic illic adscripta sunt scholia, historici fere ea argumenti, ac praeterea Zosimi propter impietatem accusationes. libri

hunc igitur librum — notum cum, ut supra adnotatum, iam Mureto ac Leunclavio et postea breviter designatum a Montefalconio bibl. bibl. ms. t. I p. 8 — ut meum in usum excuteret precibus adii *Augustum Mau* Romanum, amicum veterem, nec frustra. accepi enim ab illo collationem talem qualis non potest proficisci nisi ab eo qui plurima exempla Graeca manu versaverit librariorumque ac correctorum artificia omnia cognita habeat: tam curiose quicquid notabile liber vetus habet a Mauio repraesentatum erat. de ipso autem codicis habitu haec Mau adnotavit: 'codex Vaticanus Graecus 156, forma quarta (centim. 28×30) tribus partibus constat. 1) fol. 1—40, saeculi XI, scriptus atramento fulvo, duabus manibus, quarum prima (litteris inclinatis) pertinet usque ad folium 9 rectum, ubi a verbis ἀσμενέστατα δὲ τὸ προταθὲν δεξαμένων ὁ Γάλλος (I, 23, 2) incipit alia manus, eiusdem temporis (litteris non inclinatis). pagina habet versus 30. — 2) fol. 41—48. hanc partem saeculo XII dubitanter adscribo; si quis antiquiorem litterarum ductum imitatum

---

sunt quinque. Marcianus codex Bessarioneus est saeculique XV. Zosimea scripta sunt inde a fol. 66[v], et sex quidem libris dispesta. — praeterea innotuerunt Vaticanus 1206 chart. s. XV; Regius Parisinus 1725, Coislinianus 150 — horum duorum Bekker habuit specimen ab Hasio acceptum, vix tamen etiam quem addit Regii 1817, quippe nil nisi primum Zosimi caput tenentis (v. catal. cod. Reg. t. II p. 407). (de Leunclaviano, Palatino, Salviatiano, qui num supersit non constat, supra dictum.) contra Remenses duo s. XVI, quos ex Montefalconio (bibl. bibl. ms. t. II p. 1289) adfert Reitemeier, evanuerunt, si quidem H. Omontio teste ('inventaire sommaire des manuscrits grecs des bibliothèques des départements' Parisiis 1883 p. 13) Graeci argumenti hodie Remis nihil extat nisi unus codex ecclesiasticus et alter Euripideus. itemque qui ex collectione Mendozana olim in monasterio Escurialensi erant 'Zozimi historiae novae lib. 6, cum Eunapio de vitis sophistarum' (C. Graux 'essai sur les origines du fonds grec de l'Escurial' p. 385 sive Iriarte cat. cod. Matrit. p. 277) non supersunt (Graux ib. p. 258), incendio scilicet illo a. 1671 consumpti. — ceterum qui adhuc excussi sunt codices novelli non ex ipso Vaticano sed ex huius apographo aliquo manaverunt: alioqui enim non intellegas cur congruant in lacunis aliquot quae non comparent in Vaticano. quod autem exempla alia in quinque alia in sex libros Zosimi opus distributum habent, id coniunctum est et ipsum cum Vaticani libri habitu (v. infra).

esse scribam saeculi fortasse XIII crediderit, non valde con-
tradicam. litterae sunt magnae, atramentum fere nigrum,
pagina habet versus 22. — 3) fol. 49—152, saec. XIV, scripta
atramento subviridi; pagina habet versus 27.'[1]

itaque, quod valde praeter expectationem accidit, tres
codicis sunt partes, s. XI, XII vel XIII, XIV. quod qui

---

[1] lacunam illam magnam propter quam nunc hiatus est inter
libros primum et secundum cum quaternionis quarti iactura in Vati-
cano evenisse scripsisset Kiessling l. d., subnata mihi erat suspicio
qua quinariam librorum in Vaticano pro vetere senaria partitionem
ex ipsa illa lacuna aptam esse putarem. rogavi igitur nuper Mauium
ut codicem denuo inspicere et cum lacunae tum numerationis rationes
investigare vellet. ac revera Mau coniecturam meam fere confirmantia
haec invenit: 'die grosse Lücke I, 71 = fol. 24ᵛ ist zweifellos im
Vat. 156 selbst durch Ausfall eines Quaternio entstanden. Die Qua-
ternionenzählung (eadem manu auch im jüngern Theil) ist wohl jünger
als der Ausfall; denn ε steht in Rasur d. h. vermuthlich hatte der
Zähler anfangs nicht auf die Lücke geachtet und δ geschrieben.
Die Notiz 24ᵛ ἐνταῦθα — τετραδύο ist von derselben Hand wie
die 40ᵛ (II, 34) οὐ λείπει τι ὧδε, saec. XV, und wohl ziemlich sicher auch
identisch mit dem Rubricator 'roth', was namentlich durch Vergleichung
mit 128ᵛ (V, 22, 3): ἐνταῦθα λείπει ἐν φύλλον deutlich wird: der
Schriftcharacter ist derselbe, dagegen sieht die Tinte etwas anders
(glänzender) aus; diese aber ist wieder mit der der Ueberschriften
zweifellos identisch. Ich halte mithin für sicher, dass 'roth' jünger
ist als der Ausfall des Quaternio δ.' deinde comparatis librarii ipsius
et rubricatoris praescriptionibus et subscriptionibus — v. ad singulos
libros — pergit: 'soweit ist alles einfach und die Buchzählung erst
von dem späten Rubricator, nach Ausfall von Quat. δ, geändert. Eines
bleibt unklar: dieselbe schwarze Hand, welche 146ᵛ (VI, 1, 1) die
richtige Numerirung $\overline{\varsigma}$ an den Rand schrieb, hat auf fol. 53ᵛ (III, 1, 1)
ἰστ $\overline{\beta}$, also die falsche Numerirung, an den Rand geschrieben. Diese
Hand ist von der des ersten Schreibers deutlich verschieden, macht
mir aber nicht den Eindruck als ob sie viel jünger wäre.' —
quodsi iam constat ab ipso librario sex a rubricatore quinque
libros numerari, etiam intellegitur cur alia apographa senariam alia
quinariam distributionem habeant: ni mirum primitivos numeros illa
rubricatorem haec secuta sunt. ita sine dubio sex libri erant in eis
Vaticani apographis quibus usi sunt Leunclavius priscique editores,
suntque adhuc in Marciano 390; contra quinque sunt e. c. in Lauren-
tiano LXX, 20. novellus igitur codex aliqui sex an quinque libros
habeat nil interest. quod moneo etiam propter F. Ruehlii (mus. Rhen.
t. XXVII. a. 1872 p. 159) dubitationem.

factum sit nemo iam divinare potest. videntur tamen tres illae partes ex eodem ductae vetere codice archetypo, si quidem ex vitiorum similitudine fieri potest coniectura. ad correctiones quod attinet, eae in parte prima, i. e. usque ad verba κωσταντίνος τῶν στρατιωτῶν (II, 34, 2), factae sunt partim ab ipsis librariis (V¹), partim a duobus correctoribus (V²) qui a librariorum ipsorum aetate proxime afuerunt.[1]) horum correctorum alter atramento nigrescente alter lucidiore usus est. ceterum V² non ubique certo a V¹ discriminari posse adnotat Mau. sequitur secunda pars, a II, 34, 2 usque ad II, 45, 4: πλεονεκτῶν ἱππασίμοις. hanc partem correxit manus quaedam s. XIV (V²), ut sit aequalis ei manui quae partem tertiam scripsit. tertia haec pars eaque maxima et scripta est s. XIV et eodem saeculo correcta, ut correctiones (V²) non multum tempore distent ab ipsa scriptione

iam igitur quaerendum est de ipsa correctionum auctoritate. qua in re tres illas partes seorsum spectandas esse consentaneum est. ad primam igitur partem quod attinet, equidem a correctoribus, aequalibus eis fere ut dixi ipsis librariis, alterum codicem praeter librum archetypum adscitum esse non credo sed verba ad ipsius archetypi fidem recognita. quatenus ipsi correctores praeterea coniectura usi sint — et usi quin sint non dubito — certo definiri iam nequit nec multum refert: quippe pleraeque V² correctiones dubitatione omni carent, ac, si forte partim ex coniectura natae sint, et felix ea fuit et facilis.[2]) quod cum ita sit, prima hac in parte V² correctiones primitivae V¹ scripturae ubique fere antehabendae sunt.

eadem plane secundae partis est causa in qua ut item sunt quae ex archetypo libro an ex coniectura a corrigente

---

1) accedit in II, 21 et 22 alia quaedam manus antiqua — eandem putat Mau ac quae fol. 1—8ᵛ scripsit —, a qua lacunae quaedam suppletae sunt significavi: 'al. m antiqua'.

2) raro admodum accidit ut prima manus tenenda esset contra falsas secundae correctiones e gravioribus huc pertinent I, 14, 1 ubi πάντας recte V¹, πάντων secus V², et II, 20, 2 ubi μη cum spatio V¹, μηκος perperam V², cum μῆνα corrigendum esset

posita sint ambigere possis[1]), dubium tamen non est quin et
secundae manus correctionibus genuina lectio fere recuperetur
et nulla sit correctio quae praeter accuratam exempli arche-
typi recognitionem coniciendique facilitatem alterius codicis
veteris auxilium poposcerit.

multo difficilius de tertia parte est iudicium. nam quam-
quam in hac quoque parte plurimae manus alterius correctio-
nes ita comparatae sunt ut manifestam habeant veritatis
commendationem — sive ea veritas venit ex Vaticani libri
recognitione sive ex altero codice insuper adhibito sive deni-
que ex divinationis felicitate —, tamen neque dubiae desunt
mutationes, i. e. tales quae per se spectatae primitivam
scripturam bonitate nequaquam superent, et, quod multo
gravius, adsunt aperte falsae temeritatisque facile coarguendae.
quod cum ita sit, in tertia hac parte una quaeque alterius
manus correctio singillatim expendenda est nec suscipienda
nisi ubi sit momentis omnibus commendata.[2])

quodsi ne hic quidem liber suspicione omni caret, tamen
universa eius bonitas tam manifesta est ut praeconio vix
egeat. quippe lacunae haud paucae tam notae quam ignotae

---

1) ita nolim decernere altera manus Anniballiani nomen bis (II,
39, 2; 40, 3) in Annaballianum mutans codicem an coniecturam —
inutilem eam quidem — secuta sit.

2) ut pauca exempla adferam, dubia res est III, 5, 1 ($\chi\varrho\acute{\eta}\sigma\eta\tau\alpha\iota$ V[1],
$\chi\varrho\acute{\eta}\sigma\varepsilon\tau\alpha\iota$ V[2]); IV, 17, 2 ($\mu\acute{\varepsilon}\tau\varrho\sigma\nu$ V[1], $\mu\acute{\varepsilon}\tau\varrho\iota\sigma\nu$ V[2]); IV, 26, 5 ($\varkappa\alpha\acute{\iota}$ V[1],
$\varkappa\alpha\grave{\iota}$ $\grave{\varepsilon}\nu$ V[2]). contra spernenda sine dubio V[2] v. c. II, 45, 4 ($\grave{\varepsilon}\pi\iota\sigma\varkappa\iota\grave{\alpha}\nu$
V[1], $\varepsilon\pi\iota\sigma\varkappa\iota\acute{\alpha}\nu$ V[2], debebat $\grave{\varepsilon}\pi\grave{\iota}$ $\Sigma\iota\sigma\varkappa\acute{\iota}\alpha\nu$); III, 34, 2 ($\grave{\varepsilon}\pi'$ $\alpha\grave{\upsilon}\tau\grave{\sigma}\nu$ $\grave{\alpha}\nu\varepsilon\gamma\varepsilon\tilde{\iota}\varrho\alpha\iota$
V[1], $\grave{\varepsilon}\pi'$ $\alpha\grave{\upsilon}\tau\tilde{\omega}$ $\grave{\alpha}\nu\varepsilon\gamma\varepsilon\tilde{\iota}\varrho\alpha\iota$ V[2] hiatum sine necessitate inferens); IV, 3, 2
($\mu\upsilon\sigma\tau\iota\varkappa\tilde{\omega}\varsigma$ $\pi\varrho\alpha\tau\tau\sigma\mu\acute{\varepsilon}\nu\sigma\iota\varsigma$ V[1], $\tau\sigma\tilde{\iota}\varsigma$ $\mu\upsilon\sigma\alpha\varrho\tilde{\omega}\varsigma$ $\mu\grave{\varepsilon}\nu$ $\sigma\tilde{\upsilon}\nu$ V[2] glossemate mani-
festo); VI, 1, 2 ($\sigma\tau\varrho\alpha\tau\iota\acute{\omega}\tau\alpha\iota\varsigma$ ABV[1], $\sigma\tau\varrho\alpha\tau\iota\acute{\omega}\tau\alpha\varsigma$ V[2], ubi $\sigma\tau\varrho\alpha\tau\varepsilon\acute{\upsilon}\mu\alpha\tau\iota$
recte Sylburg). — auget difficultatem quod ne adscitis quidem eclogis
Constantinianis rem ubique expedire possumus: ut enim est ubi V[2]
refutetur ab eclogis cum V[1] facientibus (velut V, 29, 7 $\alpha\acute{\iota}\varrho\varepsilon\tilde{\iota}\tau\alpha\iota$ ABV[1],
$\acute{\alpha}\gamma\varepsilon\iota\nu$ $\alpha\acute{\iota}\varrho\varepsilon\tilde{\iota}\tau\alpha\iota$ V[2]; V, 36, 2 $\varkappa\alpha\vartheta'$ ABV[1], $\varkappa\alpha\grave{\iota}$ $\varkappa\alpha\vartheta'$ V[2], ibidemque $\acute{\alpha}\xi\iota\sigma\nu$
ABV[1], $\grave{\alpha}\xi\iota\acute{\sigma}\lambda\sigma\gamma\sigma\nu$ V[2]), ita altera ex parte V[2] scriptura a V[1] discrepans
ab eclogis interdum confirmatur (velut V, 40, 1 $\tau\grave{\sigma}$ $\mu\acute{\varepsilon}\tau\varrho\iota\sigma\nu$ MNV[2], $\tau\grave{\sigma}$
$\mu\acute{\varepsilon}\tau\varrho\sigma\nu$ V[1]; ib. § 4 $\delta\grave{\eta}$ MNV[2], δ// V[1]; V, 50, 3 $\sigma\upsilon\gamma\chi\omega\varrho\varepsilon\tilde{\iota}\nu$ NV[2], $\sigma\upsilon\gamma$-
$\chi\acute{\omega}\varrho$ V[1], $\sigma\upsilon\gamma\chi\omega\varrho\tilde{\omega}\nu$ M). denique est etiam ubi V[2] verum habeat
contra eclogas pariter ac V[1] (velut V, 40, 3 $\grave{\varepsilon}\nu\varepsilon\pi\acute{\iota}\pi\lambda\sigma\iota\varsigma$ V[2] — con-
iectura quidem puto sed ea felici —, $\grave{\varepsilon}\nu\sigma\pi\lambda\sigma\iota\varsigma$ V[1], $\grave{\varepsilon}\nu$ $\acute{\sigma}\pi\lambda\sigma\iota\varsigma$ MN).

illinc potuerunt sarciri, scripturae traditae vitia multa emen-
dari, omnino iam cum fiducia aliqua procedi. religio autem
mihi fuit codicis ullum quamvis leve vitium praeterire, sed
totam Mauii collationem ab operis repraesentandam duxi,
quod quidem eius per artem typographam fieri potuit.

primario hoc cum subsidio coniunxi alterum, et ipsum
adhuc neglectum. etenim, ut iam supra significatum, parti-
culae aliquot Zosimi excerptae sunt cum ab Ioanne An-
tiocheno tum ab eclogarum Constantinianarum compositori-
bus. Ioannes enim, postquam Herodiani magnam partem in
historiam suam chronicam transtulit, reliquam saeculi tertii
historiam contexuit partim ex Eutropio in Graecum verso
partim ex Zosimo. hunc tamen inde a Diocletiano plane
mittit, nisi quod fr. 186, 2 (: Zos. IV, 35) illinc fluxit. his
igitur Ioannis exceiptis ut secure uti possem neu in Crameri
(An. Paris. t. II) neglegentia acquiescere deberem prospexit
Alfredi Iacob professoris Parisini sollicitudo, qua codicem
Regium 1666 — nam Escurialensis libri (v. praef. ad Herodian.
p. XIV) usurpandi nulla erat facultas — summa cum cura
excussit. idem Iacob etiam eas Ioannis particulas quae ad
Eunapium redeunt (fr. 187 et fr. 190 usque ad verba Γαίνας
ὁ τῶν ἑῴων στρατοπέδων ἔξαρχος) pari cum fide contulit.
continentur autem Ioannis reliquae ad Zosimum spectantes
omnes eis eclogis Constantinianis quae ex titulo insidiarum
exempla olim complexo supersunt, excepto loco uno (fr. 162)
qui in tituli virtutum et vitiorum exempla tenentis super-
stitem partem priorem — hinc Suid. s. v. Καρῖνος et παρ-
ανάλωμα — translatus est. quod contra ad titulum de vir-
tutibus et vitiis scriptum et ad alterum quidem eius volumen
hodie deperditum (v. de Boor Herm. t XX p. 327 sq.) redeunt
quae Suidas habet lemmata Zosimiana, exceptis glossis Κα-
ρῖνος et παρανάλωμα, quae, ut modo dictum, ex priore illius
tituli volumine fluxerunt.

titulis de insidiis et virtutibus scriptis, quorum hodie
non supersunt nisi partes, accedit integer adhuc titulus qui
legationum exempla servavit. huius tituli fuit vetus codex
membranaceus (s. X—XII) ad collectionem Paezianam per-
tinens posteaque in bibliothecam Escurialensem translatus,

ubi a. 1671 conflagratione illa funesta periit (Graux 'essai' p. 93 sq.). quo casu factum est ut hodie redacti simus ad apographa ab Andrea Darmario (Graux p. 287 sq.) olim inde facta. constat autem illum titulum duas habere partes, quarum altera Romanorum ad gentes altera gentium ad Romanos legationes complectitur. prioris partis particulas huc pertinentes subministravit mihi *Rudolfi Schoell* et *Augusti Mau* comitas, quorum ille codicem Monacensem 267 (M) hic Vaticanum 1418 (N) contulit. alterius partis Monacensem 185 (B) idem *Schoell*, Ambrosianum N 135 sup. (A) *Adolfus Cinquini*, professor Mediolanensis mea gratia excusserunt. extare illius tituli etiam alia apographa Darmariana non ignoro (v. Graux p. 97 adn. 1): potuit tamen in illis acquiesci. fuit autem egregiorum illorum quos dixi virorum prompta voluntas Zosimo nostro perquam utilis: quamquam enim in universum Vaticani veteris scriptura utpote continua excerptorum festinationi praeferenda est, tamen comparatio et ipsa fructuosa est et complures loci illinc sanari potuerunt.

haec igitur hactenus de Vaticano deque eclogis Constantinianis. utraque autem hac a memoria qui proficisceretur cum certius iam posset existimare de ipso scriptoris dicendi genere quam ei qui non habebant nisi vitiatam apographorum scripturam, curiose inquirere coepi in sermonis Zosimei leges ac rationes. vidi mox non illitterato cum homine rem esse, sed cum eo qui et nosset litteras veteres et imitando saepe exprimere vellet. occurrebant haud dubia Herodoti, Thucydidis, Iuliani lectionis indicia.[1]) praeter hos autem singularem locum sibi vindicabat Polybius. cuius ad imitationem se opus ipsum composuisse ut scriptor in exordio professus est ita dicendi quoque genus, ut facile patet, universum conformare voluit. quamquam re vera multum differt, eo quidem maxime quod multo minus liberum est quam Polybii. is enim in formarum locutionumque delectu cum unam

[1]) ceterum non omnes locos ex veteribus huc pertinentes adducendos duxi, sed acquievi in exemplis aliquot quibus res ipsa extra dubitationem collocaretur — similiter atque olim in Appiano Herodoteam ac Thucydideam imitationem modesto ὁμοιοτήτων delectu commonstrasse satis habui.

norit 'regulam defugiendi hiatus, ubi per hunc fieri licet
varietatem communis sermonis reddit certasque leges ac
normas detrectat. contra hic scriptor cum, ut dixi, vetera
exempla Iulianumque, veterum ipsum quoque studiosum, lecti-
tarit severitatemque quandam scribendi illinc addidicerit, ubi
nulla est ab hiatu insolentiae necessitas modestia quadam
ac modo nimiam illam libertatem temperat; ut vitare studeat
quae nimis aspera sint auresque litteratas laedere videantur.
sic genus scribendi extitit quod quamvis ubique impressa
habeat τῆς κοινῆς διαλέκτου vestigia — et accessit ad doctam
Polybii aemulationem etiam indocta aequalium hominum
sermonis invito scriptori se insinuantis imitatio —, tamen et
in ipsa libertate freni sit patiens et multis in locis ad
exempla vetera conformatum.

　　ex eis autem indiciis quae ad Polybii doctam imitatio-
nem ducunt nullum est evidentius quam id quod ex hiatus
fuga colligitur. quae fuga cum vel ex vulgari scriptura effici
potuerit — maxime postquam Polybii, Diodori, Plutarchi,
Galeni, Iuliani, aliorum in χασμωδίαις vitandis rationes pate-
factae sunt —, nunc post protractum Vaticanum codicem
nullam prorsus admittit dubitationem. gravissima autem ea
res cum sit ad rem criticam recte factitandam — quippe ita
demum explicantur insolentiae multae a prioribus editoribus
male temptatae, alteraque ex parte quaedam quae sana vide-
bantur neminique suspecta erant vitii iam convincuntur —,
breviter adumbremus necesse est quibus legibus vel admittendi
vel declinandi vocalium concursus hic scriptor se adstrinxerit.
quas leges multum relaxasse ex Polybii severitate — de qua
v. Hultsch Philol. t. XIV p. 288 sq., Kaelker 'Leipziger
Studien' t. III p. 236 sq., Krebs 'Praepositionsadverbien' I
p. 11 sq. — et per se consentaneum est et ex exceptionum
multitudine reapse manifestum. ceterum, ne inutili locorum
copia legentes obruerentur, exempla rebus frequentibus non
adposui.

　　I. ut igitur proficiscamur a libertate, nihil offensionis
habet hiatus

　　a) in coniunctionibus ac particulis, velut εἰ ἐπεὶ ἐπειδὴ
καὶ ἢ μὴ δὴ, quas excipiat vocabulum a vocali littera ordiens.

huc pertinent etiam ὅπου ἁλώσιμον εἴη (III, 20, 3) et ὅποι
εἴη (IV, 48, 6)

   b) post περὶ et πρὸ praepositiones
   c) in articulo
   d) in terminatione in -α et -οι exeunte: καὶ γέφυρα ἦν
(III, 27, 3); ἐκκλησία ὑπὸ (V, 23, 4); ἡμέρα ἦν ἤδη (V, 34, 4);
οὗτοι οὐκ (II, 39, 1); οἱ πολλοὶ ἐπὶ (III, 29, 2); δεξάμενοι
ἦεσαν (IV, 30, 1); βάρβαροι ἐπὶ (IV, 30, 5)
   e) ante οἱ reflexivum, et post αὑτοῦ et αὑτῷ ubi qui-
dem pronomen arte iunctum sit cum vocabulo sequente: δύ-
ναμιν αὑτῷ ἀντίρροπον (V, 4, 3); αὑτῷ οὔσης et αὑτοῦ ὄντος
(V, 32, 2); τῆς αὑτοῦ ὄντι δόξης (V, 46, 4). unde τῆς ἔχ-
θρας αὑτοῦ ἐμφανοῦς γενομένης (II, 18, 1) conicere licuit et
ferre simili in genere τὴν περὶ τούτου ἔννοιαν (V, 1, 5).
contra locis parallelis redargui videntur ἐκβάντος αὑτῷ εἰς
ἔργον (III, 17, 2) et αὑτῷ ὁ βασιλεὺς Οὐάλης (IV, 10, 2).
   f) in incisionibus tam minoribus quam maioribus.
   h) in locutionibus cohaerentibus: εὖ ἔχειν; τοὺς ταύτῃ
ἁλιέας (I, 34, 2); ἡ Μαυρουσία ἵππος (I, 52, 4); πρὸς τῇ
ἄλλῃ ὁπλίσει (ib.); περινοίᾳ οὐκ ἄφρονι (I, 66, 2); τοὺς ἐπὶ
ταύτῃ ἑστῶτας (II, 15, 4 v. tamen adn.); ἐν ἀριστερᾷ ἰόντος
(II, 22, 3); παρὰ πολὺ ἐλαττωθὲν (IV, 30, 1); συντόνῳ ὁρμῇ
(IV, 35, 6); ἐν ὑποψίᾳ ἔλαβε (V, 38, 1 v. tamen adn.); οὐ
πόρρω ὄντων (V, 43, 2)
   i) in nominibus propriis, tam ubi praecedit nomen pro-
prium quam ubi sequitur. illuc pertinent: Δωριεῖς οἱ ἐν τῇ
Ἀσίᾳ ἑξήκοντα (II, 22, 2, ubi et pausae et notae numeralis
accedit excusatio); τῇ τοῦ Τερτύλλου ὑπάτῳ τιμῇ (VI, 7, 4);
τῶν ἐν τῇ Λιβύῃ ἐν (VI, 7, 6); huc: ἄχρι παντὸς τοῦ βίου
Ἰουλιανῷ (III, 2, 4 v. tamen adn.); οὔπω Ἰουλιανὸς (III, 7, 2);
προσήκει Ἰουλιανὸν (III, 9, 4); ἐτετάχατο δὲ ἐν τούτῳ Ἰοβια-
νοὶ (III, 30, 2); ἐν δὲ τῇ Ῥώμῃ Ἡλιοκράτης (V, 35, 4).
quamquam manifesto scriptor etiam in nominibus propriis
ubi potest concursum vitat, velut ταῖς ἐκβολαῖς τοῦ Ἴστρου
(IV, 10, 4) ponere maluit quam ταῖς τοῦ Ἴστρου ἐκβολαῖς et
εἰς τὴν Εὐτροπίου χρήματα πάντα οἰκίαν (V, 13, 1) quam εἰς
τὴν Εὐτροπίου οἰκίαν χρήματα πάντα. quapropter ὑπὸ Γαῖην
ἔταξε (IV, 57, 2) non ὑπὸ Γαῖῃ ἔταξε primitus fuisse puto.

II. his igitur in rebus cum admittere hiatum non du-
bitarit, idem scriptor, ubi declinandum censeret, omnia illa
artificia atque effugia quae antiquiores scriptores nota habent
ipse quoque in usum suum convertit. quo pertinet

a) crasis, velut in ἅτερος et θάτερος, εἰς τοὐπίσω
(I, 36, 1); εἰς ταὐτὸν (III, 26, 4), τἀδελφῷ (II, 41, 1); κἂν
εἰ (V, 15, 5) al. quam tamen in codice saepe, in articulo
maxime, oblitteratam — velut in τοῦ ἀνδρὸς et τῷ ἀνδρὶ
(IV, 54, 4) cum τἀνδρὸς in vicinia bis extet (IV, 53, 4;
55, 2) — eo minus resuscitavi quod in articulo neque per
se offendit concursio et, si quem offendat, pronuntiando
offensio vitari potest. eadem plane causa est

b) elisionis. quae saepe quidem in codice nostro com-
paret, ut pateat quae apud alios scriptores elisionis sint
patientia vocabula ne apud hunc quidem esse expertia. sed
multo saepius elisio a librariis indicata non est. quam equi-
dem — id quod multi hodie faciunt — inferre nolui, cum
omnino haec ὀρθοεπείας non ὀρθογραφίας sit res, sicuti in
titulis metricis quoque modo significata est elisio modo le-
genti commissa. itaque quamquam non dubium est quin
elisione vitari voluerit scriptor talia qualia sunt καταδῦναι
αὐτάνδρους (I, 42, 2, cf. Hultsch l. d. p. 310 sq.); ἀπολέσαι
ἐν (I, 69, 4); δέξασθαι αὐτούς (IV, 26, 1); φυλαχθῆναι οὐ
δυναμένην (V, 5, 8); ἰθύνεσθαι οἷά τε ἦν (V, 21, 2); παίεσθαι
αὐτοὺς (V, 35, 2); εἶναι αὐτῷ (V, 45, 6); ἐκστῆναι οὐκ (V,
46, 3), alioque in genere polyphthonga τοῖς δίκαια αἰτοῦσι
(IV, 13, 1); τὰ σημεῖα ἔδει (IV, 38, 4); φορτία εἰς (II, 24, 3)
al. — ut taceam de praepositionibus, coniunctionibus, parti-
culis modo plene modo breviatim scriptis —, tamen pronun-
tianti, ut dixi, cavendum est ut auribus, non edenti ut oculis
consulat. contra sedulo cavendum est ne coniectura tales
inferantur χασμωδίαι quae elisionem omnem detrectent, velut
Stephanianum μετὰ τοῦ δικαίου ἀκόλουθον (I, 1, 2) et Reite-
meierianum προαστείῳ ἐπὶ (IV, 52, 4) absona sunt. — se-
cuntur eae concursus vocalium declinandi rationes quae fiunt

c) collocatione. quod genus cum latissime pateat semel-
que commonstratum facillime agnoscatur, pauca exempla le-
gentibus satis facient. ita ἔτους ἑκάστου ubique positum est

non ἑκάστου ἔτους; διαθεῖναι καλῶς ἱκανούς (I, 11, 2) pro
καλῶς διαθεῖναι ἱκανούς; ὡς ἂν ἡ στρατιὰ λιμῷ πιεζομένη
καὶ ἀπορίᾳ τῶν ἐπιτηδείων ἀνασταίη (I, 18, 3) pro λιμῷ καὶ
ἀπορίᾳ τῶν ἐπιτηδείων πιεζομένη ἀνασταίη; τὸν ἔτι περιόντα
τῶν αὐτοῦ (Decii) παίδων ἐποιεῖτο (I, 25, 1 sc. Gallus) pro
τῶν παίδων αὐτοῦ ἐποιεῖτο; γραμμάτια τῶν στρατιωτῶν ἐν
μέσῳ (III, 9, 1) pro γραμμάτια ἐν μέσῳ τῶν στρατιωτῶν; εἰ
μὴ διῶρυξ ἐν μέσῳ τοῦ Εὐφράτου (III, 15, 6) pro διῶρυξ
τοῦ Εὐφράτου ἐν μέσῳ (κειμένη) al.

d) formarum delectu. huc permulta pertinent, ex quibus
pauca seligemus. ita ὅσπερ non ὅς ponitur ubi sequatur vo-
calis, cf. ἅπερ εἶχον (I, 7, 1); ἅπερ ἐστὶ (I, 52, 3); ἐφ' ὅπερ
ἐδόκει (I, 54, 1); ἅπερ ἦν (I, 62, 2); ὅπερ ἀκούσαντι (I, 66, 1);
ἐφ' οὗπερ ἡ πόλις (II, 18, 2), ut meritam suspicionem habeat
ὃ ἐν (II, 5, 2); ἀρτίως ἀπαλλαγέντα (IV, 34, 4) pro ἄρτι ἀπ.;
ἥπερ εἰρήνην (V, 29, 9), quamquam ἢ vocali sequente saepe
alias legitur; κατὰ ταὐτὸν ἐμπεσουσῶν (I, 20, 2); αἰδοῖ δι-
αφῆκαν (III, 35, 2) pro verbo simplici, sicut persaepe verba
cum praepositionibus — ac praecipue quidem σὺν — copulata
ponuntur pro simplicibus, et inverso modo θάνατον ἔγνω
βουλεῦσαι (V, 17, 5) pro ἐπιβουλεῦσαι quo alias utitur scriptor
(cf. I, 9, 2; 25, 2; 40, 2; II, 40, 3). porro nil frequentius
quam pluralis numerus pro singulari positus, velut ἐπὶ ταῖς
προφανέσι πλεονεξίαις οἱ (I, 14, 1); τούτων ὄντων ἐν ἐγχει-
ρήσεσιν ἔτι (II, 11); ἐν παρασκευαῖς ὄντος (II, 43, 2); ταῖς
ἐξ ὕψους βοηθείαις ἐλαττούμενοι (III, 21, 2); πίστεσιν ἐνόρ-
κοις (IV, 16, 4); ταῖς τοῦ βασιλέως ἐννοίαις ὑποκειμένης
(IV, 55, 3, sc. γνώμης); ἐφ' οἷς ἀλλαντοπώλης (V, 9, 3; cf.
ib. 20, 2 ἐφ' οἷς ὁ Γαΐνης); ἡ τῶν ὑπάρχων ἀρχὴ (V, 44, 2
v. adn.) al. deinde in verbis et tempora hiatui obnoxia ce-
dunt innoxiis et modi commutantur, cf. v. c. αὕτη πεποίηκεν
ἡ μάχη (I, 2, 2) pro ἐποίησεν; εἰ μὴ ἀποβὰς τοῦ ἵππου δέ-
δωκεν (III, 29, 3) pro ἔδωκεν quod iniuria reponebat Syl-
burg; ἐπειδὰν pro ἐπειδὴ cum optativo positum, aliaque id
genus. sic intellegitur etiam cur in optativo plenior forma
in -ειεν exiens interdum posita sit, cur augmentum sylla-
bicum interdum omissum, cur praepositiones et varientur (cf.
συνέβη κατ' αὐτὴν ὡς εἰς ὀχυρὸν χωρίον συναλισθῆναι I, 33, 3)

et indiscrete ponantur: hiatus quippe suprema lex. quae ne
infringatur nihil tam insolens, nihil tam a reliqua scriptoris
modestia abhorrens est quin interdum admissum sit. quae
autem legitimae alicuius excusationis expertia adhuc rema-
nent χασμωδίας exempla, ea neque numero multa sunt et facili
opera fere emendabilia, v. adn. ad I, 27, 2 (πλήθει οἴκαδε);
I, 40, 2 (ὁδοῦ εἰς); I, 58, 2 (λίμνη εἰς); II, 5, 4 (τῇ δὲ μετὰ
ταύτην ἡμέρᾳ εἰς); II, 5, 5 (ἡμέρᾳ δὲ τρίτῃ ἐν); II, 49, 3
(ἐχώρει ἅμα); III, 10, 1 (ἅμα τῇ δυνάμει ᾔει εἰς τὰς Ἄλπεις);
III, 11, 5 (τιμωρίαν μὲν οὐδεμίαν ἔργῳ αὐτοῖς ἐπιθείς); III,
13, 4 (ὑπὸ δὲ ἀδελφοῦ ἀδικηθείς); III, 16, 1 (εἰς τὰ πρόσω
εἰς); IV, 4, 2 (χωροῦντι ἀπαντῆσαί οἱ, ubi χωροῦντα legen-
dum addendumque id adnotationi criticae); IV, 6, 2 (ἐφύλαττε
δὲ ἰδίᾳ ἕκαστον); IV, 21, 2 (μεμαστιγωμένῳ ἄχρι ποδῶν ἐοι-
κός); IV, 40, 3 (ἑώρα ὀκνοῦντας); V, 24, 6 (γενομένου ἄξιον);
V, 41, 2 (λάθρᾳ ἐφῆκεν); V, 45, 3 (λάθρᾳ ἐδήλου); V, 50, 3
(τῷ δημοσίῳ εἰσφέροντας). dubia vero res est II, 15, 4
(τοὺς ἐπὶ ταύτῃ ἑστῶτας); III, 14, 2; 15, 3; 25, 1 (ἀντικρὺ
an ἄντικρυς, cf. etiam Krebs 'd. Praepositionsadverbien' I
p. 7 sq.); IV, 42, 2 (τέλματα καὶ ἕλη ὁδοιπόροις); V, 38, 1
(ἐν ὑποψίᾳ ἔλαβε); VI, 11, 2 (ἐν τῇ ἱπποδρομίᾳ ἀφιέναι).

codicum memoriae sermonisque observationi tertium ac-
cedit emendationis adiumentum accurata rerum quae aguntur
notitia. quo in loco proficisci licuit a Reitemeieri commen-
tario, egregio prorsus pro illa aetate doctrinae atque indu-
striae monumento. neque tamen in eo acquiesci potuit,
immo tota materia denuo perscrutanda erat. qua in re prae-
ter immortalia Valesii, Tillemontii, Gibbonis, Eckhelii opera
in primis usui nobis fuerunt Zeussii de Germanis liber, Wie-
tersheimii de gentium migrationibus volumina a Dahnio emen-
data, Boeckingii in utramque dignitatum notitiam commen-
tarius, Seeckii praefatio Symmacho praemissa, Mommseni
cum historiae Romanae tomus quintus tum immensae doctri-
nae per C. I. L. volumina sparsae thesaurus. denique privatis
Mommseni epistulis uti licuit, in quibus vir sagacissimus
complures quos iam desperaveram locos feliciter expedivit.

quamquam autem critico usui haec editio destinata est,
non tamen mihi temperavi quo minus saepius, ubi de ipsis

rebus utiliter aliquid moneri posse videretur quo aut error
Reitemeieri tolleretur aut novi aliquid adderetur, adnotatiun-
culam interponerem.   contra ipsa scriptura tradita ubi per
rationes ex ipsis rebus petitas mihi offensioni esset, ubique
argumentis breviter expositis offensionem stabilivi.   quam
argumentorum explicationem in Appiano, ubi permulta rerum
fontiumque adfinium perito scrupulum inicere debent — et
eis quidem fere in partibus quae dubia novellorum apogra-
phorum fide nituntur —, a me praetermissam esse nunc
doleo.

ceterum quanta cautione opus sit ne meliore nostra tem-
porum illorum notitia abutamur ad Zosimi ipsius non libra-
riorum errores corrigendos, ex eis colligi potest quae infra
dicentur de ratione qua fontes historiae suae ille tractavit.
quam rationem ut cognoscere possimus, primum ipsi quibus
Zosimus ad opusculum conscribendum usus est fontes eruendi
sunt.   iam si vulgari opinioni inde a Reitemeiero per enchi-
ridia propagatae fides haberi posset, facili opera hic locus
absolveretur.   quippe ex trium virorum operibus — Dexippi
Chronicis ac Scythicis, Eunapii historia, Olympiodori silva —
hanc Zosimi historiam consarcinatam esse dicendum foret.[1]
ego tamen, dum sine opinione praeiudicata ulla Zosimum
adfinesque historiae testes exploro, non omni ex parte sen-
tentiam illam quamvis simplicitate commendabilem stare posse
mihi persuasi.   atque ut rei summam praemittam, cum De-
xippo tum Eunapio plus quam iustum sit vulgo tribui censeo.
ac Dexippi quidem Chronica hinc prorsus amovenda esse
puto, Eunapio autem demenda quae leguntur Zos. II, 1—7;
36, 37; III, 12—34; IV, 18, 2—4; 36 (ex parte saltem),
eaque partim aliis libris historicis partim ipsius scriptoris
doctrinae tribuenda.

adferenda iam, quantum per huius loci angustias fieri

---

1) Reitemeier ipse (v. praef. p. XXXV sq. Bk.) praeter tres viros
illos etiam alios libros historicos a Zosimo usurpatos esse recte dixit,
neque tamen rem accuratius perscrutatus est. hodie vero Zosimi ope-
ram in Dexippi, Eunapii, Olympiodori solorum expilatione se conti-
nuisse plerique omnes persuasum habent, maxime post R. C. Martini
'de fontibus Zosimi' Berol. a. 1866 〈...〉

potest, argumenta. ac primum, quod ad Dexippum attinet,
Scythicorum vestigia manifesta in Zosimo adparere — sive
quod ipse legit, quae vulgaris, sive quod ab aliis excerpta
transtulit, quae est mea opinio — nec negavit umquam
quisquam post Reitemeierum et diligenti disputatione sin-
gillatim nuper probavit G. Boehme (diss. Ienens. t. II
p. 16 sq.). at si ad Chronica attendes ac locos a nobis
disceptatos (cf. ad Zos. I, 14; 16; 27; 36; 39) accuratius
examinabis, graves Dexippum inter et Zosimum reperies dis-
crepantias, inter easque tales quae ne ex Zosimi quidem
neglegentia, quantacumque ea est, repeti possint: redeunt ni
mirum apud alios rerum scriptores. sensit difficultatem ipse
Boehme, sed cum opinionem tralaticiam deserere non auderet
partim interpretando differentiam mollire aggressus est idque
sat improspere, partim ad effugium alius fontis praeter Dexip-
pea a Zosimo usurpati descendit. at hoc quidem effugium
procul habendum esse vix est quod dicam: contaminandi
enim fontes plures hic est apud Zosimum finis ut integras
quidem particulas — velut de ludis saecularibus aut de Iuliani
expeditione Persica — continuae narrationi alio ex fonte
interponere non dubitet, sed ut numquam in unius alicuius
rei expositione duos ipse fontes adeat et cum arte misceat.
itaque equidem non dubito quin capita libri primi 1—46 —
et fortasse etiam aliae libri primi particulae, quae hodie
Eunapio tribuuntur — ex fonte aliquo manaverint quo in
fonte usurpata erant Scythica quidem Dexippi sed non Chro-
nica. quis autem fons ille fuerit eo difficilius est dictu quod
haec quaestio conexa est cum impedita illa quaestione quae
est de Zonarae fontibus deque ratione Zonaram inter, Dionis
continuatorem ac Petrum Patricium intercedente. quae quae-
stio utut solvetur — si solvi omnino poterit —, id quidem
certum est usque ad Probi tempora multa apud Zonaram
extare quae tam arte iuncta sint cum Zosimea narratione ut
quin ad eundem fontem ultimo gradu redeant non possit
esse dubium.[1])

1) altera ex parte permirum est quod eo loco ubi de Valeriano
capto sermo est (Zos. I, 36), Zosimea narratio dissentit cum a Dexippea
(ap. Syncell. t. I p. 715 sq. Bonn. et Zonar. XII, 23 t. III p. 140, 21 sq.

ignotum primae partis fontem excipit Eunapius. ex quo quin maxima opusculi pars fluxerit propter servata Eunapii fragmenta dubium non est — quamquam nimium rem exaggeravit Photius (v. supra). constat autem ab Eunapio historiam chronicam, qua Dexippeam ita continuaverat ut libro primo res ante a. 355 gestas summatim exponeret inde a libro secundo fusam narrationem exorsurus, deductam primum fuisse usque ad a. 395, supervenisse deinde philosophorum vitarum compositionem, qua absoluta scriptorem — post a. quidem 414, v. fr. 87 — rediisse ad historiam, quam tamen ultra Eudoxiae mortem (a. 404) extendere non potuerit. quae historia quali ratione scripta fuerit satis declarant fragmenta, neque celavit scriptor ipse Dexippi suamque rationem comparans (fr. 1). quamquam autem Eunapius nullius quae in rhetorem Theodosiani aevi cadere possunt vitii in historia fuit expers[1]), magna tamen apud posteros fruebatur fama. usi eo sunt praeter Zosimum Petrus Patricius[2]) (cf. F. H. G.

Dind.) tum ab altera Zonarana (t. III p. 140, 9—19), et consentit cum Petrina (F. H. G. t. IV p. 187, 9); ut illo quidem loco et deseruerit fontem communem auctor Zonarae et adierit Petrus. (ceterum hoc Zonarae caput gravissimum est ad aliam quandam rem decidendam. continuatorem Dionis eundem esse ac Petrum Patricium post Niebuhrium (praef. corp. scr. byz. t. I p. XXIV) nuper adseveravit U. Boissevain (progr. Roterod. a. 1884 p. 24). huic autem continuatori permulta Zonaram debere iure hodie statuunt. iam igitur qui fieri dicamus ut hoc quidem loco neutra Zonarae narratio conciliari possit cum Petro? ni mirum eo quod Zonarana h. l. redeunt ad continuatorem Dionis, is autem diversus erat a Petro homo.)

1) quod A. de Gutschmid in commentatione illa egregia 'die Grenze zwischen Alterthum und Mittelalter' ('Grenzboten' 1863 I, 1 p. 330 sq.) Eunapium novae historicorum scholae auspicem dixit (p. 343), id qui teneri possit non intellego. Olympiodoro potius ea laus debetur; Zosimo autem in schola illa ultimus locus adsignandus erit. — ceterum, ut hoc addam, Gutschmid (p. 332) verbis Zosimi I, 58 (cf. supra p. VIII): ἐπειδὰν εἰς ἐκείνους ἀφίκωμαι τοὺς χρόνους ἐν οἷς ἡ Ῥωμαίων ἀρχὴ κατὰ βραχὺ βαρβαρωθεῖσα εἰς ὀλίγον τι καὶ αὐτὸ διαφθαρέν, περιέστη, tempora a. 461 posteriora innui censet.

2) Petrum Patricium cum nominamus iterum se offert Zonaras, in quo multa leguntur quae ad Eunapium ultimo gradu redire comparatio cum Zosimea narratione facta statim docet. fuisse autem Eunapium notum Petro ex huius fr. 18 (F. H. G. t. IV p. 191) elucet.

*

t. IV p. 191, 18), Ioannes Antiochenus (v. supra) et, quam-
vis raro, ecclesiasticae historiae scriptores Philostorgius, So-
crates, Sozomenus.[1]) hinc si quid Zosimeae Eunapii epi-
tomae vel emendandae vel supplendae adscisci posse videretur
a nobis adscitum est. ipsam autem hanc Zosimi epitomen si
cum integris Eunapii fragmentis comparamus, videmus Zo-
simum in excerpendo rhetore Sardiano ita versatum esse ut
fastum rhetoricum cincinnosque circumcideret orationique
ampullosae ac coloratae substitueret genus dicendi ieiunum
magis ac paene modestum (cf. ad III, 7, 6).

multo autem difficilior alia est quaestio, quae est de
ipsius Eunapii fontibus. qua in quaestione duo maxime agun-
tur monumenta vetera: Ammiani Marcellini opus et Victoris,
qui fertur, epitome. notum autem est epitomen et cum Zo-
simo inde a Diocletiani temporibus fere congruere et multis
in locis concordare cum superstitibus Ammiani libris. qua
ex re Th. Opitz (act. soc. Lips. t. II p. 260) conclusit 'Euna-
pium et epitomae fontem inde fere a Diocletiano praecipue
ex Ammiano sua hausisse'. ego tamen, quamquam Opitzio
adsensus est Ieep, prorsus nego innotuisse Ammianum Euna-
pio (v. infra). ipse autem ille consensus inter epitomen et

---

quamquam non uno in Eunapio Petrum acquievisse et per se probabile
est et manifestum ex fr. 16, quod prorsus dissentit ab Eunapio (ap. Zos.
II, 44). altera autem ex parte idem hoc Petri fr. 16 adeo concordat cum
Zonara (XIII, 7) ut quin huius narratio ad Petrum h. l. redeat nulla sit
dubitatio. quodsi omnino Eunapium Petrus Petrum Zonaras notos habue-
runt, facile oriri possit suspicio qua Petro intercedente Eunapiana,
ubi consensus sit inter Zosimi ac Zonarae narrationes, influxisse existi-
mentur in Zonaram. consultius tamen adhuc est eius modi coniecturis
abstinere, cum plane lateat quaenam in Zonaranis huc pertinentibus
sint partes continuatoris Dionis ac quae hunc inter et Petrum inter-
cesserit ratio. unde expiscari quidem ex Zonara Eunapiana Eunapia-
nisve similia licet, at quo quidque modo in illum devenerit aliquan-
tisper in medio relinquendum est.

1) cf. adn. ad II, 29; 30; IV, 13; V, 17. quod autem longius
progressus Ieep (ann. phil. suppl. t. XIV p. 57 sq.) omnino quae de
rebus profanis habeat Philostorgius — nam is in primis agitur — ad
Eunapium redire videri ait, id ut Zosimi mei causa credere pervel-
lem ita in tam frequenti Zosimi ac Philostorgii dissensu qui cre-
dam non video.

Eunapium intercedens qua ratione ortus esse mihi videatur
additis argumentis alibi exsequar. interim epitome ita usus
sum ut idem quidem illi fuerit fons ac qui fuit Eunapio,
sed ut Ammianus fons non fuerit. hunc autem cum ab
Eunapio segregandum putemus, neglegere potuimus etiam
eam Ieepii opinionem (p. 59 sq.) qua consensum, qui de rebus
quibusdam levioribus inter Philostorgium et Ammianum esse
videtur, inde explicat quod Philostorgius usus sit Eunapio,
Eunapius Ammiano.

veniendum iam ad eas particulas quas a Zosimo Euna-
pianae narrationi interpositas esse existimem. inter has pri-
mum locum sibi poscunt libri secundi capita priora sex —
praeter verba c. 4, 3: ἐπὶ τούτοις — ὑπάτων, quae sicuti
caput septimum ipsius Zosimi doctrinae tribuo —, quae ex
Phlegontis περὶ τῶν παρὰ Ῥωμαίοις ἑορτῶν opere fluxisse
mihi videri indicavi in adn. ad II, 1, 1. argumento esse pos-
set vel doctrinae veteris illic conspicuae copia et accurata
rerum annorumque notitia, quae omnino abhorret ab Euna-
pio, calculorum omnisque gravitatis osore. contra optime
capitum illorum indoles convenit cum eo Zosimi consilio
quo praesagia et vaticinia quibus imperii ruinam praemon-
strata esse crederet studiose conquirebat — quod quidem
studium ne ipsum quidem cadit in Eunapii et vivendi et
scribendi levitatem. denique ipse coniecturam confirmat Zo-
simus vaticinium illud Sibyllinum de ludis saecularibus ordi-
nandis (cap. 6) iam ante se ab aliis relatum esse adnotans
(5, 5). quale additamentum supervacaneum prorsus et inso-
lens esset si ad fontem perpetuum, i. e. ad Eunapium, ad-
luderetur, cuius nulla omnino alibi fit mentio, nisi quod III,
2, 4, item propter certas causas (v. infra), significatur. idem
additamentum non temere esse positum patebit, simul ac
revera a Phlegonte vaticinium illud relatum esse memineri-
mus. quapropter equidem non dubito quin ipse Zosimus,
cum in Eunapiano illorum temporum breviario nihil invenisset
nisi brevem adnotationem de ludis saecularibus a. 1057 a
Maximiano contra regulam praeparatis, rem quae gravis sibi
indagationeque digna videretur longius persecutus sit scru-
tandoque litteras veteres in Phlegontem inciderit. quam

autem non ipse intellexerit doctrinam a se relatam, tertia
capitis quarti paragrapho manifesto prodidit.

idem oracula conquirendi studium cernitur etiam II, 36.
ubi quod scriptor adfirmat se ut oraculum aliquod indagaret
quod futuram Byzantii magnitudinem portendisset πολλὰς
βίβλους ἱστορικὰς καὶ χρησμῶν συναγωγὰς ἀνελίξαι χρόνον
τε ἐν τῷ περὶ τούτων ἀπορεῖν δαπανῆσαι, sincera sine dubio
ea est professio idque quod c. 37 legitur oraculum — vel
potius duorum oraculorum coagmentatio — ab ipso Zosimo
ex oraculorum συναγωγῇ aliqua excerptum. unde autem Ioan-
nes Tzetzes, qui particulas oraculi duas Chiliadibus inseruit,
eas habuerit nescio, nec docuit qui nuper cum fructu de
Tzetzae Historiarum fontibus disputavit Chr. Harder (diss.
Kilon. a. 1886).[1])

praeterea narrationem de Athenis mirabiliter servatis
(IV, 18, 2—4) non ex Eunapio sed ex Syriano fluxisse ipse
scriptor indicat, nec est quod de ea re dubitemus.

ignotus contra est fons, cui sapientia IV, 36 exhibita
debetur. fluxisse eam ex Eunapio non credo et propter ad-
finem Ioannis Lydi locum et quod digressionem se facere
ipse indicat scriptor (ἄξιον δὲ τῶν ἱστορουμένων τι μὴ παρα-
λιπεῖν), ita quidem eam comparatam ut coniuncta sit cum
veteris cultus veneratione. quamquam ultima de Gratiano
narrata si quis ad Eunapium referet non repugnabo.

quodsi omnino propriam lectionem Zosimo concedimus,
non solum sermonis formandi causa (v. supra) sed etiam ad
addiscendam rerum notitiam, Zosimo ipsi potius quam Eu-
napio tribuemus etiam caput 32 libri tertii, in quo explicat
cur ante Iulianum res publica etiam maxima damna superare
potuerit et post illum ad scriptoris usque aetatem praeceps

---

1) adnotationis saltem latebrae concedentur coniecturae cuidam
ad Byzantium et ad Constantinum M. spectanti. equidem enim, quo
saepius considero ea quae Zosimus (II, 30, 2 sq.) habet et de Cplis
situ et de mutationibus in imperii administratione a Constantino in-
stitutis, eo minus persuadere mihi possum redire illa ad Eunapium.
quin immo accurata urbis descriptio prodit incolam, expositio de mu-
tata officiorum tam civilium quam militarium ratione, quantumvis
manca sit, virum officiis defunctum administrationisque curiosum.

ierit ac plerasque provincias iam amiserit. atque id eo con-
fidentius faciemus quod et antecedunt et subsecuntur quae
Eunapii non esse iam videbimus.

quippe ego mihi persuasi totam eam Zosimi partem quae
Iuliani expeditionem Persicam Romanorumque reditum com-
plectitur (III, 12—34) non haustam esse ex Eunapio, sed
redire ad Magni Carrheni relationem. quod paulo uberius
confirmare necesse est, quo defendatur ea rei criticae facti-
tandae ratio quam opinio nova vel requirebat vel excusabat.
summam igitur illa in parte intercedere Ammianum inter et
Zosimum similitudinem cum dudum intellexerint homines docti
tum singillatim demonstravit H. Sudhaus dissertatione Bonnae
a. 1870 edita. qui rectissime observavit similitudinis illius
eam esse rationem ut neutrum opus pendeat ab altero — modo
enim ab Ammiano modo a Zosimo plura narrantur, cum
universa res referendi ratio sit eadem —, sed ut utrumque
redeat ad unum eundemque fontem. dissentio autem a viro
erudito in eo quod communem illum fontem fuisse adfirmat
Oribasii ὑπόμνημα — quod scilicet excerpserit Eunapius Zo-
simi auctor, usurpaverit item Ammianus, sed a se suppletum
ac correctum. at haec quidem de Oribasio opinio stare nullo
modo potest. nempe ὑπόμνημα illud non fuit, ut Sudhaus
opinatus est, 'litterae publicae', sed commentarius privatus,
quem numquam editum fuisse — ut Ammianus paulo ante
Eunapium, ut videtur, partem illam scribens eo uti po-
tuerit — sed privatim sibi, quo haberet scribendi adiumen-
tum, ab Oribasio subministratum esse ipse aperte docet
Eunapius.[1]) accedit quod omnino Iuliani, postquam Persidem

---

1) Eunap. fr. 8: καὶ ὁ μὲν πολὺς ἄνθρωπος ταῦτα πάσχοντες ὅμως
ἔλαττον ἐς τὸ γράφειν ἐξεβιάζοντο· τὸ δὲ ἐξαίρετον καὶ ὅ τι περ ἦν ἐν
παιδείᾳ γνωριμώτατον, οὐδὲ ἀφιέντα ἠφίεσαν, ἀλλ' ἐνέκειντο παραθαρ-
σύνοντες, ὡς ἐπιληψόμενοι (συνεπιλ. Bekker) τοῦ πόνου. ὁ δὲ ἐς τὰ
μάλιστα γεγονὼς αὐτῷ γνώριμος, ὁ Περγαμηνὸς ἀνὴρ Ὀρειβάσιος, ἐκ
φυσικῆς φιλοσοφίας ἰατρικὴν ἐπιτάττειν ἄριστος καὶ δρᾶν ἔτι θειότερος,
καὶ ἀσεβήσειν ἐβόα περιφανῶς, εἰ μὴ συγγράφοιμι· καὶ τῶν γε πρά-
ξεων, πάσας δὲ ἠπίστατο παρὼν ἁπάσαις, μάλα ἀκριβῶς ὑπόμνημα
συνετέλει πρὸς τὴν γραφήν· ὥστε οὐκ ἦν ἀναβολὴ καὶ βουλομένῳ
ῥᾳθυμεῖν.

intravit, memoria tam publica quam privata ita evanuerat ut
ne amici quidem ubi esset nossent (cf. Sievers 'Leben des
Libanius' p. 126 sq., 'Studien' p. 272). itaque litterae qui-
dem publicae — etiam si ab Oribasio discesseris — Ammiano
et Eunapio usui esse non potuerunt, quippe si omnino fue-
rant cito exaruerant.

quae cum ita sint, actum videri potest de fonte com-
muni ad quem Ammianea et Zosimea sive Eunapiana redeant.
et actum esse visum est Opitzio (act. soc. Lips. t. II p. 260
adn. 83), — non quidem propter ὑπομνήματος Oribasiani
rationes, quae illum latuerunt, sed propterea quod 'Ammiano
et Zosimo etiam de rebus ceterorum principum conveniat,
Oribasii autem ὑπόμνημα res unius Iuliani complexum esse
videatur'. quapropter Opitz Eunapium, Zosimi auctorem, hac
quoque in parte Ammiani opere usum esse adfirmat, nisi
quod praeterea Oribasium inspexerit.

verum enim vero — ut missa aliquantisper Iuliani ex-
peditione Persica ad relicuas res ab Ammiano et Eunapio
narratas animum convertamus — prorsus aliter tota res se
habet ac visum est Opitzio, longeque abest ut iam 'ad Mar-
tini sententiam revertamur necesse sit, qui multis locis Euna-
pium Ammiani vestigiis insistere recte iudicavit' (Ieep 'quaest.
Frideric.' p. 27 sive riv. di filol. class. t. X p. 399). vir dili-
gentissimus ille quidem sed philologorum potius quam histo-
ricorum rationem in suis de Victore quaestionibus secutus si
non substitisset in adsimulandis eis quae Ammiano et Zosimo
communia aut sunt aut esse videntur, sed attendisset ad sum-
mas inter utrumque scriptorem discrepantias — tam in rebus
ante Iuliani expeditionem Persicam quam in rebus postea
gestis —, nullam omnino necessitudinem Ammianeum inter
et Eunapianum opera intercedere non potuisset non videre.[1])

nec id mirum. quid enim polito Graeco cum hispido
milite? an putabimus eum quem vel Romani propter ser-
monis horriditatem spreverunt a limatulo rhetore Sardiano

---

1) veluti si quis attentius examinabit de rebus a Iuliano Caesare
gestis Ammianeam atque Eunapianam (fr. 8 sq., Zos. III, 2—8) relatio-
nes, cito evanescet omnis alteram ex altera suspendendi cupido.

lectitatum atque expressum esse? quod ut credi posset in-
victo prorsus opus erat argumento aliquo, non autem eo cui
ipsa rerum veritas aperte repugnet.

accedit aliud. ex Ammiano — ut ad rem propositam
iam revertamur — si revera Iuliani expeditionem Persicam
transcripsit Eunapius, qui fit ut ex Eunapii fragmentis ab
editoribus illuc relatis (fr. 19—23) ne unum quidem prorsus
concinat cum Ammiano, sed omnia aut discrepent aut in hoc
non extent[1])? at, dicent adversarii, ex Oribasio illa quidem
adscivit Eunapius. audio. iam vero qui fit ut ne Zosimus
quidem ea habeat quae referuntur in fragmentis Eunapii, sed
eodem prorsus atque Ammianus modo ea neglegat[2])? num
igitur eis locis ubi hodie adsunt Eunapiana consulto Euna-
pium dimisit Ammianoque se adplicavit? an forte tam habili
fuit ingenio ut ex calamistris Eunapianis ipse sobriam mili-
taremque concinnaret relationem, seligens quippe ex Eunapio
Ammianea pleraque et non nulla Oribasiana, abstergens colo-
res ac pigmenta Eunapiana?

adparet non vulgarem esse difficultatem quaeque tolli
nequeat quam diu Eunapii res immisceantur. itaque pericu-
lum faciendum videtur num quid proficiamus amoto rhetore
Ammianum et Zosimum comparantes.

militarem utriusque esse relationem longeque remotam
ab omni pompa ac fastu facile adparet. desunt etiam apud
Zosimum solitae narratiunculae, adsunt numerorum, dierum,
locorum notationes, habes castra suis locis posita, proelia
atque oppugnationes accurate descriptas, totam denique ex-

---

1) fr. 19[a] generaliter conceptum est, fr. 19[b] apud Ammianum non
redit, fr. 20 incertae sedis est, fr. 21 huc non pertinet cum de Parthis
illic sermo sit, fr. 22, 1. 2. 3 non redeunt apud Ammianum, fr. 22, 4
incertae rationis est cum apud Ammianum (XXIV, 7, 1) de primatum
consultatione sermo sit, fr. 23 nil nisi sententias rhetoricas habet.

2) de fr. 20, quod Boissonade cum Zos. III, 28, 4 comparari iubet,
v. adn. praec.; fr. 22, 2, quod cum Zos. III, 26, 1 — Ammianus XXIV,
6, 3 huc non pertinet — confert Mueller, dissimile est, cum nihil de
ἀνέσεσι habeat Zosimus. praeterea, id quod gravius, Ἀβουζαθὰ non
est τὸ πρὸ Κτησιφῶντος πεδίον. operae autem pretium est comparare
Eunapianam de militum Iuliani morte adfectis animis cantilenam
(fr. 23) cum brevissima Zosimi de Iuliani morte adnotatione (III, 29, 1).

peditionem perite expositam. concinunt autem pleraque omnia
cum Ammiano, nisi quod hic orationes excursusque a Zosimo
alienos interponit, alter res quasdam ac loca habet ab Am-
miano neglecta. quam similitudinem non posse explicari nisi
ex fontis communione cum concesserimus Sudhausio sed Ori-
basium cum Eunapio suo amoverimus, nil restat nisi ut eum
scriptorem quo usus est Ammianus ipse adicrit Zosimus.
quaerendus igitur homo, Iuliani aequalis, qui et militari
scientia satis fuerit instructus et ipsarum quae hic aguntur
rerum spectator et particeps. qualis homo quique Graeco
sermone expeditionem illam enarraverit revera praesto est.
quippe Ioannes Malalas p. 328, 20 sq. Bonn. ex Magni Car-
rheni de Iuliani expeditione Persica libello [1]) aliquot servavit
fragmenta, satis quidem nota ea Iuliani rerum exploratoribus.
quo magis mirere quod nemo dum, ne C. Mueller quidem
(F. H. G. t. IV p. 4) vel L. Dindorf (hist. Gr. min. t. I p. 366)
editores, ad singularem fragmentorum illorum rationem at-
tendit. quippe cum incipias Magniana illa cum Ammianeis
et Zosimeis contendere, summus inter tres relationes con-
sensus tam rerum quam verborum in oculos incurrit mira-
tionemque facit. mox autem evanescere videbis omnem illam
similitudinem, non quidem Ammianum inter et Zosimum, sed
hos inter et Magnum. quod sane praeter rationem accidit.
iure enim quaeri potest cur tandem Magnus, postquam initia
expeditionis accuratissime militisque instar descripserit, mox,
ubi Persidem intrare coepit Iulianus, a se ipse desciscat
nec amplius militares res scribat sed fabulas ineptas rumo-
resque aniles. quid enim? qui ipse expeditioni illi interfuit,
quo modo, ut hoc exemplo utar, scribere potuit Iulianum a
perfugis per centum quinquaginta milia passuum in desertum
abduci se passum esse ac tum demum fraudem intellexisse?

1) peculiarem enim fuisse scriptiunculam puto. idem videtur
Magnus ac tribunus ab Ammiano (XXIV, 4, 23) et Zosimo (III, 22, 4)
memoratus — ut ne sui quidem fuerit immemor. χρονογράφος quod
a Malala dicitur, accipiendum id de 'rerum scriptore', eodem modo
atque Eutychianus στρατιώτης ὢν καὶ βικάριος τοῦ ἰδίου ἀριθμοῦ τῶν
Πριμοαρμενιακῶν, qui ipse quoque hanc expeditionem singillatim de-
scripsit, a Malala χρονογράφος dicitur (p. 332, 9).

quod plane absurdum esse cum per se pateat, tum testatur
Ammianus (XXIV, 7), testis quidem is oculatus, navibus
cum a Ctesiphonte recederetur incendi coeptis fraudem ducto-
rum statim esse deprehensam.[1]) nolo haec per singula per-
sequi: ipsam legisse sufficiet Magni narrationem inde a
p. 330, 16[2]), quo statim pateat alium haberi hominem ac qui
erat initio.

ut rem verbo complectar, equidem posteriora illa a Ma-
lala — vel potius a Malalae auctore, qui fortasse Domninus
fuit — iniuria Magno tribui puto, cum revera sint ecclesia-
stici alicuius scriptoris figmenta. ni mirum Christianorum
non tam intererat scire quae praeclare gessisset Iulianus sed
quem ad modum apostata dementia captus destructis navi-
bus divinum iudicium in se ipse peregisset (cf. C. Ullmann
'Gregorius von Nazianz' p. 95 sq.). quapropter illi famam
illam militarem[3]) de perfugis cupide arripuerunt varieque
exornaverunt — non minus quam ipsam mortem, quam sim-
plici causae tribuere nolebant (v. Tillemont t. IV p. 547 sq.
p. 699 sq.). atque id quidem quod Malalas habet de duobus
perfugis, qui ut fidem professionibus facerent sibi ipsi nasum
praeciderint, antiquissimam esse famam Christianam docet
Gregorius Nazianzenus (or. V c. 11), nisi quod uno conten-
tus est Zopyri imitatore, quem quidem statim post naves a
Romanis incensas abscedentem facit.

ac quo magis intellegas Malalana haec scriptori alicui
ecclesiastico deberi, conferas personatum Magnum (ap. Malal.
p. 330,16) cum personato Eutychiano (ib. p. 332, 13): videbis
easdem ineptias eisdem verbis referri, ut de communi loci

---

1) ita Zonaras quoque XIII, 13 — quod quidem caput ex fontibus
historicis et ecclesiasticis contextum est.

2) versus 10—16 minus quidem inepti sunt quam proximi, tanto-
pere tamen breviati ut, etiamsi redeant ad Magnum, usui tamen esse
nequeant.

3) cf. ad Zos. III, 26. ceterum eam ne Socrates (III, 21) quidem
habet, qui post repudiatos Persarum legatos Iulianum pugnantem
occumbentemque facit.

utriusque origine dubitatio esse non possit.[1]) praeterea com-
para Magnum ap. Malal. p. 331, 15 (et Eutychianum ib.
p. 333, 3 — hinc Chron. Pasch. t. I p. 551) de Asia loco
Iuliano fatali cum Malalanis p. 327, 10: καὶ παρακοιμηθεὶς
εἶδεν ἐν ὁράματι παῖδα ξανθὸν λέγοντα αὐτῷ 'ἐν Ἀσίᾳ δεῖ
σε τεθνάναι'. quae ultima cum non dubiam habeant origi-
nem ecclesiasticam, ne Pseudomagniana quidem sanus homo
aliunde derivabit.[2])

itaque segreganda puto ea quae revera ad Magnum re-
deunt, i. e. Malal. p. 328, 20 — p. 330, 10, ab eis quae secus
illi a Malala tribuuntur. illa autem particula ita comparata
cum sit ut prorsus conspiret cum Zosimo maximam partem
conveniat cum Ammiano, eandem rationem etiam in eis par-
tibus ubi hodie desunt Magniana fuisse consentaneum est.[3])
cur autem Ammianus non omnibus in rebus concordet cum
Magno Zosimoque facile explicari potest. quippe cum Zosi-
mus simpliciter secutus sit Magnum nulla alia memoria

1)   Magnus.
καὶ ἐπικρατὴς γενόμενος Ἰουλια-
νὸς ὁ βασιλεὺς ἐσκήνωσεν ἐν τῇ
πεδιάδι τῆς αὐτῆς πόλεως Κτησι-
φῶντος, βουλόμενος μετὰ τῆς ἰδίας
συγκλήτου καὶ ἕως Βαβυλῶνος εἰσ-
ελθεῖν καὶ παραλαβεῖν τὰ ἐκεῖσε
. . . . . καὶ γνοὺς (Persarum rex)
ὅτι ἐμεσάσθη, φεύγει ἐπὶ τὴν Περ-
σαρμενίαν.

· Eutychianus.
καὶ ἐπικρατὴς γενόμενος καὶ νική-
σας πάντας παρέλαβεν ἕως πόλεως
λεγομένης Κτησιφῶντος, ἔνθα ὁ βα-
σιλεὺς Περσῶν ἐκάθητο, ἐκείνου φυ-
γόντος ἐπὶ τὰ μέρη τῶν Περσαρμε-
νίων, καὶ βουλομένου (corrupta haec,
fort. καὶ del. et βουλόμενος scrib.)
μετὰ τῆς ἰδίας συγκλήτου καὶ τοῦ
στρατοῦ αὐτοῦ ἄχρι τῆς Βαβυλῶνος
τῇ ἑξῆς ὁρμῆσαι καὶ ταύτην παρα-
λαβεῖν διὰ τῆς νυκτός.

2) ipsa illa de 'Asia' fama unde orta sit nescio: in 'Phrygia' sibi
obeundum esse noverat Iulianus sec. Ammianum XXV, 3, 9. consentit
Zonaras XIII, 13 cum Ammiano de Phrygia, cum ceteroqui faciat
cum Malala.

3) etiam Libanius in eis quae de expeditione Persica narrat (t. I
p. 521 sq. R.) Magni opusculum consuluisse videtur, non ut rerum scrip-
tor videlicet sed ut rhetor temere tempora locaque miscens. quam
autem gratum illi esse debuerit opusculum a tribuno legionis perite
scriptum facile patet: nam militum quidem e Perside reversorum nar-
rationes satis illi non faciebant, eratque ἔργων οὐδαμοῦ διήγησις, τὸ
πᾶν δυναμένη μηνύσαι, ἀλλ' ἀμυδρὰ καὶ σκιά, καὶ συγγραφέως οὐχ
ὑπηρετοῦντα στόματι (sic): Liban. ep. 1186 W.

adscita, Ammianus Magniana ita tractavit ut pro fundamento
quidem haberet sed pro sua rerum peritia vel recordatione
et emendaret et suppleret. quod quidem non nimis perite
fecit, adparent enim hic illic suturae suntque dittographiae
(velut Amm. XXIII, 5, 8 coll. XXIV, 1, 5). ea igitur in qui-
bus Zosimus et Ammianus consentiunt, Magniana non solum
dici possunt sed fide etiam digna, utpote probata Ammiano;
ubi plura habet Ammianus, Magnum aut plenius quam Zosi-
mus excerpsit aut emendaturus erat; ubi denique brevior
Zosimo est, aut diffidebat Magno aut consulto neglexit (cf.
ad III, 34, 2).

quae hucusque de hac Zosimi parte exposui sufficient
credo eis qui argumenta ex ipsis rebus sumpta pluris faciunt
quam opiniones tralaticias. sed ut etiam eis qui propter
vulgarem de Eunapio perpetuo Zosimi auctore famam argu-
menta contraria spernunt scrupuli eximantur, ex ipso iam
Zosimo demonstrabimus revera in Iuliani historia scribenda
fontis commutationem ab eo factam esse. nempe ille (III, 2, 4)
de Iuliano ea maxime se relaturum esse dicit quae a ceteris
omissa sint (ἐπεὶ δὲ προσήκει τὴν τάξιν ἡμᾶς μὴ διασπάσαι
τῆς ἱστορίας, εἰρήσεται καὶ ἡμῖν συντόμως ἕκαστα κατὰ τοὺς
οἰκείους καιρούς, καὶ μάλιστα ὅσα τοῖς ἄλλοις παρα-
λελεῖφθαι δοκεῖ. 'ceteri' autem illud perspicuum est non
posse accipi nisi de solito Zosimi fonte: is autem est Euna-
pius.') iam quae ea sunt quae omisisse Eunapius videri

---

1) praecedunt in Zosimo haec: πάρεστι δὲ τῷ βουλομένῳ συλλαβεῖν
ἅπαντα τοῖς λόγοις ἐντυγχάνοντι τοῖς αὐτοῦ καὶ ταῖς ἐπιστολαῖς, ἐφ'
ὧν ἔνεστι μάλιστα τὰ κατὰ πᾶσαν αὐτῷ πεπραγμένα τὴν οἰκουμένην
περιλαβεῖν. ac revera in Zosimi narratione praeter epitomen Eunapia-
norum manifesta sunt vestigia lectionis Iuliani cum orationum primae
ac secundae (v. ad III, 8, 2) tum epistularum. iam audi qua ratione
illa nuper verterit H. Hecker ('zur Geschichte des Kaisers Iulianus'
progr. Kreuznach. a. 1886 p. 17): 'Wer wolle, der könne die Reden
und Briefe Iulians selbst zur Hand nehmen und vor allem die Be-
schreibung, die dieser selbst von seinen Thaten angefertigt
habe. Er könne deshalb eigentlich Iulian übergehen, wolle indess
den Zusammenhang nicht unterbrechen und vor allem das erzählen,
was die andern übergangen hätten. — Darunter versteht er das, was
nicht in den Commentaren Iulians stand. Er benutzt deshalb über

poterat Zosimo? ipsa si comparamus Eunapii fragmenta,
videmus copiose ab eo esse expositas Alamannicas Iuliani ex-
peditiones itemque res a Iuliano postquam ad imperium evec-
tus est gestas. nec minus Zosimea contendenti adparet illis
in partibus nil fere nisi Eunapii compilatorem egisse Zosi-
mum: adeo omnia prope modum redeunt, nisi quod ipse
quoque consuluit Iuliani epistulas et orationes. iam cum Zosi-
mum mendacii fraudisque incusare non liceat, nil relinquitur
nisi ut professio illa referatur ad eam Zosimeae de Iuliani
rebus gestis narrationis partem quae et longe uberrima et
praestantissima est, i. e. ad expeditionem Persicam. hanc
Eunapius, ut ex fragmentis videre est, non omiserat quidem
sed tantis coloribus depinxerat tantaque cum Iuliani adula-
tione exornaverat (cf. fr. 23) ut quin ipsarum rerum veritatis
minus etiam quam alibi curiosus fuerit non sit dubium (cf.

die gallischen Kriege den Brief an die Athener und giebt ausserdem
einige Anecdoten. Sobald der Brief an die Athener aufhört, tritt die
Uebereinstimmung mit Ammian hervor, und zwar so deutlich, dass
die gemeinsame Quelle gar nicht zu verkennen ist. Im Perserkriege
stimmen ganze Capitel fast wörtlich mit Ammian überein.' vera sunt,
ut vidimus, ultima, oblitus tamen est addere vir doctissimus consen-
sum illum inter Ammianum et Zosimum illic intercedentem etiam post
Iuliani mortem continuari. quodsi ea concordia cum Heckero explicanda
sit eo quod Iuliani commentarios uterque expilaverit, necesse est ut
Iuliano praeter alias virtutes etiam ea obtigerit ut non solum vitae
sed etiam mortis propriae narrator fuerit. praeterea libertatem inter-
polandi, quam veteribus librariis reservatam fuisse putabamus, ne
nunc quidem exolevisse vides: Iuliani enim commentarios frustra ceteri
mortales praeter Heckerum in Zosimi illis verbis quaeremus. qui
commentarii, si umquam editi revera sunt, nec ultra bella Germanica
processerunt — cf. Liban. ep. 33: κάλλιστον δὲ ὧν ἤκουον τὸ ἐλαύνειν
τε τοὺς βαρβάρους καὶ τὰς νίκας εἰς συγγραφὴν ἄγειν καὶ τὸν αὐτὸν
ὄντως ῥήτορά τε εἶναι καὶ στρατηγόν, quae quidem cum Sieversio
('Leben des Libanius' p. 246) a. 358 scripta puto — et Eunapio sal-
tem non innotuerunt: non enim ad Oribasii ὑπόμνημα (fr. 8) Iulianique
epistulas, quarum multitudinem ipse notat (fr. 14, 7), confugiendum
ei fuisset. Zosimum autem illa in parte ab Eunapio divelli non posse
cum pateat, non restant nisi Ammianus et Libanius. qui quae de
bellis Germanicis habent revera redire ad Iuliani illos commentarios
prius quam credam, firmiora require argumenta quam quae ab Heckero
prolata sunt.

fr. 8). itaque potuit sane Zosimo, postquam in Magni incidit opusculum comparavitque militis seriam solidamque expositionem cum rhetoris prae Iuliani amore insanientis futtilitate, fons suus solitus hic deficere videri.

ultimus eorum quibus usus est Zosimus — de Asinii Quadrati mentione v. adn. ad V, 27, 2 — est Olympiodorus Thebanus, ab ipso Zosimo (V, 27, 1) semel nominatus. qui Olympiodorus, quamquam non historiam sed historiae materiam se elaborasse ipso operis titulo professus est, summa tamen cum cura et fide res aetate sua in occidente gestas posteris tradidit. quam fidem etiam nunc vel in Zosimi epitome persentiscimus — nisi quod sexto libro ultima lima defuit, ut is iam scateat erroribus. cum autem Olympiodoro praeter Zosimum in nono historiae ecclesiasticae libro usus sit Sozomenus (cf. ad V, 26, 1), praeter ipsius Olympiodori fragmenta ubique Zosimo adhibenda est Sozomeni epitome. contra plane segregandus ab Olympiodoro mihi — et ante me ceteris omnibus — videtur Philostorgius, quem ipsum quoque Olympiodorea compilasse sibi persuasit Ieep (cf. ad V, 26, 1; VI, 9, 3; 13, 2).[1]

---

1) unus tamen epitomae Photianae locus, ubi revera videri possit Philostorgius adisse Olympiodorum, peculiarem requirit disceptationem, idque eo magis quod a nullo dum recte tractatus est, ne a Rosensteinio quidem ('Forsch. z. d. Gesch.' t. III p. 217). is extat Phil. XII, 1 p. 543 Read., ubi leguntur haec: ὅτι Φιλοστόργιος καὶ ἐν ἄλλοις πολλοῖς Στελίχωνος κατατρέχων καὶ τυραννίδος ἔνοχον γράφει. καὶ ὡς Ὀλύμπιός τις τῶν μαγίστρων φερόμενος κατὰ τοῦ βασιλέως ἐν τῷ παλατίῳ τὸ ξίφος ἀντιλαβὼν τῇ χειρί, ἑαυτὸν μὲν ἐλυμήνατο, τὸν βασιλέα δὲ διέσωσε, καὶ συνεργὸς αὐτῷ κατέστη πρὸς τὴν ἀναίρεσιν Στελίχωνος, κατὰ τὴν Ῥάβενναν διατρίβοντος. ἄλλοι δὲ οὐκ Ὀλύμπιον, ἀλλ᾽ Ὀλυμπιόδωρον φασίν· οὐδ᾽ ἐπαμῦναι τῷ βασιλεῖ ἀλλ᾽ ἐπιβουλεῦσαι τῷ εὐεργέτῃ Στελίχωνι καὶ εἰς τυραννίδα συκοφαντῆσαι αὐτόν· καὶ οὐδὲ μάγιστρον τηνικαῦτα εἶναι, ἀλλ᾽ ὕστερον μετὰ τὸν ἄδικον τοῦ Στελίχωνος φόνον ἔπαθλον τὴν ἀξίαν λαβεῖν. ἀλλ᾽ οὐκ εἰς μακρὰν καὶ αὐτὸν ῥοπάλοις ἀναιρεθέντα τῆς μιαιφονίας τὴν δίκην ἀποτῖσαι τῷ Στελίχωνι. usus est Ieep (ann. phil. suppl. t. XIV p. 73) ultima huius capitis parte — de priore a se non adlata quid sentiret non aperuit, inde a verbis ἐπιβουλεῦσαι τῷ εὐεργέτῃ demum Philostorgium transcribens — ut Philostorgium illic pendere ab Olympiodoro (fr. 8) demonstraret. manifesta reapse utriusque loci est similitudo, nec dubium quin Olympiodori sententiam bis expressam habeamus. at in eo pror-

ex eis quae de Zosimi fontibus deque scriptoribus qui
eosdem fontes adierunt exposuimus, effici posse videatur
grande emendationis auctarium paratum esse in relicua illa
memoria. ac revera non inutilem fuisse comparationem loci
vel ab aliis vel a nobis illinc correcti demonstrant. quam-
quam magno opere cavendum est ne adiumento illo temere
abutare. etenim quo magis te in Zosimi familiaritatem in-
sinuaveris eo magis ei diffidere disces. tempora miscet, loca
ignorat, res non conexas nectit nexasque divellit, fabulas
miraculaque persequitur ipsa re quae agebatur aut omissa
aut obiter memorata, eandem narrationem paulo aliter con-
formatam bis proponit, omnino nullius vitii quod rerum
scriptorem dedeceret non potest alicubi convinci. summa
igitur in adsimulandis fontibus scriptorumque adfinium rela-
tionibus opus est cautione, ac ne manifesta quidem vitia
temere illinc emendanda, sed ita tractanda ut ratio ubique
habeatur universae huius scriptoris neglegentiae ac levitatis,
praesertim ubi longior aliqua narratio in compendium redi-
gatur. ——

hoc igitur hodie est emendationis Zosimeae instrumen-

sus erravit leep quod a Philostorgio ex Olympiodoro desumpta
esse putavit quae ipse Photius ex ἄλλοις hausit ultroque Philo-
storgianis prioribus opposuit: ἄλλοι autem illi nihil aliud sunt
quam ipse Olympiodorus Photio sat notus. contexuit autem caput
illud Photius summa cum neglegentia. quippe cum dicendum fuerit
Olympiodorum plane dissentire a Philostorgio de Stilichone atque
Olympio, egregius patriarcha dixit ab aliis non Olympii sed Olympio-
dori nomen Stilichonis eversori dari (ἄλλοι δὲ οὐκ Ὀλύμπιον ἀλλ᾽ Ὀλυμ-
πιόδωρον φασίν) — quasi ulla de hominis notissimi (cf. Gothofredus
ad cod. Th. XVI, 5, 42) nomine dubitatio umquam cuiquam fuerit, ne-
dum Olympiodoro. (simili modo Photius ipse in epitome Philostor-
gianorum sententiam aliorum historicorum opponit Philostorgianae a
se primo loco relatae VII, 15 — sermo est de Iuliani morte —: καὶ οὗτος
(Philostorgius) μὲν εἰς τὸν ἥλιον ἀποῤῥαίνειν τὸ αἷμα καὶ τοὺς αὐτοῦ
θεοὺς κακολογεῖν, οἱ δὲ πλεῖστοι τῶν ἱστορούντων εἰς τὸν κύριον
ἡμῶν Ἰησοῦν Χριστὸν τὸν ἀληθινὸν θεὸν ἑκατέρᾳ (ἑκάτερον vulgo) γρά-
φουσι τὸ αἷμ᾽ ἀποῤῥῖψαι (ἐναποῤῥίψαι vulgo) — qua de diversitate v. Tille-
mont t. IV p. 548 — et XI, 6: ἀλλ᾽ ὁ μὲν Φιλοστόργιος ταῦτα περὶ
Εὐτροπίου λέγει· ἕτεροι δὲ ἄλλας αἰτίας καὶ τοῦ παραλυθῆναι τῆς ἀρχῆς
καὶ τῆς ὑπερορίας καὶ δὴ καὶ τοῦ θανάτου ἀνιστοροῦσιν.)

tum. quod instrumentum cum et uberius aliquanto et certius
sit quam id quo priores editores utebantur, mirum non est
quod sui similior iam prodit Zosimus. quod ad consumman-
dam formam genuinam adhuc deest, plerisque locis coniectura
recuperari posse credo. cum enim paucos lectores hic scriptor
olim habuerit raroque exercuerit librarios, gravioris cor-
ruptionis omnis abest suspicio, nisi quod lacunae insunt
multae. in ipsis igitur verbis propagandis cum librarii ultra
sollemnes errores nil magnopere peccaverint, potest profecto
is qui et res norit genusque dicendi compertum habeat divi-
nandi aleam cum aliqua successus spe experiri. ac revera
permulta ex eis quae Sylburg maxime postque Sylburgium
Bekker coniectura ducti proposuerunt, Vaticani codicis auctori-
tate extra dubitationem iam sunt constituta.[1]) quapropter
ne ipse quidem dubitavi eis locis qui ut aegri ita sanabiles
viderentur coniecturae medicinam admovere, eo tamen tem-
peramento usus ut divinatio plerumque intra adnotationis
cancellos cohiberetur raroque in ipsa scriptoris verba inva-
dere sineretur. quae remanserunt vulnera — sive quod deli-
tuerunt sive quod medelam adhuc detrectaverunt —, ea
novos melioresque medicos et poscunt et, ut hodie haec serae
Graecitatis studia florent, brevi invenient.

---

1) ceterum ne tantorum virorum de laude quicquam deperiret,
simulque ut novo exemplo discerent sordium per numerum defensores
rationi in re critica plus esse dandum quam centum apographis, me-
moravi ubique illorum inventa ubi codicis archetypi fides eis iam acces-
sisset, apographorum scriptura unde profecti erant iuxta posita.

Scr. Dorpati K. Iun. a. 1887.

L. Mendelssohn.

Reitemeieri argumentum.

Libri I. Incrementa imperii Romani intra exiguum temporis spatium facta sunt (c. 1). postquam Graeci eximia contra Persas virtute bellarant, bellis domesticis fracti, a Philippo et Alexandro subacti sunt (2—4). postea ad Romanos summa rerum pervenit, quae unius arbitrio committitur (5). succedentes in imperio Octaviano plerique nulla digni sunt memoratione (6—8). Severus, devictis Albino et Nigro, adversus Persas rem fortiter gessit (8). Antoninus filius eius Macrinum quidem vicit, sed ob infamiam morum interfectus est (9. 10). Alexander, egregie rem publicam administrans, eodem fato periit (11. 12). Maximinus crudelitate saeviens (13—15). Gordiani duo seniores et iunior, qui feliciter bellum cum Parthis gessit, imperio haud indigni (16—18). Philippus (19—21). Decius dum barbaris se opponit, fraude perit praefecti praetorio (22. 23), Galli, qui ei successit, et barbaros vidit fines Romanorum late vastantes (24—27). Aemilianus bello civili interiit (28). Valerianus, quo imperante barbarorum incursionibus ab omni parte factis et tyrannorum multorum imperiis vehementissime res publica quassata est, bello Persico captus apud hostem periit (29—36). Gallienus, iam ante patris in imperio socius, non valet rebus afflictis succurrere (37—40). Claudius, fortiter barbaris repulsis, peste maturam obit mortem (41—46). Quintillus frater eius sponte vita decessit, haud parem se ratus (47) Aureliano, qui et barbaris perdomitis et tyrannis, inprimis Zenobia, deletis, rem publicam non modo servavit sed institutis quoque utilibus recte ordinavit (48—62). Tacitus (63) et Florianus (64) breve tempus imperium tenent. Probus, dignior et rei publicae utilis, seditione militari interimitur ⟨(64—71). Carus (71); Carinus (72. 73); Iulianus Sabinus (73)⟩.

Lib. II. Ludorum saecularium, qui, licet rei publicae Romanae salutares, a Diocletiani tamen tempore neglecti sunt, origo et celebrationis ratio. oraculum de eis (c. 1—7). Diocletiano et Constantio imperatoribus Constantinus a Galerio ad patrem fugit, et eo mortuo succedit in imperio. quo Maxentius commotus Romae tyrannidem occupat (8. 9), a qua neque Severus Caesar cum copiis missus neque ipse Galerius eum deiicere possunt. hic, Licinio Augusto declarato, gravi morbo vitam finit (10. 11). Maxentius Libyae provincias cupiens suo adiungere imperio, Alexandrum, qui ibi purpuram sumpserat, proelio victum capit et necat (12—14). simultates ob Maximiniani Herculii mortem inter Maxentium filium eius et Constantinum bellum excitant, quo ille superatus imperium cum vita perdidit (15. 16). in bello inter Licinium et Maximinum orto hic victus paulo post mortuus est (17). prospere gessit Constantinus primum cum Licinio bellum (18—20), et post victoriam de Sarmatis (21) secundo bello in potestatem eum acceptum suam necavit (22–23). postquam omne imperium penes Constantinum erat, et mores mutat et rei publicae instituta. ritibus patriis spretis ad Christianorum accedit religionem (29), novam urbem, Cpolim, sedem imperantium, condit (30—32), praefectos praetorii instituit quattuor (33) et limites militum nudat praesidio (34). filii eius Caesaris dignitatem obtinent; urbis Cpolis magnitudo (35) iam in oraculo quodam fuerat praedicta (36. 37). aerario exhausto nova et molesta tributa imponuntur (38). ei mortuo succedunt filii (39).

Crudelitate et invidia auspicia regni eorum sunt insignia. in cognatos saevit Constantius (40), Constantinus per fratrem perit (41) Constantem, qui, crudelis et libidinosus, a Magnentio tyranno e medio tollitur (42). Vetranio et Nepotianus imperium adfectantes spe excidunt, ille arte Constantii, hic copiis Magnentii oppressi (43). bellum cum Persis male gessit Constantius, magis prospere cum Magnentio, qui in eo cum fratre Decentio perit (44 — 54). Gallus, Caesaris dignitate ornatus et Orienti praefectus, per calumnias et imperio privatur et vita (55).

Lib. III. Germanis Galliam vastantibus Constantius Iulianum, ut his regionibus succurrat, Caesarem facit (c. 1. 2), qui ut ante litteris, nunc armis nomen sibi comparat; proelio ad Argentoratum superior factus, ipsas barbarorum terras invadit, res Saliorum componit, et ubique, ut supplices pacem petant, barbaros cogit (3—7). cuius famae cum invideret Constantius, consilia quidem de eo opprimendo inibat (8): verum milites, quos sibi ab eo mitti iusserat, ipsum Iulianum imperatorem salutant (9). pacis condicionibus frustra tentatis, properat cum copiis ex Gallia Iulianus agmine citato, ex Oriente, ubi cum Persis belligerabat, Constantius. hoc autem mortuo antequam copiae concurrerent, Iulianus pergit Cpolim (10. 11). rebus bene in urbe compositis expeditionem contra Persas suscipit (12). Antiochiae aliquod tempus commoratus, hostium fines ingressus castella urbesque capit, et Tigride traiecto classem incendit. hostibus nusquam in conspectum Romanorum venientibus exercitus commeatus inopia laborat (13—28). proelio tandem commisso Iulianus victor ex vulnere animam exspirat (29).

Iovianus ab exercitu in eius locum imperator constitutus (30) pacem cum Persis facit (31) condicionibus, quales nunquam antea Romani acceperant; multae provinciae hosti traduntur (31. 32). imperator redux Nisibim venit, quae aegre se Persis tradi patitur (33. 34). iam in ipso itinere Iovianus morbo perit (35). Valentinianus Augustus renuntiatur.

Lib. IV. Valentinianus Augustus Cpolim pergit et Valentem fratrem in consortium imperii vocat (c. 1). cum in rerum novarum suspectos animadversum esset (2), provinciis distributis Valentinianus Galliam petit ad motus barbarorum reprimendos (3), Valens autem Procopium, qui imperium affectabat, bello victum opprimit (4—8), et dum frater adversus Germanos strenue pugnat (9), ipse cum Scythis confligit (10. 11). Valentinianus Gratianum filium consortem regni adsciscit (12), et Valens, contra Persas exercitu ducto, a Theodoro affectati regni suspecto supplicium sumit (13), etiam a Fortunatiano quodam cum aliis (14), unde magna invidia imperatori conflata (15). in tributis exigendis admodum acerbus est Valentinianus, ob quam rem res novas in Africa Firmus molitur (16). Valentinianus adversus barbaros profectus suffocatione perit (17). sequitur horribilis terrae motus (18). a ducibus Valentinianus II, imperatoris mortui filius, imperator dicitur fratre absente (19). Valens interim, periculoso cum Scythis bello intentus, clade rei publicae gravissima accepta perit (20—24).

Theodosius a Gratiano rebus Orientis praeficitur (25), ubi Iulius motus barbarorum oppresserat (26). Theodosius rei militaris instituta turbat, deliciis studet et magistratus negligenter constituit (27. 28). res publica ad peiora delabitur, decrescente quoque copiarum numero (29). Scythae quos receperat, periculosos cient tumultus; repulsos eos a Gratiano Theodosius rursus admittit, alios tamen barbaros vincit (30—34). Maximus in Britannia imperium occupat, et occiso Gratiano, qui togam pontificalem primum accipere sprevit, Theodosii amicitiam petit (35—37). in Oriente incidunt aliae turbae: Grothingorum motus frangit Promotus (38. 39), barbarorum (Tomis) Gerontius (40). Antiochiae seditio oritur (41). Maximus Valentinianum quoque aggreditur, qui fuga Orientem petit (42. 43), a Theodosio vero, Maximo superato, provinciis occidentalibus imperator redditur (44—47). barbaris perdomitis (48) luxuriae se dedit Theodosius (48. 49) et Rufinum ad summas dignitates extollit, qui illustrissimum quemque virum e medio tollit, Promotum, Tatianum et Proculum (50—52). in Occidente Valentinianus Arbogasti insidiis perit. cuius opera Eugenius imperator factus legatos ad Theodosium de amicitia mittit (53—55). Theodosius autem, in cuius aula barbarorum duces rixantur (56), copiis eductis Eugenium superat (57. 58), et Romae cum senatum ad religionem Christianam amplectendam perducere tentasset, e vivis excedit (59).

Lib. V. Theodosii filii patri successerant, Arcadius quidem in Oriente, Honorius in Occidente; summa autem rerum penes Rufinum et Stelichonem re vera erat (c. 1). Rufinus arrogans et avarus Lucianum crudeliter interimit (2), in ambiendo autem filiae cum Arcadio matrimonio spe frustratur (3). Stelicho de rebus Orientis consiliis agitatis

(4), Graeciam ab Alaricho hortatu Rufini vastatam exercitu adversus eum ducto recuperat (5. 6); ope Gainae illum e medio tollit (7). Eutropius plurimum apud imperatorem gratia valens, viris egregiis invidens, Timasium in exilium mittit, et Bargum, quo accusatore usus erat, paulo post evertit, Abundantiumque aula pellit (8—10); persuasu eius Stelicho ab Arcadio proscribitur; provincia Africa, Eutropio Gildonem ad rebellionem perliciente, imperatori Occidentis eripitur (11). iam manifestae sunt Eutropii et Stelichonis simultates (12). mox Gainas, qui ope Tribigildi Orientis provincias perturbabat et diripiebat, ob invidiam Eutropii mortem postulat (13—18). iam ipsius Cpolis potiundae consilium inierat; a Fraiuto autem, duce strenuo, adversus eum vastantem Thraciam misso, vincitur, et cum Istrum traiecisset, ab Hunnis occiditur (19—22). Cpoli ab Iohanne episcopo tumultus excitantur, odio Augustae avarae (23. 24). Isauri praedantur, verum non impune (25). Stelicho interea de Illyrico occupando consilia agitarat, dum barbarorum ingens multitudo irruebat; quibus victis (26) ne consilia persequeretur, duplex intervenit nuntius, mortis Alarichi, quem in suas partes perduxerat, et rebellionis Constantini in Britannia (27). Stelichonis tamen filia Honorio nubit (28). Alarichus, cuius mors falso nuntiata erat, Epiro relicta versus Italiam movet, pecuniam poscens a Stelichone sibi promissam (29). Honorius Ravennam Roma relicta abit, cum nuntius de Arcadii morte affertur (30). contra Stelichonem, qui in Orientem ad res ibi ordinandas profectus erat, calumnias apud imperatorem serit Olympius, homo simulatae pietatis (31). milites eo auctore tumultuantur; Stelicho reversus corripitur et necatur, propinqui eius interficiuntur et bona publicantur (32—35). quo audito Alarichus, cui nondum satisfactum erat, Romam obsidet, persoluto autem ei auro in Tusciam abit (36—42). legatio Constantini ad Honorium (43); altera ad eum senatus Romani, ut promissa Alaricho praestaret, irrita (44). is ira incensus Ataulfum cum suis barbaris arcessit (45). Olympius accusatur et in Dalmatiam fugit; Generidus autem rei militari praeest (46). seditio orta militum Ravennae (47). cum Iobius de pace cum Alaricho ageret, condicionibus non acceptis hic iratus pergit ire Romam; paenitentia tamen tactus Alarichus iterum pacem petit (48—51).

Lib. VI. Alarichus, cum sibi ab imperatore satisfactum non esset, cum universis copiis Romam proficiscitur. quo tempore nova Constantini tyranni legatio ad Honorium venit (c. 1). interea copiae in Britannia rebellantes imperatorem elegerant Marcum et eo occiso Gratianum et post huius necem Constantinum: is cum copiis ad occupandam Galliam traiectis Saro instat, Honorii duci. Constantinus, Alpibus praesidio firmatis, Constantem filium Caesarem dicit et in Hispaniam mittit; ubi victis Theodosii imperatoris affinibus ducem relinquit Gerontium. is graviter ferens alium ducem esse constitutum, impellit barbaros ad defectionem; quo fit ut Britanni Gallique a Romanis desciscant (2—5). Alarichus, cuius iter iam memoratum est, Romam

obsidione circumdat; senatu graves subire condiciones coacto Attalum
imperatorem dicit; Ravennam pergit (6. 7), unde Honorius re cognita
iam fugam in Orientem parat (8) cum autem socorde ageret Attalus,
maledicta in eum apud Alarichum Iobius serit (9). reliquae quidem
Italiae civitates Alaricho parere coguntur (10), verum Africam defendit
Heraclianus. clausis autem portubus fame Romani urgentur (11), qua
re indignatus Alarichus Attalo purpuram exuit (12) pacis novae con-
dicionibus iam agitatis Sarus impedimento est (13).

Index notarum.

V : Vat Gr 156 p XXI sq.
V² Vat corr. p. XXIV
ς · vulgata scriptura ex Vaticani apographis ducta

Codices excerptorum.

A   Ambros. N 135 sup } περὶ πρέσβεων ἐθνῶν πρὸς Ῥωμαίους. p. XXVII.
B : Monac. Gr. 185

M : Monac 267 } περὶ πρέσβεων Ῥωμαίων πρὸς ἐθνικούς.   p XXVII
N : Vat. Gr. 1418

Io.: Ioannis Antiocheni cod. Paris. Reg. 1666   p XXVI.

V | sim : finis versus vel paginae.

Πολυβίῳ τῷ Μεγαλοπολίτῃ, μνήμῃ παραδοῦναι τὰ καθ'
ἑαυτὸν ἀξιόλογα τῶν ἔργων προελομένῳ, καλῶς ἔχειν ἐφάνη
δι' αὐτῶν ἐπιδεῖξαι τῶν πράξεων ὅπως οἱ Ῥωμαῖοι μετὰ τὸν
τῆς πόλεως οἰκισμὸν ἑξακοσίοις ἔτεσι τοῖς περιοίκοις προσ-
πολεμήσαντες μεγάλην ἀρχὴν οὐκ ἐκτήσαντο, μέρος δέ τι τῆς
Ἰταλίας ὑφ' ἑαυτοὺς ποιησάμενοι, καὶ τούτου μετὰ τὴν Ἀννίβα
διάβασιν καὶ τὴν ἐν Κάνναις ἧτταν ἐκπεπτωκότες, αὐτοῖς δὲ
τοῖς τείχεσι τοὺς πολεμίους ὁρῶντες ἐπικειμένους, εἰς τοσοῦτον
μέγεθος ἤρθησαν τύχης ὥστε ἐν οὐδὲ ὅλοις τρισὶ καὶ πεντή-
κοντα ἔτεσιν μὴ μόνον Ἰταλίαν ἀλλὰ καὶ Λιβύην κατακτή-
σασθαι πᾶσαν, ἤδη δὲ καὶ τοὺς ἑσπερίους Ἴβηρας ὑφ' ἑαυτοὺς
καταστῆσαι, ἐπεὶ δὲ τοῦ πλείονος ἐφιέμενοι τὸν Ἰόνιον ἐπε-
ραιώθησαν κόλπον, Ἑλλήνων τε ἐκράτησαν καὶ Μακεδόνας
παρέλυσαν τῆς ἀρχῆς, αὐτόν τε ὃς τηνικαῦτα τούτων ἐβασί-
λευε ζωγρίαν ἑλόντες εἰς τὴν Ῥώμην ἀνήγαγον. ἀλλὰ τούτων 2
μὲν οὐκ ἄν τις ἀνθρωπίνην ἰσχὺν αἰτιάσαιτο, Μοιρῶν δὲ
ἀνάγκην ἢ ἀστρῴων κινήσεων ἀποκαταστάσεις ἢ θεοῦ βούλη-
σιν τοῖς ἐφ' ἡμῖν μετὰ τὸ δίκαιον ἀκόλουθον οὖσαν. ταῦτα

Inscribitur in V: ζωσίμου (acc. eras.) κομιτος και ἀπὸ φισκοσυνη-
γορου ἱστορίας νεας ‖ 4. ἑξακοσίοις] πεντακοσίοις Casaubonus, contra
quem dixit Reitemeier ‖ 7. Κάνναις Steph, κάναις V ‖ 8. 9. εἰς τοσ. μ. ἤ. τ.]
cf. Wyttenbach ad Iulian. p. 49 Sp. ‖ 9. ἐν οὐδὲ V, οὐδὲ ς. cf. Polyb.
VI, 1, 3; Iulian. p. 9, 18; 53, 8; 411, 20; 417, 15 Hertl. al. ‖ τρισιν V¹,
ν exp V² ‖ 10. ἔτεσιν V, ἔτεσι ς ‖ 11. ἑσπερίους accessit e V ‖ 12. ἐπεὶ
δὲ τοῦ ς, ἐπειδὴ τοὺς, ς del., V ‖ 15. ζωγρίαν recte malebat Bekk, ζω-
γριᾶ V, ζωγρία ς ‖ 18. μετὰ τὸ δίκαιον] corrupta. recte locum intel-
lexit Reitemeier, praeeunte ex parte Leunclavio vertens: 'dei volun-
tatem faventem iis quae a nostro arbitrio dependentia secundum ius
et aequum suscipiuntur', i. e. τοῖς ἐφ' ἡμῖν μετὰ τοῦ δικαίου ⟨πραττο-
μένοις⟩ (vel γινομένοις) ἀκόλουθον οὖσαν. μετὰ τοῦ δικαίου aut κατὰ
τὸ δίκαιον, sed sine verbo, voluit etiam Steph. e Neoplatonicorum de
fato et providentia doctrina (cf. Gercke mus. Rh. t. 41 p. 266 sq.) verba
explicanda sunt ‖ ταῦτα] τὰ ἐφ' ἡμῖν μετὰ τοῦ δικαίου πραττόμενα

2   — A —

γὰρ εἱρμόν τινα αἴτιον τοῖς ἐσομένοις εἰς τὸ τοιῶσδε δοκεῖν
ἐκβαίνειν ἐπιτιθέντα, δόξαν τοῖς ὀρθῶς τὰ πράγματα κρί-
νουσιν ἐμποιεῖ τοῦ θείᾳ τινὶ προνοίᾳ τὴν τῶν ἀνθρωπίνων
ἐπιγεγράφθαι διοίκησιν, ὥστε εὐφορίας μὲν συνιούσης ψυχῶν
εὐθενεῖν, ἀφορίας δὲ ἐπιπολαζούσης ἐς τὸ νῦν ὁρώμενον σχῆμα   5
κατενεχθῆναι. χρὴ δὲ ἐπὶ τῶν πραγμάτων ὃ λέγω διασαφῆσαι.

2. Μετὰ τὴν ἐν Τροίᾳ στρατείαν ἄχρι τῆς ἐν Μαραθῶνι
μάχης ἐλλόγιμον οὐδὲν οἱ Ἕλληνες φαίνονται πεπραχότες οὔτε
πρὸς ἑαυτοὺς οὔτε πρὸς ἕτερον. Δαρείου δὲ αὐτοῖς διὰ τῶν
ὑπάρχων πολλαῖς μυριάσιν ἐπιστρατεύσαντος, Ἀθηναίων ὀκτα-   10
κισχίλιοι θείᾳ τινὶ ῥοπῇ γενόμενοι κάτοχοι, τοῖς παρατυχοῦσιν
ἐξοπλισάμενοι καὶ ὑπαντήσαντες δρόμῳ, τοσοῦτον ἐκράτησαν
ὥστε ἐννέα μὲν ἀνελεῖν μυριάδας, τοὺς δὲ λειπομένους ἀπο-
2 διῶξαι τῆς χώρας. αὕτη πεποίηκεν ἡ μάχη περιφανέστερα
τῶν Ἑλλήνων τὰ πράγματα. Ξέρξου δὲ μετὰ τὴν Δαρείου   15
τελευτὴν πολλῷ μείζονι παρασκευασαμένου δυνάμει καὶ πᾶσαν
τοῖς Ἕλλησι τὴν Ἀσίαν ἐπαγαγόντος, πληρώσαντός τε τὴν μὲν
θάλατταν νεῶν πεζῶν δὲ τὴν γῆν, ἐπειδὴ διαβαίνειν ἀπὸ τῆς
Ἀσίας ἐπὶ τὴν Εὐρώπην ἐχρῆν, ὡς οὐκ ἀρκούντων αὐτῷ τῶν
στοιχείων εἰς ὑποδοχὴν τοῦ στρατεύματος εἰ μὴ καὶ τὰς ἀλ-   20
λήλων ὑφαρπάσαιεν χρείας, ἐζεύγνυτο μὲν ὁ Ἑλλήσποντος
πάροδον διδοὺς τοῖς πεζῇ διαβαίνουσιν, ὠρύττετο δὲ ὁ Ἄθως
3 ἅμα τῇ θαλάττῃ καὶ τὰς ναῦς εἰσδεχόμενος. ἐκπεπληγμένη

---

1. εἱρμόν τινα αἴτιον κτέ. corrupta. scribendum puto: ταῦτα γὰρ
εἱρμόν τινα αἰτιῶν τοῖς ἐσομένοις εἰς τὸ τοιῶσδε δεῖν ἐκβαίνειν ἐπιτι-
θέντα δόξαν κτέ : 'haec enim cum ordinem seriemque causarum' (ita
Cicero de div. I, 55, 126 Stoicorum εἱρμὸν αἰτιῶν, quo modo illi eosque
secuti Neoplatonici εἱμαρμένην interpretabantur, reddit) 'rebus futuris
imponant, ut certa aliqua ratione evenire debeant, opinionem' ‖ 2. ἐκ-
βαίνειν V, et sic voluit Steph, συμβαίνειν ς ‖ ἐπιτιθέντα ς, ἐπιτεθέντα
V ‖ 4. ἐπιγεγράφθαι] ἐπιτετράφθαι coni. Bekk, bene ‖ εὐφορίας ψυχῶν]
quippe πλείω κρατεῖ ἡ ἀμείνων (ψυχή), ἐλάττω δὲ ἡ χείρων: Plotin.
enn. III, 1, 8 ‖ 5. εὐθενεῖν V, et sic voluit Sylb, εὐσθενεῖν apographa,
εὐθηνεῖν cum Heynio Bekk ‖ 10. 11. ὀκτακισχίλιοι] aut novem aut decem
milia fuisse ceteri scriptores tradunt. cf. Boeckh oec. civ. Ath. t. I³
p. 324 sq. ‖ 13. ἐννέα μυριάδας] hunc numerum unde sumpserit item
incertum, e rhetore tamen aliquo vel sophista putaverim. etiam im-
modestior Himerius or. II, 18, secundum quem τὸ τῶν πεσόντων πλῆθος
τὴν ἀριθμοῦ φύσιν ἐξέφυγεν

δὲ καὶ πρὸς αὐτὴν τὴν ἀκοὴν ἡ Ἑλλὰς ἐκ τῶν ὄντων ὅμως
παρεσκευάζετο, ναυμαχίας τε ἐν Ἀρτεμισίῳ καὶ πάλιν ἐν Σα-
λαμῖνι γενομένης τοσούτῳ λαμπροτέρᾳ τῆς προτέρας ἐχρήσατο
νίκῃ, ὥστε Ξέρξην μὲν ἀγαπητῶς περισωθέντα φυγεῖν, τὸ
πλεῖστον τῆς δυνάμεως ἀποβαλόντα, τοὺς δὲ περιλελειμμένους
ἐν Πλαταιαῖς ἄρδην ἀπολομένους μεγάλην τοῖς Ἕλλησι δόξαν
καταλιπεῖν, δι’ ἧς καὶ τοὺς τὴν Ἀσίαν οἰκοῦντας Ἕλληνας
ἠλευθέρωσαν καὶ σχεδὸν πασῶν τῶν νήσων ἐκράτησαν.

3. Εἰ μὲν οὖν ἐφ’ ἑαυτῶν διετέλεσαν ὄντες καὶ τοῖς παρ-
οῦσιν ἀρκούμενοι, καὶ μὴ διέστησαν Ἀθηναῖοί τε καὶ Λακε-
δαιμόνιοι περὶ τῆς τῶν Ἑλλήνων ἡγεμονίας ἀλλήλοις φιλο-
νεικοῦντες, οὐκ ἂν ἕτεροί ποτε τῆς Ἑλλάδος ἐγένοντο κύριοι.
τοῦ δὲ Πελοποννησιακοῦ πολέμου τὰς δυνάμεις τοῖς Ἕλλησιν
ἐλαττώσαντος, περιστήσαντός τε εἰς χρημάτων ἀπορίαν τὰς
πόλεις, γέγονεν χώρα Φιλίππῳ τὴν βασιλείαν, ἣν διεδέξατο
πρὸς οὐδένα τῶν πλησιοχώρων ἀξιόμαχον οὖσαν, τέχναις τισὶ
καὶ περινοίαις αὐξῆσαι· χρήμασι γὰρ τὰς οὔσας αὐτῷ δυνά-
μεις καὶ τῶν συμμάχων ὅσοι προσεγίνοντο θεραπεύων, οὕτω
τε μέγας ἐκ μικροῦ γεγονός, τὸν ἐν Χαιρωνείᾳ πρὸς Ἀθη-
ναίους διηγωνίσατο πόλεμον. πᾶσι δὲ μετὰ τὴν νίκην χειρο-
ήθως καὶ ἠπίως προσενεχθεὶς ἤδη καὶ τῇ Περσῶν ἐπιθέσθαι
βασιλείᾳ διενοεῖτο, δύναμίν τε ἀξιόχρεων πρὸς τοῦτο συν-
αγαγὼν ἐν παρασκευαῖς τὸν βίον ἀπέλιπεν.

4. Ἀλέξανδρος δὲ παραλαβὼν τὴν βασιλείαν, καὶ παρα-
χρῆμα τὰ κατὰ τοὺς Ἕλληνας διαθείς, τρίτῳ τῆς βασιλείας
ἔτει μετὰ δυνάμεως ἀρκούσης ἐπὶ τὴν Ἀσίαν ἐστέλλετο ῥᾳ-
δίως δὲ τοὺς ἀντιστάντας αὐτῷ σατράπας νενικηκὼς ἐπ’ αὐτὸν
προήει Δαρεῖον, ἀναριθμήτῳ στρατῷ τοὺς ἐν Ἰσσῷ τόπους

3. γενομένης V², -οις V¹ ‖ 5. ἀποβαλόντα ς, ἀποβαλλόντα V², ἀπο-
βάλλοντα V¹ ‖ περιλελιμμένους V¹, correxit V² ‖ 6 πλατέαις V ‖ 7. κατα-
λιπεῖν] exspectabam περιθεῖναι, περιποιῆσαι vel tale quid. illud de
Graecis qui ad Plataeas ceciderant dici poterat, de Persis non item.
fort. τοὺς δὲ καταλελειμμένους..... δόξαν περιβαλεῖν scripsit ‖ 11.12. φι-
λονεικοῦντες] de hac scriptura v. Nauck praef. Iambl. p. XLVII adn. 33 ‖
13. πελλωπονησιακοῦ V¹, πελοπονησιακοῦ radendo V² ‖ 15. γέγονεν V,
γέγονε ς ‖ χώρα V¹, corr. V² ‖ 20. πᾶσι ex πᾶσιν radendo V ‖ ἐχει-
ροήθως V¹, χειροήθως V radendo ‖ 21. τῇ V², τὴν V¹ ‖ 22. βασιλείᾳ V²,
βασιλείαν V¹ ‖ ἀξιόχρεων V², -ον V¹ ‖ 28. ἐν ἰσῷ V², ἐν ἴσῳ ut vid. V¹

κατειληφότα. συμπεσὼν δὲ τοῖς Πέρσαις εἰς χεῖρας καὶ τὸ
πάσης ἐπέκεινα πίστεως τρόπαιον στήσας Δαρεῖον μὲν ἔτρεψεν
εἰς φυγήν, αὐτὸς δὲ εἴχετο τῆς ἐπὶ Φοινίκην καὶ Συρίαν τὴν
Παλαιστίνην ὁδοῦ. τὰ μὲν οὖν ἐν Τύρῳ καὶ Γάζῃ πραχθέντα
μαθεῖν ἔνεστιν ἐξ ὧν οἱ τὰ περὶ Ἀλεξάνδρου γράψαντες ἱστο-
ρήκασιν· αὐτὸς δὲ παρελθὼν ἐπὶ τὴν Αἴγυπτον, τῷ τε Ἄμ-
μωνι προσευξάμενος καὶ τὰ περὶ τὸν Ἀλεξανδρείας οἰκισμὸν
εὖ μάλα διοικησάμενος, ἐπανῄει τὰ λειπόμενα τοῦ πρὸς Πέρσας
πολέμου πληρώσων. πάντας δὲ φιλίους εὑρὼν ἐπὶ τὴν μέσην
διέβη τῶν ποταμῶν, καὶ πυθόμενος Δαρεῖον μείζονι πολλῷ
στρατῷ παρεσκευάσθαι, μετὰ τῆς οὔσης αὐτῷ δυνάμεως ὡς
εἶχεν ὁρμήσας καὶ τὴν μάχην εἰς Ἄρβηλαν πρὸς αὐτὸν ποιη-
σάμενος τοσοῦτον ἐκράτησεν ὥστε πάντας μὲν σχεδὸν ἀνελεῖν,
Δαρείου δὲ σὺν ὀλίγοις φυγόντος τὴν ἀρχὴν καταλῦσαι
Περσῶν.

5. Ἐπεὶ δὲ Δαρεῖον μὲν Βῆσος ἀνεῖλεν, Ἀλέξανδρος δὲ
μετὰ τὰς ἐν Ἰνδοῖς πράξεις ἐπανελθὼν εἰς Βαβυλῶνα τοῦ βίου
μετέστη, τότε δὴ τῆς Μακεδόνων ἀρχῆς εἰς σατραπείας διαι-
ρεθείσης, οὕτω τε τοῖς πρὸς ἀλλήλους συνεχέσι πολέμοις ἐλατ-
τωθείσης, ἡ τύχη Ῥωμαίοις τὰ λειπόμενα τῆς Εὐρώπης πε-
ποίηκεν ὑποχείρια. καὶ διαβάντες εἰς τὴν Ἀσίαν καὶ πρὸς
τοὺς ἐν τῷ Πόντῳ βασιλεῖς καὶ πρὸς Ἀντίοχον πολεμήσαντες,

---

1. τὸ fortasse ante τρόπαιον collocandum. cf. III, 3, 3 ‖ 2. ἐπέκεινα
V¹ ex ἐπέκ/⫽/να ‖ 3. εἴχετο quod addidit Steph habet V ‖ 3. 4. τὴν πα-
λαιστ. V, καὶ Παλαιστ. Reitemeier, male. cf. Arr. exp. Al. M. II, 25, 4
al. ‖ 5. οἱ τὰ π. Ἀ. γρ.] scriptores rerum Alexandri M. quod memorat,
nil est nisi imitatio Iulianeorum p. 413, 8; 417, 18 H. ‖ 10. δαρεῖον V²,
δαρείων V¹ ‖ 12. Ἄρβηλαν] τὰ Ἄρβηλα scriptores antiquiores (ἡ Ἄρβηλα
Ptol. VIII, 21, 3) ‖ 16. Βῆσσος scriptores antiquiores (Βέσος Cedren. t. I
p. 266, 9 Bk.) ‖ 20. τά τε λειπόμενα V ‖ 21. Romanarum rerum de-
scriptionem usque ad cap. 46 quod e Dexippi maxime cum Chronicis
tum Scythicis post Reitemeierum (praef. Zos. p. XXXV) C. R. Marti-
num ('de font. Zosimi' diss. Berol. a. 1866) G. Boehmium (diss. Ienens.
t. II p. 3 sq) hodie fere repetunt, recte id statuitur de Scythicis —
quamquam num ipse Zosimus ea excerpserit dubitari potest —, secus
de Chronicis, a quibus tam saepe discrepat Zosimus ut eis usus esse
non videatur. aliis igitur e fontibus capita illa — exceptis barbarorum
incursionibus — fluxisse puto. v. praef. item fallacia prorsus mihi vi-
dentur indicia propter quae Martinus p. 14 sq. Herodianum intercedente

ὕστερον δὲ καὶ πρὸς τοὺς ἐν Αἰγύπτῳ δυνάστας, ἕως μὲν ὅτε
τὰ τῆς ἀριστοκρατίας ἐφυλάττετο, προστιθέντες ἔτους ἑκάστου
τῇ ἀρχῇ διετέλουν, τῶν ὑπάτων ὑπερβαλέσθαι ταῖς ἀρεταῖς
ἀλλήλους φιλονεικούντων· τῶν δὲ ἐμφυλίων πολέμων Σύλλα
τε καὶ Μαρίου καὶ μετὰ ταῦτα Ἰουλίου Καίσαρος καὶ Πομ-
πηίου Μάγνου διαφθειράντων αὐτοῖς τὸ πολίτευμα, τῆς ἀρι-
στοκρατίας ἀφέμενοι μόναρχον Ὀκταβιανὸν εἵλοντο, καὶ τῇ
τούτου γνώμῃ τὴν πᾶσαν διοίκησιν ἐπιτρέψαντες ἔλαθον ἑαυ-
τοὺς κύβον ἀναρρίψαντες ἐπὶ ταῖς πάντων ἀνθρώπων ἐλπίσιν
καὶ ἑνὸς ἀνδρὸς ὁρμῇ τε καὶ ἐξουσίᾳ τοσαύτης ἀρχῆς κατα-
πιστεύσαντες κίνδυνον. εἴτε γὰρ ὀρθῶς καὶ δικαίως ἕλοιτο
μεταχειρίσασθαι τὴν ἀρχήν, οὐκ ἂν ἀρκέσοι πᾶσιν κατὰ τὸ
δέον προσενεχθῆναι, τοῖς πορρωτάτω που διακειμένοις ἐπι-
κουρῆσαι μὴ δυνάμενος ἐξ ἑτοίμου, ἀλλ' οὔτε ἄρχοντας τοσού-
τους εὑρεῖν οἳ σφῆλαι τὴν ἐπ' αὐτοῖς αἰσχυνθήσονται ψῆφον,
οὔτε ἄλλως ἠθῶν τοσούτων ἁρμόσαι διαφοραῖς. εἴτε δια-
φθείρων τῆς βασιλείας τοὺς ὅρους εἰς τυραννίδα ἐξενεχθείη,
συνταράττων μὲν τὰς ἀρχάς, περιορῶν δὲ τὰ πλημμελήματα,
χρημάτων δὲ τὸ δίκαιον ἀλλαττόμενος, οἰκέτας δὲ τοὺς ἀρχο-
μένους ἡγούμενος, ὁποῖοι τῶν αὐτοκρατόρων οἱ πλείους, μᾶλ-
λον δὲ πάντες σχεδὸν πλὴν ὀλίγων γεγόνασι, τότε δὴ πᾶσα
ἀνάγκη κοινὸν εἶναι δυστύχημα τὴν τοῦ κρατοῦντος ἄλογον
ἐξουσίαν· οἵ τε γὰρ κόλακες παρὰ τούτου δωρεῶν καὶ τιμῶν
ἀξιούμενοι τῶν μεγίστων ἀρχῶν ἐπιβαίνουσιν, οἵ τε ἐπιεικεῖς
καὶ ἀπράγμονες μὴ τὸν αὐτὸν ἐκείνοις αἱρούμενοι βίον εἰκό-

Dexippo a Zosimo expressum esse sibi persuasit (cf. praef. ad Herod.
p. XV adn. 2). — manifesta autem Zosimus refert vestigia lectionis
convivii Caesarum Iuliani ‖ 1. ἕως ὅτε ceteris locis (II, 52, 2; III, 7, 6;
V, 17, 2) 'donec' est, contra 'quamdiu' ἕως (cf. I, 31, 2; IV, 3, 4). ut
fortasse ὅτε h. l. delendum sit aut in αὐτοῖς mutandum. (praeterea
saepe ἕως 'donec' est, velut I, 27, 2; III, 19, 4 al.) ‖ 7. ὀκταουιανὸν V,
sed cum ras. post τα, ου in ras. a m. 1 et βι sup. ου a m. 1 ‖ 9. ἐλ-
πισιν (sic) V, ἐλπίσι ς. post ἐλπίσιν commate distinguendum et καὶ
delendum puto, utpote ex ν praecedente, sicuti alias saepe, enatum ‖
11. κίνδυνον] ὄγκον conieci. cf. I, 12, 2; III, 36, 2 ‖ 12. πᾶσι ς ‖ 13. δια-
κειμένοις] cf. L. Dindorf praef. hist. Gr. min. t. I p. XLIX ‖ 15. σφῆλαι
V¹ ex σφῖλαι ‖ αἰσχ. Leunclavius, οὐκ αἰσχ. Vς ‖ 21. 22. πᾶσα ἀνάγκη —
p. 6, 12 κακῶν transierunt in Suidae lexicon v. Ἀθηνόδωρος sed tur-
bato ordine, v. illic interpretes ‖ 22. κράτους Suid. ‖ 24. τῶν om. Suid.

τως σχετλιάζουσιν οὐ τῶν αὐτῶν ἀπολαύοντες, ὥστε ἐκ τού-
του τὰς μὲν πόλεις στάσεων πληροῦσθαι καὶ ταραχῶν, τὰ δὲ
πολιτικὰ καὶ στρατιωτικὰ κέρδους ἥττοσιν ἄρχουσιν ἐκδιδό-
μενα καὶ τὸν ἐν εἰρήνῃ βίον λυπηρὸν καὶ ὀδυνηρὸν τοῖς χα-
ριεστέροις ποιεῖν καὶ τῶν στρατιωτῶν τὴν ἐν τοῖς πολέμοις   5
προθυμίαν ἐκλύειν.

6. Καὶ ὅτι ταῦτα τοῦτον ἔχει τὸν τρόπον, αὐτὴ σαφῶς
ἔδειξε τῶν ἐκβεβηκότων ἡ πεῖρα καὶ τὰ εὐθὺς συμπεσόντα
κατὰ τὴν Ὀκταβιανοῦ βασιλείαν. ἥ τε γὰρ παντόμιμος ὄρχη-
σις ἐν ἐκείνοις εἰσήχθη τοῖς χρόνοις, οὔπω πρότερον οὖσα,   10
Πυλάδου καὶ Βαθύλλου πρώτων αὐτὴν μετελθόντων, καὶ
προσέτι γε ἕτερα πολλῶν αἴτια γεγονότα μέχρι τοῦδε κακῶν.
2 Ὀκταβιανοῦ δὲ ὅμως δόξαντος μετρίως μεταχειρίζεσθαι τὴν
ἀρχήν, ἐξ οὗ μάλιστα ταῖς Ἀθηνοδώρου τοῦ Στωικοῦ συμ-
βουλαῖς ἐπείσθη, Τιβέριος ὁ παρὰ τούτου διαδεξάμενος τὴν   15
ἀρχὴν εἰς ἔσχατον ὠμότητος ἐκτραπεὶς ἀφόρητός τε δόξας εἶναι
τοῖς ὑπηκόοις ἀπεδιώκετο καὶ ἔν τινι νήσῳ κρυπτόμενος ἐτε-
λεύτησεν. Γάιος δὲ Καλλίγουλα πᾶσι τοῖς ἀτοπήμασι τοῦτον
ὑπερβαλόμενος ἀνῃρέθη, Χαιρέου διὰ τοῦ τοιούτου τολμή-
3 ματος ἐλευθερώσαντος πικρᾶς τὸ πολίτευμα τυραννίδος. Κλαυ-   20
δίου δὲ τὰ καθ᾽ ἑαυτὸν εὐνούχοις ἀπελευθέροις ἐκδόντος καὶ
μετ᾽ αἰσχύνης ἀπαλλαγέντος, Νέρων τε καὶ οἱ μετ᾽ αὐτὸν εἰς
μοναρχίαν παρῇεσαν, περὶ ὧν ἔκρινα μηδὲν παντάπασιν διελ-

3. καὶ στρατιωτικὰ om. Suid. ‖ 4. καὶ τὸν] τὸν μὲν Suid., quod
praefert Bernhardy ‖ 5. καὶ τῶν στρ. τὴν] τὴν δὲ Suid. ‖ 9. παντόμιμος
Suid. l. c. et v. ὄρχησις, παντάμιμος V ‖ 11. βακχυλίδου Suid. v. ὄρχησις.
de re v. Friedlaender 'Darstellungen' t. IIᵃ p. 407 sq. ‖ 12. αἴτια, αἴτι
in ras m. 1, V ‖ μέχρι ex μέχρις radendo V ‖ 14. 15. συμβουλίαις Suid. v.
Ἀθηνόδωρος. at cf. Zos. IV, 18, 4; V, 30, 2. de ipso homine v. Müller
F. H. G. t. III p. 485 sq., qui tamen locum Iuliani p. 419, 1 Hertl,
quem certo noverat Zosimus, omisit ‖ 16. ἔσχατον Steph, ἐσχάτην (in
fine folii) V ‖ δόξας εἶναι V, εἶναι δόξας ς ‖ 17. ἀπεδιώκετο] ἀπῴχετο
vel ἀπιὼν ᾤχετο coniecit Reitemeier, male ‖ 17. 18. ἐτελεύτησε ς ‖ 18. Καλ-
λίγουλα scripsi, καλλιγούλα V, Καλλιγούλας ς ‖ 19. ὑπερβαλόμενος Syl-
burg, ὑπερβαλλόμενος V ‖ 20. τὸ sup. scr. V¹ ‖ τυραννίδος V, τῆς τυρ. ς ‖
22. 23. εἰς μοναρχίαν παρῇεσαν manifesto corrupta. volebam εἰς μανίαν
(μιαρίαν, πανουργίαν vel sim.) προῄεσαν. at plus vitii latere videtur:
οἱ μετ᾽ αὐτὸν enim non sunt nisi Galba Otho Vitellius. unde conieci:
οἱ μετ᾽ αὐτὸν τρεῖς Γάιον κακίᾳ (vel sim.) παρῇεσαν ‖ 23. παντάπασι ς

θεῖν, ὡς ἂν μηδὲ ἐπ' ἐκμελέσι καὶ ἀλλοκότοις πράξεσιν αὐτῶν
καταλείποιτο μνήμη. Οὐεσπασιανοῦ δὲ καὶ τοῦ παιδὸς αὐτοῦ 4
Τίτου τῇ ἀρχῇ μετριώτερον χρησαμένων, Δομετιανὸς ὠμότητι
καὶ ἀσελγείᾳ καὶ πλεονεξίᾳ πάντας ὑπεράρας καὶ πεντεκαίδεκα
5 τοὺς πάντας ἐνιαυτοὺς τῷ πολιτεύματι λυμηνάμενος, ἀναιρε-
θεὶς ὑπὸ Στεφάνου τῶν ἀπελευθέρων ἑνὸς ἔδοξε δίκας τῆς
πονηρίας ἐκτίνειν.

7. Ἐντεῦθεν ἄνδρες ἀγαθοὶ τὴν ἡγεμονίαν παραλαβόντες,
Νέρουας τε καὶ Τραϊανὸς καὶ μετὰ τοῦτον Ἀδριανὸς ὅ τε εὐ-
10 σεβὴς Ἀντωνῖνος καὶ ἡ τῶν ἀδελφῶν συνωρὶς Βῆρος καὶ
Λούκιος, πολλὰ τῶν λελωβημένων ἠξίωσαν διορθώσεως, καὶ
οὐ μόνον ἅπερ εἶχον ἀπολωλεκότες οἱ πρὸ αὐτῶν ἀνεκτήσαντο,
ἀλλὰ καί τινα τῶν οὐκ ὄντων προσέθεσαν. Κομμόδου δὲ τοῦ
Μάρκου παιδὸς τὴν βασιλείαν παραλαβόντος, καὶ οὐ τυραν-
15 νίδι μόνον ἀλλὰ καὶ πράξεσιν ἑαυτὸν ἀλλοκότοις ἐκδόντος,
εἶτα ὑπὸ Μαρκίας τῆς παλλακῆς φρόνημα ἀνδρεῖον ἀνελομένης
ἀναιρεθέντος, Περτίναξ ἄρχειν ᾑρέθη. τῶν δὲ περὶ τὴν αὐλὴν 2
στρατιωτῶν οὐκ ἐνεγκόντων αὐτοῦ τὴν περὶ τὴν στρατιωτικὴν
ἄσκησίν τε καὶ ἐπιστήμην ἀκρίβειαν, ἀλλὰ παρὰ τὸ καθῆκον
20 αὐτὸν ἀνελόντων, μικροῦ μὲν ἡ Ῥώμη συνεταράχθη, τοῦ περὶ
τὴν φυλακὴν τῶν βασιλείων τεταγμένου στρατιωτικοῦ τὴν
τοῦ καταστῆσαι μόναρχον ὑφαρπάσαντος ἐξουσίαν, παρελο-
μένου τε βίᾳ τὴν γερουσίαν ταύτης τῆς κρίσεως· ὠνίου δὲ
τῆς ἀρχῆς προτεθείσης Δίδιος Ἰουλιανὸς ὑπὸ τῆς γυναικὸς
25 ἐπαρθείς, ἀνοίᾳ μᾶλλον ἢ γνώμῃ φρενήρει, χρήματα προτεί-
νας ὠνεῖται τὴν βασιλείαν, θέαμα δοὺς ἰδεῖν ἅπασιν οἷον
οὔπω πρότερον ἐθεάσαντο· εἰσήγετο γὰρ εἰς τὰ βασίλεια 3
μήτε τῆς γερουσίας ἡγουμένης μήτε ἄλλης ἐννόμου δορυ-
φορίας, μόνων δὲ τῶν καταστησάντων αὐτὸν εἰς τοῦτο στρα-
30 τιωτῶν σὺν βίᾳ παραδόντων αὐτῷ τὰ βασίλεια καὶ τὴν ἐν
τούτοις πᾶσαν ἀποσκευήν. ἀλλ' οὗτος μὲν ἅμα τε ἀνερρήθη

---

1. ἐπεκμελέσι καὶ ἀλωκότοις V ‖ 2. Οὐεσπεσιανοῦ V ‖ 4. ἀσελγία V²,
ἀσελγίᾳ V¹ ‖ ὑπεραίρας V¹, corr. V² ‖ 9. Ἀδριανὸς ϛ ‖ 10. ἡ τῶν—11. Λού-
κιος] desumpta ex Iuliano p. 401, 5 Hertl. ‖ συνωρὶς V², συνορὶς V¹ ‖
11. λελωβημ. V², λελοβ. V¹ ‖ 13. προσέθεσαν, σέ sup. vs. a m. 1, V ‖
15. ἀλλοκότοις V¹, ἀλλοκ. radendo V² ‖ 18. στρατιωκὴν V ‖ 25. ἀ//νοίαι
V. 'eras. vid. potius ν quam γ' Mau ‖ φρενήρει V², φρενῆρι V¹ ‖
28. τῆς om. ϛ

καὶ παρ' αὐτῶν διεφθάρη τῶν εἰς τοῦτο παραγαγόντων αὐτόν,
τῶν ἐν τοῖς ὀνείροις φαντασιῶν οὐδὲν ἀλλοιότερον διαγεγο-
νώς· (8) τῆς δὲ γερουσίας εἰς τὸ διασκοπῆσαι τίνι δέοι παρα-
δοῦναι τὴν ἀρχὴν ἀναβαλλομένης, Σεβῆρος ἀναδείκνυται βα-
σιλεύς. παρελθόντων δὲ εἰς τὴν αὐτὴν ἀρχὴν Ἀλβίνου καὶ
Νίγρου, πόλεμοι συνέστησαν αὐτοῖς οὐκ ὀλίγοι πρὸς ἀλλήλους
ἐμφύλιοι, καὶ πόλεις διέστησαν, αἱ μὲν τῷδε αἱ δὲ τῷδε προσ-
θέμεναι. ταραχῆς δὲ οὐκ ὀλίγης κατὰ τὴν ἑῴαν καὶ τὴν
Αἴγυπτον κινηθείσης, Βυζαντίων τε ὡς τὰ Νίγρου φρονούν-
των καὶ ὑποδεξαμένων αὐτὸν εἰς ἔσχατον ἐλθόντων κινδύνου,
κρατεῖ μὲν ἡ Σεβήρου μερίς· ἀναιρεθέντος δὲ Νίγρου, καὶ
μετὰ τοῦτον Ἀλβίνου μετὰ τῆς ἀρχῆς καὶ τὸν βίον ἀπολι-
πόντος εἰς μόνον Σεβῆρον τὰ τῆς ἡγεμονίας περιίστατο. τρέ-
πεται τοίνυν ἐπὶ τὴν τῶν ἐκμελῶς πεπραγμένων διόρθωσιν,
καὶ πρό γε ἁπάντων τοῖς στρατιώταις τοῖς ἀνελοῦσι Περτί-
νακα καὶ Ἰουλιανῷ παραδοῦσι τὴν βασιλείαν πικρῶς ἐπεξ-
ῆλθεν. ἔπειτα διαθεὶς ἐπιμελῶς τὰ στρατόπεδα, Πέρσαις μὲν
ἐπελθὼν ἐφόδῳ μιᾷ Κτησιφῶντα εἷλε καὶ Βαβυλῶνα, διαδρα-
μὼν δὲ τοὺς σκηνίτας Ἄραβας καὶ πᾶσαν Ἀραβίαν καταστρε-
ψάμενος, ἄλλα τε πολλὰ γενναίως οἰκονομήσας, ἐγένετο μὲν
περὶ τοὺς ἁμαρτάνοντας ἀπαραίτητος, τῶν ἐπὶ τοῖς ἀτόποις
εὐθυνομένων δημοσίας ποιῶν τὰς οὐσίας, (9) πολλὰς δὲ τῶν
πόλεων οἰκοδομήμασι πολυτελέσιν κοσμήσας ἀνέδειξεν Ἀντω-
νῖνον τὸν παῖδα τὸν ἑαυτοῦ βασιλέα. καὶ ἐπειδὴ τελευτᾶν ἔμελ-
λεν, διαδόχους τῆς ἀρχῆς αὐτὸν καὶ Γέταν τὸν ἕτερον υἱὸν
καταστήσας ἐπίτροπον αὐτοῖς Παπινιανὸν καταλέλοιπεν, ἄνδρα

---

1. διεφθάρη Sylburg, διαφθαρείς V || 2. ἀλλοιότερον V radendo ex
ἀλλοιώτερον || 4. ἀναβαλλομένης scripsi, ἀναβαλομένης Sylb, ἀναλαβομένης
V. cf. I, 60, 2; IV, 55, 4 || ⟨ὑπὸ τῶν οἰκείων στρατιωτῶν⟩ (vel sim.)
ἀναδείκνυται conieci, quale additamentum ipsa Zosimi rerum confor-
matio postulat || ἀναδείκνυται V, ἀνεδείκνυτο ς || 11. μερὶς ἀναιρεθέντος
Νίγρου καὶ μετὰ ς, quae correcta ex V || 16. πικρῶς] cf. Iulian. p. 401,
24 || 17. ἐπιμελῶς ἐπὶ τὰ V || 19. ἄραβας V¹, ἄρραβας V² || πᾶσαν Ἀρ.
κατ.] similem famam secutus est is scriptor quo Eutrop. VIII, 18, 4;
Fest. brev. 21, 2; v. Sev. 18, 1; Vict. Caes. 20, 15 usi sunt, aliam Hero-
dian. III, 9, 3 || ἀραβίαν V¹, ἄρρ. V² || 20. οἰκονομήσας γενναιως (sine
acc.) V, corr. litteris β et α supra scriptis m. 2 || 21. περὶ V et Bekk,
ἐπὶ apographa || ἀπαραίτητος] Iulian. p. 402, 2 H. || 23. πολυτελέσι ς ||
24. 25. ἔμελλε ς || 26. παπιανὸν V¹, corr. m. 2

δικαιότατον καὶ ἐπὶ νόμων γνώσει τε καὶ εἰσηγήσει πάντας
τοὺς πρὸ αὐτοῦ καὶ μετ᾽ αὐτὸν Ῥωμαίους νομοθέτας ὑπερ-
βαλόμενον. τοῦτον ὕπαρχον ὄντα τῆς αὐλῆς δι᾽ ὑποψίας 2
εἶχεν ὁ Ἀντωνῖνος, δι᾽ οὐδὲν ἕτερον ἢ ὅτι δυσμενῶς ἔχοντα
πρὸς τὸν ἀδελφὸν Γέταν αἰσθανόμενος ἐπιβουλεῦσαι, καθ᾽
ὅσον οἷός τε ἦν, διεκώλυεν. τοῦτο τοίνυν ἐκ μέσου βουλό-
μενος ποιῆσαι τὸ κώλυμα, τῷ μὲν Παπινιανῷ τὴν διὰ τῶν
στρατιωτῶν ἐπιβουλεύει σφαγήν, εὐρυχωρίαν δὲ ἔχων ἀναιρεῖ
τὸν ἀδελφόν, οὐδὲ τῆς μητρὸς αὐτὸν προσδραμόντα ῥύσασθαι
δυνηθείσης.

10. Ἐπεὶ δὲ καὶ Ἀντωνῖνος ἔδωκε τῆς ἀδελφοκτονίας
μετ᾽ οὐ πολὺ δίκην, καὶ αὐτοῦ τοῦ παίσαντος τοῦτον ἀγνο-
ηθέντος, τὰ μὲν ἐν Ῥώμῃ στρατόπεδα Μακρῖνον ὕπαρχον
ὄντα τῆς αὐλῆς ἀναδείκνυσι βασιλέα, τὰ δὲ κατὰ τὴν ἑώαν
Ἐμισηνόν τι μειράκιον ὡς γένει τῇ Ἀντωνίνου μητρὶ συναπτό-
μενον. ἑκάστου δὲ στρατεύματος τῆς οἰκείας ἀναρρήσεως 2
ἀντεχομένου στάσις ἐμφύλιος ἦν, τῶν μὲν περὶ τὸν Ἐμισηνὸν
Ἀντωνῖνον ἀγόντων αὐτὸν ἐπὶ τὴν Ῥώμην, τῶν δὲ Μακρίνου
στρατιωτῶν ἐξορμησάντων ἀπὸ τῆς Ἰταλίας. συμπεσόντων 3
δὲ ἀλλήλοις τῶν στρατοπέδων ἐν τῇ κατὰ Συρίαν Ἀντιοχείᾳ,
τῷ παντὶ Μακρῖνος ἐλαττωθεὶς καὶ φυγῇ τὸ στρατόπεδον
καταλιπὼν εἰς τὸν μεταξὺ πορθμὸν Βυζαντίου καὶ Χαλκηδόνος
ἁλίσκεται, καὶ τὸ σῶμα ξαινόμενος τελευτᾷ.

11. Τοῦ δὲ Ἀντωνίνου κρατήσαντος καὶ τοῖς τὰ Μακρί-
νου φρονήσασιν ὡς δυσμενέσιν ἐπεξελθόντος, τά τε ἄλλα
αἰσχρῶς καὶ ἐπονειδίστως βεβιωκότος, μάγοις τε καὶ ἀγύρταις
ἐσχολακότος καὶ περὶ τὰ θεῖα ἠσεβηκότος, οὐκ ἐνεγκόντες οἱ
Ῥωμαῖοι τὴν τῆς ἀσελγείας ὑπερβολήν, κατασφάξαντες καὶ

1. ἐξηγήσει coniecit Sylburg ('expositione' Leunclavius), inutiliter ǁ
2. 3. ὑπερβαλλόμενον V ǁ 6. διεκώλυε ς ǁ 7. παπιανῶ V¹, corr. m. 2. cete-
rum Papinianum ante Getam interfectum esse solus Zosimus tradit ǁ
12. μετον ex μεσον (sine acc.) radendo V ǁ τοῦ παίσαντος ς, τοῦ πε-
σόντος V ǁ 13. στρατόπεδα V², στρατεύματα V¹ ǁ 15. τὸ ἐκ τῆς Ἐμέσης
παιδάριον Iulian. p. 402, 7 ǁ ἐμισηνόν τι V, Ἐμεσηνόν τι ς ǁ 16. ἑκάστου:
ἑκατέρου. cf. IV, 6, 2 ǁ 17. τὸν Ἐμισηνὸν ς, τῶν ἐμεσηνῶν V ǁ 20. ἐν
τῇ ς, ἔν τινι V ǁ 21. τῷ παντὶ Steph, τὸ πάντῃ V ǁ 22. Χαλκηδόνος ς,
καλχηδόνος h. l. V ǁ 23. ξ//νόμενος, ras. 1 litt. (ε nimirum) V ǁ 27. καὶ
περὶ τὰ θεῖα ἠσεβηκότος accesserunt ex V ǁ 28. ἀσελγείας V² ίας V¹

τὸ σῶμα διασπάσαντας Ἀλέξανδρον ἀνέδειξαν βασιλέα, καὶ
2 αὐτὸν ἐκ τῆς Σεβήρου γενεᾶς καταγόμενον. οὗτος νέος ὢν
ἔτι καὶ φύσεως εὖ ἔχων ἀγαθὰς ἅπασιν ἐπὶ τῇ βασιλείᾳ δέ-
δωκεν ἔχειν ἐλπίδας, ἐπιστήσας ὑπάρχους τῇ αὐλῇ Φλαυιανὸν
καὶ Χρῆστον, ἄνδρας τῶν τε πολεμικῶν οὐκ ἀπείρους καὶ 5
τὰ ἐν εἰρήνῃ διαθεῖναι καλῶς ἱκανούς. Μαμαίας δὲ τῆς τοῦ
βασιλέως μητρὸς ἐπιστησάσης αὐτοῖς Οὐλπιανὸν ἐπιγνώμονα
καὶ ὥσπερ κοινωνὸν τῆς ἀρχῆς, ἐπειδὴ καὶ νομοθέτης ἦν
ἄριστος καὶ τὸ παρὸν εὖ διαθεῖναι καὶ τὸ μέλλον εὐστόχως
συνιδεῖν δυνατός, ἐπὶ τούτῳ δυσχεράναντες ἀναίρεσιν αὐτῷ 10
3 μηχανῶνται λαθραίαν οἱ στρατιῶται. αἰσθομένης δὲ τούτου
Μαμαίας, καὶ ἅμα τῷ φθάσαι τὴν ἐπίθεσιν τοὺς ταῦτα βου-
λεύσαντας ἀνελούσης, κύριος τῆς τῶν ὑπάρχων ἀρχῆς Οὐλπι-
ανὸς καθίσταται μόνος. ἐν ὑποψίᾳ δὲ τοῖς στρατοπέδοις γενό-
μενος (τὰς δὲ αἰτίας ἀκριβῶς οὐκ ἔχω διεξελθεῖν· διάφορα 15
γὰρ ἱστορήκασιν περὶ τῆς αὐτοῦ προαιρέσεως) ἀναιρεῖται
στάσεως κινηθείσης, οὐδὲ τοῦ βασιλέως ἀρκέσαντος αὐτῷ
πρὸς βοήθειαν. (12) ἐντεῦθεν οἱ στρατιῶται κατὰ βραχὺ
τῆς πρὸς Ἀλέξανδρον εὐνοίας ἀποστατοῦντες ἀπρόθυμοι περὶ
τὰς τούτου προστάξεις ἐφαίνοντο, καὶ δέει τοῦ μὴ παθεῖν τι 20
διὰ τὴν ῥᾳθυμίαν εἰς στάσεις ἐχώρουν, συστραφέντες τε
παρήγαγον Ἀντωνῖνον εἰς βασιλείαν. ἐπεὶ δὲ τὸν ὄγκον οὐκ
ἐνεγκὼν τῆς ἀρχῆς φυγῇ κατέστησεν ἑαυτὸν ἀφανῆ, καὶ Οὐρά-
νιος δέ τις ἐκ δουλείου γένους ἀναρρηθεὶς παραχρῆμα μετὰ
τῆς ἁλουργίδος Ἀλεξάνδρῳ προσήχθη, τὸ μὲν κατὰ τοῦ βασι- 25
λέως ηὐξάνετο μῖσος, ὃ δὲ ἐπὶ τοῖς πανταχόθεν περιεστῶσιν
ἀπορούμενος τῷ τε σώματι καὶ τοῖς κατὰ φύσιν λογισμοῖς
ἀλλοιότερος ἦν, ὥστε καὶ φιλαργυρίας αὐτῷ νόσον ἐνσκῆψαι

---

3. 4. δέδωκεν V, ἔδωκεν ς, quam formam hiatus redarguit ‖ 4. φλαυ-
ιανὸν V, Φλαβιανὸν ς. cf. ind. C. I. G. p. 133 ‖ 5. Χρῆστον scripsi,
Χρηστόν V ς ‖ 10. τούτῳ ς, τοῦτο V ‖ 12. τῷ ς, τὸ V ‖ 14. 15. γενόμενας
(sic, cum ras. sup. alt. ε) V ‖ 16. ἱστορήκασι ς ‖ 22. Ἀντωνῖνος] aut ex
Ταυρῖνος (Vict. epit. 24, 2; Pol. Silv. lat. p. 243 M.) corruptum nomen
videtur aut ex ipsius Zosimi errore natum, quo ex uno Uranio Anto-
nino duos tyrannos fecerit (v. Eckhel d. n. t. VII p. 288, Schiller hist.
imp. Rom. t. I p. 780, 6) ‖ 24. γένους ⟨ὁρμώμενος βασιλεὺς⟩ ἀναρρηθεὶς
conieci ‖ 25. ἁλουργίδος, λουργίδος in ras. m. 2, V ‖ 28. ἀλλοιότερος ἦν]
ἠλλοιώθη (vel ἠλλοίωτο) τοσοῦτον conieci. offendit iam Heyne

καὶ χρημάτων ἐγκεῖσθαι συλλογῇ, ταῦτά τε παρὰ τῇ μητρὶ
θησαυρίζειν. (13) ἐχόντων δὲ αὐτῷ τῶν πραγμάτων οὐχ
ὑγιῶς, τὰ περὶ Παιονίαν καὶ Μυσίαν στρατεύματα καὶ πρό-
τερον ἀλλοτρίως πρὸς αὐτὸν διακείμενα, τότε δὴ μᾶλλον πρὸς
5 ἀπόστασιν ἐξηρέθιστο. τραπέντα δὲ εἰς νεωτερισμὸν ἄγει
Μαξιμῖνον εἰς βασιλείαν, τότε τῆς Παιονικῆς ἴλης ἐξηγού-
μενον. καὶ Μαξιμῖνος μὲν τὰς περὶ αὐτὸν δυνάμεις ἀγείρας
ἐπὶ τὴν Ἰταλίαν ἐξώρμησεν, ἀπαρασκεύῳ τῷ βασιλεῖ ῥᾷον
οἰόμενος ἐπιθήσεσθαι· Ἀλέξανδρος δὲ ἐν τοῖς περὶ τὸν Ῥῆνον 2
10 ἔθνεσι διατρίβων, κἀκεῖσε τὰ νεωτερισθέντα μαθὼν, τῆς ἐπὶ
τὴν Ῥώμην εἴχετο πορείας. ἐπαγγελλόμενος δὲ τοῖς στρατιώ-
ταις καὶ αὐτῷ Μαξιμίνῳ συγγνώμην εἰ τοῖς ἐγχειρηθεῖσιν
ἐνδοῖεν, ὡς οὐχ οἷός τε γέγονεν τούτους ὑπαγαγέσθαι, πά-
σαις ἀπογνοὺς ταῖς ἐλπίσιν ἑαυτὸν ἐπιδέδωκεν τρόπον τινὰ
15 τῇ σφαγῇ. Μαμαία δὲ προσελθοῦσα μετὰ τῶν ὑπάρχων ἐκ
τῆς αὐλῆς ὡς δὴ τὴν ταραχὴν καταπαύσουσα αὐτή τε κατα-
σφάττεται καὶ οἱ ὕπαρχοι σὺν αὐτῇ.

Τῆς δὲ βασιλείας ἤδη βεβαίως παρὰ Μαξιμίνου κατεχο- 3
μένης, ἐν μεταμελείᾳ πάντες ἦσαν ὡς τυραννίδα πικρὰν
20 μετρίας ἀλλαξάμενοι βασιλείας. γένους γὰρ ὢν ἀφανοῦς, ἅμα
τῷ παραλαβεῖν τὴν ἀρχήν, ὅσα φύσει προσῆν αὐτῷ πλεονε-
κτήματα, τῇ τῆς ἐξουσίας ἐξέφαινεν παρρησίᾳ καὶ πᾶσιν
ἀφόρητος ἦν, οὐχ ὑβρίζων εἰς τοὺς ἐν τέλει μόνον, ἀλλὰ καὶ
μετὰ πάσης ὠμότητος τοῖς πράγμασι προσιών, μόνους δὲ
25 θεραπεύων τοὺς συκοφάντας, ὅσοι μάλιστα τοὺς ἀπράγμονας
κατεμήνυον ὡς ὀφείλοντάς τι τοῖς βασιλικοῖς ταμιείοις. ἤδη

---

1. ἐγκεῖσθαι ς, ἐκκεῖσθαι V ‖ v. Iulian. p. 402, 13 Π. ‖ 3. παιονίαν
ex παιωνίαν radendo V ‖ 5. ἐξερέθιστο (sine acc.) V ‖ 6. μαξιμινον (sine
acc.) radendo ex μαξιμιανον ut vid. V ‖ παιονικῆς, o in ras., V ‖ ἴλης
V², ειλης (sine acc. et spir.) V¹ ‖ 8. ἀπαρασκεύῳ ex ἀπαρασκεύως ra-
dendo V ‖ 13. γέγονε ς ‖ 14. ἐπιδέδωκε ς ‖ 15. προσελθοῦσα V, προσ-
ελθοῦσα ς ‖ ἐκ delendum puto. ceterum tota Zosimi narratio plane
singularis est ‖ 21. τῶ V², τὸ V¹ ‖ 21. 22. πλεονεκτήματα sunt 'virtutes', non
'vitia'. cf. IV, 54, 4; Io. Lyd. p. 224, 11 Bk. quapropter μειονεκτή-
ματα coni. Sylburg. an πλημμελήματα? cf. I, 5, 3 ‖ 22. ἐξέφαινεν cum
Sylburgio scripsi, ἐξέφανεν V. ἐξηφάνιξε cum Stephano Bekk, πλεο-
νεκτήματα servans. at Maximinus φύσει ἦν τὸ ἦθος, ὥσπερ καὶ τὸ
γένος, βάρβαρος: Herodian. VII, 1, 2; 'ferus moribus, asper, superbus,
contemptor': v. Max. 2, 2, cf. ib. cap. 8

δὲ καὶ εἰς φόνους ἀκρίτους ἐχώρει χρημάτων ἐπιθυμίᾳ, καὶ
ὅσα τῶν πόλεων ἦν οἰκεῖα ἐποίει, μετὰ τοῦ καὶ τοὺς οἰκή-
τορας τῶν οὐσιῶν ἀφαιρεῖσθαι. (14) βαρυνομένων δὲ τῶν
ὑπὸ Ῥωμαίους ἐθνῶν ἐπὶ τῇ λίαν ὠμότητι καὶ συνταρατ-
τομένων ἐπὶ ταῖς προφανέσι πλεονεξίαις, οἱ τὴν Λιβύην 5
οἰκοῦντες Γορδιανὸν καὶ τὸν ὁμώνυμον τούτῳ παῖδα βασι-
λέας ἀναδείξαντες, ἔστειλαν ἐν Ῥώμῃ πρέσβεις ἄλλους τε καὶ
Βαλεριανόν, ὃς τοῦ ὑπατικοῦ τάγματος ὢν ἐβασίλευσεν ὕστερον.
ἡ δὲ σύγκλητος τὸ πραχθὲν ἀσμενίσασα παρεσκευάζετο πρὸς
τὴν τοῦ τυράννου καθαίρεσιν, τούς τε στρατιώτας εἰς ἐπανά- 10
στασιν ἐρεθίζουσα καὶ τὸν δῆμον ἀναμιμνήσκουσα τῶν εἰς
ἕκαστον ἰδίᾳ καὶ κοινῇ πάντας ἀδικημάτων. ἐπεὶ δὲ πᾶσι
ταῦτα ἐδόκει, προχειρίζονται τῆς βουλῆς ἄνδρας εἴκοσι στρατη-
γίας ἐμπείρους· ἐκ τούτων αὐτοκράτορας ἑλόμενοι δύο, Βαλ-
βῖνον καὶ Μάξιμον, προκαταλαβόντες τὰς ἐπὶ τὴν Ῥώμην 15
φερούσας ὁδοὺς ἕτοιμοι πρὸς τὴν ἐπανάστασιν ἦσαν. (15) τοῦ
δὲ Μαξιμίνου τούτων ἀπαγγελθέντων ἐπὶ τὴν Ῥώμην ὁρμή-
σαντος ἅμα τοῖς Μαυρουσίοις καὶ Κελτικοῖς τέλεσιν, οἱ μὲν
τὴν Ἀκυληίαν τεταγμένοι φυλάττειν ἀποκλείσαντες αὐτῷ τὰς
πύλας ἐς πολιορκίαν καθίσταντο, τῶν δὲ συναραμένων αὐτῷ 20
μόλις τὸ κοινῇ λυσιτελοῦν ἑλομένων συμφρονησάντων τε
τοῖς καθελεῖν τὸν Μαξιμῖνον ἐσπουδακόσιν, εἰς ἔσχατον ἐλη-
λακὼς κινδύνου προσάγει τὸν παῖδα τοῖς στρατιώταις ἱκέτην,
ὡς ἀρκέσοντα διὰ τὴν ἡλικίαν εἰς οἶκτον ἐκ τῆς ὀργῆς αὐτοὺς
μεταστῆσαι. τῶν δὲ θυμῷ μείζονι τόν τε νέον οἰκτρῶς ἀν- 25
ελόντων καὶ αὐτὸν παραχρῆμα κατασφαξάντων, ἐπελθών τις
καὶ τὴν κεφαλὴν χωρίσας τοῦ σώματος ἐπὶ τὴν Ῥώμην

5. λιβύην V², λυβύην V¹ ‖ 8. βαλλεριανὸν h. l. V. 'quae (legatio)
per Valerianum, principem senatus, qui postea imperavit, gratanter
accepta est': v. Gord. 9, 7, ex Dexippo, ut videtur. alium igitur fontem
sequitur Zosimus ‖ 9. ἀσμενήσασα V¹, corr. V² ‖ παρεσκευάζετο V,
-άσατο ς ‖ 11. τῶν V² ex τὸν ‖ 12. πάντας V¹, πάντων V² ς ‖ 13. ταὐτὰ
Steph ‖ προχειρίζονται κτέ.] ex Dexippo ne haec quidem hausta esse
possunt: is enim post interfectos demum Gordianos XX viros illos
creatos esse tradidit: v. Maxim. iun. 6, 3 ‖ 15. προκατ. V, καὶ προκατ.
ς. fort. τε post προκ. intercidit ‖ 16. πρὸς τὴν ἐπανάστασιν] iam
non ad rebellionem sed ad resistendum senatus paratus erat. conieci
πρὸς ἀντίστασιν coll. II, 12, 1. vitium ex vs. 10 fluxit ‖ 21. συμφρονη-
σάντων V², συνφρ. V¹

ἐπήγαγεν, σημεῖον ἐμφανὲς τοῦτο τῆς νίκης ποιούμενος. ταύτῃ
τοίνυν ἀπαλλαγέντες τοῦ δέους τὴν ἐκ Λιβύης τῶν βασιλέων
ἀνέμενον ἄφιξιν.

16. Τῶν δὲ βίᾳ χειμῶνος ἐν τῷ πλεῖν ἀπολομένων,
Γορδιανῷ θατέρου τούτων ὄντι παιδὶ τὴν τῶν ὅλων ἡγε-
μονίαν ἡ γερουσία παρέδωκεν, ἐφ᾽ οὗ τῆς προλαβούσης κατη-
φείας ὁ Ῥωμαίων ἀνίετο δῆμος, τοῦ βασιλέως σκηνικοῖς τε
καὶ γυμνικοῖς ἀγῶσι τοὺς πολίτας ἀπαγαγόντος. πάντων δὲ 2
ὥσπερ ἐκ κάρου βαθέος ἀνασφηλάντων, ἐπιβουλὴ κατὰ· τοῦ
βασιλεύοντος λαθραία συνίσταται, Μαξίμου καὶ Βαλβίνου
στρατιώτας αὐτῷ τινὰς ἐπαναστησάντων· ἧς φωραθείσης αὐτοί
τε οἱ τῆς σκευωρίας ἄρξαντες ἀναιροῦνται καὶ τῶν κοινωνη-
σάντων αὐτοῖς οἱ πολλοί. (17) μετ᾽ οὐ πολὺ δὲ καὶ Καρχη-
δόνιοι τῆς τοῦ βασιλέως εὐνοίας ἀλλοτριωθέντες Σαβινιανὸν
εἰς βασιλείαν παράγουσιν· Γορδιανοῦ δὲ κινήσαντος τὰς ἐν·
Λιβύῃ δυνάμεις, ἐπανελθόντες πρὸς αὐτὸν τῇ γνώμῃ τὸν μὲν
ἐπιθέμενον τῇ τυραννίδι παραδιδόασι, συγγνώμης δὲ τυχόντες
τῶν περισχόντων αὐτοὺς κινδύνων ἠλευθερώθησαν. ἐν τούτῳ 2
δὴ πρὸς γάμον ἄγεται Γορδιανὸς Τιμησικλέους θυγατέρα,
τῶν ἐπὶ παιδεύσει διαβοήτων ἀνδρός, ὃν ὕπαρχον τῆς αὐλῆς

---

1. ἐπήγαγεν V, ἀπήγαγε Steph, bene ‖ 3. ἄφιξιν V², ἄφηξιν V¹ ‖
4. πλεῖν] πολεμεῖν inepte coni. Spanheim, scilicet ut Zosimum cum
Herodiano et Dexippo (v. Max. et Balb. 16, 6; v. Max. iun. 6, 3), qui
in Africa — et multo quidem ante — Gordianos occubuisse referunt,
conciliaret. recte Heyne ad Zonaram XII, 17, qui variam scriptorum
de Gordianorum interitu famam exhibet, provocavit ‖ ἀπολλωμένων V ‖
5. θατέρου — παιδὶ] ex uno Dexippo (v. Gord. 19, 9; 23, 1) hanc
famam — falsam eam quidem, v. C. I. L. VIII ind. p. 1049 — derivari
potuisse quod Boehme (diss. Ienens. t. II p. 40) censet, neglexit verba
v. Gord. 22, 4 ('ut unus aut duo — nam amplius invenire non potui
— ex filio qui in Africa periit') ‖ 6. ἐφ᾽ V, ἀφ᾽ ϛ ‖ 8. ἀπαγαγόντος]
conieci ἀπατῶντος: 'rege cives oblectante'. cf. Pierson ad Moer. p. 65.
διαγαγόντος coni. Bekk, ἐπαγαγόντος Sylb, lacunam statuerunt Steph
et Casaub ‖ 9. βαθέως V ‖ 10. βασιλεύοντος V, βασιλέως ϛ ‖ λαθραία V ‖
de Maximo et Balbino haec rursus plane a Dexippeis (v. Max. et Balb.
16, 4) discrepant ‖ 11. φωραθείσης V², φορ. V¹ ‖ 13. μετ᾽ οὐ V², μεθου
V¹ ‖ Καρχηδόνιοι ϛ, χαρχηδόνιοι V ‖ 14. σαβινιανὸν V, Σαβιανὸν ϛ ‖
19. Τιμησικλέους] verum nomen 'Timesitheus' fuit, cf. Hirschfeld 'Verw.'
I p. 236, at Τιμησοκλῆς (sic) est etiam Zonarae XII, 18. 'Misitheus' vel
potius 'Timesitheus' Dexippo fuisse videtur: v. Gord. 23, 6 sq.

14 — Λ —

ἀναδείξας ἔδοξεν τὸ διὰ τὸ νέον τῆς ἡλικίας τῇ κηδεμονίᾳ τῶν πραγμάτων ἐλλεῖπον ἀναπληροῦν.

18. Ἤδη δὲ τῆς βασιλείας οὔσης ἐν ὀχυρῷ, Πέρσαι τοῖς κατὰ τὴν ἑῴαν ἔθνεσιν ἐπιέναι προσεδοκῶντο, τὴν ἀρχὴν Σαπώρου παραλαβόντος μετὰ Ἀρταξέρξην τὸν ἀπὸ Παρθυαίων αὖθις εἰς Πέρσας τὴν ἀρχὴν μεταστήσαντα· μετὰ γὰρ Ἀλέξανδρον τὸν Φιλίππου καὶ τοὺς διαδεξαμένους τὴν Μακεδόνων ἀρχήν, Ἀντιόχου τῶν ἄνω σατραπειῶν ἄρχοντος Ἀρσάκης ὁ Παρθυαῖος διὰ τὴν εἰς τὸν ἀδελφὸν Τηριδάτην ὕβριν ἀγανακτήσας, πόλεμον πρὸς τὸν Ἀντιόχου σατράπην ἀράμενος, αἰτίαν δέδωκεν Παρθυαίοις ἐκβαλοῦσι Μακεδόνας εἰς ἑαυτοὺς τὴν ἀρχὴν περιστῆσαι. τότε τοίνυν ἐπὶ Πέρσας ὁ βασιλεὺς ᾔει παρασκευῇ τῇ πάσῃ. τοῦ δὲ Ῥωμαϊκοῦ στρατοῦ δόξαντος ἐν τῇ πρώτῃ μάχῃ κεκρατηκέναι, Τιμησικλῆς ὁ τῆς αὐλῆς ὕπαρχος τελευτήσας ἠλάττωσε πολὺ τῷ βασιλεῖ τὴν ἐπὶ τῇ ἀσφαλείᾳ τῆς ἡγεμονίας πεποίθησιν. Φιλίππου γὰρ ὑπάρχου προχειρισθέντος, κατὰ βραχὺ τὰ τῆς εἰς τὸν βασιλέα τῶν στρατιωτῶν εὐνοίας ὑπέρρει. ὁρμώμενος γὰρ ἐξ Ἀραβίας, ἔθνους χειρίστου, καὶ οὐδὲ ἐκ τοῦ βελτίονος εἰς τύχης ἐπίδοσιν προελθών, ἅμα τῷ παραλαβεῖν τὴν ἀρχὴν εἰς ἐπιθυμίαν βασιλείας ἐτράπη· καὶ τῶν στρατιωτῶν τοὺς εἰς τὸ νεωτερίζειν ἐπιρρεπεῖς οἰκειούμενος, ἐπειδὴ τὴν τῶν στρατιωτικῶν σιτήσεων συγκομιδὴν ἅλις ἔχουσαν εἶδεν, ἔτι τοῦ βασιλέως περὶ Κάρρας καὶ Νέσσεβιν σὺν τῷ στρατῷ διατρίβοντος αὐτὸς ἐνδοτέρω τὰς ναῦς, αἳ τὴν στρατιωτικὴν τροφὴν εἶχον, εἴσ-

1. ἔδοξε ς ‖ κηδαιμονίαι V ‖ 5. Σαπώρου] de nominis ratione v. Noeldeke in Bezzenbergeri 'Beitr. z. Kunde d. indog. Sprachen' t. IV p. 60, 4 ‖ Ἀρταξέρξην] ib. p. 35, 2 ‖ 8. σατραπιῶν V ‖ 8. 9. ἀρσά κης corr. V² ex ἀντάρ κης (sic) ‖ 9. ὁ Παρθυαῖος — ὕβριν] Arriani (ap. Phot. cod. 58, cf. Sync. I p. 539, 19 Dind.) est rerum conformatio. cf. Droysen Hellen. t. III², 1 p. 358 sq. ‖ 11. δέδωκε ς ‖ ἐκβαλοῦσι, ˜ a m. 2, V ‖ 12. πέρσας ex περάσας V² ‖ 15. ἠλάττωσε, σε ex corr. m. 1, V ‖ 16. ἡγεμονείας V 18. αραβίας V¹, ἀῤῥαβίας V² ‖ 20. τῶ V², τὸ V¹ ‖ 23. εἶδεν V², ἴδεν V¹ ‖ 24. καῤῥὰς V ‖ Νέσσεβιν scripsi, νεσσεβίν V sed ´ a m. 2. Νίσιβις ceteris locis praeter I, 39, 1 (νησιβιν V) Zosimus. ΝΕΣΙΒΙ nummi (Eckhel t. III p. 517), 'Nesîbîn' Tabari Noeldekii ‖ de ipsa re praeter vit. Gord. 29, 2 cf. Zonar. XII, 18 t. III p. 130, 6 Dind. Philippi callidum consilium uno ex Dexippo Zosimo innotescere potuisse cur credamus nihil causae est

ιέναι διέταττεν, ὡς ἂν ἡ στρατιὰ λιμῷ πιεζομένη καὶ ἀπορίᾳ
τῶν ἐπιτηδείων ἀνασταίη πρὸς στάσιν. (19) ἐκβάσης δὲ εἰς
ἔργον αὐτῷ τῆς σκέψεως, οἱ στρατιῶται πρόφασιν τὴν τῶν
ἀναγκαίων ἔνδειαν ποιησάμενοι, σὺν οὐδενὶ κόσμῳ τὸν Γορ-
διανὸν περιστάντες ὡς αἴτιον τῆς τοῦ στρατοπέδου φθορᾶς
ἀναιροῦσι, Φιλίππῳ τὴν ἁλουργίδα κατὰ τὸ συγκείμενον
περιθέντες. ὁ δὲ πρὸς μὲν Σαπώρην ἔθετο φιλίαν ἐνόμοτον,
λύσας δὲ τὸν πόλεμον ἐπὶ τὴν Ῥώμην ἐξώρμα, τοὺς μὲν
στρατιώτας ἁδραῖς διαδόσεσιν θεραπεύων, εἰς δὲ τὴν Ῥώμην
ἐκπέμπων τοὺς ὅτι νόσῳ τετελεύτηκεν Γορδιανὸς ἀγγελοῦν-
τας. ἐπεὶ δὲ εἰς τὴν Ῥώμην ἀφίκετο, τοὺς ἐν τέλει τῆς 2
βουλῆς λόγοις ἐπιεικέσιν ὑπαγαγόμενος ᾠήθη δεῖν τὰς μεγί-
στας τῶν ἀρχῶν τοῖς οἰκειότατα πρὸς αὐτὸν ἔχουσιν παρα-
δοῦναι, καὶ Πρίσκον μὲν ἀδελφὸν ὄντα τῶν κατὰ Συρίαν
προεστήσατο στρατοπέδων, Σεβηριανῷ δὲ τῷ κηδεστῇ τὰς ἐν
Μυσίᾳ καὶ Μακεδονίᾳ δυνάμεις ἐπίστευσεν. (20) τούτῳ δὲ
βεβαίως ἕξειν τὴν ἀρχὴν οἰηθεὶς αὐτὸς ἐπὶ Κάρπους ἐστρά-
τευεν ἤδη τὰ περὶ τὸν Ἴστρον λῃσαμένους. μάχης δὲ γενο-
μένης οὐκ ἐνεγκόντες οἱ βάρβαροι τὴν προσβολήν, εἴς τι
φρούριον συμφυγόντες ἐν πολιορκίᾳ καθίσταντο. θεασάμενοι
δὲ τοὺς ἐξ αὐτῶν ἄλλους ἄλλῃ διασπαρέντας αὖθις συνειλεγ-
μένους, ἅμα τε ἀνεθάρρησαν καὶ ὑπεξελθόντες τῷ Ῥωμαϊκῷ
στρατοπέδῳ συνέπιπτον. οὐχ ὑποστάντες δὲ τὴν τῶν Μαυ- 2
ρουσίων ὁρμὴν λόγους περὶ σπονδῶν ἐποιήσαντο, οἷς ὁ Φί-
λιππος ῥᾷον θέμενος ἀνεχώρει. πολλῶν δὲ κατὰ ταὐτὸν
ἐμπεσουσῶν ταραχῶν τοῖς πράγμασι, τὰ μὲν κατὰ τὴν ἑῴαν
ταῖς τῶν φόρων εἰσπράξεσι καὶ τῷ Πρίσκον, ἄρχειν τῶν
ἐκεῖσε καθεσταμένον ἐθνῶν, ἀφόρητον ἅπασιν εἶναι βαρυ-
νόμενα, καὶ διὰ τοῦτο πρὸς τὸ νεωτερίζειν τραπέντα, Ἰωτα-

1. στρατιὰ ς, στρατεία V ‖ 2. ἐκβάσης V et Heumann, ἔκβασις apo-
grapha ‖ 8. ἐξῶρμα (sic) V¹, ἐξορμᾷ V² ς ‖ 9. ἁδραῖς, ῀ a m. 2, V ‖ δια-
δόσεσι ς ‖ 10. τετελεύτηκε ς ‖ 13. οἰκειότατα, ὁ in ras. ex ω, V ‖ ἔχουσι ς ‖
16. ἐπίστευσε ς ‖ 17 sq. Carpica haec Philippi expeditio ad Dexippi
(ᾧ συνανείληπται περὶ ὧν Κάρποι . . . . ἔπραξαν: Euagr. h. e. V, 24)
Σκυθικὰ redire videtur ‖ 18. λῃσαμένους V ς. et sic porro ‖ 21. ἄλλῃ V²,
ἀλλὴ V¹ ‖ 21. 22. συνειλλεγμένους V ‖ 25. ῥᾷον: ῥᾳδίως. cf. I, 31, 1 ‖ κατὰ
ταυτὸν V², καταυτὸν V¹ ‖ 27 ταῖς ⟨τε⟩ τῶν coni. Sylb ‖ πρίσκον //// ἄρ-
χειν (eras τὸν) V ‖ 28. καθεστάμενον V ‖ 29. p. 16, 1. ἰωταπιανὸν V, τὸν ἰωτ.
cum Reitemeiero Bekk (τὸν Παπιανὸν Steph et Sylb, unde 'Pacatianum'

πιανὸν παρήγαγον εἰς τὴν τῶν ὅλων ἀρχήν, τὰ δὲ Μυσῶν
τάγματα καὶ Παιόνων Μαρῖνον. (21) συνταραχθέντος δὲ ἐπὶ
τούτοις Φιλίππου, καὶ δεομένου τῆς γερουσίας ἢ συλλαβέσθαι
οἱ πρὸς τὰ καθεστῶτα ἢ γοῦν, εἰ τῇ αὐτοῦ δυσαρεστοῖεν
ἀρχῇ, ταύτης ἀφεῖναι, μηδενὸς δὲ τὸ παράπαν ἀποκριναμένου,
Δέκιος καὶ γένει προέχων καὶ ἀξιώματι, προσέτι δὲ καὶ
πάσαις διαπρέπων ταῖς ἀρεταῖς, μάτην ἔλεγεν αὐτὸν ἐπὶ τού-
τοις ἀγωνιᾶν· ῥᾷον γὰρ ἐν ἑαυτοῖς ταῦτα διαφθαρήσεσθαι,
τὸ βέβαιον ἔχειν οὐδαμόθεν δυνάμενα. ἐκβάντων δὲ εἰς
ἔργον ὧν ὁ Δέκιος ἐκ τῆς τῶν πραγμάτων ἐτεκμήρατο πείρας,
Ἰωταπιανοῦ τε καὶ Μαρίνου σὺν οὐ πολλῷ πόνῳ καθαιρε-
θέντων, οὐδὲν ἧττον ἐν φόβοις ὁ Φίλιππος ἦν, τὸ τῶν
στρατιωτῶν μῖσος περὶ τοὺς ἐκεῖσε ταξιάρχους καὶ ἡγεμόνας
εἰδώς. παρεκάλει τοίνυν τὸν Δέκιον τῶν ἐν Μυσίᾳ καὶ
Παιονίᾳ ταγμάτων ἀναδέξασθαι τὴν ἀρχήν. τοῦ δὲ διὰ τὸ
καὶ ἑαυτῷ καὶ Φιλίππῳ τοῦτ' ἀξύμφορον ἡγεῖσθαι παραι-
τουμένου, τῇ Θετταλικῇ λεγομένῃ πειθανάγκῃ χρησάμενος
ἐκπέμπει κατὰ τὴν Παιονίαν αὐτόν, σωφρονιοῦντα τοὺς ἐκεῖσε
τὰ Μαρίνου φρονήσαντας. οἱ δὲ ταύτῃ στρατιῶται τὸν Δέκιον
ὁρῶντες τοῖς ἡμαρτηκόσιν ἐπεξιόντα, κάλλιον εἶναι σφίσιν
ἡγήσαντο καὶ τὸν παρὰ πόδας ἀποσείσασθαι κίνδυνον καὶ
ἅμα προστήσασθαι μόναρχον, ὃς καὶ τῶν κοινῶν ἂν ἐπιμελη-
θείη κρεῖσσον καὶ οὐ σὺν πόνῳ περιέσται Φιλίππου, πολι-
τικῇ τε ἀρετῇ καὶ πολεμικῇ πείρᾳ προήκων. (22) περιθέντες
οὖν αὐτῷ τὴν ἁλουργίδα, καὶ ἐφ' ἑαυτῷ λοιπὸν ὀρρωδοῦντα
πρὸς τὴν τῶν πραγμάτων καὶ ἄκοντα συνωθοῦσι κηδεμονίαν.
Φίλιππος τοίνυν, τῆς Δεκίου προσαγγελθείσης ἀναρρήσεως

hic scribi voluit Spanheim). cf. Schiller t. I p. 802, 6; Friedlaender-
Sallet 'Koen. Münzk.²' n. 1039 A ‖ 1. μυσσῶν //// πράγματα (eras. τοῦ
(˘?)), V. τάγματα corr. Sylb ‖ 4. πρὸς τὰ καθεστῶτα] πρὸς τὰ ἀφεστῶτα
conieci. cf. Zonar. XII, 19 qui eundem ac Zosimus fontem hic sequitur:
τῇ συγκλήτῳ διελέχθη περὶ τῆς στάσεως ‖ ἤγουν V ‖ 5. ἀποκριναμένου V,
-ομένου ς ‖ 8. ῥᾷον] θᾶττον conieci ‖ 11. Ἰωταπιανοῦ scripsi cum Bekk,
τῶι ταπιανοῦ V¹, τοῦι ταπιανοῦ V² ‖ 15. παιωνία V ‖ 16. τοῦτ' scripsi,
ταῦτα Vς ‖ 16. ἀξύμφορον (sine acc.) V, ἀξύμφορα ς ‖ 17. Θεττ. πειθ.]
cf. Iulian. p. 39, 12; 353, 26; Boissonade ad Eunap. p. 433 sq. ‖ 23.
κρεῖσσον] fort. κρεῖττον reponendum. et sic in similibus vocabulis ‖
συμπόνῳ ex σμπόνῳ radendo V ‖ 26. κηδεμονείαν V ‖ 27. δεκίου V,
τοῦ Δεκίου ς

αὐτῷ, τὰ στρατόπεδα συναγαγὼν ἤλαυνεν ὡς ἐπιθησόμενος.
οἱ δὲ σὺν τῷ Δεκίῳ, καίπερ πολλῷ πλείους εἶναι τοὺς ἐναν-
τίους εἰδότες, ὅμως ἐθάρρουν, τῇ Δεκίου πεποιθότες ἐπι-
στήμῃ καὶ περὶ πάντα προνοίᾳ. συμπεσόντων δὲ τῶν στρατο- 2
πέδων ἀλλήλοις, καὶ τοῦ μὲν τῷ πλήθει τοῦ δὲ τῇ στρατηγίᾳ
πλεονεκτοῦντος, ἔπεσον μὲν ἐκ τῆς Φιλίππου μερίδος πολλοί,
καὶ αὐτὸς δὲ σὺν αὐτοῖς ἀναιρεῖται, καὶ τοῦ παιδός, ὃν
ἔτυχεν τῇ τοῦ Καίσαρος ἀξίᾳ τιμήσας, ἀποσφαγέντος. οὕτω
μὲν οὖν Δέκιος τῆς τῶν ὅλων ἀρχῆς ἐγένετο κύριος.

23. Τῶν δὲ πραγμάτων διὰ τὴν Φιλίππου περὶ πάντα
ἐκμέλειαν ταραχῆς πληρωθέντων, Σκύθαι τὸν Τάναϊν δια-
βάντες ἐλήζοντο τὰ περὶ τὴν Θρᾴκην χωρία· οἷς ἐπεξελθὼν
Δέκιος καὶ ἐν πάσαις κρατήσας ταῖς μάχαις, παρελόμενος δὲ
καὶ τῆς λείας ἣν ἔτυχον εἰληφότες, ἀποκλείειν αὐτοῖς ἐπει-
ρᾶτο τὴν οἴκαδε ἀναχώρησιν, διαφθεῖραι πανωλεθρίᾳ διανοού-
μενος, ὡς ἂν μὴ καὶ αὖθις ἑαυτοὺς συναγαγόντες ἐπέλθοιεν.
Γάλλον δὴ ἐπιστήσας τῇ τοῦ Τανάϊδος ὄχθῃ μετὰ δυνάμεως 2
ἀρκούσης αὐτὸς τοῖς λειπομένοις ἐπῄει. χωρούντων δὲ τῶν
πραγμάτων αὐτῷ κατὰ νοῦν, εἰς τὸ νεωτερίζειν ὁ Γάλλος
τραπεὶς ἐπικηρυκεύεται πρὸς τοὺς βαρβάρους, κοινωνῆσαι
τῆς ἐπιβουλῆς τῆς κατὰ Δεκίου παρακαλῶν. ἀσμενέστατα δὲ
τὸ προταθὲν δεξαμένων, ὁ Γάλλος μὲν τῆς ἐπὶ ⟨τῇ⟩ τοῦ
Τανάϊδος ὄχθῃ φυλακῆς εἴχετο, οἱ δὲ βάρβαροι διελόντες
αὐτοὺς τριχῇ διέταξαν ἔν τινι τόπῳ τὴν πρώτην μοῖραν, οὗ

4. πάντα ς, πάντας V ‖ 5. στρατηγίᾳ Steph, στρατείαι V ‖ 8. ἔτυχε ς ‖
Καίσαρος] mirum quod Augustum postea a patre filium factum esse
Zosimus non addit. lacuna tamen statui non potest ‖ errorem, quo
filius quoque Veronae caesus dicitur, Zonaras quoque habet (XII, 19) ‖
10 sq. de Gothis haec quamvis admodum neglegenter excerpta ad
Dexippi Σκυθικὰ referri possunt. cf. Mommsen h. R. t. V p. 219, 1 ‖
πάντα ς, πάντας V², πάντας V¹ ‖ 11. Τάναϊν] errorem Zosimi — qui
nimirum, cum in fonte suo legisset Gothorum sedes tum circa Tanain
fuisse, pro festinatione sua hoc nomen per totam narrationem serva-
tiv — iam notavit Wesseling ad Itin. Anton. Aug. p. 225 ‖ 13. ἐν πά-
σαις κρ. τ. μ.] at Philippopolim a Gothis captam (v. Dexipp. ap. Sync.
I p. 705, 14; Amm. M. XXXI, 5, 17) ipse Zosimus I, 24, 2 memorat
14. λείας, ει in ras. m antiq., 'a m. 2, V ‖ αὐτοῖς ς, αὐτὸς V ‖ 15.
πανωλεθρίαι V ‖ 18. ἐπῄει ex ἐπίει V² ‖ 21. ἀσμενέστατα ex ἀσμεναι-
στατα (ut vid.) V² ‖ 22. προταθεν V¹, προσταθεν (sine acc.) V², προσ-
ταχθὲν ς ‖ τῇ addidit Sylb. (idem τῇ Ταν. pro τοῦ Ταν. coniecit)

3 προβέβλητο τέλμα. τοῦ Δεκίου δὲ τοὺς πολλοὺς αὐτῶν
διαφθείραντος, τὸ δεύτερον ἐπεγένετο τάγμα· τραπέντος δὲ
καὶ τούτου, ἐκ τοῦ τρίτου τάγματος ὀλίγοι πλησίον τοῦ
τέλματος ἐπεφάνησαν. τοῦ δὲ Γάλλου διὰ τοῦ τέλματος ἐπ'
αὐτοὺς ὁρμῆσαι τῷ Δεκίῳ σημήναντος, ἀγνοίᾳ τῶν τόπων 5
ἀπερισκέπτως ἐπελθών, ἐμπαγείς τε ἅμα τῇ σὺν αὐτῷ δυνάμει
τῷ πηλῷ καὶ πανταχόθεν ὑπὸ τῶν βαρβάρων ἀκοντιζόμενος
μετὰ τῶν συνόντων αὐτῷ διεφθάρη, διαφυγεῖν οὐδενὸς δυνη-
θέντος. Δεκίῳ μὲν οὖν ἄριστα βεβασιλευκότι τέλος τοιόνδε
συνέβη· (24) παρελθόντος δὲ εἰς τὴν ἀρχὴν τοῦ Γάλλου, 10
καὶ συναναδείξαντος ἑαυτῷ τὸν παῖδα Οὐολουσιανὸν βασιλέα,
μόνον τε οὐχὶ βοῶντος ὡς ἐξ ἐπιβουλῆς αὐτοῦ Δέκιος μετὰ
τοῦ στρατεύματος διεφθάρη, τὰ τῆς εὐημερίας τῶν βαρβάρων
2 αὔξην ἐλάμβανεν· οὐ γὰρ μόνον ἐπανελθεῖν αὐτοῖς εἰς τὰ
οἰκεῖα ξυνεχώρει μετὰ τῆς λείας ὁ Γάλλος, ἀλλὰ καὶ χρη- 15
μάτων τι μέτρον ἔτους ἑκάστου χορηγεῖν ὑπέσχετο, καὶ τοὺς
αἰχμαλώτους, οἳ μάλιστα τῶν εὐπατριδῶν ἦσαν, ἐνεδίδου
κατ' ἐξουσίαν ἀπάγειν, ὧν οἱ πλείους ἐκ τῆς ἐν Θρᾴκῃ Φι-
λιππουπόλεως ἁλούσης ἔτυχον εἰλημμένοι.

25. Ταῦτα οὕτως ὁ Γάλλος διῳκηκὼς εἰς τὴν Ῥώμην 20
ἀφίκετο, μέγα φρονῶν ἐπὶ τῇ τεθείσῃ πρὸς τοὺς βαρβάρους
εἰρήνῃ. καὶ τὴν μὲν ἀρχὴν εὐφήμως τῆς Δεκίου βασιλείας
ἐμέμνητο, καὶ τὸν ἔτι περιόντα τῶν αὐτοῦ παίδων ἐποιεῖτο·
2 χρόνου δὲ προϊόντος εἰς δέος καταστὰς μή ποτέ τινες τῶν εἰς
τὰ πράγματα νεωτερίζειν εἰωθότων εἰς μνήμην τῶν Δεκίου 25
βασιλικῶν ἀρετῶν ἀνατρέχοντες τῷ τούτου παιδὶ τὴν τῶν
ὅλων ἀρχὴν παραδοῖεν, ἐπιβουλεύει θάνατον αὐτῷ, οὔτε τῆς
ποιήσεως οὔτε τοῦ καλῶς ἔχοντος λόγον τινὰ ποιησάμενος.

---

1. προβέβλητο] rara admodum ac fortasse corrigenda — nisi ubi hia-
tus vitandus erat — augmenti omissi apud Zosimum sunt exempla.
eadem in Iuliano obtinet lex (ἤδη πεποίητο p. 29, 14 H. hiatus causa
positum) ‖ 5. σημήναντος ς, σημαίναντος V. fort. σημαίνοντος scriben-
dum ‖ 11. οὐασπασιανὸν V, corr. Leunclavius ‖ βασιλέα] immo Caesarem.
eodem modo errasse videtur Dexippus, cf. Sync. I p. 705, 20 (ubi
Δεκίου vocab. item ac p. 715, 1 vetusto errore additum) ‖ 15. οἰκεῖα
V², οἰκία V¹ ‖ 17. ἐνεδίδου V², ἐν ἐδίδου V¹ ‖ 18. ante τῆς ras. 1 litt.
in V ‖ 20. οὕτως V, οὖν οὕτως ς ‖ 21. τῆι τεθ. V, τεθ. ς ‖ 23. ἐποιεῖτο]
υἱὸν ἐποιεῖτο vel εἰσεποιεῖτο coni. Steph, inutiliter. in ipsis Hostiliani
rebus narrandis a ceteris scriptoribus prorsus discrepat Zosimus

(26) ἐπμελῶς δὲ τοῦ Γάλλου τὴν ἀρχὴν μεταχειριζομένου,
Σκύθαι πρῶτον μὲν τὰ πλησιόχωρα σφίσι συνετάραττον ἔθνη,
προϊόντες δὲ ὁδῷ καὶ τὰ μέχρι θαλάττης αὐτῆς ἐλήζοντο,
ὥστε μηδὲ ἓν ἔθνος Ῥωμαίοις ὑπήκοον ἀπόρθητον ὑπὸ τού-
5 των καταλειφθῆναι, πᾶσαν δὲ ὡς εἰπεῖν ἀτείχιστον πόλιν καὶ
τῶν ὠχυρωμένων τείχεσι τὰς πλείους ἁλῶναι. οὐχ ἧττον δὲ 2
τοῦ πανταχόθεν ἐπιβρίσαντος πολέμου καὶ ὁ λοιμὸς πόλεσίν
τε καὶ κώμαις ἐπιγενόμενος, εἴ τι λελειμμένον ἦν ἀνθρώ-
πειον γένος, διέφθειρεν, οὔπω πρότερον ἐν τοῖς φθάσασι
10 χρόνοις τοσαύτην ἀνθρώπων ἀπώλειαν ἐργασάμενος.

27. Ἐν τούτοις δὲ τῶν πραγμάτων ὄντων, καὶ τῶν
κρατούντων οὐδαμῶς οἵων τε ὄντων ἀμῦναι τῷ πολιτεύματι,
πάντα δὲ τὰ τῆς Ῥώμης ἔξω περιορώντων, αὖθις Γότθοι καὶ
Βορανοὶ καὶ Οὐρουγοῦνδοι καὶ Κάρποι τὰς κατὰ τὴν Εὐρώ-
15 πην ἐλήζοντο πόλεις, εἴ τι περιλελειμμένον ἦν οἰκειούμενοι.
Πέρσαι δὲ τὴν Ἀσίαν ἐπῄεσαν, τήν τε μέσην καταστρεφό- 2
μενοι τῶν ποταμῶν καὶ ἐπὶ Συρίαν προϊόντες ἄχρι καὶ Ἀντι-
οχείας αὐτῆς, ἕως εἷλον καὶ ταύτην τῆς ἑῴας πάσης μητρό-
πολιν οὖσαν, καὶ τοὺς μὲν κατασφάξαντες τῶν οἰκητόρων
20 τοὺς δὲ αἰχμαλώτους ἀπαγαγόντες ἅμα λείας ἀναριθμήτῳ
πλήθει οἴκαδε ἀπῄεσαν, πᾶν ὁτιοῦν ἴδιον ἢ δημόσιον τῆς
πόλεως οἰκοδόμημα διαφθείραντες, οὐδενὸς παντάπασιν ἀντι-
στάντος. Πέρσαις μὲν οὖν ἐξεγένετο ῥᾳδίως τὴν Ἀσίαν

4. 5. ὑπὸ τούτων ex ὑπόντων (sine acc.) V¹ ‖ 6. οὐχ V², οὐκ V¹ ‖ 7.
ἐπιβρίσαντος ex ἐπιβρησαντος V, a m. 1 ut vid. ‖ 7. 8. πόλεσί τε ϛ ‖ 12.
ἀμῦναι V², ἀμοῖναι V¹ ‖ 14. Βορανοὶ καὶ Οὐρουγοῦνδοι] cf. Wietersheim-
Dahn 'Gesch. d. Voelkerwand.' I p. 219 sq. ‖ 16. ἐπῄεσαν ex ἐπίεσαν
V² ‖ 18. εἱ///ον V¹, corr. V². Galli temporibus a Persis captam diru-
tamque esse Antiochiam unde acceperit Zosimus, qui Valerianum
cap. 32, 2 τὰ περὶ τὴν Ἀντιόχειαν καὶ τὸν ταύτης οἰκισμὸν οἰκονομοῦντα
et cap. 36, 1 ἀπὸ τῆς Ἀντιοχείας ἄχρι Καππαδοκίας proficiscentem
facit recuperatione neutrubi memorata, plane nobis incompertum. De-
xippus certe (ap. Sync. I p. 716, 1 et Zonar. t. III p. 141, 4) post dedditio-
nem demum Valeriani Antiochiam primum a Persis expugnatam esse
rettulerat. redit tamen error infra III, 32, 5 et ut videtur etiam in
vita trig. tyr. 2, 2. 3 ‖ 20. ἅμα — 21. οἴκαδε vitium traxisse hiatus
arguit. possis aut ἀναριθμήτοις πλήθεσιν, sicuti saepe plurali numero
posito hiatum evitat scriptor, aut transponendo: ἅμ' ἀναρ. πλήθει λείας οἴκ.
pluralem πλήθη insolite usurpatum habes etiam (ex certa emendatione)
I, 68, 1 ‖ 23. ἐξεγένετο ⟨ἂν⟩ coni. Steph. at cf. III. 15. 5. 6; 29, 3

2

κατακτήσασθαι πᾶσαν, εἰ μὴ τῇ τῶν λαφύρων ὑπερβολῇ περι-
χαρεῖς γεγονότες ἀσμένως ταῦτα περισῶσαι καὶ ἀπαγαγεῖν
οἴκοι διενοήθησαν· (28) τῶν δὲ Σκυθῶν ὅσον ἦν τῆς Εὐρώ-
πης ἐν ἀδείᾳ πολλῇ νεμομένων, ἤδη δὲ καὶ διαβάντων εἰς 5
τὴν Ἀσίαν καὶ τὰ μέχρι Καππαδοκίας καὶ Πισινοῦντος καὶ
Ἐφέσου λῃσαμένων, Αἰμιλιανὸς Παιονικῶν ἡγούμενος τάξεων,
ἀτόλμους ὄντας τοὺς ὑφ' ἑαυτὸν στρατιώτας ἀντιστῆναι τῇ
τῶν βαρβάρων εὐημερίᾳ παραθαρσύνας ὡς οἷός τε ἦν, καὶ
τοῦ Ῥωμαίων ἀξιώματος ἀναμνήσας, ἐπῄει τοῖς εὑρεθεῖσιν
2 ἐκεῖσε βαρβάροις ἀπροσδοκήτως. καὶ τοὺς πολλοὺς ἀνελών, 10
ἤδη δὲ καὶ ἐπὶ τὴν ἐκείνων γῆν τοὺς στρατιώτας διαβιβάσας
καὶ παραδόξως πᾶν τὸ προσπεσὸν διαφθείρας, παρὰ πᾶσάν
τε ἐλπίδα τὰ Ῥωμαίοις ὑπήκοα τῆς ἐκείνων μανίας ἐλευθε-
ρώσας, αἱρεῖται παρὰ τῶν τῇδε στρατιωτῶν αὐτοκράτωρ.
συναγαγὼν δὲ τὰς αὐτόθι δυνάμεις ἐκ τῆς κατὰ τῶν βαρ- 15
βάρων νίκης ἐρρωμενεστέρας γεγενημένας ἐπὶ τὴν Ἰταλίαν
ἤλαυνεν, ἀπαρασκεύῳ τῷ Γάλλῳ βουλόμενος εἰς μάχην ἐλθεῖν.
3 ὃ δὲ τῶν κατὰ τὴν ἑῴαν πεπραγμένων ἀνήκοος ὢν αὐτὸς
μὲν τοῖς παρατυχοῦσι παρεσκευάζετο, Βαλεριανὸν δὲ ἔστελλεν
τὰ ἐν Κελτοῖς καὶ Γερμανοῖς τάγματα οἴσοντα. μετὰ πολλοῦ 20
δὲ τάχους Αἰμιλιανοῦ τῇ Ἰταλίᾳ προσαγαγόντος, ἐπειδὴ πλη-
σίον ἀλλήλων γέγονε τὰ στρατεύματα, πολλῷ τὸν Γάλλον
ἐλαττούμενον ταῖς δυνάμεσιν ὁρῶντες οἱ σὺν αὐτῷ, καὶ ἅμα
πρὸς τὸ ἐκμελὲς καὶ ἀνειμένον τοῦ ἀνδρὸς ἀποβλέποντες,
ἀναιροῦσιν αὐτὸν μετὰ τοῦ παιδός, καὶ προσχωρήσαντες Αἰμι- 25
λιανῷ κρατύνειν ἔδοξαν αὐτῷ τὴν ἀρχήν. (29) Βαλεριανοῦ
δὲ μετὰ τῶν ὑπὲρ τὰς Ἄλπεις δυνάμεων ἐπὶ τὴν Ἰταλίαν

1. λαφύρων V², λαφυρῶν V¹ ‖ 3. ὅσον ἦν τῆς Εὐρώπης mihi dubia.
sententia vel ὅσ' ἤθελον vel ὅσα κατέσχον τ. E. postulat. 'quicquid
occuparant in Europa' vertit Leunclavius ‖ 5. πισινοῦντος V, Πεσι-
νοῦντος Sylb. de re v. Mommsen t. V p. 221, 1 ‖ 10. ἀπροσδοκήτως] con-
ieci ἀπροσδοκήτοις coll. I, 43, 2; IV, 46, 2; V, 26, 5 ‖ 12. πρόσπεσο//ν
(ο ex ω) V ‖ 16. γεγενημένας, ας in ras. m. 1, acc. om., V ‖ 18. τῶν
κατὰ τὴν ἑῴαν πεπραγμένων ἀνήκοος ὤν] utrum corruptela lateat an
ipse Zosimus pro indiligentia sua haec sensu carentia scripserit in-
certum. 'qui per Orientem gesta cum inaudisset' vertit Leunclavius,
unde ἀνήκοος (debebat ἐπήκοος) coniecit Sylburg ‖ 19. παρασκευάζετο V ‖
ἔστελλε ς ‖ 20. κέλτοις V ‖ 21. ἰ//ταλία, τ eras., V ‖ 24. ανειμενον, acc.
sup. ι eras., V ‖ 25. 26. αιμιανῶι V, corr. m. 1

ἐλαύνοντος καὶ σὺν πολλῷ πλήθει τὸν Αἰμιλιανὸν καταπολε-
μῆσαι προθυμουμένου, θεωροῦντες οἱ σὺν αὐτῷ στρατιωτικῶς
μᾶλλον αὐτὸν ἢ ἀρχικῶς προσιόντα τοῖς πράγμασιν, ὡς πρὸς
βασιλείαν ἀναρμόδιον ἀναιροῦσιν.

    Παρελθὼν δὲ Βαλεριανὸς κοινῇ γνώμῃ πρὸς τὴν τῶν 2
ὅλων ἀρχὴν σπουδὴν ἐποιεῖτο τὰ πράγματα εὖ διαθεῖναι. Σκυ-
θῶν δὲ ἐξ ἠθῶν ἀναστάντων καὶ Μαρκομαννῶν πρὸς τούτοις
ἐξ ἐφόδου τὰ πρόσοικα τῇ Ῥωμαίων ἀρχῇ χωρία ληλατούντων,
εἰς ἔσχατον μὲν ἡ Θεσσαλονίκη περιέστη κινδύνου, μόλις δὲ
καὶ σὺν πόνῳ πολλῷ τῆς πολιορκίας λυθείσης τῶν ἔνδον καρ-
τερῶς ἀντισχόντων, ταραχαῖς ἡ Ἑλλὰς ἐξητάζετο πᾶσα. καὶ 3
Ἀθηναῖοι μὲν τοῦ τείχους ἐπεμελοῦντο μηδεμιᾶς, ἐξότε Σύλλας
τοῦτο διέφθειρεν, ἀξιωθέντος φροντίδος, Πελοποννήσιοι δὲ
τὸν Ἰσθμὸν διετείχιζον, κοινῇ δὲ παρὰ πάσης φυλακῇ τῆς
Ἑλλάδος ἐπ᾽ ἀσφαλείᾳ τῆς χώρας ἐγίνετο. (30) συνιδὼν δὲ
ὁ Οὐαλεριανὸς τὸν πανταχόθεν ἐπικείμενον τῇ Ῥωμαίων ἀρχῇ
κίνδυνον, αἱρεῖται Γαλιηνὸν τὸν παῖδα τῆς ἀρχῆς κοινωνόν.
ἐνοχλουμένων δὲ τῶν πραγμάτων ἀπανταχόθεν, αὐτὸς μὲν
ἐπὶ τὴν ἑῴαν ἤλαυνεν Πέρσαις ἀντιστησόμενος, τῷ δὲ παιδὶ
τὰ ἐν τῇ Εὐρώπῃ στρατόπεδα παρεδίδου, τοῖς πανταχόθεν
ἐπιοῦσι βαρβάροις μετὰ τῶν ἐκεῖσε δυνάμεων ἀντιστῆναι παρ-
εγγυήσας. ὁρῶν δὲ ὁ Γαλλιηνὸς τῶν ἄλλων ἐθνῶν ὄντα τὰ 2
Γερμανικὰ χαλεπώτερα σφοδρότερόν τε τοῖς περὶ τὸν Ῥῆνον
οἰκοῦσιν Κελτικοῖς ἔθνεσιν ἐνοχλοῦντα, τοῖς μὲν τῇδε πολε-

    3. ἀρχικῶς] cf. Zon. t. III p. 138, 28 ‖ 4. ἀναιροῦσι ϛ ‖ 6. διαθεῖν,
αι add. m. recentiore, V ‖ 9. Θεσσαλονίκη] fragmentum Eusebii F. H. G.
t. V, 1 p. 21 num ad hanc an ad alteram (Zos. I, 43, 1) Thessaloniees
obsidionem pertineat incertum. ceterum fortasse Eusebius quoque
Dexippum ante oculos habuit ‖ 11. ταραχαῖς] ταραχθέντες Ἕλληνες
Sync. I p. 715, 11, item ex Dexippo ‖ ἐξητάζετο V ‖ 12. τοῦ τείχους] cf.
Wachsmuth 'Stadt Athen' I p. 705 sq. ‖ 13. πελοπονήσιοι V ‖ 14. post
Ἰσθμὸν fort. interciderunt: ἀπὸ θαλάττης εἰς θάλατταν, cf. Sync. I
p. 715, 14 et Zonar. XII, 23 t. III p. 140, 5 Dind. ‖ 15. ἀσφαλείᾳ ex
ἀσφαλίᾳ V² ‖ 17. Γαλιηνὸν scripsi, γαληνὸν V, Γαλλιηνὸν Steph, quo
modo postea saepius V. utra forma scriptor ipse usus sit dubium est,
cum et scriptores et nummi Graeci (cf. v. c. Z. f. Num. t. XII [Berol.
1885] p. 308 sq.) inter simplicem et duplicem λ fluctuent ‖ 19. ἤλαυνε
ϛ ‖ ἀντιστησόμενος ex -σάμενος radendo V ‖ 23. χαλεπώτερα, pr. ε ex ο∥
(ω ut vid.) V ‖ 24. οἰκοῦσι ϛ

μίοις αὐτὸς ἀντετάττετο, τοῖς δὲ τὰ περὶ τὴν Ἰταλίαν καὶ τὰ
ἐν Ἰλλυριοῖς καὶ τὴν Ἑλλάδα προθυμουμένοις λήσασθαι τοὺς
στρατηγοὺς ἅμα τοῖς ἐκεῖσε στρατεύμασιν ἔταξε διαπολεμεῖν.
αὐτὸς μὲν οὖν τὰς τοῦ Ῥήνου διαβάσεις φυλάττων ὡς οἷόν τε
ἦν, πῇ μὲν ἐκώλυεν περαιοῦσθαι, πῇ δὲ καὶ διαβαίνουσιν 5
3 ἀντετάττετο. πλήθει δὲ παμπόλλῳ μετὰ δυνάμεως ἐλάττονος
πολεμῶν, ἐν ἀπόροις τε ὤν, ἔδοξεν ἐν μέρει τὸν κίνδυνον
ἐλαττοῦν τῷ σπονδὰς πρός τινα τῶν ἡγουμένων ἔθνους Γερ-
μανικοῦ πεποιῆσθαι· τούς τε γὰρ ἄλλους βαρβάρους ἐκώλυεν
οὗτος συνεχεῖς διὰ τοῦ Ῥήνου ποιεῖσθαι τὰς διαβάσεις, καὶ 10
τοῖς ἐπιοῦσιν ἀνθίστατο. καὶ τὰ μὲν παροικοῦντα τὸν Ῥῆνον
ἐν τούτοις ἦν, (31) Βορανοὶ δὲ καὶ Γότθοι καὶ Κάρποι καὶ
Οὐρουγοῦνδοι (γένη δὲ ταῦτα περὶ τὸν Ἴστρον οἰκοῦντα) μέ-
ρος οὐδὲν τῆς Ἰταλίας ἢ τῆς Ἰλλυρίδος καταλείποντες ἀδῄω-
τον διετέλουν, οὐδενὸς ἀνθισταμένου πάντα ἐπινεμόμενοι. 15
Βορανοὶ δὲ καὶ τῆς εἰς τὴν Ἀσίαν διαβάσεως ἐπειρῶντο, καὶ
ῥᾷόν γε κατεπράξαντο ταύτην διὰ τῶν οἰκούντων τὸν Βόσπο-
ρον, δέει μᾶλλον ἢ γνώμῃ πλοῖά τε δεδωκότων καὶ ἡγησα-
2 μένων τῆς διαβάσεως. ἕως μὲν γὰρ βασιλεῖς αὐτοῖς ἦσαν παῖς
παρὰ πατρὸς ἐκδεχόμενοι τὴν ἀρχήν, διά τε τὴν πρὸς Ῥω- 20
μαίους φιλίαν καὶ τὸ τῶν ἐμποριῶν εὐσύμβολον καὶ τὰ παρὰ
τῶν βασιλέων αὐτοῖς ἔτους ἑκάστου πεμπόμενα δῶρα διετέ-
λουν εἴργοντες ἐπὶ τὴν Ἀσίαν διαβῆναι βουλομένους τοὺς
3 Σκύθας· ἐπεὶ δὲ τοῦ βασιλείου γένους διαφθαρέντος ἀνάξιοί
τινες καὶ ἀπερριμμένοι τῆς ἡγεμονίας κατέστησαν κύριοι, δε- 25
διότες ἐφ᾽ ἑαυτοῖς τὴν διὰ τοῦ Βοσπόρου τοῖς Σκύθαις ἐπὶ
τὴν Ἀσίαν δεδώκασιν πάροδον, πλοίοις αὐτοὺς οἰκείοις δια-
βιβάσαντες, ἃ πάλιν ἀναλαβόντες ἀνεχώρησαν ἐπ᾽ οἴκου.
(32) τῶν δὲ Σκυθῶν τὰ ἐν ποσὶ πάντα ληξομένων, οἱ μὲν
τὴν παραλίαν οἰκοῦντες τοῦ Πόντου πρὸς τὰ μεσόγεια καὶ 30
ὀχυρώτατα ἀνεχώρουν, οἱ δὲ βάρβαροι τῷ Πιτυοῦντι πρώτῳ
προσέβαλλον, τείχει τε μεγίστῳ περιβεβλημένῳ καὶ λιμένα

---

2. Ἰλλυρίοις V ‖ 5. ἐκώλυε ς ‖ 14. καταλείποντες scripsi, καταλιπόν-
τες, ι ex ει radendo, V, καταλιπόντες ς ‖ 21. εὐσύμβο//λον, υ erasa, V ‖
23. διαβῆναι, η ex ει m. 2, V ‖ 24. ἐπεὶ ex ἐπὶ V² ‖ βασιλείου scripsi
coll. II, 27, 1; IV, 25, 2; 34, 3, βασιλικοῦ V, βασιλικοῦ ς. de re v.
Mommsen h. R. t. V p. 288, 1 ‖ 27. δεδώκασι ς ‖ 32. λιμένα, ι ex ει ra-
dendo, V

εὐορμότατον ἔχοντι. Σουκεσσιανοῦ δὲ τῶν ἐκεῖσε στρατιω-
τῶν ἡγεμόνος καθεσταμένου μετὰ τῆς οὔσης αὐτόθι δυνάμεως
ἀντιστάντος καὶ τοὺς βαρβάρους ἀποδιώξαντος, δεδιότες οἱ
Σκύθαι μή ποτε καὶ ἐν τοῖς ἄλλοις φρουρίοις πυθόμενοι καὶ
5 συστάντες τοῖς ἐν τῷ Πιτυοῦντι στρατιώταις ἄρδην αὐτοὺς
ἀπολέσωσιν, ὅσων δεδύνηντο πλοίων ἐπιλαβόμενοι, σὺν κιν-
δύνῳ μεγίστῳ τὰ οἰκεῖα κατέλαβον, ἐν τῷ κατὰ Πιτυοῦντα
πολέμῳ πολλοὺς τῶν σφετέρων ἀποβαλόντες. οἱ μὲν οὖν τὸν 2
Εὔξεινον πόντον οἰκοῦντες τῇ Σουκευσιανοῦ στρατηγίᾳ περι-
10 σωθέντες, ὡς διεξήλθομεν, οὐδεπώποτε τοὺς Σκύθας ἤλπισαν
αὖθις περαιωθήσεσθαι, τὸν εἰρημένον μοι τρόπον ἀποκρου-
σθέντας· Οὐαλεριανοῦ δὲ Σουκεσσιανὸν μετάπεμπτον ποιησα-
μένου καὶ ὕπαρχον τῆς αὐλῆς ἀναδείξαντος καὶ σὺν αὐτῷ τὰ
περὶ τὴν Ἀντιόχειαν καὶ τὸν ταύτης οἰκισμὸν οἰκονομοῦντος,
15 αὖθις οἱ Σκύθαι πλοῖα παρὰ τῶν Βοσπορανῶν λαβόντες ἐπε-
ραιώθησαν. κατασχόντες δὲ τὰ πλοῖα, καὶ οὐχ ὥσπερ πρό- 3
τερον τοῖς Βοσπορανοῖς ἐνδόντες μετὰ τούτων ἐπανελθεῖν
οἴκαδε, πλησίον τοῦ Φάσιδος ὡρμίσθησαν, ἔνθα καὶ τὸ τῆς
Φασιανῆς Ἀρτέμιδος ἱδρῦσθαι λέγουσιν ἱερὸν καὶ τὰ τοῦ Αἰή-
20 του βασίλεια. πειραθέντες δὲ τὸ ἱερὸν ἑλεῖν καὶ οὐ δυνη-
θέντες εὐθὺ Πιτυοῦντος ἐχώρουν. (33) ἑλόντες δὲ ῥᾷστα τὸ
φρούριον καὶ τῆς ἐν αὐτῷ φυλακῆς ἐρημώσαντες ἐχώρουν εἰς
τὸ πρόσω. πλοίων δὲ πολλῶν εὐπορήσαντες καὶ τῶν αἰχμα-
λώτων τοῖς ἐρέττειν ἐπισταμένοις εἰς ναυτιλίαν χρησάμενοι,
25 γαλήνης παρὰ πάντα σχεδὸν τὸν τοῦ θέρους καιρὸν γενο-
μένης τῷ Τραπεζοῦντι προσέπλευσαν, πόλει μεγάλῃ καὶ πολυ-
ανθρώπῳ καὶ πρὸς τοῖς ἐθάσι στρατιώταις μυρίων ἑτέρων
δύναμιν προσλαβούσῃ. καταστάντες δὲ εἰς πολιορκίαν κρα- 2

4. καὶ ⟨οἱ⟩ ἐν coni. Steph ‖ 5. συνστάντες V ‖ στρατιώταις V²,
στρατιώτας V¹ ‖ 6. δεδύνηντο] δεδύνηνται conieci. cf. I, 51, 1 (γεγό-
νασιν) et I, 53, 3 (δεδύνηνται) ‖ 7. τὰ οἰκεῖα V ‖ 8. σφετέρων ἀποβα-
λόντες ς, σφετερεων ἀποβάλλοντες V ‖ 14. οἰκισμὸν] ἀνοικισμὸν conieci.
ex Zosimi narratione (cap. 27, 2) Galli aetate totam Antiochiam Per-
sae diruerant ‖ 15. βοσποράνων V ‖ 17. βοσπορίανοῖς V ‖ 18. ὡρμίσθησαν
V et Sylb, ὡρμήθησαν apographa ‖ 19. ἱδρῦσθαι Bekk ‖ ἱερὸν sup. scr.
V² ‖ 20. βασίλεια V², βασίλει V¹ ‖ 24. ἐρεττεῖν V ‖ ναυτηλίαν V ‖
27. ἐθά///σι, ι eras., V ‖ 28. καταστάντες δὲ εἰς πολιορκίαν] ita καταστὰς
ἐς μάχην I, 49, 1. πολιορκία h. l. est 'oppugnatio'. cf. Iulian. p. 33,
12 H. et Schweighaeuser lex. Polyb. s. v.

τήσειν μὲν ἤλπιζον οὐδὲ ὄναρ τῆς πόλεως δύο τείχεσι περι-
ειλημμένης· αἰσθανόμενοι δὲ τοὺς στρατιώτας ῥᾳθυμίᾳ καὶ
μέθῃ κατειλημμένους, καὶ οὔτε εἰς τὸ τεῖχος λοιπὸν ἀνιόντας,
οὐδένα δὲ καιρὸν τὴν τρυφὴν καὶ τὰ συμπόσια παριέντας,
δένδρα πάλαι πρὸς τοῦτο εὐτρεπισθέντα προσθέντες τῷ τείχει 5
καθ᾽ ὃ βάσιμον ἦν, κατ᾽ ὀλίγους τε διὰ τούτων νυκτὸς οὔσης
ἀναβάντες, αἱροῦσι τὴν πόλιν, τῶν μὲν στρατιωτῶν τῷ αἰφ-
νιδίῳ καὶ ἀπροσδοκήτῳ τῆς ἐφόδου καταπλαγέντων καὶ τοῦ
ἄστεως ὑποδραμόντων δι᾽ ἑτέρας πύλης, τῶν δὲ ἄλλων παρὰ
3 τῶν πολεμίων ἀναιρεθέντων. τῆς δὲ πόλεως τοῦτον τὸν τρό- 10
πον ἁλούσης, γεγόνασι πλήθους ἀφάτου χρημάτων καὶ αἰχ-
μαλώτων οἱ βάρβαροι κύριοι· πάντας γὰρ σχεδὸν τοὺς πέριξ
οἰκοῦντας συνέβη κατ᾽ αὐτὴν ὡς εἰς ὀχυρὸν χωρίον συναλι-
σθῆναι. διαφθείραντες δὲ τά τε ἱερὰ καὶ τὰ οἰκοδομήματα
καὶ πᾶν ὅ τι πρὸς κάλλος ἢ μέγεθος ἤσκητο, καὶ προσέτι τὴν 15
ἄλλην χώραν καταδραμόντες, ἅμα πλήθει παμπόλλῳ νεῶν
ἀνεχώρησαν ἐπ᾽ οἴκου.

34. Τῶν δὲ ὁμορούντων Σκυθῶν θεασαμένων τὸν πλοῦ-
τον ὃν ἐπηγάγοντο, καὶ εἰς ἐπιθυμίαν ἐλθόντων τοῦ δρᾶσαι
τὰ παραπλήσια, πλοῖα μὲν κατεσκευάζετο, τῶν συνόντων αὐ- 20
τοῖς αἰχμαλώτων ἢ ἄλλως κατ᾽ ἐμπορίαν ἐπιμιγνυμένων ὑπουρ-
γησάντων εἰς τὴν τούτων δημιουργίαν, τὸν αὐτὸν δὲ τοῖς
Βορανοῖς τρόπον ποιήσασθαι τὸν ἔκπλουν οὐκ ἔγνωσαν ὡς
μακρὸν ὄντα καὶ δύσκολον καὶ διὰ τόπων ἤδη πεπορθημένων.
2 ἀναμείναντες δὲ τὸν χειμῶνα, τὸν Εὔξεινον πόντον ἐν ἀρι- 25
στερᾷ καταλιπόντες, τῆς πεζῆς δυνάμεως αὐτοῖς διὰ τῶν ἠό-
νων κατὰ τὸ παρεῖκον συμπαραθεούσης, Ἴστρον καὶ Τομέα
καὶ Ἀγχίαλον κατὰ τὸ δεξιὸν παραμείψαντες μέρος ἐπὶ τὴν

---

7. ἀναβάντες Bekk, ἀνάγοντες V ‖ 8. τοὺ// V ‖ 9. ἄστεως V, ἄστεος
ς ‖ ὑποδραμόντων] ὑπεκδραμόντων coni. Bekk, inutiliter ‖ 13. κατ᾽ . . .
εἰς] hiatus causa fit variatio ‖ 14. διαφθείραντες, εἴ ex ί m. 2, V ‖
16. παμπόλλῳ scripsi, πᾶν πολλῶι V, παμπόλλων ς. ceterum post παμ-
πόλλῳ excidisse quaedam puto, velut παμπόλλῳ ⟨λαφύρων, ἐπιβάντες
τῶν⟩ νεῶν ‖ 21. ἐμπορίαν Bekk ante quem ἀπορίαν legebatur, ἐν/πο-
ρίαν V ‖ ἐπιμιγν. ex ἐπιμειγν. radendo V ‖ 26. καταλιπόντες ς, κατά-
λειπόντες V ‖ 27. κατὰ τὸ παρεῖκον] cf. Krueger ad Thuc. IV, 36, 2 et
Hase ad Leon. Diac. p. 413 Bonn. ‖ συνπαρ. V ‖ τόμεα V ‖ 28. κατὰ τὸ
δεξιὸν μέρος] merito offendit Wietersheim l. d. I² p. 212 adn.

Φιλεατίναν ἔβησαν λίμνην, ἢ κατὰ δυτικὰς τροπὰς Βυζαντίου
πρὸς τῷ Πόντῳ διάκειται. γνόντες δὲ τοὺς ταύτῃ ἀλιέας ἐν
τοῖς ἕλεσιν τοῖς ἐπικειμένοις τῇ λίμνῃ μετὰ τῶν ὄντων αὐτοῖς
πλοίων ἀποκρυβέντας, ὁμολογίᾳ παραστησάμενοι καὶ τὴν πεζὴν
5 δύναμιν ἐμβιβάσαντες ἐπὶ τὴν διὰ τοῦ πορθμοῦ τοῦ μεταξὺ
Βυζαντίου καὶ Χαλκηδόνος ἐχώρουν διάβασιν. οὔσης δὲ φυ- 3
λακῆς ἔν τε αὐτῇ Χαλκηδόνι καὶ μέχρι τοῦ ἱεροῦ τοῦ πρὸς
τῷ στόματι τοῦ Πόντου πολλῷ τοὺς ἐπιόντας ὑπεραιρούσης,
οἳ μὲν τῶν στρατιωτῶν ἀνεχώρησαν ὑπαντῆσαι δῆθεν τῷ
10 πεμφθέντι παρὰ βασιλέως ἡγεμόνι βουλόμενοι, οἳ δὲ εἰς το-
σοῦτον κατέστησαν δέος ὥστε ἅμα τῇ ἀκοῇ προτροπάδην φυ-
γεῖν. οὗ δὴ γενομένου, ἅμα τε ἐπεραιώθησαν οἱ βάρβαροι
καὶ Χαλκηδόνα μηδενὸς ἀντιστάντος ἑλόντες χρημάτων καὶ
ὅπλων καὶ ἄλλης ὅτι πλείστης ἀποσκευῆς γεγόνασιν ἐγκρατεῖς.
15 (35) ἐπὶ δὲ τὴν Νικομήδειαν ἐχώρουν, μεγίστην οὖσαν καὶ
εὐδαίμονα, διά τε πλοῦτον καὶ τὴν εἰς ἅπαντα εὐπορίαν ὀνο-
μαστοτάτην. ἐπεὶ δὲ τῆς φήμης προκαταλαβούσης ἔφθασαν
οἱ ταύτης οἰκήτορες ἀποδρᾶναι, τῶν χρημάτων, ὅσα περ οἷοί
τε γεγόνασιν, ἐπικομισάμενοι, τῶν μὲν εὑρεθέντων οἱ βάρ-
20 βαροι τὸ πλῆθος ἐθαύμασαν, διὰ δὲ τιμῆς πάσης καὶ θερα-
πείας Χρυσόγονον ἦγον τὸν ἐπὶ τὴν Νικομήδειαν αὐτοὺς ἐλ-
θεῖν ἐκ πολλοῦ παρορμήσαντα. ἐπιδραμόντες δὲ Νικαίᾳ καὶ 2
Κίῳ καὶ Ἀπαμείᾳ καὶ Προύσῃ, τὰ παραπλήσιά τε καὶ ἐν ταύ-
ταις πεποιηκότες, ἐπὶ τὴν Κύζικον ὥρμησαν. τοῦ Ῥυνδάκου
25 δὲ ποταμοῦ πολλοῦ ῥεύσαντος ἐκ τῶν γενομένων ὄμβρων,
περαιωθῆναι τοῦτον ἀδυνατήσαντες ἀνεχώρησαν ὀπίσω, καὶ
τὴν μὲν Νικομήδειαν ἐνέπρησαν καὶ τὴν Νίκαιαν, ἁμάξαις
δὲ καὶ πλοίοις ἐμβαλόντες τὰ λάφυρα περὶ τῆς οἴκαδε ἐπανό-
δου διενοοῦντο, τοῦτο τῆς δευτέρας ἐφόδου ποιησάμενοι τέλος.
30 36. Οὐαλεριανὸς δὲ πυθόμενος τὰ κατὰ τὴν Βιθυνίαν,
στρατηγῶν μὲν οὐδενὶ τὴν κατὰ τῶν βαρβάρων ἄμυναν ὑπὸ

---

2. ταύτηι V, ταύτης ς. hiatus in locutione continua non offendit ‖
3. ἕλεσι ς ‖ 11. δὲ οσωστε V¹, corr. V² ‖ 15. ἐπι ex ἐπει V² ‖ νικομη-
δείαν, ει in ras. m. 1, V ‖ 16. εὐπορίαν ς, ἐμπορείαν V ‖ 18. τῶν V,
μετὰ τῶν ς ‖ ὅσα περ V², ὡς ἅπερ V¹ ‖ 19. ὑπεκκομισάμενοι Heyne,
male ‖ 21. νικομηδείαν V ‖ 22. δὲ ς, δὴ V ‖ 23. π//ρούσηι V ‖ 29. τῆς
δευτέρας ἐφόδου] cf. Mommsen h. R. t. V p. 222, 1 ‖ 31. στρατηγῶν
Steph, στρατιωτῶν V ‖ ἄμυναν ex ἄμοιναν radendo V

ἀπιστίας ἐθάρρει καταπιστεῦσαι, Φήλικα δὲ φυλάξοντα τὸ
Βυζάντιον στείλας αὐτὸς ἀπὸ τῆς Ἀντιοχείας ἄχρι Καππα-
δοκίας ἐχώρει, τῇ παρόδῳ δὲ μόνον ἐπιτρίψας τὰς πόλεις
ὑπέστρεψεν εἰς τοὐπίσω. λοιμοῦ δὲ τοῖς στρατοπέδοις ἐμπε-
σόντος καὶ τὴν πλείω μοῖραν αὐτῶν διαφθείραντος, Σαπώρης 5
2 ἐπιὼν τὴν ἑῴαν ἅπαντα κατεστρέφετο. Οὐαλεριανοῦ δὲ διά
τε μαλακίαν καὶ βίου χαυνότητα βοηθῆσαι μὲν εἰς ἔσχατον
ἐλθοῦσι τοῖς πράγμασιν ἀπογνόντος, χρημάτων δὲ δόσει
καταλῦσαι τὸν πόλεμον βουλομένου, τοὺς μὲν ἐπὶ τούτῳ στα-
λέντας πρέσβεις ἀπράκτους ὁ Σαπώρης ἀπέπεμψεν, αὐτὸν δὲ 10
ᾔτει τὸν βασιλέα περὶ τῶν ἀναγκαίων αὐτῷ νομιζομένων εἰς
λόγους ἐλθεῖν. ὁ δὲ σὺν οὐδεμιᾷ φρονήσει κατανεύσας τοῖς
αἰτουμένοις, ἀπερισκέπτως μετ᾽ ὀλίγων ὁρμήσας ἐπὶ Σαπώρην
ὡς δὴ περὶ σπονδῶν αὐτῷ διαλεξόμενος, ἄφνω συλλαμβάνε-
ται παρὰ τῶν πολεμίων. καὶ ἐν αἰχμαλώτου τάξει καταστὰς 15
παρὰ Πέρσαις τὸν βίον ἀπέλιπεν, μεγίστην αἰσχύνην ἐν τοῖς
μετὰ ταῦτα τῷ Ῥωμαίων ὀνόματι καταλελοιπώς.

37. Ὄντων δὲ τῶν ἀμφὶ τὴν ἑῴαν ἐν τούτοις, πάντα
μὲν ἦν ἄναρχά τε καὶ ἀβοήθητα, Σκύθαι δὲ ὁμογνωμονή-
σαντες καὶ ἐκ παντὸς ἔθνους τε καὶ γένους εἰς ἓν συνελθόντες 20
τήν τε Ἰλλυρίδα μοίρᾳ τινὶ σφῶν ἐλήξοντο καὶ τὰς ἐν ταύτῃ
πόλεις ἐπόρθουν, μοῖρα δὲ ἄλλη τὴν Ἰταλίαν καταλαβόντες
2 καὶ ἄχρι τῆς Ῥώμης ἐπῄεσαν. Γαλλιηνοῦ δὲ τοῖς ἐπέκεινα
τῶν Ἄλπεων τόποις ἐγκαρτεροῦντος καὶ Γερμανικοῖς ἐνασχο-
λουμένου πολέμοις, ἡ γερουσία τὴν Ῥώμην εἰς ἔσχατον ἐλη- 25
λακυῖαν ὁρῶσα κακοῦ, τοὺς κατὰ ταύτην στρατιώτας ὁπλίσασα,
δοῦσα δὲ ὅπλα καὶ τῶν ἀπὸ τοῦ δήμου τοῖς ἐρρωμενεστέροις,

1. ἀπιστίας V² ex ἀπιστείας ‖ 3. τῇ παρόδῳ δὲ μόνον V, καὶ τῇ
παρόδῳ μόνον ⸲ ‖ 4. στρατοπέδοις, ε ex αι V² ‖ 5. σαπωρις (sine acc.)
h. l. V ‖ 6 sq. de Valeriano haec ad Dexippum redire non possunt,
cum illius narratio (ap. Sync. t. I p. 715 sq. et Zonar. XII, 23 t. III
p. 140, 21 sq.) prorsus ab hac discrepet. contra plane consentit Zosi-
mus cum Petro Patricio (F. H. G. t. IV p. 187, 9), quocum vel verba
aliquot communia habet. eundem igitur fontem Graecum hi ambo
transcripserunt ‖ 8. 9. ἐπὶ μεγάλαις δόσεσι τὸν πόλεμον καταλῦσαι βου-
λόμενος Petrus ‖ 10. ἀπράκτους αὐτοὺς ἀπολύσας idem ‖ ἀπέμπεψεν V ‖
finis fragmenti Petrini (εὐθὺς ἐπηκολούθησεν) eclogarii peccato per-
versus est ‖ 14. διαλεξάμενος V ‖ 16. ἀπέλιπε ⸲, ἀπέλειπεν V ‖ 22. ἐπόρ-
θουν] ἐπολιόρκουν conieci

στράτευμα πλήθει τοὺς βαρβάρους ὑπεραῖρον συνήγαγεν.
ὅπερ ὀρρωδήσαντες οἱ πολέμιοι τὴν μὲν Ῥώμην ἀπέλιπον,
τὴν δὲ Ἰταλίαν πᾶσαν ὡς εἰπεῖν ἐπελθόντες ἐκάκωσαν. ἐν 3
ἐσχάτῳ δὲ καὶ τῶν ἐν Ἰλλυριοῖς πραγμάτων ἐκ τῆς τῶν Σκυ-
θῶν ἐφόδου διακειμένων καὶ πάσης τῆς ὑπὸ Ῥωμαίους ἀρχῆς
ἐς τὸ μηκέτι λοιπὸν εἶναι σαλευομένης, λοιμὸς ἐπιβρίσας
ταῖς πόλεσιν, οἷος οὔπω πρότερον ἐν παντὶ τῷ χρόνῳ συνέβη,
τὰς μὲν ἀπὸ τῶν βαρβάρων συμφορὰς μετριωτέρας ἀπέφηνεν,
τοῖς δὲ τῇ νόσῳ κατειλημμένοις εὐδαιμονίζειν ἑαυτοὺς ἐδίδου
καὶ τὰς ἑαλωκυίας ἤδη πόλεις, ἀνδρῶν παντάπασιν γενομένας
ἐρήμους.

38. Ἐπὶ πᾶσι τούτοις ὁ Γαλιηνὸς συνταραχθεὶς εἰς τὴν
Ῥώμην ἐπανῄει, τὸν ὑπὸ Σκυθῶν ἐπαχθέντα τῇ Ἰταλίᾳ πό-
λεμον διαθήσων. ἐν τούτῳ δὲ ἐπαναστάντων αὐτῷ Μέμυρός
τε τοῦ Μαυρουσίου καὶ Αὐρίολου καὶ Ἀντωνίνου καὶ ἑτέρων
πλειόνων, οἱ μὲν ἄλλοι σχεδὸν ἅπαντες ὑπήχθησαν δίκῃ,
Αὐρίολος δὲ ἀλλοτρίως πρὸς τὸν βασιλέα διετέλεσεν ἔχων.
ἐπεὶ δὲ καὶ Πόστουμος ἀρχὴν ἐν Κελτοῖς στρατιωτῶν ἐμπε- 2
πιστευμένος ἐς τὸ νεωτερίσαι προήχθη, τοὺς συναποστάντας
αὐτῷ στρατιώτας ἀναλαβὼν ἐπὶ τὴν Ἀγριππῖναν ἤλαυνεν,
πόλιν ἐπικειμένην τῷ Ῥήνῳ μεγίστην, κἀνταῦθα Σαλωνῖνον
τὸν Γαλιηνοῦ παῖδα ἐπολιόρκει, καὶ εἰ μὴ παραδοθείη, τῆς
πολιορκίας οὐκ ἔφασκεν ἀποστήσεσθαι. τῶν δὲ στρατιωτῶν
ἀνάγκῃ τῆς πολιορκίας αὐτόν τε καὶ τὸν παραλαβόντα τὴν
τούτου φυλακὴν ἐκ τοῦ πατρὸς Σιλβανὸν παραδόντων, ἀμφο-
τέρους ὁ Πόστουμος ἀνελὼν αὐτὸς τὴν ἐν Κελτοῖς ἐπικρά-
τειαν εἶχε.

39. Τῶν δὲ Σκυθῶν τὴν Ἑλλάδα κάκιστα διαθέντων
καὶ τὰς Ἀθήνας αὐτὰς ἐκπολιορκησάντων, Γαλιηνὸς μὲν ἐπὶ

2. ἀπέλιπον Sylb, ἀπέλειπον V ‖ 4. ἰλλυρίοις V ‖ 4. 5. σκύθων V ‖
6. ἔστο/// V ‖ 8. ἀπέφηνε ς ‖ 9. τοῖς ς, τῆς V ‖ ἑαυτοὺς ς, δὲ αὐτοὺς V ‖
10. παντάπασι ς ‖ 12. γαλιηνὸς (sine acc.) V, Γαλλιηνὸς ς ‖ 14. μεμυρος
(sine acc.) V, Κέκροπος Steph. cf. F. H. G. t. IV p. 193, 4 ‖ 18. 26. Πό-
στομος Wannowski 'ant. Rom.' p. 97, ποστομος (sine acc.) V, Πο-
στοῦμος ς ‖ 18. ἀρχὴν] v. Mommsen h. R. t. V p. 149, 2 ‖ κέλτοις V ‖
ἐν πεπιστευμενο//ς (ο ex ω) V ‖ 20. ἤλαυνε ς ‖ 21. κανταυθ' (sic) V ‖
22. γαλιηνοῦ V, Γαλλιηνοῦ ς ‖ παραδοθείη ex -θε///η V[1] ‖ 23. πυλιορ-
κιας ex -είας radendo V ‖ ἀπὸ στῆσασθαι V ‖ 26. κέλτοις ‖ 29. ἐκπολι-

τὴν πρὸς τούτους μετῄει μάχην ἤδη τὴν Θρᾴκην καταλαβόν-
τας, τοῖς δὲ περὶ τὴν ἑῴαν πράγμασιν οὖσιν ἐν ἀπογνώσει
βοηθεῖν Ὀδαίναθον ἔταξεν, ἄνδρα Παλμυρηνὸν καὶ ἐκ προ-
γόνων τῆς παρὰ τῶν βασιλέων ἀξιωθέντα τιμῆς. ὁ δὲ τοῖς
αὐτόθι λελειμμένοις στρατοπέδοις δύναμιν ἀναμίξας ὅτι πλεί- 5
στην οἰκείαν ἐπεξῄει τῷ Σαπώρῃ κατὰ τὸ καρτερόν, καὶ τάς
τε πόλεις ἀνεκτᾶτο τὰς ἤδη παρὰ Περσῶν ἐχομένας, καὶ Νή-
σιβιν εἰλημμένην μὲν ὑπὸ Σαπώρου τὰ Περσῶν δὲ φρονοῦ-
2 σαν ἑλὼν ἐξ ἐφόδου κατέσκαψεν. ἐπεξελθὼν δὲ μέχρι Κτη-
σιφῶντος αὐτοῖς οὐχ ἅπαξ ἀλλὰ καὶ δεύτερον, Πέρσας μὲν 10
τοῖς οἰκείοις ἐναπέκλεισεν, ἀγαπῶντας εἰ παῖδας καὶ γυναῖκας
καὶ ἑαυτοὺς περισώσαιεν, αὐτὸς δὲ τὰ περὶ τὴν ἤδη πεπορ-
θημένην χώραν, ὡς οἷός τε ἦν, εὖ διετίθει. ἐπεὶ δὲ διατρί-
βων κατὰ τὴν Ἔμισαν καί τινα γενέθλιον ἄγων ἑορτὴν ἐξ
ἐπιβουλῆς ἀνῃρέθη, τῶν ἐκεῖσε πραγμάτων ἀντιλαμβάνεται 15
Ζηνοβία, συνοικοῦσα μὲν Ὀδαινάθῳ, φρονήματι δὲ ἀνδρείῳ
χρωμένη καὶ διὰ τῶν ἐκείνῳ συνόντων τὴν ἴσην εἰσφέρουσα
τοῖς πράγμασιν ἐπιμέλειαν.

40. Οὔσης δὴ τοιαύτης τῆς ἀμφὶ τὴν ἀνατολὴν κατα-
στάσεως, ἀγγέλλεται Γαλλιηνῷ τῷ πρὸς Σκύθας ἐγκαρτεροῦντι 20
πολέμῳ τὸν τῆς ἵππου πάσης ἡγούμενον Αὐρίολον, ἐν Μεδιο-
λάνῳ τῇ πόλει τὴν ἐπὶ τὴν Ἰταλίαν πάροδον Ποστούμου
τεταγμένον παραφυλάττειν, εἰς τὸ νεωτερίζειν τετράφθαι καὶ

ὀρχησάντων] v. Wachsmuth 'Stadt Athen' t. I p. 707 sq. Dexippea
est temporis notatio ‖ γαλιηνος, sine acc., V, Γαλλιηνὸς ϛ ‖ 3. ὀδαινά-
θον (sic) V, Ὀδέναθον ϛ. cf. ind. C. I. G. p. 113 ‖ 5. στρατοπαίδοις
V ‖ 6. σαπορη (sine acc.) V ‖ 7. ἀνεκτᾶτο τὰς scripsi, ἀνέκτατο τας V,
ἀνεκτοτάτας apographa, unde ἀνεκτήσατο ⟨τὰς⟩ Bekk) Heyne ‖ 7.8. νη-
σιβιν (sine acc.) h. l. V, Νίσιβιν ϛ. cf. ad 1, 18, 3 ‖ 10. αὐτοῖς V, αὐ-
τῆς ϛ ‖ οὐχ ἅπαξ' V ‖ Ctesiphontem ab Odaenatho expugnatam esse
dicit Syncell. I p. 716, 23 (πολιορκίᾳ παραστησάμενος), Dexippum ni-
mirum secutus. cum Zosimo faciunt v. trig. tyr. 15, 4; v. Gall. 10, 6 sq.;
Eutrop. IX, 10; Oros. VII, 22, 12; Fest. brev. c. 23 ‖ 11. ἐναπόκλεισεν
V ‖ 14. ἐμισαν (sine acc.) V, Ἔμεσαν Bekk ‖ γενέθλιον V. Heracleae
Ponticae eum occisum esse unus refert Syncell. I p. 717, 3 ‖ 14. 15. ἐξ
ἐπιβουλῆς — 17. συνόντων excerpsit Ioannes Antiochenus F. H. G. t. IV
p. 599, 152 ‖ 16. ὀδαναίθω h. l. V, ὀδενάθω, ὁ m. 1 ex ὁ, Io., Ὀδα-
νάθω ϛ ‖ ἀνδρείωι V², ἀνδρίωι V¹ ‖ 20. τῶ προσκύθας ἐν καρτεροῦντι V ‖
21. Αὐρίολον Sylb, αὐρηλιανὸν V. Αὐρίολος πάσης ἄρχων τῆς ἵππου
Zon. XII, 25 ‖ 22. ἰτάλειαν V ‖ 23. τεταγμένου V

μνᾶσθαι τὴν τῶν ὅλων ἀρχὴν ἑαυτῷ. συνταραχθεὶς δὲ πρὸς
τοῦτο παραχρῆμα τῆς ἐπὶ τὴν Ἰταλίαν ὁδοιπορίας εἴχετο, τὴν
στρατηγίαν τοῦ πρὸς Σκύθας πολέμου Μαρκιανῷ παραδούς,
ἀνδρὶ τὰ πολέμια σφόδρα ἐξησκημένῳ. τούτου δὲ τὸν πόλε- 2
μον εὖ διατιθέντος, Γαλλιηνὸς ἐχόμενος τῆς ἐπὶ τὴν Ἰταλίαν
ὁδοῦ εἰς τοιάνδε ἐπιβουλὴν ἐμπίπτει. Ἡρακλειανὸς ὁ τῆς
αὐλῆς ὕπαρχος, κοινωνὸν τῆς σκέψεως λαβὼν Κλαύδιον ὃς
μετὰ βασιλέα τῶν ὅλων ἐπιτροπεύειν ἐδόκει, θάνατον ἐπι-
βουλεύει Γαλιηνῷ. ἄνδρα δὲ εὑρὼν εἰς τὰ τοιαῦτα προχειρό-
τατον ὃς τῆς τῶν Δαλματῶν ἦρχεν ἴλης, ἐγχειρίζει τούτῳ τὴν
πρᾶξιν. ὁ δὲ ἐπιστὰς τῷ Γαλλιηνῷ δειπνοποιουμένῳ, καὶ 3
φήσας ἀγγεῖλαί τινα τῶν κατασκόπων ὡς Αὐρίολος ἅμα τῇ
σὺν αὐτῷ δυνάμει προσάγει, τοῖς τοιούτοις ἐπτόησεν λόγοις.
ὅπλα τε οὖν ᾔτει καὶ ἀναθορὼν ἐς τὸν ἵππον σύνθημα τοῖς
στρατιώταις ἐδίδου μετὰ τῶν ὅπλων ἀκολουθεῖν, καὶ οὐδὲ
τοὺς δορυφοροῦντας ἐκδεξάμενος ἤλαυνεν. γυμνὸν οὖν ὁ
ἱλάρχης θεασάμενος ἀποσφάττει. (41) τῶν δὲ στρατιωτῶν
κελεύσει τῶν ἡγουμένων ἡσυχασάντων, Κλαύδιος τὴν τῶν
ὅλων ἡγεμονίαν παραλαμβάνει, καὶ πρότερον τῆς κοινῆς ψή-
φου ταύτην δούσης αὐτῷ. Αὐρίολος ⟨δ'⟩ ἐπὶ χρόνον συχνὸν
ἔξω τῆς Γαλλιηνοῦ καταστήσας ἑαυτὸν ἐξουσίας ἐπεκηρυκεύετό
τε παραχρῆμα πρὸς Κλαύδιον, καὶ παραδοὺς ἑαυτὸν ὑπὸ τῶν
περὶ τὸν βασιλέα στρατιωτῶν ἀναιρεῖται, τῇ διὰ τὴν ἀπόστα-
σιν ἐχομένων ὀργῇ.

2. ὁδοιπορείας V ‖ 3. στρατηγειαν (sine acc.) V ‖ τοῦ προσκύθας V ‖
5. διατιθέντος V, διαθέντος ς ‖ γαλλι//ηνος (sine acc.) V ‖ ἰτάλιαν V ‖
6. ὁδοῦ εἰς] corruptelam hiatus prodit. possis aut τῆς ὁδοῦ ⟨τῆς⟩ ἐπὶ
τὴν Ἰτ. εἰς aut ὁδοῦ τοιάνδε εἰς. illud praefero (ὁδοιπορίας hiatus vi-
tandi gratia vs. 2 posuerat) ‖ 6. ἡρακλιανὸς V. proxima neglegenter
excerpta ab Ioanne l. d., ubi codex ηρακλειανὸς sine spir. ceterun cf.
Zon. t. III p. 148, 25 sq. Dind. ‖ 9. γαληινωι (sine acc.) V ‖ 10. ὃς τῆς
Bekk, ὅστις V ‖ δελματῶν Ioannes, bene ‖ ἴλης V¹, εἴλης V² ‖ ἐγχειρίζει
V², ἐχειρίζει V¹ ‖ 13. ἐπτόησε ς ‖ 14. ἀναθορὼν radendo ex ἅμα θωρῶν,
ut vid., V, ἅμα θυρὼν ς ‖ 16. ἤλαυνε ς ‖ 17. ἱλάρχης V², εἰλάρχης V¹ ‖
σὺν τῷ ἀδελφῷ Βελεριανῷ (sic codex) Gallienum occisum esse quod
addit Ioannes l. d., aliunde sumpsisse videtur ‖ 20. Αὐρίολος Ioannes,
qui proxima usque ad ὀργῇ excerpsit (fr. 153), αὐρήλιος V ‖ ʻadde δὲʼ
Bekk ‖ 21. εξουσιας, ι in ras. m. 1, V ‖ 23. περὶ τὸν Ioannes ς, παρα
τὸν V ‖ 23. 24. ʻsollennius est τῆς ὀργῆς ἔχεσθαι in ira persistereʼ Heyne.

42. Κατὰ τοῦτον δὴ τὸν χρόνον Σκυθῶν οἱ περιλειφθέντες, ἐκ τῶν προλαβουσῶν ἐπαρθέντες ἐφόδων, Ἐρούλους καὶ Πεύκας καὶ Γότθους παραλαβόντες καὶ περὶ τὸν Τύραν ποταμὸν ἀθροισθέντες, ὃς εἰς τὸν Πόντον εἰσβάλλει, ναυπηγησάμενοι πλοῖα ἑξακισχίλια καὶ τούτοις ἐμβιβάσαντες δύο καὶ τριάκοντα μυριάδας, ἄραντες διὰ τοῦ Πόντου, Τομεῖ μὲν τειχήρει πόλει προσβαλόντες ἀπεκρούσθησαν, προελθόντες δὲ καὶ ἐπὶ Μαρκιανούπολιν, ἣ Μυσίας ἐστίν, ἀναβάντες καὶ ταύτης διαμαρτόντες ἔπλεον ἐπὶ τὸ πρόσω, κατὰ πρύμναν τὸν ἄνεμον ἔχοντες. ἐπεὶ δὲ τὰ στενὰ τῆς Προποντίδος κατέλαβον, τότε δὴ τῶν νεῶν τὸ πλῆθος ἐνεγκεῖν τὴν τοῦ ῥοῦ ταχυτῆτα μὴ δυνάμενον ἀλλήλοις τὰ πλοῖα προσήραττεν, καὶ ἐφέρετο τὰ σκάφη σὺν οὐδενὶ κόσμῳ, τῶν κυβερνητῶν μεθιέντων τοὺς οἴακας, ὥστε τὰς μὲν καταδῦναι αὐτάνδρους, τινὰς δὲ καὶ ἀνδρῶν ἐρήμους ὀκεῖλαι, πλήθους πολλοῦ καὶ ἀνθρώπων καὶ πλοίων ἀπολομένου. (43) διά τοι τοῦτο τοῦ

at illud iam legit Ioannes. cf. ἔχεσθαι ἔρωτι III, 32, 3; πένθει III, 34, 3 ‖ 24. ὀργή/// V, ὀργῆν, ν exp. m. 1, Io. ‖ 1 sq. excerpsit Suidas v. Σκύθαι ‖ 2. Ἐρούλους] Ἐρούλους editur in Suida. Ἔλουραι forma Dexippus, ex quo proxima fluxerunt, in Chronicis saltem usus erat; suntque ea forma alii quoque usi, cf. Gelzer Jahrb. f. prot. Theol. a. 1884 p. 318 sq. Αἴρουλοι tamen Syncell. I p. 717, 9 et p. 720, 15, qui item Dexippum secutus est ‖ 3. Πεύκας] Πευκέστας (Πευκέτας) Suidas. 'Penci' v. Claud. 6, 2, ubi Dexippea item expressa sunt. Πευκίνους Casaubonus ‖ γοθθους (sine acc.) V ‖ 4. ἀθροισθέντες εἰσέβαλον εἰς τὸν Πόντον. ναυπηγησάμενοι δὲ Suidas ‖ 5. ἑξακισχίλια] ἐνακόσια Suidas. ἐς vel ὡς δισχίλια Casaubonus ad v. Claud. 6, 5, quod probandum videtur, cf. Wietersheim-Dahn I p. 557, 4. etiam 'duo navium milia' Ammiani XXXI, 5, 15 cum Mommseno h. R. t. V p. 221, 1 huc trahenda videntur ‖ ἐμβιβάσ. V², ἐνβιβάσ. V¹ ‖ 6. Τομεῖ μὲν Bekk, Τομεῖ Sylb pro apographorum τὸ μὲν ἐν. τομειν, ἐν V. τόμει Suidae Parisinus, τόμοι Suidae Vossianus. ceterum breviavit haec et proxima Suidas ‖ 7. τειχηρει, pr. ει in ras. m. 1, V ‖ προσβαλόντες ς, πρὸς βαλλόντες V ‖ προελθόντες ς, προσελθόντες V ‖ 8. Μαρκιανούπολιν Bekk, μαρκιανοῦ πόλιν V ‖ 11. νέων V ‖ τοῦ ῥοῦ ς, τούρου V. offendit Wiotersheim I² p. 557, 6, iniuria ‖ 12. δυνάμενον V, δυναμένων Stephanus ex uno apographo ‖ προσήραττε ς. ceterum cf. II, 23, 4 ‖ 14. καταδῦναι Suid., καταδυ///ναι V ‖ αὐτάνδρους Suid., τὰς δὲ αὐτάνδρους V ‖ 16. ἀπολομένου Steph, ἀπολωμένων V. καὶ πλεῖστοι ἀπόλοντο Suidas. fort. verba πλήθους πολλοῦ ex παμπόλλων deformata sunt, ut ἀπολομένων (vel ἀπολλυμένων) scribendum sit

μὲν στενοῦ τῆς Προποντίδος ὑπανεχώρουν οἱ βάρβαροι, τὴν
δὲ ἐπὶ Κύζικον ἔπλεον. ἄπρακτοι δὲ διεκπεσόντες καὶ παρα-
πλεύσαντες τὸν Ἑλλήσποντον, ἄχρι τε τοῦ Ἄθω παρενεχθέν-
τες, κἀκεῖσε τῶν πλοίων ἐπιμέλειαν ποιησάμενοι, Κασσάν-
δρειαν καὶ Θεσσαλονίκην ἐπολιόρκουν. μηχανὰς δὲ τοῖς τείχεσι
προσαγαγόντες καὶ παρὰ βραχὺ τοῦ ταύτας ἑλεῖν ἐλθόντες,
ἐπειδὴ τὸν βασιλέα προσάγειν ἐπύθοντο, εἰς τὴν μεσόγειαν
ἀναβάντες τὰ περὶ Δόβηρον καὶ Πελαγονίαν ἐλήζοντο πάντα
χωρία. ἐς ἃ δὴ τρισχιλίους ἀποβαλόντες εἰς τὴν τῶν Δαλ- 2
ματῶν ἵππον ἐμπεπτωκότες, τοῖς λειπομένοις πρὸς τὴν οὖσαν
ἅμα τῷ βασιλεῖ διηγωνίζοντο δύναμιν. μάχης δὲ γενομένης,
ἐξ ἑκατέρου τε μέρους πεσόντων . . . ., ἐτρέποντο μὲν οἱ Ῥω-
μαῖοι, διὰ δὲ ἀτρίπτων αὐτοῖς ὁδῶν ἀπροσδοκήτοις ἐπιπεσόντες
πέντε τῶν βαρβάρων μυριάδας διέφθειραν. μοῖρα δὲ τῶν
Σκυθῶν Θεσσαλίαν καὶ τὴν Ἑλλάδα περιπλεύσασα τοὺς
ταύτῃ τόπους ἐλήζετο, πόλεσιν μὲν ἐπιέναι μὴ δυναμένη
τῷ φθῆναι ταύτας τειχῶν τε καὶ τῆς ἄλλης ἀσφαλείας φρον-
τίδα ποιήσασθαι, τοὺς δὲ ἐν τοῖς ἀγροῖς εὑρισκομένους
ἀπάγουσα.

44. Τῶν Σκυθῶν τοίνυν, ὡς διεξῆλθον, ἐσκεδασμένων
καὶ τὸ πολὺ μέρος ἀποβαλόντων μειζόνων ἐφιεμένη ἡ Ζηνο-
βία πραγμάτων Ζάβδαν ἐπὶ τὴν Αἴγυπτον ἐκπέμπει, Τιμα-
γένους ἀνδρὸς Αἰγυπτίου τὴν ἀρχὴν τῆς Αἰγύπτου Παλμυ-
ρηνοῖς καταπραττομένου. συναχθέντος δὲ τοῦ στρατεύματος
ἐκ Παλμυρηνῶν καὶ Σύρων καὶ βαρβάρων ἐς ἑπτὰ μυριάδας,
καὶ Αἰγυπτίων δὲ πέντε μυριάσιν ἀντιπαραταξαμένων, μάχης

4. 5. κασσάνδρειαν Suid., κασσανδριαν (sine acc.) V, κασάνδρειαν ς
5. Θεσσαλονίκην] cf. ad I, 29, 2 ‖ 7. ἐπειδὴ Steph, ἐπει (sine acc.) δὲ
V ‖ μεσόγειαν ς, μεσόγιαν V, μεσόγειον Suidas ‖ 8. Δόβηρον scripsi, δοβη-
ρον sine acc. V, Δοβῆρον Steph ‖ 8. 9. πᾶσαν χώραν ἐλήζοντο Suid.,
qui sequentia non excerpsit ‖ 9. ἐς ἃ : ἐν οἷς, scil. χωρίοις. offendit ta-
men Bekk et ἕως coniecit. si quid mutandum sit, malim ἐς οὗ, quam
formam Appianus quoque (Hisp. 18 et 21) ab Herodoto mutuatus est
(ἐς ὃ idem Illyr. 22) ‖ 9. 10. ἀποβαλόντες ⟨εἰς δαλμάτων ἐμπεπτωκότες⟩
εἰς τὴν τῶν δαλμάτων ἵππον V. verba inclusa notavit m. 1, expunxit
m. rec. ‖ 12. lacunam indicavit Steph. excidit πολλῶν, παμπόλλων vel
sim. ‖ 16. πόλεσι ς ‖ 19. 20. ἀπάγουσα τῶν ς, ἐπάγουσα τῶν V¹, ἐπάγουσα·
ων V² ‖ 21. ἀποβαλόντων ς, ἀποβαλλόντων V ‖ 22. Ζάβδαν] cf. inser.
ap. Salletum 'd. Fürsten von Palmyra' p. 50 ‖ 26. δὲ V. et sic voluit

καρτερᾶς γενομένης περιῆσαν οἱ Παλμυρηνοὶ παρὰ πολὺ τῷ
πολέμῳ, καὶ φρουρὰν ἐγκαταστήσαντες πεντακισχιλίων ἀνδρῶν
2 ἀνεχώρησαν. Πρόβος δὲ καθῆραι τῶν καταποντιστῶν τὴν
θάλατταν ἐκ βασιλέως ταχθείς, ἐπειδὴ τὴν Αἴγυπτον ἔγνω
παρὰ Παλμυρηνῶν ἐχομένην, ἅμα τῇ σὺν αὐτῷ δυνάμει καὶ
Αἰγυπτίων ὅσοι μὴ τὰ Παλμυρηνῶν φρονοῦντες ἔτυχον ἐπι-
θέμενος τὴν μὲν φρουρὰν ἐξέβαλεν· αὖθις δὲ Παλμυρηνῶν
ἐπιστρατευσάντων, συναγαγόντος δὲ καὶ Πρόβου στρατόπεδον
Αἰγυπτίων τε καὶ Λιβύων, ὑπέρτεροι μὲν ἦσαν Αἰγύπτιοι
καὶ τῶν ὁρίων τῆς Αἰγύπτου Παλμυρηνοὺς ἤλαυνον, Πρόβου
δὲ τὸ πρὸς τῇ Βαβυλῶνι καταλαβόντος ὄρος καὶ ταύτῃ τὴν
ἐπὶ Συρίαν τῶν πολεμίων πάροδον ἀποκλείοντος, Τιμαγένης
ἅτε δὴ ἴδρις τῶν τόπων, ἅμα δισχιλίοις Παλμυρηνῶν τὴν
ἄκραν τοῦ ὄρους κατασχών, ἀδοκήτοις ἐπιστὰς τοῖς Αἰγυπτίοις
διέφθειρεν· ἐν οἷς καὶ ὁ Πρόβος ἁλοὺς ἑαυτὸν ἀποσφάττει.

45. Τῆς Αἰγύπτου τοίνυν ὑπὸ Παλμυρηνοῖς γενομένης,
οἱ ἐκ τῆς ἐν Ναΐσσῳ Κλαυδίου καὶ Σκυθῶν μάχης περι-
λειφθέντες, προβαλλόμενοι τὰς ἁμάξας, ὡς ἐπὶ Μακεδονίαν
ἐχώρουν, σπάνει δὲ τῶν ἐπιτηδείων λιμῷ πιεζόμενοι διεφθεί-
ροντο αὐτοί τε καὶ ὑποζύγια. προάγουσι δὲ αὐτοῖς ἡ Ῥω-
μαίων ἵππος ὑπαντιάσασα, πολλούς τε ἀνελοῦσα, τοὺς λοιποὺς
2 ἐπὶ τὸν Αἷμον ἀπέτρεψεν. κυκλωθέντες δὲ τοῖς Ῥωμαίων
στρατοπέδοις οὐκ ὀλίγους ἀπέβαλον. ἐπεὶ δὲ διαστάντων
πρὸς ἑαυτοὺς πεζῶν καὶ ἱππέων ἐδόκει βασιλεῖ τοὺς πεζοὺς
τοῖς βαρβάροις διαμαχέσασθαι, καρτερᾶς γενομένης μάχης
ἐτρέποντο Ῥωμαῖοι· καὶ ἀναιρεθέντων οὐκ ὀλίγων, ἡ ἵππος
ἐπιφανεῖσα μετρίαν αὐτοῖς τὴν τοῦ πταίσματος πεποίηκεν
αἴσθησιν. (46) πρόσω δὲ τῶν Σκυθῶν ἐλασάντων καὶ Ῥω-
μαίων αὐτοῖς ἐπακολουθούντων, οἱ Κρήτην καὶ Ῥόδον περι-
πλεύσαντες βάρβαροι πράξαντες οὐδὲν ἀφηγήσεως ἄξιον ἀνε-

Bekk, τε ϛ ‖ 1. παλμυρινοι (sine acc.) V ‖ 2. fort. dativus ad ἐγκατα-
στήσαντες pertinens intercidit ‖ 3. Πρόβος] sub Aureliano hunc ponunt
Zonar. XII, 27 et Sync. I p. 721, 8, quos eodem fonte Graeco usos
esse ipsa verborum consonantia docet ‖ 5. 6. 7. παλμυρήνων V ‖ 8. ἐπει-
στρατευσάντων V ‖ στρατόπαιδον V ‖ 10. παλμυρήνους V ‖ 13. παλμυ-
ρηνων sine acc. V ‖ 15. ἁλοὺς ϛ, ἄλλους V ‖ 16. παλανρηνοῖς (sic) V ‖
20. ⟨τὰ⟩ ὑποζ. Sylburg ‖ 22. ἀπέτρεψεν V, ἀπέστρεψε ϛ ‖ 23. στρατοπαί-
δοις V ‖ 24. καὶ V, τε καὶ ϛ ‖ 28. σκύθων V

χώρησαν. λοιμοῦ δὲ κατασχόντος ἅπαντας αὐτούς, οἳ μὲν
κατὰ Θρᾴκην οἳ δὲ κατὰ Μακεδονίαν ἐφθάρησαν. ὅσοι δὲ 2
διεσώθησαν, ἢ τάγμασιν Ῥωμαίων συνηριθμήθησαν ἢ γῆν
λαβόντες εἰς γεωργίαν ταύτῃ προσεκαρτέρησαν. ἁψαμένου
δὲ τοῦ λοιμοῦ καὶ Ῥωμαίων, ἀπέθανον μὲν πολλοὶ τοῦ στρα-
τεύματος, τελευτᾷ δὲ καὶ Κλαύδιος, ἐν πάσαις διαπρέψας
ταῖς ἀρεταῖς καὶ πολὺν ἑαυτοῦ πόθον τοῖς ὑπηκόοις ἐναπο-
θέμενος.

47. Κυντίλλου δέ, ὃς ἀδελφὸς ἦν Κλαυδίου, βασιλέως
ἀναρρηθέντος ὀλίγους τε βιώσαντος μῆνας καὶ μνήμης οὐδὲν
ἄξιον πεπραχότος, Αὐρηλιανὸς εἰς τὸν βασίλειον ἀναβιβά-
ζεται θρόνον, Κυντίλλου κατά τινας τῶν λογοποιῶν ὑπὸ τῶν
ἐπιτηδείων συμβουλευθέντος, ἅμα τῷ γνῶναι τὴν βασιλείαν
Αὐρηλιανῷ παραδεδομένην, ἑαυτὸν ὑπεξαγαγεῖν καὶ ἑκόντα
τῆς ἀρχῆς ἀποστῆναι τῷ πολλῷ κρείττονι. ὃ δὴ καὶ πεποιη-
κέναι λέγεται, τῶν ἰατρῶν τινὸς φλέβα τεμόντος αὐτῷ καὶ
ἐνδόντος ῥεῦσαι τὸ αἷμα, μέχρις αὖος ἐγένετο. (48) Αὐρη-

---

2. ἐφθάρησαν] neglegenter haec et proxima excerpsit Suidas v.
Σκύθαι ‖ 3. τάγμασι ς ‖ συνηριθμήθησαν Suid., συνηρίθμῃ (fin. vs.) σαν V ‖
10. ὀλίγους τε βιώσ. μῆνας] ὀλίγας τε βιώσ. ἡμέρας Casaubonus ad
v. Claud. 12, 5, scilicet ut septendecim dies Zonarae aliorumque scrip-
torum exprimeret. at is numerus ad Dexippum, quem de Quintilli
morte egisse constat (v. Claud. 12, 6) redire videtur et quidem ad
Chronica — quae in Quintillo non in Claudio desiisse puto —: Claudio
enim a Dexippo in Chronicis unum annum tribui quod testatur Eunapius
(fr. p. 57, 16 Nieb.), unum ille annum apud Syncellum I p. 720 quo-
que habet (cf. Zon. t. III p. 151, 25 Dind.) itemque Quintillus septen-
decim dies. Chronica autem Dexippi a Zosimo usurpata esse non
credo. errasse vero Dexippum Quintilli nummorum copia demonstrat,
cf. Eckhel t. VII p. 478. ceterum 'Quintillus imp. dies LXXVII'
chronogr. a. 354 p. 648 M. ‖ 13. ἅμα — 17. ἐγένετο excerpsit Ioannes
Antiochenus F. H. G. t. IV p. 599, 154, ubi κυντίλιος codex. (lemma in ἐκ-
λογῇ ἱστοριῶν exstans ap. Cramerum An. Par. t. II p. 290 ad Zosimum
ultimo quidem gradu redire potest, at verba ὀλίγας βιώσας ἡμέρας ex
hoc non esse excerpta docet Georg. Mon. p. 361 Mur. (hinc etiam
Cedren. t. I p. 454 Bk.): ἐβασίλευσεν ἡμέρας ζ' (immo ιζ') ‖ 14. ὑπεξα-
γαγεῖν ⟨τοῦ βίου⟩ conieci coll. ἐκλ. ἱστ. l. d. ‖ 17. αὖος] ἄνανδος Ioannes
('μέχρις οὗ λειποψυχήσας ἐτελεύτησε' ἐκλ. ἱστ.) ‖ 17 sq. tam neglegenter
a Zosimo concepta sunt ut utrum priorem Iuthungorum invasionem
(Dexippi fr. 24 F. H. G. t. III p. 682) — quae Wietersheimii t. I² p. 558 sq
aliorumqu . . . . V . . . . ib.

λιανὸς δέ, κρατυνάμενος τὴν ἀρχήν, ἐκ τῆς Ῥώμης ἐλάσας
ἐπὶ τὴν Ἀκυληίαν ἐχώρει κἀκεῖθεν ἤλαυνεν ἐπὶ τὰ Παιόνων
ἔθνη, τούτοις τοὺς Σκύθας μαθὼν ἐπιθέσθαι. πέμψας δὲ
σκόπους ἀπαγγελοῦντας εἰσάγειν εἰς τὰς πόλεις σιτία καὶ
ζῶα καὶ πᾶν ὅ τι οὖν τοὺς ἐναντίους ἔμελλεν ὠφελήσειν, 5
2 ταύτῃ τὸν ἐπικείμενον αὐτοῖς λιμὸν αὔξειν διενοεῖτο. περαιω-
θέντων δὲ τῶν βαρβάρων καὶ μάχης ἐν τῇ Παιονίᾳ γενο-
μένης ἰσοπαλοῦς, νὺξ ἐπιγενομένη τὴν νίκην ἀμφήριστον
ἀμφοτέροις πεποίηκεν. ἐν δὲ τῇ νυκτὶ τὸν ποταμὸν οἱ βάρ-
βαροι διαβάντες ἅμα ἡμέρᾳ περὶ σπονδῶν ἐπεκηρυκεύοντο. 10

49. Πυθόμενος δὲ ὁ βασιλεὺς ὡς Ἀλαμαννοὶ καὶ τὰ
πρόσοικα τούτοις ἔθνη γνώμην ποιοῦνται τὴν Ἰταλίαν ἐπι-
δραμεῖν, ἐπὶ τῇ Ῥώμῃ καὶ τοῖς περὶ ταύτην τόποις εἰκότως
πλέον πεφροντικώς, ἱκανὴν τῇ Παιονίᾳ καταλιπὼν ἐπικουρίαν
ἐπὶ τὴν Ἰταλίαν ἐτράπη, καὶ καταστὰς ἐς μάχην ἐν ταῖς περὶ 15
τὸν Ἴστρον ἐσχατιαῖς πολλὰς τῶν βαρβάρων ἀπώλεσεν μυρι-
2 άδας. ἐν τούτῳ καὶ τὰ περὶ τὴν Ῥώμην ἐταράχθη, τινῶν
ἀπὸ τῆς γερουσίας, ὡς ἐπιβουλῇ κατὰ τοῦ βασιλέως κοινωνη-
σάντων, εἰς εὐθύνας ἠγμένων καὶ θανάτῳ ζημιωθέντων.
ἐτειχίσθη δὲ τότε ἡ Ῥώμη πρότερον ἀτείχιστος οὖσα· καὶ 20
λαβὸν τὴν ἀρχὴν ἐξ Αὐρηλιανοῦ συνεπληρώθη βασιλεύοντος
Πρόβου τὸ τεῖχος. κατὰ τοῦτον τὸν χρόνον εἰς ἔννοιαν

p. 685) ille significet ambigi possit. equidem cum Schillero t. I p. 852
Vandalos intellegendos puto ‖ 1. ἐκ V, καὶ ἐκ ς ‖ 4. σκόπους] accentum
non mutavi, cum corruptelam subesse credam, quandoquidem 'ex-
ploratores' Zosimo ubique sunt κατάσκοποι. conieci πανταχόσε τοὺς
ἀπαγγέλοντας (sic) V, ἀπαγγέλλοντας ς ‖ εἰσάγειν V, εἰσαγαγεῖν ς ‖
11. Ἀλαμαννοὶ scripsi cum Steph coll. III 1, 1, ἀλλαμαννοι (sine acc.) V,
Ἀλαμανοὶ Sylb ‖ 11. 12. τὰ πρόσοικα τούτοις ἔθνη] sunt Iuthungi (Zeuss
p. 312), quorum alteram in Italiam invasionem Dexippus quoque memorat
(F. H. G. t. III p. 686) ‖ 12. 15. p. 35, 3 ἰτάλιαν V ‖ 15. κατα/// (fin. vs.)
στάς V ‖ 16. ἐσχατίαις V. in Istri ἐσχατιαῖς Zosimus V, 50, 3 ἄμφω
Νωρικοὺς collocat. iam cum proelia cum Alamannis circa Padum gesta
sint (v. Aurel 18, 3; 21; Vict. ep. 35, 2) Ἠριδανὸν pro Ἴστρον repo-
nerem, nisi in tanta Zosimi et festinatione et rerum geographicarum
ignorantia omnia patienter ferenda essent ‖ ἀπώλεσε ς ‖ 17. καὶ V, δὲ
καὶ ς ‖ ἐταράχθη scripsi de Bekkeri coniectura coll. v. Aurel. 18, 4;
21, 5, ἐπράχθη V ς ‖ 18. ἐπιβουλῇ] ἐπιβουλῆς coni. Bekk ‖ 20. ἐτειχίσθη]
cf. Iordan 'Top d. St. Rom' t. I, 1 p. 340 sq. ‖ 21. λαβὸν V

ἦλθεν νεωτερισμοῦ Σεπτίμιός τε καὶ Οὐρβανὸς καὶ Δομιτι-
ανός, καὶ παραχρῆμα τιμωρίαν ὑπέσχον ἁλόντες.

50. Διωχημένων δὲ ὧδε τῶν περὶ τὴν Ἰταλίαν καὶ
Παιονίαν, ὁ βασιλεὺς στρατείαν ἐπὶ Παλμυρηνοὺς ἄγειν διε-
5 νοεῖτο, κρατοῦντας ἤδη τῶν τε Αἰγυπτιακῶν ἐθνῶν καὶ τῆς
ἑῴας ἁπάσης καὶ μέχρις Ἀγκύρας τῆς Γαλατίας, ἐθελήσαντας
δὲ καὶ Βιθυνίας μέχρι Χαλκηδόνος ἀντιλαβέσθαι, εἰ μὴ βε-
βασιλευκέναι γνόντες Αὐρηλιανὸν τὴν Παλμυρηνῶν ἀπεσεί-
σαντο προστασίαν. ἐλάσαντος τοίνυν ἅμα στρατῷ τοῦ βασι- 2
10 λέως, Ἄγκυρά τε προσετίθετο τῇ Ῥωμαίων ἀρχῇ καὶ Τύανα
μετὰ ταύτην καὶ ἑξῆς ἅπασαι μέχρις Ἀντιοχείας, ἐν ᾗ Ζη-
νοβίαν εὑρὼν ἅμα στρατῷ πολλῷ παρεσκευασμένην εἰκότως
ἐς μάχην ἀπήντα καὶ αὐτὸς εὐτρεπής. ὁρῶν δὲ τοὺς Παλμυ- 3
ρηνῶν ἱππέας ὁπλίσει βαρείᾳ καὶ ἀσφαλεῖ τεθαρρηκότας καὶ
15 ἅμα πείρᾳ τῇ περὶ τὴν ἱππασίαν πολὺ τῶν σφετέρων προ-
έχοντας, τοὺς μὲν πεζοὺς πέραν που τοῦ Ὀρόντου ποταμοῦ
διεχώρισεν, σύνθημα δὲ τοῖς Ῥωμαίων ἱππεῦσι δέδωκεν μὴ
ἐκ τοῦ εὐθέος ἀκμῆτι τῇ Παλμυρηνῶν ἵππῳ συνάψαι, δεξα-
μένοις δὲ τὴν αὐτῶν ἔφοδον ἐς φυγὴν δοκεῖν τρέπεσθαι, καὶ
20 τοῦτο ποιεῖν ἄχρις ἂν ἴδωσιν αὐτούς τε καὶ τοὺς ἵππους ὑπὸ
τοῦ καύματος ἅμα καὶ τῆς τῶν ὅπλων βαρύτητος πρὸς τὴν
δίωξιν ἀπειπόντας. οὗ δὴ γενομένου καὶ τῶν βασιλέως ἱππέων 4
τὸ παράγγελμα φυλαξάντων, ἐπειδὴ τοὺς ἐναντίους ἐθεάσαντο
παρειμένους ἤδη καὶ τοῖς ἵπποις κεκμηκόσιν ἀκινήτους τοὺς
25 ἐπικειμένους, ἀναλαβόντες τοὺς ἵππους ἐπῄεσαν καὶ αὐτο-
μάτους τῶν ἵππων ἐκπίπτοντας συνεπάτουν. φόνος οὖν ἦν
συμμιγής, τῶν μὲν ξίφεσι τῶν δὲ ὑπὸ τῶν ἵππων οἰκείων

---

1. ἦλθεν V, ἦλθε ς. cf. V, 1, 3: ἐπέταττε ‖ Σεπτίμιός τε scripsi,
'Septiminus' codd. Vict. ep. 35, 3 sec. Opitzium act. soc. Lips. t. II
p. 251, ἐπιτίμιός τε Vς, quae forma nulla est ‖ δομιτιανός V, δομετια-
νός ς ‖ 4. στρατείαν] στρατιὰν coni. Bekk. at cf. Pol. I, 9, 3 ‖ παλμυ-
ρήνους V ‖ ἄγειν, ν postea add., V ‖ 6. καὶ ante μέχρις deleverim ‖ 8.
παλμυρίνων ἀπεσίσαντο V ‖ 13. ἐς V, εἰς Reitemeier ‖ εὐ/τρεπὴς V ('εὐ.
τρεπὴς fuisse videtur' Man) ‖ παλμυρίνων V ‖ 14. ὁπλίσει V², ὁπλίσι
V¹ ‖ 16. ὄρον τοῦ V ‖ 17. διεχώρισε ς ‖ σύνθημα ς, συνθεμα h. l. V. cf.
I, 65, 2; IV, 26, 9; 30, 1. 3 ‖ δέδωκε ς ‖ 18. εὐθέως V ‖ παλμυρίνων V ‖
δεξαμένοις V, δεξαμένους ς ‖ 19. φυγὴν ex φυγὶν V¹ ‖ 20. ἴδωσιν ς,
εἴδωσιν V ‖ 22. οὗ δὴ V ‖ 24. κεκμηκόσιν Steph, κεκληκόσιν V ‖ τοὺς
post ἀκι.   .

τε καὶ πολεμίων ἀναιρουμένων. (51) εἰσελθόντων δὲ τῶν
ὅσοι διαφυγεῖν οἷοί τε γεγόνασιν εἰς τὴν Ἀντιόχειαν, Ζάβδας
ὁ Ζηνοβίας στρατηγὸς ὀρρωδῶν μή ποτε μαθόντες οἱ τῆς
Ἀντιοχείας οἰκήτορες τὸ περὶ τὴν μάχην πταῖσμα σφίσιν ἐπί-
θοιντο, ἄνδρα μεσαιπόλιον ἐμφέρειάν τινα πρὸς τὴν τοῦ ₅
βασιλέως ἰδέαν δοκοῦντά πως ἔχειν εὑρών, καὶ σχῆμα περι-
θεὶς οἷον εἰκὸς ἦν Αὐρηλιανὸν ἔχειν μαχόμενον, διὰ μέσης
2 ἄγει τῆς πόλεως ὡς δὴ τὸν βασιλέα ζωγρίαν ἑλών. καὶ τούτῳ
τῷ σοφίσματι τοὺς Ἀντιοχεῖς ἀπατήσας αὐτός τε ὑπεξέδυ
τῆς πόλεως οὔσης νυκτὸς ἅμα τῷ λελειμμένῳ στρατεύματι, ₁₀
καὶ τὴν Ζηνοβίαν ἑαυτῷ συνεξαγαγὼν ἐπὶ τὴν Ἔμισαν ἀνε-
χώρησεν. ὁ δὲ βασιλεὺς ἔχων ἐν νῷ γενομένης ἡμέρας ἀνα-
λαβεῖν τὴν πεζὴν δύναμιν καὶ ἑκατέρωθεν ἐπιθέσθαι τρα-
πεῖσιν ἤδη τοῖς πολεμίοις, ἐπειδὴ τὴν Ζηνοβίας ἔγνω φυγήν,
εἰς τὴν Ἀντιόχειαν εἰσῄει, δεξαμένων αὐτὸν ἀσμένως τῶν ₁₅
3 πολιτῶν. εὑρὼν δὲ τοὺς πολλοὺς τὴν πόλιν ἀπολιπόντας
δέει τοῦ μὴ κακοῦ τινὸς ὡς τὰ Ζηνοβίας φρονήσαντας πειρα-
θῆναι, προγράμματα πανταχοῦ πέμψας τοὺς πεφευγότας ἐκά-
λει, τῷ ἀκουσίῳ καὶ ἀναγκαστῷ πλέον ἢ προαιρέσει τὰ συμ-
βάντα ἀνατιθείς. (52) συνδραμόντων δὲ ἅμα τῷ θεάσασθαι ₂₀
τὰ προγράμματα τῶν πεφευγότων καὶ τῆς τοῦ βασιλέως μετα-
σχόντων φιλοφροσύνης, διαθεὶς τὰ περὶ τὴν πόλιν ἐπὶ τὴν
Ἔμισαν ἤλαυνεν. μοῖραν δέ τινα Παλμυρηνῶν λόφον κατα-
λαβοῦσαν εὑρὼν ὑπερκείμενον Δάφνης τοῦ προαστείου, τῷ

---

2. ἀντιοχιαν (sine acc.) V ‖ 5. μεσαιπόλιον ἐμφέρειαν] fort. Suidas
s. v. v. Zosimum respicit de Eunapio potius cogitavit Boissonade
p. 540 ‖ 7. μεσης (sine acc.), η in ras, V ‖ 10. οὔσης V, οὔσης τῆς ς,
pro quo οὔσης ἔτι coni. Sylb ‖ 11. 23. ἐμισαν V, Ἔμεσαν Bekk ‖ 14.
φυγὴν ex φυγεῖν V¹ ‖ 16. εὑρῶν ex εὑρὸν V¹ ‖ ἀπολιπόντας ς, ἀπολει-
πύτας, ν sup. vs. a m. 2, V ‖ 18. πανταχοῦ] cf. III, 11, 5: πανταχοῦ
διενεγκεῖν ‖ 21. πεφευγότων V², πεφυγότων V¹ ‖ 23. ἤλαυνε ς ‖ παλμυ-
ρίνων V ‖ 24. Δάφνης τοῦ προαστείου (προαστίου V)] cf. v. Aurel. 25, 1.
ἰμμης τοῦ (τῆς Ἀντιοχείας) προαστείου coni. Oberdick 'd. roemerfeindl.
Bewegungen im Orient' (Berol. 1869) p. 99 et 168, conturbans omnia.
quamquam Immarum nomen ap. Fest. brev. 24; Iordan. Rom. 291;
Syncell. I p. 724, 11 (cf. Eutr. IX, 13, 2) non cum Mommseno h. R.
t. V p. 440, 1 ex errore pro Emesa positum puto sed ex communi aliquo
fonte repetitum, in quo proelium aliquod revera initio belli apud Immas
commissum memoratum erat. cf. Noeldeke ZDMG. t. XXXIX p. 336

ὑπερδεξίῳ τοῦ τόπου τὴν τῶν ἐναντίων πάροδον εἴργειν
οἰομένην, τοῖς στρατιώταις ἐνεκελεύσατο συνασπισαμένοις καὶ
πυκνῇ τῇ φάλαγγι τὴν πρὸς τὸ ὄρθιον ἀνάβασιν ποιουμένοις
τά τε βέλη καὶ τοὺς ὀλοιτρόχους, εἰ καὶ τούτους τυχὸν ἐπ-
αφεῖεν, τῇ πυκνότητι τῆς φάλαγγος ἀποσείσασθαι. καὶ πρὸς 2
τὸ παράγγελμα εἶχε προθύμους. ἐπειδὴ δὲ κατὰ τὸ προσ-
ταχθὲν τὴν πρὸς τὸ ἄναντες ἄνοδον ἐποιήσαντο, καταστάντες
τοῖς ἐναντίοις ἰσοπαλεῖς ἔτρεψαν εὐθὺς εἰς φυγήν· καὶ οἱ
μὲν κατὰ τῶν κρημνῶν φερόμενοι διερρήγνυντο, τοὺς δὲ οἱ
διώκοντες ἀπέσφαττον, οὗτοί τε καὶ οἱ μὴ μετασχόντες τῆς
ἐπὶ τὸν λόφον ἀνόδου. μετὰ δὲ τὴν νίκην ἐπ᾽ ἀδείας τὴν
διάβασιν ποιουμένοις . . . χαίροντας κύρον κατὰ ταῦτα τῇ
ὁδοιπορίᾳ τοῦ βασιλέως χρωμένου. δέχεται μὲν οὖν αὐτὸν 3
Ἀπάμεια καὶ Λάρισσα καὶ Ἀρέθουσα· τὸ δὲ τῶν Παλμυρηνῶν
στρατόπεδον ἰδὼν ἐν τῷ πρὸ τῆς Ἐμίσης πεδίῳ συνειλεγ-
μένον εἰς πλῆθος ἑπτὰ μυριάδων ἔκ τε αὐτῶν Παλμυρηνῶν
καὶ τῶν ἄλλων, ὅσοι τῆς στρατείας αὐτοῖς εἵλοντο μετασχεῖν,
ἀντεστρατοπεδεύετο τῇ τε Δαλματῶν ἵππῳ καὶ Μυσοῖς καὶ
Παίοσιν καὶ ἔτι γε Νωρικοῖς καὶ Ῥαιτοῖς, ἅπερ ἐστὶ Κελτικὰ
τάγματα. ἦσαν δὲ πρὸς τούτοις οἱ τοῦ βασιλικοῦ τέλους, 4
ἐκ πάντων ἀριστίνδην συνειλεγμένοι καὶ πάντων διαπρε-
πέστατοι. συνετέτακτο δὲ καὶ ἡ Μαυρουσία ἵππος αὐτοῖς,
καὶ ἀπὸ τῆς Ἀσίας αἵ τε ἀπὸ Τυάνων δυνάμεις καὶ ἐκ τῆς
μέσης τῶν ποταμῶν καὶ Συρίας καὶ Φοινίκης καὶ Παλαι-
στίνης τέλη τινὰ τῶν ἀνδρειοτάτων. οἱ δὲ ἀπὸ Παλαιστίνης
πρὸς τῇ ἄλλῃ ὁπλίσει κορύνας καὶ ῥόπαλα ἐπεφέροντο. (53)

---

1. ὑπερδεξιῶι V ‖ 3. ποιουμένοις ς, ποιούμενοι V ‖ 4. τά τε Vᵃ, τὰ
V¹ ‖ ὀλιτρόχους V ‖ 5. ἀποσείσασθαι, ει corr. m. 2 vel m. 1 ex ι, V ‖
8. εὐθὺς V, εὐθὺ ς ‖ 10. οἱ μὴ V, οἱ ς ‖ 12. 13. locus desperatus.
κύρον V, κύριον ς. 'secure transeuntes gaudebant imperatore hac iter
suum opportune tenente' Leunclavius: ποιούμενοι ἔχαιρον χαίριον (sic).
κυρίῳ coni. Oberdick l. d. p. 98. latet fort. εὐχαίρῳ vel εὐχαίρως:
'otiose' (cf. Steph. thes. s. v.), sed praeterea lacuna videtur esse ‖ 14. ἀπα-
μεία V ‖ Ἀρέθουσα scripsi, ἀρεθοῦσα Vς ‖ 14. 16. παλμυρηνῶν V ‖ 15.
στρατόπαιδον V ‖ Ἐμέσης Bekk ‖ 17. στρατείας ς, στρατιας (sine acc.)
V ‖ 18. δαλμάτων V ‖ μύσοις V ‖ 19. παιόσιν (sic) V, Παίοσι ς ‖ Ῥαιτοῖς
scripsi, ῥαιτοῖς Vς ‖ Κελτικὰ] at cf. Nissen 'ital. Landesk.' I p. 485 ‖
20. βασιλικοῦ, alt. ι radendo ex ει, V ‖ 21. ἐκ πάντων] cf. Mommsen
Herm. t. XIX p. 52 ‖ 2ᵃ ·····νῶν V ‖ 25. ἀνδρειοτάτων ·· ··· ··· 2, V

συμπεσόντων δὲ τῶν στρατοπέδων ἀλλήλοις, ἔδοξεν ἡ τῶν
Ῥωμαίων ἵππος κατά τι μέρος ἐκκλίνειν, ὡς ἂν μὴ πλήθει
τῶν Παλμυρηνῶν ἱππέων πλεονεκτούντων ⟨καὶ⟩ περιιππαζο-
μένων πως τὸ Ῥωμαίων στρατόπεδον ἐμπεσὸν ἐς κύκλωσιν
λάθῃ. τῶν τοίνυν Παλμυρηνῶν ἱππέων τοὺς ἐκκλίναντας 5
διωκόντων καὶ ταύτῃ τὴν τάξιν τὴν οἰκείαν παρεξελθόντων,
ἐς τοὐναντίον ἀπέβη τοῖς Ῥωμαίων ἱππεῦσιν τὸ βουλευθέν·
ἐδιώκοντο γὰρ τῷ ὄντι πολὺ τῶν πολεμίων ἐλασσωθέντες.
2 ὡς δὲ καὶ ἔπιπτον πλεῖστοι, τότε δὴ τῶν πεζῶν τὸ πᾶν ἔργου
γενέσθαι συνέβη· τὴν γὰρ τάξιν τοῖς Παλμυρηνοῖς διαρ- 10
ραγεῖσαν ἰδόντες ἐκ τοῦ τοὺς ἱππέας τῇ διώξει σχολάσαι,
συστραφέντες ἀτάκτοις αὐτοῖς καὶ ἐσκεδασμένοις ἐπέθεντο.
καὶ φόνος ἦν ἐπὶ τούτῳ πολύς, τῶν μὲν τοῖς συνήθεσιν
ἐπιόντων ὅπλοις, τῶν δὲ ἀπὸ Παλαιστίνης τὰς κορύνας καὶ
τὰ ῥόπαλα τοῖς σιδήρῳ καὶ χαλκῷ τεθωρακισμένοις ἐπι- 15
φερόντων, ὅπερ μάλιστα τῆς νίκης ἐν μέρει γέγονεν αἴτιον,
τῷ ξένῳ τῆς τῶν ῥοπάλων ἐπιφορᾶς τῶν πολεμίων κατα-
3 πλαγέντων. φευγόντων δὲ ἤδη τῶν Παλμυρηνῶν προτρο-
πάδην, καὶ ἐν τῷ φεύγειν ἑαυτούς τε συμπατούντων καὶ ὑπὸ
τῶν πολεμίων ἀναιρουμένων, τὸ πεδίον ἐπληροῦτο νεκρῶν 20
ἀνδρῶν τε καὶ ἵππων, ⟨τῶν⟩ ὅσοι διαδρᾶναι δεδύνηνται τὴν
πόλιν καταλαβόντων.

54. Ἀθυμίας δὲ πολλῆς εἰκότως ἐπὶ τῇ ἥττῃ Ζηνοβίαν
ἐχούσης, βουλὴ προέκειτο περὶ τοῦ πρακτέον, καὶ κοινῇ
γνώμῃ πᾶσιν ἐδόκει τοῖς μὲν περὶ τὴν Ἔμισαν πράγμασιν 25
ἀπογνῶναι διὰ τὸ καὶ τοὺς Ἐμισηνοὺς ἀλλοτρίως πρὸς αὐτὴν
ἔχοντας τὰ Ῥωμαίων αἱρεῖσθαι, Παλμύραν δὲ καταλαβεῖν καὶ
τῷ τῆς πόλεως ὀχυρῷ τὴν ἀσφάλειαν ἐπιτρέψαντας σχολαί-
τερον σκοπῆσαι τὰ κατὰ σφᾶς. οὐδὲν ἦν ἔργου καὶ λόγου

1. στρατοπαίδων V ‖ 1. 2. ἔδοξεν ἡ τ. Ῥ. ἵππος] ἔδοξε τῇ (vel τὴν) τ.
Ῥ. ἵππῳ (vel ἵππον) conieci: 'placuit' ‖ 2. ἐκκλίνειν] de forma cf.
Büttner-Wobst praef. Polyb. t. I p. LXXVIII ‖ πλήθει V², πλήθι V¹ ‖
3. 5. 18. παλμυρηνων V ‖ 3. καὶ ς, om. V ‖ 4. στρατόπαιδον V ‖ ες V, εἰς
ς ‖ 5. ἐκκλείναντας V ‖ 7. ἐς V, εἰς ς ‖ ἱππεῦσι ς ‖ 10. παλμυρήνοις V ‖
13. ἦν V ‖ 15. τεθωρακισμένος, ι a m. 1, V ‖ 19. σὺν πατούντων V ‖ 20.
ἐπληροῦτο, ult. ο ex ω radendo, V ‖ 21. τῶν addidi de Sylburgii con-
iectura ‖ 24. προέκειτο Sylb, πρόσέκειτο V², πρόσέκιτο V¹ ‖ πρακταίου
V ‖ 25. Ἔμεσαν et 26. Ἐμεσηνοὺς Bekk ‖ 26. εμησινους V ‖ 29. p. 39, 1.
οὐδὲ ἦν ἔργου καὶ λόγου τι μέσον coni. Heyne at Herodotum VII, 11: τὸ γὰρ

τὸ μέσον, ἀλλὰ συνέθεον ἐφ᾽ ὅπερ ἐδόκει. πυθόμενος δὲ 2
τὴν Ζηνοβίας φυγὴν Αὐρηλιανὸς εἰς μὲν τὴν Ἔμισαν εἰσῄει,
προθύμως αὐτὸν τῶν πολιτῶν δεχομένων, εὑρὼν δὲ πλοῦτον
ὃν οὐχ οἷά τε ἐγεγόνει Ζηνοβία μετακομίσαι, παραχρῆμα σὺν
τῷ στρατῷ τῆς ὁδοῦ τῆς ἐπὶ Παλμύραν εἴχετο. καὶ ἐπιστὰς
τῇ πόλει, κύκλῳ περιλαβὼν τὸ τεῖχος ἐπολιόρκει, τῆς τροφῆς
ἐκ τῶν πλησιαζόντων ἐθνῶν τῷ στρατοπέδῳ χορηγουμένης.
τῶν δὲ Παλμυρηνῶν ἐπιτωθαζόντων ὡς ἀδυνάτου τῆς ἁλώ-
σεως οὔσης, ἤδη δέ τινος καὶ εἰς αὐτὸν τὸν βασιλέα λόγους
αἰσχροὺς ἀφιέντος, παρεστώς τις τῷ βασιλεῖ Πέρσης ἀνὴρ
‘εἰ κελεύεις’ ἔφη, ‘τὸν ὑβριστὴν τοῦτον ὄψει νεκρόν’. ἐγκε- 3
λευσαμένου δὲ τοῦ βασιλέως, προστησάμενος ἑαυτοῦ τινὰς ὁ
Πέρσης τοὺς ἀποκρύπτοντας, ἐντείνας τὸ τόξον καὶ βέλος
ἁρμόσας ἀφίησιν, ὃ δὴ προκεκυφότι τῆς ἐπάλξεως τῷ ἀν-
θρώπῳ καὶ ἔτι τὰς ὕβρεις ἐπαφιέντι προσπαγὲν κατάγει τε
τοῦ τείχους αὐτὸν καὶ νεκρὸν τῷ στρατοπέδῳ καὶ τῷ βασιλεῖ
δείκνυσιν. (55) ἐπεὶ δὲ ἀντεῖχον πολιορκούμενοι, σπάνει τῶν
ἐπιτηδείων ἀπαγορεύσειν τοὺς πολεμίους ἐλπίσαντες, ἐγκαρ-
τεροῦντας θεώμενοι καὶ αὐτοὶ τροφῆς ἐνδείᾳ πιεζόμενοι γνώ-
μην ποιοῦνται ἐπὶ τὸν Εὐφράτην δραμεῖν, κἀκεῖσε παρὰ
Περσῶν βοήθειαν εὑρέσθαι, πράγματά τε Ῥωμαίοις νεώτερα
μηχανήσασθαι. ταῦτα βουλευσάμενοι, καμήλῳ ... τὴν Ζη- 2
νοβίαν ἀναβιβάσαντες, αἳ δὴ καμήλων εἰσὶν τάχισται καὶ

μέσον οὐδὲν τῆς ἔχθρης ἐστὶ scriptor imitari voluisse videtur ‖ p. 38, 29.
ἦν V ‖ 2. φυγὴν V², φυγεῖν V¹ ‖ ὁ αὐρ. ϛ ‖ Ἔμεσαν Bekk ‖ 7.στρατοπαιδω
χωρηγουμένης V ‖ 8. παλμυρήνων V ‖ 14. ἀφείησιν V ‖ 15. ἐπαφειεντι
(sine acc.) V ‖ 17. ἀντείχον (hoc acc.) V, ἀντείχοντο ϛ ‖ 18. ἀπαγόρευσειν
(sic) V², ἀπαγόρευσιν V¹ ‖ 18. 19. καὶ ἔγκαρτ. ϛ ‖ 19. πιεζούμενοι V, at
‘υ eradi coeptum’ Mau. cf. I, 45, 1 ‖ 20. κακεῖσάι, ε a m. 2, V ‖ 22.
βουλ. καιμηλωτη τοιαύτην τὴν ξην. V, βουλ. καὶ καμήλῳ τὴν ξην. ϛ, ubi
θηλείᾳ post καμήλῳ addebat Leunclavius, δρομάδι Reitemeier, quos
iam V redarguit. fugisse Zenobiam ‘camellis, quos dromedas uoci-
tent’, cum scriptor v. Aur. 28, 3 tradat, cui in universum de his rebus
cum Zosimo convenit, in Vaticani corruptela Arabicae alicuius regi-
onis camelorum proventu cum maxime celebris nomen latere videtur
(cf. Ritter ‘Erdkunde’ t. XIII p. 638 sq.). quod nomen in Omanitica
quidem terra iam veteribus nota quaerendum puto (cf. F. Hommel
‘d. Namen d. Saeugethiere bei d. suedsemitischen Voelkern’ Lips. 1879
p. 213), at certum aliquod ex eis quae adfert A. Sprenger ‘d. alte
Geographie Arabiens’ Bernae 1875 eligere non audeo ‖ 23. εἰσὶ ϛ

ἵππους ὑπεραίρουσαι τάχει, τῆς πόλεως ὑπεξάγουσιν. Αὐρη-
λιανὸς δὲ ἀχθόμενος ἐπὶ τῇ τῆς Ζηνοβίας φυγῇ, τῷ κατὰ
φύσιν οὐκ ἐνδοὺς δραστηρίῳ, πέμπει παραχρῆμα τοὺς διώ-
3 ξοντας ταύτην ἱππέας. οἳ δὲ καταλαβόντες ἤδη τὸν Εὐφράτην
αὐτὴν μέλλουσαν περαιοῦσθαι, καταγαγόντες ἐκ τοῦ πλοίου 5
πρὸς τὸν Αὐρηλιανὸν ἄγουσιν. ὁ δὲ τῷ μὲν ἀπροσδοκήτῳ
τῆς θέας περιχαρὴς ἐγεγόνει, φιλότιμος δὲ ὢν φύσει, λαβὼν
κατὰ νοῦν ὡς γυναικὸς κρατήσας οὐκ ἔσται τοῖς ἐσομένοις
ἐπίδοξος, ἐδυσχέραινεν. (56) τῶν δὲ ἐναποκεκλεισμένων τῇ
πόλει Παλμυρηνῶν αἱ γνῶμαι διχῇ διῃροῦντο, τῶν μὲν προ- 10
κινδυνεύειν τῆς πόλεως ἐθελόντων καὶ διαπολεμεῖν παντὶ
σθένει Ῥωμαίοις, τῶν δὲ ἱκετηρίας ἀπὸ τοῦ τείχους προ-
τεινομένων αἰτούντων τε συγγνώμην ἐπὶ τοῖς προλαβοῦσιν.
δεξαμένου δὲ τοῦ βασιλέως τὴν ἱκετείαν καὶ θαρρεῖν παρα-
κελευσαμένου, πρὸ τῆς πόλεως ἐξεχέοντο, δῶρα καὶ ἱερεῖα 15
2 προσάγοντες. Αὐρηλιανὸς δὲ τὰ μὲν ἱερεῖα τιμήσας τὰ δὲ
δῶρα δεξάμενος ἀθῴους ἠφίει. τῆς δὲ πόλεως γενόμενος
κύριος καὶ τοῦ κατὰ ταύτην πλούτου καὶ τῆς ἄλλης ἀποσκευῆς
καὶ ἀναθημάτων κρατήσας, ἐπανελθὼν εἰς τὴν Ἔμισαν εἰς
κρίσιν ἤγαγε Ζηνοβίαν τε καὶ τοὺς ταύτῃ συναραμένους. 20
ἐπεὶ δὲ αἰτίας ἔλεγεν ἑαυτὴν ἐξαιροῦσα, πολλούς τε ἄλλους
ἦγεν εἰς μέσον ὡς παραγαγόντας οἷα γυναῖκα, ἐν οἷς καὶ
Λογγῖνος ἦν, οὗ συγγράμματα ἔστι μέγα τοῖς παιδείας μετα-
3 ποιουμένοις ὄφελος φέροντα· ὥπερ ἐφ' οἷς κατηγορεῖτο ἐλεγ-
χομένῳ παραχρῆμα ὁ βασιλεὺς θανάτου ζημίαν ἐπέθηκεν, ἣν 25
οὕτω γενναίως ἤνεγκεν ὁ Λογγῖνος ὥστε καὶ τοὺς σχετλιά-
ξοντας ἐπὶ τῷ πάθει παραμυθεῖσθαι, καὶ ἄλλων δὲ Ζηνοβίας
κατειπούσης κολάσεσιν ὑπαχθέντων.

57. Ἄξιον ⟨δὲ⟩ τὰ συνενεχθέντα πρὸ τῆς Παλμυρηνῶν

---

2. ἐπὶ τῇ ς, ἐπί τε V ‖ 5. ἐκ V, τε ἐκ ς ‖ 10. παλμυρήνων V ‖ γνῶ-
μαι. διχῆι διῃροῦντο τῶν V, γνῶμαι τῶν ς ‖ 13. προλαβοῦσι ς ‖ 15. ἐξε-
χέοντο δῶρα ς, ἐξέχεοντα (sic) δῶρα V ‖ 15. et 16. ἱέρεια V ‖ 19. ἀναθη-
μάτων ς, ἀναθεμ. V ‖ Ἔμισαν Bekk ‖ 21. ἐπεὶ] ἢ coni. Bekk ‖ αἰτίας
(sine acc.), αι a m. 1, V ‖ ἐξαιρουσα sine acc. V, ἐξαιροῦσα Sylb ‖ 22.
23. γυν, καὶ δὴ καὶ Λογγῖνον, οὗ coni. Steph ‖ 23. μέγα ς, μεγάλα V ‖
παιδίας V ‖ 24. ἐφ' οἷς ς, ἔφυς V ‖ κατηγορεῖ τὸ V ‖ 26. λογ///γίνος V ‖
29. δὲ add. Leunclavius ‖ πρὸ τῆς πρώτης παλμυρήνων V. πρώτης non
recepi dittographiam ratus alioqui αἵρεσις non καθαίρεσις exspectan-

καθαιρέσεως ἀφηγήσασθαι, εἰ καὶ τὴν ἱστορίαν ἐν ἐπιδρομῇ
φαίνομαι ποιησάμενος διὰ τὴν εἰρημένην ἐν προοιμίῳ μοι
πρόθεσιν· Πολυβίου γὰρ ὅπως ἐκτήσαντο Ῥωμαῖοι τὴν ἀρχὴν
ἐν ὀλίγῳ χρόνῳ διεξελθόντος, ὅπως ἐν οὐ πολλῷ χρόνῳ
σφῆσιν ἀτασθαλίῃσιν αὐτὴν διέφθειραν ἔρχομαι λέξων. ἀλλὰ 2
ταῦτα μέν, ἐπειδὰν ἐν ἐκείνῳ γένωμαι τῆς ἱστορίας τῷ μέρει·
Παλμυρηνοῖς δὲ μέρους οὐκ ὀλίγου τῆς Ῥωμαίων ἐπικρατείας
ἤδη κεκρατηκόσιν, ὡς διεξῆλθον, ἐκ τοῦ θείου πολλὰ προεμη-
νύθη τὴν συμβᾶσαν αὐτοῖς δηλοῦντα καθαίρεσιν. τίνα δὲ
ταῦτα, ἐρῶ. ἐν Σελευκείᾳ τῇ κατὰ Κιλικίαν Ἀπόλλωνος
ἱερὸν ἵδρυτο καλουμένου Σαρπηδονίου, καὶ ἐν τούτῳ χρη-
στήριον. τὰ μὲν οὖν περὶ τοῦ θεοῦ τούτου λεγόμενα, καὶ 3
ὡς ἅπασι τοῖς ὑπὸ λύμης ἀκρίδων ἐνοχλουμένοις Σελευκιάδας
παραδιδοὺς (ὄρνεα δὲ ταῦτα ἐνδιαιτώμενα τοῖς περὶ τὸ ἱερὸν
τόποις) συνεξέπεμπεν τοῖς αἰτοῦσιν, αἱ δὲ ταῖς ἀκρίσιν συμ-
περιπτάμεναι καὶ τοῖς στόμασιν ταύτας δεχόμεναι καὶ παρα-
χρῆμα διαφοροῦσαι πλῆθός τε ἄπειρον ἐν ἀκαριαίῳ διέφθειρον
καὶ τῆς ἐκ τούτων βλάβης τοὺς ἀνθρώπους ἀπήλλαττον,
ταῦτα μὲν τῇ τηνικαῦτα τῶν ἀνθρώπων εὐδαιμονίᾳ παρίημι,
τοῦ καθ᾽ ἡμᾶς γένους πᾶσαν ἀποσεισαμένου θείαν εὐεργεσίαν.
τοῖς Παλμυρηνοῖς δὲ χρωμένοις εἰ καθέξουσιν τὴν τῆς ἑῴας 4
ἡγεμονίαν, ἔχρησεν ὁ θεὸς οὕτως

ἔξιτέ μοι μεγάρων, ἀπατήμονες οὔλιοι ἄνδρες,
φύτλης ἀθανάτων ἐρικυδέος ἀλγυντῆρες.

πυνθανομένοις δέ τισιν περὶ τῆς Αὐρηλιανοῦ κατὰ Παλμυ-
ρηνῶν στρατείας ὁ θεὸς ἀνεῖλε

dum foret. cf. I, 58, 3 ‖ 5. σφισιν ατασθαλιηισι', ν a m. 1, V ‖ λέξων ϛ,
λέξεων V ‖ 7. παλμυρήνοις V ‖ 10. σελευκείᾳ ϛ, σελευκίαι V ‖ 11. ἵδρυτο
⟨τοῦ⟩ καὶ. conieci. de re v. R. Kochler mus. Rhen. t. XIV p. 471 sq. ‖
καλουμένου///, ϛ erasa, V ‖ 13. Σελευκιάδας] Σελευκίδας videtur scriben-
dum, cf. Steph. thes. s. v. ceterum Eunapio fr. 2, a Boissonadio (p. 490)
huc tractum, recte ademit L. Dindorf ‖ 14. ὄρνεα] est 'pastor roseus'
L. cf. F. Th. Koeppen 'ueber die Heuschrecken in Suedrussland' (Petrop.
1866) p. 71 sq. ‖ 15. συνεξέπεμπε ϛ ‖ ἀκρίσιν σὺν περ. V ‖ 16. στόμασι ϛ
δεχόμεναι καὶ παραχρῆμα διαφόρουσαι (διαφοροῦσαι m. 2) πλῆθος V,
δεχόμεναι παραχρῆμα πλῆθος ϛ ‖ 18. ἀπήλαττον (sine acc.) V ‖ 20. πᾶσαν
ἀποσισαμένου (sic) V, ἀποσεισαμένου ϛ ‖ 21. παλμυρηνοις, sine acc., V ‖
καθέξουσι ϛ ‖ 22. οὕτως ϛ, οὗτος (sic) V ‖ 23. ἔξιτε μοὶ Reitemeier,
ἔξιτε μεν V. cf. Hom. Od. 2, 139 ‖ 25. τισι ϛ ‖ παλμυρήνων V

κίρκος τρήρωσιν κρυερὸν γόον ἠγηλάζων,
οἶος πολλῇσιν· ταὶ δὲ φρίσσουσι φονῆα.

58. Καὶ ἕτερον δὲ Παλμυρηνοῖς συνηνέχθη τοιοῦτον.
Ἄφακα χωρίον ἐστὶν μέσον Ἡλιουπόλεώς τε καὶ Βίβλου, καθ᾽
ὃ νεὼς Ἀφροδίτης Ἀφακίτιδος ἵδρυται. τούτου πλησίον λίμνη 5
τις ἔστιν ἐοικυῖα χειροποιήτῳ δεξαμενῇ. κατὰ μὲν οὖν τὸ
ἱερὸν καὶ τοὺς πλησιάζοντας τόπους πῦρ ἐπὶ τοῦ ἀέρος λαμ-
πάδος ἢ σφαίρας φαίνεται δίκην, συνόδων ἐν τῷ τόπῳ χρό-
νοις τακτοῖς γινομένων, ὅπερ καὶ μέχρι τῶν καθ᾽ ἡμᾶς
2 ἐφαίνετο χρόνων. ἐν δὲ τῇ λίμνῃ εἰς τιμὴν τῆς θεοῦ 10
δῶρα προσέφερον οἱ συνιόντες ἔκ τε χρυσοῦ καὶ ἀργύρου
πεποιημένα, καὶ ὑφάσματα μέντοι λίνου τε καὶ βύσσου καὶ
ἄλλης ὕλης τιμιωτέρας· καὶ εἰ μὲν δεκτὰ ἐφάνη, παραπλησίως
τοῖς βάρεσι καὶ τὰ ὑφάσματα κατεδύετο, εἰ δὲ ἄδεκτα καὶ
ἀπόβλητα, αὐτά τε ἦν ἰδεῖν ἐπιπλέοντα τῷ ὕδατι τὰ ὑφά- 15
σματα καὶ εἴ τί περ ἦν ἐν χρυσῷ καὶ ἀργύρῳ καὶ ἄλλαις
ὕλαις, αἷς φύσις οὐκ αἰωρεῖσθαι ἐπὶ τοῦ ὕδατος ἀλλὰ κατα-
3 δύεσθαι. τῶν Παλμυρηνῶν τοίνυν ἐν τῷ πρὸ τῆς καθαιρέ-
σεως ἔτει συνελθόντων ἐν τῷ τῆς ἑορτῆς καιρῷ καὶ εἰς
τιμὴν τῆς θεοῦ δῶρα χρυσοῦ καὶ ἀργύρου καὶ ὑφασμάτων 20
κατὰ τῆς λίμνης ἀφέντων, πάντων τε τοῦ βάθους καταδύν-
των, κατὰ τὸ ἐχόμενον ἔτος ἐν τῷ καιρῷ τῆς ἑορτῆς ὤφθη-
σαν αἰωρούμενα πάντα, τῆς θεοῦ διὰ τούτου τὰ ἐσόμενα
δηλωσάσης.

4 Ἡ μὲν οὖν εἰς Ῥωμαίους εὐμένεια τοῦ θείου τῆς ἱερᾶς 25
ἁγιστείας φυλαττομένης τοιαύτη· ἐπειδὰν δὲ εἰς ἐκείνους
ἀφίκωμαι τοὺς χρόνους ἐν οἷς ἡ Ῥωμαίων ἀρχὴ κατὰ βραχὺ
βαρβαρωθεῖσα εἰς ὀλίγον τι, καὶ αὐτὸ διαφθαρέν, περιέστη,
τηνικαῦτα καὶ τὰς αἰτίας παραστήσω τοῦ δυστυχήματος, καὶ

1. κρυερὸν scripsi de Sylburgii coniectura, ἱερὸν V ς. κρυερὸς γόος
est 'nenia': Hom. Il. 24, 524; Od. 4, 103; 11, 212. accipiter igitur
columbis, quas mox exstincturus est, neniam ipse praeit. ceterum κίρκος
et τρήρων iunguntur etiam Il. 22, 139 ‖ ἠγηλάζων V ς ‖ 3. παλμυρήνοις
V ‖ 4. Ἄφακα] cf. Baudissin 'Stud. z. semit. Relig.' II p. 160 sq. ‖
ἐστὶ ς ‖ Βίβλου] fort. Βύβλου scripsit V ‖ 6. δεξαμένηι V ‖ 10. λίμνῃ εἰς
hiant. χρόνων. τῇ λίμνῃ δὲ εἰς conieci ‖ 11. et 20. ἀργυροῦ et 16. ἀρ-
γυρῶι V ‖ 16. 17. ἦν ἐκ χρυσοῦ καὶ ἀργύρου καὶ ἄλλης ὕλης, ἧς coni. Sylb ‖
18. παλμυρήνων V ‖ 19. ἔτει V², ἔτι V¹ ‖ 21. καταδύντων scripsi, κατὰ
δυέντων V, καταδυόντων ς ‖ 27. ἀφείκωμαι V

τοὺς χρησμοὺς ὡς ἂν οἷός τε ὦ παραθήσομαι τοὺς τὰ συν-
ενεχθέντα μηνύσαντας. (59) ἐπανελθεῖν δὲ τέως καιρὸς ὅθεν
ἐξέβην, ἵνα μὴ τὴν τάξιν τῆς ἱστορίας ἀτελῆ δόξω κατα-
λιμπάνειν.

5 Αὐρηλιανοῦ τοίνυν ἐπὶ τὴν Εὐρώπην ἐλαύνοντος, καὶ
συνεπάγοντός οἱ Ζηνοβίαν τε καὶ τὸν παῖδα τὸν ταύτης καὶ
πάντας ὅσοι τῆς ἐπαναστάσεως αὐτοῖς ἐκοινώνησαν, αὐτὴν
μὲν Ζηνοβίαν φασὶν ἢ νόσῳ ληφθεῖσαν ἢ τροφῆς μεταλαβεῖν
οὐκ ἀνασχομένην ἀποθανεῖν, τοὺς δὲ ἄλλους πλὴν τοῦ Ζηνο-
10 βίας παιδὸς ἐν μέσῳ τοῦ μεταξὺ Χαλκηδόνος καὶ Βυζαντίου
πορθμοῦ καταποντωθῆναι. (60) ἐχομένου δὲ Αὐρηλιανοῦ τῆς
ἐπὶ τὴν Εὐρώπην ὁδοῦ, κατέλαβεν ἀγγελία τοιαύτη. ὡς τῶν
ἐν Παλμύρᾳ καταλειφθέντων τινὲς Ἀψαῖον παραλαβόντες, ὃς
καὶ τῶν προλαβόντων αὐτοῖς γέγονεν αἴτιος, ἀποπειρῶνται
15 Μαρκελλίνου τοῦ καθεσταμένου τῆς μέσης τῶν ποταμῶν
παρὰ βασιλέως ὑπάρχου καὶ τὴν τῆς ἕῳας ἐγκεχειρισμένου
διοίκησιν, εἴ πως ἀνέχεται σχῆμα βασίλειον ἑαυτῷ περιθεῖναι.
τοῦ δὲ εἰς τὸ διασκέπτεσθαι τὸ πρακτέον ἀναβαλλομένου, τὰ 2
παραπλήσια καὶ αὖθις καὶ πολλάκις ἠνώχλουν. ὁ δὲ ἀπο-
20 κρίσεσιν χρώμενος ἀμφιβόλοις αὐτὸς μὲν Αὐρηλιανῷ τὸ
σκεφθὲν κατεμήνυσε, Παλμυρηνοὶ δὲ Ἀντιόχῳ περιθέντες
ἁλουργὲς ἱμάτιον κατὰ τὴν Παλμύραν εἶχον. (61) Αὐρηλια-
νὸς δὲ ταῦτα ἀκηκοὼς αὐτόθεν, ὡς εἶχεν, ἐπὶ τὴν ἑῴαν ἐστέλ-
λετο, καταλαβὼν δὲ τὴν Ἀντιόχειαν καὶ ἵππων ἁμίλλης ἐπι-
25 τελουμένης τῷ δήμῳ φανεὶς καὶ τῷ ἀδοκήτῳ πάντας ἐκπλήξας
ἐπὶ τὴν Παλμύραν ἤλαυνεν. ἀμαχητὶ δὲ τὴν πόλιν ἑλὼν καὶ
κατασκάψας, οὐδὲ τιμωρίας Ἀντίοχον ἄξιον διὰ τὴν εὐτέλειαν
εἶναι νομίσας ἀφίησιν. σὺν τάχει δὲ καὶ Ἀλεξανδρέας στα-
σιάσαντας καὶ πρὸς ἀπόστασιν ἰδόντας παραστησάμενος, θρί-
30 αμβον εἰς τὴν Ῥώμην εἰσαγαγὼν μεγίστης ἀποδοχῆς ἐκ τοῦ
δήμου καὶ τῆς γερουσίας ἐτύγχανεν. ἐν τούτῳ καὶ τὸ τοῦ 2

8. ημοσω ut vid. V¹, corr. V² ‖ 10. βυ//ζαντίου V ‖ 15. καθεστα-
μένου ς, καθισταμένου V ‖ 17. βασίλειον] conicci βασιλικὸν coll. II, 43,
2; IV, 46, 2. βασίλειος cum γένος (vel γονή) et θρόνος vocabulis solis
iungit scriptor ‖ 18. πρακταῖον V ‖ 19. 20. ἀποκρίσεσι ς ‖ 20. τὸ ς, τῷ V ‖
21. παλμυρήνοι V ‖ Ἀντιόχῳ] consentit Pol. Silv. lat. p. 243 M. ʽAchil-
leus' est v. Aur. 31, 2 ‖ 26. παλμυρὰν V ‖ 28. νομήσας V ‖ ἀφίησι ς ‖
τάχει V², ταχι V¹ ‖ 29. ἰδόντας] cf. VI, 12, 2

Ἡλίου δειμάμενος ἱερὸν μεγαλοπρεπῶς τοῖς ἀπὸ Παλμύρας
ἐκόσμησεν ἀναθήμασιν, Ἡλίου τε καὶ Βήλου καθιδρύσας
ἀγάλματα. τούτων οὕτω διῳκημένων, Τέτρικον καὶ ἄλλους
ἐπαναστάντας οὐ σὺν πόνῳ καθελὼν κατὰ τὴν ἀξίαν μετῆλ-
θεν. ἤδη δὲ καὶ ἀργύριον νέον δημοσίᾳ διέδωκεν, τὸ κί-   5
βδηλον ἀποδόσθαι τοὺς ἀπὸ τοῦ δήμου παρασκευάσας, τούτῳ
τε τὰ συμβόλαια συγχύσεως ἀπαλλάξας. ἐπὶ τούτοις καὶ ἄρ-
των δωρεᾷ τὸν Ῥωμαίων ἐτίμησεν δῆμον. διαθέμενος δὲ
ἅπαντα τῆς Ῥώμης ἐξώρμησεν. (62) διατρίβοντι δὲ αὐτῷ
κατὰ τὴν Πέρινθον, ἣ νῦν Ἡράκλεια μετωνόμασται, συν-   10
ίσταταί τις ἐπιβουλὴ τοιάδε. ἦν τις ἐν τοῖς βασιλείοις Ἔρως
ὄνομα, τῶν ἔξωθεν φερομένων ἀποκρίσεων μηνυτὴς τεταγ-
μένος. τούτῳ πταίσματός τινος ἕνεκεν ὁ βασιλεὺς ἀπειλήσας
ἐς φόβον κατέστησεν. καὶ δεδιὼς μὴ ταῖς ἀπειλαῖς ἔργον
ἐπιτεθείη, τῶν δορυφόρων τισίν, οὓς μάλιστα τολμηροτάτους   15
ᾔδει, κοινολογεῖται, καὶ γράμματα δείξας ἅπερ ἦν εἰς τύπον
τῶν βασιλέως γραμμάτων αὐτὸς μιμησάμενος (ἐκ πολλοῦ γὰρ
οἵ τὰ τῆς μιμήσεως μεμελέτητο) πείθει θάνατον ὑφορωμένους
(τοῦτο γὰρ ἦν ἐκ τῶν γραμμάτων τεκμήρασθαι) πρὸς τὴν
κατὰ τοῦ βασιλέως ὁρμῆσαι σφαγήν. ἐπιτηρήσαντες οὖν   20
αὐτὸν ἐξιόντα τῆς πόλεως δίχα τῆς ἀρχούσης φυλακῆς

---

2. Ἡλίου] cf. Eckhel d. n. t. VII p. 483 ‖ Βήλου] cf. C. I. L.
VI, 1 n. 50; : 'Malachbelo' ib. n. 51 saepiusque in inscriptionibus
(Mommsen hist. R. t. V p. 426, 1; ZDMG. t. XXXI p. 100; t. XXXIX
p. 357) ‖ 4. συμ (sine acc.) πόνῳ V ‖ 5. ἀργύριον νέον] cf. Mommsen
r. Muenzw. p. 798, 208 ‖ δημόσια V ‖ διέδωκε ς ‖ 5. 6. κι‖βδηλον V (sine
acc.) ‖ 8. δωρεᾶι, ε ex corr. m. 1, V ‖ τὸν ς, τῶν V ‖ ἐτίμησε ς ‖ 9. ἐξ-
ώρμησε ς ‖ 10. νῦν Ἡρ. μετωνόμασται] antiquissimum mutationis plane
singularis testimonium esse fr. Vatic. § 284 (III id. Oct. Heraclia Thra-
cum a. 286) monuit Mommsen, qui a Iovio in Herculii novi collegae
honorem eam factam esse valde probabiliter conicit. iam cum reliqui
scriptores omnes in Aureliani morte Heracleam nominent urbem, Pe-
rinthum praeter Zosimum nemo, Zosimiana patet redire ad scriptorem
Diocletiano aequalem. (ceterum Lactantii aetate promiscue utrumque
nomen in usu fuisse videtur, v. de m. pers. c. 45) ‖ 11. Ἔρως — 12. μη-
νυτὴς eisdem verbis habet Zonar. t. III p. 153, 13 Dind. de ipso mu-
nere v. Gothofredus ad cod. Th. t. II p. 88 Ritt. ‖ 12. μηνυτὴς V²,
μηνυτις (sine acc.) V¹ ‖ 14. κατέστησε ς ‖ 15. δορυφόρων, ο radendo ex
ω, V ‖ 18. μεμελετητο (sine acc.) V, ἐμεμ. Sylb pro apographorum ἔμ-
μεμ. vel ἐκμεμ. ‖ 19. ἦν V

ἐπελαύνουσιν, καὶ πάντες ἐπαγαγόντες τὰ ξίφη διώλεσαν. αὐτὸς
μὲν οὖν ἐτάφη μεγαλοπρεπῶς αὐτόθι παρὰ τοῦ στρατοπέδου
τῶν ἔργων ἕνεκα καὶ τῶν κινδύνων, οὓς ὑπὲρ τῶν κοινῶν
ἀπεδείξατο πραγμάτων.

5   63. Τακίτου δὲ τὰ τῆς Ῥώμης ἀναδησαμένου βασίλεια
καὶ τὴν ἀρχὴν ἔχοντος, Σκύθαι διὰ τῆς Μαιώτιδος λίμνης
περαιωθέντες διὰ τοῦ Πόντου τὰ μέχρι Κιλικίας ἐπέδραμον.
οἷς ἐπεξελθὼν Τάκιτος τοὺς μὲν αὐτὸς καταπολεμήσας ἐξεῖλεν,
τοὺς δὲ Φλωριανῷ προβεβλημένῳ τῆς αὐλῆς ὑπάρχῳ παρα-
10   δοὺς ἐπὶ τὴν Εὐρώπην ἐξώρμησεν. ἔνθα δὴ καὶ εἰς ἐπιβου-
λὴν ἐμπεσὼν ἐξ αἰτίας ἀναιρεῖται τοιᾶσδε. Μαξιμίνῳ γένει 2
προσήκοντι τὴν Συρίας ἀρχὴν παραδέδωκεν. οὗτος τοῖς ἐν
τέλει τραχύτατα προσφερόμενος εἰς φθόνον ἅμα καὶ φόβον
κατέστησεν. τεκόντων δὲ τούτων μῖσος, τὸ λειπόμενον εἰς
15   ἐπιβουλὴν ἐτελεύτησεν, ἧς κοινωνοὺς ποιησάμενοι τοὺς Αὐρη-
λιανὸν ἀνελόντας αὐτῷ μὲν ἐπιθέμενοι Μαξιμίνῳ κατέσφαξαν,
διώξαντες δὲ ἀναζευγνύντα ἐπὶ τὴν Εὐρώπην Τάκιτον ἀν-
αιροῦσιν.

64. Ἐντεῦθεν εἰς ἐμφύλιον κατέστη τὰ πράγματα ταρα-
20   χήν, τῶν μὲν κατὰ τὴν ἑῴαν βασιλέα Πρόβον ἑλομένων, τῶν
δὲ κατὰ τὴν Ῥώμην Φλωριανόν. καὶ Πρόβος μὲν εἶχεν Συ-

1. ἐπελαύνουσι ς ‖ 2. στρατοπαίδου V ‖ 4. ἀπεδείξατο] in zeugmate
non recte offendens ὑπεδέξατο vel ἀνεδέξατο coni. Sylb ‖ 5. Τακίτου
—18. ἀναιροῦσιν excerpsit Ioannes Antiochenus F. H. G. t. IV p. 599
157 ‖ 5. τὰ τῆς Ῥώμης V et Io., τῆς Ῥώμης apographa, τὴν Ῥώμης Bekk ‖
ἀναδησαμένου V, ἀναδεξαμένου Io. ‖ βασίλεια V et Io., βασιλείαν Bekk ‖
6. Σκύθαι] eodem nomine Gothos hos (Wilmanns ex. 1046) appellat
Zonaras ‖ 7. διὰ τοῦ Πόντου τὰ] in his verbis, quae Io. omittit, vitium
latet. Σκύθαι τὴν Μαιώτιδα λίμνην καὶ τὸν Φᾶσιν ποταμὸν περαιω-
θέντες Πόντῳ καὶ Καππαδοκίᾳ ἐπῆλθον καὶ Γαλατίᾳ καὶ Κιλικίᾳ Zo-
naras XII, 28, ex eodem aperte fonte ac Zosimus. conieci περαιωθέντες
⟨Ἀσίας ἀπὸ⟩ τοῦ Πόντου πάντα μέχρι vel simplicius περ. τὰ ἀπὸ τοῦ
Πόντου μέχρι. cf. I, 64, 1 ‖ 8. ἐξεῖλεν (hoc acc.) V, ἐξεῖλε ς ‖ 11. Μα-
ξίμῳ h. l. Io. ‖ 12. οὗτος radendo ex οὕτως V ‖ 13. τελει V², τελι V¹
(sine acc.) ‖ 14. τὸν βασιλέα κατέστησεν Io., ex interpolatione puto ‖
κατέστησε ς ‖ μισος radendo ex μησος V ‖ τὸ λειπόμενον] cf. V, 3, 6 ‖
15. 16. Αὐρήλιον Io. ‖ 16. τῷ Μαξιμίνῳ Io. ‖ 17. ἐπὶ τὴν Εὐρώπην addidi
ex V et Io., om. ς ‖ 18. (ἀναιροῦσιν.) ἓξ μησὶ τοῖς ὅλοις βασιλεύσαντα
Io., qui aliunde opinor hâc adscivit ‖ 21.—p. 46, 3. eadem eodem ex
fonte Graeco habet Zonar. t. III p. 154, 19—21 Dind. ‖ 21. εἶχε ς

46 — A —

ρίαν καὶ Φοινίκην καὶ Παλαιστίνην καὶ τὴν Αἴγυπτον ἅπα-
σαν, τὰ δὲ ἀπὸ Κιλικίας μέχρις Ἰταλίας Φλωριανός· ὑπήκουον
δὲ αὐτῷ καὶ τὰ ὑπὲρ τὰς Ἄλπεις ἔθνη, Γαλάται καὶ Ἴβηρες
ἅμα τῇ Βρεττανικῇ νήσῳ, καὶ προσέτι γε ἅπασα Λιβύη καὶ
2 τὰ Μαυρούσια φῦλα. παρεσκευασμένων δὲ εἰς πόλεμον ἀμ- 5
φοτέρων, εἰς τὴν Ταρσὸν ὁ Φλωριανὸς ἀφικόμενος αὐτῇ
στρατοπεδεύειν ἐγνώκει, τὴν κατὰ τῶν ἐν τῷ Βοσπόρῳ Σκυ-
θῶν νίκην ἡμιτελῆ καταλελοιπώς, ταύτῃ τε καὶ τοῖς ἐγκε-
κλεισμένοις ἐνδοὺς ἀδεῶς τὰ οἰκεῖα καταλαβεῖν. τρίβοντος
δὲ Πρόβου τὸν πόλεμον οἷα καὶ ἐξ ἐλάττονος πολλῷ δυνά- 10
μεως αὐτὸν ἀναδεξαμένου, κατὰ τὴν Ταρσὸν ἐν τῷ θέρει
γινομένου καύματος, ἀηθήσαντες οἱ Φλωριανῷ συντεταγμένοι
διὰ τὸ ἐκ τῆς Εὐρώπης τὸ πλέον τοῦ στρατεύματος εἶναι,
3 νόσῳ δεινῇ περιπίπτουσιν. ὅπερ μαθὼν ὁ Πρόβος εἰς καιρὸν
ἐπιθέσθαι διέγνω. τῶν δὲ Φλωριανοῦ στρατιωτῶν καὶ παρὰ 15
δύναμιν ἐπεξελθόντων ἐγένοντο μὲν ἀκροβολισμοὶ πρὸ τῆς
πόλεως, ἔργου δὲ οὐδενὸς ἀφηγήσεως ἀξίου πραχθέντος ἀλλ'
ἀποστάντων ἀλλήλων τῶν στρατοπέδων ἐλθόντες μετὰ ταῦτά
τινες τῶν ἅμα Πρόβῳ στρατευομένων παραλύουσι Φλωριανὸν
4 τῆς ἀρχῆς. οὗ γενομένου χρόνον μὲν ἐφυλάχθη τινά, τῶν 20
δὲ περὶ αὐτὸν οὐ κατὰ τὴν Πρόβου προαίρεσιν τοῦτο γεγε-
νῆσθαι λεγόντων, ἀναλαβεῖν τὴν ἁλουργίδα Φλωριανὸς αὖθις
ἠνέσχετο, μέχρις ἐπανελθόντες οἱ τὰ Πρόβῳ σὺν ἀληθείᾳ περὶ
τούτου δοκοῦντα μηνύοντες ἀναιρεθῆναι παρὰ τῶν οἰκείων
Φλωριανὸν πεποιήκασιν. 25

65. Περιστάσης δὲ τῆς βασιλείας εἰς Πρόβον, ἐλαύνων
ἐπὶ τὰ πρόσω προοίμιον ἐποιήσατο τῶν ὑπὲρ τοῦ κοινοῦ πρά-
ξεων ἔργον ἐπαινετόν· παρὰ γὰρ τῶν ἀνελόντων Αὐρηλιανὸν
καὶ ἐπιθεμένων Τακίτῳ δίκην ἔγνω λαβεῖν. ἀλλὰ προφανῶς
μὲν οὐ πράττει τὸ βουλευθὲν δέει τοῦ μή τινα ταραχὴν ἐκ 30

2. κιλικίας V ‖ 3. αλπεις εθνη corr. Vᵃ ex αλπει σθενῇ ‖ 6. 7. αὐτῇ
ἐνστρατοπεδ. vel ⟨ἐν⟩ αὐτῇ στρατ. coni. Steph, ταύτῃ στρ. Bekk. at
cf. Hultsch quaest. Polyb. I p. 19 sq. ‖ 7. 8. σκυθων sine acc. V ‖
8. 9. ἐνκεκλισμένοις V ‖ 9. ἐνδοὺς ἀδεῶς Sylb, ἐνδοῦσα δὲ ὡς V ‖ 10. 11. δύ-
ναμε ὡς V ‖ 12. ἀηθήσοντες (sine acc.) V ‖ 18. στρατοπαίδων V ‖ 20. οὐ
(sine acc.) V ‖ 21. αὐτὸν radendo ex αυτων V ‖ οὐ κατὰ τὴν αὐτοῦ προ-
αίρεσιν verba habet Ioannes Ant. F. H. G. t. IV p. 600 ‖ 25. πεποιή-
κασι ς ‖ 28. ἀνελόντων ex ἀνελθόντων radendo V'

τούτου συμβῆναι, λόχον δὲ στήσας ἀνδρῶν οἷς τοῦτο τεθαρ-
ρηκὼς ἔτυχεν, ἐφ᾿ ἑστίασιν τοὺς φονέας ἐκάλει. τῶν δὲ συν- 2
ελθόντων ἐλπίδι τοῦ βασιλικῇ κοινωνῆσαι τραπέζῃ, πρός τι
τῶν ὑπερῴων ἀναχωρήσας ὁ Πρόβος, ἐξ οὗ τὸ γενησόμενον
ἄποπτον ἦν, σύνθημα τοῖς ἐπιτεταγμένοις τὸ δρᾶμα ἐδίδου.
τῶν δὲ τοῖς συνεληλυθόσιν ἀφράκτοις οὖσιν ἐπιθεμένων,
ἅπαντες πλὴν ἑνὸς κατεσφάττοντο, ὃν μετ᾿ οὐ πολὺ συλ-
λαβόντες ὡς αἴτιον σφίσι κινδύνου γεγονότα παραδεδώκασιν
ζῶντα πυρί.

66. Ταῦτα διαπραξαμένῳ τῷ Πρόβῳ Σατουρνῖνος γένει
Μαυρούσιος, ἐπιτήδειος ὢν ἐς τὰ μάλιστα τῷ βασιλεῖ διὰ
τοῦτό τε καὶ τὴν Συρίας ἀρχὴν ἐπιτετραμμένος, τῆς βασιλέως
ἀποστὰς πίστεως εἰς ἐπαναστάσεως ἔννοιαν ἦλθεν· ὅπερ ἀκού-
σαντι τῷ Πρόβῳ καὶ διανοουμένῳ τὸ ἐγχείρημα μετελθεῖν,
ἔφθησαν οἱ κατὰ τὴν ἑῴαν στρατιῶται συγκατασβέσαντες τῇ
τυραννίδι τὸν ἄνθρωπον. ἔπαυσεν δὲ καὶ ἄλλην ἐπανάστασιν, 2
ἐν τῇ Βρεττανίᾳ μελετηθεῖσαν, διὰ Βικτωρίνου Μαυρουσίου
τὸ γένος, ᾧπερ πεισθεὶς ἔτυχεν τὸν ἐπαναστάντα τῆς Βρετ-
τανίας ἄρχοντα προστησάμενος. καλέσας γὰρ τὸν Βικτωρῖνον
πρὸς ἑαυτὸν καὶ ἐπὶ τῇ συμβουλῇ μεμψάμενος τὸ πταῖσμα
ἐπανορθώσοντα πέμπει· ὃ δὲ ἐπὶ τὴν Βρεττανίαν εὐθὺς ἐξ-
ορμήσας περινοίᾳ οὐκ ἄφρονι τὸν τύραννον ἀναιρεῖ.

2. φον//εας ('inter scribendum cras. o ut vid.' Mau) V ‖ 3. ἐλπίδι
ex ἐλπίδει radendo V ‖ βασιλειχῆι V ‖ τι ex τη radendo V ‖ 5. ἐπιτε-
ταγμένοις] ἐπιτετραμμένοις conieci hic et III, 24, 1, cum scriptor ἐπι-
τάττειν cum verbo iungere soleat, cum substantivo ἐπιτρέπειν (II, 43, 4
inde a Stephano ἐπιτετραμμένου legitur) ‖ 7. ἅπαντες V, ἅπαντας ς ‖
κατεσφάττοντο (hoc acc.) V, κατέσφαξαν ς ‖ μεθ᾿ οὐ V ‖ 7. 8. συλλαβόντες
scripsi, συλλαβὼν Vς ‖ 8. παραδεδώκασιν V, παραδέδωκε ς ‖ 9. πυρί V,
τῷ πυρί ς ‖ 10. Σατουρνῖνος—22. ἀναιρεῖ excerpsit Ioannes Antiochenus
F. H. G. t. IV p. 600, 158 ‖ 10. γένει V, τῷ γένει Io. ‖ 11. μαυρούσιος
ὢν ἐς τὰ μάλιστα τῷ βασιλεῖ προσφιλῆς (sic) Io. ‖ 12. τὴν V, τὴν τῆς
Io. ‖ ἐπιτραμένος Io. ‖ 13. ἀποστὰς ς Ioannes, ἀπο τὰς V ‖ 14. ἐγχείρημα
V ‖ 15. συγκατασβέσαντες, non συγκαταβήσαντες, etiam Io. ‖ 16. ἔπαυσε
δὲ Ioannes, ἔπαυσεν V, ἔπαυσε ς ‖ 17. μελετηθεῖσαν] cf. Zonar. t. III
p. 155, 5: ἀποστασίαν διεμελέτησεν, eodem ex fonte Graeco ‖ 18. ὅπερ
Io. ‖ ἔτυχεν V, ἔτυχε ς Io. ‖ 18. 19. βρεττανίας ς Io., βριττανίας V ‖
19. γὰρ V, δὲ Io. ‖ 20. συμβολῇ Io. ‖ 21. βρεττανίαν ς Io., βριττανίαν V ‖
22. περινοίᾳ οὐκ ἄφρονι] eam narrat Zonaras l. d. ‖ τύραννος V

67. Ταῦτα διαθεὶς τὸν εἰρημένον μοι τρόπον καὶ κατὰ
βαρβάρων μεγίστας ἀνεδήσατο νίκας, δύο πολέμους ἀγωνι-
σάμενος καὶ τῷ μὲν αὐτὸς παραγεγονώς, τῷ δὲ ἑτέρῳ στρα-
τηγὸν προστησάμενος. ἐπεὶ δὲ ταῖς ἐν Γερμανίᾳ πόλεσιν
ἐνοχλουμέναις ἐκ τῶν περὶ τὸν Ῥῆνον βαρβάρων ἠναγκάζετο 5
βοηθεῖν, αὐτὸς μὲν ὡς ἐπὶ τὸν Ῥῆνον ἤλαυνεν, ἐνισταμένου
δὲ τοῦ πολέμου καὶ λιμοῦ πᾶσι τοῖς αὐτόθι τόποις ἐνσκή-
ψαντος ἄπλετος ὄμβρος καταρραγεὶς συγκατήγαγε ταῖς ψακάσι
καὶ σῖτον, ὥστε καὶ σωροὺς αὐτομάτως ἐν τόποις τισὶ συν-
τεθῆναι. πάντων δὲ τῷ παραδόξῳ καταπλαγέντων, τὴν μὲν 10
ἀρχὴν ἅψασθαι καὶ τούτῳ θεραπεῦσαι τὸν λιμὸν οὐκ ἐθάρ-
ρουν, ἐπεὶ δὲ παντὸς δέους ἡ ἀνάγκη καρτερωτέρα, πέψαντες
ἄρτους καὶ μεταλαβόντες ἅμα καὶ τὸν λιμὸν ἀπεσείσαντο καὶ
τοῦ πολέμου ῥᾷστα τῇ τοῦ βασιλέως περιγεγόνασι τύχῃ.

Κατώρθωσεν δὲ καὶ ἄλλους πολέμους οὐ σὺν πόνῳ πολλῷ, 15
μάχας δὲ καρτερὰς ἠγωνίσατο πρότερον μὲν πρὸς Λογγίωνας,
ἔθνος Γερμανικόν, οὓς καταγωνισάμενος καὶ Σέμνωνα ζω-
γρήσας ἅμα τῷ παιδί, τὸν τούτων ἡγούμενον, ἱκέτας ἐδέξατο,

---

1. διαθεὶς V, δὲ διαθεὶς ς ‖ 1. 2. καὶ κατὰ βαρβάρων] quae secuntur
summae obscuritatis plena sunt propter incredibilem scriptoris negle-
gentiam. admodum tamen probabiliter Mommsen censet ea quae
p. 48, 2—14 narrantur non esse diversa ab eis quae p. 48, 15 sq. de
ἄλλοις πολέμοις referuntur, ita ut scriptor postquam caput rei, mira-
culum, copiose exposuerit, denuo accedat ad eadem bella paulo uberius
tractanda ‖ 2. μεγίστας addidi ex V ‖ 3. τῷ δὲ ἑτέρῳ] τοῦ δὲ ἑτέρου
conieci coll. I, 19, 2; IV, 45, 1 (V, 6, 1 item corruptela latet) ‖ 6. ἐν-
ισταμένου corruptum puto. sententia postulat non 'occepto bello' —
ita Leunclavius — sed 'cum bellum duceretur', sicuti Zon. t. III
p. 155, 16 eodem ex fonte habet τοῦ πολέμου πλείονα χρόνον ἐπικρα-
τήσαντος. conieci χρονιζομένου (aliquando ἱσταμένου volui: 'cum bel-
lum anceps staret', sed exempla deesse videntur) ‖ 8. καταρραγεὶς]
λάβρος λέγεται καταρραγῆναι ὄμβρος Zon. ‖ συγκατήγαγε V ‖ ψακασι
(sine acc.) V, ψεκάσι ς ‖ 9. αὐτομάτος, ω a m 2, V ‖ 14. περιγεγονασι (sine
acc.), ult. ι corr. ex ει m. 1, V ‖ 15. κατόρθωσεν (sic) V, κατώρθωσε
ς ‖ 16. δὲ] τε conieci ‖ ἠγωνισατο (sine acc.), ω ex ο m 2, V ‖ λογγίωνας
V, λογίωνας ς. de nominis ratione v. Zeuss p. 124, qui p. 443 in
Dacia eorum sedes illa aetate collocat Probique hoc bellum ad Danu-
bium inferiorem gestum putat. contra in Palatinatu superiore Ligios
collocat Wietersheim I² p. 244. atque περὶ τὸν Ῥῆνον h. e. in Ger-
mania haec omnia gesta esse dicit Zos. p. 49, 23

καὶ τοὺς αἰχμαλώτους καὶ τὴν λείαν πᾶσαν, ἣν εἶχον, ἀνα-
λαβὼν ἐπὶ ῥηταῖς ὁμολογίαις ἠφίει, καὶ αὐτὸν Σέμνωνα μετὰ
τοῦ παιδὸς ἀπέδωκε. (68) καὶ δευτέρα γέγονεν αὐτῷ μάχη
πρὸς Φράγκους, οὓς διὰ τῶν στρατηγῶν κατὰ κράτος νενικη-
κὼς αὐτὸς Βουργούνδοις καὶ Βανδίλοις ἐμάχετο. πλήθεσι δὲ
τὴν οἰκείαν δύναμιν ἐλαττουμένην ὁρῶν, μερίδα τινὰ παρα-
σπάσασθαι τῶν πολεμίων διενοεῖτο καὶ ταύτῃ διαμάχεσθαι.
καί πως συνέδραμεν τῇ γνώμῃ τοῦ βασιλέως ἡ τύχη. τῶν 2
γὰρ στρατοπέδων ὄντων παρ' ἑκάτερα ποταμοῦ αιγνος, εἰς
μάχην τοὺς πέραν βαρβάρους οἱ Ῥωμαῖοι προεκαλοῦντο· οἱ
δὲ ἐπὶ τούτῳ παροξυνθέντες, ὅσοι περ οἷοί τε ἦσαν, ἐπεραι-
οῦντο. καὶ συμπεσόντων σφίσι τῶν στρατοπέδων οἱ μὲν ἀπ-
εσφάττοντο τῶν βαρβάρων, οἱ δὲ καὶ ζῶντες ὑπὸ τοὺς Ῥω-
μαίους γεγόνασιν. τῶν δὲ λειπομένων σπονδὰς αἰτησάντων 3
ἐφ' ᾧτε καὶ τὴν λείαν καὶ τοὺς αἰχμαλώτους, οὓς ἔτυχον
ἔχοντες, ἀποδοῦναι, τυχόντες τῆς αἰτήσεως οὐ πάντα ἀπέδο-
σαν. πρὸς ὃ βασιλεὺς ἀγανακτήσας ἀναχωροῦσιν αὐτοῖς ἐπι-
θέμενος ἀξίαν ἐπέθηκεν δίκην, αὐτούς τε ἀποσφάξας καὶ τὸν
ἡγούμενον Ἰγίλλον ζωγρίαν ἑλών. ὅσους δὲ ζῶντας οἷός τε
γέγονεν ἑλεῖν, εἰς Βρεττανίαν παρέπεμψεν. οἳ τὴν νῆσον
οἰκήσαντες ἐπαναστάντος μετὰ ταῦτά τινος γεγόνασι βασιλεῖ
χρήσιμοι.

69. Τούτων οὕτω περὶ τὸν Ῥῆνον αὐτῷ διαπολεμη-
θέντων, ἄξιον μηδὲ τὰ κατ' ἐκεῖνον τὸν χρόνον Ἰσαύροις
πραχθέντα παραδραμεῖν. Λύδιος τὸ γένος Ἴσαυρος, ἐντεθραμ-
μένος τῇ συνήθει λῃστείᾳ, στῖφος ὅμοιον ἑαυτῷ περιποιησά-

5. βουργόνδοις καὶ βανδείλοις V. tenui ς ‖ ἐμάχετο. πλήθεσι δὲ
Steph, ἐμάχετο πλῆθος ὁ δὲ V ‖ 8. συνέδραμε ς ‖ 9. στρατοπαίδων V ‖
ποταμοῦ αιγνος (sine acc. et spir.) V, ποταμοῦ.... ς. Liccam ('Lech'
fl.), quae Ptol. II, 12, 1. 3 Λικίας dicitur, coll. v. Probi 16, 1 ('Retias
sic pacatas reliquit, ut illic ne suspicionem quidem ullius terroris re-
linqueret') subesse et Λίγνος fortasse scribendum putat Mommsen ‖
12. συμπεσόντων V ‖ στρατοπαίδων (hoc acc.) V ‖ 14. γεγόνασι ς ‖
16. 17. ἀπέδωσαν V ‖ 17. 'concinnius πρὸς ὃ ἀγαν. ὁ βασιλεὺς' Sylb.
immo hiatus ista ratione infertur ‖ 18. ἐπέθηκε ς ‖ αὐτούς Steph, αὐτοῦ
V ‖ 19. ἰγιλλον (sine acc.) V, Ἰγίλλον Steph ‖ ζώγρι ἀνελών (sic) V,
ζωγρίᾳ ἑλών ς ‖ οἷός τε ς, οιον τε (sine acc. et spir.) V ‖ 20. βρεττανίαν
ς, βριττανίαν V ‖ 23. περὶ τὸν Ῥῆνον] offendit ex sua de his bellis
opinione Ζω... . .. .ετά V
Zosimu:

μενος τὴν Παμφυλίαν ἅπασαν καὶ Λυκίαν ἐπῄει· συνελθόντων
δὲ στρατιωτῶν ἐπὶ τῇ τῶν λῃστῶν καταλήψει, πρὸς Ῥωμαϊκὸν
στρατόπεδον οὐχ οἷός τε ὢν ἀντιτάττεσθαι Κρῆμναν κατελάμ-
βανε, πόλιν οὖσαν Λυκίας, ἐν ἀποκρήμνῳ τε κειμένην καὶ
κατὰ μέρος χαράδραις βαθυτάταις ὠχυρωμένην, ἐν ταύτῃ πολ-   5
2 λοὺς ὡς ἐν ἀσφαλεῖ καὶ τειχήρει καταφυγόντας εὑρών. ἐπεὶ
δὲ τοὺς Ῥωμαίους εἶδεν ἐγκειμένους τῇ πολιορκίᾳ καὶ τὴν ἐν
ταύτῃ τριβὴν γενναίως ὑφισταμένους, τὰ οἰκοδομήματα καθ-
ελὼν ἀρόσιμον ἐποίει τὴν γῆν, σπείρων τε σῖτον παρεσκεύαζε
τοῖς ἐν τῇ πόλει δαπάνην. ὁρῶν δὲ τὸ πλῆθος πολλῆς δεό-   10
μενον χορηγίας, τὴν ἄχρηστον ἡλικίαν, ἄρρενά τε καὶ θήλεα,
ᾔφίει τῆς πόλεως ἐκβαλών· ἐπεὶ δὲ οἱ πολέμιοι τὸ Λυδίου
βούλευμα προϊδόμενοι τοὺς ἐκβληθέντας αὖθις ἐπὶ τὴν πόλιν
ἰέναι συνήλαυνον, ἐμβαλὼν εἰς τὰς περὶ τὴν πόλιν χαράδρας
3 διέφθειρεν. ὄρυγμα δέ τι, χρῆμα θαυμάσιον, ἀπὸ τῆς πόλεως   15
ἐπὶ τὰ ἐκτὸς διορύξας καὶ μέχρι τῶν ἐπέκεινα τοῦ πολεμίου
στρατοπέδου τόπων ἐκτείνας, ἐξέπεμπεν διὰ τούτου τινὰς ἐκ
τῆς πόλεως ἐφ᾽ ἁρπαγῇ θρεμμάτων καὶ ἄλλης τροφῆς· ἐκ
τούτου τε χορηγεῖν ἐν μέρει τοῖς πολιορκουμένοις εὐπόρει,
μέχρις οἱ πολέμιοι τοῦτο γυναικὸς αὐτοῖς μηνυσάσης ἐξεῦρον.   20
4 ἀλλ᾽ οὐδὲ οὕτως ἀπεῖπεν ὁ Λύδιος, ἀλλ᾽ οἶνον μὲν κατὰ
βραχὺ τοὺς αὐτῷ συνόντας ἀπέστησεν καὶ σῖτον ἐμέτρει τοῦ
συνήθους ἐλάττονα, τῶν δὲ σιτίων καὶ οὕτως ἐπιλιπόντων
εἰς ἀνάγκην κατέστη τοῦ πάντας ἀπολέσαι ἐν τῇ πόλει πλὴν
ὀλίγων ἀνδρῶν αὐτῷ τε ἐπιτηδείων καὶ πρὸς φυλακὴν ἀρκεῖν   25
δοκούντων. κατέσχεν δὲ καὶ γυναῖκας, ἃς ἐπὶ τῇ τῆς φύσεως

---

3. στρατόπαιδον V ‖ οὐκ οιος (sine acc. et spir.) V ‖ Κρῆμναν
scripsi, κρίμναν V, Κρήμναν Sylb ‖ 4. Λυκίας] immo Pisidiae. pertine-
bat tamen — ut videtur inde a Vespasiano (Ramsay) — ad Lyciam-
Pamphyliam provinciam ‖ 5. κατὰ μέρος ς, κατὰ το (sine acc.) μέρος V.
fort. κατὰ πᾶν μ. scribendum ‖ 6. καὶ τειχήρει ⟨χωρίῳ⟩ conieci coll. I,
33, 3. nisi forte hoc ipsum χωρίῳ in καὶ τειχήρει deformatum est ‖
ἐπεὶ V², ἐπὶ V¹ ‖ 9. ἐποίει V, ἐποίησε ς ‖ 11. ἡλικείαν V ‖ θήλεα] cf.
Nauck Mél. Gr.-Rom. t. II p. 189, 5 ‖ 12. ἐπεὶ V², ἐπὶ V¹ ‖ 17. στρα-
τοπαίδου (sic) V ‖ ἐξέπεμπε ς ‖ διὰ τούτου Steph, δια τουτο V ‖ 19. χο-
ρηγεῖν ἐν scripsi, χωρηγείαν ἐν V, χορηγία ἐν ς ‖ 22. ἀπέστησε ς ‖ ἐμέ-
τρει V², ἐμέτρι V¹ ‖ 23. σιτιῶν V ‖ ἐπιλειπόντων V, ἐκλιπόντων apo-
grapha ‖ 25. ὀλίγων V, om. ς ‖ 25. 26. ἀρκεῖν δοκούντων ς, ἀρκοῦντων
δοκεῖν (sic) V ‖ 26. κατέσχε ς ‖ καὶ V, καὶ τὰς ς

ἀναγκαίᾳ χρείᾳ κοινὰς εἶναι πεποίηκεν ἅπασιν. (70) ἐπεὶ
δὲ πρὸς πάντα κίνδυνον ἐγνώκει διαπαλαῖσαι, συμβαίνει τι
μετὰ πάντα ταῦτα τοιοῦτον. συνῆν τις ἀνὴρ αὐτῷ μηχανάς
τε κατασκευάζειν εἰδὼς καὶ ἐκ μηχανῶν εὐστόχως ἀφιέναι βέλη
5 δυνάμενος, ὥστε ὁσάκις ἐνεκελεύσατο ὁ Λύδιος αὐτῷ κατά
τινος τῶν πολεμίων ἀφιέναι βέλος, μὴ διαμαρτεῖν τοῦ σκο-
ποῦ. τούτῳ τοίνυν ἐπιτάξας τρῶσαί τινα τῶν ἐναντίων, 2
ἐπειδὴ διήμαρτε βέλος ἐκπέμψας ἢ ἐκ τύχης ἢ ἐκ προνοίας,
γυμνώσας τῆς ἐσθῆτος ἐσχάτως ἐμαστίγωσεν, προσαπειλήσας
10 καὶ θάνατον. ὃ δὲ καὶ ἐπὶ ταῖς βασάνοις ἀγανακτῶν καὶ ἐπὶ
ταῖς ἀπειλαῖς δεδιὼς καιροῦ δοθέντος ὑπεξάγει τῆς πόλεως
ἑαυτόν· ἐντυχὼν δὲ τοῖς ἀπὸ τοῦ στρατοπέδου, καὶ ὅσα πέ- 3
πραχέν τε καὶ ἔπαθεν πρὸς τούτους ἐκφήνας, ἐπέδειξεν οὖσαν
ἐν τῷ τείχει θυρίδα δι' ἧς εἰώθει Λύδιος κατασκοπεῖν τὰ ἐν
15 τῷ στρατοπέδῳ γινόμενα, ταύτης τε προκύπτοντα κατὰ τὸ
σύνηθες ὑπισχνεῖτο τοξεύειν. ἀποδεξαμένου δὲ αὐτὸν ἐπὶ 4
τούτῳ τοῦ τῆς στρατείας ἡγουμένου, στήσας μηχανήν, προ-
στησάμενός τε τοὺς αὐτὸν ἀποκρύπτοντας ὡς ἂν μὴ παρὰ
τῶν ἐναντίων ὁρῷτο, προκύπτοντα τῆς ὀπῆς τὸν Λύδιον θεα-
20 σάμενος καὶ τὸ βέλος ἀφεὶς πλήττει καιρίαν. ὃ δὲ πράξας 5
καὶ μετὰ τὴν πληγὴν εἴς τινας τῶν συνόντων αὐτῷ τὰ ἀνή-
κεστα, καὶ τοῖς λελειμμένοις ὅρκους ἐπαγαγὼν περὶ τοῦ μὴ
ἐνδοῦναι τῇ πολιορκίᾳ καθάπαξ, μόλις ἐξέλιπεν. οἱ δὲ κατὰ
τὴν πόλιν οὐκ ἐνεγκόντες ἔτι τὴν πολιορκίαν ἐξέδοσαν ἑαυ-
25 τοὺς τῷ στρατοπέδῳ, καὶ τούτῳ τῷ τρόπῳ τὸ λῃστικὸν τέλος
ἐδέξατο.

71.   Τῆς δὲ κατὰ Θηβαΐδα Πτολεμαΐδος ἀποστάσης βα-

---

1. πεποίηκεν ἅπασιν scripsi, πεποιηκέναι πᾶσιν V, πεποίηκε πᾶσιν
ς ‖ 2. διὰ παλέσαι V ‖ 4. μηχάνων V ‖ εὐστοχόσα ut vid. V¹, εὐστόχόσ‖‖
V². ceterum huc rettulit Boissonade p. 489 Eunapii fr. 3   quamquam
etiam ex alia historiae parte desumptum esse potest ‖ ἀφειέναι V ‖
5. ἐνεκελεύσατο, ε a m. 2, V ‖ 9. ἐμαστίγωσεν, ι radendo ex η, V, ἐμαστί-
γωσε ς ‖ 12. στρατοπαίδου V ‖ 12. 13. πέπραχε et ἔπαθε ς ‖ 14. κατα-
σκοπεῖν (sic) V², -ὴν V¹ ‖ 15. στρατοπαίδῳ V ‖ 19. προκύπτοντα, υ in
ras. m. 1, V ‖ 20. ἀφεὶς Bekk, αφιεις (sine acc. et spir.) V ‖ 21. τινας
radendo ex τηνας V ‖ 22. λελιμμένοις V ‖ 23. ἐξέλιπεν ς, ἐξέλειπεν (sine
acc.) V ‖ 24. ἔτι Sylb, επι (sine acc.) V ‖ 25. στρατοπαίδῳ V ‖ 27. απο-
στάσης, η ος . m 1 V

σιλέως, πόλεμον δὲ πρὸς Κοπτίτας ἐπὶ χρόνον βραχὺν ἀρα
μένης, αὐτήν τε καὶ τοὺς συμμαχήσαντας αὐτῇ Βλέμμυας
παρεστήσατο Πρόβος διὰ τῶν τότε στρατηγησάντων. Βαστέρ
νας δέ, Σκυθικὸν ἔθνος, ὑποπεσόντας αὐτῷ προσέμενος κατ
ῴκισε Θρακίοις χωρίοις· καὶ διετέλεσαν τοῖς Ῥωμαίων βιο 5
2 τεύοντες νόμοις. καὶ Φράγκων τῷ βασιλεῖ προσελθόντων καὶ
τυχόντων οἰκήσεως μοῖρά τις ἀποστᾶσα, πλοίων εὐπορήσασα,
τὴν Ἑλλάδα συνετάραξεν ἅπασαν, καὶ Σικελίᾳ προσσχοῦσα
καὶ τῇ Συρακοσίων προσμίξασα πολὺν κατὰ ταύτην εἰργάσατο
φόνον. ἤδη δὲ καὶ Λιβύῃ προσορμισθεῖσα, καὶ ἀποκρουσθεῖσα 10
δυνάμεως ἐκ Καρχηδόνος ἐπενεχθείσης, οἷά τε γέγονεν ἀπα
θὴς ἐπανελθεῖν οἴκαδε.

3   Πρόβου δὲ βασιλεύοντος καὶ τόδε συνέβη. τῶν μονο
μάχων ἐς ὀγδοήκοντα συστάντες, διαχρησάμενοι τοὺς φυλάτ
τοντας, εἶτα τῆς πόλεως ἐξελάσαντες τὰ ἐν ποσὶν ἐλήζοντο, 15
πολλῶν, οἷα συμβαίνειν φιλεῖ, συναναμιχθέντων αὐτοῖς. ἀλλὰ
καὶ τούτους βασιλεὺς δύναμιν ἐκπέμψας ἐξέτριψεν.

4   Ταῦτα διαπραξαμένῳ τῷ Πρόβῳ, καλῶς τε καὶ δικαίως
οἰκονομήσαντι τὴν ἀρχήν, ἐπανάστασις ἐκ τῆς ἑσπέρας ἀγγέλ
λεται, τῶν ἐν Ῥαιτίᾳ καὶ Νωρικῷ δυνάμεων Κάρῳ περιθέν 20
5 των τὴν ἁλουργίδα. τοῦ δὲ δύναμιν ἐναντιωσομένην αὐτῷ
στείλαντος, οἱ μὲν πεμφθέντες πρὸς Κάρον μετέστησαν, αὐτῷ

1. δὲ] τε Leunclavius ‖ πρὸς Κοπτίτας (sive Κοπτείτας) cum Casaubono (ad v. Probi 17) scripsi, προσκόπτει τὰς V, προκόπτοντα ς.
sec. vitam Probi 17 Coptus a Blemmyis capta erat ‖ 2. συμμαχῆσαν^{σαν}
σαν a m. 2, V ‖ Βλεμμύας Vς ‖ 3. τότε] ταύτῃ conieci ‖ 3. 4. βαστερνας
(sine acc.) V, Βαστάρνας Reitemeier. cf. Zeuss p. 127, 2 ‖ 4. προσέμενος
apographa, προέμενος V, προσιέμενος Steph ‖ 4. 5. κατώκισε V, corr. ς ‖
8. προσχοῦσα V ‖ 9. συρακοσιων (sine acc.) V, Συρακουσίων ς ‖ προσ
μίξασα, ι ex η radendo, V ‖ 11. δύναμε ὡς V ‖ ἐν καλχηδόνος V¹, ἐν
καρχηδόνος V² ‖ 11. 12. ἀπαθὴς, η in ras. m. 1, V ‖ 14. σύνστάντες V ‖
15. εἶτα scripsi, εἴτα V, εἰς τὰ ς, quod servans ἔξω ἐλάσαντες coni.
Bekk, hiatum inferens. cf. V, 31, 6: τῆς Βονωνίας ἐξήλαυνε ‖ 17. ἐξέ
τριψε ς ‖ 18. διαπραξαμένῳ] excerpsit Ioannes Antiochenus F. H. G.
t. IV p. 600, 160 ‖ 18. 19. διαπραξαμένου et οἰκονομήσαντος Ioannes
πολλὰ πάνυ σωφρόνως οἰκονομήσας Iulian. p. 403, 19 Hertl. ‖ 19. in
ἀρχήν desinit V. adscripsit m. 2 (s. XV): ἐνταῦθα λεί^{π λλ} φυ ὀκτὼ ἢ τὸ
Δ^{or} τετραδύο. proxima adieci ex Ioanne ‖ 21. ἁλουργίδα Io. ‖ 22. p. 53, 1.
αὐτῷ δ᾽ ἐπιστάντες scripsi de C. Mülleri coniectura, αὐτοὶ δ᾽ ἐπὶ

δ' ἐπιστάντες ἐρήμῳ βοηθείας τῷ Πρόβῳ κωλύοντος οὐδενὸς
διεχρήσαντο, βασιλεύσαντα ἐνιαυτοὺς ἓξ μῆνας δ'.

72. Ὅτι Καρῖνος ὁ τοῦ Κάρου υἱὸς βασιλεύσας πρᾶγμα
μὲν εἰς κοινὸν ὄφελος φέρον οὐδὲν εἰργάσατο, τρυφῇ δὲ καὶ
ἐκδεδιῃτημένῳ βίῳ τὰ καθ' ἑαυτὸν ἐκδοὺς παρανάλωμα τῆς
τρυφῆς ἐποιεῖτο φόνους οὐδὲν ἠδικηκότων ἀνθρώπων, κατά
τι προσκεκρουκέναι νομισθέντων αὐτῷ. βαρυνομένων δὲ πάν-
των ἐπὶ τῇ πικρᾷ τυραννίδι συναναμιχθείσῃ νεότητι καὶ πάντα
ἐκμελῶς καὶ δίχα λογισμοῦ πράττοντος . . . . .

73. Ὅτι Καρίνου βασιλεύσαντος τοῦ υἱοῦ Κάρου καὶ
πάντα ἐκμελῶς καὶ λογισμοῦ δίχα πράττοντος, ἀγγελθείσης
τοῖς ἐν Ἰταλίᾳ τῆς Νουμεριανοῦ τελευτῆς, ἐπὶ τῇ Καρίνου
περὶ πάντα ἐκμελείᾳ καὶ ὠμότητι δυσχεράναντες οἱ τῶν ἐκεῖσε
στρατοπέδων ἡγούμενοι Σαβίνῳ Ἰουλιανῷ τὴν ὕπαρχον ἀρχὴν

πάντας cum codice (qui ἐπὶ) Cramer (An. Par. t. II p. 60) ‖ 2. tem-
poris notationem aliunde (fortasse ex Eusebio) adscitam esse ar-
bitror.

    3 sq. servarunt ex Ioanne Antiocheno exc. de virt. p. 834 Val.
(cf. Wollenberg progr. gymn. Berol. Gall. a. 1860 p. 19), unde trans-
ierunt in Suidam v. Καρῖνος et ex parte v. παρανάλωμα. ex Zosimo
hoc et proximum fragmentum desumpta esse primus vidit C. Müller
F. H. G. t. IV p. 600, nec in tanta sermonis similitudine ea origo
dubia esse potest. Eunapii fragmentum ad has ipsas res pertinens v.
apud Boissonadium p. 491 sive F. H. G. t. IV p. 14 ‖ 4. φέρων cod.
Peir. et Suidae libri. ceterum cf. Zos. IV, 20, 6: ὅσα πρὸς κοινὸν ὄφε-
λος ἔφερον; τὰ φέροντα πρὸς ἀπώλειαν V, 41, 7; τὰ πρὸς κοινὸν ὄλεθρον
φέροντα V, 6, 5 ‖ 5. τὰ καθ' ἑαυτὸν] cf. Zos. I, 6, 3; IV, 47, 1 ‖ ἐκδοὺς
scripsi, παραδοὺς cod. Peir. et Suid. cf. Zos. I, 6, 3; II, 32, 1; 34, 2;
III, 11, 4; V, 16, 5. mendum ex proximi vocabuli initio ortum est ‖
παρανάλωμα] cf. IV, 8, 5. παρανηλίσκοντό τινες τῶν εὐδαιμόνων Eunap.
l. d. ‖ 6. τοὺς φόνους Suid. v. παρανάλωμα ‖ 8. καὶ — 9. πράττοντος (πρατ-
τούσης contra codicem Valesius) redeunt in proximi fragmenti initio
continua igitur est narratio. probabile est intercidisse verba ζήτει ἐν
τῷ περὶ ἐπιβουλῶν (περὶ ἀρετῆς καὶ κακίας errore Müller) ‖ 10. Ioannes
Antiochenus ap. Cramerum A. P. t. II p. 60, sive F. H. G. t. IV p. 601,
163 ‖ 14. σαβινίῳ h. l. Io. ‖ τὴν ὕπαρχον ἀρχὴν (τὴν τῶν ὑπάρχων ἀρχὴν
ipse posuisset Zosimus, v. V, 44, 2) verba ambigua sunt. pr. pr. fuisse
Sabinus non potest: novimus enim duos Carini, Matronianum (v. Ca-
rini 16, 5) et Aristobulum (Vict. Caes. 39, 14), constatque perraro sub
principibus tres fuisse (v. Mommsen Staatsr. t. II² p. 831 sq.). accedit
quod illa aetate praefecti praetorio certam aliquam terram non rege-

ἔχοντι βασιλικὴν στολὴν περιθέντες μάχεσθαι σὺν αὐτῷ δι-
2 ενοοῦντο Καρίνῳ. Καρῖνος δὲ γνοὺς τὴν ἐπανάστασιν ἐπὶ
τὴν Ἰταλίαν ἐστέλλετο. τότε δὴ τῶν στρατιωτῶν συμφρονῆσαι
σφίσιν τοὺς ἀπὸ Περσῶν ἐπανελθόντας ἀναπεισάντων, Διο-
κλητιανὸν ἤδη κατὰ τὴν Νικομήδειαν τὴν ἀλουργίδα περι- 5
3 θέμενον ἄγουσι κατὰ τὴν Ἰταλίαν. ἔτι δὲ ὄντος αὐτοῦ κατὰ
τὴν ὁδόν, συμβαλὼν ὁ Καρῖνος τοῖς Σαβίνου Ἰουλιανοῦ
στρατιώταις καὶ τρέψας ἐν τῇ μάχῃ τούτους, τῶν σὺν αὐτῷ
τινῶν ἐπελθόντων αἰφνίδιον ἀναιρεῖται, τῶν χιλιάρχων ἑνός,
οὗ τὴν γυναῖκα διαφθείρας ἔτυχεν, ἀνελόντος αὐτόν.   10

. . . . ἐκ τοῦ τὸν μακρότατον ἀνθρώπου βίον τὸ μέσον διάστημα
περιλαμβάνειν ταύτης τῆς ἑορτῆς· σέκουλα γὰρ τὸν αἰῶνα

---

bant, cum tamen Sabinus Victore teste rexerit. itaque nil restat nisi
ut cum Mommseno ponamus eum 'correctorem Italiae' fuisse. qui
magistratus — in quo decessorem Sabinus Rufium Volusianum (C. I. L.
X 1655) habuisse videtur — cum a Diocletiano fuerit abolitus, Victor
Caes. 39, 10 'correctorem Venetiae' Sabinum fecit (v. Mommsen eph.
ep. t. I p. 110), Zosimus vel eius auctor 'praefectum praetorio Italiae'.
unde etiam explicandum videtur quod in Italia electus dicitur inquo
Italiam contra eum castra movet Carinus, p. 54, 2. 3. sane ibi pro ἐπὶ τὴν
Ἰταλίαν Müller coniecit Ἰλλυρίαν (immo Ἰλλυρίδα ex Zosimi consuetu-
dine), at abhorret ea coniectura a tota rerum in hoc fragmento con-
formatione. ceterum admodum omnia ab excerptore breviata sunt,
eique etiam dandum quod in pugna contra Iulianum commissa Cari-
nus a suis interemptus dicitur ‖ 1. βασιληκὴν Io. ‖ 2. κρῖνος Io. ‖ 7. σα-
βίνου, non σαβινοῦ, Io. ‖ 8. τρέψας Müller, στρέψας Io. — — praeterea
Zosimo tribuebat Valesius (ad Amm. XXIII, 5, 2) locum Suidae v.
ἐσχατιά: ὁ Διοκλητιανὸς λόγον ποιούμενος τῶν πραγμάτων ᾠήθη δεῖν
καὶ δυνάμεσιν ἀρκούσαις ἑκάστην ἐσχατιὰν ὀχρῶσαι καὶ φρούρια ποι-
ῆσαι, contra Eunapii potius ea esse putaverunt Reitemeier (ad Zos.
II, 34, 1) aliique. ac dicendi quidem genus Zosimo omnino convenit,
nec ab argumento quicquam obstare videtur ne haec in altero tituli
de virtutibus volumine, ex quo fere Suidas Zosimiana sumpsit, fuerint.
probabilem igitur Valesii opinionem dixerim.

Servavi vulgarem librorum distinctionem, cf. praef. ‖ 11. ad lon-
gam de ludis saecularibus digressionem scriptor ideo adductus esse
videtur, quod a Maximiano (v. Eckhel t. VIII p. 20 sq.) a. u. c. 1057
rursus praeparati erant. ipsam autem narrationem c. 1—6 (praeter

Ῥωμαῖοι καλοῦσιν. συντελεῖ δὲ πρὸς λοιμῶν καὶ φθορῶν καὶ
νόσων ἀκέσεις. ἔσχεν δὲ τὴν ἀρχὴν ἐξ αἰτίας τοιᾶσδε. Οὐα-
λέσιος, ἀφ᾽ οὗ τὸ Οὐαλεριανῶν κατάγεται ῾γένος, ἦν ἐν τῷ
Σαβίνων ἔθνει περιφανής. τούτῳ πρὸ τῆς οἰκίας ἄλσος ἦν
5 ἐκ δένδρων μεγίστων. τούτων πεσόντος κεραυνοῦ καταφλε-
χθέντων ἠπόρει πρὸς τὸ ἐκ τοῦ κεραυνοῦ σημαινόμενον, νό-
σου δὲ τοῖς αὐτοῦ παισὶν ἐνσκηψάσης ὑπὲρ τὴν τῶν ἰατρῶν
τέχνην διὰ τῶν μάντεων ᾔει. τῶν δὲ διὰ τοῦ τρόπου τῆς 2
τοῦ πυρὸς πτώσεως ὅτι θεῶν ἐστὶ μῆνις τεκμηραμένων, εἰκό-
10 τως δι᾽ ἐκθυσιῶν ὁ Οὐαλέσιος τὸ θεῖον ἐξιλεοῦτο· ὤν τε
μετὰ τῆς γυναικὸς ἐν φόβῳ, καὶ τὸν τῶν παίδων θάνατον
ἐλπίζων ὅσον οὐδέπω συμβήσεσθαι, προσπεσὼν τῇ Ἑστίᾳ δύο
τελείας ἀντὶ τῶν παίδων αὐτῇ δώσειν ὑπισχνεῖτο ψυχάς, ἑαυ-
τοῦ τε καὶ τῆς τῶν παίδων μητρός. ἀποβλέπων δὲ εἰς τὸ 3
15 κεραυνόβλητον ἄλσος ἀκούειν φωνῆς ἔδοξεν, ἀπάγειν εἰς Τά-
ραντα ἐγκελευομένης τὰ τέκνα, κἀκεῖσε θερμήναντα τοῦ

---

c. 4, 3 extr.), quam continuam esse apparet, non ad Eunapium — a
cuius levitate seria haec doctrinaeque vetustae plena prorsus abhorrent
— redire arbitror sed ad alium aliquem scriptorem Graecum. quem
Phlegontem, cuius tres fuerunt περὶ τῶν παρὰ Ῥωμαίοις ἑορτῶν libri,
fuisse eo magis conicias, quod oraculum (cap. 6) — ἤδη πρὸ ἡμῶν
παρ᾽ ἑτέρων ἀνενηνεγμένον, quibus verbis aperte indicatur deseri fon-
tem solitum, i. e. Eunapium — re vera refertur a Phlegonte in Lon-
gaevis. nihil autem obstat ne in utroque Phlegontis opere oraculum
extitisse putemus. cum autem eis quae c. 1—4, 3 referuntur aperte
reddatur fons cui annorum 110 cyclus aut ignotus erat aut non pro-
batus, Verrium Flaccum maxime a Phlegonte expressum esse suspicor.
Verrius autem, sicut Valer. Max. II, 4, 5 et Censorinus d. d. n. cap. 17,
ex Varronis rer. hum. l. quinto decimo sua hausisse videtur. Varro
ipse Valerio Antiati in primis usus esse ‖ τὸ μέσον] εἰς τόσον coni.
Heumann, τὸ ὅλον Reitemeier, uterque perperam ‖ 12. σέκουλον coni.
Sylburg, recte opinor ‖ 1. καλοῦσι ς ‖ 2. ἔσχε ς ‖ 2. 3. Οὐαλέσιος Heu-
mann, οναλεσος (sine acc. et spir.) V, οὐάλεσος οὐαλέσιος apographa.
cf. Iordan 'krit. Beitr. z. Gesch. d. lat. Spr.' p. 107 ‖ 3. Οὐαλεριανῶν]
Οὐαλερίων cum Sylburgio scribendum puto ‖ 4. οἰκίας ς, οἰκείας V ‖
6. κεραύνου (sic) καταφλεχθέντων σημαινόμενον V, καταφλ. expunxit
Heumann ‖ 7. τὴν τ῀ V ‖ 9. 10. εἰκό//τως V ‖ 10. ἐξιλεοῦτο διὰ τῶν μαν-
τέων ὤν τε (sic) V, media delevit Heyne ‖ 13. τελιας (sine acc.) V ‖
αὕτη V ‖ ὑπεσχνειτο (sic) V ‖ 15. 16. τάραντα ς, ταρανταν (sine
acc.) V

Τιβέρεως ὕδωρ ἐπὶ τῆς Ἄιδου καὶ Περσεφόνης ἐσχάρας τοῖς
παισὶν δοῦναι πιεῖν. ταῦτα ἀκούσας, τότε δὴ πλέον τὴν τῶν
παίδων σωτηρίαν ἀπήλπισεν· Τάραντά τε γὰρ πόρρω που
τῆς Ἰταλίας εἶναι, καὶ οὐκ ἂν ἐν ταύτῃ τοῦ Τιβέρεως ὕδωρ
φανήσεσθαι. διδόναι δὲ αὐτῷ πονηρὰν ἐλπίδα καὶ τὸ θερ- 5
μῆναι τὸ ὕδωρ ἐπὶ βωμοῦ χθονίων δαιμόνων ἀκοῦσαι. (2)
ἐπὶ τούτοις ἀπορησάντων καὶ τῶν τερατοσκόπων, αὖθις πυ-
θόμενος ἔγνω δεῖν τῷ θεῷ πείθεσθαι, καὶ ἐμβαλὼν πλοίῳ
ποταμίῳ τὰ τέκνα κατήγαγε τὸ πῦρ. ἐκτενόντων δὲ αὐτῶν
ὑπὸ καύματι, τούτῳ προσέπλει τῆς ὄχθης τῷ μέρει καθ᾽ ὃ 10
τὸ τοῦ ποταμοῦ ῥεῖθρον ἠρεμαῖον ἐδόκει. καλύβῃ δὲ ποι-
μένος ἐναυλισθεὶς ἅμα τοῖς παισὶν ἤκουεν κατάγεσθαι δεῖν
ἐν τῷ Τάραντι· ταύτην γὰρ εἶχεν ὁ τόπος προσηγορίαν, τῷ
2 κατὰ τὴν ἄκραν Ἰαπυγίαν ὁμώνυμος ὢν Τάραντι. προσκυνή-
σας οὖν ἐπὶ τῇ συντυχίᾳ τὸ θεῖον ὁ Οὐαλέσιος ἐπὶ τὴν χέρ- 15
σον ὀκεῖλαι τῷ κυβερνήτῃ προσέταττεν, καὶ ἀποβὰς τοῖς ποι-
μέσιν ἐξεῖπεν. ἀρυσάμενος δὲ ἐκ τοῦ Θύμβριδος ὕδωρ, καὶ
τοῦτο θερμήνας ἐπί τινος κατὰ τὸν τόπον ὑπ᾽ αὐτοῦ πεποιη-
3 μένης ἐσχάρας, ἔδωκε πιεῖν τοῖς παισίν. οἳ δὲ ἅμα τῷ πιεῖν
ὕπνου προσγενομένου κατέστησαν ὑγιεῖς. ὄναρ δὲ θεασάμενοι, 20
προσαγαγεῖν ἱερεῖα μέλανα Περσεφόνῃ καὶ Ἄιδῃ καὶ τρεῖς

1. 4. τιβερέως V ‖ 1. αἰδίου V ‖ 2. παισὶ ς ‖ 3. ἀπήλπισε ς ‖ 4. ἐν
ταύτῃ] ἐν suspectavit Bekk. an ἐνταῦθα? ceterum h. l. solo ἂν infini-
tivo futuri temporis adiungit scriptor ‖ 8. τῷ θεῷ] τῷ θείῳ conieci.
φωνὴν ille audierat ‖ ἐμβαλὼν V ‖ 9. κατήγαγε (γα in V eradi coepta)
τὸ πῦρ. ἐκτενόντων] κατήγετο. πυρεττόντων scribendum arbitror. ʽigne
in navigio non suppetente' Val. Max., unde in πῦρ vocabulo recte
iam offendit Reitemeier, male tamen οὐ ante κατήγαγε inserens. ἐκ-
θανόντων pro ἐκτενόντων posuit Sylb. ὑπὸ καύματι est ʽex aestu ‖
11. ηρεμαι/ον, sine spir. et erasa hasta una, V ‖ 11. 12. ποιμένος ς,
ποιούμενος V. ceterum haec narrationis pars a Valerio Maximo dis-
crepat ‖ 12. ἤκουε ς ‖ δεῖν] δὴ coni. Bekk, falso ‖ 13. Τάραντι] de scrip-
tura v. Kempf ad Val. M. ll, 4, 5 et Th. Zielinski ʽquaest. comic.'
(Petrop. et Lips. 1887) p. 94 sq. ‖ προσηγορείαν V ‖ 15. οναλεσος (sine
acc. et spir.) V ‖ ἐπὶ τὴν ⟨ἀντιπέρας⟩ χέρσον conieci ‖ 16. προσέταττεν
V, προσέταττε ς ‖ 16. 17. ποιμέσιν ς, ποιμαῖσιν, ε a m. 2, V (sine acc.).
conieci παισὶν ‖ 17. Θύμβριδος] supra Τιβέρεως. similiter nominum pro-
priorum formas variat Polybius, cf. Büttner-Wobst ann. phil. 1884
p. 112 sq. ‖ 21. ʽut ad Ditis patris et Proserpinae aram ..... furvae
hostiae immolarentur lectisterniaque ac ludi nocturni fierent' Val. M.

ἐπαλλήλους ἄγειν παννυχίδας ᾠδῶν καὶ χορῶν, ἀφηγήσαντο
πρὸς τὸν πατέρα τὸ ὄναρ ὡς ἀνδρὸς μεγάλου καὶ θεοπρεποῦς
ταῦτα ποιεῖν ἐπισκήψαντος ἐπὶ τοῦ κατὰ Τάραντα Ἀρείου
πεδίου, καθ᾽ ὃ καὶ ἀνεῖται τόπος εἰς γυμνάσιον ἵππων. βου- 4
λομένου δὲ τοῦ Οὐαλεσίου βωμὸν αὐτόθι καθιδρῦσαι, καὶ
τῶν λιθοξόων ὀρυττόντων ἐπὶ τούτῳ τὸν τόπον, βωμὸς εὑρέθη
πεποιημένος, ἐν ᾧ γράμματα ἦν ᾽Ἄιδου καὶ Περσεφόνης᾽.
τότε τοίνυν σαφέστερον διδαχθεὶς τὸ πρακτέον, τούτῳ τῷ
βωμῷ τὰ μέλανα προσῆγεν ἱερεῖα καὶ τὰς παννυχίδας ἐν
10 αὐτῷ διετέλει ποιῶν. (3) οὗτος δὲ ὁ βωμὸς καὶ ἡ τῆς ἱερουρ-
γίας κατάστασις ἀρχὴν ἔλαβεν ἐξ αἰτίας τοιᾶσδε. Ῥωμαίοις
καὶ Ἀλβανοῖς πόλεμος ἦν· ὄντων δὲ ἀμφοτέρων ἐν ὅπλοις
ἐπεφάνη τις τερατώδης τὴν ὄψιν, ἠμφιεσμένος δέρματι μέ-
λανι, καὶ βοῶν ὡς Ἅιδης καὶ Περσεφόνη, πρὶν εἰς χεῖρας ἐλ-
15 θεῖν, θυσίαν ὑπὸ γῆν αὐτοῖς ποιῆσαι προσέταξαν. καὶ ταῦτα 2
εἰπὼν ἀφανὴς γίνεται. τότε τοίνυν οἱ Ῥωμαῖοι ταραχθέντες
ἐπὶ τῷ φάσματι καὶ τὸν βωμὸν ὑπὸ γῆς ἵδρυσαν, καὶ τὴν
θυσίαν πεποιηκότες χώματι βάθους εἴκοσι ποδῶν κατεκάλυψαν
τὸν βωμόν, ὡς ἂν πλὴν Ῥωμαίων ἅπασι τοῖς ἄλλοις ἄδηλον
20 εἴη. τοῦτον ὁ Οὐαλέσιος εὑρὼν καὶ τὴν θυσίαν καὶ τὰς παν-
νυχίδας ἐπιτελέσας ἐκλήθη Μάνιος Οὐαλέριος Ταραντῖνος·
τούς τε γὰρ χθονίους θεοὺς μάνης καλοῦσι Ῥωμαῖοι, καὶ τὸ
ὑγιαίνειν βαλῆρε, Ταραντῖνος δὲ ἀπὸ τῆς ἐν τῷ Τάραντι θυσίας.
χρόνοις δὲ ὕστερον λοιμοῦ συμβάντος τῇ πόλει τῷ πρώτῳ 3
25 μετὰ τοὺς βασιλέας ἔτει, Πόπλιος Βαλέριος Ποπλικόλας ἐν
τούτῳ τῷ βωμῷ θύσας Ἅιδῃ καὶ Περσεφόνῃ μέλανα βοῦν

---

3. 4. ἐπὶ τοῦ κατὰ τάραντον αρείου (sine spir.) παιδείου V, ἐπὶ
τοῦ Ἀρείου πεδίου ς. in Vaticani scriptura altius vitium latere arbi-
tror: pars enim campi Martii Tarentum (ἐν ἐσχάτῳ που κείμενον τοῦ
Ἀρείου πεδίου cap. 4, 2), non campus M. pars Tarenti. infra § 3 Ta-
rentum τὸ πυροφόρον πεδίον vocatur. unde ἐπὶ τοῦ κατὰ Τάραντα
πυρίνου (vel πυρίου) πεδίου conieci ‖ 4. καὶ ⟨νῦν⟩ ἀνεῖται conieci ‖
7. αδου (sic) V ‖ 8. πρακταίον V ‖ 9. μελενα (sine acc.) V ‖ τὰς] τρεῖς
conieci. ‘continuis tribus noctibus’ Val. M. ‖ 14. χεῖρας ex χῆρας V¹ ‖
18. εικοσι ex εικοσει radendo V ‖ 19. ἄδηλος coni. Bekk ‖ 23. βαληρε
(sine acc.) V, οὐαλῆρε Bekk ‖ θυσίας ⟨ἐπεκαλεῖτο⟩ conieci ‖ 25. ετει V
corr., ετι V¹ ‖ ποπλειυς βαλεριος ποβλικολας V (sic). Οὐαλέριος hic et
p. 58, 2 Bekk

καὶ δάμαλιν μέλαιναν ἠλευθέρωσε τῆς νόσου τὴν πόλιν, ἐπι-
γράψας τῷ βωμῷ ταῦτα. 'Πόπλιος Βαλέριος Ποπλικόλας τὸ
πυροφόρον πεδίον "Αιδῃ καὶ Περσεφόνῃ καθιέρωσα καὶ θεω-
ρίας ἤγαγον "Αιδῃ καὶ Περσεφόνῃ ὑπὲρ τῆς 'Ρωμαίων ἐλευ-
θερίας.' (4) μετὰ δὲ ταῦτα νόσων καὶ πολέμων ἐνσκηψάντων   5
ἔτει μετὰ τὸν τῆς πόλεως οἰκισμὸν πεντακοσιοστῷ δευτέρῳ,
λύσιν εὑρεῖν ἡ γερουσία τῶν κακῶν ἐκ τῶν Σιβύλλης βουλο-
μένη χρησμῶν, τοῖς εἰς τοῦτο τεταγμένοις ἀνδράσιν δέκα
τοὺς χρησμοὺς ἀνερευνῆσαι παρεκελεύσατο. τῶν δὲ λογίων
παυθήσεσθαι τὸ κακόν, εἰ θύσαιεν "Αιδῃ καὶ Περσεφόνῃ, προ-   10
αγορευσάντων, ἀναζητήσαντες τὸν τόπον "Αιδῃ καὶ Περσεφόνῃ
κατὰ τὸ προσταχθὲν καθήγισαν, ... Μάρκου Ποπιλίου τὸ
τέταρτον ὑπατεύοντος. καὶ τῆς ἱερουργίας συντελεσθείσης
τῶν ἐπικειμένων ἀπαλλαγέντες τὸν βωμὸν αὖθις ἐκάλυψαν,
ἐν ἐσχάτῳ που κείμενον τοῦ 'Αρείου πεδίου. ταύτης ἐπὶ χρό-   15
νον τῆς θυσίας ἀμεληθείσης, αὖθίς τινων συμπεσόντων ἀπο-
θυμίων ἀνενεώσατο τὴν ἑορτὴν Ὀκταβιανὸς ὁ σεβαστός, ...
ὑπάτων ὄντων Λουκίου Κηνσωρίνου καὶ Μανίου Μανιλίου
[Πουηλίου], τὸν θεσμὸν 'Ατηίου Καπίτωνος ἐξηγησαμένου,

---

2. βαλεριος πουβλικολας (sic) V ‖ 3. πυροφόρον Panvinius et Syl-
burg, πὺρ ὄφερον V ‖ 6. ἔτι (sine spir.) V ‖ πεντακοσιοστῶι δευτέρωι V,
ἐπὶ τριακοσίοις πεντηκοστῷ καὶ δευτέρῳ inde a Stephano falsam Leun-
clavii coniecturam secuto editores, πεντακοσίοις τῷ δευτέρῳ apographa.
pro δευτέρῳ (β') conieci πέμπτῳ (ε'): annum enim u. c. 502 ex Livio
(per. 49) Zosimum hausisse cum Mommseno r. Chron.² p. 180, 350 non
credo. immo ad Verrium Flaceum (schol. Cruq. ad Hor. carm. saec.
in.) qui Varronem exscripserat (cf. Varr. ap. Censor. 17, 8) haec redire
videntur, Varro autem suam nimirum aeram secutus est, ex qua P.
Claudius Pulcher consul fuit a. 505 ‖ 7. λύσιν, ι corr. (ex ει?), V ‖
8. ἀνδράσιν δέκα scripsi, ανδρασιν (sine acc. et spir.) τὲ καὶ V, ἀνδρά-
σιν ιέ Sylburg, male — X viri enim tum fuere —, ἀνδράσι Steph ‖
9. λογιῶν (sic) V, λοιπῶν apographa, unde vulgo λοιπὸν ‖ 12. καθηγει-
σαν (sine acc.) V, καθήγνισαν apographa ‖ ante Μάρκου lacunam signi-
ficavi, explendam eam fere ad Verrii sententiam apud Festum p. 329
feliciter a Rothio mus. Rhen. t. VIII p. 374 redintegratam ‖ Ποπιλίου
Roth p. 372, ποπλίου V, Ποτίτου vulgo ex falsa Leunclavii coniectura ‖
15. πεδίου, ε in ras. (ex αι) V ‖ 16. 17. ἀποθυμιῶν V ‖ 17. in lacuna
interciderunt ὕστατον τελεσθεῖσαν vel similia. ⟨προτελεσθεῖσαν μὲν⟩
vulgo ex Leunclaviani libri margine ‖ 18. κενσωρίνου V ‖ Μανίου Μα-
νιλίου scripsi, μάρκου μαλλίου Vς ‖ 19. Πουηλίου ex Ποπιλίου ortum

τοὺς ⟨δὲ⟩ χρόνους, καθ᾽ οὓς ἔδει τὴν θυσίαν γενέσθαι καὶ
τὴν θεωρίαν ἀχθῆναι, τῶν πεντεκαίδεκα ἀνδρῶν, οἳ τὰ Σι-
βύλλης θέσφατα φυλάττειν ἐτάχθησαν, ἀνερευνησάντων. μετὰ 3
δὲ τὸν Σεβαστὸν Κλαύδιος ἤγαγεν τὴν ἑορτήν, οὐ φυλάξας
5 τὸν τῶν ὡρισμένων ἐτῶν ἀριθμόν. μεθ᾽ ὃν Δομετιανὸς τὸν
Κλαύδιον παραπεμψάμενος, καὶ τὴν περίοδον τῶν ἐτῶν ἀφ᾽
οὗ τὴν ἑορτὴν ὁ Σεβαστὸς ἐπετέλεσεν ἀριθμήσας, ἔδοξεν τὸν
ἐξ ἀρχῆς παραδοθέντα φυλάττειν θεσμόν. ἐπὶ τούτοις ὁ Σε-
βῆρος τῶν δέκα καὶ ἑκατὸν ἐνστάντων ἐτῶν ἅμα τοῖς παισὶν
10 Ἀντωνίνῳ καὶ Γέτᾳ τὴν αὐτὴν ἑορτὴν κατεστήσατο, Χίλωνος
καὶ Λίβωνος ὄντων ὑπάτων.

esse recte censet Roth. ceterum ex consulibus apparet Zosimi auctorem
opinioni Valerii Antiatis, Varronis Liviique, non antiquiorum scriptorum
adsensum esse, v. Censor. 17, 11 ‖ τότε δὲ Λουκίου Κηνσωρίνου καὶ
Γαΐου Σαβίνου ex margine codicis Leunclaviani vulgo post Πουπλίου
inserta delevi cum Rothio p. 375 ‖ τῶν θεσμων (sine acc.) V ‖ 1. δὲ
addidi de Bekkeri coniectura, qui etiam μὲν ante θεσμὸν inserebat ‖
2. ἀχθῆναι Bekk, ἀναχθῆναι (sine acc.) V ‖ 3. θέσφαται (sine acc.) V ‖
4. ἤγαγε ς ‖ οὐ φυλάξας] ipsum Claudium recte defendit O. Hirschfeld
'Wiener Stud.' t. III p. 101, demonstrans eum Augusti quidem 110
annorum cyclum secutum esse sed initium cycli fecisse ab a. u. c. 250.
Zosimi tamen verba τὸν τῶν ὡρισμένων ἐτῶν ἀριθμὸν aliter intellegi
posse nego nisi ut ille vel illius auctor Claudium 100 annorum cyclum
secutum esse putaverit ‖ 5. μεθὸν radendo ex μεθῶν V ‖ 6. παραπεμψά-
μενος] rarus admodum formae medialis in hoc verbo est usus ‖ 7. ἐπε-
τέλεσεν] immo ἐπιτελεῖν ἠθέλησεν, at ipsius scriptoris est error. ἃ. 841
ludos fecit Domitianus, a. 731 Augustus facere quidem voluerat (v.
Hirschfeld l. d. p. 102 sq.), sed propter Marcelli mortem in a. 737
distulit ‖ ἔδοξε ς ‖ 8. ἐξ ἀρχῆς παραδοθέντα verba quam inconsiderate
haec tertia paragraphus consarcinata sit demonstrant. ex veteribus
scriptoribus ex quibus numeri superiores, sive a Phlegonte sive a
Zosimo ipso, desumpti sunt cyclum annorum 110 nemo cognitum habe-
bat, ne ipse quidem Verrius (v. Mommsen l. d. p. 187), sed solum
annorum 100 (a. u. c. 406, 505, 605). altera opinio, ex qua saeculum
110 annis constaret, Augusti demum initiis increbruisse videtur et
convaluisse ex quo ille periodi saecularis initium ab a. u. c. 291 fece-
rat: (ceterum hic annus magna pestilentia infamis explicat cur novum
saeculum πρὸς λοιμῶν καὶ φθορῶν καὶ νόσων ἀνέσεις conducere dica-
tur cap. 1, 1). aut igitur Zosimus exempla contrarium probantia
omittere debuit aut a verbis illis abstinere ‖ 8. 9. σέβηρος V ‖ 9. ἐν-
στάντων V et Sylb, ἐκστάντων apographa ‖ 10. αντωνιωι V¹, corr. V² ‖
Χίλωνος Steph. χειλωνος (sine acc.) V

5. Τοιοῦτος δέ τις ὁ τρόπος ἀναγέγραπται τῆς ἑορτῆς.
περιόντες οἱ κήρυκες εἰς τὴν ἑορτὴν συνιέναι πάντας ἐκέ-
λευον ἐπὶ θέαν ἣν οὔτε πρότερον εἶδον οὔτε μετὰ ταῦτα
θεάσονται. κατὰ δὲ τὴν ὥραν τοῦ θέρους, πρὸ ἡμερῶν
ὀλίγων τοῦ τὴν θεωρίαν ἀχθῆναι, ἐν τῷ Καπιτωλίῳ καὶ ἐν 5
τῷ νεῷ τῷ κατὰ τὸ Παλάτιον οἱ δεκαπέντε ἄνδρες ἐπὶ βή-
ματος καθήμενοι τῷ δήμῳ διανέμουσι τὰ καθάρσια· ταῦτα
δέ ἐστιν δᾷδες καὶ θεῖον καὶ ἄσφαλτος. δοῦλοι δὲ τούτων
2 οὐ μετέχουσιν, ἀλλὰ ἐλεύθεροι μόνοι. συνελθόντος δὲ τοῦ
δήμου παντὸς ἔν τε τοῖς ῥηθεῖσιν τόποις καὶ ἐν τῷ ἱερῷ τῆς 10
Ἀρτέμιδος, ὃ ἐν τῷ Ἀουεντίνῳ λόφῳ καθίδρυται, σῖτον καὶ
κριθὴν ἕκαστος φέρει καὶ κύαμον. καὶ ταῖς Μοίραις ἄγουσι
παννυχίδας μετὰ σεμνότητος ἐν . . . . νυξίν. ἐνστάντος δὲ
τοῦ χρόνου τῆς ἑορτῆς, ἣν ἐν τρισὶν ἡμέραις ἐν τῷ τοῦ
Ἄρεως ἐπιτελοῦσι πεδίῳ καὶ ταῖς ἴσαις νυξίν, καθιεροῦτο τὰ 15
τελούμενα παρὰ τὴν ὄχθην τοῦ Θύμβριδος ἐν τῷ Τάραντι.
θύουσι δὲ θεοῖς Διὶ καὶ Ἥρᾳ καὶ Ἀπόλλωνι καὶ Λητοῖ καὶ
Ἀρτέμιδι, καὶ προσέτι γε Μοίραις καὶ Εἰλειθυίαις καὶ Δή-
3 μητρι καὶ Ἅιδῃ καὶ Περσεφόνῃ. τῇ δὲ πρώτῃ τῶν θεωριῶν
νυκτὶ δευτέρας ὥρας ὁ αὐτοκράτωρ ἐπὶ τὴν ὄχθην τοῦ ποτα- 20
μοῦ τριῶν παρασκευασθέντων βωμῶν τρεῖς ἄρνας θύει μετὰ
τῶν δεκαπέντε ἀνδρῶν, καὶ τοὺς βωμοὺς καθαιμάξας ὁλο-
καυτεῖ τὰ θύματα. κατασκευασθείσης δὲ σκηνῆς δίκην θεά-
τρου, φῶτα ἀνάπτεται καὶ πυρά, καὶ ὕμνος ᾄδεται νεωστὶ
4 πεποιημένος, θεωρίαι τε ἱεροπρεπεῖς ἄγονται. κομίζονται δὲ 25
οἱ ταῦτα ποιοῦντες μισθὸν τὰς ἀπαρχὰς τῶν καρπῶν, σίτου
καὶ κριθῆς καὶ κυάμων· αὗται γάρ, ὡς εἴρηταί μοι, καὶ τῷ
δήμῳ παντὶ διανέμονται. τῇ δὲ μετὰ ταύτην ἡμέρᾳ εἰς τὸ

2. περιειοντες (sine acc.) V ‖ εἰς τὴν ἑορτὴν deleverim. cf. Herodian.
III, 8, 10 ‖ 5. ἀχθῆναι ς, ἀρχθῆναι V ‖ καπιτωλείωι V, καπετωλίῳ ς ‖
6. τὸ κατὰ V ‖ 8. ἔστι ς ‖ ἄσφαλτος Bekk, ἄσφαλτον V. cf. L. Dindorf
Thes. L. G. s. v. ‖ 10. ῥηθεῖσιν V², ῥηθήσιν V¹, ῥηθῖσι ς ‖ 11. ὃ] ὅπερ
conieci, hiatus causa ‖ λουεντινω V ‖ 12. φέρει] 'aufert'. cf. II, 18, 4 ‖
Μοίραις Steph, μυραις (sine acc.) V ‖ 13. ἐν . . . . νυξίν scripsi — item
A. Kiessling Horatii sui t. I p. 281 —, deleri voluit aut ἐννέα νυξίν
scribi Heyne; at de numero aliunde nihil constat ‖ 15. παιδίων V ‖ νυξί
ς ‖ 18. εἰλυθυσίαις V, corr. ς ‖ 22. 23. ὁλοκαυτει (sine acc.) V, ὁλο-
καυτοῖ ς ‖ 23. δίκην Panvinius, δίχα V ‖ 27. γάρ] δὲ conieci ‖ 28. ἡμέρᾳ
εἰς] vitium hiatus prodit. aut πρὸς pro εἰς scripserim aut τῇ δὲ ἡμέρᾳ

Καπιτώλιον ἀναβάντες, κἀνταῦθα τὰς νενομισμένας θυσίας
προσαγαγόντες, ἐντεῦθέν τε ἐπὶ τὸ κατεσκευασμένον θέατρον
ἐλθόντες, τὰς θεωρίας ἐπιτελοῦσιν Ἀπόλλωνι καὶ Ἀρτέμιδι.
τῇ δὲ μετὰ ταύτην ἡμέρᾳ γυναῖκες ἐπίσημοι, κατὰ τὴν ὥραν
5 ἣν ὁ χρησμὸς ὑπηγόρευσεν, εἰς τὸ Καπιτώλιον συνελθοῦσαι
λιτανεύουσιν τὸν θεὸν καὶ ὑμνοῦσιν ὡς θέμις. ἡμέρᾳ δὲ 5
τρίτῃ ἐν τῷ κατὰ τὸ Παλάτιον Ἀπόλλωνος ἱερῷ τρὶς ἐννέα
παῖδες ἐπιφανεῖς μετὰ παρθένων τοσούτων, οἱ πάντες ἀμφι-
θαλεῖς, ὅπερ ἐστὶν ἀμφοτέρους τοὺς γονεῖς ἔχοντες περιόντας,
10 ὕμνους ᾄδουσι τῇ τε Ἑλλήνων καὶ Ῥωμαίων φωνῇ καὶ παιᾶ-
νας, δι᾽ ὧν αἱ ὑπὸ Ῥωμαίους σῴζονται πόλεις. ἄλλα τε
κατὰ τὸν ὑφηγημένον παρὰ τοῦ θείου τρόπον ἐπράττετο, ὧν
ἐπιτελουμένων διέμεινεν ἡ ἀρχὴ Ῥωμαίων ἀλώβητος. ὡς ἂν
δὲ καὶ ἐπὶ τῶν πραγμάτων ἀληθῆ ταῦτα εἶναι πιστεύσωμεν,
15 αὐτὸν παραθήσομαι τὸν Σιβύλλης χρησμόν, ἤδη πρὸ ἡμῶν
παρ᾽ ἑτέρων ἀνενηνεγμένον.

6. Ἀλλ᾽ ὁπόταν μήκιστος ἴῃ χρόνος ἀνθρώποισι
ζωῆς, εἰς ἐτέων ἑκατὸν δέκα κύκλον ὁδεύων,

τῇ μετὰ ταύτην εἰς ‖ 1. καπειτωλειον (sin. acc.) V, καπετώλιον ς ‖ 2. προσ-
αγαγόντες Steph, προσάγοντες V ‖ 4. 5. κατὰ — ὑπηγόρευσεν] in ora-
culo ut nunc legitur nulla hora constituta est, sed legitur vs. 23
ἤματι κείνῳ. itaque alter uter locus corruptus est. si ὥρα recte
habet, in κείνῳ temporis notatio (velut μέσσῳ) lateat necesse est; sin
minus, his in verbis aliquid inest quod respondeat oraculi verbis Ἥρης
παρὰ βωμὸν ἀοίδιμον. unde possis fortasse pro ὥραν conicere χώραν,
ut mulieres ad aram Iunonis in Capitolio positam convenire dicantur.
κατὰ τὴν χώραν συνελθεῖν apud Zosimum nihil habet insoliti (cf. ad
I, 33, 3) nec magis εἰς τὸ Καπιτώλιον pro ἐν τῷ Καπιτωλίῳ apud eum
offendit. incerta tamen tota ratio est ‖ 5. καπειτώλιον V, καπετώλιον
ς ‖ 6. λιθανεύουσιν (sic) V, λιτανεύουσι ς ‖ τὸν θεὸν] τὴν θεὸν conieci.
est nimirum Iuno ‖ ἡμέρᾳ] ὥρᾳ Th. Smith, male ‖ 7. τρίτῃ ἐν] propter
hiatum suspecta. ἡμ. τρίτῃ δὲ ἐν conieci ‖ 8. τοσούτων ς, τοσουτον
(sine acc.) V ‖ 9. ὅπερ — περιόντας glossema puto. vix enim Zosimus,
qui iam corruptum legit versum c. 6, 22, necesse habuerit ἀμφιθαλὴς
verbum explicare ‖ 16. παρ᾽ ἑτέρων] Phleg. Macrob. c. IV, ed. O. Keller
'rer. natur. script. Gr. min.' t. I p. 91 sq., qua in editione codex Pala-
tinus Gr. 398 excussus est, v. ibid. p. VIII sq. ceterum in hoc oraculo
plura vitia insunt iam ante Phlegontis aetatem illata ‖ 17. ὁπότ᾽ ἂν
Keller ‖ ἴῃ Salmasius, ἴκῃ P(hlegontis codex) V ‖ ἀνθρώποισιν Keller ‖
18. ἑκατὸν δέκα Gallaens.

μεμνῆσθαι, Ῥωμαῖε, καὶ εἰ μάλα λῆσαι ἑαυτὸς,
μεμνῆσθαι τάδε πάντα, θεοῖσι μὲν ἀθανάτοισι
5 ῥέξειν ἐν πεδίῳ παρὰ Θύβριδος ἄπλετον ὕδωρ,
ὅππη στεινότατον, νὺξ ἡνίκα γαῖαν ἐπέλθη
ἠελίου κρύψαντος ἑὸν φάος· ἔνθα σὺ ῥέξειν
ἱερὰ παντογόνοις Μοίραις ἄρνας τε καὶ αἶγας
κυανέας, ἐπὶ ταῖς δ᾽ Εἰλειθυίας ἀρέσασθαι
10 παιδοτόκους θυέεσσιν, ὅπη θέμις· αὖθι δὲ Γαίη
πληθομένη χοίροις ὗς ἱρεύοιτο μέλαινα.

1. exitus versus dubiae emendationis est. εἰ μάλα λήσει ἑαυτοῦ P,
εἰ μάλα λῆσαι ἑαυτὸς (ἑαυτοῦ ᾷ m. 2) V. εἰ μάλα λησεαι αυτου Poli-
tianus, οὐ μάλα λῆσαι (sic) ἑαυτόν Steph, οὐ μάλα λήσεαι αὐτός Mitscher-
lich, οὐ μάλα λήσεαι αὐτῶν Bekk (propter Homerum opinor, v. Od.
1, 308), εἰ μάλα λήσει ἑαυτόν A. Eberhard Jen. Lit. Zeit. a. 1878 p. 645.
ego talia fere in primitivo oraculo fuisse puto: εἰ μάλα γ᾽ ἔσσ᾽ ἐπι-
λήσμων ‖ 2. μὲν ἀθανάτοισι (ἀθανάτοισιν Keller) antiquitus corrupta
puto. opponuntur cum a Zosimo 5, 2 extr. tum in oraculo (vs. 12 sq.)
sacrificia quae dis superis fiunt eis quae dis inferis in Tarento offerun-
tur. inter hos autem Dis pater et Proserpina, quorum causa ludi
Terentini instituti esse ferebantur, nullo pacto omitti potuerunt, nec
magis sacrificia quae illis fiebant (μέλανα βοῦν καὶ δάμαλιν μέλαιναν:
Zos. 3, 3) deesse. unde primitus θεοῖσι καταχθονίοισι (vel si in caesura
κατὰ τέταρτον τροχαῖον offendas θεοῖς ἱερὰ χθονίοισι) fuisse puto ver-
sumque proximum intercidisse. continuatur enumeratio vs. 7, ubi pro
ἔνθα olim αὖθι: 'deinde' fuisse arbitror ‖ 3. ῥέξειν P ‖ πεδίωι V[1] ex
παιδίωι ‖ Θύβριδος PV, Θέμβριδος ς ‖ 4. ὅππη P, ὅππηι V[2], ϙοππηι
(sic) V[1] ‖ 5. σὺ P, σε V ‖ 6. παντογόνυις PV, ποντογόνοισ ς ‖ ἄρνάς τε P ‖
7. post κυανέας distinxi cum Politiano ac Mitscherlichio et δ᾽ ante ἐπὶ
a P additum cum V omisi ‖ ταῖς δ᾽ Mitscherlich, ταῖσδ᾽ PV[2], τασδ᾽
(sic) V[1] ‖ εἰλειθυείας V ‖ 8. θυεσιν (sine acc.) V ‖ γαίη ante Kelle-
rum ‖ 9. χοίροις ὗς ἱρεύοιτο ad tempus scripsi, χοίροις, οἶς ἱερεύοιτο
(i. e. ἱρεύοιτο) P, χοιροσ υστ᾽ (χοιροῦ υστ᾽ V[2]) ἱερευοιτο (υ in ras. m. 1)
V. χοῖρός τε καὶ ὗς ἱεροῖτο inde a Stephano editores tam Zosimi quam
Phlegontis. at porcum marem Telluri offerre non licebat (cf. Mar-
quardt Staatsverw. t. III[2] p. 171 sq.), praetereaque nec πληθομένη
obiecto potest carere nec ἱεροῦσθαι dici pro ἱερεύεσθαι. ac ne Phle-
gontis quidem ὗις cum A. Kiesslingio retineri potest: suem enim in
nummis saecularibus suis Domitianus Telluri sacrificat (v. Eckhel
t. VI p. 385. — pro πληθομένη χοίροις nescio an scribendum sit πληθο-
μένη χοίροις: Telluri enim 'plena sue sacrificabatur': Festus p. 238[a];
'scrofa inciens immolatur et feta': Arnob. VII, 22 R.; 'sus prae-
gnans ei (Maiae) mactatur, quae hostia propria est Terrae': Macrob.

πάνλευκοι ταῦροι δὲ Διὸς παρὰ βωμὸν ἀγέσθων
ἤματι, μηδ᾽ ἐπὶ νυκτί· θεοῖσι γὰρ οὐρανίοισιν
ἡμέριος πέλεται θυέων τρόπος, ὣς δὲ καὶ αὐτός
ἱρεύειν. δαμάλης τε βοὸς δέμας ἀγλαὸν Ἥρης   15
δεξάσθω νηὸς παρὰ σεῦ. καὶ Φοῖβος Ἀπόλλων,
ὅστε καὶ Ἥλιος κικλήσκεται, ἶσα δεδέχθω
θύματα Λητοΐδης. καὶ ἀειδόμενοί τε Λατῖνοι
παιᾶνες κούροισι κόρῃσί τε νηὸν ἔχοιεν
ἀθανάτων. χωρὶς δὲ κόραι χορὸν αὐταὶ ἔχοιεν,   20
καὶ χωρὶς παίδων ἄρσην στάχυς, ἀλλὰ γονήων
πάντες ζωόντων, οἷς ἀμφιθαλὴς ἔτι φύτλη.
αἱ δὲ γάμου ζεύγλαις δεδμημέναι ἤματι κείνῳ
γνὺξ Ἥρης παρὰ βωμὸν ἀοίδιμον ἑδριόωσαι

1, 12, 20. ut ὗς πληθομένη χοίροις sit 'sus plena'. χοίροι autem por-
culi iamiam nascituri non minus recte dicentur quam modo editos
dicunt Xen. r. Lac. 15, 5; Diodor. VII, 3, 4 Dind.; Dionys. I, 56, 4;
alii. (antea conieceram Γαίη πληθομένη δώροις — cornu copiae in
nummis illis Tellus tenet — ubi δῶρα accipiendum foret ut in Γαίᾳ
ἀνῃσιδώρᾳ. 'fertilis frugum pecorisque Tellus': Horat. c. s. 29. at
nunc illam rationem veram puto) ‖ 1. πάνλευκοι P, et ut vid. V (ΛΙ ut
vid. corr. V¹ in N), ξάλευκοι ς ‖ 2. μηδ᾽ ἐπὶ νυκτί V (cf. Il. 8, 529),
μηδέ τε P ‖ οὐρανίοισιν V², οὐρανίῃσιν V¹, οὐρανίδαισιν P, οὐρα-
νίοισι ς ‖ 3. πέλεται V²P, πελαται V¹ ‖ αὐτὸς V², αὐτῆς V¹, αὐτοῖς P.
αὔτως Steph ‖ 4. ἱερεύειν PV ‖ δαμάλης δὲ Mitscherlich, δάμαλις δὲ
(δὲ V) PV, δαμάλεις τε Steph ‖ 6. Ἥλιος Steph, ἥλιος alii ‖ αἴσια
δέχθω P ‖ 7. καὶ ἀειδόμενοι P, αἰδόμενοι V, ἀειδόμενοι ς. in arsi ut
saepe ἀείδω producitur — cf. Od. 17, 519; hymn. Hom. 12, 1; 18, 1;
27, 1; Kinkel ep. Gr. I p. 39, 1; Kaibel ep. 237, 7; 441, 5; or. ap.
Euseb. P. E. IV, 9, 2, 31; V, 9, 7; A. P. IX, 92, 2; 485, 1; 545, 3 —
in thesi quod sciam nusquam id fit ‖ Λατίνοις vertit Leunclavius,
male ‖ 8. παιᾶνας Steph, aliter distinguens ‖ κούροισι κόρῃσι Nauck,
κούροις ορασι V¹, κούροις κούραισι V²ς, κούροις κούρῃσι P ‖ 9. χωρὶς —
10. καὶ om. V¹; verba ἀθανάτων — γονήων in mg. scr. V² ‖ 9. αὐταὶ
V², αὖται P ‖ ἄχοιεν Heyne ‖ 10. ἄρσην om. V¹ ‖ γονηων ex γονιων V¹
11. πάντες Nauck, πάντων PVς ‖ ζωοντῶ οἷς V², ζωοντω οις (sine acc.)
V¹, ζωόντων τοῖς P ‖ ἔτι V, ἐστι P. hunc quoque versum ante Phle-
gontis aetatem corruptum esse puto. intolerabilis enim verborum γονήων
ζωόντων et οἷς — φύτλη est ταυτολογία. praeterea deest cantantium
condicionis notatio: παῖδες ἐπιφανεῖς Zos. 5, 5, 'virgines lectas pueros-
que castos' Hor. c. s. 6. unde olim πάντες ἀριζήλων (vel sim.) οἷς τ᾽
ἀμφ. fuisse puto: 'illustri omnes prosapia orti et patrimi et matrimi'
12. ζεύγλ. ... P ...

25   δαίμονα λισσέσθωσαν. ἅπασι δὲ λύματα δοῦναι
    ἀνδράσιν ἠδὲ γυναιξί, μάλιστα δὲ θηλυτέρῃσιν.
    πάντες δ' ἐξ οἴκοιο φερέσθων ὅσσα κομίζειν
    ἐστὶ θέμις θνητοῖσιν ἀπαρχομένοις βιότοιο,
    δαίμοσι μειλιχίοισιν ἱλάσματα καὶ μακάρεσσιν   5

30   Οὐρανίδαις. τὰ δὲ πάντα τεθησαυρισμένα κείσθω,
    ὄφρα τε θηλυτέρῃσι καὶ ἀνδράσιν ἑδριόωσιν
    ἔνθεν πορσύνῃς μεμνημένος. ἤμασι δ' ἔστω
    νυξί τ' ἐπασσυτέρῃσι θεοπρέπτους κατὰ θάκους
    παμπληθὴς ἄγυρις. σπουδὴ δὲ γέλωτι μεμίχθω.   10

35   ταῦτά τοι ἐν φρεσὶν ᾗσιν ἀεὶ μεμνημένος εἶναι,
    καί σοι πᾶσα χθὼν Ἰταλὴ καὶ πᾶσα Λατίνων
    αἰὲν ὑπὸ σκήπτροισιν ἐπαυχένιον ζυγὸν ἕξει.
   7. Εἰ τοίνυν, ὡς τὸ θεοπρόπιόν φησι καὶ τὸ ἀληθὲς

1. δὲ λύματα] θελήματα coni. Sylburg, male. λύματα sunt 'suffi-
menta' (v. Eckhel t. VI p. 387, Friedlaender-Sallet 'Koen. Muenzk.²'
n. 1003 J.): καθάρσια p. 60, 7. fieri autem potest ut post λισσέσθω-
σαν unus pluresve versus interciderint ‖ 2. γυναιξὶν P ‖ θηλυτερῃσιν
(sine acc.) V, θηλυτέραισι P, θηλυτέρῃσι ⸝ ‖ 3. δ' P V², δε (sine acc.)
V¹ ‖ ἐξ οἴκοιο] 'ex templo' ‖ 4. θέμις ex θέμης radendo V ‖ ἀπαρχο-
μένοις P V² — τους V¹ ‖ 5. μειλιχίοις olim Nauck. ceterum δαίμονες μειλί-
χιοι sunt 'di inferi', cf. Kaibel ep. Gr. 153, 8; Pausan. X, 38, 8 ‖
6. ουρανίδαις V², ουρανιδες V¹, ουρανίοις P ‖ τάδε P ‖ κείσθαι P ‖ 7. ὄφρά
τε θηλυτέρῃσι V², οφρα τε δη θυμελῃσι (sine acc.) V¹, ὄφρα τε ληιθυ-
μέλῃσι P. ὄφρα κε θηλυτέρῃσι conieci. ὄφρα τέλη θυμέλῃσι........
....θηλυτέρῃσι A. Kiessling, ut unus versus interciderit ‖ ἱδρυωσιν
(sine acc.) V ‖ 9. νυξυτ' V¹, corr. V² ‖ ἐπασσυτέραισι P ‖ θεοπρέπτους V,
θεοπροπίους P, θεοστέπτους Steph ‖ 10. παμπλήθης Keller ‖ αγυρι V¹,
corr. V² ‖ δὲ P, τε V ‖ γέλως τε Steph ‖ μεμισθω V¹, corr. V² ‖ 11. φρεσὶ
σῇσιν P ‖ 12. πᾶσα χθὼν] cf. Hilberg 'Princip der Silbenwaegung' p. 24,
quem hic versus fugit ‖ ιταλι κε V¹, corr. V² ‖ λατίνων P, λατίνη V ⸝ ‖
13. σκεπτροισιν V¹, corr. V² ‖ ἐπαυχένιον Politianus, et Bücheler mus.
Rhen. t. XXX p. 44, ὑπαυχένιον P V ⸝ ‖ 14. εἰ τοίνυν V, εὖ τοίνυν coni.
Steph, ἔτι οὖν Heumann, ἔτι τοίνυν Reitemeier, quod recepit Bekk. at,
ni fallor, Zosimus demonstrare vult, quamdiu ludi secundum oraculum
(vs. 2) veramque rationem centesimo decimo quoque anno acti
essent, rem Romanis incolumem stetisse; postquam autem Maxi-
mianus anno centesimo peracto ludos parare instituerit, nec Con-
stantinus et Licinius decem annis post legitimo tempore instante ludos
celebraverint, imperium praeceps ruisse. unde conieci δι' ἐτῶν ρι'
οὖν (δι' ἐτῶν τριῶν: 'tertio quoque anno' Pol. p. 1084, 10 H. al.).
ceterum non dubito quin septimum hoc caput ex ipsius Zosimi capite

ἔχει, τούτων ἁπάντων κατὰ θεσμὸν ἐπιτελουμένων ἐφυλάττετο
μὲν ἡ Ῥωμαίων ἀρχή, καὶ διετέλεσαν τὴν καθ᾽ ἡμᾶς πᾶσαν
ὡς εἰπεῖν οἰκουμένην ὑφ᾽ ἑαυτοὺς ἔχοντες· ἀμεληθείσης δὲ
τῆς ἑορτῆς ἀποθεμένου Διοκλητιανοῦ τὴν βασιλείαν, ὑπερρύη
κατὰ βραχὺ καὶ ἔλαθε κατὰ τὸ πλέον βαρβαρωθεῖσα, ὡς αὐτὰ
ἡμῖν τὰ πράγματα ἔδειξεν. βούλομαι ⟨δὲ⟩ καὶ ἐκ τῶν χρό-
νων ἀληθῆ δεῖξαι τὸν λόγον. ἀπὸ γὰρ τῆς Χίλωνος καὶ Λί- 2
βωνος ὑπατείας, καθ᾽ ἣν Σεβῆρος τὴν τῶν Σεκουλαρίων
ἤγαγεν ἑορτήν, ἄχρις ὅτε Διοκλητιανὸς ἐνάκις ὀκτάκις δὲ
Μαξιμιανὸς γεγόνασιν ὕπατοι, διέδραμεν εἰς ἐνιαυτὸς πρὸς
τοῖς ἑκατόν, καὶ τότε Διοκλητιανὸς ἰδιώτης ἐκ βασιλέως
ἐγένετο καὶ Μαξιμιανὸς ταὐτὸν τοῦτο πεποίηκεν. τρὶς δὲ
ἤδη γεγονότων ὑπάτων Κωνσταντίνου καὶ Λικιννίου τῶν
δέκα καὶ ἑκατὸν ἐνιαυτῶν ὁ χρόνος συνεπληροῦτο, καθ᾽ ὃν
ἔδει τὴν ἑορτὴν κατὰ τὸ νενομισμένον ἀχθῆναι. τούτου δὲ
μὴ φυλαχθέντος ἔδει γ᾽ ἄρ᾽ εἰς τὴν νῦν συνέχουσαν ἡμᾶς
ἐλθεῖν τὰ πράγματα δυσκληρίαν.

8. Διοκλητιανὸς μὲν τελευτᾷ τρισὶν ἐνιαυτοῖς ὕστερον,
ἤδη δὲ καταστάντες αὐτοκράτορες Κωνστάντιος καὶ Μαξιμια-
νὸς ὁ Γαλέριος ἀνέδειξαν Καίσαρας Σεβῆρον καὶ Μαξιμῖνον,
ἀδελφῆς ὄντα παῖδα τοῦ Γαλερίου, Σεβήρῳ μὲν τὴν Ἰταλίαν
Μαξιμίνῳ δὲ τὰ πρὸς ἀνίσχοντα ἥλιον παραδόντες. τῶν δὲ 2
πραγμάτων εὖ διακειμένων καὶ τῶν πανταχοῦ βαρβάρων ἐκ
τῶν προλαβόντων κατορθωμάτων ἀσμένως ἡσυχαζόντων, Κων-
σταντῖνος ἐξ ὁμιλίας γυναικὸς οὐ σεμνῆς οὐδὲ κατὰ νόμον
συνελθούσης Κωσταντίῳ τῷ βασιλεῖ γεγενημένος, ἤδη μὲν
ἔχων ἔννοιαν ἐν ἑαυτῷ βασιλείας, εἰς μείζονα δὲ καταστὰς

---

ortum sit ‖ 3. εἰπεῖν, ῖ a m. 1, V ‖ 6. ἔδειξε ς, ἔδοξεν V ‖ δὲ ς, om. V ‖
7. 8. λιβωνο͂, σ a m. 2, V ‖ 8. ὑπατείας ς, ὑπατίας V, ut V, 34, 7, quod
nescio an in Zosimo ferri potuerit ‖ σέβηρος V ‖ 9. ἐνάκις V, ἐννάκις ς ‖
10 sq. διέδραμεν κτέ. turbata et lacunosa esse cum res tum ipsius Zosimi
numeri docent. conieci: διέδραμεν ἔτη ἑκατόν. καὶ τότε ⟨ἐθελήσαντος
Μαξιμιανοῦ παρὰ τὸ καθῆκον τὴν ἑορτὴν ἐπιτελεῖν, κατὰ τὸ ἐχόμενον
ἔτος⟩ Διοκλητιανὸς vel similiter ‖ 12. τ᾽ αὐτὸν V, ταὐτὸ ς ‖ πεποίηκε ς ‖
τρεῖς V ‖ 16. ἔδει γὰρ V, ἔδει ς ‖ 18. τρισὶν] ὀκτὼ coni. Heyne, non recte.
cf. Clinton ad a. 316 ‖ 20. γαλέριος ς ‖ σέβηρον V ‖ 21. ὄντα παῖδα
Steph, ὄντας παῖδας V. cf. Vict. ep. 40, 1 ‖ γαλλερίου ς ‖ 26. κω-
σταντίῳ V, κωνσταντίῳ ς ‖ γεγενημένος V, γεγεννημένος Reitemeier
ex apographo uno

ZOSIMI

66 — B —

ἐπιθυμίαν ἀφ' οὗ Σεβῆρος καὶ Μαξιμῖνος τῆς τοῦ Καίσαρος
τιμῆς ἔτυχον, ἔγνω τοὺς τόπους λιπεῖν ἐν οἷς ἔτυχεν διατρί-
βων, ἐξορμῆσαι δὲ πρὸς τὸν πατέρα Κωστάντιον ἐν τοῖς
ὑπὲρ τὰς Ἄλπεις ἔθνεσιν ὄντα καὶ τῇ Βρεττανίᾳ συνεχέστερον
3 ἐνδημοῦντα. δεδιὼς δὲ μή ποτε φεύγων καταληφθείη (περι- 5
φανὴς γὰρ ἦν ἤδη πολλοῖς ὁ κατέχων αὐτὸν ἔρως τῆς βασι-
λείας) τοὺς ἐν τοῖς σταθμοῖς ἵππους, οὓς τὸ δημόσιον ἔτρεφεν,
ἅμα τῷ φθάσαι τὸν σταθμὸν κολούων καὶ ἀχρείους ἐῶν
τοῖς ἑξῆς ἑστῶσιν ἐχρῆτο. καὶ ἑξῆς τοῦτο ποιῶν τοῖς μὲν
διώκουσιν ἀπέκλεισε τὴν ἐπὶ τὸ πρόσω πορείαν, αὐτὸς δὲ 10
προσήγγιζεν τοῖς ἔθνεσιν ἐν οἷς ἦν ὁ πατήρ. (9) συμβὰν
δὲ τὸν αὐτοκράτορα Κωνστάντιον ἐν αὐτῷ τελευτῆσαι τῷ
χρόνῳ, τῶν μὲν ὄντων αὐτῷ γνησίων παίδων οὐδένα πρὸς
βασιλείαν ἔκριναν ἀξιόχρεως, ὁρῶντες δὲ Κωνσταντῖνον εὖ
ἔχοντα σώματος οἱ περὶ τὴν αὐλὴν στρατιῶται, καὶ ἅμα 15
δωρεῶν μεγαλοπρεπῶν ἐπαρθέντες ἐλπίσιν, τὴν τοῦ Καίσαρος
2 ἀξίαν αὐτῷ περιέθεσαν. ἐν δὲ τῇ Ρώμῃ τῆς εἰκόνος αὐτοῦ
δειχθείσης κατὰ τὸ σύνηθες, οὐκ ἀνασχετὸν εἶναι νομίσας
Μαξέντιος ὁ Μαξιμιανοῦ τοῦ Ἑρκουλίου παῖς, εἰ Κωνσταν-
τίνῳ μὲν ἐκβαίη τὸ σπουδασθὲν ἐξ ἀσέμνου μητρὸς γεγονότι, 20
βασιλέως δὲ τοιούτου παῖς αὐτὸς γεγονὼς εἰκῇ κείμενος μείνοι
3 τὴν πατρῴαν ἀρχὴν ἑτέρων ἐχόντων, προσλαβὼν ὑπηρέτας
τῆς ἐγχειρήσεως Μαρκελλιανὸν καὶ Μάρκελλον ταξιάρχους καὶ
Λουκιανόν, ὃς τοῦ χοιρείου κρέως ἦν χορηγὸς ὃ τὸ δημόσιον
ἐπεδίδου τῷ Ρωμαίων δήμῳ, καὶ προσέτι γε τοὺς περὶ τὴν 25
αὐλὴν στρατιώτας, οὓς πραιτωριανοὺς καλοῦσιν, εἰς τὸν

1. σέβηρος V ‖ 2. λιπεῖν ς, λειπειν (sine acc.) V ‖ ἔτυχε ς ‖ 3. κων-
στάντιον ς ‖ 4. βριττανία V ‖ 8. κολούων ς, κωλύων V ‖ ἀχρίουσε ὤν ex
ἀχρίους ὤν V¹ ‖ 11. προσήγγιζε ς ‖ συμβὰν] cf. Boissonade ad Eun.
p. 132 ‖ 12. ἐν ταὐτῷ vel ἐν τῷ αὐτῷ coni. Bast sec. Boissonadium
p. 558 ‖ 13. τῶν μενόντων V ‖ 15. σώματος accessit ex V ‖ 16. ἐλπίσι ς ‖
17. //ἀξίαν V, 'eras. σ ut vid.' Mau ‖ 20. εκβαίη' (sic) V ‖ 21. μείνοι
ex μίνοι V. dubito tamen cum Sylburgio num Zosimus barbara hac
forma usus sit ‖ 23. ταξιάρχους] tribunos urbanarum cohortium intel-
lego. quod probans Mommsen Lucianum quoque trib. urb. coh. fuisse
debere monet, cum alia dignitas militaris non fuerit cui fori suarii
cura committi potuerit. videtur igitur Constantinus M. demum duos
ex his tribunis sustulisse eique qui restabat tres urbanas cohortes —
simul cum fori suarii cura — tradidisse (cf. C. I. L. VI 1156) ‖ 24.
χοιρίου V ‖ ἦν V

βασίλειον θρόνον παρὰ τούτων ἀνεβιβάσθη, μεγάλαις ἀμείβε-
σθαι δωρεαῖς τοὺς τοῦτο δόντας αὐτῷ κατεπαγγειλάμενος.
ὥρμησαν δὲ ἐπὶ τὴν πρᾶξιν Ἀβελλίου πρότερον ἀναιρεθέντος,
ἐπειδὴ τοῦ τῆς πόλεως ὑπάρχου τόπον ἐπέχων ἔδοξεν τοῖς
ἐγχειρουμένοις ἐναντιοῦσθαι.

10. Ταῦτα μαθὼν Μαξιμιανὸς ὁ Γαλέριος ἐκπέμπει τὸν
Καίσαρα Σεβῆρον πολεμήσοντα Μαξεντίῳ. ἐξορμήσαντα δὲ
αὐτὸν τοῦ Μεδιολάνου καὶ διὰ τῶν Μαυρουσίων ἐλθόντα
ταγμάτων, χρήμασι τὸ πολὺ μέρος τῶν σὺν αὐτῷ στρατιω-
τῶν διαφθείρας Μαξέντιος, ἤδη δὲ καὶ τὸν τῆς αὐλῆς ὕπαρχον
προσποιησάμενος Ἀνουλλῖνον, ἐκράτησεν ῥᾷστα Σεβήρου συμ-
φυγόντος εἰς τὴν Ῥάουενναν, πόλιν ὀχυρωτάτην τε καὶ πολυ-
άνθρωπον καὶ τροφῶν ἔχουσαν πλῆθος αὐτῷ τε καὶ τοῖς
σὺν αὐτῷ στρατιώταις ἀρκοῦν. ταῦτα γνοὺς Μαξιμιανὸς ὁ
Ἑρκούλιος, καὶ ὑπὲρ τοῦ παιδὸς εἰκότως ἀγωνιῶν Μαξεντίου,
τῆς Λουκανίας, ἐν ᾗ τότε ἦν, ἐξορμήσας ἐπὶ τὴν Ῥάουενναν
ᾔει. συνιδὼν δὲ ὡς οὐκ ἂν ἄκων ταύτης ἐκβληθείη Σεβῆρος
ἀσφαλοῦς τε οὔσης καὶ τροφὰς ἐχούσης ἀρκούσας, ὅρκοις
ἀπατήσας ἐπὶ τὴν Ῥώμην ἐλθεῖν ἔπεισεν. διιόντα τοίνυν
αὐτὸν καὶ εἴς τι χωρίον ἐλθόντα ᾧ Τρία καπηλεῖα προσηγο-
ρία, λόχος ἐγκαταστὰς αὐτόθι παρὰ Μαξεντίου, συλλαβὼν
καὶ βρόχῳ τὸν τράχηλον ἀρτήσας ἀνεῖλεν. οὐκ ἐνεγκὼν δὲ
μετρίως τὰ ἐπὶ τῷ Καίσαρι Σεβήρῳ γενόμενα Μαξιμιανὸς ὁ
Γαλέριος ἐκ τῆς ἕῳας ἐπὶ τὴν Ῥώμην ἔγνω παραγενέσθαι
δίκην τε Μαξεντίῳ τῶν ἡμαρτημένων πρέπουσαν ἐπιθεῖναι·

---

3. Ἀβελλίου] Ἀνουλλίνου Tillemont t. IV p. 620 n. 13, non recte.
Abellius (Avillius?) aliunde non notus 'vicarius praefecturae urbis'
fuit, cf. Mommsen ad C. Caelii Saturnini titulum (C. I. L. VI 1074,
Wilmanns 1223) in Mem. dell' Inst. t. II p. 309 sq. ‖ 4. ἔδοξε ς ‖ 6. γαλ-
λέριος ς ‖ 7. σέβηρον πολεμήσαντα V ‖ 7. 8. in anacolutho offendens
ἐξορμήσαντος δὲ αὐτοῦ et ἐλθόντος voluit Leunclavius ‖ 8. διὰ] μετὰ
Th. Smith. at cf. II, 1, 1; IV, 14, 1 ‖ 11. προσποιησάμενος] περιποιησά-
μενος conieci. cf. I, 69, 1; IV, 7, 1; V, 26, 4; VI, 5, 2; 7, 5 ‖ ἐκράτησε ς ‖
12. ραουενναν (sine acc.) V¹, ραβενναν V m. recentiore, ς ‖ ὀχρωτάτην
scripsi, ὀχυρωτέραν V, ὀχυράν Sylb ex apographo uno. -τερος et -τατος
in V confusa etiam II, 22, 4: στενότερος ‖ 16. ραουενναν V¹, ραβενναν
V², ς ‖ 17. συνειδὼν V ‖ σέβηρος V ‖ 19. ἔπεισε ς ‖ 20. ἔς, ι a m. 1, V ‖
21. Μαξεντίου] Μαξιμιανοῦ Leunclavius. illud tenet Hunziker ap.
Buedingerum [...] V

γενόμενος δὲ κατὰ τὴν Ἰταλίαν καὶ τοὺς στρατιώτας οὐ πιστῶς
περὶ αὐτὸν ἔχειν αἰσθόμενος ἐπὶ τὴν ἑῴαν ἀνέζευξεν, μάχης
4 οὐδεμιᾶς γενομένης. ἐν τούτῳ καὶ Μαξιμιανὸς ὁ Ἐρκούλιος,
δυσανασχετῶν ἐπὶ ταῖς κατεχούσαις τὴν πολιτείαν ταραχαῖς,
πρὸς Διοκλητιανὸν ἀφικνεῖται τηνικαῦτα ἐν Καρνούτῳ πόλει ⁵
Κελτικῇ διατρίβοντα, καὶ πείθειν ἐπιχειρεῖ τὴν βασιλείαν
ἀναλαβεῖν καὶ μὴ περιιδεῖν τὴν τοσούτῳ χρόνῳ καὶ πόνοις
αὐτῶν περισωθεῖσαν ἐκδοθῆναι παραφρονούσῃ νεότητι καὶ
παρανοίᾳ τῶν εἰσφρησάντων ἑαυτοὺς τῇ βασιλείᾳ σαλευο-
5 μένην. Διοκλητιανοῦ δὲ μὴ θεμένου τοῖς αἰτουμένοις, ἀλλὰ ¹⁰
τὴν ἡσυχίαν ἔμπροσθεν ποιησαμένου τοῦ πράγματα ἔχειν
(ἴσως γὰρ καὶ προῄδει τὴν καθέξουσαν τὰ πράγματα σύγχυσιν
οἷα καὶ τῇ περὶ τὸ θεῖον ἀεὶ προσκείμενος ἁγιστείᾳ), δι-
αμαρτὼν τῆς πείρας ὁ Ἐρκούλιος καὶ μέχρι Ῥαουέννης ἐλθὼν
αὖθις ἐπὶ τὰς Ἄλπεις ἤλαυνεν, ἐντευξόμενος ἐκεῖσε διατρί- ¹⁵
6 βοντι Κωνσταντίνῳ. φύσει δὲ ὢν φιλοπράγμων καὶ ἄπιστος,
δώσειν ὑποσχόμενος τὴν θυγατέρα Φαῦσταν αὐτῷ καὶ τὴν
ὑπόσχεσιν ἐν ταὐτῷ πληρώσας, παράγειν ἐπεχείρει καὶ πείθειν
ὡς ἂν διώκοι μὲν ἐκ τῆς Ἰταλίας ἀναχωροῦντα Γαλέριον
7 Μαξιμιανόν, ἐπιβουλεύοι δὲ Μαξεντίῳ. ὡς ἔχων δὲ πρὸς ²⁰
ταῦτα πειθήνιον, ἀνεχώρει μὲν τοῦ Κωσταντίνου, τὴν δὲ
βασιλείαν ἀναλαβεῖν αὖθις ἐσπούδαζεν, ἐλπίδι τοῦ καὶ Κω-

---

1. ἰτάλιαν V ‖ 2. αὐτὸν sine spir. V ‖ ἀνέζευξε ϛ ‖ 5. 6. ἐν Καρνούτῳ
πόλει Κελτικῇ] offendit Cellarius, de Carnunto Pannoniae superioris
urbe, ubi sane imperatores congrediebantur, cogitans. at Zosimus
'male confudit cum Carnunto Carnutum Galliae, hodie Chartres':
Mommsen C. I. L. t. III p. 552 ad n. 4413 ‖ 7. μὴ περιιδεῖν — 9. 10.
σαλευομένην turbata puto. nullo alio loco infinitivum verbo περιορᾶν
adiungit scriptor, sed semper participium. praeterea post περισωθεῖσαν
desidero ἀρχὴν vel πολιτείαν: 'rem publicam'. cf. Diocletianus ap.
Lact. de mort. pers. c. 18: 'ego satis laboravi et providi, quemad-
modum me imperante res publica staret incolumis'; Constantin. ap.
Petr. Patr. p. 131, 3 Nieb.: μήτε οὖν τὴν βασιλείαν διακοπτομένην
μήτε τὴν πολιτείαν ἀνατρεπομένην περιίδῃς ‖ 13. ἁγιστείᾳ (hoc spir.) V,
ἀγχιστείᾳ apographa, corr. Sylb ‖ 14. ραουεννης V¹, ραβέννης V², ϛ ‖
16. φιλοπράγμων καὶ ἄπιστος Iulian. p. 405, 12 H. ‖ 18. ἐν ταὐτῷ scripsi
(cf. IV, 34, 5), ἐν τούτωι V, αὐτῷ Steph, ἐν αὐτῷ apographum unum ‖
19. διώκοι ϛ, δεδόκοι V ‖ γαλλέριον ϛ ‖ 20. ὡς ἔχων] οὐκ ἔχων cum
Tillemontio t. IV p. 102, 1 legendum puto ‖ 21. κωνσταντίνου ϛ ‖ 22.
p. 69, 1. κωνσταντίνου ϛ, κωστάντιον V

σταντῖνον τὸν κηδεστὴν καὶ τὸν υἱὸν Μαξέντιον κακῶς δια-
θήσειν. (11) ἀλλὰ τούτων ὄντων ἐν ἐγχειρήσεσιν ἔτι, Μαξι-
μιανὸς ὁ Γαλέριος ἐκ προλαβούσης ἑταιρίας ἐπιτήδειον ὄντα
αὑτῷ Λικίννιον βασιλέα καθίστησιν, ἐπιστρατεῦσαι τοῦτον
Μαξεντίῳ διανοούμενος. ἐπεὶ δὲ ταῦτα βουλευομένῳ τραῦμα
δυσίατον ἐνσκῆψαν αὐτῷ τοῦ βίου μετέστησεν, εἴχετο μὲν
καὶ Λικίννιος τῆς βασιλείας, Ἑρκούλιος δὲ Μαξιμιανὸς ἀνα-
λαβεῖν, ὡς εἴρηταί μοι, τὴν βασιλείαν ἐπιχειρήσας ἀλλο-
τριῶσαι μὲν τῆς πρὸς Μαξέντιον εὐνοίας τοὺς στρατιώτας
ἐσπούδασεν, τοῦ δὲ δωρεαῖς καὶ ἐλεειναῖς ἱκεσίαις αὐτοὺς
ἐπισπασαμένου καὶ τῆς κατὰ Κωνσταντῖνον διὰ τῶν σὺν αὐτῷ
στρατιωτῶν ἐπιβουλῆς ἐπειρᾶτο. προκαταλαβούσης δὲ Φαύστης
τὸ ἐγχειρούμενον καὶ τῷ Κωνσταντίνῳ τοῦτο μηνυσάσης, ἀπο-
ρούμενος ἐπὶ τῷ πάντων ἐκπεσεῖν ὁ Ἑρκούλιος νόσῳ κατὰ τὴν
Ταρσὸν ἐτελεύτησεν.

12. Ταύτην δὲ διαφυγὼν ὁ Μαξέντιος τὴν ἐπιβουλήν,
ἔχειν τε ἤδη βεβαίως οἰόμενος τὴν ἀρχήν, ἐν Λιβύῃ καὶ
Καρχηδόνι τοὺς τὴν εἰκόνα τὴν αὑτοῦ περιοίσοντας ἔπεμπεν.
ὅπερ γενέσθαι κωλύσαντες οἱ αὐτόθι στρατιῶται τῇ περὶ
Γαλέριον Μαξιμιανὸν εὐνοίᾳ καὶ μνήμῃ, ἐπειδὴ Μαξέντιον
ἐπιστρατεύσειν αὐτοῖς ἔγνωσαν ταύτης ἕνεκα τῆς ἀντιστά-
σεως, εἰς τὴν Ἀλεξάνδρειαν ἀνεχώρησαν. ἱκαναῖς δὲ δυνά-
μεσι περιπεσόντες, αἷς ἀντίσχειν οὐχ οἷοί τε ἦσαν, ἐπὶ τὴν
Καρχηδόνα πάλιν ἀπέπλευσαν. ἐφ' οἷς κινηθεὶς ὁ Μαξέντιος
ὥρμησεν ἐπὶ τὴν Λιβύην ἐκπλεῦσαι καὶ τῶν ταῦτα τολμη-

1. κηδέστην V ‖ 3. γαλλέριος ς ‖ ἑταιρίας (hoc spir.) V, ἑταιρείας
Steph. cf. Lobeck ad Soph. Ai. p. 309² ‖ 6. μετέστεσεν V¹, corr. V² ‖
10. ἐσπούδασε ς ‖ 11. post καὶ fortasse aliquot verba interciderunt,
velut καὶ ⟨τὸν πατέρα τῆς Ῥώμης ἐκβαλόντος, ἐπανελθὼν εἰς Γαλλίαν
ὁ Ἑρκούλιος⟩ τῆς. cf. Lact. de mort. persec. c. 27 extr. ‖ 13. ἐγχειρού-
μενον V ‖ κωνσταντίνῳ ς ‖ 13. ἀπορούμενος — 15. ἐτελεύτησεν] haec si
ipse scripsit Zosimus, confudit, similiter ac Socrates I, 2, Maximianum
Herculium cum Maximino Daza c. 17 extr. dubitationem tamen inicit
quod c. 14, 1 Maxentius dicitur: ποιησάμενος ἐπὶ τῷ θανάτῳ τοῦ πατρὸς
ὀδυνᾶσθαι, Κωνσταντίνου δεδωκότος αἰτίαν αὐτῷ τῆς τελευτῆς. ut vio-
lentam mortem a Constantino Maximiano illatam scriptor utique no-
verit. ceterum v. Hunziker l. d. p. 234 sq. ‖ 15. ἐτελεύτησε ς ‖ 18. χαρ-
χηδόνι V ‖ 20. γαλλέριον ς ‖ 21. ἐπιστρατεύσειν ex -σιν V ‖ 22. ἐχώρησαν
conieci ‖ ἱκαναῖς] ἐναντίαις coni. Reitemeier. malim στρατιωτικαῖς. cf.
II, 14, 3

σάντων ἁμαρτήματα μετελθεῖν. τῶν δὲ μάντεων ἐκθυσα-
μένων αἴσιά τε οὐκ εἶναι τὰ ἱερεῖα λεγόντων, ὀκνήσας τὸν
ἔκπλουν διά τε τὸ μὴ καλὰ φανῆναι τὰ ἱερὰ καὶ διὰ τὸ
δεδιέναι μή ποτε Ἀλέξανδρος ἀντισταίη, τόπον ἐπέχειν τοῖς
ὑπάρχοις τῆς αὐλῆς ἐν Λιβύῃ καθεσταμένος, καταπραττόμενος 5
ἑαυτῷ τῆς αὐτῶν ὑπονοίας ἀπηλλαγμένην τὴν ἐπὶ Λιβύην ἐκ
τῆς Ἰταλίας διάβασιν, ἐκπέμπει πρὸς Ἀλέξανδρον, ὅμηρον
αἰτῶν αὐτῷ τὸν ἐκείνου παῖδα δοθῆναι· ἦν γὰρ παῖς τῷ
Ἀλεξάνδρῳ τήν τε ἡλικίαν ἀκμάζων καὶ τὴν ὄψιν ὡραῖος. ὁ δὲ
ὑποπτεύσας ὡς οὐχ ὁμηρείας ἕνεκεν αἰτοίη τὸν παῖδα δοθῆναι 10
Μαξέντιος ἀλλ' ἐπὶ πράξεσιν ἀπίστοις, ἀπωθεῖται τὴν ἐπὶ
τούτῳ πρεσβείαν. ἐπεὶ δὲ καὶ τοὺς δόλῳ διαχρησομένους
αὐτὸν ὁ Μαξέντιος ἐξαπέστειλεν καὶ προδοσίᾳ τὸ σκευωρηθὲν
ἐφωράθη, τότε δὴ καιρὸν εὑρόντες οἱ στρατιῶται πρὸς ἀπό-
στασιν ἐπιτήδειον τὴν ἁλουργίδα περιέθεσαν Ἀλεξάνδρῳ, 15
Φρυγί τε ὄντι τὸ γένος καὶ δειλῷ καὶ ἀτόλμῳ καὶ πρὸς
πάντα πόνον ὀκνοῦντι καὶ προσέτι γεγηρακότι.

13. Κατὰ δὲ τὴν Ῥώμην ἐμπεσόντος πυρὸς εἴτε ἐξ
ἀέρος εἴτε ἐκ γῆς (τοῦτο γὰρ ἄδηλον) ὁ τῆς Τύχης ἐφλέχθη
ναός. πάντων δὲ σβέσαι τὴν πυρὰν συνδραμόντων, βλά- 20

---

1. ἁμαρτήματα ς, ἁμαρτημάτων V. τὰ ἁμαρτήματα scripserim cum
Bekkero ‖ 2. ἱερεῖα ς, ἱερία V ‖ 3. ἔκπλοῦν V ‖ 4. 5. τοῖς ὑπάρχοις V,
τοῦ ὑπάρχου Stephanus, non recte. est 'agens vices praefectorum prae-
torio per Africam': cf. Mommsen Mem. dell' Inst. t. II p. 309 et ind.
C. I. L. VIII p. 1070, ubi titulus n. 960 ad hunc ipsum Alexandrum
spectans explicatur. minus accurate Victor Caes. 40, 17: 'apud Poenos
Alexander pro praefecto agens' ‖ 5. καθεσταμένος V ‖ 6. corrupta. ἑαυτῷ
τῆς αὐτῶν Steph, δὴ αὐτῷ τῆς αὐτῶν coni. Sylb, ἑαυτῷ τῆς ὑπον. ἀπηλ-
λαγμένῳ Heyne. δὲ αὐτῷ τοῖς αὐτῆς V. forsitan hoc comma ad Alexan-
drum referendum sit — μὲν in priore commate post τόπον non neces-
sarium, cf. I, 1, 1; III, 5, 1; IV, 35, 4; V, 14, 5; Kaelker 'de elocut.
Polyb.' p. 288 —, isque dicatur eodem modo suspicione liberum ex
Africa in Italiam traicetum molitus esse — contra Maxentium nimi-
rum, quod si verum est — ceteri fontes plane hic deficiunt —, scriben-
dum erit: καταπραττόμενος δὲ αὐτῷ τῆς αὐτῆς ὑπονοίας ἀπηλλαγμένην
τὴν ἐπὶ Ἰταλίαν ἐκ τῆς Λιβύης διάβασιν ‖ 7. ἐκπέμπει V, ἐνετράπη Steph
ex uno apographo ‖ 9. cf. Eckhel t. VIII p. 60 ‖ 11. ἀπίστοις] αἰσχίσταις
coni. Reitemeier, inutiliter ‖ 13. ἐξαπέστειλε ς ‖ 14. ἐφωράθη V ‖ 16.
δειλῷ ex δει/ῶ V¹ ‖ 17. πόνον] cf. Vict. ep. 40, 20: 'inferior adversus
laborem' ‖ 18. ἐμπεσόντος Sylb, ἐκπεσόντος V ς

σφημα ῥήματα κατὰ τοῦ θείου τῶν στρατιωτῶν τις ἀφείς, καὶ
τοῦ πλήθους διὰ τὴν πρὸς τὸ θεῖον εὐσέβειαν ἐπελθόντος
ἀναιρεθείς, ἐκίνησε τοὺς στρατιώτας εἰς στάσιν· καὶ μικροῦ
δεῖν εἰς τὴν κατὰ τῆς πόλεως ἀπώλειαν ἦλθον, εἰ μὴ ταχέως
τὴν τούτων ὁ Μαξέντιος μανίαν ἐπράϋνεν.

14. Ἐντεῦθεν προφάσεις ἀναζητεῖ τοῦ πρὸς Κωνσταντῖ-
νον πολέμου, καὶ ποιησάμενος ἐπὶ τῷ θανάτῳ τοῦ πατρὸς
ὀδυνᾶσθαι, Κωνσταντίνου δεδωκότος αἰτίαν αὐτῷ τῆς τελευ-
τῆς, ἐπὶ Ῥαιτίαν ἐλαύνειν διενοεῖτο ὡς τοῦ ἔθνους τούτου
καὶ Γαλλίᾳ καὶ τοῖς Ἰλλυριῶν κλίμασι πλησιάζοντος. ὠνειρο-
πόλει γὰρ καὶ Δαλματίας καὶ Ἰλλυριῶν περιέσεσθαι διὰ τῶν
ἐκεῖσε στρατιωτικῶν ἡγεμόνων καὶ τῶν Λικιννίου δυνάμεων.
ταῦτα κατὰ νοῦν ἔχων Μαξέντιος ᾠήθη δεῖν τὰ ἐν Λιβύῃ 2
πρότερον διαθεῖναι, καὶ συναγαγὼν δυνάμεις ἀνδρῶν, ἡγε-
μόνα τε ταύταις ἐπιστήσας Ῥούφιον Βολουσιανὸν τὸν τῆς
αὐλῆς ὕπαρχον, εἰς τὴν Λιβύην διαβιβάζει, συνεκπέμψας
αὐτῷ Ζηνᾶν, ἄνδρα καὶ ἐπὶ πολεμικῇ πείρᾳ καὶ πρᾳότητι
διαβόητον. τῇ δὲ πρώτῃ προσβολῇ τῶν σὺν Ἀλεξάνδρῳ 3
στρατιωτῶν ἐγκλινάντων ἐπὶ στρατιωτικὸν τάγμα συνέφευγε
καὶ Ἀλέξανδρος· οὗ τινος ὑπὸ τοῖς πολεμίοις γενομένου καὶ
αὐτὸς συλληφθεὶς ἀπεπνίγη. τοῦτο δὲ τοῦ πολέμου δεξαμέ-

---

2. ⟨παρὰ⟩ τοῦ πλήθους conieci ‖ 3. ἐκίνησε ex ἐκείνησε radendo V ‖
9. Ῥαιτίαν scripsi (poteram etiam Ῥαιτοὺς) coll. I, 71, 4, ϱαιτι V¹,
ϱαιτιονα V². ἐπὶ Ῥαιτίονα ὁδὸν Steph, ἐπὶ Ῥαιτίαν τὴν ἄνω coni. Sylb
— non recte si quidem Raetia tunc indivisa erat —, τὴν ἐπὶ Ῥαιτίαν
ὁδὸν coni. Reitemeier. Stephaniana scriptura in errorem induxit Boecckin-
gium ad not. occ. p 778 ‖ ἔθνους] cf. I, 18, 3: ἐξ Ἀραβίας, ἔθνους
χειρίστου ‖ 10. et 11. Ἰλλυριῶν V ‖ 10. κλίμασι] cf. Wesseling ad Hier.
syneed. p. 391, 16 Bk. ‖ 10. 11. ὠνειροπόλει κτέ.] cf. F. Goerres Philol.
t. XXXVI (1877) p. 619 sq. ‖ 14. δυνάμεις V², δυναμις (sine acc.) V¹ ‖
ἀνδρῶν] ἀδϱάς acute coni. Bekk, at ʻmissi paucissimis cohortibus
Rufius Volusianus' ... Vict. Caes. 40, 18. de ipso homine v. Seeck
praef. Symm. p. CLXXVI sq. ‖ 18. σὺν ἀλεξάνδρῳ V, ἀλεξάνδρου ς ‖ 19.
στρατιωτῶν ex proximo στρατιωτικὸν ortum videtur. στρατιωτικὸν τάγμα
est ʻlegio' cf. II, 54, 2 — quamquam quae fuerit in tanta Africanae
rei militaris saeculo quarto obscuritate (v. Mommsen C. I. L. VIII
p. XXII) nemo dixerit —, nec vero cum Leunclavio ʻmilitum globus'.
requiritur συμμίκτων (vel συμμιγῶν) ἀνθρώπων vel tale quid, quem-
admodum ʻmilites' ʻtumultuario quaesitis' opponit Vict. Caes. 40, 17 ‖
συνέφευγε‖ V

νου τὸ τέλος, εὐρυχωρία τοῖς συκοφάνταις ἐδόθη πάντας ὡς
εἰπεῖν, ὅσοι κατὰ τὴν Λιβύην ἦσαν γένους ἢ περιουσίας εὖ
ἔχοντες, ὡς τὰ Ἀλεξάνδρου φρονήσαντας ἐνδεικνύναι· καὶ
φειδὼ παντάπασιν ἦν οὐδεμία, τῶν μὲν ἀναιρουμένων τε
καὶ τὰς οὐσίας ⟨ᾶς⟩ ἔτυχον ἔχοντες ἀπολλύντων . . . . . . εἰσ-
ήγετο δὲ θρίαμβος εἰς τὴν Ῥώμην ἐκ τῶν ἐν Καρχηδόνι
κακῶν. Μαξέντιος μὲν οὖν ταῦτα διαπραξάμενος, καὶ τοῖς
κατὰ τὴν Ἰταλίαν τε καὶ τὴν Ῥώμην αὐτὴν μετὰ πάσης ὠμό-
τητός τε καὶ ἀσελγείας προσενεχθείς, ἐν τούτοις πως ἦν.

15. Ὁ δὲ Κωνσταντῖνος καὶ πρότερον ὑπόπτως πρὸς
αὐτὸν ἔχων, τότε μᾶλλον εἰς τὴν κατ᾽ αὐτοῦ παρεσκευάζετο
μάχην· καὶ συναγαγὼν δυνάμεις ἔκ τε ὧν ἔτυχεν ἔχων δορι-
κτήτων βαρβάρων καὶ Γερμανῶν καὶ τῶν ἄλλων Κελτικῶν
ἐθνῶν, καὶ τοὺς ἀπὸ τῆς Βρεττανίας συνειλεγμένους, εἰς
ἐννέα που μυριάδας πεζῶν ἅπαντας καὶ ὀκτακισχιλίους ἱππέας,
ἤλαυνεν ἐκ τῶν Ἄλπεων ἐπὶ τὴν Ἰταλίαν, τὰς μὲν προσ-
αγούσας ἑαυτὰς ἐκεχειρίᾳ πόλεις ἀβλαβεῖς ἀφιείς, τὰς δὲ ἐς
ὅπλα ἰούσας καταστρεφόμενος. παρασκευαζομένου δὲ μείζονι
δυνάμει καὶ Μαξεντίου, Ῥωμαίων μὲν καὶ Ἰταλῶν εἰς ὀκτὼ
μυριάδας αὐτῷ συνεμάχουν, καὶ Τυρρηνῶν ὅσοι τὴν παρ-
αλίαν ἅπασαν ᾤκουν, παρείχοντο δὲ καὶ Καρχηδόνιοι στρά-
τευμα μυριάδων τεσσάρων, καὶ Σικελιῶται πρὸς τούτοις, ὥστε
εἶναι τὸ στράτευμα πᾶν ἑπτακαίδεκα μυριάδων, ἱππέων δὲ
μυρίων πρὸς τοῖς ὀκτακισχιλίοις. τοσαύτῃ παρασκευασαμένων
ἀμφοτέρων στρατιᾷ, Μαξέντιος γέφυραν ἐπὶ τοῦ Θύμβριδος
ἐπήγνυτο, μὴ συνάψας ἅπασαν ἀπὸ τῆς ὄχθης τῆς πρὸς τῇ
πόλει μέχρι τῆς ἄλλης, ἀλλ᾽ εἰς δύο διελόμενος μέρη, ὥστε

1. 5. ἀναιρουμένων τὲ καὶ τὰς οὐσίας V, ἀναιρουμένων, τὸν δὲ τὰς
οὐσίας ς ‖ 5. ᾶς ς, om. V ‖ post ἀπολλύντων significavi lacunam. dictum
aliquid videtur fuisse de urbium, maxime Carthaginis, dura fortuna.
'Maxentius Carthaginem, terrarum decus, simul Africae pulcriora va-
stari, diripi incendique iusserat': Vict. Caes. 40, 19; cf. paneg. p. 205, 1,
238, 8 Baehr.; C. I. L. VIII n. 210 ‖ 8. ἰτάλιαν V ‖ 13. δοριβαρβάρων
V ‖ 13. 14. τῶν ἄλλων Κελτικῶν ἐθνῶν] cf. H. d'Arbois de Jubainville
'littérature celtique' (Par. 1883) p. 121 sq. ‖ 14. βριττανίας V ‖ 14. 15.
εἰς ἐννέα] dissentit auct. pan. inc. c. 3 p. 194, 24 Baehr.: 'vix enim
quarta parte exercitus contra centum milia armatorum hostium Alpes
transgressus es' ‖ 18. ἰούσας ς, οὔσας V ‖ 20. τυρρηνῶν ς, τυρηνων (sic)
V ‖ 25. στρατια sine acc. V ‖ 26. μὴ συνάψασα πάσαν V

ἐν τῷ μεσαιτάτῳ τοῦ ποταμοῦ τὰ πληροῦντα μέρος τῆς
γεφύρας ἑκάτερον συναντᾶν πως ἀλλήλοις περόναις σιδηραῖς,
ἀνασπωμέναις ἡνίκα μή τις βουληθείη ζυγῶσαι τὴν γέφυραν.
ἐπέταξε ⟨δὲ⟩ τοῖς μηχανοποιοῖς, ἐπειδὰν ἴδωσι τὸν Κων- 4
σταντίνου στρατὸν τῇ ζεύξει τῆς γεφύρας ἐφεστῶτα, ἀνα-
σπάσαι τὰς περόνας καὶ διαλῦσαι τὴν γέφυραν, ὥστε εἰς τὸν
ποταμὸν τοὺς ἐπὶ ταύτῃ ἑστῶτας πεσεῖν. καὶ Μαξέντιος μὲν
ταῦτα ἐμηχανᾶτο, (16) Κωνσταντῖνος δὲ μέχρι τῆς Ῥώμης
ἅμα τῷ στρατῷ προελθὼν ἐν τῷ πεδίῳ τῷ πρὸ τῆς πόλεως
ἐστρατοπεδεύετο, ἀναπεπταμένῳ τε ὄντι καὶ ἐς ἱππασίαν
ἐπιτηδείῳ. Μαξέντιος δὲ ἐναποκλείσας ἑαυτὸν τοῖς θεοῖς
ἱερεῖα προσήγαγεν καὶ τῶν ἱεροσκόπων περὶ τῆς τοῦ πολέμου
τύχης ἀνεπυνθάνετο καὶ τὰ Σιβύλλης διηρευνᾶτο. καί τι
θέσφατον εὑρὼν σημαῖνον ὡς ἀνάγκη τὸν ἐπὶ βλάβῃ τι πράτ-
τοντα Ῥωμαίων οἰκτρῷ θανάτῳ περιπεσεῖν, πρὸς ἑαυτοῦ τὸ
λόγιον ἐλάμβανεν ὡς δὴ τοὺς ἐπελθόντας τῇ Ῥώμῃ καὶ ταύ-
την διανοουμένους ἑλεῖν ἀμυνόμενος. ἐξέβη δὲ ὅπερ ἦν ἀλη- 2
θές. ἐξαγαγόντος γὰρ Μαξεντίου πρὸ τῆς Ῥώμης τὸ στρά-
τευμα, καὶ τὴν γέφυραν ⟨ἣν⟩ αὐτὸς ἔζευξε διαβάντος, γλαῦκες
ἀπείρῳ πλήθει καταπτᾶσαι τὸ τεῖχος ἐπλήρωσαν· ὅπερ θεασά-
μενος ὁ Κωνσταντῖνος ἐνεκελεύετο τάττεσθαι τοῖς οἰκείοις.
στάντων δὲ κατὰ κέρατα τῶν στρατοπέδων ἀντίων ἀλλήλοις,
ἐπαφῆκε τὴν ἵππον ὁ Κωνσταντῖνος, ἡ δὲ ἐπελάσασα τῶν
ἐναντίων ἱππέων ἐκράτει. ἀρθέντος δὲ καὶ τοῖς πεζοῖς τοῦ 3
σημείου, καὶ οὗτοι σὺν κόσμῳ τοῖς πολεμίοις ἐπῄεσαν. γενο-
μένης δὲ μάχης καρτερᾶς αὐτοὶ μὲν Ῥωμαῖοι καὶ οἱ ἐκ τῆς
Ἰταλίας σύμμαχοι πρὸς τὸ κινδυνεύειν ἀπώκνουν, ἀπαλλαγὴν
εὑρεῖν πικρᾶς εὐχόμενοι τυραννίδος, τῶν δὲ ἄλλων στρα-
τιωτῶν ἄφατον ἔπιπτεν πλῆθος ὑπό τε τῶν ἱππέων συμπατού-
μενον καὶ ἀναιρούμενον ὑπὸ τῶν πεζῶν. μέχρι μὲν οὖν ἡ 4

1. μεσετάτῳ V ‖ 2. παιρόναις δὲ σιδηραῖς V ‖ 3. ἀνασπωμέναις, ω ex o,
V ‖ μή τις scripsi, ἄν τις V ς ‖ βουληθεῖ ἢ V, μὴ βουληθείη Sylb ‖ 4. δὲ
ς, om. V ‖ 7. ἐπὶ ταύτῃ ἑστῶτας hiantia si ipse scripsit Zosimus — nec
vero ταύτης vel τοὺς ἐφεστῶτας ταύτῃ —, pro locutione continua habuit ‖
8. 21. 23. κωσταντίνος V, κωνσταντῖνος ς ‖ 9. πρὸ ς, προς (sine acc.) V ‖
12. προσήγαγε ς ‖ ἱεροσκοπῶν V ‖ 14. βλάβηι (sic) τι V, βλάβῃ ς. 'hostem
Romanorum esse periturum' Lact. de m. p. c. 44 ‖ 15. 16. τὸ λόγιον
Leunclavius, τὸ λοιπὸν V ‖ 17. ἐξέβη δὲ ὅπερ] cf. Herod. VII, 209: τά
περ ὥρων ἐκβήσεσθαι ‖ 19 ἦν ς. om V ‖ 29 ἔπιπτε ς ‖ 29. 30. συν-

ἵππος ἀντεῖχεν, ἐδόκει πως ἐλπὶς ὑπεῖναι τῷ Μαξεντίῳ· τῶν
δὲ ἱππέων ἐνδόντων, ἅμα τοῖς λειπομένοις εἰς φυγὴν τραπεὶς
ἵετο διὰ τῆς τοῦ ποταμοῦ γεφύρας ἐπὶ τὴν πόλιν. οὐκ ἐνεγ-
κόντων δὲ τῶν ξύλων τὸ βάρος ἀλλὰ ῥαγέντων, ἐφέρετο
μετὰ πλήθους ἄλλου καὶ αὐτὸς Μαξέντιος κατὰ τοῦ ποταμοῦ. 5
(17) ἀγγελθείσης δὲ τοῖς ἐν τῇ πόλει τῆς νίκης, χαίρειν μὲν
οὐδεὶς ἐπὶ τοῖς πεπραγμένοις ἐθάρρει διὰ τὸ τὴν ἀγγελίαν
οἴεσθαί τινας εἶναι ψευδῆ· τῆς δὲ Μαξεντίου κεφαλῆς ἐπὶ
δόρατος ἀνενεχθείσης, ἀποθέμενοι τὸν φόβον εἰς ἡδονὴν τὴν
ἀθυμίαν μετήγαγον. 10

2   Ἐπὶ τούτοις οὕτως ἐκβᾶσιν ὁ Κωσταντῖνος ὀλίγοις μέν
τισι τῶν ἐπιτηδειοτάτων Μαξεντίῳ δίκην ἐπέθηκεν, τοὺς δὲ
πραιτωριανοὺς στρατιώτας ἐκτρίψας καὶ τὰ φρούρια τὰ τού-
τους ἔχοντα καθελών, διαθέμενός τε τὰ κατὰ τὴν Ῥώμην,
ἐπὶ Κελτοὺς καὶ Γαλάτας ἐξώρμησεν. μεταπεμψάμενος δὲ 15
Λικίννιον ἐν τῷ Μεδιολάνῳ κατεγγυᾷ τὴν ἀδελφὴν τούτῳ
Κωσταντίαν, ἣν καὶ πρότερον αὐτῷ δώσειν ὑπέσχετο τῆς
3 πρὸς Μαξέντιον δυσμενείας κοινωνὸν ἔχειν βουλόμενος. τού-
του πραχθέντος Κωσταντῖνος μὲν ἐπὶ Κελτοὺς ἀνεχώρει,
Λικιννίῳ δὲ καὶ Μαξιμίνῳ πολέμων ἐμφυλίων ὑπεκκαυθέντων 20
καὶ μάχης ἐν Ἰλλυριοῖς καρτερᾶς γενομένης, ἔδοξεν μὲν τὴν
ἀρχὴν ὁ Λικίννιος ἐλαττοῦσθαι, παραχρῆμα δὲ ἀναμαχεσά-
μενος εἰς φυγὴν τρέπει τὸν Μαξιμῖνον, ὃς διὰ τῆς ἑῴας ἐπὶ
τὴν Αἴγυπτον ἀπιὼν ἐλπίδι τοῦ συναγαγεῖν εἰς τὸν πόλεμον
δυνάμεις ἀρκούσας ἐν Ταρσῷ τελευτᾷ. 25

18. Οὕτω τῆς βασιλείας εἰς Κωσταντῖνον καὶ Λικίννιον
περιστάσης, ὀλιγίστου χρόνου διαδραμόντος εἰς διαφορὰν
ἦλθον ἀλλήλοις, Λικιννίου μὲν οὐ δεδωκότος αἰτίαν, Κων-
σταντίνου δὲ κατὰ τὸ σύνηθες αὐτῷ περὶ τὰ συγκείμενα
φανέντος ἀπίστου καὶ τῶν ἐθνῶν τινὰ τῶν τῇ βασιλείᾳ Λι- 30

πατούμενον V ‖ 7. διὰ τὸ Leunclavius et Steph, δὲ ει τον (sic) V. δέει
τοῦ τ. ἀ. εἶναι ψ. coni. Sylburg (debebat δέει τοῦ μὴ τ.) ‖ ἀγγελείαν V ‖
8. ψευδῆ V ‖ 10. ἀθυμίαν Sylb, ῥαθυμίαν V ‖ 11. κωνσταντῖνος ς, et sic
porro ‖ 12. ἐπιτηδειωτάτων V ‖ ἐπέθηκε ς ‖ 15. Κελτούς] i. e. Germanos.
cf. ad p. 72, 13. 14. ‖ ἐξώρμησε ς ‖ 17. κωσταντίαν V, κωνσταντίαν ς ‖ 19.
κέλτους V ‖ 20. Μαξιμίνῳ Heyne, μαξιμιανῷ V ‖ 21. ιλλυρίοις V. com-
mittebatur proelium ad Heracleam (Perinthum) ‖ ἔδοξε ς ‖ 23. μαξιμια-
νὸν V, corr. Heyne ‖ 25. δυνάμεις ex δυναμις (sine acc.) V ‖ 27. δια-
φ//ορὰν V ‖ 28. δεδοκότως V¹, δεδωκότως V² ‖ 28. 29. κωνσταντίνου h. l. V

κιννίου λαχόντων παρασπᾶσθαι βουληθέντος. τῆς τοίνυν ἔχθρας αὐτοῖς ἐμφανοῦς γενομένης, ἀμφότεροι τὰς περὶ σφᾶς δυνάμεις συναγαγόντες εἰς μάχην συνῄεσαν. ἀλλὰ Λικίννιος 2 μὲν εἰς Κίβαλιν συνήθροιξε τὸν στρατόν. πόλις δὲ αὕτη
5 Παιονίας ἐστίν, ἐπὶ λόφου κειμένη. στενὴ δὲ ὁδὸς ἡ ἐπὶ τὴν πόλιν ἀνάγει, σταδίων πέντε τὸ εὖρος ἔχουσα, ἧς τὸ πολὺ μέρος ἐπέχει λίμνη βαθεῖα, τὸ δὲ λειπόμενον ὄρος ἐστίν, ἐν ᾧ καὶ ὁ λόφος ἐφ' οὗπερ ἡ πόλις. ἐντεῦθεν πεδίον ἀναπεπταμένον ἐκδέχεται πολύ τι καὶ ἐς ἄποψιν ἄπειρον. ἐν τούτῳ
10 Λικίννιος ἐστρατοπεδεύετο, τὴν φάλαγγα τὴν οἰκείαν εἰς μῆκος ἐκτείνων ὑπὸ τὸν λόφον, ὡς ἂν μὴ ἀσθενῆ δόξαιεν εἶναι τὰ κέρατα. τοῦ δὲ Κωσταντίνου πρὸς τῷ ὄρει τὸν 3 στρατὸν τάξαντος, ἡγεῖτο μὲν ἡ ἵππος· τοῦτο γὰρ ἔδοξεν εἶναι λυσιτελέστερον, ἵνα μὴ τοῖς πεζοῖς οἱ πολέμιοι σχολαί-
15 τερον ἐμβάλλουσιν ἐμπίπτοντες ἐπὶ τὸ πρόσω διὰ τὴν δυσχωρίαν προϊέναι κωλύοιεν. οὗ δὴ γενομένου κρατήσας ἐν τάχει τῆς ἐμβολῆς, τῶν σημείων ἀρθέντων αὐτίκα τοῖς ἐναντίοις ἐπῄει, καὶ γέγονε μάχη πάσης ὡς εἰπεῖν ἄλλης καρτερωτέρα· τῶν γὰρ βελῶν ἐκτοξευθέντων ἑκατέρῳ στρατεύματι,
20 ταῖς αἰχμαῖς καὶ τοῖς δόρασιν ἐπὶ χρόνον συχνὸν συνεπλάκησαν. τῆς δὲ μάχης ἀρξαμένης μὲν ἐξ ἠοῦς, ἑσπέρας δὲ 4 ἄχρι παραταθείσης ἐνίκα τὸ δεξιὸν κέρας, οὗ Κωσταντῖνος ἡγεῖτο. τραπέντων δὲ τῶν ἐναντίων εἰς φυγήν, ἐπειδὴ καὶ Λικίννιον εἶδον ἐπὶ τὸν ἵππον ἀναπηδῶντα καὶ πρὸς δρασμὸν
25 ἕτοιμον αἱ σὺν αὐτῷ φάλαγγες, οὐκέτι κατὰ χώραν ἠνείχοντο μένειν οὔτε δείπνου μεταλαβεῖν· ἀπολιπόντες δὲ θρέμματα καὶ ὑποζύγια καὶ τὴν ἄλλην πᾶσαν ἀποσκευήν, σιτία δὲ τοσαῦτα φέροντες ὅσα πεινῆν κατ' ἐκείνην οὐκ εἴα τὴν νύκτα,

2. ἐχθρ//α''ς V¹, 'ex ἐχθρους ut vid.' Mau ‖ αὐτοῖς] aut delendum puto aut αὐτοῦ scribendum, hiatu licito. cf. II, 41 ‖ 3. ἀλλά/// V ‖ 4. Κίβαλιν] cf. C. I. L. III p. 422 ‖ 5. κειμένη// V ‖ στενὴ κτέ. turbata esse patet. ἡ, vel propter biatum suspectum, deleverim et σταδίων — ἔχουσα cum Bekkero post λίμνη βαθεῖα posuerim. quanquam ne sic quidem plana omnia ‖ 9. ἐς V, εἰς ς ‖ 15. ἐμβάλλουσιν ς, ἐμβαλλωσιν (sine acc.) V ‖ 15. 16. δυσχωρίαν Bekk, δυσχεριαν (sine acc.) V, δυσχέριαν ς ‖ 23. ἡγεῖτο, τραπέντων τῶν ἐναντίων εἰς φυγήν. ἐπεὶ δὲ καὶ scribendum puto ‖ 24. εἶδον ς, ἴδον V ‖ προσδραμο//ν V², προσδραμῶν V¹ ‖ 25. ἕτοιμον V², ετυμον (sine acc. et spir.) V¹ ‖//αἱ, ' a m. 2, V ‖ 26. ἀπολιπόντες ς. ἀπολειποντες (sine acc.) V ‖ 28. πεινῆν V

σπουδῇ πάσῃ καταλαμβάνουσιν ἅμα Λικιννίῳ τὸ Σίρμιον.
5 πόλις δὲ Παιονίας τὸ Σίρμιον, ὃ παραρρέει ποταμὸς ἐπὶ
θάτερα Σάος, εἰς τὸν Ἴστρον ἐμβάλλων. παραδραμὼν δὲ
καὶ ταύτην καὶ λύσας τὴν τοῦ ποταμοῦ γέφυραν ἐπὶ τὰ
πρόσω πρόῃει, δύναμιν ἐκ τῶν κατὰ Θρᾴκην χωρίων ἀγεῖραι 5
διανοούμενος.

19. Κατασχὼν δὲ Κωσταντῖνος τὴν Κίβαλιν καὶ τὸ
Σίρμιον καὶ πάντα ὅσα φεύγων ὁ Λικίννιος ὀπίσω κατέλειπεν,
πέμπει πεντακισχιλίους ὁπλίτας ἐπὶ τὴν αὐτοῦ δίωξιν. ἀλλ'
ἐκεῖνοι μέν, ἀγνῶτες τῆς ὁδοῦ δι' ἧς ἔφευγε Λικίννιος ὄντες, 10
φθάσαι τοῦτον οὐκ ἠδυνήθησαν· ὁ δὲ Κωσταντῖνος ζεύξας
τὴν τοῦ Σάου γέφυραν, ἣν ὁ Λικίννιος ἔτυχεν διαλύσας,
ἅμα τῷ στρατῷ Λικιννίου κατόπιν ἐχώρει. διαβὰς δὲ ἐπὶ
τὴν Θρᾴκην ἀφικνεῖται πρὸς τὸ πεδίον ἐν ᾧ Λικίννιον στρατο-
2 πεδευόμενον εὗρεν. ἐν δὲ τῇ νυκτὶ καθ' ἣν ἐπέστη, τάξας 15
τὴν ἑαυτοῦ δύναμιν, ἐπέταττε τοῖς στρατιώταις ἅμα ἠοῖ πρὸς
μάχην παρασκευάζεσθαι. γενομένης δὲ ἡμέρας θεασάμενος ὁ
Λικίννιος τὸν Κωσταντῖνον σὺν τῷ στρατεύματι καὶ αὐτὸς
ἀντετάττετο, κοινωνὸν ἔχων τοῦ πολέμου Οὐάλεντα Καίσαρα
παρ' αὐτοῦ μετὰ τὴν ἀπὸ Κιβάλεως φυγὴν καταστάντα. 20
συμπεσόντων δὲ τῶν στρατοπέδων ἀλλήλοις, τὰ μὲν πρῶτα
διαστάντες τόξοις ἐχρῶντο, τῶν δὲ βελῶν δαπανηθέντων
3 δόρασι καὶ ἐγχειριδίοις ἐνέπιπτον. ἔτι δὲ τῶν στρατοπέδων
καρτερῶς ἐγκειμένων, οἱ παρὰ Κωσταντίνου διῶξαι Λικίννιον
προσταχθέντες ἐφίστανται τοῖς στρατεύμασι μαχομένοις ἔκ 25
τινος ἀπόπτου χωρίου, κάμψαντες δὲ διά τινος λόφου δεῖν
ἐνόμισαν ἐξ ὑπερδεξίου τόπου τοῖς οἰκείοις συμμῖξαι καὶ
τοὺς ἐναντίους ἐς κύκλωσιν καταστῆσαι. φυλαξαμένων δὲ
τῶν σὺν Λικιννίῳ καὶ γενναίως πρὸς ἅπαντας ἀγωνισαμένων,
πολλῶν δὲ καὶ ἀναριθμήτων ἐξ ἑκατέρου πεσόντων τῆς τε 30

---

2. 3. ἐπὶ θάτερα Σάος scripsi, ἐπὶ θατέρασαο V, ἐπὶ θατέρας 5 ‖
3. ἐμβάλλων V ‖ 4. τοῦ Steph, τούτου V, τούτου τοῦ ex apographis Sylburg ‖
5. πρόῃει 5, προσῄει V ‖ 8. κατέλειπε 5 ‖ 12. ἔτυχε 5 ‖ 14. 'in campo
Mardiense ab utroque concurritur' anon. Vales. § 17 Gardth. ‖ 20. κιβα-
λέως V ‖ 22. δὲ βελῶν δὲ δαπ. V ‖ 23. συνέπιπτον cum Bekkero scrip-
serim ‖ 27. τόπου deleverim. aut ἐξ ὑπερδεξίου (III, 21, 1; 30, 3) aut
ἐξ ὑπερδεξίων (II, 21, 2; V, 16, 1; 21, 3) scriptor usurpat (I, 52, 1
aliter comparata) ‖ 29. λικίννωι V ‖ 30. πολλῶν τε? ‖ ἐξ ἑκατέρου] cf. II,
23, 4; 50, 4

μάχης ἰσοπαλοῦς γενομένης, ἐκ συνθήματος ἀλλήλων ἐχωρί-
σθη τὰ στρατεύματα.

20. Τῇ δὲ ὑστεραίᾳ γενομένης ἀνακωχῆς, ἀμφοτέρους
ἐδόκει κοινωνίαν ἔχειν καὶ ὁμαιχμίαν ἐφ' ᾧ τὸν μὲν Κων-
σταντῖνον ἄρχειν Ἰλλυριῶν καὶ τῶν ἐπέκεινα πάντων ἐθνῶν,
Λικίννιον δὲ Θρᾴκην ἔχειν καὶ τὴν ἑῴαν καὶ τὰ ταύτης ἐπ-
έκεινα, Οὐάλεντα δὲ τὸν ὑπὸ Λικιννίου Καίσαρα καθεστα-
μένον ἀναιρεθῆναι, τῶν συμβεβηκότων κακῶν αἴτιον εἶναι
λεγόμενον. οὗ δὴ γενομένου, καὶ δοθέντων ὅρκων ἦ μὴν 2
βέβαια ταῦτα παρ' ἑκατέρου φυλάττεσθαι, πρὸς πίστιν βεβαιο-
τέραν τοῦ ταῖς συνθήκαις ἐμμεῖναι Κωσταντῖνος μὲν καθ-
ίστησι Καίσαρα Κρίσπον, ἐκ παλλακῆς αὐτῷ γεγονότα Μινερ-
βίνης ὄνομα, ἤδη νεανίαν ὄντα, καὶ Κωσταντῖνον οὐ πρὸ
πολλῶν ἡμερῶν ἐν Ἀρελάτῳ τῇ πόλει τεχθέντα, ἀναδείκνυται
δὲ σὺν αὐτοῖς Καῖσαρ καὶ ὁ Λικιννίου παῖς Λικιννιανός, εἰς
εἰκοστὸν προελθὼν μῆνα τῆς ἡλικίας. τοῦτο μὲν οὖν τέλος
ἐγένετο τοῦ δευτέρου πολέμου.

21. Κωσταντῖνος δὲ πυθόμενος Σαυρομάτας τῇ Μαιώ-
τιδι προσοικοῦντας λίμνῃ, ναυσὶ διαβάντας τὸν Ἴστρον, τὴν
οὖσαν ὑπ' αὐτῷ λήξεσθαι χώραν, ἦγεν ἐπ' αὐτοὺς τὰ στρατό-
πεδα. συναντησάντων δὲ καὶ τῶν βαρβάρων αὐτῷ μετὰ
Ῥαυσιμόδου τοῦ σφῶν βασιλεύοντος, τὴν ἀρχὴν οἱ Σαυρο-
μάται προσέβαλλον πόλει φρουρὰν ἀρκοῦσαν ἐχούσῃ, ἧς τὸ
μὲν ἀπὸ γῆς ἀνατρέχον ἐς ὕψος τοῦ τείχους ἐκ λίθων ᾠκο-

---

3. ἀμφοτέρους V, ἀμφοτέροις ς. pacem Mestrianus inter illos con-
ciliavit (anon. Vales. § 18, Petr. Patr. F. H. G. t. IV p. 189, 15), cuius
fieri potest ut nomen interciderit ‖ 5. Ἰλλυρίων V ‖ 7. 8. καθεστάμενον
V ‖ 8. ἀναιρεθῆναι] ἔδοξε τὸν Βάλεντα ἐκβληθῆναι τῆς βασιλείας Petrus
l.ᵈd., cf. an. Val. § 18 ‖ εἶναι Steph, οἶμαι V ‖ 9. ἦμὴν ex ἡμῖν V ‖
10. 11. βέβαιο//τερράν V ‖ 11. τοῦ ταῖς V², τουτε (sine acc.) V ‖ σὺν
θήκᵉς, αι a m. 2, V ‖ 12. παλακῆς V ‖ 13. Κωνσταντῖνον Steph, κωσταν-
τιον (sine acc.) V ‖ 14. τῇ πόλει om. Steph ‖ 16. μῆνα Leunclavius et
Scaliger, μη cum spatio V¹, μῆκος (sine acc.) V². ex eodem atque
Eunapius fonte Victor ep. 41, 4 — qui tamen tempora confudit —:
'filiumque suum, Crispum nomine, ex Minervina concubina susceptum,
item Constantinum iisdem diebus natum oppido Arelatensi, Licinia-
numque Licinii filium, mensium fere viginti, Caesares effecit' ‖ τοῦτο,
quod coniecit Bekk, habet V. τὸ ς ‖ 18 sq. v. Wietersheim-Dahn I²
p. 375 sq. ‖ 19. λίμνη///ναυσι V ‖ 23. πόλει] fort. nomen intercidit ‖ 24.
ἐς V, εἰς ς ‖ ὕψος τοῦ ς, ὑψίστου V

2 δόμητο, τὸ δὲ ἀνωτέρω ξύλινον ἦν. οἰηθέντες τοίνυν οἱ
Σαυρομάται ῥᾶστα τὴν πόλιν αἱρήσειν, εἰ τοῦ τείχους ὅσον
ξύλινον ἦν καταφλέξαιεν, πῦρ τε προσῆγον καὶ τοὺς ἐπὶ τοῦ
τείχους ἐτόξευον. ἐπεὶ δὲ οἱ ἐφεστῶτες τοῖς τείχεσι βέλεσί
τε καὶ λίθοις τοὺς βαρβάρους ἐξ ὑπερδεξίων βάλλοντες ἔκτει- 5
νον, ἀπαντήσας Κωσταντῖνος καὶ κατὰ νώτου τοῖς βαρβάροις
ἐπιπεσὼν πολλοὺς μὲν ἀπέκτεινεν τοὺς δὲ πλείους ἐζώγρησεν,
3 ὥστε τοὺς λειπομένους φυγεῖν. Ῥαυσίμοδος δὴ τὸ πολὺ
μέρος ἀποβαλὼν τῆς δυνάμεως, ἐς τὰς ναῦς ἐμβὰς ἐπε-
ραιοῦτο τὸν Ἴστρον, διανοούμενος καὶ αὖθις τὴν Ῥωμαίων 10
λήξεσθαι χώραν. ὅπερ ἀκούσας ὁ Κωνσταντῖνος ἐπηκολούθει,
τὸν Ἴστρον καὶ αὐτὸς διαβάς, καὶ συμφυγοῦσι πρός τινα
λόφον ὕλας ἔχοντα πυκνὰς ἐπιτίθεται, καὶ πολλοὺς μὲν
ἀνεῖλεν, ἐν οἷς καὶ Ῥαυσίμοδον αὐτόν, πολλοὺς δὲ ζωγρίας
ἑλὼν τὸ περιλειφθὲν πλῆθος χεῖρας ἀνατεῖναν ἐδέξατο, καὶ 15
μετὰ πλήθους αἰχμαλώτων ἐπανήει πρὸς τὰ βασίλεια.

22. Διανείμας δὲ τούτους ταῖς πόλεσιν ἐπὶ τὴν Θεσσα-
λονίκην ἐχώρει, καὶ τὸν ἐν ταύτῃ λιμένα πρότερον οὐκ ὄντα
κατασκευάσας ἐπὶ τὸν πρὸς Λικίννιον αὖθις παρεσκευάζετο
πόλεμον. καὶ τριακόντοροι μὲν εἰς διακοσίας κατεσκευάσθησαν, 20
ναῦς δὲ φορτίδες συνήχθησαν πλέον ἢ δισχίλια, πεζὸς δὲ
στρατὸς ἐς δώδεκα μυριάδας, ἡ ναῦς καὶ ἵππος μυρία. Λικίν-
νιος δὲ Κωνσταντῖνον ἀκούσας ἐν παρασκευαῖς εἶναι, διέ-
πεμπεν ἀγγέλους κατὰ τὰ ἔθνη πλοῖα πολεμικὰ καὶ δυνάμεις
2 πεζάς τε καὶ ἱππικὰς εὐτρεπεῖς ποιῆσαι κελεύων. καὶ σὺν 25
παντὶ τάχει τριήρεις ἐξέπεμπόν οἱ Αἰγύπτιοι μὲν ὀγδοήκοντα,

---

1. τὸ δὲ Cellarius, τῶ δε V ‖ ἦν (sic semper) οἰηθέντες///// (ras.
2—3 litt.) τοίνυν V ‖ 5. ὑπερδεξιῶν V ‖ 5. 6. εκτεινον ex εκτινον (sine
acc. et spir.) V ‖ 6. καὶ κατ' ενω τουτοις V, corr. Sylburg ‖ 7. ἀπέκτεινεν
V², ἀπεκτινεν V¹, ἀπέκτινι ς ‖ πλειους V², πλίους V¹ ‖ 8. δὴ V, δὲ ς ‖
10. καὶ αὖθις — 11. ἐπηκολούθει in lacuna add. al. m. antiqua in V ‖
12. συμφυγοῦσι ex συμφυτοῦσι radendo V ‖ 14. πολ²οὺς V², ///ους (2 litt.
ras.) V¹ ‖ ζωγρίας ex ζωγρ*//// V¹ ‖ 16. πρὸς — 18. ταύτῃ in lacuna
add. al. m. antiqua in V ‖ 19. παρασκευάζετο V ‖ 20. τριακόντοροι
scripsi coll. II, 23, 3, τριηκόντοροι Steph, τριηχοντεροι (sine acc.) V ‖
21. ναῦς] cf. Hultsch quaest. Polyb. I p. 14 sq. ‖ πλέον Steph, πλὴν V,
πλεῖν Boissonade ad Eunap. p. 588, non recte ‖ δισχιλια sine acc. V ‖
22. ες (sine spir.) V, εἰς ς ‖ 23. διέπεμπεν — 24. ἔθνη in lacuna add.
al. m. antiqua in V ‖ 24. ἀγγέλλους V ‖ 25. συμ (sine acc.) V

Φοίνικες δὲ τὰς ἴσας, Ἴωνες δὲ καὶ Δωριεῖς οἱ ἐν τῇ Ἀσίᾳ
ἑξήκοντα, Κύπριοι δὲ τριάκοντα καὶ Κᾶρες εἴκοσι, Βιθυνοὶ
δὲ τριάκοντα, καὶ πεντήκοντα Λίβυες. ὁ δὲ πεζὸς στρατὸς
ἦν πεντεκαίδεκά που μυριάδων, ἱππεῖς δὲ πεντακισχίλιοί τε
5 καὶ μύριοι· τούτους δὲ Φρυγία καὶ Καππαδοκία παρεῖχεν.
ὡρμίσθησαν δὲ αἱ νῆες ἐν τῷ Πειραιεῖ μὲν αἱ Κωσταντίνου,
κατὰ δὲ τὸν Ἑλλήσποντον ἃς Λικίννιος εἶχεν. οὕτω τῶν 3
ναυτικῶν τε καὶ πεζῶν ἑκατέρῳ ταχθέντων, ὁ μὲν Λικίννιος
ἐν Ἀδριανοπόλει τῆς Θρᾴκης τὸ στρατόπεδον εἶχεν, Κωσταν-
10 τῖνος δ᾽ ἐκ τοῦ Πειραιῶς τὰς ναῦς μετεπέμπετο, κατὰ τὸ
πλέον ἐκ τῆς Ἑλλάδος οὔσας, ἐκ δὲ τῆς Θεσσαλονίκης ἅμα
τῷ πεζῷ προελθὼν παρὰ τὴν ᾐόνα τοῦ Ἕβρου ποταμοῦ, τῆς
Ἀδριανουπόλεως ἐν ἀριστερᾷ ἰόντος, ἐστρατοπέδευεν. ἐκτά- 4
ξαντος δὲ καὶ τοῦ Λικιννίου τὴν δύναμιν ἀπὸ τοῦ ὑπερκει-
15 μένου τῆς πόλεως ὄρους ἄχρι σταδίων διακοσίων, καθ᾽ ὃ
Τῶνοσεειος ποταμὸς τῷ Ἕβρῳ συμβάλλει, συχνὰς μὲν ἡμέρας
ἀλλήλοις ἀντεκαθέζετο τὰ στρατόπεδα, κατανοήσας δὲ ὁ Κω-
σταντῖνος ὅπῃ μάλιστα στενότατός ἐστιν ὁ ποταμὸς ἑαυτοῦ,
τοιόνδε τι μηχανᾶται. ξύλα κατάγειν ἐκ τοῦ ὄρους ἐπέταττεν 5
20 τῷ στρατοπέδῳ καὶ σχοίνους πλέκειν ὡς δὴ μέλλων ζευγνύναι
τὸν ποταμὸν καὶ ταύτῃ διαβιβάζειν τὸ στράτευμα. τούτῳ δὲ
βουκολήσας τοὺς ἐναντίους, ἀνελθὼν ἐπί τινα λόφον ὕλας
συνεχεῖς ἔχοντα, καλύπτειν τοὺς ἐντὸς ὄντας αὐτῶν δυνα-
μένας, ἐγκατέστησεν αὐτόθι πεζοὺς μὲν τοξότας πεντακισ-
25 χιλίους, ἱππέας δὲ ὀγδοήκοντα. δώδεκα δὲ παραλαβὼν ἱππέας, 6

---

1. δωριεῖς ex δωριῆς V ‖ 4. ἱππεῖς ϛ, ιππης (sine acc. et spir.) V ‖
5. δὲ accessit ex V ‖ 7. ἐλήσποντον, η ex ι m. 2, τ in ras., V ‖ 9. ἐν
add. V³ ἀδριανοπολει τῆς V², ἀδριανοπολίτης V¹, ἀδριανουπόλει τῆς
Sylb ‖ εἶχε ϛ ‖ 10. πειραι ὡς V¹, πειραι ὡς V² ‖ 11. Θεσαλονίκης, σ a m.
1, V ‖ 12. ιονα (sine acc. et spir.) V ‖ ἔ∥βρου, erasa μ, V ‖ 13. ἐν ἀρι-
στερᾷ ἰόντος locutio continua ‖ 15. καθο (sine acc. et spir.) V ‖ 16. τῶ-
νοσεειος V. latet sine dubio 'Tundja' fl. (v. C. Mueller ad Ptol. t. I
p. 473), 'Erkene' enim fl. quo minus cum P. Meyero (v. Bursiani
Jahresb. 1884 I p. 288) intellegatur, locorum distantia prohibet. qua
tamen nominis forma Zosimus usus sit divinare iam non possumus ‖
σὺν βάλλει V ‖ 18. ὅπῃ V ‖ στενότατός scripsi, στενότατός Bekk, στενό-
τερός V ‖ 19. ἐπέταττε ϛ ‖ 20. στρατοπαίδωι V ‖ 21. καὶ ταύτῃ: 'ca
ratione' Sylb, καν (sic) ταύτῃ V, κἀνταῦθα Reitemeier ‖ 23. συνεχις
(sine acc.) V ‖ 24. ἐν κατέστησεν V ‖ 25. ὀγδοήκοντα] ὀκτακοσίους coni.

ἅμα τούτοις διὰ τοῦ στενοῦ, καθ᾽ ὃ μάλιστα διαβατὸς ὁ πο-
ταμὸς ἦν, ὑπερβὰς τὸν Ἕβρον ἀδόκητος ἐμπίπτει τοῖς πολε-
μίοις, ὥστε πεσεῖν μέν τινας, πολλοὺς δὲ φυγεῖν προτροπά-
δην, τοὺς ⟨δ᾽⟩ ἄλλους πρὸς τὸ αἰφνίδιον καταπεπληγμένους
7 ἑστάναι κεχηνότας ἐπὶ τῷ τῆς διαβάσεως ἀδοκήτῳ. ἐπ᾽ ἀδείας
δὲ καὶ τῶν ἄλλων ἱππέων περαιωθέντων καὶ ἑξῆς παντὸς τοῦ
στρατεύματος, πολὺς μὲν ἐγένετο φόνος (ἔπεσον γὰρ μυριάδες
που τρεῖς καὶ τετρακισχίλιοι), τοῦ ἡλίου δὲ πρὸς δύσιν ὄντος
ὁ μὲν Κωσταντῖνος ἀνελάμβανε τὰ στρατόπεδα, Λικίννιος δέ,
ὅσους οἷός τε γέγονεν τῶν οἰκείων ἀναλαβών, ἤλαυνεν διὰ
τῆς Θρᾴκης, ὡς ἂν τὸ ναυτικὸν καταλάβοι. (23) ἡμέρας δὲ
γενομένης, πάντες ὅσοι τοῦ Λικιννίου στρατεύματος κατὰ
τὸ ὄρος ἢ εἰς φάραγγας ἔτυχον πεφευγότες, ἐξέδοσαν ἑαυ-
τοὺς Κωσταντίνῳ μετὰ τῶν ἀπολειφθέντων τῆς Λικιννίου
φυγῆς.

Λικιννίου δὲ φυγόντος εἰς τὸ Βυζάντιον, ὁ Κωσταντῖνος
2 κατόπιν ἐχώρει καὶ τὸ Βυζάντιον ἐπολιόρκει. τοῦ δὲ ναυτι-
κοῦ, καθάπερ εἴρηταί μοι, τοῦ μὲν Πειραιῶς ἐκπλεύσαντος
εἰς δὲ Μακεδονίαν ὁρμιζομένου μεταπέμπεται τοὺς ναυάρχους
ὁ Κωσταντῖνος, ἐν τῷ στόματι τοῦ Ἑλλησπόντου τὰς ναῦς
3 παραγενέσθαι κελεύσας. ἀφικομένου δὲ τοῦ στόλου κατὰ τὸ
προσταχθέν, οἱ μὲν Κωσταντίνου στρατηγοὶ μόναις ὀγδοή-
κοντα τριακοντόροις ταῖς ἄριστα πλεούσαις ἔγνωσαν ναυμα-
χεῖν οἷα τοῦ τόπου διὰ τὴν στενότητα πλήθει νεῶν οὐκ ὄντος
ἐπιτηδείου, Ἄβαντος δὲ ὁ Λικιννίου ναύαρχος διακοσίαις

Sylburg. etiam proximum numerum corruptum esse patet ‖ 2. ἦν
ἅμα τοῖς ἱππεῦσιν ὑπερβὰς ex dittographia V ‖ ε///βρον V ‖ ἀδόκη-
τος] fort. ἀδοκήτοις scripsit, cf. I, 44, 2; II, 50, 2; III, 28, 4 ‖ 3. πε-
σειν (sine acc.) V², πεσιν V¹ ‖ 4. δ᾽ addidit Bekk ‖ ἐφνίδιον, αι a m. 2,
V ‖ 5. καὶ χηνότας V ‖ ἐπαδίας V ‖ 6. περεωθέντων V ‖ 9. ἀνελάμβανε
V, ὡς ἐλάμβανε 5, unde ὡς . . . . . ἐλάμβανε Sylb, [ὡς] ἐλ. Reitemeier ‖
τὰ στρατόπαιδα V. non sunt 'castra' (στρατόπεδον) sed 'copiae': Con-
stantinus igitur, si lectio certa est, paulisper copias suas refecit. cf.
V, 21, 4: (Φραούιττος) κατὰ χώραν τὴν δύναμιν ἀνελάμβανε ‖ 10. οἷός
τ᾽ εγεγονεν cum ras. sup. primam ε V², οιος ἐγέγονεν V¹, οἷός τε γέ-
γονε 5 ‖ ἤλαυνε 5 ‖ 18. πειραιῶς ex πείραι ὡς V¹, πειραιὼς V² ‖ 20. ελι-
σπόντου V ‖ 22. μόναις Sylb, μόνοις V ‖ 23. πλειούσαις V ‖ 24. νέων V ‖
25. Ἄβαντος] 'Amandus' an. Val. § 26

ἐπέπλει ναυσί, σφόδρα καταφρονῶν τῆς τῶν ἀντιπάλων νεῶν
ὀλιγότητος, καὶ ἐν μέσῳ ταύτας λήψεσθαι ῥᾳδίως οἰόμενος.
ἀρθέντων δὲ τῶν σημείων ἐξ ἑκατέρου καὶ τῶν πρῳρέων ἐπελ- 4
θόντων ἀλλήλοις, οἱ μὲν Κωσταντίνου ναύαρχοι σὺν κόσμῳ
τοῖς ἐναντίοις ἐπιόντες ἔπλεον, τοῦ Ἀβάντου δὲ σὺν οὐδεμιᾷ
τάξει τὸν κατὰ τῶν ἐναντίων ἐπίπλουν ποιουμένου, προσ-
ήρασσε μὲν τὰς ναῦς ἀλλήλαις τῷ πλήθει στενοχωρουμένας,
καὶ παρεδίδου τρόπον τινὰ τοῖς ἐναντίοις ἐς κατάδυσίν τε
καὶ παντοίαν φθοράν. πολλῶν δὲ ναυτῶν καὶ στρατιωτῶν
εἰς θάλασσαν ἐκπεσόντων νὺξ ἐπιγενομένη τὴν ναυμαχίαν
διέλυσεν· καὶ οἳ μὲν εἰς Ἐλεοῦντα τῆς Θρᾴκης ὡρμίσθησαν,
οἳ δὲ εἰς τὸν Αἰάντιον εἰσέπλευσαν λιμένα. (24) τῇ δὲ ὑστε-
ραίᾳ τοῦ βορέου πολλοῦ πνεύσαντος, προελθὼν Ἄβαντος τοῦ
Αἰαντίου λιμένος ἐς ναυμαχίαν παρεσκευάζετο. τῶν δὲ μει-
νάντων ἐν τῷ στόματι τοῦ Ἑλλησπόντου πεντηκοντόρων ἐκ
προστάγματος τῶν στρατηγῶν ἀφικομένων εἰς Ἐλεοῦντα, κατα-
πλαγεὶς ἐπὶ τῷ πλήθει τῶν νεῶν Ἄβαντος ἐνεδοίαξεν ἐπι-
πλεῦσαι τοῖς ἐναντίοις. περὶ δὲ μέσην ἡμέραν ὑπέρρει μὲν 2
τὸ βόρειον πνεῦμα, νότος δὲ πνεύσας πολὺς καὶ τὸν Λικιν-
νίου στόλον πρὸς τῇ τῆς Ἀσίας εὑρὼν ᾐόνι τὰς μὲν ὀκέλλειν
ἐποίει, τὰς δὲ πέτραις προσήρασσεν, τὰς δὲ αὐτάνδρους κατέ-
δυεν, ὥστε ἄνδρας μὲν πεντακισχιλίους, ναῦς δὲ αὐτάνδρους
διαφθαρῆναι τριάκοντα καὶ ἑκατόν, δι' ὧν ἔτυχεν ὁ Λικίννιος
τοῦ στρατοῦ μέρος ἐκ τῆς Θρᾴκης εἰς τὴν Ἀσίαν ἐκπέμψας
οἷα στενοχωρουμένων τῷ πλήθει τῶν μετὰ Λικιννίου πολιορ-
χουμένων ἐν τῷ Βυζαντίῳ. φυγόντος δὲ Ἀβάντου μετὰ τεσ- 3
σάρων νεῶν εἰς τὴν Ἀσίαν, τὰ μὲν τῆς ναυμαχίας τοῦτον

---

2. ἐν μέσῳ ταύτας ς, ἐμμέσω ταῦτα V ‖ 3. σημίων V ‖ πρωρέων
scripsi, προωρέων Vς ‖ 6. τῶν κατα τῶν V ‖ 9. δὲ ναυτῶν καὶ scripsi
cum Sylburgio, δὲ αὐτῶν καὶ V, δὲ καὶ αὐτῶν ς ‖ 11. διέλυσε ς ‖ ελε-
οῦντα V, Ἐλαιοῦντα Sylb ‖ 12. Αἰάντιον ς, εαντιον (sine acc. et spir.)
V. Αἰάντειον malebat Heyne. sed illud in hoc scriptore ferri posse
videtur ‖ 12. 13. ὑστεραίᾳ Steph, ὑστέρα V ‖ 14. ἐς V, εἰς ς ‖ 14. 15. μει-
νάντων V ‖ 15. πεντηκοντόρων aperte falsum est et aut τριακοντόρων
scribendum coll. II, 22, 1; 23, 3 — nec tamen in μεινάντων offenden-
dum — aut τριηράρχων (cf. Marquardt Staatsverw. t. II² p. 509, 2).
ναυάρχων conicere noli ‖ 16. στρατηγῶν Steph, στρατιωτῶν V ‖ Ἐλαι-
οῦντα Sylb ‖ 17. ἐνεδύαξεν V, corr. Steph ‖ 20. ᾐόνι τὰς V², ᾐονίτας V¹ ‖
ὀκέλλειν (sic) V ‖ 21. προσηρασεν (sine acc.) V. προσήρασσε ς ‖ 27. νέων V

διεπολεμήθη τὸν τρόπον· πλοίων δὲ παντοῖα κομιζόντων
φορτία εἰς τὸν Ἑλλήσποντον ἀφικομένων καὶ πλείστην ἐπι-
τηδείων εὐπορίαν τοῖς Κωσταντίνου στρατηγοῖς ἐμποιησάντων,
ἀνήγοντο μὲν οὗτοι μετὰ τοῦ στόλου παντὸς ὡς τοῖς τὸ Βυ-
ζάντιον πολιορκοῦσι συμμίξοντες, κυκλωσόμενοι δὲ καὶ διὰ 5
θαλάσσης τὴν πόλιν, οἱ δὲ Λικιννίου πεζοὶ μηδὲ τὴν θέαν
τῆς ναυτικῆς δυνάμεως ὑποστάντες, ἐπιλαβόμενοι νεῶν εἰς
τὸν Ἐλαιοῦντα ἀπέπλεον.

25. Ἐγκείμενος δὲ τῇ πολιορκίᾳ Κωσταντῖνος, καὶ χῶμα
ἴσον ἔχον ὕψος τῷ τείχει κατασκευάσας, πύργους τε στήσας 10
ἐπὶ τοῦ χώματος ξυλίνους, ὑψηλοτέρους τοῦ τείχους, δι᾽ ὧν
τοὺς τὸ τεῖχος φυλάττοντας κατετόξευον, ὡς ἂν ἐπ᾽ ἀδείας
κριοὺς καὶ ἄλλας μηχανὰς τῷ τείχει προσάγοι, διενοεῖτο τὴν
πόλιν ἑλεῖν. τούτοις ὁ Λικίννιος ἀπορούμενος ἔγνω, κατα-
λιπὼν τὸ Βυζάντιον καὶ ἐν τούτῳ τὸ τῆς στρατιᾶς ἀσθενέ- 15
στερον ἐάσας, μετὰ τῶν ἐπιτηδείων οἱ καὶ δείγματα εὐνοίας
εἰς αὐτὸν ἀποδειξαμένων εἰς Χαλκηδόνα τῆς Βιθυνίας δρα-
2 μεῖν· πεπιστεύκει γὰρ ὡς δυνήσεται στρατιὰν ἐκ τῆς Ἀσίας
συναγαγὼν αὖθις ἀναμαχέσασθαι. διαπλεύσας τοίνυν εἰς τὴν
Χαλκηδόνα, καὶ κοινωνὸν ἑλόμενος τοῦ κινδύνου Μαρτινια- 20
νόν, ἡγεμόνα τῶν ἐν τῇ αὐλῇ τάξεων ὄντα (μάγιστρον τοῦ-
τον ὀφφικίων καλοῦσι Ῥωμαῖοι), Καίσαρα καθίστησι καὶ μετὰ
στρατιᾶς εἰς Λάμψακον ἐκπέμπει, κωλύσοντα τὴν ἀπὸ τῆς
Θρᾴκης ἐπὶ τὸν Ἑλλήσποντον τῶν ἐναντίων διάβασιν· αὐτὸς
δὲ εἰς τοὺς λόφους καὶ τὰς περὶ τὴν Χαλκηδόνα φάραγγας 25
τὴν οἰκείαν ἔτασσε δύναμιν. (26) τούτου δὲ ὄντος ἐν τούτοις,
ὁ Κωσταντῖνος ἔχων πλῆθος νεῶν καὶ φορτίδων καὶ πολε-
μιστηρίων, διὰ τούτων τε βουλόμενος τῆς ἀντιπέραν ἠόνος
κρατῆσαι, δεδιὼς τὸ τῆς κατὰ Βιθυνίαν ἠόνος ναυσὶ μάλιστα
φορτίσι δυσπρόσοδον, κέλητας καὶ ἀκάτια ταχυναυτοῦντα 30

---

    2. ἀφικομένων, ω ex o m. 1, V ‖ 3. ἐνποιησάντων V ‖ 5. σὺν μί-
ξοντες V ‖ 9. ἐγκείμενος V², ἐνκ. V¹ ‖ 10. ἔχων V ‖ 12. κατετόξευεν coni.
Bekk ‖ ἐπ᾽ ἀδείας V², επαδιας (sine acc. et spir.) V ‖ 14. 15. κατα-
λιπὼν ς, κατάλειπων V ‖ 18. στρατιὰν ς, στρατείαν V ‖ 21. 22. τοῦτον
coni. Sylb coll. II, 43, 4, τουτων (sine acc.) V, τῶν Steph ‖ 23. στρα-
τειας (sine acc.) V ‖ 26. οἰκίαν V ‖ 27. νέων V ‖ 28. ἀντιπέραν] ἀντι-
πέρας conieci. cf. ad III, 16, 2 ‖ 29. δὲ διως τα της (sine acc.) V ‖
30. ταχυναυτουντα (sine acc.) V, ταχύτατα ς

κατασκευάσας ἐπὶ τὸ λεγόμενον Ἱερὸν ἄκρον, πρὸς τῷ στό-
ματι τοῦ Πόντου κείμενον, ἀναπλέει, σταδίοις διακοσίοις Χαλ-
κηδόνος διεστηκός, κἀνταῦθα τὴν στρατιὰν ἀποβιβάσας ἐπί
τινας λόφους ἀνῄει, καὶ ἐξ αὐτῶν παρετάττετο. Λικίννιος δὲ 2
τὴν Βιθυνίαν ἐχομένην ὑπὸ τῶν ἐναντίων ὁρῶν, ἐν πᾶσίν τε
κινδύνοις ἐξεταζόμενος, Μαρτινιανὸν μὲν ἐκ τῆς Λαμψάκου
μετακαλεῖται, τοὺς δὲ στρατιώτας παραθαρσύνας καὶ αὐτὸς
ἡγήσεσθαί σφισι καθυποσχόμενος συνέταττε τὸ στρατόπεδον
ὡς ἐς μάχην, καὶ τῆς πόλεως προελθὼν ἀπήντα παρεσκευ-
ασμένοις ἤδη τοῖς ἐναντίοις. μάχης δὲ καρτερᾶς ἐν τοῖς με- 3
ταξὺ Χαλκηδόνος καὶ τοῦ Ἱεροῦ τόποις γενομένης, παρὰ πολὺ
τὸ Κωσταντίνου μέρος ἐκράτει, σὺν πολλῷ τε τόνῳ τοῖς πο-
λεμίοις ἐπιπεσὸν τοσοῦτον εἰργάσατο φόνον ὥστε ἀπὸ τριῶν
καὶ δέκα μυριάδων τρεῖς μόλις διαφυγεῖν. Βυζάντιοι μὲν οὖν
ἅμα τῷ ταῦτα γενέσθαι τὰς πύλας ἀναπετάσαντες ἐδέχοντο
Κωσταντῖνον, ἐποίουν δὲ ταὐτὸ καὶ Χαλκηδόνιοι· Λικίννιος
δὲ μετὰ τὴν ἧτταν ἐς Νικομήδειαν ἐχώρει σὺν τοῖς περιλει-
φθεῖσιν ἱππεῦσιν καὶ πεζῶν χιλιάσιν ὀλίγαις.

27. Ἐν τούτῳ τῷ χρόνῳ πρὸς βασιλέα Κωσταντῖνον
ηὐτομόλησε Πέρσης ἀνήρ, Ὁρμίσδης ὄνομα, τοῦ βασιλείου
γένους, ἐξ αἰτίας τοιᾶσδε. τοῦ πατρὸς αὐτῷ Περσῶν βασι-
λεύοντος καὶ τὴν γενέθλιον ἐπιτελοῦντος κατὰ τὸν Περσῶν
νόμον ἡμέραν, Ὁρμίσδης εἰσῄει θήραν πολλὴν εἰσαγαγὼν εἰς
τὰ βασίλεια. τῶν δὲ παρακληθέντων εἰς τὴν εὐωχίαν οὐ τι-
μησάντων αὐτὸν οὐδὲ κατὰ τὸ καθῆκον ἐπαναστάντων, ἀγα-
νακτήσας ἠπείλησε τὸν Μαρσύου μόρον αὐτοῖς ἐπιθήσειν. οἱ 2
μὲν οὖν πλείους ἠγνόησαν τὸν λόγον οἷα δὴ οὐκ ἐπιχώριον
ὄντα, Πέρσης δέ τις ἐπιδημήσας τῇ Φρυγίᾳ καὶ τὸ κατὰ τὸν

3. στρατείαν V ‖ 5. πᾶσί τε ς ‖ 8. σφησι (sine acc.) V ‖ στρατό-
παιδον V ‖ 9. 10. παρασκευασμένοις V ‖ 15. γενέσθαι] πυθέσθαι con-
ieci. cf. II, 54, 2 ‖ 17. ἐς V, εἰς Reitemeier ‖ 17. 18. περιλειφθεῖσιν, ιν
in ras. (ex ι ut vid.) V ‖ 18. ἱππεῦσι ς ‖ 19 sq. cf. Suidiana v. Μαρσύας,
quae fortasse ad Eunapium redeunt | 20. ηὐτομόλισε V ‖ ὁρμίσδης (sine
spir.) V. et sic p. 84, 1. 3. 7. 12. de nominis ratione v. Noeldeke in
Bezzenbergeri Beitr. t. IV p. 67, 1 ‖ 21. τοῦ πατρὸς] v. Noeldeke Ta-
bari p. 50, 3 ‖ 22. τὸν περσῶν ς, τῶν περσῶν V ‖ 23. ἡμέρα V ‖ ὁρμι-
σδης (sine acc. et spir.) V ‖ πολὴν ex πολλν V¹ ‖ 24. ενωχειαν V ‖
25. ἐξαναστάντων Suid. ‖ 26. ἠπῆλησε V

Μαρσύαν ἀκηκοὼς διήγημα τῆς ἀπειλῆς Ὁρμίσδου τὴν ἔννοιαν
τοῖς παρακαθημένοις ἐξεῖπεν. οἳ δὲ κατασχόντες ἐν μνήμῃ
τὴν ἀπειλήν, ἐπειδὴ τὸν πατέρα τὸν Ὁρμίσδου τελευτῆσαι
συνέβη, μεμνημένοι τῶν ἀπειληθέντων οἱ Πέρσαι τὸν μὲν
ἀδελφὸν τὸν αὑτοῦ νεώτερον ὄντα βασιλέα χειροτονοῦσι, καὶ 5
ταῦτα τοῦ νόμου τῷ πρεσβυτέρῳ τῶν βασιλέως παίδων δι-
δόντος τὴν τῶν ὅλων ἡγεμονίαν, Ὁρμίσδῃ δὲ πέδας ἐπιθέντες
3 ἐφύλαττον ἔν τινι λόφῳ πρὸ τοῦ ἄστεος ὄντι. χρόνου δὲ
τινος διαδραμόντος ἡ τούτου γυνὴ τοιόνδε τρόπον αὐτῷ μη-
χανᾶται φυγήν. ἰχθὺν ἀγρεύσασα μέγαν ῥίνην σιδηρᾶν ἐν- 10
τίθησιν τῇ τούτου νηδύϊ, καὶ ἀναρράψασα δίδωσιν εὐνούχῳ
τῶν πιστοτάτων, εἰπεῖν αὐτὸν Ὁρμίσδῃ κελεύσασα παρόντος
οὐδενὸς φαγεῖν τὸν ἰχθὺν καὶ τῷ κατὰ τὴν τούτου νηδὺν
εὑρισκομένῳ χρήσασθαι πρὸς βοήθειαν. τοῦτο βουλευσαμένη
καμήλους ἐκπέμπει πλήρεις οἴνου καὶ ἀφθόνου τροφῆς, εὐ- 15
4 ωχεῖσθαι διδοῦσα τοῖς τὸν ἄνδρα φυλάττουσιν. ἐπεὶ δὲ οἱ
μὲν φύλακες τῇ εὐωχίᾳ προσεῖχον, Ὁρμίσδης δὲ τὸν ἰχθὺν
διελὼν εὗρεν τὴν ῥίνην, τὰς ἐπικειμένας τοῖς ποσὶν πέδας
διατεμὼν ἀναλαβών τε τὴν τοῦ εὐνούχου στολὴν διὰ μέσων
τῶν φυλάκων ἤδη μεθυόντων ἔξῄει, καὶ τῶν εὐνούχων ἕνα 20
παραλαβὼν ἀφικνεῖται πρὸς τὸν Ἀρμενίων βασιλέα, φίλον
ὄντα καὶ ξένον αὑτῷ. καὶ διὰ τούτου μετ' ἀσφαλείας δια-
σωθεὶς τῷ Κωσταντίνῳ προσέδραμε, καὶ πάσης ἠξιώθη τιμῆς
τε καὶ θεραπείας. ἀλλὰ ταῦτα μὲν ὅπως ἔσχεν ἀφηγησάμην.

28. Κωσταντίνου δὲ τὸν Λικίννιον καὶ ἐν τῇ Νικομη- 25
δείᾳ πολιορκοῦντος, ἀπογνοὺς ταῖς ἐλπίσιν, ἐπιστάμενός τε
ὡς οὐδεμία δύναμις ἔστιν αὐτῷ πρὸς μάχην ἀρκοῦσα, τῆς
πόλεως προελθὼν ἱκέτης τῷ Κωσταντίνῳ καθίσταται, καὶ

---

4. οἱ πέρσαι accessere e V. ceterum manifesta adest dittographia.
inducenda aut verba οἳ δὲ ..... ἀπειλήν — quo facto ἐπεὶ δὲ scri-
bendum — aut μεμνημένοι .... Πέρσαι. hanc rationem praefero ‖
7. ἐπιθέντες ex ἐπιθέντας V ‖ 8. λόφῳ εἱρκτῇ Suid., εἶχεν ἐν φυλακῇ
Ioannes Ant. fr. 178, ἔμφρουρον εἶχεν Zonar. XIII, 5 ‖ 10. ρινασι δηρὰν
V, corr. Steph ‖ 10. 11. ἐντίθησι ς ‖ 11. ἀναράψασα V ‖ 15. ἐκπέμπει ς,
ἐκπέμπειν V ‖ οι^ρου, νου s. vs. a m. 2, V ‖ 16. ἐπει (sine acc.) δὲ V,
ἔπειτα Bekk ‖ 17. ὁρμίσδης, hoc spir., V ‖ 18. εὗρε ς ‖ τὰς V, τὰς δ' ς ‖
ποσὶ ς ‖ παίδας V ‖ 20. φυλακῶν V ‖ 21. προσ τὸν V, πρὸς ς ‖ 25. 26. νι-
κομηδιαι (sine acc.) V, corr. ς ‖ 28. προελθὼν ς, προσελθὼν V ‖ καθ-
είστατai V

τὴν ἁλουργίδα προσαγαγὼν βασιλέα τε καὶ δεσπότην ἐβόα, συγ-
γνώμην ἐπὶ τοῖς προλαβοῦσιν αἰτῶν· ἐθάρρει γὰρ ὡς βιώ- 2
σεται, τῆς αὐτοῦ γαμετῆς ὅρκους ἐπὶ τούτῳ παρὰ Κωσταν-
τίνου λαβούσης. ὁ δὲ Κωσταντῖνος Μαρτινιανὸν· μὲν παρ-
εδίδου τοῖς δορυφόροις ἐπὶ θανάτῳ, Λικίννιον δὲ εἰς τὴν
Θεσσαλονίκην ἐκπέμψας ὡς βιωσόμενον αὐτόθι σὺν ἀσφαλείᾳ,
μετ᾽ οὐ πολὺ τοὺς ὅρκους πατήσας (ἦν γὰρ τοῦτο αὐτῷ σύν-
ηθες) ἀγχόνῃ τοῦ ζῆν αὐτὸν ἀφαιρεῖται.

29. Περιστάσης δὲ τῆς πάσης εἰς μόνον Κωσταντῖνον
ἀρχῆς, οὐκέτι λοιπὸν τὴν κατὰ φύσιν ἐνοῦσαν αὐτῷ κακο-
ήθειαν ἔκρυπτεν, ἀλλὰ ἐνεδίδου τῷ κατ᾽ ἐξουσίαν ἅπαντα
πράττειν. ἐχρῆτο δὲ ἔτι καὶ τοῖς πατρίοις ἱεροῖς, οὐ τιμῆς
ἕνεκα μᾶλλον ἢ χρείας· ᾗ καὶ μάντεσιν ἐπείθετο, πεπειραμένος
ὡς ἀληθῆ προεῖπον ἐπὶ πᾶσι τοῖς κατωρθωμένοις αὐτῷ. ἐπεὶ
δ᾽ εἰς τὴν Ῥώμην ἀφίκετο μεστὸς πάσης ἀλαζονείας, ἀφ᾽
ἑστίας ᾠήθη δεῖν ἄρξασθαι τῆς ἀσεβείας. Κρίσπον γὰρ 2
παῖδα τῆς τοῦ Καίσαρος, ὡς εἴρηταί μοι πρότερον, ἀξιω-
θέντα τιμῆς, εἰς ὑποψίαν ἐλθόντα τοῦ Φαύστῃ τῇ μητρυιᾷ
συνεῖναι, τοῦ τῆς φύσεως θεσμοῦ μηδένα λόγον ποιησάμενος
ἀνεῖλεν. τῆς δὲ Κωσταντίνου μητρὸς Ἑλένης ἐπὶ τῷ τηλι-
κούτῳ πάθει δυσχεραινούσης καὶ ἀσχέτως τὴν ἀναίρεσιν τοῦ
νέου φερούσης, παραμυθούμενος ὥσπερ αὐτὴν ὁ Κωσταντῖνος
κακῷ τὸ κακὸν ἰάσατο μείζονι· βαλανεῖον γὰρ ὑπὲρ τὸ μέτρον
ἐκπυρωθῆναι κελεύσας καὶ τούτῳ τὴν Φαῦσταν ἐναποθέμενος

---

1. τὴν ἁλ. προσαγ.] 'indumentum regium offerre' Vict. ep. 41, 7 ‖
ἐβόα] ἀνεβόα conieci coll. IV, 8, 2; 35, 5; 58, 6 ‖ 2. αἰτῶν ex αὐτῶν
radendo V ‖ 7. μετ᾽ οὐ ϛ, μεθου V ‖ 9. Κωνσταντῖνος δὲ εἰς μόνον αὐ-
τὸν πάσης τῆς Ῥωμαίων ἀρχῆς περιστάσης: Sozom. h. e. I, 8, qui deinde
ex Eusebii v. Const. a Constantino praeclare facta enumerat. fieri
potest ut etiam Sozomenus illam locutionem, qua Zosimus alias quo-
que utitur, cf. II, 18, 1; 55, 1, ex Eunapio desumpserit: videtur certe
Sozomenus ipsum lectitasse Eunapium, cf. ad p. 86, 1 et 87, 6 et
v. Ieep ann. phil. suppl. t. XIV p. 153 ‖ 13. ἡ καὶ μάντεσιν επιθετο V,
corr. ϛ ‖ 14. προειπον (sine acc.) V ‖ κατορθωμένοις V ‖ 15. ἀλαζονείας
Steph, ἀλαζυνίας V ‖ 16. Κρίσπον] proxima excerpsit Suidas v. Κρίσκης,
ubi est Πρίσκος. praeterea cf. Euagr. h. e. III, 40 qui redarguere haec
et sequentia studet (ex Euagrio Niceph. Call. h. e. XVI, 41) ‖ 20. ἀν-
εῖλε ϛ. ὃν κατακτείνει ἄκριτον Suid. ‖ 21. δυσχαιρενούσης V ‖ 22. παρα-
μυθούμενος αὐτὴν ὥσπερ Suid. ‖ 24. ἐκπυρώσας τούτῳ Suid.

3 ἐξήγαγεν νεκρὰν γενομένην. ταῦτα συνεπιστάμενος ἑαυτῷ, καὶ
προσέτι γε ὅρκων καταφρονήσεις, προσῄει τοῖς ἱερεῦσι κα-
θάρσια τῶν ἡμαρτημένων αἰτῶν. εἰπόντων δὲ ὡς οὐ παρα-
δέδοται καθαρμοῦ τρόπος δυσσεβήματα τηλικαῦτα καθῆραι
δυνάμενος, Αἰγύπτιός τις ἐξ Ἰβηρίας εἰς τὴν Ῥώμην ἐλθὼν 5
καὶ ταῖς εἰς τὰ βασίλεια γυναιξὶν συνήθης γενόμενος, ἐντυ-
χὼν τῷ Κωσταντίνῳ πάσης ἁμαρτάδος ἀναιρετικὴν εἶναι τὴν
τῶν Χριστιανῶν διεβεβαιώσατο δόξαν καὶ τοῦτο ἔχειν ἐπάγ-
γελμα, τὸ τοὺς ἀσεβεῖς μεταλαμβάνοντας αὐτῆς πάσης ἁμαρ-
4 τίας ἔξω παραχρῆμα καθίστασθαι. δεξαμένου δὲ ῥᾷστα τοῦ 10
Κωσταντίνου τὸν λόγον καὶ ἀφεμένου μὲν τῶν πατρίων,
μετασχόντος δὲ ὧν ὁ Αἰγύπτιος αὐτῷ μετεδίδου, τῆς ἀσε-
βείας τὴν ἀρχὴν ἐποιήσατο τὴν μαντικὴν ἔχειν ἐν ὑποψίᾳ·
πολλῶν γὰρ αὐτῷ διὰ ταύτης προρρηθέντων εὐτυχημάτων
καὶ ἐκβάντων εἰς ἔργον, ἐδεδίει μή ποτε καὶ ἄλλοις κατ᾽ αὐτοῦ 15
τι πυνθανομένοις τὸ ἐσόμενον προρρηθείη, καὶ ἐκ ταύτης τῆς
5 προαιρέσεως πρὸς τὸ ταῦτα καταλύειν ἐτράπη. τῆς δὲ πατρίου
καταλαβούσης ἑορτῆς, καθ᾽ ἣν ἀνάγκη τὸ στρατόπεδον ἦν
εἰς τὸ Καπιτώλιον ἀνιέναι καὶ τὰ νενομισμένα πληροῦν, δε-
διὼς τοὺς στρατιώτας ὁ Κωσταντῖνος ἐκοινώνησε τῆς ἑορτῆς. 20
ἐπιπέμψαντος δὲ αὐτῷ φάσμα τοῦ Αἰγυπτίου τὴν εἰς τὸ Κα-
πιτώλιον ἄνοδον ὀνειδίζον ἀνέδην, τῆς ἱερᾶς ἁγιστείας ἀπο-
στατήσας, εἰς μῖσος τὴν γερουσίαν καὶ τὸν δῆμον ἀνέστησεν.

1. ἐξήγαγε ς ‖ γενομένην om. Suid. ‖ 1 sq. cf. Sozom. h. e. I, 5:
ὡς Ἕλληνες λέγουσι, qui fort. Eunapium respicit (ex Sozomeno Niceph.
Call. VII, 35) ‖ 2. τοῖς ἱερεῦσι] Sopatro sec. Sozomenum ‖ 5. Αἰγύπτιός
τις] episcopi sec. Soz. Hosium intelligit Tillemout mem. eccl. t. VII
p. 310 ‖ 6. γυναιξὶ ς ‖ 7 sq. cf. Iulian. p. 431, 14 H. qui eandem de
Constantino famam in animo habet ‖ 8. δόξαν] πίστιν Euagrius ‖ 9. ἀσε-
βεῖς] ὅστις ἐναγὴς καὶ βδελυρὸς Iulian. ‖ 9. 10. ὑπέσχοντο πάσης αὐτὸν
ἁμαρτίας καθαίρειν Soz. ‖ 11. πατριῶν V ‖ 12. 13. τῆς ἀσεβείας ὡς αὐ-
τὸς (i. e. Zosimus) ἔφη, τὴν ἀρχὴν ποιήσασθαι Euagrius ‖ 13. ⟨τῷ⟩ τὴν
μαντικὴν vel ἔχων pro ἔχειν coni. Reitemeier, neutrum recte ‖ 14. προ-
ρηθὲν τῶν V ‖ 15. ἐδεδίει V ‖ 18. στρατόπαιδον V ‖ 19. εἰς τὸ Καπιτώ-
λιον — 21. τὴν accesserunt ex V. nil nisi ἰέναι εἰς τὸ Καπ. ἄνοδον ς.
integrum tamen locum vertit P. Gillius ap. Bandurium antiq. Cpol.
t. I p. 352 (ed. Paris. a. 1711) ‖ 19. 21. 22. καπιτώλειον V ‖ 22. ονει-
δίζον V, ὀνειδίζων ς ‖ ἀνέδην scripsi, ἀναίδην Vς ‖ τῆς V, καὶ τῆς ς
22. 23. ἀποστατήσας, quod scripsit Bekk, habet V. ἀποπατήσας apo-
grapha, καταπατήσας Steph ‖ 23. μισος ex μήσος radendo V

30. Οὐκ ἐνεγκὼν δὲ τὰς παρὰ πάντων ὡς εἰπεῖν βλασ-
φημίας πόλιν ἀντίρροπον τῆς Ῥώμης ἐζήτει, καθ᾽ ἣν αὐτὸν
ἔδει βασίλεια καταστήσασθαι. γενόμενος δὲ μεταξὺ Τρῳάδος
καὶ τῆς ἀρχαίας Ἰλίου καὶ τόπον εὑρὼν εἰς πόλεως κατα-
σκευὴν ἐπιτήδειον, θεμελίους τε ἐπήξατο καὶ τείχους τι μέρος
εἰς ὕψος ἀνέστησεν, ὅπερ ἄχρι τοῦδε ὁρᾶν ἔνεστι τοῖς ἐπὶ
τὸν Ἑλλήσποντον πλέουσιν. ἐλθὼν δὲ εἰς μετάμελον καὶ ἀτε-
λὲς τὸ ἔργον καταλιπὼν ἐπὶ τὸ Βυζάντιον ἤει. θαυμάσας δὲ 2
τὴν τῆς πόλεως θέσιν ἔκρινε ταύτην ὅτι μάλιστα αὔξῆσαι καὶ
ἐς βασιλέως οἴκησιν ἁρμοδίαν καταστῆσαι. κεῖται μὲν γὰρ
ἡ πόλις ἐπὶ λόφου, μέρος ἐπέχουσα τοῦ ἰσθμοῦ τοῦ διὰ τοῦ
καλουμένου Κέρατος καὶ τῆς Προποντίδος ἐκτελουμένου. καὶ
τὸ μὲν παλαιὸν εἶχε τὴν πύλην ἐν τῇ συμπληρώσει τῶν στοῶν
ἃς Σεβῆρος ὁ βασιλεὺς ᾠκοδομήσατο, παυσάμενος τῆς κατὰ
Βυζαντίων ὀργῆς, ὅτι Νίγρον ὑπεδέξαντο πολέμιον ὄντα· τὸ 3
δὲ τεῖχος διὰ τοῦ λόφου καθιέμενον ἦν ἀπὸ τοῦ δυτικοῦ μέ-
ρους μέχρι τοῦ τῆς Ἀφροδίτης ναοῦ καὶ θαλάσσης τῆς ἀντι-
κρὺ Χρυσοπόλεως, ἀπὸ δὲ τοῦ βορείου λόφου κατὰ τὸν ἴσον
τρόπον κατιὸν ἄχρι τοῦ λιμένος, ὃ καλοῦσιν Νεώριον, καὶ
ἐπέκεινα μέχρι θαλάσσης ἣ κατευθὺ κεῖται τοῦ στόματος δι᾽
οὗ πρὸς τὸν Εὔξεινον ἀνάγονται Πόντον. μῆκος δὲ ἔχει τὸ
στενὸν τοῦτο μέχρι τοῦ Πόντου σταδίων περί που τριακο-
σίων. τὸ μὲν οὖν ἀρχαῖον τῆς πόλεως μέγεθος τοῦτο ἦν· 4

3. δὲ Τρῳάδος μεταξὺ ⟨Σιγείου⟩ καὶ conieci. εἶτα ἐν Σιγείῳ, τὸ
δὲ τῆς Τρῳάδος ἐστὶν ἀκρωτήριον, ἔνθα καὶ θεμελίους αὐτὸν καταβα-
λέσθαι φασί: Zonar. XIII, 3. vetustissimam esse corruptelam docet
Euagr. III, 41: ἀνὰ μέσον Τρῳάδος καὶ τοῦ Ἰλίου ‖ 5. ἐπήξατο V ‖
6. τουδε οραν (sine acc.) V, νῦν ὁρᾶν ϛ. ex Eunapio haec quoque
transcripta esse puto coll. Sozom. II, 3 — cuius capitis pars prior
aperta refert originis Eunapianae vestigia —: καὶ πύλας κατεσκεύασεν
ἐν περιωπῇ, αἳ δὴ νῦν ἔτι ἀπὸ θαλάσσης φαίνονται ταῖς παραπλέουσι
τοῖς ex τοὺς radendo V ‖ 7. 8. ατε////λὲς V ‖ 8. καταλιπὼν ϛ, κατάλει-
πῶν V ‖ 14. σεβηρος sine acc. V ‖ ᾠκοδομή^{σα}το V ‖ 15. ὅτι Steph, ὅτε
V ‖ ὑπεδέξαντο Steph, ὑπεδέξατο V. cf. I, 8, 1 ‖ 17. μεχρι sine acc. V,
ἄχρι ϛ. de variatione (vs. 19. ἄχρι) cf. F. Krebs 'd. Praepositionsadv.'
I (Monach. 1884) p. 32 sq. ‖ 18. βορίον vel βορείου V ‖ 19. ὅ] immo ὄν.
ceterum cf. Hammer 'Cpolis und der Bosporos' t. I p. 20 ‖ καλοῦσι ϛ
Νεώριαν Banduri ant. Cplit. t. II p. 623, νεώριον vulgo ‖ 21. ἀν/////α-
γόνται, αγ eras., V

ἀγορὰν δὲ ἐν τῷ τόπῳ καθ᾽ ὃν ἡ πύλη τὸ ἀρχαῖον ἦν οἰκο-
δομήσας κυκλοτερῆ, καὶ στοαῖς διστέγεσι ταύτην περιλαβών,
ἀψῖδας δύο μαρμάρου Προκοννησίου μεγίστας ἀλλήλων ἀντίας
ἀπετύπωσε, δι᾽ ὧν ἔνεστιν εἰσιέναι τε εἰς τὰς Σεβήρου στοὰς
καὶ τῆς πάλαι πόλεως ἐξιέναι. πολλῷ δὲ μείζονα τὴν πόλιν 5
ἀποφῆναι βουλόμενος, τοῦ πάλαι τείχους ἐπέκεινα σταδίοις
πεντεκαίδεκα τείχει περιέβαλε τὴν πόλιν ἀπολαμβάνοντι πάντα
τὸν ἰσθμὸν ἀπὸ θαλάσσης εἰς θάλασσαν. (31) τούτῳ τῷ
τρόπῳ πολλῷ μείζονα τῆς προτέρας ἀποτελέσας, καὶ βασίλεια
κατεσκεύασεν οὐ πολλῷ τῆς Ῥώμης ἐλάττονα· καὶ τὸν ἱππό- 10
δρομον εἰς ἅπαν ἐξήσκησε κάλλος, τὸ τῶν Διοσκούρων ἱερὸν
μέρος αὐτοῦ ποιησάμενος, ὧν καὶ τὰ δείκηλα μέχρι νῦν ἔστιν
ἐπὶ τῶν τοῦ ἱπποδρόμου στοῶν ἑστῶτα ἰδεῖν. ἔστησεν δὲ
κατά τι τοῦ ἱπποδρόμου μέρος καὶ τὸν τρίποδα τοῦ ἐν Δελ-
φοῖς Ἀπόλλωνος, ἔχοντα ἐν ἑαυτῷ καὶ αὐτὸ τὸ τοῦ Ἀπόλ- 15
2 λωνος ἄγαλμα. οὔσης δὲ ἐν τῷ Βυζαντίῳ μεγίστης ἀγορᾶς
τετραστόου, κατὰ τὰς τῆς μιᾶς στοᾶς ἄκρας, εἰς ἣν ἀνάγουσιν
οὐκ ὀλίγοι βαθμοί, ναοὺς ᾠκοδομήσατο δύο, ἐγκαθιδρύσας
ἀγάλματα, θατέρῳ μὲν μητρὸς θεῶν Ῥέας, ὅπερ ἔτυχον οἱ
σὺν Ἰάσονι πλεύσαντες ἱδρυσάμενοι κατὰ τὸ Δίνδυμον ὄρος 20
τὸ Κυζίκου τῆς πόλεως ὑπερκείμενον. φασὶν δὲ ὡς καὶ τοῦτο
διὰ τὴν περὶ τὸ θεῖον ἐλωβήσατο ῥαθυμίαν, τούς τε περὶ
ἑκάτερα λέοντας περιελὼν καὶ τὸ σχῆμα τῶν χειρῶν ἐναλλά-
3 ξας· κατέχειν γὰρ πάλαι δοκοῦσα τοὺς λέοντας νῦν εἰς εὐχο-

---

2. κυκλο//τερη, ο radendo ex ω, accentu omisso, V ‖ διστέγεσι
(sic) V, διστέγοις coni. Sylb, bene ‖ 3. ἀψῖδας V ‖ Προκοννησίου scripsi
coll. Meinekio ad Steph. Byz. p. 121, προκονησίου V, Προικοννησίου
Steph, Προικοννησίου Bekk ‖ 4. τε εἰς V, εἰς ϛ ‖ 7. μεγίστοις τείχεσι
περιέβαλεν Sozom. II, 3 ‖ ἀπολαμβανοντι (sine acc.), alt. ο in ras. m. 1,
V ‖ 7. 8. πάντατα τὸν V ‖ 10. τῆς] ⟨τὸν⟩ τῆς coni. Reitemeier, bene ‖
10. 11. ἱππόδρομον] cf. Banduri t. II p. 662 sq. ‖ 13. ἔστησε ϛ ‖ 14. τὸν
τρίποδα] non est donarium Plataeense, quae fuit Frickii (ann. phil.
suppl. t. III p. 516) aliorumque sententia: illius enim forma (v. E. Fa-
bricius 'Jahrb. d. archaeol. Instituts' t. I p. 189) similis quidem erat,
sed hic tripus fulcrum medium non serpentium spiras sed ipsius Apol-
linis simulacrum habebat (ἔχοντα ἐν ἑαυτῷ κτέ.) ‖ 17. τετραστόου] re-
currit vocabulum in inscr. Lycia ap. Benndorfium 'Reisen in Lykien
und Karien' t. I (Vindob. 1884) p. 66 n. 38 ‖ 19. μὲν ϛ, ἐν V ‖ 21. φασὶ
ϛ ‖ 22. τε περὶ] τε παρ᾽ coni. Bekk, bene

μένης μεταβέβληται σχῆμα, τὴν πόλιν ἐφορῶσα καὶ περι-
έπουσα. ἐν δὲ θατέρῳ Ῥώμης ἱδρύσατο Τύχην. κατασκευάσας
δὲ οἰκίας τισὶν τῶν ἐκ τῆς γερουσίας ἀκολουθήσασιν αὐτῷ,
διετέλεσεν πόλεμον οὐδένα κατωρθωκώς. ἐπελθόντων δὲ
₅ Θαϊφάλων, Σκυθικοῦ γένους, ἱππεῦσι πεντακοσίοις, οὐ μόνον
οὐκ ἀντετάξατο τούτοις, ἀλλὰ τὸ πολὺ τῆς δυνάμεως ἀπο-
βαλὼν καὶ τὰ μέχρι τοῦ χάρακος αὐτοὺς ληζομένους ἰδὼν ἀγα-
πητῶς ἀποδρὰς διεσώθη.

32. Μείνας δὲ ἀπόλεμος καὶ τρυφῇ τὸν βίον ἐκδοὺς
₁₀ διένειμε τῷ Βυζαντίων δήμῳ σίτησιν δημοσίαν, ἣν ἄχρι τοῦδε
διέμεινεν ἔχων. εἰς οἰκοδομίας δὲ πλείστας ἀνωφελεῖς τὰ
δημόσια χρήματα δαπανῶν, τινὰ κατεσκεύασεν ἃ μικρὸν ὕστε-
ρον διελύετο, βέβαια διὰ τὴν ἔπειξιν οὐ γενόμενα. συνετά-
ραξεν δὲ καὶ τὰς πάλαι καθεσταμένας ἀρχάς. δύο γὰρ τῆς ₂
₁₅ αὐλῆς ὄντων ὑπάρχων καὶ τὴν ἀρχὴν κοινῇ μεταχειριζομένων,
οὐ μόνον τὰ περὶ τὴν αὐλὴν τάγματα τῇ τούτων ᾠκονομεῖτο
φροντίδι καὶ ἐξουσίᾳ, ἀλλὰ καὶ τὰ ἐπιτετραμμένα τὴν τῆς
πόλεως φυλακὴν καὶ τὰ ταῖς ἐσχατιαῖς ἐγκαθήμενα πάσαις·
ἢ γὰρ τῶν ὑπάρχων ἀρχὴ δευτέρα μετὰ τὰ σκῆπτρα νομιζο-
₂₀ μένη καὶ τῶν σιτήσεων ἐποιεῖτο τὰς ἐπιδόσεις καὶ τὰ παρὰ
τὴν στρατιωτικὴν ἐπιστήμην ἁμαρτανόμενα ταῖς καθηκούσαις

---

2. Τύχην] cf. Mommsen C. I. L. t. III p. 136 ‖ 3. τισὶ ς ‖ post
αὐτῷ fort. lacuna est. cf. Euagr. III, 41: (φῄς i. e. Zosimus) ὡς χρυ-
σίου πάμπολυ χρῆμα τοῖς ἅμα οἱ ἀφικομένοις ἀνὰ τὸ Βυζάντιον ἐπιδέ-
δωκεν ἐς κατασκευὴν ἰδιωτικῶν οἴκων ‖4. διετέλεσε ς ‖ δὲ] 'concinnius
γοῦν' Bekk ‖ 5. Θαιφαλων sine acc. V. de scriptura v. Zeuss p. 433.
ipsa narratio subobscura et fortasse corrupta est, invidiosa certe ‖ 6. τὸ
V, καὶ τὸ ς ‖ 9. μίνας V ‖ τρυφῇ] Iulian. p. 422, 15 ‖ 10. βυζαντίων ς,
βυζαντίωι V ‖ δημοσίαν quamquam iam legit Euagr. III, 41, tamen
ἡμερησίαν conieci coll. Socr. h. e. II, 13, Phot. bibl. p. 475 a 39 Bk.,
Codin. de orig. Cp. p. 16, 4 Bk. (ubi sic legendum et distinguendum:
ἐφιλοτιμήσατο ('largitus est') δὲ καὶ τῷ δήμῳ, καθ' ἓν' ἕκαστον (de-
leto v. ἔτος) παρέχων, ἄρτους ἡμερησίους). de re v. E. Gebhardt 'd.
Verpflegungswesen von Rom u. Cpel' (Dorpati 1881) p. 20 sq. ‖ 11. fort.
sic scribenda: εἰς οἰκ. δέ, ⟨τὰς⟩ πλείστας ἀνωφελεῖς, τὰς ‖ 13. 14. συν-
ετάραξε ς ‖ 16. ᾠκονόμειτο (sic) V, ᾠκονόμητο Bekk ‖ 17. γὰρ ante καὶ
τὰ cum Sylburgio deleri; a verbo enim ᾠκονόμειτο folium in V incipit.
de ipsius rei improbabilitate v. Mommsen r. Staatsr. t. II³ p. 1064 ‖
21. p. 90, 1. καθ' ηκούσαις ἐπηνωρ///θον (sine acc.) V. ἐπηνόρθου recurrit
IV, 44, 4; cf. ἐπηνωρθώθη Dittenberger syll. inscr. Gr. 373, 4

ἐπηνώρθου κολάσεσι. (33) Κωσταντῖνος δὲ τὰ καλῶς καθ-
εστῶτα κινῶν μίαν οὖσαν ἐς τέσσαρας διεῖλεν ἀρχάς. ὑπ-
άρχῳ γὰρ ἑνὶ τὴν Αἴγυπτον ἅπασαν πρὸς τῇ Πενταπόλει Λι-
βύης καὶ τὴν ἑῴαν ἄχρι Μεσοποταμίας καὶ προσέτι γε Κίλικας
καὶ Καππάδοκας καὶ Ἀρμενίους καὶ τὴν παράλιον ἅπασαν   5
ἀπὸ Παμφυλίας ἄχρι Τραπεζοῦντος καὶ τῶν παρὰ τὸν Φᾶσιν
φρουρίων παρέδωκεν, τῷ αὐτῷ καὶ Θρᾴκην ἐπιτρέψας, Μυσίᾳ
τε μέχρις Ἀσήμου καὶ Ῥοδόπῃ μέχρι Τοπήρου πόλεως ὁριζο-
μένην, καὶ Κύπρον μέντοι καὶ τὰς Κυκλάδας νήσους δίχα
2 Λήμνου καὶ Ἴμβρου καὶ Σαμοθρᾴκης· ἑτέρῳ δὲ Μακεδόνας   10
καὶ Θεσσαλοὺς καὶ Κρῆτας καὶ τὴν Ἑλλάδα καὶ τὰς περὶ
αὐτὴν νήσους καὶ ἀμφοτέρας Ἠπείρους, καὶ πρὸς ταύταις
Ἰλλυριοὺς καὶ Δάκας καὶ Τριβαλλοὺς καὶ τοὺς ἄχρι τῆς Βα-
λερίας Παίονας, καὶ ἐπὶ τούτοις τὴν ἄνω Μυσίαν· τῷ δὲ
τρίτῳ τὴν Ἰταλίαν ἅπασαν καὶ Σικελίαν καὶ τὰς περὶ αὐτὴν   15
νήσους καὶ ἔτι γε Σαρδόνα καὶ Κύρνον καὶ τὴν ἀπὸ Σύρτεων
κέρνης ἄχρι Λιβύην, τῷ δὲ τετάρτῳ τοὺς ὑπὲρ τὰς Ἄλπεις
3 Κελτούς τε καὶ Ἴβηρας πρὸς τῇ Βρεττανικῇ νήσῳ. ταύτῃ
διελόμενος τὴν τῶν ὑπάρχων ἀρχὴν καὶ ἄλλοις τρόποις ἐλατ-
τῶσαι ταύτην ἐσπούδασεν· ἐφεστώτων γὰρ τοῖς ἁπανταχοῦ   20
στρατιώταις οὐ μόνον ἑκατοντάρχων καὶ χιλιάρχων ἀλλὰ καὶ
τῶν λεγομένων δουκῶν, οἳ στρατηγῶν ἐν ἑκάστῳ τόπῳ τάξιν

2. 3. pr. pr. Orientis ‖ 3. 4. Λιβύηι V, corr. ϛ ‖ 5. καππαδόκας ϛ ‖
7. παρέδωκε ϛ ‖ Μυσίᾳ scripsi, μυσίαν Vϛ ‖ 8. ἀσήμου ex ἀσίμου V¹.
Αἴμου posuit Steph, male. cf. W. Tomaschek Z. f. oesterr. Gymn.
t. XVIII (a. 1867) p. 721 ‖ ροδοπηι (sine acc. et spir.) V, Ῥοδόπης inde
a Stephano editores, male ‖ μέχρι V, καὶ μέχρι ϛ ‖ τοπηρον (sine acc.)
V, Δοβήρου Steph. cf. Tomaschek l. d. et C. Müller ad Ptol. t. I
p. 486 ‖ 10. λιμνου (sine acc.) V, corr. ϛ ‖ pr. pr. Illyrici ‖ 13. 14. βαλ-
λερίας παιόνας V. de Valeria v. Marquardt Staatsv. I³ p. 294 ‖ 14. 15. pr.
pr. Italiae ‖ 15. deest dioecesis Illyrici, librariorum errore puto. ἅπα-
σαν καὶ Ἰλλυρίδα καὶ τὰς περὶ αὐτὴν νήσους . . . . . . Κύρνον καὶ Σικε-
λίαν καὶ τὴν ἀπὸ Σύρτεων expectabam ‖ 16. συρτέων V ‖ 17. κέρνης V,
Κυρήνης Steph quod hucusque patienter omnes tulerunt, etiam Boecking
ad not. occ. p. 140, quamvis manifesto absurdum sit. dioecesis Afri-
cae orientem versus terminabatur Syrti maiore, occidentem versus
Mauretiana Caesariensi. haec igitur provincia in corrupto v. κέρνης
latet: Καισαρησίας vel Καισαρηνσίας (de forma v. Meineke ad Steph.
Byz. p. 437) ‖ pr. pr. Galliarum ‖ αλπις (sine acc. et spir.) V ‖
18. βρεττανικῇ Sylb, βριττ. V

ἐπεῖχον, στρατηλάτας καταστήσας, τὸν μὲν τῆς ἵππου τὸν δὲ
τῶν πεζῶν, εἰς τούτους τε τὴν ἐξουσίαν τοῦ τάττειν στρα-
τιώτας καὶ τιμωρεῖσθαι τοὺς ἁμαρτάνοντας μεταθείς, παρεί-
λετο καὶ ταύτης τοὺς ὑπάρχους τῆς αὐθεντίας. ὅ τι δὲ τοῦτο 4
καὶ τοῖς ⟨ἐν⟩ εἰρήνῃ καὶ τοῖς κατὰ πόλεμον ἐλυμήνατο πράγ-
μασιν, αὐτίκα ἐρῶ. τῶν ὑπάρχων τοὺς ἁπανταχοῦ φόρους
διὰ τῶν ὑπηρετουμένων αὐτοῖς εἰσπραττόντων καὶ τὴν στρατιω-
τικὴν ἐκ τούτων ποιουμένων δαπάνην, ἐχόντων δὲ τοὺς στρα-
τιώτας ὑποχειρίους εἰς τὸ δίκας ὑπέχειν κατὰ τὸ δοκοῦν αὐ-
τοῖς ἐπὶ τοῖς ἁμαρτήμασιν, εἰκότως οἱ στρατιῶται κατὰ νοῦν
ἔχοντες ὡς ὁ χορηγῶν τὴν σίτησιν αὐτοῖς καὶ πταίουσιν ἐπ-
εξέρχεται, πράττειν τι παρὰ τὸ καθῆκον οὐκ ἐθάρρουν δέει
καὶ τῆς τῶν σιτήσεων ἀφαιρέσεως καὶ τῆς παρὰ πόδας κολά-
σεως. νῦν δὲ ἑτέρου μὲν ὄντος τοῦ τὰς τροφὰς ἐπιδιδόντος 5
ἑτέρου δὲ τοῦ τῆς ἐπιστήμης κυρίου, κατ' ἐξουσίαν ἅπαντα
πράττουσι, πρὸς τῷ καὶ τὸ πλέον τῶν σιτήσεων μέρος εἰς
κέρδος τοῦ στρατηγοῦ καὶ τῶν ὑπηρετουμένων τούτῳ χωρεῖν.

34. Ἔπραξεν δέ τι Κωσταντῖνος καὶ ἕτερον, ὃ τοῖς
βαρβάροις ἀκώλυτον ἐποίησε τὴν ἐπὶ τὴν Ῥωμαίοις ὑποκει-
μένην χώραν διάβασιν. τῆς γὰρ Ῥωμαίων ἐπικρατείας ἁπαν-
ταχοῦ τῶν ἐσχατιῶν τῇ Διοκλητιανοῦ προνοίᾳ κατὰ τὸν εἰρη-
μένον ἤδη μοι τρόπον πόλεσι καὶ φρουρίοις καὶ πύργοις
διειλημμένης, καὶ παντὸς τοῦ στρατιωτικοῦ κατὰ ταῦτα τὴν
οἴκησιν ἔχοντος, ἄπορος τοῖς βαρβάροις ἦν ἡ διάβασις, παν-
ταχοῦ δυνάμεως ἀπαντώσης τοὺς ἐπιόντας ἀπώσασθαι δυνα-
μένης. καὶ ταύτην δὴ τὴν ἀσφάλειαν διαφθείρων ὁ Κωσταν- 2
τῖνος τῶν στρατιωτῶν τὸ πολὺ μέρος τῶν ἐσχατιῶν ἀποστήσας
ταῖς οὐ δεομέναις βοηθείας πόλεσιν ἐγκατέστησε, καὶ τοὺς
ἐνοχλουμένους ὑπὸ βαρβάρων ἐγύμνωσε βοηθείας, καὶ ταῖς
ἀνειμέναις τῶν πόλεων τὴν ἀπὸ τῶν στρατιωτῶν ἐπέθηκε
λύμην, δι' ἣν ἤδη πλεῖσται γεγόνασιν ἔρημοι, καὶ τοὺς στρα-

---

1. στρατηλάτας] cf. Fabroti gloss. ad Cedren. t. II p. 939 Bk. ‖
5. ἐν add. Steph ‖ 12. δε ει, cum ras. sup. utramque ε, V ‖ 15. δε (sine
acc.) add. V² ‖ 18. ἔπραξε ϛ ‖ 18. 19. τοῖς βαρβάροις] cf. Lyd. de mag.
II, 10 ‖ 21. 22. cf. ad p. 54 ‖ 25. 26. δυναμένης accessit ex V ‖ 28. ἐγκατ-
έστη⫻⫻⫻⫻ V ('eras. σε et c. 6 litt. quarum prima τ' Mau). ceterum
Constantini consilium a Zosimo plane non intellectum esse constat.
v. Wietersheim-Dahn t. I² p. 396

τιώτας ἐκδόντας ἑαυτοὺς θεάτροις καὶ τρυφαῖς ἐμαλάκισε, καὶ
ἁπλῶς εἰπεῖν τῆς ἄχρι τοῦδε τῶν πραγμάτων ἀπωλείας αὐτὸς
τὴν ἀρχὴν καὶ τὰ σπέρματα δέδωκε.

35. Καίσαρα δὲ καταστήσας ἤδη τὸν ἑαυτοῦ παῖδα Κων-
σταντῖνον, ἀποδείξας δὲ σὺν αὐτῷ καὶ Κωνστάντιον καὶ Κών-
σταντα παῖδας ὄντας αὐτῷ, ηὔξησε τὴν Κωνσταντινούπολιν
εἰς μέγεθος πόλεως σφόδρα μεγίστης, ὥστε καὶ τῶν μετ' αὐ-
τὸν αὐτοκρατόρων τοὺς πολλοὺς τὴν οἴκησιν ἑλομένους τὴν
ἐν αὐτῇ πλῆθος ὑπὲρ τὴν χρείαν συναγαγεῖν, τῶν ἀπανταχοῦ
γῆς ἢ στρατείας ἢ ἐμπορίας ἕνεκεν ἢ ἄλλων ἐπιτηδευμάτων
2 εἰς ταύτην ἀγειρομένων· διὸ καὶ τείχεσιν ἑτέροις, πολλῷ μεί-
ζοσιν ὧν Κωνσταντῖνος ἐποίησεν, αὐτὴν περιέβαλον, καὶ τὰς
οἰκήσεις οὕτως εἶναι συνεχώρησαν συνεχεῖς ὥστε καὶ οἰκου-
ροῦντας καὶ ἐν ταῖς ἀγοραῖς ὄντας στενοχωρεῖσθαι τοὺς ταύ-
της οἰκήτορας καὶ μετὰ κινδύνου βαδίζειν διὰ τὴν τῶν ἀν-
θρώπων καὶ ζῴων πολυπλήθειαν. ἐπεγαιώθη δὲ καὶ τῆς περὶ
αὐτὴν θαλάσσης οὐκ ὀλίγον, πάλων κύκλῳ παγέντων καὶ
οἰκοδομημάτων αὐτοῖς ἐπιτεθέντων, ⟨ἃ⟩ καὶ καθ' ἑαυτὰ πό-
λιν ἀρκεῖ μεγάλην πληρῶσαι.

36. Καί μοι πολλάκις ἐπῆλθε θαυμάσαι πῶς εἰς τοσοῦτο
τῆς Βυζαντίων πόλεως ηὐξημένης ὡς μηδεμίαν ἄλλην εἰς εὐ-
δαιμονίαν ἢ μέγεθος αὐτῇ παραβάλλεσθαι, πρόῤῥησις ἐκ θεῶν
οὐδεμία περὶ τῆς εἰς ἀμείνονα τύχην αὐτῆς ἐπιδόσεως τοῖς
2 πρὸ ἡμῶν ἀνθρώποις ἐδόθη. καὶ ταύτην ἐκ πολλοῦ τὴν
ἔννοιαν ἔχων, πολλάς τε βίβλους ἱστορικὰς καὶ χρησμῶν

2. 3. respicere videtur Euagr. III, 41 p. 375, 30 Read. ‖ 5. σὺν]
immo ἐπ'. Constantinus a. 317, Constantius a. 323, Constans a. 333
Caesares facti sunt ‖ 6. κωνσταντινούπολιν ex κωνσταντινουπόλιν V²‖
8. τὴν ante ἐν deleverim ‖ 10. ἐμπορίας V, -είας ϛ ‖ 12. ὧν V, ὧν ὁ ϛ ‖
περιέβαλον i. e. Theodosius II a. 413, per Anthemium pr. pr. ‖ 14. ἀγο-
ραῖς] ἀγυιαῖς in mg. apographi Leunclaviani adscriptum. quae con-
iectura vera videtur: fora enim Cplitana non nimis angusta fuerunt,
cf. Hammer t. I p. 127 sq. contra ἀγυιὰς et στενωποὺς similiter in-
cusat Agath. V, 3 ‖ 16. πολυπληθείαν V ‖ 18. ἃ καὶ ϛ, καὶ V. fieri
autem potest ut in Vaticani καὶ ipsum ἃ lateat ‖ 21. ὡς] cf. Krebs ap.
Schanzium 'Beitr. z. hist. Synt. d. gr. Spr.' t. I p. 97 sq. de usu hoc
Polybiano. ὥστε ceteris locis post τοσοῦτο Zosimus ‖ εἰς V, ἐς ϛ ‖
22. ἢ V, ἂν ἢ ϛ ‖ αὐτῇ V², αὐτὴν V ‖ 23. οὐδὲ μία V ‖ 24. ταύτην V²,
αὐτὴν V¹ ‖ 25. hanc Zosimi professionem cur cum Martino 'de font.

συναγωγὰς ἀνελίξας, χρόνον τε ἐν τῷ περὶ τούτων ἀπορεῖν
δαπανήσας, ἐνέτυχον μόλις χρησμῷ τινὶ Σιβύλλης εἶναι
λεγομένῳ τῆς Ἐρυθραίας ἢ Φαεννοῦς τῆς Ἠπειρώτιδος (καὶ
αὐτὴ γὰρ γενομένη κάτοχος ἐκδεδωκέναι χρησμοὺς λέγεται),
5 ᾧ πεποιθότα Νικομήδην τὸν Προυσίου καὶ πρὸς τὸ δοκοῦν
λυσιτελεῖν ἑρμηνεύοντα πόλεμον ἄρασθαι πρὸς τὸν πατέρα
Προυσίαν, Ἀττάλῳ πειθόμενον. ἔχει δὲ τὸ λόγιον οὕτως.
    37. Ὦ βασιλεῦ Θρῃκῶν, λείψεις πόλιν ἐν προβάτοισιν,
        αὐξήσεις δὲ λέοντα μέγαν, γαμψώνυχα, δεινόν,
10   ὅς ποτε κινήσει πατρίας κειμήλια χώρας,

Zos.' p. 23 in dubitationem vocemus nihil plane causae est ‖ 1. τούτω,
ν a m. 2, V ‖ 3. φαελλους, sine acc., V, corr. Reitemeier aliique ‖ 6. ἄρα-
σθαι V², ἀράσθαι V¹ ‖ 7. ἀττ///άλω V ‖ 8. duo coaluisse puto oracula
— ante Zosimi nimirum aetatem, qui ipse iam concreta dudumque
vitiata in aliqua χρησμῶν συναγωγῇ invenit. quod autem illo ad Ni-
comedis II Epiphanis res versus spectare coniecit, nihil probabilitatis
ea suspicio habet. ego versibus quattuordecim prioribus oraculum con-
tineri existimo quo Nicomedes I deterreretur a consilio suo Gallos in
Asiam recipiendi; versibus autem septem posterioribus Byzantios ab Apol-
line moneri puto ut a Gallis caveant. constat autem Nicomedem I
a. 278 contra Zipoetem fratrem Gallos arcessiisse (Droysen Hellen.
t. III², 1 p. 190 sq.). quod ἐπ' ὀλέθρῳ τῶν πόλεων factum iri et Pha-
ennis προδηλῶσαι perhibetur a Pausania X, 15, 2 et Memnone teste
(ap. Phot. bibl. p. 227 b 30) αὕτη τῶν Γαλατῶν ἡ ἐπὶ τὴν Ἀσίαν διά-
βασις κατ' ἀρχὰς ἐπὶ κακῷ τῶν οἰκητόρων προελθεῖν ἐνομίσθη. qua-
propter 'leonis' mentione (vs. 2) Leonnorium (qui ἀρχηγὸς δοκεῖ μά-
λιστα τῆς περαιώσεως τῆς εἰς τὴν Ἀσίαν γενέσθαι: Strab. p. 566 extr.)
designari puto, cum 'lupus' (vs. 7) sit alter Gallorum dux Luturius
(Memno l. d., Liv. XXXVIII, 16). 'lupi' igitur (vs. 9) Galli sunt, nec
vero ut Heyne opinatus est Romani ‖ vs. 1—6. extant etiam apud
Tzetz. Chil. VII, 558—563 (nec vero apud Phlegontem in Longaevis quem
addidit Reitemeier). praeterea totum adponit oraculum P. Gillius ap.
Bandurium ant. Cpol. t. I p. 412 ed. Paris. ‖ λείψεις Tzetz. et, corr. ex
λήψεις, V¹, λήψεις 5 ‖ λείψεις πόλιν ἦν προβάτοισιν probabiliter coniecit
Nauck: 'urbem tuam ovibus vastam relinques': μηλόβοτον καταλείψεις
(Herodian. VIII, 4, 8 al.). cf. orac. Sibyll. VIII, 41 de Roma: καὶ σὰ
θέμεθλα λύκοι καὶ ἀλώπεκες οἰκήσουσι ‖ 9. δεινόν Tzetz. V², δειλόν V¹, ‖
10. κινήσει 'asportabit'. πατρίας γε θεμείλια coni. Heyne, male. nimis
autem perspicacem Phaennidem fecit Lasaulx 'Untergang des Helle-
nismus' p. 49, ad Palladium quod Constantinus Roma clam subreptum
Byzantium asportasse postea ferebatur haec referens. ceterum atticas
formas epicis mixtas mutare nolui, v. quae disputavit Hendess diss.

γαῖαν δ' αἱρήσει μόχθων ἄτερ. οὐδέ σέ φημι
5 σκηπτούχοις τιμαῖσιν ἀγάλλεσθαι μάλα δηρόν,
ἐκ δὲ θρόνων πεσέειν, οἷοι κύνες ἀμφὶς ἔχουσι.
κινήσεις δ' εὕδοντα λύκον γαμψώνυχα, δεινόν·
οὐδ' ἐθέλοντι γὰρ εἴσω ὑπὸ ζυγὸν αὐχένα θήσει.
δὴ τότε Βιθυνῶν γαῖαν λύκοι οἰκήσουσι
10 Ζηνὸς ἐπιφροσύναισι. ταχὺ δ' ἐπιβήσεται ἀρχὴ
ἀνδράσιν οἳ Βύζαντος ἕδος καταναιετάουσι.
τρὶς μάκαρ Ἑλλήσποντε, θεόκτιτα τείχεά τ' ἀνδρῶν,
. . . . . θείαισιν ἐφετμαῖς
ἣν λύκος αἰνόλυκος πτήξει κρατερῆς ὑπ' ἀνάγκης.
15 ὦμε γὰρ εἱσασίν τε ἐμὸν ναίοντες ἔδεθλον,

Hal. vol. IV, 1 (a. 1877) p. 19 sq. ‖ 1. δ'] Θ'? ‖ αἱρήσει μόχθων Tzetz., αἱρήσῃ μό/χθων V ‖ 2. σκηπτούχοις, τ m. 2 in ras., V ‖ τιμαῖσιν Tzetz. V², τιμᾶσιν V¹ ‖ ἐπαγγέλλεσθαι Tzetzae codices AB apud Presselium (Tzetz. epist. ed. Tubing. p. 123) ‖ μάλα Tzetz., μετὰ V ‖ 3. οἷοι Tzetz., οἷον V ‖ 4. εὕδοντα (sic) V², εὑδόντα V¹ ‖ δεινόν Gillius, δειλὸν V¹ (δειλόν V²) ‖ 5. ἐθέλοντί γὰρ | :ᾧ. εἴσω V², ἐθέλοντι//// (ο?) γ//// ‖ ρείσω V¹ ‖ θήσει//// (2 litt. eras.) V. versus corruptus; pro εἴσω expectabam αἰνόν, αἰσχρὸν vel sim. (δεινὸν ζυγὸν orac. Sib. III, 418; δούλιον ζ. III, 508 — cf. III, 537; A. P. XVI, 5 —, κακὸν ζ. IX, 217 al.) ‖ 6. vs. 6—8. extant etiam ap. Tzetz. Chil. IX, 824—826 ‖ γαιᾶν V¹ ‖ 7. ἐπι φροσύνῃσι edidit Kiessling in Tzetza ‖ ταχὺ δ' ἐπιβήσεται ἀρχή verba antiquitus corrupta puto. neque enim ἐπιβαίνει ἀρχὴ τινὶ esse potest: 'imperium ad aliquem transit' — quamquam ipse Zosimus § 2 ita interpretatus est — et, ut possit, verba vs. 14 ἣν—ἀνάγκης lupum illum Byzantiis quoque exitium minatum esse docent. denique vitium metricum in ταχὺ vocabulo recte agnovit Rzach Wiener Sitzungsber. t. 100 (1882) p. 316. unde primitus fuisse puto pro ἀρχὴ: Ἄρης. quod probans pro ταχὺ Nauck coniecit ταχὺς. ταχέως synizesi inaudita voluit Rzach. Tzetzae autem scripturam: κακὸν δ' ἐπιβήσεται ἄνδρας, ἄνδρας οἳ ex interpolatione novicia ortam esse recte dixit Pressel p. 131 ‖ 8. οἳ Tzetz. V², ἢ V¹ ‖ 9. τρὶς μάκαρ scripsi coll. Nauckio Mél. Gréco-Romains t. IV p. 160 adn., τρισμάκαρ Vς ‖ 10. nullum lacunae, in qua aliquid de Byzantio dictum erat, in V signum ‖ 11. ἣν ς, ἣν ut solet V. potest etiam ᾗ: 'ubi' primitus fuisse ‖ πτήξει Gillius, πτήξῃ V ‖ 12. ὦμε V, οἵ με Gillius ceterique editores. corruptum versum ita redintegrandum puto: ὦ Μεγαρήιον ἄστυ ἐμὸν ναίοντες ἔδεθλον. quippe alterius esse oraculi initium puto Byzantiis paulo prius dati, cum a Gallis qui Thraciam totam occuparant (v. Droysen Hellen. t. III², 1 p. 86 sq.) cum maxime premerentur (cf. Memn. ap. Phot. bibl. p. 227 b 9 Bk.). adloquitur autem Apollo, quem in primis a Byzantiis

οὐκέτι σιγήσω πατρὸς νόον, ἀλλ' ἀναδείξω
ἀθανάτων λογίων θνητοῖς εὔσημον ἀοιδήν.
Θρῇσσα κύει μέγα πῆμα, τόκος δέ οἱ οὐκέτι τηλοῦ,
σπεῖραι παῖδα κακὸν . . καὶ τῇδε φέρουσαν·
τρηχὺ παρ' ἠπείρου πλευρὰς ἐπιναισεται ἕλκος,   20
καὶ μέγ' ἀνοιδήσει, ταχὺ δὲ ῥαγὲν αἱμορροήσει.

τοῦτο τὸ λόγιον πάντα μὲν ὡς εἰπεῖν, ὑπεμφαῖνον ὄντως 2
καὶ ἐν αἰνίγμασι, λέγει, τά τε ἐσόμενα Βιθυνοῖς κακὰ διὰ
τὴν τῶν ἐπενεχθέντων αὐτοῖς ἐς τὰ μετὰ ταῦτα φόρων βα-
ρύτητα καὶ ὡς ἡ ἀρχὴ ταχέως 'ἐπιβήσεται ἀνδράσιν οἳ Βύ-
ζαντος ἕδος καταναιετάουσι'. τὸ δὲ μετὰ χρόνον οὐκ ὀλίγον
τὰ προρρηθέντα ἐκβῆναι μὴ λαμβανέτω τις εἰς τὸ περὶ ἑτέ-
ρου τινὸς λέγειν τὴν πρόρρησιν· πᾶς γὰρ χρόνος τῷ θείῳ
βραχὺς ἀεί τε ὄντι καὶ ἐσομένῳ. ταῦτα δὴ οὖν ἔκ τε τῶν
τοῦ χρησμοῦ ῥημάτων καὶ ἀπὸ τῶν ἐκβάντων ἐτεκμηράμην.
εἰ δέ τῳ τὸ χρησθὲν ἑτέρως ἔχειν δοκεῖ, ταύτῃ νοείτω.

cultum esse constat (v. O. Frick in Paulyi enc. t. I², 2 p. 2613), cives
suos (ἐμὸν ν. ἔδεθλον, cf. A. P. IX, 91: Ἑρμῇ Κωρυκίων ναίων πόλιν).
Megarensium autem ἀποικία cum sit Byzantium, recte urbs appellatur
Μεγαρήιον ἄστυ, eodem modo atque in oraculo Constantino M. dato
A. P. XIV, 115: βαῖνε δὲ χαίρων ἐς Μεγαρήιον ἄστυ Προποντίδος ἄγχι
θαλάσσης ‖ 1. σι////γή° V², σι//γω V¹ ‖ 2. ἀθανάτων λογίων Gillius, ἀθα-
νάτω λογί‚ ν a m. 2, V ‖ εὔσημον ἀοιδήν V², εὐσήμονα οἰδη (sine acc.)
V¹ ‖ 3. τηλοῦ V², τήλους, ut vid., V¹ ‖ 4. corruptus et mutilus. σπεῖραι,
ut vid., V¹, σπεῖραι V², πείρᾳ editores inde a Gillio. expectatur pa-
riendi vocabulum, cf. oracula ap. Herodot. V, 92 ‖ φερουσαν (sine acc.)
V, φέρουσα Gillius ceterique editores ‖ 5. πλευραῖς Gillius ‖ ἐπειναισεται
(sine acc.) V¹ (sic), ἐπιναισεται V², ἐπαίσεται Gillius, ἐπινείσεται ϛ.
requiritur sensus hic: 'grave ulcus ad latera terrae continentis (i. e.
Thraciae) surgit'. unde ἐπανίσταται conieci. quamquam fieri potest
ut rarius aliquod verbum lateat, quemadmodum in orac. Sibyll. IX,
200 et X, 194 legitur ἀνασταχνώσεται ἕλκος. ἐπινείσεται (: ἐπελεύσεται
Hesych.) certe nullo modo ferri potest ‖ 6. μέγανοιδήσει V, μέγα οἰδήσει
ϛ. μέγ' ἀνοιδήσει coniectura iam Bekk reperit ‖ αἱμορροήσει V ‖ 7. ///ὑπ-
εμφαῖνον (¯ a m. 2) V. o eras.? ‖ 7. 8. ὄντως καὶ] λοξῶς (vel sim.) καὶ
conieci. (volui etiam ὅμως καὶ: 'quamvis' coll. Herod. V, 63: ὅμως
καὶ ξείνους σφι ἐόντας, sed nimis contorta evadit verborum collocatio) ‖
8. ἐν αἰνίγμασι V, αἰνίγμασι ϛ ‖ 11. ἕδος V ‖ 12. εἰς τὸ// (o ex α vel ω)
V ‖ 13. πρό//ρησιν, eras. σ ut vid., V ‖ 14. δὴ V², δὲ V¹ ‖ 16. δέ τῳ V²,
δὲ τῶ V¹

38. *Κωνσταντῖνος δὲ ταῦτα διαπραξάμενος διετέλεσε
δωρεαῖς οὐκ ἐν δέοντι γινομέναις, ἀλλὰ εἰς ἀναξίους καὶ
ἀνωφελεῖς ἀνθρώπους, τοὺς φόρους ἐκδαπανῶν, καὶ τοῖς μὲν
εἰσφέρουσι γινόμενος φορτικός, τοὺς δὲ μηδὲν ὠφελεῖν δυνα-
μένους πλουτίζων· τὴν γὰρ ἀσωτίαν ἡγεῖτο φιλοτιμίαν. οὗτος
καὶ τὴν εἰσφορὰν ἐπήγαγε χρυσοῦ τε καὶ ἀργύρου πᾶσι τοῖς
ἁπανταχοῦ γῆς μετιοῦσι τὰς ἐμπορίας καὶ τοῖς ἐν ταῖς πόλεσι
πανωνίαν προτιθεῖσι, μέχρι καὶ τῶν εὐτελεστάτων, οὐδὲ τὰς
δυστυχεῖς ἑταίρας ἔξω ταύτης ἐάσας τῆς εἰσφορᾶς, ὥστε ἦν
ἰδεῖν μέλλοντος τοῦ τετραετοῦς ἐνίστασθαι χρόνου, καθ᾿ ὃν
ἔδει τοῦτο τὸ τέλος εἰσφέρεσθαι, θρήνους ἀνὰ πᾶσαν πόλιν
καὶ ὀδυρμούς, ἐνστάντος δὲ μάστιγας καὶ βασάνους ἐπιφερο-
μένας τοῖς σώμασι τῶν διὰ πενίας ἔσχατον ζημίαν ὑπενεγκεῖν
μὴ δυναμένων. ἤδη δὲ καὶ μητέρες ἀπέδοντο παῖδας, καὶ
πατέρες ἐπὶ πορνείου θυγατέρας ἐστήσαντο, ἐκ τῆς τούτων
ἐργασίας ἀργύριον τοῖς τοῦ χρυσαργύρου πράκτορσιν εἰσ-
ενεγκεῖν ἐπειγόμενοι. βουλόμενος δὲ καὶ τοῖς ἐν λαμπρᾷ τύχῃ
περινοῆσαί τι λυπηρόν, ἕκαστον εἰς τὴν τοῦ πραίτωρος ἀξίαν
ἐκάλει, καὶ τῷ προκαλύμματι τῆς τιμῆς ἀργύρου σταθμὸν
ἀπῄτει πολύν. ἦν οὖν ἰδεῖν τῶν εἰς τοῦτο τεταγμένων ἐπι-
δημούντων ταῖς πόλεσι φυγὴν ἁπάντων καὶ ἀποδημίαν ἀλλό-
φυλον, δέει τοῦ μὴ σὺν ἀπωλείᾳ τῆς οὐσίας ταύτης τυχεῖν
τῆς ἀξίας. ἀπεγράψατο δὲ τὰς τῶν λαμπροτάτων οὐσίας, τέλος
ἐπιθεὶς ᾧ τινὶ φόλλιν αὐτὸς ἐπέθηκεν ὄνομα. καὶ ταῖς τοι-
αύταις εἰσφοραῖς τὰς πόλεις ἐξεδαπάνησεν· ἐπιμεινάσης γὰρ*

---

5. τὴν γὰρ ἀσ. V², κώσε τὴν ἀσ. V¹. ceterum cf. Iulian. p. 430, 6;
431, 12 H. ‖ οὗτος] proxima de chrysargyro respicit Euagr. III, 40. v.
ib. c. 39 ‖ 6. ἐπήγαγε] αὐτὸς πρῶτος ἐπινοήσας Euagr. ‖ χρυσοῦ scripsi,
χρυσίον Vς. cf. I, 58, 2; V, 12, 2; 40, 3; 41, 4. 7; Procop. Gaz. pa-
neg. p. 504, 9 Nieb.: χρυσὸς καὶ ἄργυρος εἰς μίαν ἐλθόντες προσηγο-
ρίαν ‖ 7. γῆς V², γῆν V¹ ‖ 8. προτιθεῖσι ς, προμ/τίθησι, σ ut vid. erasa,
V ‖ 8. τὰς V, om. ς ‖ 9. δυστυχεῖς] cf. Procop. p. 504, 21: αἱ γὰρ ἐπὶ
τῶν οἰκημάτων γυναῖκες . . . οὐδὲ τὸ δυστυχεῖν ἐπ᾿ ἀδείας ἐκέκτητο.
frustra meretrices eliminari volebat Gothofredus comm. ad c. Theod.
XIII, 1, 1 ‖ 10. τετραετοῦς] cf. Kuhn 'staedt. u. buerg. Verfassung' t. I
p. 286 ‖ 13. πενίας ἔσχατον scripsi (cf. ἔσχατον ὠμότητος I, 6, 2; ἔσχα-
τον ἀπωλείας IV, 25, 4), πενίας ἐσχάτην V, πενίαν ἐσχάτην Sylb ‖
ζημίας Sylburg ‖ 14. παῖδας V², παῖδες V¹, τοὺς παῖδας ς ‖ 18. ἕκαστον]
v. Kuhn I p. 208 ‖ 21. φυγεῖν V

καὶ μετὰ Κωσταντῖνον τῆς ἀπαιτήσεως ἐπὶ χρόνον συχνόν,
ἐξαντλουμένου κατὰ βραχὺ τοῦ πλούτου τῶν πόλεων, ἔρημοι
τῶν οἰκούντων αἱ πλεῖσται γεγόνασι.

39. Τούτοις ἅπασι τοῖς τρόποις ὁ Κωσταντῖνος τῷ πο-
λιτεύματι λυμηνάμενος ἐτελεύτησε νόσῳ. διαδεξαμένων δὲ
τὴν βασιλείαν τῶν αὐτοῦ παίδων ὄντων τριῶν (ἐτέχθησαν
δὲ οὗτοι οὐκ ἀπὸ Φαύστης τῆς τοῦ Ἐρχουλίου Μαξιμιανοῦ
θυγατρός, ἀλλ᾽ ἐξ ἄλλης, ἣ μοιχείας ἐπαγαγὼν μέμψιν ἀπέ-
κτεινεν), εἴχοντο τῶν πραγμάτων, τῇ τῆς νεότητος ἐνδιδόντες
ῥοπῇ μᾶλλον ἢ τῷ τῶν κοινῶν ὠφελίμῳ. πρῶτον γὰρ ἐνεί-
μαντο τὰ ἔθνη, καὶ Κωνσταντῖνος μὲν ὁ πρεσβύτερος ἅμα
τῷ νεωτάτῳ Κώνσταντι τὰ ὑπὲρ τὰς Ἄλπεις ἅπαντα καὶ τὴν
Ἰταλίαν καὶ Ἰλλυρίδα πρὸς τούτοις ἔλαχεν ἔχειν, ἔτι δὲ τὰ
περὶ τὸν Εὔξεινον Πόντον καὶ τὴν ὑπὸ Καρχηδόνα Λιβύην,
Κωνσταντίῳ δὲ τὰ περὶ τὴν Ἀσίαν καὶ τὴν ἑῴαν καὶ Αἴγυ-
πτον ἐπετέτραπτο. συνῆρχον δὲ αὐτοῖς τρόπον τινὰ Δαλμά-
τιος, Καῖσαρ ὑπὸ Κωνσταντίνου κατασταθείς, ἔτι δὲ Κων-
στάντιος, ἀδελφὸς ὢν αὐτοῦ, καὶ Ἀννιβαλλιανός, ἐσθῆτι
χρώμενοι κοκκοβαφεῖ καὶ περιχρύσῳ, τῆς τοῦ λεγομένου νω-
βελισσίμου παρ᾽ αὐτοῦ Κωνσταντίνου τυχόντες ἀξίας αἰδοῖ
τῆς συγγενείας.

---

1. κωσταν V², κωσταν V¹ ‖ ἐπὶ χρόνον συχνόν] chrysargyrum a. 501
demum, i. e. post Zosimi tempora, ab Anastasio abolitum est. contra
praetura a. 450 liberati sunt clarissimi et spectabiles qui in provinciis
degerent (c. Iust. XII, 2, 1), eodemque fere tempore follis sublatus (ib.
l. 2) ‖ 4. κωσταν V ‖ 5. νόσῳ] 'morbo consumptus est': Vict. ep. XLI, 15.
fuit fabula qua Constantinus a fratribus veneno sublatus esse fereba-
tur: v. Philostorg. II, 16; Zonar. XIII, 4; Cedren. t. I p. 520, 4 Bk. ‖
6. ἐτέχθησαν—8. 9. ἀπέκτεινεν] offendit Reitemeier. contra tenet hoc
testimonium Mommsen ad C. I. L. X 678. si error subsit — ut existi-
mare videtur Schiller hist. Rom. t. II p. 234, 5 —, verba οὐκ et ἀλλ᾽
ἐξ ἄλλης resecuerim ‖ 7. ἐρχουλίου V ‖ 8. θυγατρός V², θυγατέρας V¹ ‖
10. ῥοπῇ V², τροπῇ V¹ ‖ 11. ὁ sup. scr. a V² ‖ πρεσβύτερος] πρεσβύτατος
conieci ‖ 12. τὰ ὑπὲρ τὰς Ἄλπεις ἅπαντα] 'cuncta trans Alpes' Vict.
ep. 41, 20, eodem sine dubio e fonte atque Eunapius ‖ 13. Ἰλλυρίδα V²,
ἰλλύριδα V¹ ‖ 15. κωσταντίω, ν a m. 1, V ‖ 16. ἐπετέτραπτο V², ἐπέ-
τραπτο V¹ ‖ 16. 17. δαλμάτιος V², δαμάλτιος V¹. de nominis scriptura
v. Eckhel t. VIII p. 103 ‖ 17. 18. κωνστάντ. V, καὶ κωνστάντ. ς ‖
18. ἀννιβ̣. . . V¹ . . . ς V²

40. Ἀλλὰ τῆς ἀρχῆς οὕτως ἑκάστῳ νεμηθείσης, Κωνστάντιος ὥσπερ ἐξεπίτηδες μὴ κατόπιν γενέσθαι τῆς τοῦ πατρὸς ἀσεβείας ἐσπουδακώς, ἀφ᾽ ἑστίας ἀρξάμενος αἷμα συγγενὲς ἀνδρείου τρόπου δεῖγμα παρασχεῖν ἅπασιν ἠβουλήθη.

2 καὶ πρῶτον μὲν Κωνσταντίῳ πατρὸς ἀδελφῷ διὰ τῶν στρατιωτῶν καταπράττεται θάνατον, ἔπειτα καὶ Δαλματίῳ τῷ Καίσαρι ῥάπτει τὴν ὁμοίαν ἐπιβουλήν, συναναιρεθῆναι τούτῳ καὶ Ὀπτᾶτον παρασκευάσας, ὃς παρὰ Κωνσταντίνου τῆς ἀξίας τετυχήκει τοῦ πατρικίου, πρῶτον ταύτην ἐπινοήσαντος τὴν τιμήν, καὶ προκαθῆσθαι τοὺς ταύτης ἠξιωμένους τῶν τῆς

3 αὐλῆς ὑπάρχων νομοθετήσαντος. ἀνῃρέθη δὲ τότε Ἀβλάβιος ὁ τῆς αὐλῆς ὕπαρχος, τῆς Δίκης ἀξίαν αὐτῷ ποινὴν ἐπιθείσης ἀνθ᾽ ὧν ἐπεβούλευσε θάνατον Σωπάτρῳ τῷ φιλοσόφῳ φθόνῳ τῆς Κωνσταντίνου πρὸς αὐτὸν οἰκειότητος. ὥσπερ δὲ κατὰ πάσης χωρῶν τῆς συγγενείας, καὶ Ἀννιβαλλιανὸν τούτοις ἐπέθηκεν, ὑποθέμενος ἐκβοᾶν τοῖς στρατιώταις ὡς οὐκ ἂν ἄρχοντος ἑτέρου πλὴν τῶν Κωνσταντίνου παίδων ἀνάσχοιντο. ταῦτα μὲν οὕτω Κωνσταντίῳ διεπονήθη.

41. Κωνσταντίνῳ δὲ καὶ Κώνσταντι περὶ τῆς ὑπὸ Καρχηδόνα Λιβύης καὶ Ἰταλίας γενομένης ἀμφισβητήσεως, ἀφυλάκτῳ βουλόμενος ὁ Κώνστας ἐπιθέσθαι τἀδελφῷ ἐπὶ μὲν τριετῆ χρόνον τὴν ἔχθραν ἔμεινεν ἐπικρύπτων, καραδοκήσας δὲ χώρας ἐπιβάντα πρὸς αὐτὸν φιλίας ἐχούσης ἔστειλε στρατιώτας, τῷ μὲν φαινομένῳ Κωνσταντίῳ συμμαχήσοντας εἰς τὸν κατὰ Περσῶν πόλεμον, ἐπιθησομένους δὲ Κωνσταντίνῳ μὴ προϊδομένῳ τι τούτων· οἳ τὰ ἐπιτάγματα πληροῦντες ἀναιροῦσι τὸν Κωνσταντῖνον. (42) τούτῳ δὲ τῷ τρόπῳ τὸν ἀδελφὸν ὁ Κώνστας ἐκποδὼν ποιησάμενος διὰ πάσης ὠμό

3. 4. post συγγενὲς participium, velut ἐκχέας, desideravit Steph ‖ αἷμα συγγενὲς] cf. Iulian. p. 431, 22 H. ‖ 7. συναναιριθῆναι V¹, corr. V² ‖ 8. ὀπτάτον V², ὄπτα τὸν V¹ ‖ 9. πρῶτον V², πρὸ τοῦ V¹ ‖ 11. τότε] τότε καὶ coni. Sylb ‖ 12. 13. ἐπιθείσης] ἐπιτιθείσης conieci ‖ 13. ἐπεβούλευσε] ἐβούλευσε scripsit Reitemeier, male ‖ 14. κώνσταντι V, corr. Steph. cf. Eunap. p. 21 sq. Boiss. ‖ 15. ἀννιβαλιανὸν V¹, ἀνναβαλιανὸν V², ἀνναβαλλιανὸν ς ‖ 17. 18. ἀνάσχοιτο V¹, corr. V² ‖ 21 sq. cf. Tillemont t. IV p. 669. ipsius Zosimi sine dubio est peccatum, non Eunapii ‖ 24. συμμαχήσοντας, ο ex α radendo V ‖ 26. μὴ sup. scr. V² ‖ προειδομένω V

τητος ἐχώρει κατὰ τῶν ὑπηκόων, πᾶσαν ἀφόρητον ὑπερβαλ-
λόμενος τυραννίδα. βαρβάρους γὰρ εὐπροσώπους ὠνούμενος
καὶ ἔχων ἐν ὁμήρων τάξει παρ᾽ ἑαυτῷ, πάντα τε πράττειν
ἐφιεὶς κατὰ τῶν ὑπηκόων αὐτοῖς οἷα τὴν ὥραν ἐπιδιδοῦσιν
αὐτῷ πρὸς διαφθοράν, εἰς ἔσχατον ἤγαγε πάντα τὰ ὑπ᾽ αὐ-
τὸν ἔθνη κακοῦ. πρὸς ἃ δυσχεραίνοντες οἱ περὶ τὴν αὐλήν, 2
ἐπειδὴ ταῖς περὶ θήραν τέρψεσιν αὐτὸν ἐγκείμενον εἶδον,
ἡγεμόσι πρὸς τοῦτο χρησάμενοι Μαρκελλίνῳ τῷ τοῦ ταμιείου
προεστηκότι καὶ Μαγνεντίῳ τῷ τὴν ἀρχὴν ἐπιτετραμμένῳ τῶν
Ἰοβιανῶν καὶ Ἑρχουλιανῶν (τάγματα δὲ ταῦτα .... ἐπώνυμα)
τρόπῳ τοιῷδε τὴν ἐπιβουλὴν τὴν κατ᾽ αὐτοῦ σκευωροῦσι.
γενέθλιον ἄξειν ἡμέραν οἰκείου παιδὸς ὁ Μαρκελλῖνος εἰπὼν 3
ἐκάλει πρὸς ἑστίασιν ἄλλους τε πολλοὺς ἐξέχοντας τοῦ στρα-
τοπέδου καὶ Μαγνέντιον σὺν αὐτοῖς· τοῦ δὲ συμποσίου μέχρι
μέσων ἐκταθέντος νυκτῶν, ὁ Μαγνέντιος διά τι δῆθεν τῶν
ἀναγκαίων ἀναστὰς ἐκ τοῦ δείπνου, καὶ πρὸς βραχὺ τῶν δαι-
τυμόνων ἑαυτὸν ἀποστήσας, ἐφαίνετο τοῖς συμπόταις ὥσπερ
ἐν σκηνῇ τὴν βασιλικὴν ἠμφιεσμένος στολήν. τῶν δὲ περὶ 4
τὸ δεῖπνον ἀνειπόντων αὐτὸν βασιλέα, πάντες ὁμοίως ὅσοι
τὴν πόλιν Αὐγουστόδουνον ᾤκουν (ἐν αὐτῇ γὰρ ταῦτα ἐπρά-
χθη) τῆς αὐτῆς ἐγίνοντο γνώμης. ἐπεὶ δὲ ἡ φήμη καὶ περαι-
τέρω διέτρεχεν, ὁ ἐκ τῶν ἀγρῶν ὄχλος εἴσω συνέρρει τῆς
πόλεως. ἐν τούτῳ δὲ καὶ ἐκ τῶν ἐν Ἰλλυριοῖς ἱππέων εἰς
ἀναπλήρωσιν τῶν ἐν Κελτοῖς ταγμάτων ἀποσταλέντες ἀνεμί-
γησαν τοῖς ἐπὶ ταύτῃ τῇ πράξει συνειλεγμένοις. καὶ ἁπλῶς 5
εἰπεῖν ὁμίλου στρατιωτικοῦ παντὸς οἱ προεστῶτες εἰς ἓν συν-
ελθόντες, ἐπειδὴ τοὺς ἀρχηγοὺς τῆς συνωμοσίας ἐκβοήσαντας
εἶδον, οὐκ εἰδότες σχεδὸν τὸ πραττόμενον, ἐπεβόων ἅπαντες,
Σεβαστὸν ἀνακαλοῦντες Μαγνέντιον. τούτων ὁ Κώνστας αἰσθό-
μενος ἀποδρᾶναι πρός τινα πολίχνην ὡρμήθη τοῦ Πυρηναίου

2. 3. 'obsides pretio quaesitos pueros venustiores' Vict. Caes.
41, 24 ‖ 4. τὴν ὥραν Valesius ad Amm. XVI, 7, 5, τῶ ὁρᾶν V ‖ 9. προ͞/
εστηκότι, σ erasa, V ‖ 10. δαίμοσιν addebat Boissonade ad Eunap.
p. 491. malim Διοκλητιανοῦ καὶ Μαξιμιανοῦ ‖ 12. ἄξειν V, et sic vo-
luit Steph, ἕξειν apographa ‖ 16. ἀναστὰς V, διαναστὰς apographum
unum ‖ 20. ἀγουστόδουνον V ‖ 21. 22. περαιτέρω V², παρ ἑτέρω V¹ ‖
22. εἴσω V², ἐξ ὃν V¹, ἔξω ς ‖ 23. ἰλλυριοῖς V², ἰλλυρίοις V¹ ‖ 24. ἀπο-
σταλλέντες V

πλησίον ᾠκισμένην· Ἑλένη δὲ τοὔνομα τῷ πολιχνίῳ. κατα-
ληφθεὶς δὲ ὑπὸ Γαΐσωνος, εἰς τοῦτο μετά τινων ἐπιλέκτων
σταλέντος, ἀνῃρέθη, πάσης αὐτὸν βοηθείας ἀπολιπούσης.

43. Μαγνεντίου τοίνυν τὴν ἀρχὴν ἔχοντος καὶ τῶν ὑπὲρ
τὰς Ἄλπεις ἐθνῶν καὶ τῆς Ἰταλίας αὐτῆς κυριεύοντος, τὴν 5
στρατηγίαν τῶν ἐν Παιονίαις στρατοπέδων Βετρανίων ἔχειν
ταχθείς, ὅτι Μαγνέντιος εἰς βασιλείαν ἤχθη πυθόμενος, εἰς
τὴν αὐτὴν ἦλθεν ἐπιθυμίαν καὶ ψήφῳ τῶν αὐτόθι ταγμάτων
βασιλεὺς ἀνεδείχθη, καὶ ἐν τῇ Μούρσῃ Παιονίας οὔσῃ πόλει
διέτριβε. τούτων οὕτως ἐχόντων Πέρσαι μὲν τὰς τῆς ἑῴας 10
ἐλήϊζοντο πόλεις, καὶ μάλιστα τῆς μέσης τῶν ποταμῶν, Κων-
στάντιος δέ, καὶ ταῦτα τῷ πρὸς αὐτοὺς ἐλαττούμενος πολέμῳ,
τοῖς κατὰ Μαγνέντιον ὅμως ἐπεξελθεῖν ἐγνώκει καὶ Βετρα-
2 νίωνα. ταῦτα δὲ αὐτοῦ λογιζομένου καὶ ἐν παρασκευαῖς ὄντος,
Μαγνεντίου διατρίβοντος ἐν Κελτοῖς, Νεπωτιανὸς ἐξ ἀδελφῆς 15
Κωνσταντίνου τεχθεὶς Εὐτροπίας ὄνομα, συναγαγὼν πλῆθος
οὐ καθεστώτων ἀνθρώπων ἀλλὰ λῃστείᾳ καὶ ἐκδεδιῃτημένῳ
βίῳ τὰ καθ’ ἑαυτοὺς παραδόντων, ἔπεισι τῇ Ῥώμῃ βασιλικὸν
3 σχῆμα δεικνύς. Ἀνικήτου δὲ τοῦ παρὰ Μαγνεντίου καταστα-
θέντος ὑπάρχου τῆς αὐλῆς τῶν ἀπὸ τοῦ δήμου τινὰς ἐξοπλί- 20
σαντος καὶ τῆς πόλεως ἐξαγαγόντος ὡς δὴ Νεπωτιανῷ πολε-
μήσοντας, μάχη μὲν ἐγίνετο καρτερά, τῶν δὲ Ῥωμαίων οἷα
δὴ ἀπείρων καὶ ἀσυντάκτων οὐ σὺν πολλῷ πόνῳ τραπέντων,
φεύγοντας αὐτοὺς ὁ τῆς αὐλῆς ὕπαρχος θεασάμενος καὶ ἐπὶ
4 τῇ πόλει δεδιὼς τὰς πύλας ἀπέκλεισεν· οὓς οὐ δυνηθέντας 25
διαφυγεῖν ἐπιδιώξαντες οἱ Νεπωτιανοῦ στρατιῶται πάντας
ἀπώλεσαν. ἀλλὰ Νεπωτιανὸν μὲν οὐ πολλαῖς ἡμέραις ὕστε-
ρον ἐκπέμψας Μαγνέντιος δύναμιν, ἡγουμένου Μαρκελλίνου
τοῦ τὴν ἀρχὴν ἐπιτετραμμένου τῶν περὶ τὴν αὐλὴν τάξεων,
ὃν μάγιστρον ὀφφικίων καλοῦσιν, ἀνεῖλε· (44) Κωνστάντιος 30
δὲ ἐκ τῆς ἑῴας ἐπὶ τὸν κατὰ Μαγνεντίου πόλεμον ἐξορμήσας

---

1. ἐλένη V², ἑλένη V¹ ‖ 12. πολέμῳ V², πολέμων V¹ ‖ 13. τοῖς κατὰ
Μ.] cf. Krebs ap. Schanzium ‘Beitr. z. hist. Synt. d. gr. Spr.’ t. I
p. 146 ‖ 16. κωνσταντίου V, corr. Sylb ‖ 17. οὐ καθεστώτων ἀνθρώπων]
Herodotea VII, 205, non intellecta tamen, imitari voluisse videtur
scriptor ‖ 19. ἀνικητίου V, corr. Sylb ‖ 20. 21. ἐξοπλίσαντος, ι ex η
radendo V ‖ 21. 22. πολεμήσοντας ex -σαντας radendo V ‖ 29. ἐπιτε-
τραμμένου Steph. ἐπιτεταγμένου V. cf. ad I. 65, 2 ‖ 31. ἐξο‖ρμήσας,

ᾠήθη δεῖν πρότερον τέχνῃ τινὶ φίλιον ἑαυτῷ Βετρανίωνα
καταστῆσαι διὰ τὸ μὴ πρὸς δύο λοιπὸν ⟨πόλεμον⟩ ἀλλὰ πρὸς
ἕνα τύραννον ἔχειν. ἐγένετο ⟨δὲ⟩ καὶ Μαγνεντίῳ σπουδὴ τὴν
φιλίαν ἐπισπάσασθαι Βετρανίωνος καὶ σὺν αὐτῷ τὸν πρὸς
Κωνστάντιον διαγωνίσασθαι πόλεμον. ἑκατέρου τοίνυν κή-
ρυκας περὶ τούτου πρὸς Βετρανίωνα στείλαντος εἵλετο Κων-
σταντίῳ θέσθαι μᾶλλον ἢ Μαγνεντίῳ. τῶν οὖν Μαγνεντίου
πρέσβεων ἀναχωρησάντων ἀπράκτων συνελθεῖν ἐς ταὐτὸ τὰ
στρατόπεδα Κωστάντιος παρεκάλει, καὶ σκέμμα κοινὸν περὶ
τοῦ πρὸς Μαγνέντιον προτεθῆναι πολέμου. παραχθέντος δὲ
Βετρανίωνος τοῖς Κωνσταντίου λόγοις, ἐπὶ βήματός τινος ἐπὶ
τούτῳ κατασκευασθέντος ἀνέβησαν. Κωστάντιος τοίνυν λα-
χὼν πρῶτος εἰπεῖν διὰ γένους ἀξίωσιν, πανταχοῦ τῶν λόγων
τῆς τοῦ πατρὸς ἀνεμίμνησκε τοὺς στρατιώτας φιλοτιμίας καὶ
τῶν ὅρκων οὓς ὀμωμόκασιν, ἦ μὴν εὔνοιαν τοῖς τούτου φυ-
λάξειν παισίν, ἠξίου τε μὴ περιιδεῖν ἀθῷον ἀναχωροῦντα
Μαγνέντιον, Κωνσταντίνου παιδὸς ὄντα φονέα, μεθ' οὗ πολ-
λοὺς πολέμους διεπόνησαν καὶ μεγίσταις ἐτιμήθησαν δωρεαῖς.
τούτων ἀκηκοότες οἱ στρατιῶται, προκατειλημμένοι τε δώροις
ἀδροῖς, τὰ κίβδηλα τῆς βασιλείας ἐξεβόησαν ἐκκαθαίρεσθαι,
καὶ ἅμα Βετρανίωνα τῆς ἐσθῆτος ἐκδύσαντες κατήγαγον ἐκ
τοῦ βήματος ἰδιώτην. Κωνστάντιος δὲ οὐδὲν ἄχαρι παθεῖν
αὐτὸν συγχωρήσας ἐδίδου βίον αὐτῷ διατρίβοντι κατὰ τὴν
Βιθυνίαν ἀρκοῦντα. καὶ βιοὺς ἐν ταύτῃ χρόνον οὐκ ἔχων ἔτι
πράγματα τετελεύτηκε.

45. Τούτῳ τῷ τρόπῳ τῆς κατὰ Βετρανίωνος ἀπάτης εἰς
ἔργον ἐκβάσης, ἐπὶ Μαγνέντιον ἐλαύνων Κωστάντιος Γάλλον,

ο ex ω, V ‖ 2. πόλεμον add. ς, om. V. potest autem fieri ut λοιπὸν
eiciendum sit utpote fortasse ex λεῖπ ὄν(ομα) (ad lacunam indicandam)
ortum. ita πρὸς δύο, ἀλλὰ πρὸς ἕ. τ. ⟨πόνον⟩ ἔχειν mallem ‖ 3. δὲ
add. Steph, om. V ‖ 6. βρετανίωνα V ‖ 8. εἰς Reitemeier ‖ 9. κωνστάν-
τιος ς ‖ καὶ] τοῦ conieci. cf. Krebs 'Praepositionsadverbien' I p. 53 ‖
11. βρετανίωνος V ‖ ἐπὶ βήματός τινος] hiatus causa. ἐπὶ τὸ βῆμα ea-
dem in re Iulian. p. 38, 17 H. ‖ 12. κωνστάντιος ς. proxima excerpsit
Euagrius h. e. III, 41 ‖ 15. ἢ V ‖ 15. 16. φυλάξειν V², φυλάξιν V¹ ‖
16. μὴ Bekk, μήτε V ‖ 21. βρετανίωνα V ‖ ἐκ om. Euagr. ‖ 22. οὐδὲν
ἄχαρι V², οὐδένα χάριν V¹ ‖ 23. τὴν ex τῶν V ‖ 24. βιοὺς V², βίους V¹ ‖
26. βρετανίωνος V ‖ 27. κωνστάντιος ς

102   — B —

ὄντα τοῦ θείου παῖδα, Ἰουλιανοῦ δὲ τοῦ μετὰ ταῦτα βασι-
λεύσαντος ἀδελφὸν ὁμοπάτριον, Καίσαρα καθίστησι, καὶ Κω-
σταντίαν αὐτῷ κατεγγυήσας τὴν ἀδελφήν, εἴτε τοῖς Περσῶν
πολέμοις ἀντιστησόμενον, εἴτε, ὅπερ ἦν ἀληθές, πρόφασιν τῆς
αὐτοῦ βουλόμενος εὑρεῖν ἀναιρέσεως· μόνοι γὰρ ἔτυχον αὐ-   5
τός τε καὶ ἀδελφὸς ἐκ τοῦ Κωσταντίου γένους περιλειφθέντες,
τῶν ἄλλων πρὸς αὐτοῦ πάντων ἀνῃρημένων, ὡς διεξήλθομεν
2 ἤδη. τούτῳ μὲν οὖν τὸ τοῦ Καίσαρος ἐπιτίθησι σχῆμα, Δου-
κιλλιανῷ δὲ τὸν πρὸς Πέρσας ἐπιτρέψας πόλεμον αὐτὸς ἐπὶ
Μαγνέντιον ἐχώρει, καὶ τὰ Βετρανίωνος στρατόπεδα τοῖς   10
οὖσιν αὐτῷ συμπαραλαβών. καὶ Μαγνέντιος δὲ μείζοσι παρα-
σκευαῖς ἐγνωκὼς ἀπαντῆσαι, Δεκέντιον γένει συναπτόμενον
ἐπὶ φυλακῇ τῶν ὑπὲρ τὰς Ἄλπεις ἐθνῶν ἀναδείκνυσι Καί-
3 σαρα. τῶν δὲ στρατοπέδων ἐν Παιονίαις συνδραμόντων καὶ
περὶ Μοῦρσαν πόλιν ἀλλήλων ἐγγὺς γενομένων, ἐν τοῖς περὶ   15
τὰ Ἄδρανα τέμπεσι καθίσας ὁ Μαγνέντιος λόχον ἐπιπέμπει
τινὰ τοῖς Κωνσταντίου στρατηγοῖς ἄγγελον, τὴν πορείαν ἀνα-
βαλλόμενον, ὅπως ἂν Σισκίαν οἱ ἐναντίοι καταλάβωσιν· ἐν
ταύτῃ γὰρ αὐτόν, ὡς ἀναπεπταμένα πεδία ἐχύσῃ, μάχην
4 συνάψειν. ταῦτα Κωστάντιος ἀκούσας, καὶ περιχαρὴς τῇ ἀγ-   20
γελίᾳ γενόμενος, εἰ μέλλοι τῇ ἵππῳ πλεονεκτῶν ⟨ἐν⟩ ἱππα-
σίμοις πολεμήσειν χωρίοις, ἐξανέστησεν ὡς ἐπὶ Σισκίαν τὸν
στρατόν. προϊοῦσι δὲ αὐτοῖς ἀνόπλοις καὶ ἀσυντάκτοις (οὐδὲ
γὰρ ἤλπιζόν τι τῶν ἐσομένων) ἐπιπεσόντες οἱ κατὰ ἐνέδραν
τοῖς τέμπεσι προκαθίσαντες λόχοι, καὶ λίθοις ἅπαντας ὡς   25

2. 3. κωνσταντίαν ϛ. verum nomen Constantina, erravit tamen
eodem modo Zonar. XIII, 8 ‖ 6. ἀδελφὸς scripsi, ἀδελφὸς V, ὁ ἀδ. ϛ ‖
κωνσταντίου ϛ. ‘Constantini’ Reitemeier, at potest de Constantio Chloro
accipi (ne Κωνσταντινείου conicias cf. IV, 43, 2: κατὰ παντὸς τοῦ
Οὐαλεντινιανοῦ γένους) ‖ 8. δὲ ante τούτῳ expunxit V² ‖ 10. βρετα-
νίωνος V ‖ 14. ἐν Παιονίαις—15. πόλιν verba, quibus tota narratio
turbatur, aut ab Eunapio alio ex fonte breviore interposita sunt aut
— id quod probabilius — ab ipso Zosimo imperite interpolata. cf.
Wietersheim-Dahn I² p. 582 ‖ 16. ἄδρανα V², αδρανα (sine acc. et spir.)
V¹. est ‘Atrans’, C. I. L. III p. 627 ‖ 17. ἄγγελον τὴν V², αγγελοῦντα
ut vid. V¹ ‖ 18. Σισκίαν οἱ Sylb et Bekk, εισ σισκιαν οἱ/// V², εισ///
(1—2 litt. eras.) σκιανοια V¹ ‖ 19. παιδία V ‖ 20. κωνστάντιος ϛ ‖ 21. ἐν
ϛ, om. V ‖ 22. ἐπισκιὰν V¹, ἐπισκίαν V² ‖ 24. ἐνέδραν ex ἔνεδραν V ‖
25. προκαθίσαντες V, καθίσαντες ϛ

εἰπεῖν καταχώσαντες, τῆς περαιτέρω διαβάσεως ἀπεκώλυσαν.
(46) πολλῶν δὲ πεσόντων Μαγνέντιος μὲν ἐπὶ τοσούτῳ πλεο-
νεκτήματι μεγαλαυχούμενος, ἀναλαβὼν τὴν δύναμιν, οὐκ
ἠνείχετο τῆς ἐπὶ πλέον τοῦ πολέμου τριβῆς, ἀλλὰ ἐπὶ Παιο-
νίαν ἐχώρει, καὶ παραγενόμενος ἐν τοῖς πρὸ τοῦ Ποτοβίου
πεδίοις, ἅτινα μέσα τέμνων Δρᾶος ὁ ποταμός, Νωρικοὺς καὶ
Παίονας παραμείψας, ἐπὶ τὸν Ἴστρον ἐκδίδωσιν, ἐπὶ Παίονας
ἤλαυνε, Σιρμίου πλησίον συνάψαι τὴν μάχην διανοούμενος.
φασὶ δὲ ὡς τῆς μητρὸς αὐτῷ ταύτην ἀπαγορευούσης τὴν ὁδὸν
καὶ κελευούσης ἐπὶ Ἰλλυριοὺς διαβαίνειν ἠπείθησε, καὶ ταῦτα
μάντιν ἀληθῆ ταύτην εἶναι πολλαῖς προλαβούσαις προρρή-
σεσι πεπεισμένος. ἀλλὰ Μαγνεντίου διανοουμένου πότερον
⟨χρὴ⟩ γεφύρᾳ περαιωθῆναι τὸν Σάον ποταμὸν ἢ ζεῦξαι πλοῖα
καὶ ταύτῃ διαβιβάσαι τὸ στράτευμα, Κωνστάντιος ἐκπέμπει
Φίλιππον, τῶν ἐν μεγίστοις ἀξιώμασιν ἄνδρα καὶ φρονήσει
προέχοντα, τῷ μὲν προφανεῖ περὶ σπονδῶν καὶ εἰρήνης δια-
λεξόμενον, τοῖς δὲ ἀληθέσι τὴν Μαγνεντίου πολυπραγμονή-
σοντα δύναμιν, καὶ ἣν ἔχει περὶ τὸν πόλεμον ἔννοιαν, καὶ
ποίαις ὁδοῖς χρῆσθαι διανοεῖται. ὃ δὲ ἐπειδὴ πλησίον ἦν,
συνήντησε Μαρκελλίνῳ μεγίστην παρὰ Μαγνεντίῳ δύναμιν
ἔχοντι, καὶ σὺν αὐτῷ πρὸς Μαγνέντιον ᾔει. συναγαγὼν τοί-
νυν εἰς ἐκκλησίαν τὸ στράτευμα, λέγειν ἐκέλευε Φιλίππῳ τὴν
αἰτίαν δι' ἣν παραγέγονεν. ὃ δὲ πρὸς μὲν τὸ στρατόπεδον
ἔλεγεν ὡς οὐ προσήκει Ῥωμαίοις ὄντας ὑπηκόους κατὰ Ῥω-
μαίων πόλεμον ἄρασθαι, καὶ μάλιστα Κωνσταντίνου παιδὸς
βασιλεύοντος, μεθ' οὗ πολλὰ κατὰ βαρβάρων ἔστησαν τρό-
παια, πρὸς δὲ Μαγνέντιον ὡς δέοι μνήμην ἔχειν αὐτὸν τῶν
Κωνσταντίνου καὶ περὶ αὐτόν τε καὶ τοὺς αὐτοῦ γονέας εὐερ-
γεσιῶν· δεδέχθαι γὰρ ὑπ' ἐκείνου καὶ μεγίστων ἠξιῶσθαι
τιμῶν. καὶ ταῦτα διεξελθὼν παραχωρῆσαι μὲν ᾔτει Μα-

4. πλέον scripsi, πλεῖον Vϛ ‖ 5. ποτοβίου V¹, ut vid., ποτεβίου V². Πετοβίον Heyne. cf. C. Mueller ad Ptol. t. I p. 292, qui tamen contra optimos codices Ποιτόβιον scripsit ‖ 6. πεδίοις, ε in ras. m. 1, acc. om., V ‖ 7. pr. ἐπὶ εἰς conieci ‖ 10. κελευούσης Reitemeier, κωλουούσης V ‖ 13. χρὴ add. Steph ‖ γεφύρῃ V ‖ σάον ex σαὸν V ‖ 16. τῷ ex τὸ V² ‖ 19. ποίαις V, corr. ϛ ‖ 25. ἄρασθαι V², ἀράσθαι V¹ ‖ 27. δέοι V², δὲ οἱ V¹ ‖ τῶν V, τοῦ ϛ ‖ 28. καὶ delendum puto ‖ περὶ V, τῶν περὶ ϛ ‖ 29. καὶ sup. ser. V²

γνέντιον Ἰταλίας, ἔχειν δὲ τὰ ὑπὲρ τὰς Ἄλπεις ἔθνη καὶ τού-
των ἄρχειν ἁπάντων. (47) ταῦτα ῥηθέντα παρὰ Φιλίππου
μικροῦ δεῖν ἅπαν τὸ στράτευμα συνετάραξεν. ἐφ᾽ οἷς ὀρρω-
δήσας ὁ Μαγνέντιος, καὶ σὺν πολλῷ πόνῳ καταστήσας τοὺς
στρατιώτας εἰς τὸ λέγειν τι βουλόμενον αὐτὸν ὑπομεῖναι, τὴν 5
μὲν εἰρήνην ἀσμενίζειν καὶ αὐτὸς ἔλεγε, λύειν δὲ τέως τὴν
ἐκκλησίαν ἐκέλευσεν, ἄχρις ὅτε τὸ πρακτέον. σκοπήσας, ἣν
2 ἔχει περὶ τούτου γνώμην τῇ ὑστεραίᾳ μηνύσειεν. ἐπὶ τούτῳ
τῆς συνόδου λυθείσης Μαρκελλῖνος μὲν ἐδέχετο Φίλιππον
ὡς ἐπιξενωθησόμενον αὐτῷ, Μαγνέντιος δὲ καθ᾽ ἑαυτὸν 10
ἔστρεφε γνώμην, πότερον χρὴ Φίλιππον ἄπρακτον ἀποπέμ-
πειν ἢ κατέχειν παρ᾽ ἑαυτῷ, τὸν ἐπὶ τοῖς πρέσβεσι πατοῦντι
θεσμόν. τέως δὲ τοὺς λοχαγοὺς καὶ δεκαδάρχας, καὶ ὅσοι
ταῖς τάξεσι τῶν στρατιωτῶν ἐφεστᾶσιν, ἐδόκει δειπνίζειν αὐτῷ,
3 καὶ παρὰ τὸ δεῖπνον ἣν εἶχε γνώμην ἐκφῆναι. πράξας δὲ 15
τοῦτο, γενομένης ἡμέρας αὖθις τὸ στράτευμα συναγείρας, ὅσα
Κώνστας εἰς αὐτοὺς ἐπαρῴνησε διεξῄει, καὶ ὅπως οὐκ ἐνεγ-
κόντες τὸ μέγεθος ὧν εἰς τὸ πολίτευμα παρηνόμει πάντες ἐπὶ
τὸ κοινῇ λυσιτελοῦν ὥρμησαν, ἐλευθερώσαντες δὲ πονηροῦ
θηρίου τὰς πόλεις αὐτῷ τὴν βασιλείαν ἐπέθηκαν ἄκοντι. 20
(48) ταῦτα λέγοντος ἐξανέστησαν ἅπαντες εἰς τὸ πολεμεῖν,
καὶ παραχρῆμα τὰς ὁπλίσεις ἀναλαβόντες ὥρμησαν ἐπὶ τὸ
περαιωθῆναι τὸν Σάον. ἀπαγγειλάντων δὲ τῶν κατασκόπων
τὴν ἔφοδον, οἱ Σισκίαν τὴν πόλιν φυλάττοντες ἐπικειμένην
τῇ ὄχθῃ τοῦ Σάου τοὺς μὲν κατηκόντιζον ἐπιβῆναι τῆς ὄχθης 25
τοῦ ποταμοῦ βουλομένους, τοῖς δὲ ἀνθίσταντο τὴν γέφυραν
διαβαίνειν ἐπιχειροῦσιν, ὡς πολλοὺς μὲν κατασφαγῆναι, πλεί-
ους δὲ ὑπὸ ἑαυτῶν ὠθουμένους καὶ τῶν ἐναντίαν εἰς τὸν
2 ποταμὸν ἐμπεσεῖν. φόνου δὲ γενομένου πολλοῦ καὶ τῶν μὲν
ἐν τῷ φεύγειν τῆς τοῦ ποταμοῦ γεφύρας ἀποπιπτόντων, τῶν 30
δὲ σὺν τόνῳ πολλῷ διωχόντων, εἰς ἔσχατον ἐλθὼν ὁ Μα-
γνέντιος κακοῦ τοιάδε μηχανησάμενος τὸν ἐνεστῶτα διαδρᾶναι

---

7. ἐκέλευσεν V, ἐκέλευεν ς ‖ 8. τούτων cum apographo uno Bekk ‖
μηνυσειαν (sine acc.), α in ras. ut vid., V ‖ 15. εἶχε] ἔχει coni. Sylb ‖
18. παρηνόμει] cf. G. Dindorf ad Steph. Thes. s. v. ‖ 23. et p. 105, 4. σάον
ex σᾶον V ‖ 25. τοῦ ex το/// V ‖ 26. ἀνθίστατο V ‖ 28. δὲ ς, τὲ V ‖
30. γεφύρης V

κίνδυνον οἷός τε γέγονε. πήξας ἐν τῇ γῇ τὸ δόρυ, καὶ τῇ
δεξιᾷ νεύσας τοῖς ἐναντίοις ὡς δή τι βουλόμενος εἰπεῖν
εἰρηναῖον, ἐπειδὴ τὴν ἀκοὴν εἶδεν ὑπέχοντας, οὐ δίχα τῆς
τοῦ βασιλέως κελεύσεως ἔφη τὸν Σάον ἐθελῆσαι περαιωθῆναι,
5 Φιλίππου δὲ εἰπόντος χρῆναι τὴν Ἰταλίαν αὐτὸν καὶ Νωρι-
κοὺς ἀπολιπόντα τὴν Ἰλλυρίδα καταλαβεῖν καὶ ἐν ταύτῃ τοὺς
περὶ τῶν σπονδῶν ποιήσασθαι λόγους. τούτων ἀκηκοὼς τῶν 3
λόγων Κωνστάντιος ἀπέστησε μὲν τῆς διώξεως τοὺς οἰκείους,
ἐνεδίδου δὲ Μαγνεντίῳ τὴν ἑαυτοῦ στρατιὰν εἰς τὰ μεταξὺ
10 Νωρικοῦ καὶ Παιονίας καὶ Μυσίας καὶ Δακίας πεδία μετα-
στῆσαι, τῶν μὲν δυσχωριῶν ἀπαλλαγῆναι βουλόμενος, ὡς δὲ
τῇ ἵππῳ πλεονεκτῶν ἐν ἱππασίμοις αὐτὸν καταπολεμῆσαι
χωρίοις. ἐκβάσης ⟨δὲ⟩ τῆς σκέψεως εἰς ἔργον αὐτῷ, τόπον
ἐπιτήδειον εἰς τὸ πληρῶσαι τὸ σπουδαζόμενον ἐνόμισεν εἶναι
15 τὴν Κίβαλιν, ἐν ᾗ καὶ Κωνσταντῖνος μάχην Λικιννίῳ συνάψας
ἐνίκησε κατὰ κράτος. θέσιν γὰρ ἐχούσης τῆς πόλεως οἵαν 4
ἀφηγούμενος τὰ τότε πραχθέντα διεξῆλθον, μέρος μὲν τοῦ
στρατεύματος εἶχεν ἐν ταύτῃ, χάρακα δὲ μεταξὺ τοῦ λόφου τοῦ
τὴν πόλιν ἔχοντος καὶ τοῦ μέχρι τοῦ Σάου ποταμοῦ πεδίου
20 κατασκευάσας, πᾶν μὲν ὅσον οὐ διέζωστο τῷ ποταμῷ τάφρῳ
βαθείᾳ καὶ χάρακι πυκνῷ περιέβαλεν, ὅσον δὲ ὁ ποταμὸς
περιεῖχε ναυσὶ συμπλακείσαις ἀλλήλαις ἐγεφύρωσε, διαλύων
τὴν γέφυραν, ὁπότε δοκοίη, καὶ πάλιν ῥᾷστα συνάπτων. ἐν 5
τούτῳ σκηνὰς τῷ πλήθει πηξάμενος, καὶ βασιλικὴν ἐν τῷ
25 μεσαιτάτῳ κατασκευάσας σκηνήν, τῶν εἰς μέγεθος καὶ κάλλος
ἐξησκημένων πόλεων κατ᾽ οὐδὲν διαλλάττουσαν ἀνέδειξεν.
τῶν δὲ ταξιάρχων καὶ λοχαγῶν βασιλέως δειπνοποιοῦντος
εὐωχουμένων, μόνοι Λατῖνος καὶ Θαλάσσιος, τὰ πρῶτα παρὰ
βασιλεῖ φέροντες, τῆς θοίνης οὐ μετεῖχον, Φιλίππου πε-
30 φροντικότες, ὃν ἐπὶ πρεσβείᾳ πρὸς αὐτὸν σταλέντα Μαγνέντιος
εἶχεν.

---

3. ὑπέχοντας ex ὑπερέχοντας radendo V ‖ 9. στρατιὰν ϛ, στρατείαν
V ‖ 13. δὲ add. Reitemeier, om. V ‖ 15. λικιννίω V², λικινίω V¹ ‖ 18.
εἶχεν ϛ, ἔχει V ‖ 22. περιεῖχε Steph, παρεῖχε V ‖ συμπλακείσαις V²,
συμπλαγείσαις V¹ ‖ 26. κατ᾽ V², καθ᾽ V¹ ‖ διαλάττουσαν V ‖ ἀνέδειξε ϛ ‖
27. ταξιάρχων Bekk, ταξιαρχῶν V ‖ 28. Θαλάσσιος scripsi, Θάλασσος
Vϛ. cf. Vales. ad Amm. XIV, 1, 10 ‖ 29. φέροντες] cf. Boissonade ad
Eunap. p. 567 ‖ 31. εἶχεν] κατεῖχεν conieci

49. Ἀλλὰ τοῦτο βουλευομένων αὐτῶν ἧκεν Τιτιανός,
εἷς τῶν ἀπὸ τῆς ἐν Ῥώμῃ συγκλήτου βουλῆς, λόγους ἀπὸ
Μαγνεντίου φέρων ὑπερηφάνους, ὃς κατὰ Κωνσταντίνου καὶ
τῶν ἐξ αὐτοῦ γεγονότων ἄτοπα πολλὰ συμφορήσας, καὶ τὴν
τῶν πόλεων ἀπώλειαν τῇ περὶ τὴν ἀρχὴν ἀναθεὶς ἐκμελείᾳ, 5
τῆς ἀρχῆς ἐκέλευεν ἐκστῆναι Μαγνεντίῳ Κωνστάντιον, εἰ
2 ζῆν αὐτῷ μετ' ἀσφαλείας συγχωρήσειεν ἀγαπῶντα. τοῦ δὲ
θεόν τε καὶ Δίκην αἰτήσαντος γενέσθαι τιμωροὺς τοῦ Κών-
σταντος φόνου, σὺν αὐτοῖς τε πολεμήσειν εἰπόντος, Τιτιανὸς
μὲν πρὸς Μαγνέντιον ἐπανιέναι συνεχωρεῖτο, καὶ ταῦτα Φι- 10
λίππου παρ' ἐκείνῳ μεμενηκότος, Μαγνέντιος δὲ προαγαγὼν
τὸν στρατόν, Σισκίαν ἑλὼν ἐξ ἐφόδου κατέσκαψεν, ἐπελθὼν
δὲ πάντα τὰ περὶ τὸν Σάον χωρία καὶ λείαν πλείστην ἀπ-
αγαγὼν ἐπὶ τὸ Σίρμιον ἤλαυνεν, ἀμαχητὶ καὶ ταύτην αἱρήσειν
3 οἰόμενος. διαμαρτὼν δὲ τῆς ἐγχειρήσεως (ἀπεκρούσθη γὰρ 15
ὑπό τε τοῦ πλήθους τῶν οἰκητόρων καὶ τῶν ἐπιτεταγμένων
τὴν πόλιν φυλάττειν στρατιωτῶν) ἐπὶ τὴν Μοῦρσαν ἐχώρει
ἅμα τῇ δυνάμει πάσῃ. τῶν δὲ κατὰ τὴν πόλιν ἀποκλεισάν-
των αὐτῷ τὰς πύλας καὶ εἰς τὰς ἐπάλξεις ἀναβάντων ἠπόρει
περὶ τὸ πρακτέον ὁ Μαγνέντιος, οὔτε μηχανὰς ἔχων οὔτε 20
4 ἄλλως πλησιάσαι τῷ τείχει δυνάμενος· κατηκοντίζετο γὰρ
βέλεσί τε καὶ λίθοις ὑπὸ τῶν ἐπὶ τῶν ἐπάλξεων μαχομένων.
ἐπεὶ δὲ καὶ Κωνσταντίῳ τὰ περὶ τῆς πολιορκίας ἠγγέλθη,
μετὰ πάσης ἐξαναστὰς τῆς δυνάμεως παρεγένετο βοηθήσων
τῇ πόλει κινδυνευούσῃ, παραμείψας Κίβαλιν καὶ γῆν ἅπασαν 25
ὅσην ὁ Δρᾶος παραρρεῖ ποταμός.

50. Μούρσῃ τε πλησιάσας ὁ Μαγνέντιος πῦρ προσῆγε
ταῖς πύλαις, ὡς ἂν τοῦ καλύπτοντος τὰ ξύλα σιδήρου δαπανη-
θέντος εἴξαντα τῷ πυρὶ τὴν εἰς ⟨τὴν⟩ πόλιν εἴσοδον ἀναπε-

1. ἧκε 5 ‖ Τιτιανός] cf. Henzen ad C. I. L. VI, 1 n 1653 ‖ 6. κων-
σταντιο᾽ς, ν a m. 2, V ‖ 8. τοῦ sup. scr. V² ‖ 11. μεμενηκότος, alt. ε ex η
V² ‖ 13. σάον V², σᾶον V¹ ‖ 17. 18. ἐχώρει ἅμα] hiatus corruptelam
prodit. simplicissime ἅμα deleveris ‖ 20. ὁ sup. scr. V¹ ‖ 25. παρ. δὲ
κίβελιν V ‖ 26. παράδρεῖ V ‖ 27. τὲ V, δὲ ς ‖ 28. 29. δαπανηθέντος] δια-
πυρωθέντος coni. Sylb, recte quidem offendens ‖ 29. εἴξαντα] εἴξασαι
coni. Reitemeier, participium ad πύλας referens. at tales formas Zosi-
mus vitat. potuit εἴξαντες conicere, cf. ad IV, 29, 1. ego σιδήρου διὰ
παντὸς ('usque quaque') εἴξαντος τῷ πυρὶ scripserim ‖ τὴν add. Sylb,

τάσαιεν τῷ στρατῷ. τοῦτο μὲν οὖν αὐτῷ πρὸς ἔργον οὐκ
ἤχθη, τῶν ἐπὶ τοῦ τείχους ὕδατι πολλῷ κατασβεννύντων τὸ
πῦρ· τὸν δὲ Κωνστάντιον προσαγαγόντα τῇ Μούρσῃ πυθό-
μενος ἕτερόν τι μηχανᾶται τοιόνδε. στάδιον ἦν τι πρὸ τῆς 2
πόλεως τῶν ἀφορισθέντων ἄνωθεν τῇ τῶν ὁπλομάχων ἁμίλλῃ,
πανταχόθεν ὕλαις ἀμφηρεφές. τούτῳ Κελτῶν φάλαγγας τέσ-
σαρας ἐναπέκρυψεν, ἐγκελευσάμενος, ἐπειδὰν ἐφισταμένου
Κωνσταντίου μέλλοι πρὸ τῆς πόλεως συνάπτεσθαι μάχῃ, τοῖς
ἐναντίοις ἐπελθεῖν ἀδοκήτοις, ὥστε αὐτοὺς ἐν μέσῳ λη-
φθέντας πανωλεθρίᾳ διαφθαρῆναι. τούτου δὲ τοῖς ἐφεστῶσι
τῷ τείχει γνωσθέντος εὐθὺς ὁ Κωνστάντιος Σκολιδῶαν καὶ
Μαναδὸν τοὺς ταξιάρχους ἐξέπεμπεν· οἳ δὲ τοὺς ὑπ᾽ αὐτοῖς 3
τεταγμένους ὁπλίτας τε καὶ τοξότας ἀριστίνδην ἑλόμενοι τὰς
θύρας τοῦ σταδίου πάσας ἀπέκλεισαν, ἀπολαβόντες δὲ τοὺς
ὑπερχειμένους τούτου βαθμοὺς πανταχόθεν τε τοὺς ἐν τῷ
σταδίῳ κυκλώσαντες κατετόξευσαν. ἐπεὶ δέ τινες αὐτῶν ἐπι-
θέντες τὰ σάκη ταῖς κεφαλαῖς ἐπειράθησαν τοῦ σταδίου διαρ-
ρῆξαι τὰς θύρας, ὁμοῦ συμπεσόντες καὶ τούτους βέλεσί τε
βάλλοντες καὶ θείνοντες ξίφεσι διέμειναν, ἄχρις ὅτε διέφθει-
ραν ἅπαντας. τούτῳ τῷ τρόπῳ τῆς Μαγνεντίου διαπεσούσης 4
ἐπιβουλῆς καὶ τῆς ἐνέδρας εἰς τοὐναντίον αὐτῷ περιστάσης,
εἰς ταὐτὸν ἀμφότερα γενόμενα τὰ στρατεύματα συνέπιπτεν
ἀλλήλοις ἐν τῷ πρὸ τῆς Μούρσης πεδίῳ. μάχης τε γενο-
μένης οἵα σχεδὸν οὔπω πρότερον ἐν τούτῳ τῷ πολέμῳ
φαίνεται γεγονυῖα, πίπτουσι μὲν ἐξ ἑκατέρου πλεῖστοι, (51)
Κωνστάντιος δὲ θεασάμενος ὡς ἐμφυλίου τῆς μάχης οὔσης
οὐδὲ τὰ τῆς νίκης ἐκβήσεται κατὰ νοῦν αὐτῷ, τῶν Ῥωμαϊκῶν

om. V ‖ p. 106, 29. p. 107, 1 ἀναπετάσαι ‖ἐν, ᾽ eraso, V. ἀναπετάσαι ex
apographo uno Bekk ‖ 5. pr. τῶν sup. ser. V¹ ‖ 6. ἀμφηρεφὲς V², ἀμφιρε-
φὲς V¹ ‖ 7. ἐν ante ἐγκελ. del. V² ‖ 8. πρὸ Steph, τοῖς πρὸ V ‖ 11. Σκολι-
δῶαν] Σκοδίλωνα coni. Vales. ad Amm. XIV, 10, 8, bene ‖ 12. ταξι-
άρχας Bekk ‖ 22. ᾽ταὐτὸν V², αὐτὸν V¹ ‖ 24. ἐν τούτῳ τῷ πολέμῳ] ἐν
τῷ πολέμῳ conieci. cf. Eutrop. X, 12, 1: 'ingentes Romani imperii
vires ea dimicatione consumptae sunt, ad quaelibet bella externa ido-
neae'; Vict. epit. XLII, 4: 'in quo bello paene nusquam amplius Ro-
manae consumptae sunt vires totiusque imperii fortuna pessum data';
Zonar. XIII, 8. similiter Zos. IV, 39, 3: φόνου δὲ πολλοῦ γενομένου
καὶ οἷος οὔπω πρότερον ἐν ναυμαχίᾳ συνέβη

στρατοπέδων τοσοῦτον ἐλαττουμένων καὶ τοῖς πανταχόθεν
ἐπικειμένοις βαρβάροις μετὰ τοσαύτην φθορὰν ἀντέχειν οὐ
δυναμένων, εἰς ἔννοιαν ἦλθε τοῦ σπονδαῖς τισὶ καὶ συμβάσεσι
2 καταλῦσαι τὸν πόλεμον. ταῦτα δὲ αὐτοῦ τῶν στρατοπέδων
ἔτι συμπεπλεγμένων ἀλλήλοις λογιζομένου, πρὸς μείζονα λύσ- 5
σαν ἐπαρθέντες οἱ Μαγνεντίῳ συναγωνιζόμενοι οὐδὲ νυκτὸς
μαχομένοις αὐτοῖς ἐπελθούσης ἐπαύσαντο, ἐπέμεινάν τε αὐτοί
γε οἱ στρατηγοὶ στρατιωτῶν ἔργα πληροῦντες καὶ τοῖς καθ᾽
ἕκαστον στρατιώταις ἐπικεῖσθαι τοῖς ἐναντίοις ἐγκελευόμενοι.
3 καὶ τῶν Κωνσταντίου δὲ στρατηγῶν εἰς ἀνάμνησιν τῆς ἀν- 10
δρείας καὶ τῆς Ῥωμαίων δόξης ἐπανελθόντων, νυκτός τε
βαθείας οὔσης, ἔπαιον ἀλλήλους δόρασί τε καὶ ξίφεσι καὶ
παντὶ τῷ προσπίπτοντι καὶ εἰς χεῖρας ἰόντι· καὶ οὔτε τὸ
σκότος οὔτε ἕτερόν τι τῶν εἰωθότων ἀνακωχὴν πολέμου ποιεῖν
ἔπαυσε τὰ στρατόπεδα τοῦ φονᾶν κατ᾽ ἀλλήλων καὶ ἐν εὐτυχή- 15
ματι μεγίστῳ ποιεῖσθαι τὸ σὺν ἀλλήλοις ἅπαντας ἄρδην ἀπο-
4 θανεῖν. τῶν δὲ στρατηγῶν ἀνδρείας καὶ ἀρετῆς ἔργα κατὰ
τὴν μάχην ἐπιδειξαμένων μέγιστα, πίπτουσιν ἄλλοι τε καὶ
Ἀρκάδιος ὁ τοῦ τάγματος τῶν Ἀβούλκων ἡγούμενος καὶ Μενέ-
λαος ὁ τῶν ἐξ Ἀρμενίας ἱπποτοξοτῶν ἄρχειν τεταγμένος. 20

52. Ἄξιον δὲ τὰ περὶ Μενελάου λεγόμενα μὴ παραδρα-
μεῖν σιωπῇ. τοῦτόν φασι τρία κατὰ ταὐτὸν ἐναρμόζοντα τῷ
τόξῳ βέλη, καὶ χρώμενον ἀφέσει μιᾷ, μὴ καθ᾽ ἑνὸς σώματος
ἀλλὰ τριῶν ἐμπηγνύναι τὰ βέλη, τούτῳ δὲ τῷ τρόπῳ τῆς
τοξείας χρησάμενον πλῆθος μὲν οὐκ ὀλίγον κατατοξεῦσαι τῶν 25
πολεμίων, αἴτιόν τε ὡς εἰπεῖν γενέσθαι τῆς τῶν ἐναντίων
2 φυγῆς. ἀλλ᾽ ἔπεσε μὲν καὶ οὗτος, τοῦ πάσης ἐξηγουμένου
τῆς Μαγνεντίου στρατιᾶς αὐτὸν ἀνελόντος, ἔπεσε δὲ ἅμα
τούτῳ καὶ Ῥωμύλος, βέλει μὲν πρότερον παρὰ Μενελάου
πεμφθέντι βληθείς, οὐδὲ μετὰ τὴν πληγὴν δὲ τοῦ πολεμεῖν 30
ἀποστάς, ἕως ὅτε καὶ αὐτὸν τὸν βαλόντα ἀνεῖλεν.

53. Ὑπερτέρου τοίνυν κατὰ τὴν μάχην τοῦ Κωνσταντίου
γενομένου καὶ τῶν Μαγνεντίου στρατευμάτων λαμπρῶς ἤδη

10. 11. et 17. ἀνδρείας] ἀνδρίας Bekk ‖ 19. Ἀβούλκων] Boeckingii
(ad not. occ. p. 285) de Abulcis sententiam stare posse non credo ‖
22. κατ᾽ αὐτὸν V¹, corr. V² ‖ 27. ⟨Ῥωμύλον⟩ τοῦ cum Leunclavio ex-
pectabam ‖ 28. στρατιᾶς s, στρατείας V ‖ 29. ῥωμύλὸς V ‖ 30. οὐδὲ V²,
οὐ V¹ ‖ 31. ἀποστὰς ἕως V², ἀποστάσεως V¹

φευγόντων, φόνος μὲν παμπληθὴς ἀνδρῶν τε καὶ ἵππων καὶ
τῶν ἄλλων ὑποζυγίων ἐγίνετο· πάσαις δὲ ταῖς ἐλπίσιν ἀπο-
γνοὺς ὁ Μαγνέντιος, δεδιὼς μή ποτε παρὰ τῶν ἔτι λελειμ-
μένων ἐκδοθείη τῷ Κωνσταντίῳ, διενοεῖτο τοὺς περὶ Παιονίαν
τόπους καταλιπὼν ἐκδραμεῖν ἐπὶ τὴν Ἰταλίαν, κἀκεῖθεν συν-
αγαγὼν δύναμιν ἑτέραν ἀναμάχεσθαι. ἐπεὶ δὲ τοὺς κατὰ τὴν 2
Ῥώμην ἔγνω τὰ Κωνσταντίου φρονοῦντας ἢ τῷ μίσει τῷ
πρὸς αὐτὸν ἢ τῷ τὰ κατὰ τὴν μάχην γεγενημένα μαθεῖν,
τὰς Ἄλπεις ὑπεραναβῆναι διέγνω καὶ ἐκ τῶν ἐκεῖσε βιοτευ-
όντων ἐθνῶν ἀσφάλειαν τέως ἑαυτῷ περινοῆσαι. πυθόμενος 3
δὲ ὡς καὶ τοὺς περὶ τὸν Ῥῆνον βαρβάρους χρημάτων πλήθει
δυσμενεῖς αὐτῷ πεποίηκεν ὁ Κωνστάντιος καὶ τὰ τῶν Γαλα-
τῶν ἔθνη διά τινων εὔνοιαν εἰσφερόντων αὐτῷ στρατηγῶν
ἄβατα πεποίηκεν αὐτῷ, μήτε δὲ διὰ τῶν ἑσπερίων Ἰβήρων
εἰς Μαυρουσίους οἷός τε γενόμενος διαβῆναι τῷ καὶ τοὺς
ταύτῃ Ῥωμαίων συμμάχους εἰς εὔνοιαν τὸν Κωνστάντιον
ἐπισπάσασθαι, πανταχόθεν ἀπορούμενος θάνατον ἐθελούσιον
σωτηρίας αἰσχρᾶς ἔμπροσθεν ἐποιήσατο, μᾶλλον δὲ οἰκείαις
χερσὶν ἢ ταῖς τῶν πολεμίων εἵλετο τὸν βίον ἀπολιπεῖν.

54. Μαγνέντιος μὲν οὖν τοῦτον ἀνῃρέθη τὸν τρόπον,
ἔτη βασιλεύσας τρία καὶ μῆνας ἔτι πρὸς τούτοις ἕξ, γένος
μὲν ἕλκων ἀπὸ βαρβάρων, μετοικήσας δὲ εἰς Λετούς, ἔθνος
Γαλατικόν, παιδείας τε τῆς Λατίνων μετασχών, ἐν μὲν τοῖς
πλεονεκτήμασι τῆς τύχης θρασύς, δειλὸς δὲ ἐν ταῖς περι-
στάσεσι, τὴν ἐνοῦσαν αὐτῷ φύσει κακοήθειαν κρύψαι δεινὸς
καὶ τοῖς ἀγνοοῦσι τὸν αὐτοῦ τρόπον εὐήθης εἶναι καὶ χρηστὸς
νομιζόμενος.

Ταῦτα μὲν οὖν περὶ Μαγνεντίου προήχθην εἰπεῖν, ἐπειδή 2
τισιν ἔδοξεν ἀγαθῶν αἴτιος γεγενῆσθαι κατὰ τὸν καιρὸν τῆς

3. μήπο^{τε}, τε a m. 2, V ‖ 4. κωνσταντί//ω, ν erasa, V ‖ 5. 6. συν-
αγαγὼν V², συναγαγ///ν V¹ ‖ 6. ἀναμάχεσθαι V, ἀναμαχέσασθαι ς ‖ 7. 8.
τῷ πρὸς V², τὸ πρὸς V¹ ‖ 8. τὰ add. V² ‖ 9. 'usitatius ὑπερβῆναι' Bekk ‖
10. ἀσφαλειάν τε ὡς V¹, corr. V² ‖ ἑαυτῷ V, αὐτῷ ς ‖ 12. 13. γαλατῶν
V², γαλάτων V¹ ‖ 18. δὲ] τε vertit Leunclavius ‖ 19. ἀπολιπεῖν V², ἀπο-
λείπειν V¹ ‖ 22. Λετούς] de forma nominis v. Zeuss p. 580 adn. ‖ 22. 23.
ἔθνος Γαλατικόν] v. Boecking ad not. occ. p. 1071 sq. ‖ 25. ἐ//νοῦσαν
V ‖ φύσει V², φύσιν V¹ ‖ 29. τισιν] fuisse qui bene de Magnentio sen-
tirent apparet ex Iuliano Caes. p. 405, 23 H.: Μαγνεντίῳ γὰρ οὐκ ἦν

αὐτοῦ βασιλείας τοῖς πράγμασιν, ὥστε γνωσθῆναι περὶ αὐτοῦ
τἀληθῆ, καὶ ὡς οὐδὲν ἐξ ἀγαθῆς αὐτῷ πεποίηται προαιρέ-
σεως. Δεκέντιος δὲ παρὰ Μαγνεντίου μεταπεμφθεὶς εἰς
βοήθειαν καὶ τῆς ἐπὶ τὴν Ἰταλίαν ὁδοιπορίας ἐχόμενος, ἅμα
τῷ πυθέσθαι τὰ τούτῳ συμβάντα στρατιωτικοῖς τάγμασι καὶ 5
ἴλαις περιπεσὼν οὐδεμίαν τε ὁρῶν σωτηρίας ἐλπίδα, βρόχῳ
περιστρέψας τὸν τράχηλον ἀπηλλάγη.

55. Ἐπὶ τούτοις τῆς τῶν ὅλων ἀρχῆς εἰς μόνον Κων-
στάντιον περιστάσης ἀλαζονεία μὲν αὐτῷ προσεγίνετο, τὴν
τύχην ἐνεγκεῖν μετρίως οὐ δυνηθέντι, προσεπετίθετο δὲ καὶ 10
τὰ περὶ τοὺς τοιούτους εἰωθότα συνίστασθαι τῶν συκο-
φαντιῶν ἐργαστήρια, τοῖς δοκοῦσιν εὖ ἔχειν τύχης ἐπιβουλεύ-
οντα· τῷ γὰρ κατάγειν ἐκείνους τῆς εὐπραγίας αὐτοὶ τὰς
τούτων ἀξίας ἕξειν ἐλπίζοντες εἰκότως εἰς τὰς κατ᾽ αὐτῶν
2 ἐτρέποντο διαβολάς. οὗτοι κοινωνοὺς τῆς κακοηθείας εὐνού- 15
χους τῶν περὶ τὴν αὐλὴν τινας ποιησάμενοι, περιστάντες
πείθουσι τὸν Κωνστάντιον ὡς Γάλλος ὢν ἀνεψιὸς αὐτοῦ,
τῆς τοῦ Καίσαρος ἠξιωμένος τιμῆς, οὐκ ἀρκούμενος ταύτῃ
πειρᾶται τὴν βασιλείαν ἑαυτῷ περιθεῖναι. καὶ ὅτι τοῦτο
ἀληθὲς ἦν πείσαντες, εἰς τὴν κατὰ τοῦ Γάλλου σφαγὴν 20
ἐπαίρουσι τὸν Κωνστάντιον. ἦσαν δὲ οἱ ταύτην πλέξαντες
τὴν ἐπιβουλὴν Δυνάμιος καὶ Πικέντιος, εὐτελεῖς ἄνδρες καὶ
διὰ τῶν τοιούτων κακῶν ἐπὶ μεῖζον ἐλθεῖν τύχης σπουδά-
3 ζοντες. ἐκοινώνει δὲ αὐτοῖς τῆς πράξεως καὶ Λαμπάδιος ὁ
τῆς αὐλῆς ὕπαρχος, ἀνὴρ δύνασθαι παρὰ τῷ βασιλεῖ πάντων 25
ἀεὶ πλέον ἐπιθυμῶν. τοῦ τοίνυν Κωνσταντίου ταῖς τοιαύταις
θεμένου διαβολαῖς μετάπεμπτος μὲν ὁ Γάλλος ἐγίνετο, τὸ
κατ᾽ αὐτοῦ σπουδαζόμενον ἀγνοῶν· ἀφικόμενον δὲ αὐτὸν ὁ
Κωνστάντιος πρῶτον μὲν τῆς τοῦ Καίσαρος ἐκδύει τιμῆς,

εἴσοδος, ὅτι μηδὲν ὑγιὲς (immo ὑγιῶς) ἐπεπράχει, καίτοι πολλὰ ἐδόκει
πεπρᾶχθαι τῷ ἀνδρὶ καλά· οἱ θεοὶ δὲ ὁρῶντες, ὅτι μὴ ταῦτα ἐκ καλῆς
αὐτῷ πεποίηται διαθέσεως, εἴων αὐτὸν οἰμώξειν ἀποτρέχοντα. praeter
hunc Iuliani locum, quem Zosimus manifesto respicit, hodie nummi
tantum (v. Eckhel t. VIII p. 121) titulique Magnentii virtutum prae-
cones supersunt ‖ 2. καί delendum puto ‖ πεποίηται V², πεποίητο V¹ ‖
3. δεκέντός, ι a m. 2, V ‖ 15. τρέπονται edidit Steph ‖ 19. περιθῆναι V ‖
22. Δυνάμιος κτέ.] v. Vales. ad Amm. XV, 5, 3. 4 ‖ 24. Λαμπάδιος]
v. Seeck Herm. t. XVIII p. 294 ‖ 26. πλέον, έ ex ῦ ut vid. corr. V ‖
29. τὴν . . . ἐκδύει τιμήν coni. Hertlein Iuliani sui p. 349. at cf. VI,

ἐπεὶ δὲ πεποίηκεν ἰδιώτην, τοῖς δημίοις ἐκδίδωσιν εἰς σφαγήν,
οὐ τοῦτο πρῶτον κατὰ συγγενοῦς αἵματος τὸ μύσος ἐξ-
αμαρτών, ἀλλ᾽ ἑτέροις πλείοσι τοῦτο προσθείς.

Γ.

Ταῦτα ἐπὶ Γάλλῳ τῷ Καίσαρι πεπραχὼς ὁ Κωνστάντιος
αὐτὸς μὲν κατὰ τὴν Ἰταλίαν ἐκ Παιονίας διέβη, θεώμενος
δὲ τὰ πανταχοῦ Ῥωμαίοις ὑπήκοα βαρβαρικαῖς ἐφόδοις ἀπει-
λημμένα, καὶ Φράγκους μὲν καὶ Ἀλαμαννοὺς καὶ Σάξονας
ἤδη τεσσαράκοντα πόλεις ἐπικειμένας τῷ Ῥήνῳ κατειληφότας,
καὶ αὐτὰς μὲν ἀναστάτους πεποιηκότας, τοὺς δὲ τούτων οἰκή-
τορας ἄπειρον ὄντας πλῆθος λῃσαμένους μετὰ πλούτου λα-
φύρων ἀναριθμήτου, Κονάδους δὲ καὶ Σαυρομάτας ἐπὶ πολλῆς
ἀδείας Παιονίαν κατατρέχοντας καὶ τὴν ἀνωτέρω Μυσίαν,
Πέρσας δὲ τοῦ τὴν ἑῴαν παρενοχλεῖν οὐκ ἀφισταμένους, εἰ
καὶ πρότερον ἡσύχαζον δέει τοῦ μὴ τὸν Καίσαρα Γάλλον
αὐτοῖς ἐπελθεῖν, ταῦτα τοίνυν λαβὼν κατὰ νοῦν καὶ ἀπορῶν
ὅ τι πράξειε, μόνος μὲν ἀρκέσειν οὐκ ᾤετο δυνήσεσθαι πε-
πονηκόσιν οὕτω τοῖς πράγμασι βοηθήσειν, ἑλέσθαι δὲ κοι-
νωνὸν τῆς ἀρχῆς οὐκ ἐθάρρει διά τε φιλαρχίας ὑπερβολὴν
καὶ τὸ πάντας ἔχειν ἐν ὑποψίᾳ τοῦ μηδένα παντάπασιν εὐνο-
ήσειν αὐτῷ. καὶ πολλὴ μὲν αὐτὸν ἐπὶ τούτοις εἶχεν ἀμη- 2
χανία, τῆς δὲ Ῥωμαϊκῆς ἀρχῆς ἐν μεγίστῳ κινδύνῳ κειμένης
Εὐσεβία ἡ Κωνσταντίου γαμετή, παιδείας τε εἰς ἄκρον ἥκουσα
καὶ φρονήσει τὴν γυναικείαν ὑπεραίρουσα φύσιν, εἰσηγεῖται
γνώμην αὐτῷ, καταστῆσαι Καίσαρα τοῖς ὑπὲρ τὰς Ἄλπεις
ἔθνεσιν Ἰουλιανὸν παραινέσασα, Γάλλου μὲν ἀδελφὸν ὁμο-

12, 2 ‖ 3. 4. titulum αγαθή (- a m. 2) τύχη β̄ ab ipsius librarii manu
in V scriptum subscriptionem secundi, non inscriptionem tertii
libri, esse putat Mau, ut inscriptio tertii libri praetermissa sit (hanc
al. man. supplebat, ἰσῖ β̄ in mg. scribens. at γ̄ non β̄ scriptum opor-
tuit. v. praef.) ‖ 7. ἀλαμαννοὺς V, ἀλαμανοὺς ϛ ‖ 14. ἡσύχαζον 8ylb,
ἡσυχάζειν (sic) V ‖ 16. ἀρκέσειν, κέσ in ras. m. 1, V ‖ 17. βοηθήσειν
delendum puto. cf. III, 36, 1: φήσαντος οὐχ οἷός τε ἔσεσθαι πεπονη-
κόσιν ἀρκέσειν τοῖς πράγμασι; IV, 34, 1: ἄνδρα πεπονηκόσι τοῖς πράγ-
μασι κατ᾽ οὐδὲν ἀρκέσαι δυνάμενον ‖ 19. παντάπα/πασιν V ‖ 19. 20.
ἐννοησειν, υ ex ν ut vid. m. 2, accentu omisso, V ‖ 22. κωνσταντί//ου,
ν erasa, V ‖ 23. γυναικείαν V², γυναικεῖ V¹ ‖ 25. 112, 1 ὁμοπάτριον]
Iulian. p. 437, 11 H.

πάτριον ὄντα, παῖδα δὲ Κωνσταντίου παιδός, ὃς παρὰ Διο-
κλητιανοῦ Καίσαρ ἔτυχε γεγονώς. ἐπεὶ δὲ ᾔδει τὸν βασιλέα
Κωνστάντιον ἡ Εὐσεβία πρὸς πᾶν ὑπόπτως τὸ συγγενὲς
διακείμενον, τρόπῳ τοιῷδε τὸν ἄνδρα παρήγαγε. 'νέος ἐστὶ'
φησί 'καὶ τὸ ἦθος ἁπλοῦς καὶ λόγων ἀσκήσει τὸν ἅπαντα
βίον ἐσχολακὼς καὶ πραγμάτων παντάπασιν ἄπειρος, ἀμείνων
τε ἔσται παντὸς ἑτέρου περὶ ἡμᾶς· ἢ γὰρ τύχῃ δεξιᾷ περὶ
τὰ πράγματα χρώμενος ἐπιγράφεσθαι τὸν βασιλέα ποιήσει τὰ
αἰσίως ἐκβάντα, ἢ κατά τι πταίσας τεθνήξεται, καὶ οὐδένα
ἕξει τοῦ λοιποῦ Κωνστάντιος ὡς ἐκ γένους βασιλικοῦ πρὸς
τὴν τῶν ὅλων ἀρχὴν κληθησόμενον.' (2) τούτων τῶν λόγων
ἀνασχόμενος ὁ Κωνστάντιος ἐκ τῶν Ἀθηνῶν Ἰουλιανὸν μετα-
πέμπεται, τοῖς αὐτόθι φιλοσοφοῦσι συνόντα καὶ ἐν παντὶ
παιδεύσεως εἴδει τοὺς ἑαυτοῦ καθηγεμόνας ὑπερβαλόμενον.
ἐπεὶ δὲ εἰς τὴν Ἰταλίαν ἐκ τῆς Ἑλλάδος μετάπεμπτος ἦλθεν,
ἀναδείκνυσι μὲν αὐτὸν Καίσαρα, κατεγγυᾷ δὲ τὴν ἀδελφὴν
Ἑλένην αὐτῷ, καὶ τοῖς ὑπὲρ τὰς Ἄλπεις ἔθνεσιν ἔπεμπεν.
ἄπιστος δὲ ὢν φύσει, καὶ ὡς εὔνους αὐτῷ καὶ πιστὸς ἔσται
μήπω τεθαρρηκώς, συνεκπέμπει Μάρκελλον αὐτῷ καὶ Σα-
λούστιον, αὐτοῖς καὶ οὐ τῷ Καίσαρι τὴν αὐτόθι καταπιστεύ-
σας διοίκησιν. ταύτῃ τὰ κατὰ Ἰουλιανὸν διαθεὶς ὁ Κων-
στάντιος αὐτὸς μὲν ἐπὶ Παιονίαν καὶ Μυσίαν ἐχώρει, κἀν-
ταῦθα τὰ περὶ Κουάδους καὶ Σαυρομάτας οἰκονομήσας ἐπὶ
τὴν ἑῴαν ἐτρέπετο, τῶν Περσικῶν ἐφόδων εἰς ταύτην αὐτὸν
ἑλκουσῶν· Ἰουλιανοῦ δὲ τὰς Ἄλπεις ὑπερβάντος, τοῖς τε ὑπ'
αὐτὸν τεταγμένοις Γαλατικοῖς ἔθνεσιν ἐπιστάντος, καὶ τῶν
βαρβάρων οὐδὲν ἧττον μετὰ πάσης ἀδείας ἐπεισιόντων, τοῖς
αὐτοῖς λόγοις ἡ Εὐσεβία χρησαμένη πείθει Κωνστάντιον ἐπι-
τρέψαι τὴν διοίκησιν αὐτῷ τῶν ἐκεῖσε πραγμάτων.

---

7. ἢ V², ἢ V¹ ‖ 8. ἐπιγράφεσθαι] Iulian. p. 415, 15 ‖ 10. ἕξει] ti-
mendi verbum in hoc sententiarum nexu expectabam. unde πτήξει,
quamvis dubitanter, conieci ‖ βασιλικοῦ] immo βασιλείου ‖ 13. φιλο-
σοφοῦσι V, φιλοσόφοις Bekk ex apographo uno, fort. recte ‖ 14. ὑπερ-
βαλόμενον V, ὑπερβαλλόμενον ς ‖ 19. μήπω V, μήτε apographa, unde
μὴ Bekk ‖ Μάρκελλον] Eunap. fr. 8ᵃ M. ‖ 20. αὐτοῖς V², αὐτοῖ/ς V¹ ‖
21. τὰ sup. scr. V² ‖ 23. τὰ add. V² ‖ σαυρομάτας ex -τους V¹ ‖ 24.
ταύτην V, μάτην apographa, unde μάχην Sylb ‖ 25. 26. τε ὑπ' αὐτόν, quae
iam desideravit Sylb, accesserunt ex V, ubi sup. scr. m. 2

Τὰ μὲν οὖν ἐντεῦθεν ἄχρι παντὸς τοῦ βίου Ἰουλιανῷ 4
πραχθέντα συγγραφεῦσι καὶ ποιηταῖς ἐν πολυστίχοις γέγρα-
πται βίβλοις, εἰ καὶ μηδεὶς τῶν συγγεγραφότων τῆς ἀξίας
τῶν ἔργων ἐφίκετο· πάρεστι δὲ τῷ βουλομένῳ συλλαβεῖν
ἅπαντα τοῖς λόγοις ἐντυγχάνοντι τοῖς αὐτοῦ καὶ ταῖς ἐπι-
στολαῖς, ἀφ' ὧν ἔνεστι μάλιστα τὰ κατὰ πᾶσαν αὐτῷ πεπραγ-
μένα τὴν οἰκουμένην περιλαβεῖν. ἐπεὶ δὲ προσήκει τὴν τάξιν
ἡμᾶς μὴ διασπάσαι τῆς ἱστορίας, εἰρήσεται καὶ ἡμῖν συντόμως
ἕκαστα κατὰ τοὺς οἰκείους καιρούς, καὶ μάλιστα ὅσα τοῖς
ἄλλοις παραλελεῖφθαι δοκεῖ.

3. Κωνστάντιος τοίνυν ἐπιτρέψας ἅπαντα τῷ Καίσαρι
πράττειν ὅσα συνοίσειν ἐδόκει τοῖς ὑπ' αὐτὸν ἔθνεσιν, ἐπὶ
τὴν ἑῴαν ἐχώρει, τὸν πρὸς Πέρσας πόλεμον διαθήσων. Ἰουλια-
νὸς δὲ τὰ μὲν ἐν Κελτοῖς στρατιωτικὰ διεφθαρμένα κατὰ τὸ
πλέον εὑρών, τοὺς δὲ βαρβάρους ἀκώλυτον ἔχοντας τὴν τοῦ
Ῥήνου διάβασιν καὶ μέχρι σχεδὸν τῶν πρὸς θαλάττῃ πόλεων
διελθόντας, τὴν τοῦ περιλελειμμένου στρατιωτικοῦ δύναμιν
ἀνεσκόπει. συνιδὼν δὲ ὡς οἱ μὲν κατὰ τὴν χώραν καὶ πρὸς 2
τὴν ἀκοὴν τοῦ τῶν βαρβάρων ὀνόματος πτώσσουσιν, οἱ δὲ
παρὰ Κωνσταντίου δοθέντες αὐτῷ, τριακόσιοι καὶ ἑξήκοντα
τὸν ἀριθμὸν ὄντες, μόνον εὔχεσθαι, καθάπερ αὐτός πού
φησιν, ᾔδεσαν, ὅσους μὲν οἷός τε γέγονε τοῖς τάγμασιν ἐγ-
κατέλεξε, πολλοὺς δὲ καὶ ἐθελοντὰς ἐδέξατο. ποιησάμενος δὲ
καὶ ὅπλων φροντίδα, παλαιὰ μὲν κατά τινα πόλιν εὑρὼν

1. ἄχρι παντὸς τοῦ βίου] aut τοῦ βίου deleverim (cf. Zos. V, 49, 2;
Dionys. A. R. I p. 317, 5; 368, 15 Jac., Krebs 'Praepositionsadverbien'
II p. 5) aut τέλους pro παντὸς scripserim ‖ 2. συγγραφεῦσι καὶ ποιηταῖς]
non nimis haec premenda puto — ut fecit post alios Wietersheim
I² p. 476 —, cum aperta sit imitatio Iuliani or. I p. 2 D sq. Sp. cf. ad
p. 4, 5 ‖ 7. δὲ V², δὴ V¹ ‖ 8. μὴ sup. scr. V² ‖ 9. καὶ μάλιστα — 10.
δοκεῖ] indicari his verbis puto Persicam Iuliani expeditionem, in qua
describenda Zosimus misso Eunapio Magnum Carrhenum secutus esse
videtur (cf. ad cap. 12, 1). contra in rebus Gallicis Alamannicisque
narrandis praeter Iuliani scripta unum Eunapium ab illo excerptum
esse ipsa Eunapii fragmenta satis docent ‖ 13. τὸν sup. scr. V¹ ‖ 19.
πτωσουσιν, σ a m. 2, accentu omisso, V ‖ 20. τριακόσιοι καὶ ἑξήκοντα]
Iulian. p. 357, 21 H. ‖ 21. μόνον V², μόρον ut vid. V¹ ‖ καθάπερ] loco
deperdito: fr. 7 p. 609 H. eandem locutionem habet Liban. t. I p. 553,
15 R. ‖ 22. τάγ/μασιν V¹ ex ///ά///μασιν ‖ 23. ἐθελοντὰς V², ἐθέλοντας V¹

ἀποκείμενα, τῆς προσηκούσης ἐπιμελείας ἀξιώσας τοῖς στρατευο-
μένοις διένειμεν. ἀγγειλάντων δὲ τῶν κατασκόπων ὡς περὶ
πόλιν Ἀργέντορα, τὴν πρὸς τῇ τοῦ Ῥήνου κειμένην ὄχθῃ,
πλῆθος ἄπειρον ἐπεραιώθη βαρβάρων, ἅμα τῷ γνῶναι μετὰ
τοῦ σχεδιασθέντος αὐτῷ στρατοπέδου προῄει, συμμίξας δὲ
τοῖς πολεμίοις πάσης ὑπερβολῆς ἐπέκεινα τὸ τρόπαιον ἔστησεν,
ἓξ μὲν ἐν αὐτῇ τῇ μάχῃ μυριάδων ἀπολομένων, ἑτέρων δὲ
τοσούτων ἁλαμένων κατὰ τοῦ Ῥήνου καὶ διαφθαρεισῶν ἐν
τῷ ῥεύματι, ὥστε εἴ τις ἐθέλοι τῇ πρὸς Δαρεῖον Ἀλεξάνδρου
μάχῃ ταύτην παραβαλεῖν τὴν νίκην, οὐκ ἂν εὕροι ταύτην
ἐκείνης ἐλάττονα.

Πραχθὲν δέ τι μετὰ τὴν νίκην τῷ Καίσαρι σιωπῇ παρα-
δραμεῖν οὐ προσήκει. ἦν ἑξακοσίων ἱππέων ἴλη τῷ Καίσαρι,
σφόδρα τὰ πολέμια γεγυμνασμένων. τούτων τῇ ῥώμῃ καὶ
τῇ πείρᾳ θαρρῶν μέρος οὐ μικρὸν τῆς ἐλπίδος ἐν αὐτοῖς
ἐσάλευεν. ἐπεὶ δὲ ἡ μάχη συνέστη, πάντες μὲν τὴν κατὰ
δύναμιν ἐπιδεικνύμενοι προθυμίαν τοῖς πολεμίοις ἐνέκειντο,
ὑπερτέρου δὲ πολλῷ τοῦ Ῥωμαϊκοῦ γενομένου στρατεύματος
οὗτοι μόνοι πρὸς φυγὴν τραπέντες τὰς τάξεις ἀπέλιπον, ὥστε
καὶ αὐτὸν ⟨τὸν⟩ Καίσαρα σὺν ὀλίγοις ἐπελάσαντα καλεῖν τε
αὐτοὺς καὶ κοινωνεῖν τῆς νίκης παρακελεύεσθαι, τοὺς δὲ
μηδὲ οὕτω μετασχεῖν ἐθελῆσαι τῆς μάχης. εἰκότως τοίνυν
ὁ Καῖσαρ ἀχθόμενος ἐφ᾽ οἷς τό γε ἧκον εἰς αὐτοὺς ἐκ-
δεδώκασι τοῖς βαρβάροις τοὺς ὁμοφύλους, τὴν μὲν ἀπὸ τῶν
νόμων ὡρισμένην τιμωρίαν αὐτοῖς οὐκ ἐπέθηκεν, ἀμφιέσας
δὲ ἐσθῆτι γυναικείᾳ διὰ τοῦ στρατοπέδου παρήγαγεν ἐπ᾽
ἐξαγωγῇ, στρατιώταις ἀνδράσι χαλεπωτέραν θανάτου τὴν

---

3. ἀργέντορα· τὴν V. Ἀργέντορα etiam Iulianus dicit p. 359, 21.
ut τὴν delendum sit. Ἀργεντόρατον scripsit Bekk ‖ 7. μυριάδων] χιλι-
άδων Vales. ad Amm. XVI, 12, 63, recte puto ‖ ἀπο//λομένων, o radendo
ex ω V ‖ 8. τοσούτων V², τοσοῦτον V¹ ‖ ἁλαμένων V², ἀλλαμανῶν V¹
καὶ in ras. V ‖ διαφθαρεισῶν, ει ex η, V ‖ 9. ἀλεξ. ex ἀλλεξ. V¹ ‖ 20.
τὸν add. ϛ, om. V ‖ 22. μετασχεῖν V², κατασχεῖν V¹ ‖ 23. τό γε ἧκον
V², τὸ γεικὸν V¹ ‖ 26. παρήγαγεν] περιήγαγεν Bekk ‖ 26. 27. ἐπ᾽ ἐξ-
αγωγῇ] non 'in aliam provinciam distrahendos' — ita Leunclavius —
Iulianus milites per castra duxit, sed ut extra vallum tenderent (cf.
Marquardt Staatsverw. t. II² p. 409, 2). itaque vocabulum, quod recte
positum est IV, 9, 3, h. l. aut improprie usurpatum est aut corruptum
27. στρατιῶτες V¹, corr. V²

τοιαύτην ποινὴν ἡγησάμενος. καὶ ἀπέβη τοῦτο εἰς δέον
αὐτῷ τε κἀκείνοις· ἐν γὰρ τῷ δευτέρῳ πρὸς Γερμανοὺς πο-
λέμῳ τὴν ἐπιτεθεῖσαν αὐτοῖς αἰσχύνην ἔχοντες κατὰ νοῦν
μόνοι σχεδὸν παρὰ πάντας τοὺς ἄλλους ἠρίστευσαν.

4. Ἐπεὶ δὲ ταῦτα διεπονήθη τῷ Καίσαρι, κατὰ σχολὴν
στρατιωτῶν συναγείρας πλῆθος ἐπὶ τὸν κατὰ τοῦ Γερμανικοῦ
παντὸς παρεσκευάζετο πόλεμον. ἀντιπαραταξαμένων δὲ τῶν
βαρβάρων πλήθει παμπόλλῳ, τὴν τούτων ἔφοδον οὐκ ἀνα-
μείνας ὁ Καῖσαρ αὐτὸς ἐπεραιοῦτο τὸν Ῥῆνον, ἄμεινον κρί-
νας οὐκ ἐν τῇ τῶν Ῥωμαίων ἀλλ' ἐν τῇ τῶν βαρβάρων γῇ
πολεμητέα εἶναι, τούτῳ τε μὴ τὰς πόλεις βαρύνεσθαι καὶ αὖθις
τῇ τῶν βαρβάρων ἐπιστασίᾳ. γενομένης δὲ μάχης ἰσχυρο-
τάτης καὶ πλήθους ἀπείρου βαρβάρων ἐν ταύτῃ πεσόντος,
ἄχρι τῶν Ἑρκυνίων δρυμῶν τοὺς φεύγοντας ὁ Καῖσαρ ἐπι-
διώξας, πολύν τε ἐργασάμενος φόνον καὶ τὸν υἱὸν τοῦ τῶν
βαρβάρων ἡγουμένου Βαδομάριον ζωγρίαν ἑλών, ἀπήγαγε τὸν

---

1. ποινὴν V, τιμωρίαν καὶ ποινὴν ς ‖ 5. capite quarto omnes Iuliani
post pugnam Argentoratensem expeditiones Alamannicas in unam nar-
rationem contractas Zosimus refert. qua in re summa usus est negle-
gentia — scilicet properandum erat ad longum de Iuliani in recupe-
randis captivis (Amm. XVIII, 2, 19) ἀγχινοίᾳ expositionem. ipsius
autem Zosimi neglegentiae, nec vero Eunapio, dandum puto non
solum Chnodomarii cum Vadomarii rebus confusionem (v. infra ad vs. 16),
sed etiam quod scriptor σιτοπομπίαν Britannicam quae a. 358 accidit
primoque capite 8 memoranda erat rebus Alamannicis feliciter per-
actis subiunxit: quippe tantae multitudini liberatorum — viginti milia
fuerunt sec. Iulian. p. 361, 10 H. — victus quaerendus erat. Eunapius
res ordine narrasse videtur: in excerptis saltem de legationibus (fr. 12·
13 M.) praecedunt res Chamavorum, secuntur Vadomarii, recteque
Iulianus in fr. 12 dicitur Chamavis propter commeatus Britannicos
pacem gratificatus esse ‖ 6. κατὰ τοῦ V², κατ' αὐτοῦ V¹ ‖ 11. τούτῳ
τε μὴ] τοῦ μὴ conieci ‖ 14. Ἑρκυνίων δρυμῶν] Iulian. p. 608
fr. 4 H. ‖ 16. βουδομάριον an βαδομάριον h. l. V habeat dubium,
potius βουδ. ceterum Chnodomarii et Vadomarii res scriptoris festi-
natio in unum conflavit: Chnodomarium Iulianus post pugnam
Argentoratensem Constantio statim miserat (Iulian. p. 359 sq.), contra
Vadomarium ultimo demum commorationis Gallicae tempore cepit
(Amm. XXI, 3, 1 sq.; Vict. ep. 42, 14). huius autem filium (Vithi-
cabium nomine sec. Ammianum) obsidem aliquando — a. 359 putat
C. Mueller — apud Iulianum fuisse et ab hoc patri ante red-
ditos captivos Romanos ita remissum esse ut ipse cum exercitu

στρατὸν ἐν τῇ οἰκείᾳ παιωνίζοντα ἐπὶ ταῖς νίκαις ἀνυμνοῦντά
3 τε τὰ τοῦ Καίσαρος στρατηγήματα. τὸν μὲν δὴ Βαδομάριον
Ἰουλιανὸς ἐξέπεμπε Κωνσταντίῳ, τῇ τούτου τύχῃ τὴν νίκην
ἀνατιθείς· οἱ δὲ βάρβαροι πρὸς ἔσχατον ἐληλακότες κινδύνου
καὶ περὶ παίδων ἤδη καὶ γυναικῶν δεδιότες, μή ποτε καὶ 5
μέχρι τῶν τόπων ἐκείνων ἐν οἷς ἦσαν ἐπεξελθὼν ὁ Καῖσαρ
ἅπαν αὐτῶν τὸ γένος ἄρδην λῄσεται, στέλλουσι πρέσβεις
περὶ φιλίας διαλεξομένους καὶ περὶ τοῦ Ῥωμαίοις μηδεπώ-
4 ποτε πολεμήσειν. ὁ δὲ Καῖσαρ οὐκ ἄλλως ἔφη περὶ φιλίας
αὐτοῖς ἐς λόγους ἰέναι, πρὶν τοὺς αἰχμαλώτους ἅπαντας, 10
ὅσους ἐκ τῶν ἁλουσῶν πόλεων ἔτυχον ἐν τοῖς πρὸ τούτου
χρόνοις ἀπαγαγόντες, ἀπολαβεῖν. τῶν δὲ καὶ τοῦτο ποιεῖν
ὁμολογησάντων καὶ πάντας ὅσοι περίεισιν ἔτι διδόναι, πραγ-
ματευόμενος ὁ Καῖσαρ τὸ μηδένα τῶν αἰχμαλώτων μείναντα
5 παρὰ τοῖς βαρβάροις λαθεῖν τοιόνδε τι μηχανᾶται. τοὺς ἀφ' 15
ἑκάστης πόλεώς τε καὶ κώμης διαφυγόντας μεταπεμψάμενος
ἀπῄτει λέγειν ὀνομαστὶ τίνας ἀπὸ τῆς ἑκάστου πόλεως ἢ
κώμης ἀπήγαγον αἰχμαλώτους οἱ βάρβαροι· ἑκάστου δὲ τοὺς
κατὰ συγγένειαν ἢ γειτνίασιν ἢ φιλίαν ἢ ἄλλην τινὰ συν-
τυχίαν ἐγνωσμένους ἐξονομάσαντος, ἐκέλευεν τοῖς βασιλικοῖς 20
ὑπογραφεῦσιν ἅπαντας ἀπογράφεσθαι. τούτου δὲ γενομένου
καὶ τῶν πρέσβεων ἀγνοούντων τὸ βούλευμα, διαβὰς τὸν
Ῥῆνον ἐπέτρεπε τοῖς πρέσβεσι μετὰ τῶν αἰχμαλώτων ἐπαν-
6 ελθεῖν. τῶν δὲ μετ' οὐ πολὺ τὸ προσταχθὲν πληρωσάντων,
φησάντων τε πάντας ἔχειν τοὺς αἰχμαλώτους, ἐπὶ βήματος 25
ὑψηλοῦ καθίσας ὁ Καῖσαρ, στήσας τε τοῦ βήματος ὄπισθεν
τοὺς ὑπογραφέας, παρὰ μὲν τῶν βαρβάρων κατὰ τὸ συγκεί-
μενον παραγενέσθαι τοὺς αἰχμαλώτους ἐκέλευε, τῶν δὲ καθ'
ἕνα παριόντων καὶ τὰς ἑαυτῶν λεγόντων προσηγορίας οἱ τῷ
Καίσαρι παρεστῶτες ὑπογραφεῖς ἐκ τῶν ὄντων παρ' αὐτοῖς 30
γραμμάτων ἀνεξήτουν τὰ τούτων ὀνόματα, καὶ παραβάλλοντες

---

sequeretur refert Eunap. fr. 13. hic iuvenis videtur esse ὁ υἱὸς τοῦ
τῶν βαρβάρων ἡγουμένου; rem ipsam scriptoris socordia prorsus cor-
rupit ‖ p. 115, 16. ζωγρείαν V ‖ 1. παιωνίζοντα, ω a m. 2, V ‖ 2. δὴ ex
δεὶ V ‖ βαδομάριον h. l. V ‖ 7. λῄσεται] ἀπολέσῃ conieci coll. I, 32, 1 ‖
17. ἀπῄτει ex ἀπήντη V ‖ 20. ἐκέλευε ς ‖ 21. ὑπογραφέσιν V ‖ 22. καὶ
fort. delendum ‖ 23 ἐπέτρεπε] 'imperavit' Leunclavius: ἐπέταξε, bene
28. παραγενέσθαι] παράγεσθαι conieci. cf. Schweighaeuser lex. Polyb. s. v.

οὕς τε πρότερον ἀπεσημειώσαντο καὶ τοὺς **φανέντας** τῷ
Καίσαρι, καὶ πολλῷ πλείους τοὺς παρὰ τῶν οἰκείων πολιτῶν
καὶ κωμητῶν ὀνομασθέντας εὑρόντες, ὄπισθεν παρεστῶτες
ἐμήνυον τοῦτο τῷ Καίσαρι. τοῦ δὲ τοῖς τῶν βαρβάρων 7
πρέσβεσιν ἀπειλήσαντος πολεμεῖν ὡς οὐ πάντας ἀποδοῦσι
τοὺς αἰχμαλώτους, εἶτα καὶ λείποντας ἐξ ἑκάστης πόλεώς τε
καὶ κώμης ὑποβαλλόντων τῶν ὑπογραφέων ἐξονομάσαντος,
οἰηθέντες οἱ βάρβαροι θείᾳ τινὶ ῥοπῇ καὶ τὰ σφόδρα κεκρυμ-
μένα καὶ ἄδηλα δηλοῦσθαι τῷ Καίσαρι, πάντας ὅσους ἂν
εὕρωσι ζῶντας παραδώσειν ὁμολογήσαντες, τοὺς πατρίους
ὅρκους ἐπὶ τούτῳ δεδώκασιν. (5) οὗ δὴ γενομένου καὶ πλή-
θους αἰχμαλώτων ἀποδοθέντος ὅσον εἰκὸς ἦν ἐκ τεσσαράκοντα
πόλεων κατὰ κράτος ἁλουσῶν συνειλέχθαι, ἠπόρει περὶ τὸ
πρακτέον ὁ Καῖσαρ, τὰς πόλεις ἄρδην ἀπολομένας ὁρῶν, τὴν
δὲ γῆν χρόνον οὐκ ὀλίγον μείνασαν ἀγεώργητον, τροφῆς τε
οὐκ ὀλίγης δεομένους τοὺς ἐκ τῶν βαρβάρων ἀποδοθέντας,
ἥτις οὐδὲ ἀπὸ τῶν πλησίον πόλεων εὐπόριστος ἦν διὰ τὸ
μηδὲ ταύτας ἀπειράτους γενομένας τῆς τῶν βαρβάρων ἐφόδου
τροφῆς ἀρκούσης οὐκ εὐπορεῖν. οὐκ ἔχων οὖν ὅ τι χρήσηται
τοῖς παροῦσι, τοιόνδε τι μηχανᾶται. τοῦ Ῥήνου πρὸς ταῖς 2
ἐσχατιαῖς τῆς Γερμανίας, ὅπερ ἐστὶν ἔθνος Γαλατικόν, εἰς
τὸ Ἀτλαντικὸν πέλαγος ἐκδιδόντος, οὗ τῆς ἠόνος ἡ Βρε-
ταννικὴ νῆσος ἐννακοσίοις σταδίοις διέστηκεν, ἐκ τῶν περὶ
τὸν ποταμὸν ὑλῶν ξύλα συναγαγὼν ὀκτακόσια κατεσκεύασε
πλοῖα μείζονα λέμβων, ταῦτά τε εἰς τὴν Βρεττανίαν ἐκπέμψας
κομίζεσθαι σῖτον ἐποίει· καὶ τοῦτον τοῖς ποταμίοις πλοίοις
ἀνάγεσθαι διὰ τοῦ Ῥήνου παρασκευάζων, τοῦτό τε ποιῶν
συνεχέστερον διὰ τὸ βραχὺν εἶναι τὸν πλοῦν, ἤρκεσε τοῖς

---

5. ἀποδοῦσι ex ἀποδῶσι V² ‖ 6. εἶτα καί] εἶτα τοὺς conieci ‖ 8. 9.
κεκρυμμένα V², καὶ κρυμμένα V¹ ‖ 14. τὰς ⟨μὲν⟩ π. coniecit Bekk. at
cf. ad II, 12, 2 ‖ ἀπολομένας scripsi, ἀπολυμένας V¹, ἀπολλυμένας V²ς.
πεπορθημένας Iulian. p. 359, 6 ‖ 15. ἀγεώργητον ⟨ἄκαρπον⟩ conieci ‖
16. ὀλίγης V², ὀλίγοις V¹ ‖ 17. πλησίων V ‖ 19. χρήσηται V¹, χρήσεται
V²ς ‖ 21. ἐσχατιαῖς V², ἐσχατίαις V¹ ‖ γερμανίας V², γερμανείας V¹ ‖
ὅπερ (οὗπερ vel ἥπερ coni. Reitemeier) — Γαλατικόν delebat Heyne,
non recte. cf. ad p. 72, 13. 14 ‖ 23. ἐνακοσίοις? ἐνάκις II, 7, 2 ‖ 26. τοῦτον
V², τούτων V¹ ‖ 27. ἀνάγεσθαι] Iulian. p. 360, 13 ‖ 28. ἤρκεσε V²,
ἤρεσκε V¹

ἀποδοθεῖσι ταῖς οἰκείαις πόλεσιν εἰς τὸ καὶ τροφῇ χρήσα-
σθαι καὶ σπεῖραι τὴν γῆν καὶ ἄχρις ἀμητοῦ τὰ ἐπιτήδεια
ἔχειν.

3   Ταῦτα δὲ ἔπραξεν οὔπω σχεδὸν εἰς πέμπτον καὶ εἰκοστὸν
τῆς ἡλικίας ἐνιαυτὸν προελθών. ἐχόντων δὲ τῶν στρατιω- 5
τῶν πρὸς αὐτὸν εὐμενῶς διά τε τὴν τοῦ βίου λιτότητα καὶ
τὸ περὶ τοὺς πολέμους ἀνδρεῖον καὶ περὶ χρηματισμὸν ἐγ-
κρατὲς καὶ τὰς ἄλλας ἀρετάς, ἐν αἷς πάντας ὡς εἰπεῖν τοὺς
καθ᾽ αὐτὸν ἀνθρώπους ὑπερεβάλετο, φθόνῳ βληθεὶς ὁ Κων-
στάντιος ἐπὶ τοῖς Ἰουλιανοῦ κατορθώμασιν, οἰηθεὶς δὲ τὴν 10
Σαλουστίου, τῶν δεδομένων αὐτῷ συμβούλων ἑνός, ἀγχίνοιαν
αἰτίαν αὐτῷ τῆς τοσαύτης εἶναι περὶ τὰ πολέμια καὶ τὴν
ἄλλην διοίκησιν δόξης, μεταπέμπεται τοῦτον ὡς δὴ τοῖς κατὰ
4 τὴν ἑῴαν αὐτὸν ἐπιστήσων. ἑτοίμως δὲ τοῦ Ἰουλιανοῦ τοῦ-
τον ἀφέντος (ἐγνώκει γὰρ ἐν ἅπασι Κωνσταντίῳ πειθήνιος 15
εἶναι) τὰ μὲν ἐπιτετραμμένα πάντα τῷ Καίσαρι καθ᾽ ἑκά-
στην ὡς εἰπεῖν ἐλάμβανεν οὐκ ὀλίγην ἐπίδοσιν, τῶν στρατιω-
τῶν αὐξανομένων πλήθει καὶ πολεμικαῖς ἐμπειρίαις, τῶν
πόλεων ἐν εἰρήνῃ καὶ ἀπολαύσει τῶν ἀπὸ ταύτης οὐσῶν
ἀγαθῶν. (6) πάντων δὲ ὡς εἰπεῖν τῶν αὐτόθι βαρβάρων 20
ἀπογνόντων ἐλπίδι πάσῃ, καὶ ὅσον οὐδέπω τοὺς ἔτι περιλε-
λειμμένους ἀπολεῖσθαι πανωλεθρίᾳ προσδοκησάντων, Σάξονες
οἱ πάντων δὴ καρτερώτατοι τῶν ἐκεῖσε νεμομένων βαρβάρων
θυμῷ καὶ ῥώμῃ καὶ καρτερίᾳ τῇ περὶ τὰς μάχας εἶναι νομί-
ζοντες, Κουάδους μοῖραν σφῶν ὄντας εἰς τὴν ὑπὸ Ῥωμαίων 25

2. ἀμητοῦ V², ἂν ἡ τοῦ V¹ ‖ 7. πολέμους ex πολεμίους V¹ ‖ 9. ὑπερ-
εβάλετο V², ὑπερέβαλε τῷ V¹, ὑπερεβάλλετο ς ‖ φθόνῳ βληθεὶς] Eunap.
fr. 7ᵇ M. ‖ 10. 11. τὴν σαλουστίου V², τὸν σαλούστιον V¹ ‖ 11. ἑνός V²,
ἐν οἷς V¹ ‖ 13. μεταπέμπεται V², μετά πεται V¹ ‖ δὴ Reitemeier, ἤδη V ‖
17. οὐκ ὀλίγην] expectabam οὐδὲν ἧττον, v. tamen cap. 8, 4 ‖ ἐπίδοσιν]
cf. Iulian. p. 359, 2 ‖ 17. 18. στρατιωτῶν ς, στρατιωτικῶν V ‖ 18. 19.
τῶν ⟨τε⟩ πόλεων? ‖ 21. ἀπογνό///ντων V ‖ 23. καρτερώτατοι ex proximo
καρτερίᾳ ortum videtur. fort. φοβερώτατοι posuit ‖ 24. 25. νομίζοντες]
'habiti' Leunclavius: νομιζόμενοι, bene. cf. Boecking ad not. occ.
p. 551 adn. ‖ 25. Κουάδους] immo Καύχους. cf. Wietersheim-Dahn
I² p. 475 sq. pertinet res sine dubio ad tempora priora. at scriptor
solita socordia Eunapium excerpens rem antiquiorem postquam memo-
ravit, eam rem quae Iuliano expeditionis in illas regiones ansam de-
dit, h. e. Chamavorum incursiones, plane omisit, ut nunc quae Eunapius

κατεχομένην ἐκπέμπουσι γῆν. οἳ δὲ ὑπὸ Φράγγων ὁμόρων 2
αὐτοῖς ὄντων κωλυόμενοι διαβῆναι δέει τοῦ μὴ τῷ Καίσαρι
δοῦναι δικαίαν αἰτίαν τῆς κατ᾽ αὐτῶν αὖθις ἐφόδου, πλοῖα
ναυπηγησάμενοι καὶ διὰ τοῦ Ῥήνου τὴν ὑπὸ Φράγγων ἐχο-
μένην ὑπερβαλόμενοι γῆν ἐπὶ τὴν ὑπήκοον Ῥωμαίοις ὡρμή-
θησαν, καὶ τῇ Βαταβίᾳ προσσχόντες, ἣν διχῇ σχιζόμενος ὁ
Ῥῆνος νῆσον ποιεῖ πάσης ποταμίας μείζονα νήσου, τὸ Σαλίων
ἔθνος, Φράγγων ἀπόμοιραν, ἐκ τῆς οἰκείας χώρας ὑπὸ Σαξό-
νων εἰς ταύτην τὴν νῆσον ἀπελαθέντας ἐξέβαλλον. αὕτη δὲ
ἡ νῆσος οὖσα πρότερον πᾶσα Ῥωμαίων τότε ὑπὸ Σαλίων
κατείχετο. τοῦτο μαθὼν ὁ Καῖσαρ ἀντεπῄει μὲν τοῖς Κουάδοις, 3
παρεγγυᾷ δὲ τῷ στρατῷ τούτοις μὲν κατὰ τὸ καρτερὸν δια-
μάχεσθαι, Σαλίων δὲ μηδένα κτείνειν ἢ κωλύειν ἐπὶ τὰ Ῥω-
μαίων ὅρια διαβαίνειν οἷα μὴ ὡς πολεμίους ἐφισταμένους τῇ
χώρᾳ, ἀνάγκῃ δὲ τῇ παρὰ Κουάδων ἐλαύνεσθαι. ταύτης
αἰσθόμενοι τοῦ Καίσαρος τῆς φιλανθρωπίας οἱ Σάλιοι οἳ
μὲν ἀπὸ τῆς νήσου μετὰ τοῦ σφῶν βασιλέως εἰς τὴν ὑπὸ
Ῥωμαίους ἐπεραιοῦντο γῆν, οἱ δὲ συμφυγόντες εἰς τὰ ὄρη
κατῄεσαν, ἱκέται τοῦ Καίσαρος ἅπαντες καθιστάμενοι καὶ ἐθε-

de Chamavis rettulerat ad Chaucos spectare videantur. οἳ δὲ igitur
(p. 119, 1) Chamavi sunt Chamavorumque nomen p. 119, 11. 15; p. 121,
7. 11. 24 pro Quadis reponendum ‖ 1. 4. 8. φράγκων ς ‖ 3. αὐτῶν ς,
αὐτὸν V ‖ αὖθις in mg. add. V[1]. in Francos Iuliani expeditionem ali-
quam priorem non rettulit scriptor nec potuit referre, quoniam antea
nil nisi Alamannica Iuliani bella narraverat. dubitari igitur posse
censeo num ab ipso scriptore αὖθις vox positum sit. si ipse posuit
ita explicandum erit ut ille in Eunapio ad a. 357 adnotatum invenerit
Francorum copias vastata Germania inferiore a Iuliano fame ad dedi-
tionem compulsas esse (v. Ammian. XVII, 2, 1 sq., Liban. t. I p. 545,
15 R., ubi Φράγκους pro φρακτοὺς legendum) indeque priorem Iuliani
ἔφοδον effinxerit. — ceterum Ammiani (XVII, 8, 3. 4) de Iuliani in
Salios Chamavosque expeditione relatio, quae nec cum Iuliani (p. 361,
2 H.) nec cum Eunapii (fr. 10 sq.) Zosimique narrationibus conciliari
potest, deteriore aliquo ex fonte derivata esse videtur ideoque fide
minus digna ‖ 5. ὑπερβαλλόμενοι V, corr. Bekk ‖ 5. 6. ὡρμήθησαν
Leunclavius et Sylburg, ὡρμίαθησαν V ‖ 6. προσσχόντες Bekk, προ-
σχόντες V ‖ διχῇ scripsi, δίχα V ς. cf. I 56, 1; III, 12, 5 ‖ 8. ἀπόμοιραν
V, et sic coni. Bekk, ἀπόμοιρον apographa ‖ 11. ἀντεπῄει (ἀντεπήῃει V)
. . . . 12. παρεγγυᾷ] cf. Kaelker de eloc. Polyb. p. 266 sq. ‖ 12. καρτερὸν
scripsi, κρατερὸν V ς ‖ 13. Σαλίων] Eunap. fr. 10 ‖ 18. ὄρη] ὅρια cum
Leunclavio Reitemeier, ἀπῄεσαν praeterea coniciens

4 λοντὶ τὰ καθ᾽ ἑαυτοὺς ἐκδιδόντες. ὁ δὲ πρὸς μὲν **πόλεμον**
οὐδένα θαρροῦντας ἔτι τοὺς βαρβάρους ὁρῶν, ἐφόδοις δὲ
λαθραίαις καὶ λῃστείαις προσέχοντας οὐ μικρά τε οὐδὲ τὰ
τυχόντα ἐκ τούτου τὴν χώραν ἐργαζομένους κακά, καὶ ἀπορῶν
ὅ τι πράξειεν, ἔμφρονι στρατηγήματι ταύτην μετήει τῶν βαρ- 5
βάρων τὴν τέχνην. (7) ἀνήρ τις ἦν μέγεθος σώματος ὑπὲρ
τοὺς ἄλλους ἅπαντας ἔχων, καὶ τὴν ἀνδρείαν ἀνάλογον
τῷ σώματι. τούτῳ βαρβάρῳ τὸ γένος ὄντι καὶ λῃστεύειν
σὺν αὐτοῖς εἰωθότι παρέστη τὰ οἰκεῖα ἤθη καταλιπόντι
2 πρὸς τοὺς ὑπὸ Ῥωμαίοις Κελτοὺς μεταστῆναι. διατρίβων 10
οὖν ἀπὸ χρόνου τινὸς ἐν Τριβέροις (ἔστι δὲ αὕτη πόλις
μεγίστη τῶν ὑπὲρ τὰς Ἄλπεις ἐθνῶν) ἐπειδὴ τοὺς ὑπὲρ
τὸν Ῥῆνον βαρβάρους ἑώρα τὰς τῇδε κατατρέχοντας πόλεις
καὶ τὰ πάντων ἀκωλύτως λῃζομένους, ὅτε τὴν τοῦ Καίσαρος
οὔπω Ἰουλιανὸς εἶχεν ἀρχήν, ἀμύνειν μὲν διενοεῖτο τοῖς 15
πόλεσιν, οὐκ ἔχων δὲ παρρησίαν οἷα νόμου μηδενὸς αὐτῷ
τοῦτο ποιεῖν ἐπιτρέψαντος, τὴν μὲν ἀρχὴν μόνος εἰς τὰ δα-
σύτατα κρυπτόμενος τῶν ὑλῶν ἐκαραδόκει τὰς τῶν βαρβάρων
ἐφόδους, καὶ νυκτὸς ἐπιὼν ἤδη παρειμένοις μέθῃ καὶ ὕπνῳ
κεφαλὰς ὅσων οἷός τε ἦν βαρβάρων ἀπέτεμεν καὶ τοῖς ἐν τῇ 20
3 πόλει φέρων ἐδείκνυ. συνεχῶς δὲ τοῦτο ποιῶν ὄκνον οὐκ
ὀλίγον ἐποίησε τοῖς βαρβάροις, ἀγνοοῦσι μὲν τὸ γινόμενον,
τῷ δὲ καθ᾽ ἑκάστην ὡς εἰπεῖν ἐλαττοῦσθαι τοῦ κακοῦ συναι-
σθανομένοις. ἐπειδὴ δὲ καὶ ἄλλοι συνεμίγησαν τούτῳ λῃσταὶ
καὶ καθ᾽ ἕνα συνιόντες πλῆθος γεγόνασι, τότε δὴ τῷ Καί- 25
σαρι προσελθὼν ὁ Χαριέττων (τοῦτο γὰρ ἦν ὄνομα τῷ ταύτην
εὑρόντι **πρώτῳ** κατὰ τῶν βαρβάρων ἐπιβουλὴν) ἀναφαίνει τὸ
4 πρότερον οὔπω πολλοῖς ἐγνωσμένον. ὁ δὲ Καῖσαρ, ἐπειδὴ
μὴ ῥᾴδιον ἦν αὐτῷ διὰ τοῦ στρατοπέδου ταῖς ἐν νυκτὶ τῶν
βαρβάρων λαθραίαις ἐφόδοις ἐπεξιέναι (κατ᾽ ὀλίγους γὰρ καὶ 30
ἐν πολλοῖς ἑαυτοὺς διασπείραντες ἐλῄστευον, ἡμέρας δὲ γενο-
μένης οὐδένα θεάσασθαι παντάπασιν ἦν· ἐν γὰρ τοῖς περὶ

1. ἐκδιδόντες scripsi, ἐνδιδόντες Vϛ. cf. ad I, 72 ‖ 4. ἀπο//ρῶν, ρ
erasa, V ‖ 6. ἀνήρ τις ἦν] Eunap. fr. 11 ‖ 7. ἀνδρίαν Bekk ‖ 16. οἷα
νόμου V², οἷαν ὁμοῦ V¹ ‖ 19. παρειμμένοις V ‖ μέθει V ‖ 20. ἀπέτεμε ϛ ‖
21. εδεικνυ συνεχῶς, ν σ in ras. V² ‖ 22. ἐνεποίησε coni. Sylb, bene ‖
24. ἐπειδὴ V, ἐπεὶ ϛ ‖ 26. χαριεττων V¹, χαριέττων V² ‖ ἦν accessit ex
V ‖ 27. 28. τὸ πρότερον] τὸ προτέρην᾽ conieci ‖ 30. ὀλίγους V², ὀλίγον V¹

τοὺς ἀγροὺς δρυμοῖς ἀπεκρύπτοντο, σιτούμενοι τὰ ἐκ τῆς
ληστείας αὐτοῖς προσγινόμενα), τὸ δυσχείρωτον τῶν πολεμίων
λαβὼν κατὰ νοῦν εἰς ἀνάγκην κατέστη τοῦ μὴ στρατοπέδῳ
μόνον ἀλλὰ καὶ ληστικῷ συστήματι τοὺς λῃστὰς μετελθεῖν.
ἀποδεξάμενος οὖν τὸν Χαριέττωνα καὶ τοὺς σὺν αὐτῷ, συν-
άψας τε αὐτοῖς τῶν Σαλίων πολλούς, νυκτὸς μὲν αὐτοὺς
λῃστεύουσι τοῖς Κονάδοις οἷα μεμελετημένους λῃστείαις ἐπ-
έπεμπεν, ἡμέρας δὲ οὔσης ἐν τοῖς ὑπαίθροις ἔταττε τὰ στρα-
τόπεδα, καὶ πάντας ὅσοι τὸ λῃστικὸν οἷοί τε ἐγίνοντο
διαφυγεῖν ἔκτεινε. τοῦτό τε ποιῶν διετέλεσεν, ἕως ὅτε κατα-
στάντες εἰς ἐσχάτην στενοχωρίαν οἱ Κονάδοι, καὶ ἐκ πολλῶν
ὀλίγοι γενόμενοι, προσεχώρησαν ἅμα τῷ σφῶν ἡγουμένῳ τῷ
Καίσαρι, πλῆθός τε αἰχμαλώτων ἤδη συλλαβόντι κατὰ τὰς
προτέρας ἐφόδους καὶ τὸν τοῦ βασιλέως παῖδα παρὰ Χαριέτ-
τωνος εἰλημμένον. ἐπεὶ δὲ ἱκετηρίας αὐτοὺς ἐλεεινῶς προ-
τεινομένους ὁμήρους ἀπῄτει τῶν ἐπισήμων τινὰς καὶ τούτοις
ἅμα τὸν τοῦ βασιλέως υἱόν, εἰς θρῆνον οἰκτρότατον καταστὰς
ὁ τῶν βαρβάρων ἡγούμενος ὤμνυε δακρύων ὡς ἀπόλοιτο
μετὰ τῶν ἄλλων αὐτῷ καὶ ὁ υἱός. τότε τοίνυν ἐλεήσας ὁ
Καῖσαρ δάκρυα πατρὸς τόν τε παῖδα αὐτῷ δείκνυσιν ἐν
εὐπαθείᾳ τρεφόμενον, καὶ φήσας ἔχειν ἐν ὁμήρου τάξει, καὶ
σὺν αὐτῷ τῶν εὖ γεγονότων ἄλλους ὁμήρους λαβών, ἐφιλο-
τιμήσατο τὴν εἰρήνην ἐφ᾽ ᾧ μηδέποτε κατὰ Ῥωμαίων χεῖρας ἆραι.

8. Ταῦτα οὕτως διαθεὶς ὁ Καῖσαρ Σαλίους τε καὶ Κουά-
δων μοῖραν καὶ τῶν ἐν τῇ Βαταονίᾳ νήσῳ τινὰς τάγμασιν
ἐγκατέλεξεν, ἃ καὶ νῦν ἐφ᾽ ἡμῶν ἔτι δοκεῖ περισώζεσθαι.
κατὰ δὲ τοὺς αὐτοὺς χρόνους Κωνστάντιος ὁ βασιλεὺς ἦν

---

6. αὐτοὺς Sylb, αὐτοῖς V ‖ 7. μεμελετημένους ς, μεμελημένους V ‖
7. 8. ἐπέπεμπεν Bekk, ἔπεμπεν V ‖ 9. πάντας V², παν ͵ ς V¹, ν incerta ‖
10. ἔκτενε V ‖ 11. κονάδοι V ‖ 12. προσεχώρησαν] cf. ampliam Eunapii (ex
hoc Petrus Patric. F. H. G. t. IV p. 191, 18) narrationem fr. 12, ex
qua simul disci potest quem ad modum putidam rhetoris Sardiani
ubertatem Zosimus ad exile compendium redegerit ‖ 13. τὲ V², δὲ V¹ ‖
16. τούτοις ex τούτους V¹ ‖ 18. ὤμνυε] ὤμνυ scribendum puto ‖ ἀπόλοιτο
V², ἀπολοίω V¹ ‖ 22. ἄλλους] iuvenis matrem solam sec. Eunapium ‖
24. οὕτω ς ‖ δὲ καὶ V ‖ 25. βαταουνία V ‖ 26. ἡμῶν, ut vid., V², ἡμῖν
V¹. ex Eunapio nimirum hoc quoque transcripsit, cuius temporibus
revera erat cohors undecima Chamavorum: not. or. XXXI, 61 ‖ 27. ἦν
sup. ser. V¹

κατὰ τὴν ἑῴαν τὰ Περσῶν ἔχων ἐν φροντίδι μόνα καὶ τοῖς
ἐκεῖσε πολέμοις ἐγκαρτερῶν· τά τε γὰρ ὑπὲρ τὰς Ἄλπεις
ἔθνη καλῶς εἶχεν αὐτῷ τῇ τοῦ Καίσαρος κυβερνώμενα προ-
νοίᾳ, καὶ Ἰταλία πᾶσα καὶ Ἰλλυριοὶ κίνδυνον εἶχον οὐδένα,
τῶν ὑπὲρ τὸν Ἴστρον βαρβάρων δέει τοῦ μὴ διὰ Γαλατίας 5
τὸν Καίσαρα διαβάντα τὸν Ἴστρον αὐτοῖς ἐπελθεῖν σωφρο-
νούντων. Κωνσταντίου τοίνυν ἐν τούτοις ὄντος οἱ Πέρσαι,
Σαπώρην ἔχοντες βασιλέα, τὰ περὶ τὴν μέσην ἐλήϊζοντο τῶν
ποταμῶν, καὶ τὰ περὶ τὴν Νίσιβιν ἅπαντα καταστρεψάμενοι
καὶ αὐτὴν ἤδη πάσῃ δυνάμει τὴν πόλιν ἐπολιόρκουν. τοῦ 10
δὲ στρατηγοῦ Λουκιλλιανοῦ πρὸς τὴν πολιορκίαν ἀρκέσαντος,
καὶ νῦν μὲν τοῖς ἀπὸ τῆς τύχης ὀρθῶς χρησαμένου νῦν δὲ
καὶ στρατηγήμασιν, ἡ μὲν πόλις τὰ περιστάντα διέφυγεν, εἰς
ἔσχατον ἐλθοῦσα κινδύνου. τὸ δὲ ὅπως περιττὸν ἡγησάμην
διεξελθεῖν, αὐτοῦ τοῦ Καίσαρος ἐν ἰδίᾳ συγγραφῇ πάντα 15
ἀφηγησαμένου τὰ τότε πραχθέντα, ἅπερ ἔστιν εἰς χεῖρας
λαβόντα τὴν ἐν λόγοις ἄκραν τοῦ ἀνδρὸς συνιδεῖν ἀρετήν.

Δοκούντων δὲ εἶναι τῶν κατὰ τὴν ἑῴαν ἐν ἡσυχίᾳ, καὶ
τῶν τοῦ Καίσαρος κατορθωμάτων ⟨ἐν⟩ τοῖς ἁπάντων στό-
μασιν ὄντων, δεινῶς ὁ Κωνστάντιος συνεστάλη τῷ φθόνῳ. 20
τῇ δὲ τῶν ἐν Κελτοῖς τε καὶ Ἴβηρσι πραγμάτων εὐημερίᾳ
δακνόμενος ἐμηχανᾶτο προφάσεις, δι' ὧν ἂν δυνηθείη κατὰ
βραχὺ καὶ ἀνεπαισθήτως τὰς τοῦ Καίσαρος ἐλαττῶσαι δυνά-
μεις, οὕτω τε τῆς ἀξίας αὐτὸν παραλῦσαι. πέμπει τοίνυν
ὡς αὐτόν, τάγματα δύο τῶν ἐν Κελτοῖς στρατιωτῶν ἐκ- 25

---

1. τὴν ἑῴαν V², τ//////ὼν V¹ ‖ 3. κυβερνώμενα V², κυβερνόμενα V¹ ‖
4. Ἰλλυριοὶ V², ἰλλύριοι V¹ ‖ 5. διὰ γαλατίας V², διαρα τίας V¹. coni-
cerem διὰ Ῥαιτίας, nisi hic omnia confusa essent ‖ 9. spectant haec ad
Nisibis a. 350 oppugnationem: Tillemont t. IV p. 674, Clinton F. R.
t. II p. 103, quam Zosimus falso a. 359 tribuit. Lucillianum autem
ideo urbi obsessae praefecit, quod eum a Constantio contra Persas
missum esse iam antea (II, 45) narraverat ‖ 15. ἐν ἰδίᾳ συγγρ.] Iulian.
or. I p. 27 sq. Sp., or. II p. 62 sq. Sp. ‖ 18. ἑῴαν] ἑσπέραν Hecker
progr. Kreuznach. a. 1886 p. 40, scriptorem, non librarios, corrigens ‖
19. ἐν add. Sylb, om. V ‖ 22. δακνόμενος] cf. Eunap. fr. 7ª M. ‖ 23. ἀνεπ-
αισθήτως V, ἀνεπαισχύντως ex apographis Sylb et Reitemeier ‖ 24 sq.
plane inepta sunt. quoniam dixerat Constantium voluisse κατὰ βραχὺ
καὶ ἀνεπαισθήτως Iuliani copias minuere, iam fingit imperatorem pau-
latim ter milites a Caesare abducentem. praeterea prorsus insulsa sunt
verba p. 123, 4 τὰ μὲν — 7. ἐνθυμουμένων. quae aliquando, simul cum

πεμφϑῆναι κελεύων ὡς δὴ τῆς ἀπὸ τούτων δεόμενος βοηϑείας.
Ἰουλιανοῦ δὲ ἀγνοίᾳ τῆς αὑτοῦ προαιρέσεως, καὶ ἅμα διὰ τὸ 4
μὴ πρόφασιν ὀργῆς αὐτῷ δοῦναι, τὸ ἐπίταγμα παραχρῆμα
πληρώσαντος, τὰ μὲν ἐν Κελτοῖς ἠξιοῦτο πάσης ἐπιμελείας,
τοῦ στρατιωτικοῦ κατὰ τὸ συνεχὲς αὐξανομένου, καὶ τῶν παρ-
οικούντων ταῖς ἐσχατιαῖς βαρβάρων κατεπτηχότων καὶ πόλε-
μον μὲν οὐδὲ ὄναρ ἐνϑυμουμένων, Κωνστάντιος δὲ καὶ ἕτερα
τάγματα στρατιωτικὰ πεμφϑῆναί οἱ παρὰ τοῦ Καίσαρος ᾔτει.
καὶ τυχὼν τῆς αἰτήσεως ἄλλας μετ᾽ οὐ πολὺ τέσσαρας ἴλας
ὡς αὑτὸν ἐκέλευεν ἐκπεμφϑῆναι, καὶ παραχρῆμα παρασκευ-
άζεσϑαι πρὸς ἐκδημίαν ὁ Καῖσαρ τοῖς στρατιώταις ἐσήμαινεν.

9. Ἰουλιανοῦ δὲ ἐν τῷ Παρισίῳ (Γερμανίας δὲ αὕτη
πολίχνη) διατρίβοντος, ὡς δὴ πρὸς ἐκδημίαν εὐτρεπεῖς ὄντες
οἱ στρατιῶται νυκτὸς ἄχρι βαϑείας ἐδείπνουν περὶ τὰ αὐτόϑι
βασίλεια, τῶν βουλευομένων κατὰ τοῦ Καίσαρος οὐδὲ ἓν
λογιζόμενοι. τῶν δὲ ταξιάρχων τινὲς τὸ πάλαι κατ᾽ αὐτοῦ
μηχανώμενον ἐπὶ τῶν πραγμάτων εὗρον ἀληϑές, καὶ ἀνώ-
νυμα γραμμάτια τῶν στρατιωτῶν ἐν μέσῳ κατὰ τὸ λεληϑὸς
διαρρίψαντες ἐδήλουν διὰ τούτων ὡς ὁ Καῖσαρ, ὁ δοὺς
ἅπασιν ὡς εἰπεῖν τὸ κατὰ βαρβάρων τρόπαια στῆσαι διὰ
τῶν οἰκείων στρατηγημάτων κατὰ μηδέν τε τῶν καϑ᾽ ἕκαστον
ἐν τῷ μάχεσϑαι διαλλάττων, εἰς ἔσχατον ἥξει κινδύνου κατὰ
βραχὺ τοῦ βασιλέως τὴν αὐτοῦ δύναμιν ὑποκλέπτοντος, εἰ
μὴ συνδραμόντες ἅπαντες ὁμοῦ τὴν τῶν στρατιωτῶν κω-

δὲ post Κωνστάντιος, eicere volebam, eo magis quod dittographia vi-
deri potest esse eorum quae cap. 5 extr. leguntur; at nunc retinenda
puto ∥ p. 122, 24 nescio an lacuna sit primitusque fuerit πέμπει τοίνυν
⟨νοτάριον⟩ (vel sim., cf. Gothofr. ad cod. Theod. t. I p. 29 R.), ὡς
αὑτὸν δ. τ. cf. p. 123, 10 ∥ 5. αὐξανομένου scripsi coll. III, 5, 4,
αὔξουμένου V, αὐξομένου Bekk ∥ 7. post ἐνϑυμουμένων fort. lacuna:
⟨ἀγαπώντων δὲ εἰ τὰ σφέτερα ἐπ᾽ ἀδείας νέμεσϑαι συγχωροῖντο⟩ vel
sim. ∥ 8. τάγματα ex πράγματα radendo V ∥ 12. παρησίῳ V ∥ Γερμανίας
(γερμανείας V)] Γαλατίας reponebat Boecking ad not. occ. p. 1024. at
in talibus rebus Zosimum corrigere non licet ∥ 13. πολίχνη] Iulian.
p. 438, 6 ∥ εὐτρεπεῖς ὄντες V², εὐτρεπίσοντες V¹ ∥ 16. ταξιάρχων Bekk,
ταξιαρχῶν V ∥ 17. μηχανώμενον V², μηχανόμενον V¹ ∥ 18. γραμμάτια] cf. III,
31, 2; IV, 53, 3; γραμματεῖα semel. γραμματεῖον in Iuliano p. 355, 9;
364, 20 edidit Hertlein ∥ 19. διαρρήψαντες V¹, corr. V² ∥ 21. κατὰ μηδέν
τι V, καὶ μηδέν τι ς ∥ 22. διαλάττων V¹, corr. V² ∥ 23. τοῦ sup. scr. V¹

2 λύσαιεν ἐκδημίαν. ταῦτα τὰ γραμματίδια διεσπαρμένα τινὲς
τῶν στρατιωτῶν ἀναγνόντες, καὶ εἰς τὸ πλῆθος τὸ μελετώ-
μενον ἐνεγχόντες, ἐξηρέθισαν ἅπαντας εἰς ὀργήν. καὶ ἀνα-
στάντες ἐκ τοῦ πότου σὺν θορύβῳ πολλῷ, τῶν κυλίκων ἐν
ταῖς χερσὶν ἔτι κειμένων, ὥρμησαν ἐπὶ τὰ βασίλεια, διαρρή- 5
ξαντές τε τὰς θύρας σὺν οὐδενὶ κόσμῳ κατάγουσι δημοσίᾳ
τὸν Καίσαρα, καὶ ἐπί τινος ἀσπίδος μετέωρον ἄραντες ἀν-
εῖπόν τε σεβαστὸν αὐτοκράτορα, καὶ ἐπέθεσαν σὺν βίᾳ τὸ
3 διάδημα τῇ κεφαλῇ. ὃ δὲ δυσανασχετῶν μὲν ἐπὶ τῷ γεγονότι,
τὸ δὲ ἀνακαλέσασθαι τὸ πραχθὲν οὐδεμίαν οἰηθεὶς ἔχειν 10
ἀσφάλειαν Κωνσταντίου μήτε ὅρκοις ἐμμένοντος μήτε συν-
θήκαις ἢ ἄλλην τινὰ τῶν ἐν ἀνθρώποις πίστιν φυλάττοντος,
ὅμως ἐπειρᾶτο τῆς αὐτοῦ γνώμης, καὶ πρέσβεις ἐκπέμψας
παρὰ τὴν αὐτοῦ προαίρεσίν τε καὶ γνώμην ἔφη προβῆναι τὰ
τῆς ἀναρρήσεως, οἷς εἰ παράσχοι συγγνώμην, ἕτοιμος ἔφασκεν 15
εἶναι τὴν τοῦ Καίσαρος ἔχειν ἀξίαν, ἀποθέμενος τὸ διάδημα.
4 Κωνστάντιος δὲ εἰς τοσοῦτον ὀργῆς τε καὶ ἀλαζονείας ἠνέχθη
ὥστε πρὸς τοὺς πρέσβεις εἰπεῖν ὡς προσήκει Ἰουλιανὸν τοῦ
ζῆν ἀντεχόμενον ἀποθέσθαι πρὸς τῇ βασιλείᾳ καὶ τὸ τοῦ
Καίσαρος σχῆμα, καταστάντα δὲ ἰδιώτην ἑαυτὸν τῇ προ- 20
αιρέσει τοῦ βασιλέως ἐκδοῦναι· μηδὲ γὰρ πείσεσθαί τι δεινὸν
μηδὲ ἀντάξιον ὧν ἐτόλμησε. ταῦτα ἀκηκοὼς Ἰουλιανὸς παρὰ
τῶν πρέσβεων εἰς τὸ ἐμφανὲς ἔδειξεν ἣν εἶχε περὶ τὸ θεῖον
προαίρεσιν, ἄντικρυς εἰς ἐπήκοον πάντων εἰπὼν ὡς τοῖς
θεοῖς ἄμεινον ἢ τοῖς Κωνσταντίου λόγοις ἑαυτόν τε καὶ τὸν 25
ἑαυτοῦ βίον ἐκδοῦναι.

5 Ἐντεῦθεν ἅπασι φανερὰ γέγονεν ἡ πρὸς Ἰουλιανὸν Κων-
σταντίου δυσμένεια. καὶ Κωνστάντιος μὲν πρὸς ἐμφύλιον
παρεσκευάζετο πόλεμον, Ἰουλιανῷ δὲ δυσχεραίνειν ἐπὶ τοῖς
συμβεβηκόσιν ἐπῄει, ὡς, εἰ μέλλοι τῷ τὴν ἀρχὴν αὐτῷ δεδω- 30
κότι τοῦ Καίσαρος πολεμεῖν, ἀχαρίστου παρὰ τοῖς πολλοῖς
ἀποίσεται δόξαν. ὄντι δὲ περὶ ταῦτα καὶ πᾶσαν γνώμην
ἀνακυκλοῦντι, σφόδρα τε ὀκνηρῶς ἔχοντι πρὸς ἐμφύλιον

1. ταῦτα sup. scr. V² ‖ 4. πότου V², et sic corr. Reitemeier apo-
graphorum τόπον, ποτοῦ V¹ ‖ 4. 5. ἐν ταῖς χερσὶν in mg. add. V² ‖ 8. σεβ-
αστὸν V ‖ 15. συγγνώμην Sylb, γνώμην V ‖ 17. ἀλαζονίας V, corr. Bekk ‖
ἠνέχθη] ἐξηνέχθη conieci coll. IV, 56, 3; V, 14, 4 ‖ 21. ἐκδοῦναι V²,
ἐ///δοῦναι V¹ ‖ 22. ἀν//άξιον, τ erasa, V, ἄξιον ς

πόλεμον, ἔδειξε δι' ἐνυπνίου τὸ θεῖον αὐτῷ τὸ ἐσόμενον· ἐν 6
Βιέννῃ γὰρ διατρίβοντι κατ' ὄναρ ὁ Ἥλιος ἐδόκει δεικνύναι
τοὺς ἀστέρας αὐτῷ, λέγειν τε ταῦτα τὰ ἔπη

    Ζεὺς ὅταν εἰς πλατὺ τέρμα πέλῃ κλυτοῦ Ὑδροχόοιο,
5   Παρθενικῆς δὲ Κρόνος μοίρῃ βαίνῃ ἐπὶ πέντε
    εἰκοστῇ, βασιλεὺς Κωνστάντιος Ἀσίδος αἴης
    τέρμα φίλου βιότου στυγερὸν καὶ ἐπώδυνον ἕξει.

τούτῳ τῷ ἐνυπνίῳ θαρρήσας εἴχετο μὲν κατὰ τὸ σύνηθες 7
αὐτῷ τῆς τῶν κοινῶν πραγμάτων ἐπιμελείας, ἐπεὶ δὲ ἦν ἔτι
10 χειμών, τὰ μὲν ὅσα περὶ τοὺς βαρβάρους τῆς δεούσης ἠξιοῦτο
προνοίας, ὥστε, εἰ δεήσει καὶ τῶν ἄλλων αὐτὸν ἀντιλαβέσθαι
πραγμάτων, ἐν ἀσφαλείᾳ πάσῃ τὰ ἐν Κελτοῖς πράγματα μεῖναι,
παρεσκευάζετο δέ, Κωνσταντίου κατὰ τὴν ἑῴαν ὄντος, τὴν
αὐτοῦ προκαταλαβεῖν ἐπιχείρησιν.   (10) ἀκμάζοντος δὲ ἤδη
15 τοῦ θέρους διαθεὶς τὰ περὶ τοὺς ὑπὲρ τὸν Ῥῆνον βαρβάρους,
καὶ τοὺς μὲν πολέμῳ σωφρονεῖν ἀναγκάσας, τοὺς δὲ τῇ
πείρᾳ τῶν προλαβόντων εἰρήνην ἀγαπᾶν μᾶλλον ἢ πόλεμον
πείσας, ὡς ἐς μακρὰν ἀποδημίαν διέταττε τὸ στρατόπεδον,
καταστήσας δὲ ταῖς πόλεσι καὶ ταῖς ἐσχατιαῖς πολιτικούς τε
20 καὶ στρατιωτικοὺς ἡγεμόνας ἅμα τῇ δυνάμει ᾔει εἰς τὰς
Ἄλπεις. ἐλθὼν δὲ εἰς Ῥαιτούς, ὅθεν ὁ Ἴστρος ἀρχόμενος 2
Νωρικούς τε καὶ Παιονίαν πᾶσαν παραμείβεται καὶ προσέτι
γε Δάκας καὶ τοὺς ἐν Θρᾴκῃ Μυσοὺς καὶ Σκύθας, οὕτω τε
εἰς τὸν Εὔξεινον ἔξεισι πόντον, πλοῖα ποτάμια κατασκευάσας
25 αὐτὸς μὲν ἅμα τρισχιλίοις εἰς τὸ πρόσω διὰ τοῦ Ἴστρου
παρῆγε, δισμυρίους δὲ πεζῇ τὸ Σίρμιον καταλαμβάνειν διέταττεν.
ἐπεὶ δὲ ἦν συνεχὴς εἰρεσία μετὰ τῆς τοῦ ῥοῦ φορᾶς καὶ τῶν 3
ἐτησίων ἀνέμων αὐτῷ συντελεσάντων, ἑνδεκάτῃ μὲν ἡμέρᾳ
περὶ τὸ Σίρμιον ἦλθε, φοιτησάσης δὲ ἀγγελίας ὡς ὁ βασι-
30 λεὺς παρεγένετο, πάντες μὲν ὡς εἰπεῖν Κωνστάντιον ἡγοῦντο

---

    4. eidem versus extant etiam apud Ammianum XXI, 2, 2 et Zo-
naram XIII, 11 ‖ τέρμα ex δέρμα V¹ ‖ μόλῃ rectius Amm. et Zon. ‖ 5.
‖μοίρῃ, σ erasa?, V. μοίρης Zon. ‖ πέμπτῃ Amm., bene, πέμπτης Zon. ‖
6. εἰκοστῆς Zon. ‖ 18. ἐς sup. scr. V² ‖ διέττατε V ‖ 20. ἅμα τῇ δυνάμει
ᾔει εἰς τὰς] duplex hiatus vitium prodit. fort. διῄει τὰς scripsit.
'Alpes' videntur esse 'Marcianae silvae': Ammian. XXI, 8, 2 ‖ 26.
παρῆγε‖, ν erasa, V ‖ δυσμυρίους V ‖ διέττατεν V ‖ 29. ἀγγέ in mg.
V add. al. m.

εἶναι τὸν ἐπιστάντα, δεξάμενοι δὲ Ἰουλιανὸν ἐν ἐκπλήξει
πάντες ἦσαν, φάσματι τὸ συμβὰν ἀπεικάζοντες. φθασάσης δὲ
μετ' οὐ πολὺ καὶ τῆς ἀπὸ Κελτῶν αὐτῷ παρακολουθούσης
δυνάμεως, τῇ Ῥωμαίων γερουσίᾳ καὶ ταῖς ἐν τῇ Ἰταλίᾳ δυ-
νάμεσιν ἔγραφεν ἔχειν ἐν ἀσφαλεῖ τὰς πόλεις ὡς αὐτοῦ βασι-
λεύοντος. ἐπεὶ δὲ Ταῦρος καὶ Φλωρέντιος οἱ κατ' ἐκεῖνον
τὸν ἐνιαυτὸν ὕπατοι, τῆς Κωνσταντίου μερίδος ὄντες, ἅμα
τῷ μαθεῖν ὅτι Ἰουλιανὸς ὑπερβὰς τὰς Ἄλπεις εἰς Παιονίαν
ἀφίκετο φυγῇ τὴν Ῥωμαίων ἀπέλιπον, φυγάδας μὲν αὐτοὺς
ὑπάτους ἐν τοῖς συμβολαίοις ἐκέλευε γράφεσθαι, πάσας δὲ
τὰς πόλεις ἃς ἔτυχεν ἤδη διαδραμὼν ἐφιλοφρονεῖτο, χρηστὰς
ἐναποτιθέμενος πᾶσιν ἐλπίδας. ἔγραφε δὲ καὶ Ἀθηναίοις καὶ
Λακεδαιμονίοις καὶ Κορινθίοις, τὰς αἰτίας τῆς σφετέρας ἐμ-
φαίνων ἀφίξεως.

11. Ὄντι δὲ αὐτῷ κατὰ τὸ Σίρμιον ἐξ ἁπάσης ὡς εἰπεῖν
τῆς Ἑλλάδος ἐστέλλοντο πρέσβεις, οἷς ἀποκρινάμενος τὰ προσ-
ήκοντα, καὶ ὅσα ἦν δίκαια φιλοτιμησάμενος, σὺν τῷ παρὰ
Κελτῶν στρατοπέδῳ καὶ ἕτερον ἔκ τε αὐτοῦ τοῦ Σιρμίου καὶ
τῶν Παίοσι καὶ Μυσοῖς ἐνιδρυμένων ταγμάτων συναγαγών,
ἐπὶ τὰ πρόσω παρῄει. καταλαβὼν δὲ τὴν Νάϊσον αὐτόθι
μετὰ τῶν μάντεων τὸ πρακτέον ἐσκόπει. ὡς δὲ μένειν αὐτῷ
τέως κατὰ χώραν ἐδήλου τὰ ἱερά, τοῦτο ἐποίει, παρατηρῶν
ἅμα καὶ τὸν τῷ ἐνυπνίῳ δηλούμενον χρόνον. ὡς δὲ καὶ τὰ
τῶν ἀστρῴων συντρέχειν ἐδόκει κινήσεων, ὄντι κατὰ τὴν
Νάϊσον ἐκ τῆς Κωνσταντινουπόλεως αὐτῷ πλῆθος ἱππέων
ἀπήγγειλεν ὡς Κωνστάντιος μὲν ἐτελεύτησε, καλοίη δὲ Ἰου-
λιανὸν ἐπὶ τὴν τῶν ὅλων ἀρχὴν τὰ στρατόπεδα. δεξάμενος
δὴ τὸ παρὰ τοῦ θείου δεδωρημένον εἴχετο τῆς ἐπὶ τὰ πρόσω
πορείας. ἐπεὶ δὲ εἰς τὸ Βυζάντιον παρεγένετο, πάντες μὲν
αὐτὸν σὺν εὐφημίαις ἐδέχοντο, πολίτην καὶ τρόφιμον ἑαυτῶν
ὀνομάζοντες οἷα δὴ ἐν ταύτῃ τεχθέντα τε καὶ τραφέντα τῇ
πόλει, καὶ τὰ ἄλλα θεραπεύοντες ὡς μεγίστων τοῖς ἀνθρώ-

9. τὴν Ῥωμαίων] τὴν Ῥώμην conieci ‖ ἀπέλ//ιπον, ε erasa, V ‖
13. τὰς V², τῆς V¹ ‖ 16. ἀποκρινάμενος Bekk, ἀποκρινόμενος V ‖ 17.
σὺν τῷ V¹ ex τὰ (om. σὺν) ‖ 17. 18. παρὰ κελτῶν V², παρακέλτω V ‖
22. τέως V², τὲ ὡς V¹ ‖ τοῦτο δὲ ἐποίει V ‖ 28. δὴ cum Leunclavio
Bekk, δὲ V

ποις αἴτιον ἐσόμενον ἀγαθῶν. ἐν ταύτῃ τῆς πόλεως ἅμα καὶ 3
τῶν στρατοπέδων ἐπιμελούμενος ἔδωκε μὲν τῇ πόλει γερου-
σίαν ἔχειν ὥσπερ τῇ Ῥώμῃ, λιμένα δὲ μέγιστον αὐτῇ δειμά-
μενος, τῶν ἀπὸ τοῦ νότου κινδυνευόντων ἀλεξητήριον πλοίων,
καὶ στοὰν σιγματοειδῆ μᾶλλον ἢ εὐθεῖαν, ἐπὶ τὸν λιμένα
κατάγουσαν, ἔτι δὲ βιβλιοθήκην ἐν τῇ βασιλέως οἰκοδομήσας
στοᾷ καὶ ταύτῃ βίβλους ὅσας εἶχεν ἐναποθέμενος, ἐπὶ τὸν
κατὰ Περσῶν παρεσκευάζετο πόλεμον. δέκα δὲ διατρίψας ἐν
τῷ Βυζαντίῳ μῆνας κατέστησε στρατηγοὺς Ὁρμίσδην καὶ Βί-
κτορα, καὶ τοὺς ταξιάρχους αὐτοῖς καὶ τὰ στρατόπεδα παρα-
δοὺς ἐπὶ τὴν Ἀντιόχειαν ἤλαυνε. μεθ' ὅσης μὲν οὖν ἡσυ- 4
χίας καὶ εὐλαβείας τὴν ὁδὸν ἅπασαν οἱ στρατιῶται διήνυσαν,
λέγειν οὐκ ἀναγκαῖον· οὐδὲ γὰρ ἦν εἰκὸς ἀπηχές τι πρᾶξαι
τούτους ὑπὸ Ἰουλιανῷ βασιλεῖ τεταγμένους. ἐπιδημήσαντα
δὲ αὐτὸν τῇ Ἀντιοχείᾳ δέχεται μὲν φιλοφρόνως ὁ δῆμος·
φιλοθεάμων δὲ ὢν φύσει, καὶ τρυφῇ μᾶλλον ἢ πράξεσι σπου-
δαίαις ἐκδεδομένος, εἰκότως τὴν περὶ τὰ πάντα τοῦ βασιλέως
ἐδυσχέραινε φρόνησιν καὶ σωφροσύνην, εἴργοντός τε θεάτρων
ἑαυτόν, σπανίως τε καὶ οὐδὲ διὰ πάσης θεωρουμένου τῆς
ἡμέρας. ἀφέντες τοίνυν φωνὰς ἀλλοκότους ἐλύπησαν. ὃ δὲ 5
ἠμύνατο, τιμωρίαν μὲν οὐδεμίαν ἔργῳ αὐτοῖς ἐπιθείς, λόγον
δὲ ἀστειότατον εἰς αὐτούς τε καὶ τὴν πόλιν συνθείς, ὃς το-
σαύτην ἐν ἑαυτῷ μετ' εἰρωνείας ἔχει πικρίαν ὥστε πανταχοῦ

1. ἐν ταύτῃ] ἐνταῦθα conieci ‖ 3. ὥσπερ τῇ V, ὥσπερ ἐν τῇ ς.
locus obscurus et ut videtur corruptus. de aucta a Iuliano senatus
Cplitani dignitate verba post alios intellegit Sievers 'Leben des Liba-
nius' p. 58, 8, contra de senatu secundo Kuhn 'Verfassung' t. I p. 179 ‖
4. ἀπό] ὑπὸ coni. Bekk, inutiliter ‖ ἀλεξιτήριον V ‖ 8. περσῶν cx περ-
σὸν V¹ ‖ παρεʋάζετο, εσκ ab al. m. ant., V ‖ δέκα] ὀκτὼ conieci (η' pro
ι'). cf. Tillemont t. IV p. 518, Clinton F. R. t. I p. 448 ‖ 9. Ὁρμίσδην
scripsi, ὁρμί/// αν, ζ cr., σδ a m. 2, V, ὁρμίσδαν ς ‖ 9. 10. βίκτορα V, βίκτωρα ς.
cf. A. P. IX, 711 al. ‖ 15. δέχεται μὲν V, δέχεται ς ‖ 18. εἴργοντός
scripsi, εἰργόμ, ' sup. ο a m. 2 (?), V, εἰργομένον ς. respexit sine
dubio Zosimus Iul. Misop. p. 436, 17 II.: εἴργω τῶν θεάτρων ἐμαυτὸν
ὑπ' ἀβελτηρίας ‖ 19. οὐδὲ διημερεύω Iulian. p. 437, 9 ‖ θεωρουμένου]
immo θεωμένου. ἓξ δὲ τοὺς πάντας θεώμενος δρόμους Iulian. p. 437, 11 ‖
19. 20. τῆς ἡμέρας ⟨τὰς ἱπποδρομίας⟩ conieci coll. Iul. p. 437, 7 ‖
20. ἀλοκότους V ‖ 21. ἔργῳ αὐτοῖς ἐπιθείς hiant. αὐτοῖς ἐπιθείς ἔργῳ
conieci ‖ 23. μῖ, τ' a m. 2, V ‖ ἔχει sup. scr. V² ‖ ωστε/// πανταχοῦ V

γῆς ἤρκεσε τὰ Ἀντιοχέων ὀνείδη διενεγκεῖν. ἀλλ' ἐκείνοις
μὲν ὑπὲρ ὧν ἔπταισαν μετεμέλησεν, ὁ δὲ βασιλεὺς βοηθήσας
τὰ εἰκότα τῇ πόλει καὶ πλῆθος πολὺ παραδοὺς βουλευτῶν,
ἐκ πατρὸς εἰς τοῦτο καταγομένων καὶ ἔτι ὅσους ἔτυχον τε-
κοῦσαι βουλευτῶν θυγατέρες, ὅπερ ὀλίγαις δεδομένον ἔγνω- 5
μεν πόλεσιν, ἄλλα τε πολλὰ καλῶς καὶ δικαίως οἰκονομήσας,
ἐπὶ τὸν κατὰ Περσῶν παρεσκευάζετο πόλεμον.

12. Λήγοντος δὲ ἤδη τοῦ χειμῶνος τὴν στρατιὰν συν-
αγαγὼν καὶ κατὰ τάξιν ἐν κόσμῳ προπέμψας ἐξώρμησε τῆς
Ἀντιοχείας, οὐδὲ τῶν ἱερείων αἰσίων αὐτῷ γενομένων. τὸ 10
δὲ ὅπως εἰδὼς ὑπερβήσομαι. πέμπτῃ δὲ τὴν Ἱεράπολιν ἡμέρᾳ
καταλαβών, ἔνθα ἔδει τὰ πλοῖα πάντα συνδραμεῖν στρατιω-

---

2. μετεμέλησεν, σεν ex σαν (ut vid.) V¹ ‖ 3. cf. Sievers 'Leben
des Libanius' p. 7 ‖ 6. κα//λῶς, λ erasa, V ‖ 8. Zosimi de Persica Iuliani
expeditione deque Romanorum reditu narrationem ex Magni Carrheni
— quem cum C. Muellero F. H. G. t. IV p. 4 eundem esse puto ac
Magnum tribunum ap. Zos. III, 22, 4 et Amm. XXIV, 4, 23 — relatione,
cuius particula breviata extat apud Ioannem Malalam p. 328, 20—
330, 10 Dind., haustam esse puto. ab eodem Magno etiam Ammianum
XXIII, 2 sq. ita pendere existimo ut, si quid pro sua rerum peritia
aut addendum aut mutandum arbitraretur, nequaquam dubitaret suum
iudicium sequi. denique Libanium quoque in oratione funebri (t. I
p. 521 sq. R.) Magni usum esse opusculo puto, neglegentissime ni mi-
rum alienaque saepe immiscentem. Eunapium vero, qui Oribasii ὑπο-
μνήματι usus (Eunap. fr. 8 M.) hanc quoque expeditionem non ut miles
homoque sobrius sed ut rhetor insanusque Iuliani admirator narraverat,
omnino in hac parte a Zosimo relictum esse arbitror. cf. praef. —
singula explanare recenti memoria aggressi sunt C. Ritter 'Erdkunde'
t. X p. 137 sq., H. Weissenborn in Erschii et Gruberi 'Encyclopaedie'
s. v. Iulianus Apostata, G. R. Sievers 'Stud. z. Gesch. d. roem. Kaiser'
(Berol. 1870) p. 239 sq., H. Sudhaus 'de ratione quae intercedat inter
Zosimi et Ammiani . . . . relationes' diss. Bonn. 1870, F. Spiegel 'erân.
Alterthumskunde' t. III (Lips. 1878) p. 295 sq. restant tamen dubia
multa, tam de locorum situ quam de nominum scriptura ‖ στρατ//ίαν,
ε erasa, V ‖ 11. Ἱεράπολιν] Litarbas Beroeam Batnas (eiseuphratenses)
(Iulian. ep. 27) Zos. et Amm. XXIV, 2, 6 omittunt: ni mirum omiserat
Magnus. Malal. p. 328, 21: κατέφθασεν ἐν Ἱεραπόλει ‖ ἡμέρᾳ//, ν erasa,
V ‖ 12. ἔνθα — p. 129, 3. προέπεμπεν] aut Zosimi aut librariorum culpa
corrupta sunt. Hierapoli Iulianus cum copias omnes contraxit (Amm.
XXIV, 2, 7, τὸ στρατόπεδον εἰς ταὐτὸ συναγαγὼν Iulian. p. 519, 12 H.),
tum navium — quae Samosatis conficiebantur (Magn. ap. Mal. p. 329, 1)
— praefectis necessaria imperavit (cf. Iulian. p. 519, 13). his in rebus

τικά τε καὶ φορτηγά, ἔκ τε Σαμοσάτων καὶ ἐξ ἄλλων τὸν
Εὐφράτην καταπλέοντα τόπων, τούτοις ἐπιστήσας Ἱέρειον τῶν
ἡγουμένων τινὰ στρατιωτικῶν ταγμάτων προέπεμπεν. αὐτὸς 2
δὲ τρεῖς ἐπιμείνας τῇ Ἱεραπόλει μόνας ἡμέρας ἐπὶ Βάτνας
τῆς Ὀσδροηνῆς πολίχνιόν τι προὔει, οὗ δὴ ὑπαντήσαντες
Ἐδεσηνοὶ πανδημεὶ στέφανόν τε προσέφερον καὶ μετ᾽ εὐφη-
μίας εἰς τὴν σφῶν πόλιν ἐκάλουν. ὃ δὲ ἀποδεξάμενος καὶ
ἐπιστὰς τῇ πόλει, καὶ ὅσα ἔδει χρηματίσας, ἐπὶ Κάρρας ἐβά-
διζε. δυοῖν τοίνυν ἐντεῦθεν ὁδοῖν προκειμέναιν, τῆς μὲν διὰ 3
τοῦ ποταμοῦ Τίγρητος καὶ πόλεως Νισίβιος ταῖς Ἀδιαβηνῆς
σατραπείαις ἐμβαλλούσης, τῆς δὲ διὰ τοῦ Εὐφράτου καὶ τοῦ
Κιρκησίου (φρούριον δὲ τοῦτο κυκλούμενον ὑπό τε τοῦ
Ἀβώρα ποταμοῦ καὶ αὐτοῦ τοῦ Εὐφράτου, τοῖς δὲ Ἀσσυρίων
ὁρίοις συναπτόμενον), σκεπτομένου τε τοῦ βασιλέως ποτέρᾳ
τούτων χρήσασθαι δέοι πρὸς τὴν διάβασιν, ἔφοδος ἀπηγγέλθη
Περσῶν ὡς καταδραμόντων τόπους Ῥωμαίοις ὑποχειρίους.
καὶ συνταραχθῆναι μὲν ἐκ τούτου τῷ στρατοπέδῳ συνέβη· 4
μαθὼν δὲ ὁ βασιλεὺς λῃστὰς εἶναι μᾶλλον, οἳ διαρπάσαντες
τὰ ἐν ποσὶν ἀνεχώρησαν, ἔγνω φυλακὴν ἀρκοῦσαν τοῖς ἐπὶ
τὸν Τίγρητα χωρίοις καταλιπεῖν, ὡς μὴ τῆς δυνάμεως ἁπά-
σης σὺν αὐτῷ διὰ τῆς ἑτέρας ὁδοῦ τῇ Περσῶν ἐπιούσης ἐπι-
κρατείᾳ λαθόντες οἱ Πέρσαι Νίσιβιν καὶ τὰ ταύτῃ προσκεί-
μενα πάντα κακώσαιεν, εὑρόντες ἔρημα βοηθείας. ἔδοξεν οὖν 5
ὀκτακισχιλίους καὶ μυρίους ὁπλίτας αὐτόθι καταλειφθῆναι,

Hierii aliquae partes fuisse videntur. fortasse Hierapoli Samosata
missus est ut naves omnibus rebus instrui Callinicumque devehi
iuberet ‖ 1. φορτηγά scripsi, φορτιγὰ V, φορτικά ϛ ‖ 2. τόπων V², τό-
πον V¹ ‖ ἱερεῖον V¹, ἵεριον V² ‖ 5. ὀσδροηνῆς V², -ήνης V¹ ‖ 6. Ἐδεσηνοὶ]
recte offendit Sudhaus p. 7 sq., minus recte aut deleri volebat aut οἱ
ἐγχώριοι scribi. fort. lacuna praeter corruptelam latet, hoc fere modo:
προῄει, οὗ δὴ ⟨βουλόμενος εἰσιέναι· ἀλλ᾽⟩ ὑπαντήσαντες οἱ Βατνηνοὶ
πανδημεὶ ‖ 9. δυοῖν τ. ὁδοῖν] cf. Magn. ap. Mal. p. 329, 5, Amm. XXIII,
3, 1 ‖ 10. ἀδιαβηνῆς V², -βήναις V¹ ‖ 11. ἐμβαλλούσης Bekk, ἐκβ. V ‖
12. κιρκισίου h. l. V ‖ 13. ἀβώρα V², ἀβωρᾶ V¹ ‖ ἀσυρίων, σ ab al. m.,
V ‖ 14. ποτέρα V², πότερα V¹ ‖ 15. ἔφοδος V², ἐφόδοις V¹ ‖ 17. συνέβη
ϛ, συνεη (sic) V ‖ 19. ἐπὶ] fort. περὶ scripsit ‖ 24. ὀκτακισχ. καὶ μυρίους]
μυρίους ἑξακισχιλίους Magn. ap. Mal. p. 329, 10. uter numerus cor-
ruptus sit decerni iam non potest. triginta milia quod Ammianus
(XXIII, 3, 5) habet, aut is quoque numerus corruptus est aut Magnum

στρατηγεῖν δὲ τούτων Σεβαστιανὸν καὶ Προκόπιον, αὐτὸν δὲ
ἅμα τῇ πάσῃ δυνάμει διὰ τοῦ Εὐφράτου χωρῆσαι, διχῇ διε-
λόντα τὴν σὺν αὐτῷ στρατιάν, ὥστε πανταχόθεν, εἴ τινες
τῶν πολεμίων φανεῖεν, εἶναι τοὺς τούτοις ἀνθισταμένους, καὶ
μὴ ἐπ' ἀδείας τὰ προσπεσόντα καταδραμεῖν.

13. Ταῦτα ἐν Κάρραις διαθεὶς (ἡ δὲ πόλις διορίζει Ῥω-
μαίους καὶ Ἀσσυρίους) ἠβουλήθη τὸ στρατόπεδον ἐξ ἀπόπτου
τινὸς θεωρῆσαι χωρίου, ἄγασθαι δὲ τὰ πεζικὰ τάγματα καὶ
τὰς τῶν ἱππέων ἴλας· ἦσαν δὲ ἅπαντες ἄνδρες πεντακισχίλιοι
καὶ ἑξακισμύριοι. ἐξορμήσας δ' ἐκ Καρρῶν καὶ τὰ ἐν μέσῳ
διαδραμὼν φρούρια μέχρι Καλλινίκου, κἀκεῖθεν ἐλθὼν ἐπὶ
τὸ Κιρκήσιον περὶ οὗ πρότερον εἴρηται, διαβὰς τὸν Ἀβώραν
ποταμὸν ἔπλει διὰ τοῦ Εὐφράτου, νεὼς ἐπιβάς. ἠκολούθουν
δὲ καὶ οἱ στρατιῶται, τὰς σιτήσεις δὴ κεκομισμένοι, καὶ ἀν-
έβαινον εἰς τὰ πλοῖα, ὅσοις ἐπετέτακτο τοῦτο· ἤδη γὰρ ὁ
στόλος ἀπαντήσας ἐτετυχήκει, φέρων ἀριθμὸν πλοίων ἐκ μὲν
ξύλων πεποιημένων ἑξακοσίων, ἀπὸ δερμάτων δὲ πεντακοσίων.
ἦσαν δὲ πρὸς τούτοις καὶ στρατιωτικαὶ νῆες πεντήκοντα, καὶ
ἕτεραι πλατεῖαι συνηκολούθουν, δι' ὧν, εἴ που δεήσειεν, ἔδει
γίνεσθαι ζεύγματα πεζῇ διδόντα τῷ στρατοπέδῳ τοὺς ποτα-
μοὺς διαβαίνειν. ἠκολούθει δὲ καὶ ἄλλα πάμπολλα πλοῖα,
τὰ μὲν τροφὰς φέροντα τῷ στρατῷ, τὰ δὲ ξύλα πρὸς μηχα-
νὰς ἐπιτήδεια, τὰ δὲ καὶ τὰ ἤδη κατεσκευασμένα πολιορκη-
τικὰ μηχανήματα. κατέστησαν δὲ ναύαρχοι Λουκιανὸς καὶ
Κωνστάντιος. οὔσης δὲ τοιαύτης ⟨τῆς⟩ τοῦ στρατοῦ τάξεως,

Ammianus corrigere volebat ∥ 1. σεβαστιανὸν ς ∥ 3. στρατιὰν V², στρα-
τείαν V¹ ∥ 4. φανεῖεν, εἶναι τοὺς V, ὀφθεῖεν, εἶναι αὐτοὺς (τοὺς volebat
iam Bekk) ς ∥ 7. ἀσυρίους V ∥ 8. πεξικὰ] πεζὰ L. Dindorf praef. hist.
Gr. min. t. I p. XXXV ∥ 10. καρῶν V ∥ 12. ἀβώραν, β a m. 2, V, ἀσβώ-
ραν ς ∥ 14. κεκο//μισμένοι, ο radendo ex ω, V ∥ 17. δὲ sup. scr.
V² ∥ 19. ἕτεραι πλατεῖαι V², ἕτερα πλατὰ V¹. ἕτερα πλοῖα coni.
Sylb, ἕτεραι ⟨τοσαῦται⟩ πλατεῖαι A. Schaefer Philol. t. XXXI (1872)
p. 184 propter Amm. XXIII, 3, 9. cum Magnus ap. Mal. p. 329, 18
tradiderit 1250 naves fuisse, ἑκατὸν (ρ') πλατεῖαι scribendum puto.
ἄλλα πάμπολλα πλοῖα (vs. 21) aut de minoribus navigiis intellegenda
sunt aut Zosimi neglegentiae debentur. numeros Ammiani corrigi no-
lim ∥ 21. ἠκολούθη V¹, corr. V² ∥ πάμπολα V ∥ 24. Λουκιανὸς] 'Lucil-
lianus' Ammian. ∥ 25. Κωνστάντιος] 'Constantianus' Ammian. ∥ τῆς
add. Bekk

ἀπό τινος βήματος ὁ βασιλεὺς πᾶσιν ὁμοῦ τὰ καθήκοντα
προσφωνήσας, ἀργυρῶν τε νομισμάτων τριάκοντα καὶ ἑκατὸν
τῶν στρατιωτῶν ἕκαστον δόσει τιμήσας, τὴν ἐπὶ Πέρσας εἰσ-
βολὴν ἐποιήσατο, τοῦ μὲν πεζοῦ Βίκτορα στρατηγὸν κατα-
στησάμενος, Ὁρμίσδην δὲ τῆς ἵππου, καὶ Ἀρινθαῖον σὺν
τούτῳ. περὶ δὲ Ὁρμίσδου καὶ πρότερον εἴρηται, ὅτι Πέρσης ₄
τε ἦν καὶ βασιλέως υἱός, ὑπὸ δὲ ἀδελφοῦ ἀδικηθεὶς καὶ φυ-
γὼν πρὸς Κωνσταντῖνόν τε ἦλθε τὸν βασιλέα καὶ εὐνοίας
δοκίμια παρασχόμενος τιμῶν καὶ ἀρχῶν ἠξιώθη μεγίστων.

14. Εἰσβαλόντι τοίνυν εἰς τὰ Περσῶν ὅρια τῷ βασιλεῖ
τὸ μὲν εὐώνυμον εἶχεν ἡ ἵππος, τῶν δὲ πεζῶν μοῖρα τὸ δε-
ξιόν, συμπαραθέουσα τῇ ἠόνι τοῦ ποταμοῦ, ἠκολούθει τὸ δὲ
λοιπὸν ἡ στρατιά, σταδίοις διεστῶσα ἑβδομήκοντα. τοῦτο δὲ
τὸ μέσον εἶχε τά τε νωτοφόρα ζῷα, τὰ βαρέα τῶν ὅπλων καὶ
τὴν ἄλλην παρασκευὴν φέροντα, καὶ ὅσον ἦν ὑπηρετικόν, ὡς
ἂν ἐπ' ἀσφαλοῦς εἶεν καὶ οὗτοι, τοῦ στρατοῦ πανταχόθεν
αὐτοὺς περιέχοντος. οὕτω διαθεὶς τὴν ἐπὶ τὸ πρόσω πορείαν
χιλίους ἔγνω καὶ πεντακοσίους προπέμψαι, κατασκεψομένους
εἴ τι πολέμιον ἢ προφανῶς ἢ δι' ἐνέδρας ἔποι, Λουκιλλια-
νὸν αὐτοῖς ἐπιστήσας. ἑξήκοντα δὲ προελθὼν σταδίους εἰς ₂

σὸ
4. βίκτορα V, βίκτωρα ς ‖ 5. Ὁρμίσδην scripsi, ὁρμί//αν, σὸ a m. 2,
ς erasa, V ‖ ἀρινθαῖον V², ἀρίνθειον (vel -αιον) V¹ ‖ 6. ὁρμίσδου V²,
ὁρμίζου V¹ ‖ 7. ὑπὸ δὲ ἀδελφοῦ ἀδικηθεὶς] corruptelam hiatus indicat.
fort. ὑπὸ δὲ τἀδελφοῦ διεθεὶς scribendum. quamquam fieri potest ut
plus vitii lateat. cf. II, 27, 2 ‖ 11. 12. τὸ δεξιόν V, τῷ δεξιῷ ς. verba
συμπαραθέουσα—ποταμοῦ, in quibus etiam Sievers 'Studien' p. 246
aliique offenderunt, post δεξιόν transposui, cum in Vς post ἡ ἵππος
legantur (post τῷ δεξιῷ ἠκολούθει collocavit Sudhaus p. 25) ‖ 12. ἠκο-
λούθη V¹, corr. V² ‖ 12. τὸ δὲ λοιπὸν — 14. μέσον corrupta. expectabam
haec fere: ἠκολούθει δὲ ..... στρατιά, σταδίοις διεστῶσα ὀγδοήκοντα
τῶν πρώτων. τὸ δὲ μέσον. cf. Amm. XXIV, 1, 2. 3: 'agmina vero
postrema Dagalaiphus cogebat et Victor (ex Magno, cf. Malal. p. 330, 9:
Βίκτορα δὲ καὶ Δαγαλάϊφον κατέταξεν ὄπισθεν τῶν λοιπῶν πλοίων (an
πεζῶν?) εἶναι καὶ φυλάττειν τὰ πλήθη), ultimusque omnium Osdruenae
dux Secundinus. ... iumenta dilatavit et homines, ut decimo paene
lapide postremi dispararentur a primis.' in λοιπὸν fort. Δαγαλάϊφον
latet, praetereaque aliquot verba interciderunt ‖ 13. στρατιά V², στρα-
τεία V¹ ‖ ἑβδομήκοντα, εβ in ras. m. 2, V. ὀγδοήκοντα conieci ‖ 18. κατα-
σκεψο//μένους, ο ex α, V ‖ 19. ἔποι scripsi de Sylburgii coni., ἐπίῃ Vς ‖
20. ἑξήκοντα vς⸀ quae secuntur apud Malalam p. 330 10 sq. non

τι χωρίον Ζανθὰ προσαγορευόμενον ἦλθε, καὶ ἐντεῦθεν εἰς
Δοῦρα, ἴχνος μὲν ὡς ἄρα ποτὲ πόλις ἦν φέρουσαν, τότε δὲ
ἔρημον· οὗ Γορδιανοῦ τοῦ βασιλέως ἐδείκνυτο τάφος. ἔνθα
καὶ πλῆθος ἐλάφων φανὲν οἱ στρατιῶται κατατοξεύσαντες ἅλις
ἐχρήσαντο τῇ ἐκ τούτων τροφῇ. σταθμοὺς δ᾽ ἐντεῦθεν διελ- 5
θὼν τέσσαρας εἴς τι χωρίον ἀφίκετο· Φαθούσας ὄνομα τούτῳ.
ἦν δὲ ἀντικρὺ ἐν τῷ ποταμῷ νῆσος, ἔχουσα φρούριον ὑπὸ
πλείστων οἰκούμενον. τούτῳ Λουκιλλιανὸν ἐπιπέμψας ἅμα
τοῖς ὑπ᾽ αὐτὸν κατασκόποις χιλίοις ἐπολιόρκει τὸ φρούριον.
καὶ ἕως μὲν ἦν νύξ, ἐλάνθανον οἱ πολιορκοῦντες, ἡμέρας δὲ 10
γενομένης ὑπὸ τῶν ἐν τῷ φρουρίῳ τινὸς ὑδρείας ἕνεκα προ-
ελθόντος ὀφθέντες εἰς θόρυβον τοὺς ἔνδον κατέστησαν. πάν-
των τε εἰς τὸ τεῖχος ἀναβάντων, ὁ βασιλεὺς ἐπὶ τὴν νῆσον
μηχαναῖς ἅμα καὶ ἑτέραις δυνάμεσι περαιωθεὶς παρενεγύησε
τοῖς ἔνδον ἑαυτούς τε καὶ τὸ φρούριον παραδοῦσι πρόδηλον 15
ἐκφυγεῖν ὄλεθρον. ἐπεὶ δὲ τοῦτο πεποιήκασιν, ἄνδρας μὲν
σὺν παισὶ καὶ γυναιξὶν εἰς τὴν ὑπὸ Ῥωμαίων ἐχομένην γῆν
ἅμα φυλακῇ στρατιωτῶν παρέπεμψε, Πουσαίῳ δὲ τῷ τούτων
ἡγουμένῳ δοὺς ταξιάρχου φροντίδα τὸ λοιπὸν ἐν τοῖς ἐπιτη-
δείοις εἶχε, πιστοῦ πειραθείς. 20

15. Ἐντεῦθεν ὁδόν τινα διαμείψας ἐνέτυχεν ἑτέρᾳ τοῦ
ποταμοῦ νήσῳ, καθ᾽ ἣν φρούριον ὀχυρώτατον ἦν. ᾧ προσ-
βαλὼν ὁ βασιλεύς, καὶ ἄληπτον πανταχόθεν εὑρών, ἐκδοῦναι
σφᾶς αὐτοὺς ἀπῄτει καὶ μὴ ἀναμεῖναι τὸν ἐκ τῆς ἁλώσεως
κίνδυνον. τῶν δὲ τοῦτο ποιήσειν ὅπερ ἂν καὶ τοὺς ἄλλους 25
δρῶντας θεάσαιντο ὑποσχομένων, ἐπὶ τὰ πρόσω διῄει. καὶ

amplius ex Magno excerpta esse puto, sed redire ad scriptorem ali-
quem ecclesiasticum, fortasse Domninum ‖ προ//ελθὼν V ‖ 1. τι ex τὸ ut
vid. V ‖ Ζανθὰ] ‘Zaitha’ rectius Amm. XXIII, 5, 7 (ceterum apud
Amm. l. c. et XXIV, 1, 5 dittographia est, inde orta quod ille sua
cum Magnianis miscuit) ‖ 2. δουράϊχνος V¹, corr. V². de Durae opp.
situ v. G. Hoffmann ‘Auszüge aus syrischen Akten persischer Mär-
tyrer’ (Lips. 1880) p. 164 sq. ‖ 6. τούτῳ ex τοῦτο V¹ ‖ 7. ἀντικρὺ] ἄντι-
κρυς conieci, propter hiatum, coll. III, 9, 4: ἄντικρυς εἰς ‖ φρούριον]
‘Anathan munimentum’ Amm. XXIV, 1, 6 ‖ 9. αὐτὸν V, αὐτῷ ϛ ‖
14. παρενεγύησε scripsi, παρεγγύησε V, παρεγγύησε ϛ, παρηγγύησε
coni. Bekk ‖ 15. παραδιδοῦσι apographum unum, bene ‖ 17. συμπαισὶ V ‖
18. ante πουσαίῳ in V est ο, lineola transversa, quae tamen in ra-
sura est, notatum ‖ 22. φρούριον] ‘Thilutha’ Amm. XXIV, 2, 1 ‖ 26. δρῶν-

ἕτερα δὲ φρούρια κατέλιπε, ταῖς ὁμοίαις πεισθεὶς ὑποσχέσεσιν·
ᾤετο γὰρ μὴ περὶ μικρὰ διατρίβειν τὸν χρόνον, ἀλλ' εἰς τὸ
κεφάλαιον ἑαυτὸν ἐμβαλεῖν τοῦ πολέμου. σταθμοὺς δέ τινας
παραμείψας εἰς Δάκιρα παρεγένετο, πόλιν ἐν δεξιᾷ πλέοντι
5 τὸν Εὐφράτην κειμένην· ἣν τινα τῶν οἰκούντων ἔρημον εὑ-
ρόντες οἱ στρατιῶται σῖτόν τε πολὺν ἐναποκείμενον ἥρπασαν
καὶ ἁλῶν πλῆθος οὐ μέτριον, γυναῖκάς τε τὰς ἐγκαταλειφθεί-
σας ἀποσφάξαντες οὕτω κατέσκαψαν ὥστε οἴεσθαι τοὺς ὁρῶν-
τας μηδὲ γεγονέναι πόλιν αὐτόθι. ἐπὶ δὲ τῆς ἄντικρυς ἠόνος, 3
10 δι' ἧς ὁ στρατὸς ἐποιεῖτο τὴν πορείαν, πηγή τις ἦν ἄσφαλ-
τον ἀνιεῖσα. μεθ' ἣν εἰς Σίθα, εἶτα εἰς Μηγίαν ἀφικόμενος,
μετ' ἐκείνην εἰς Ζαραγαρδίαν πόλιν ἦλθεν, ἐν ᾗ βῆμα ἦν
ὑψηλὸν ἐκ λίθου πεποιημένον, ὃ Τραϊανοῦ καλεῖν εἰώθασιν
οἱ ἐγχώριοι. ταύτην ῥᾷστα τὴν πόλιν οἱ στρατιῶται διαρπά- 4
15 σαντες καὶ ἐμπρήσαντες αὐτήν τε τὴν ἡμέραν καὶ τὴν ὑστε-
ραίαν ἡσυχίαν ἦγον. θαυμάσας δὲ ὁ βασιλεὺς ὅτι τοσαύτην
τοῦ στρατοῦ διαδραμόντος ὁδὸν οὐδεὶς ἐκ Περσῶν οὔτε λόχος
ἐξ ἐνέδρας οὔτε ἐκ τοῦ προφανοῦς ἀπήντησέ τι πολέμιον,
Ὁρμίσδην εἰς κατασκοπὴν ἐκπέμπει μετὰ δυνάμεως, οἷα τὰ
20 Περσῶν διὰ πάσης ἀκριβείας εἰδότα. ὃς μικροῦ πρὸς ἔσχατον 5
ἐληλύθει μετὰ τῶν σὺν αὐτῷ κίνδυνον, εἰ μὴ τύχη τις αὐτοὺς
ἐκ παραδόξου διέσωσεν. ὁ γὰρ σουρήνας (ἀρχῆς δὲ τοῦτο
παρὰ Πέρσαις ὄνομα) λόχον ἔν τινι τόπῳ καθίσας Ὁρμίσδην
καὶ τοὺς σὺν αὐτῷ στρατιώτας ἐκαραδόκει, παριοῦσιν ἐθέλων

τας, δ in ras. m. 1, V ‖ 2. γὰρ] γὰρ δεῖν Bekk, non recte. cf. IV,
34, 3; Xen. h. Gr. IV, 7, 4; V, 1, 15 al. nec magis apud Herodianum
V, 6, 6 p. 143, 28 M. cum Herwerdeno Mnemos. t. XII p. 21 ⟨δεῖν⟩
ᾤετο scribendum ‖ 3. ἐμβαλ///εῖν, λ erasa, V. ἐμβάλλειν malebat Syl-
burg ‖ 4. Δάκιρα] 'Diacira' Amm. XXIV, 2, 3 ‖ πλέοντι] καταπλέοντι
Sievers 'Studien' p. 247, inutiliter. nil aliud nisi dextra Euphratis
ripa — in quam tamen pars tantum exercitus transmissa videtur —
significatur ‖ 7. ἁλῶν Reitemeier ex Ammiano. ἄλλων V ‖ τὰς] τινὰς
conieci. 'caesisque mulieribus paucis quae repertae sunt' Ammianus
9. ἐπεὶ δὲ V, corr. ς ‖ ἄντικρυς ς, ἄντικρυ, hoc acc., V. cf. ad p. 132, 7 ‖
12. Ζαραγαρδίαν] 'Ozogardana' Ammianus, qui Sitha et Megiam
omittit ‖ 13. ἐκ in ras. V² ‖ 15. αὐτήν] ταύτην malebat Sylb, ut vid. ‖
19. Ὁρμίσδην scripsi, ὁρμίσδαν ex -δην corr. V. ὁρμίσδαν etiam ς ‖
22. ἀρχῆς] cf. Noeldeke Tabari p. 438 ‖ 23. λόχον V², λαχὼν V¹ ‖Ὁρ-
μίσδην scripsi, ὁρμίσδαν ex -δην (vel contra) V. ὁρμίσδαν ς

6 ἐπελθεῖν, οὐδὲν τοιοῦτον προσδεχομένοις· καὶ δὴ τὰ τῆς ἐλ-
πίδος αὐτοῖς εἰς ἔργον ἐξέβαινεν, εἰ μὴ διῶρυξ ἐν μέσῳ τοῦ
Εὐφράτου, πέρα τοῦ συνήθους ῥυεῖσα, τῶν περὶ τὸν Ὁρμί-
σδην ἐκώλυσε τὴν διάβασιν. καὶ διὰ τοῦτο ἀναβληθείσης
τῆς παρόδου, τῇ ὑστεραίᾳ φανέντι τῷ σουρήνᾳ καὶ τοῖς κοι- 5
νωνήσασιν αὐτῷ τῆς ἐνέδρας συστραφέντες ἐπέθεντο, καὶ
τοὺς μὲν ἀνελόντες τοὺς δὲ τρέψαντες εἰς φυγὴν τῇ λοιπῇ
στρατιᾷ συνέμιξαν.

16. Προελθόντες δὲ εἰς τὰ πρόσω εἴς τινα τοῦ Εὐφρά-
του διώρυχα διῆλθον, ἐκτεινομένην μὲν εἰς μῆκος ἄχρι τῆς 10
Ἀσσυρίων, συμπαρατεινομένην δὲ πάσῃ τῇ μέχρι τοῦ Τίγρη-
τος χώρᾳ. ἐνταῦθα πηλῷ κολλώδει καὶ τέλμασιν ἐμπεσόντες
οἱ στρατιῶται, καὶ τοὺς ἵππους μάλιστα τῇ δυσχωρίᾳ θεώ-
μενοι δυσχεραίνοντας, καὶ οὐδὲ σὺν τοῖς ὅπλοις οἷοί τε ὄντες
διανήξασθαι τὴν διώρυχα, τοῦ τε βάθους οὐκ ἐνδιδόντος καὶ 15
τοῦ πηλοῦ διὰ τὸ δίυγρον ὑπερβῆναι μὴ συγχωροῦντος, ἐν
2 ἐσχάτῃ τοῦ πρακτέου κατέστησαν ἀπορίᾳ. καθίστη δὲ αὐτοῖς
τὸν κίνδυνον μείζονα τὸ τοὺς πολεμίους ἐπὶ τῆς ἀντιπέρας
ὄχθης ὁρᾶσθαι βέλεσί τε καὶ λίθων ἐκ σφενδονῶν ἀφέσει
τὴν διάβασιν εἴργοντας. οὐδενὸς δὲ λύσιν εὕρασθαι δυνα- 20
μένου τῶν περιεστώτων κινδύνων, ἀγχινοίᾳ τῇ περὶ πάντα
καὶ ἐμπειρίᾳ πολεμικῇ προέχων ὁ βασιλεὺς ἔγνω τοῖς ἀπο-
λυθεῖσιν ἐπὶ κατασκοπὴν χιλίοις καὶ πεντακοσίοις ἀνδράσιν,
ὑπὸ Λουκιλλιανῷ τεταγμένοις, σημῆναι κατὰ νώτου χωρῆσαι
τῶν πολεμίων, ἐπισπάσασθαί τε τὴν τούτων ὁρμήν, τούτῳ τε 25
τῷ τρόπῳ δοῦναι σφίσιν ἀκώλυτον τὸν ⟨τῆς⟩ διώρυχος ἔκ-
3 πλουν. ἐκπέμπει τε πρὸς τοῦτο Βίκτορα τὸν στρατηγὸν μετὰ

1. προσδεχομένοις corr. V¹ ex -όμενος ‖ 2. ante ἐν rasura in V
(ἐν erasum). ⟨ἐκ⟩ τοῦ Εὐφρ. Sylb. at διῶρυξ τοῦ Εὐφράτου iungenda
esse recte dixit Reitemeier. ἐν μέσῳ ut interponeret scriptor, fuga
hiatus factum est, qua διῶρυξ τοῦ Εὐφράτου, ἐν μέσῳ ⟨κειμένη⟩, πέρα
dicere nolebat ‖ 3. 4. ὁρμίσδην V, ὁρμίσδαν ς ‖ 8. στρατιᾷ ex στρατείᾳ
V ‖ 9. εἰς τὰ πρόσω εἰς] vitium hiatus prodit. aut εἰς τὰ πρόσω verba
delenda aut πρός τινα scribendum ‖ 11. ἀσυρίων, σ a m. 2, V ‖ 12. κολ-
λώδει ς, κο//λώδει, ο ex ω, V ‖ 18. ἀντιπέρας scripsi coll. III, 24, 1;
25, 2; 30, 5; IV, 20, 5, αντιπέρα V, ἀντιπέραν ς, quae forma II, 26, 1
in V legitur ‖ 19. λίθων V², λίθοις V¹ ‖ σφενδόνων V¹, corr. V² ‖
22. 23. ἀπολυθεῖσιν V², et sic coni. Reitemeier, ἀπολειφθεῖσιν V¹ς ‖
26. τῆς add. Bekk. om. V ‖ 27. βίκτορα V, βίκτωρα ς

δυνάμεως ἀρκούσης. ὃ δὲ νύκτα ἐπιτηρήσας, ὡς ἂν μὴ ὀφθείη
παρὰ τῶν Περσῶν ἀποχωρῶν τοῦ στρατεύματος, καὶ οὕτω δὲ
προελθὼν ὁδὸν τοσαύτην ὅση τὸ γιγνόμενον οὐδὲ ἡμέρας
οὔσης ὁρᾶν ἐδίδου τοῖς ἐναντίοις, περαιωθεὶς τὴν διώρυχα
τοὺς ὑπὸ Λουκιλλιανῷ τεταγμένους ἐξῄει. (17) προελθὼν
δὲ περαιτέρω, πολεμίου παντάπασιν οὐδενὸς αἰσθόμενος, ἐκ-
βοήσεσί τε ἀνεκάλει τοὺς ὁμοφύλους καὶ σαλπίγγων ἤχοις
πλησιάσαι σφίσιν ἐσήμαινεν. ἀπαντησάντων δὲ κατὰ νοῦν
αὐτῷ καὶ τῶν ἀπὸ τῆς τύχης συμπάντων ὁ Λουκιλλιανὸς
τεκμηράμενος, τῇ μετὰ Βίκτορος οὔσῃ δυνάμει συμμίξας, ἐπῄει
κατὰ νώτου τοῖς πολεμίοις ἀπροσδοκήτως. οἳ δ' ἀπαράσκευοι 2
πρὸς τοῦτο ληφθέντες ἐκτείνοντό τε καὶ ἔφευγον ὅπῃ παρ-
είκοι. καὶ ὁ βασιλεύς, ἐκβάντος αὐτῷ εἰς ἔργον τοῦ στρα-
τηγήματος, ἐπεραιοῦτο τὴν διώρυχα κωλύοντος οὐδενός.
καὶ τὴν μὲν ἵππον τοῖς παρατυχοῦσι πλοίοις, τὴν δὲ πεζὴν
ναυσίν, ἃς ἐν πολλοῖς μέρεσι τῆς διώρυχος εὗρε, διαβιβά-
σας εἴχετο τῆς ἐπὶ τὸ πρόσω πορείας, πολέμιον τέως οὐδὲν
ὑφορώμενος.

Ἐλθὼν δὲ εἰς πόλιν ᾗ Βηρσαβῶρα ἦν ὄνομα, τὸ μέγεθος 3
ἐσκόπει τῆς πόλεως καὶ τὸ τῆς θέσεως ὀχυρόν. δύο μὲν γὰρ
κυκλοτερέσι περιείληπτο τείχεσιν, ἀκρόπολις δ' ἦν ἐν μέσῳ
τεῖχος ἔχουσα καὶ αὐτή, τμήματι κύκλου τρόπον τινὰ ἐμφερές,
πρὸς ἣν ὁδός τις ἦν ἀπὸ τοῦ ἐνδοτέρου τῆς πόλεως τείχους,
οὐδὲ αὐτὴ ῥᾳδίαν ἔχουσα τὴν ἀνάβασιν. καὶ τὰ μὲν πρὸς 4
δυσμὰς τῆς πόλεως καὶ μεσημβρίαν περιφερής τις καὶ σκολιὰ
διέξοδος εἶχε, τοῦ δὲ πρὸς ἄρκτον μέρους παρασπασάμενοι
τοῦ ποταμοῦ διώρυχα πλατεῖαν προυβάλοντο, δι' ἧς καὶ ὕδωρ

---

2. δὲ supervacaneum visum Sylburgio ‖ 3. ὅση Bekk, ὅσον V ‖
γιγνόμενον] γινόμενον scripserim ‖ 9. συμπάντων Bekk, συμβάντων V ‖
10. βίκτορος V, βίκτωρος 5 ‖ 11. ἀπροσδοκήτοις conieci. cf. ad I, 28, 1 ‖
12. 13. παρείκοι Bekk, παρήκοι V. cf. III, 24, 2; Thuc. III, 1; Hase
ad Leon. Diac. p. 413 ‖ 13. αὐτῷ εἰς ἔργον hiant. εἰς ἔργον αὐτῷ con-
ieci coll. I, 19, 1; II, 43, 3 ‖ 14. κωλύοντος οὐδενός] Ammiani XXIV,
2, 7. 8 de his rebus narratio cum obscura et ex parte falsa est — ipsius
quidem peccato, cum Naarmalcham nil huc pertinentem rectoque postea
a Magno memoratum temere anticiparit — tum in § 8 ante 'alii' mutila ‖
17. τε ὡς V¹ ‖ 19. ᾗ//// V ‖ Βηρσαβῶρα] 'Pirisabora' Amm. XXIV, 2, 9.
ef. Noeldeke Tabari p. 57, 5. ceterum Eunap. fr. 21 huc trahi nequit:
de Parthis illic non de Persis sermo est ‖ 27. προυβάλον V², προυβάλλον V¹

5 εἰς χρῆσιν τῶν ἐνοικούντων ὠχέτευον. τὰ δὲ πρὸς ἕω τάφρῳ
βαθείᾳ καὶ χάρακι διὰ σταυρωμάτων ἐκ ξύλων ὀχυρῶν ἐν-
απείληπτο. πύργοι δὲ εἰστήκεσαν περὶ τὴν τάφρον μεγάλοι,
τὰ μὲν ἀπὸ γῆς μέχρι μέσου δι᾽ ὀπτῆς πλίνθου δεδεμένης
ἀσφάλτῳ, τὰ δὲ μετὰ τὸ μέσον πλίνθῳ τε ὁμοίᾳ καὶ γύψῳ 5
δεδομημένα. (18) ταύτην πολιορκίᾳ τὴν πόλιν ὁ βασιλεὺς
ἑλεῖν ἐγνωκὼς εἰς τὸ ἔργον παρεκάλει τοὺς στρατιώτας. τῶν
δὲ τὸ κέλευμα σὺν προθυμίᾳ πάσῃ πληροῦν ὡρμηκότων, οἱ
τὴν πόλιν οἰκοῦντες εἰς φιλίαν ἠξίουν ἐλθεῖν τῷ βασιλεῖ,
νῦν μὲν Ὁρμίσδην αὐτοῖς πεμφθῆναι διαλεχθησόμενον περὶ 10
σπονδῶν ἐξαιτοῦντες, νῦν δὲ ὕβρεσιν αὐτὸν περιβάλλοντες
ὡς αὐτόμολον καὶ φυγάδα καὶ τῆς πατρίδος προδότην. ἐφ᾽
οἷς εἰς ὀργὴν εἰκότως ὁ βασιλεὺς ἀναστὰς ἔργου πάντας ἔχε-
2 σθαι καὶ ἐγκεῖσθαι τῇ πολιορκίᾳ προθύμως ἐκέλευε. τῶν δὲ
ἐφ᾽ ᾧ τεταγμένος ἕκαστος ἦν ὁρμησάντων, οἱ κατὰ τὴν πόλιν 15
ὄντες οὐκ ἀξιόχρεως ἑαυτοὺς εἰς φυλακὴν τῶν τῆς πόλεως
τειχῶν θεασάμενοι συνέφυγον ἅπαντες ἐπὶ τὴν ἀκρόπολιν.
ὅπερ ἰδὼν ὁ βασιλεὺς ἐπαφῆκε τῇ πόλει τῶν οἰκούντων ἐρη-
μωθείσῃ τὴν δύναμιν· ἡ δὲ τὰ τείχη καθελοῦσα καὶ τὰς
οἰκίας ἐμπρήσασα μηχανάς τε ἐπὶ τῶν ἐρειπίων τῆς πόλεως 20
ἵστη, καὶ ἀπὸ τούτων τοὺς ἐπὶ τῆς ἀκροπόλεως ἔβαλλε βελῶν
καὶ λίθων ἀφέσει. ἐπεὶ δὲ οἱ ἀπὸ τῆς πόλεως λίθοις τε καὶ
βέλεσι συνεχέσιν ἠμύνοντο τοὺς πολιορκοῦντας, ἐγίνετό τε
πολὺς ἑκατέρωθεν φόνος, τότε δὴ ὁ βασιλεύς, εἴτε ἐξ οἰκείας
ἐννοίας, τῇ τῶν τόπων ἁρμοσάμενος θέσει, εἴτε καὶ τοῦτο ἐκ 25
3 πολυμαθείας λαβών, μηχάνημά τι κατεσκεύασε τοιόνδε. ξύλα
μέγιστα τέσσαρα πρὸς ἄλληλα συνδήσας σιδήρῳ καὶ πύργου
σχῆμα τετραγώνου διὰ τούτων ἀπεργασάμενος, ἀντιστήσας τε
τῷ τῆς ἀκροπόλεως τείχει, τῇ τε κατὰ βραχὺ τοῦ ὕψους προσ-
θήκῃ τῷ μήκει τῶν τειχῶν ἴσον ἀποτελέσας, εἰς τοῦτον ἀν- 30
εβίβασε τοξότας τε καὶ τοὺς ἀπὸ μηχανῶν ἀφιέντας λίθους

2. ὀχυρῶν V², ὀχυρωμένως V¹. fort. vitium latet ‖ 4. δι᾽ ὀπτῆς
V², διόπτος ut vid. V¹. ceterum cf. Liban. t. I p. 600, 23 R. de Maio-
zamalcha castello: προσῆν τὸ πλίνθον ὀπτὴν πρὸς ἑαυτὴν ἀσφάλτῳ δε-
δέσθαι ‖ 8. σὺμ προθυμίᾳ πάσῃ V, σὺν πάσῃ προθυμίᾳ ς ‖ 16. ὄντες V,
ὄντας ς ‖ 22. πόλεως] ἀκροπόλεως coni. Sylb ‖ 24. δὴ Sylb ex apographo
uno, δὲ V ‖ 25. ἁρμοσάμενος] cf. Schweighaeuser lex. Pol. s. v. ‖ 27. τέσ-
σαρα accessit ex V

καὶ βέλη. τότε τοίνυν ἔκ τε τῶν πολιορκούντων οἱ Πέρσαι
καὶ ἐκ τῶν ἐφεστηκότων τῇ μηχανῇ πανταχόθεν καταβαλλό-
μενοι μέχρι μέν τινος ἀντέσχον, τελευτῶντες δὲ ὁμολογίᾳ τὴν
ἀκρόπολιν ὑπέσχοντο παραδώσειν, εἰ μέτριόν τι παρὰ τοῦ
βασιλέως αὐτοῖς ὑπαρχθείη. καὶ συνεδόκει τῶν ἔνδον Περ- 4
σῶν ἕκαστον διὰ μέσου τοῦ στρατεύματος ἀσφαλῶς διαβῆναι,
ῥητὸν ἀργύριον καὶ ἱμάτιον ἔχοντα, παραδοθῆναι ⟨δὲ⟩ τῷ
βασιλεῖ τὴν ἀκρόπολιν. οὗ δὴ γεγονότος ἄνδρες ἀφείθησαν
πεντακισχίλιοι περί που τὸν ἀριθμόν, δίχα τῶν πλοίοις μι-
κροῖς διὰ τῆς διώρυχος οἷων τε γενομένων διαφυγεῖν. συν-
εξῆλθε δὲ τῷ πλήθει καὶ Μομόσειρος τούτων ἡγούμενος.
τοῦτον δὲ τὸν τρόπον καὶ τῆς ἀκροπόλεως αἱρεθείσης, ἔρευ- 5
ναν οἱ στρατιῶται τῶν ἐναποκειμένων ποιούμενοι σῖτόν τε
ἄπλετον εὗρον καὶ ὅπλα παντοῖα καὶ μηχανήματα καὶ ἐπίπλων
πλῆθος οὐ μέτριον καὶ τῆς ἄλλης ἀποσκευῆς. τοῦ μὲν οὖν
σίτου τὸ πλέον ἐναπετέθη τοῖς πλοίοις εἰς ἀποτροφὴν τοῦ
στρατοῦ, μέρος δὲ τούτου καὶ αὐτοὶ πρὸς ἑαυτοὺς διενείμαντο,
καὶ δίχα τῆς δημοσίας σιτήσεως ἧς εἶχον· τῶν δὲ ὅπλων 6
ὅσα μὲν ἐπιτήδεια Ῥωμαίοις ἐδόκει πρὸς πόλεμον εἶναι, ταῦτα
τῷ στρατοπέδῳ διεδόθη, τὰ δὲ Περσικῇ μόνον ἁρμόδια χρή-
σει, αὐτοῖς δὲ οὐκέτι, τὰ μὲν πυρὶ παρεδόθησαν, τὰ δὲ τῷ
ποταμῷ φέρεσθαι καὶ καταδύεσθαι συνεχώρησαν. ἐντεῦθεν
οὐχ ἡ τυχοῦσα τῷ Ῥωμαίων ἀξιώματι προσεγένετο δόξα, πό-
λεως μεγάλης καὶ τῶν ἐν Ἀσσυρίᾳ μετὰ Κτησιφῶντα μεγί-
στης, οὕτω τε ὠχυρωμένης, ἐν δύο μόναις ἡμέραις κατὰ
κράτος ἁλούσης. ἐφ' οἷς ὁ βασιλεὺς φιλοφρονούμενος τὸ
στράτευμα λόγοις τε καθήκουσιν ἐτίμα καὶ ἕκαστον ἀργυροῖς
ἑκατὸν νομίσμασιν ἐδωρεῖτο.

19. Ἀλλὰ ταῦτα μὲν ὧδε ἐπράχθη, ὁ σουρήνας δὲ μετὰ
δυνάμεως οὐκ ὀλίγης ἔκ τινος τῶν ἐν Ἀσσυρίᾳ πόλεων τοῖς

5. in ὑπαρχθείη immerito offendit Reitemeier ‖ 7. ἱμάτιον] fort.
ἱμάτιον ⟨ἓν⟩ scripsit. cf. Xen. hist. Gr. II, 3, 6 al. ‖ δὲ add. ς, om.
V ‖ 9. 10. μικροῖς correxit Leunclavius ex Ammiano XXIV, 2, 22
— qui duo milia et quingentos dediticios habet —, μακροῖς V ‖
11. 'Mamersidis' Ammianus ‖ ⟨ὁ⟩ τούτων conieci ‖ 15. τοῦ μὲν ex τὸ
μὲν V¹ ‖ 22. συνεχώρησαν] συνεχωρήθησαν scripserim cum Sylburgio.
contra παρέδοσαν (vs. 21) malebat Bekk ‖ 24. ἀσυρία V ‖ 25. ὀχυρω-
μένης V ‖ 30. ἀσυρία V

138 — Γ —

προηγουμένοις τοῦ Ῥωμαίων στρατοπέδου κατασκοπῆς ἕνεκεν
ἐπελθών, οὐ προϊδομένοις τὸ ἐσόμενον, ἕνα μὲν τῶν ἡγου-
μένων τριῶν ὄντων ἀνεῖλεν ἅμα τισὶ τῶν ὑπ' αὐτῷ τεταγ-
μένων, τρέψας δὲ τοὺς ἄλλους ἐγκρατὴς ἐγένετο στρατιωτικοῦ
σημείου, δράκοντος ἐκτύπωμα φέροντος, οἷα φέρειν εἰώθασιν 5
2 ἐν ταῖς μάχαις Ῥωμαῖοι. τοῦτο μαθὼν οὐκ ἤνεγκε μετρίως
ὁ βασιλεύς, ἀλλὰ μετὰ θυμοῦ τοῖς ἀμφὶ τὸν σουρήναν ὡς
εἶχεν ἐπιπεσὼν τούτων μὲν εἰς φυγὴν ἔτρεψεν ὅσοι δια-
φυγεῖν ἠδυνήθησαν, τὸ δὲ σημεῖον ἀναλαβὼν τὸ παρὰ τῶν
πολεμίων ἀφαιρεθὲν ἐπῆλθε παραχρῆμα τῇ πόλει καθ' ἣν ὁ 10
σουρήνας ἀποκρύπτων τὸν λόχον τοῖς κατασκόποις ἐπῆλθεν,
εἷλέ τε κατὰ κράτος καὶ ἐπυρπόλησε. τὸν δὲ τῶν κατασκόπων
ἡγεμόνα, διότι τοῖς πολεμίοις τὸ σημεῖον ἀπέλιπε, τὴν σωτη-
ρίαν τῆς Ῥωμαϊκῆς μεγαλοφροσύνης ἔμπροσθεν ποιησάμενος,
παρέλυσέ τε τῆς ζώνης καὶ ἐν ἀτιμίᾳ τὸ λοιπὸν εἶχεν ἅμα 15
τοῖς κοινωνήσασιν αὐτῷ τῆς φυγῆς.
3 Προελθὼν δὲ ἐπέκεινα, διά τε τοῦ ποταμοῦ τὴν πορείαν
ποιούμενος, ἦλθεν εἴς τι χωρίον ᾧ πόλις ἐπλησίαζε Φισσηνία
προσαγορευομένη. ταύτης τῷ τείχει συμπαρέθεε τάφρος, ἣν
βαθυτάτην οὖσαν ἐπλήρωσαν ὕδατος οἱ Πέρσαι, μέρος εἰς 20
ταύτην οὐκ ὀλίγον τοῦ πλησιάζοντος μετοχετεύσαντες ποτα-
μοῦ· βασιλέως ποταμὸς ἦν ὄνομα τούτῳ. ταύτην διαδρα-
μόντες τὴν πόλιν (οὐδὲν γὰρ ἦν ἐκ ταύτης εὐλαβεῖσθαι πο-
λέμιον) ὁδὸν διῄεσαν τέλματι χειροποιήτῳ διάβροχον· οἱ γὰρ
Πέρσαι τήν τε διώρυχα τῇ χώρᾳ καὶ τὸν ποταμὸν αὐτὸν ἐπ- 25
αφέντες ἀδύνατον κατά γε τὴν αὐτῶν οἴησιν πεποιήκασι τῷ
4 στρατῷ τὴν διάβασιν. ἀλλ' ὅμως τοῦ βασιλέως προθέοντος
καὶ ὁ στρατὸς ἠκολούθει, βρέχων ἄχρι γονάτων τοὺς πόδας·
αἰσχύνην γὰρ ἡγοῦντο μὴ ποιεῖν ἅπερ ἐθεῶντο ποιοῦντα τὸν
βασιλέα. ἡλίου δὲ ἤδη δύντος ὁ μὲν στρατὸς ἐπὶ τῶν τόπων 30

2. προυειδομένοις V ‖ 4. τοὺς V et Sylb, πρὸς apographa ‖ 10. πο-
λεμίων ex πολεμίοιν V ‖ ante παραχρῆμα rasura in V (///α ut vid.) ‖
15. 16. εἶχε ἅμα τῆς κ. V ‖ 17. προ//ελθὼν, σ erasa, V ‖ 18. χωρίον] φρού-
ριον Leunclavius ‖ 19. τάφρος ς, τάφος V ‖ 22. 23. διαδραμόντες] παρα-
δραμόντες coni. Bekk. at cf. III, 23, 1; V, 6, 1. de Ammianeis XXIV,
3, 10 sq. v. Sudhaus p. 48 ‖ 23. 24. πολέμιον corr. ex πόλεμον V ‖
27. ὅμως V² ex ὅλως ut vid. ‖ προ//θέοντος, σ erasa, V ‖ 28. ἠκολούθη
V¹, corr. V² ‖ 29. ἐθεῶντο ex ἐθέοντο corr. V ‖ 30. δύντος ex δῦντος V

ἠυλίζετο τούτων, βασιλεὺς δὲ στρατιώτας ἑαυτῷ καὶ τεχνίτας
ἀκολουθεῖν ἐπιτάξας, δένδρα ἐκτέμνων καὶ ξύλα διώρυχάς τε
ἐξεύγνυε, τοῖς τέλμασί τε γῆν ἐπετίθει, καὶ τὰ βαθέα τῶν
ὁδῶν ἀπεπλήρου, καὶ ταῖς στενοχωρίαις εὖρος ἐνεποίει τὸ
μέτριον ἔχον. ἐπανελθών τε διῆγε τὴν στρατιὰν μετὰ ῥαστώ-
νης, ἕως εἰς Βίθραν ἐληλύθει πόλιν, ἐν ᾗ βασίλεια ἦν καὶ
οἰκήματα βασιλεῖ τε ὁμοῦ πρὸς ὑποδοχὴν ἀρκοῦντα καὶ
στρατοπέδῳ.

20. Προελθὼν δὲ ἐντεῦθεν καὶ τῶν αὐτῶν ἐχόμενος
πόνων ἡγεῖτο τοῦ πλήθους καὶ τὴν ὁδὸν εὐφορωτέραν ἐποίει.
καὶ τούτῳ τῷ τρόπῳ διήνεγκεν ἅπαντας, ἕως ἦλθεν εἰς τόπον
ἔχοντα μὲν οἴκησιν οὐδεμίαν, ἄλσος δὲ ἐκ φοινίκων πεποιη-
μένον, ἐν ᾧ καὶ ἄμπελοι παραπεφύκεσαν ἄχρι τῆς τῶν φοι-
νίκων κόμης τοῖς κλήμασιν ἀνατρέχουσαι, παρέχουσαί τε
ὁρᾶν τὸν ἐκ τῶν φοινίκων καρπὸν ἀναμεμιγμένον τοῖς βό-
τρυσιν. ἐν τούτῳ τὴν ἐπελθοῦσαν νύκτα διαγαγὼν ἐπὶ τὰ
πρόσω τῇ ὑστεραίᾳ προῆγεν. ἐλθὼν δὲ πλησίον φρουρίου
τινὸς πληγὴν καιρίαν δέχεσθαι ἐμέλλησε· τῶν γὰρ ἀπὸ τοῦ
φρουρίου τις Πέρσης ἐπελθὼν τῇ τοῦ βασιλέως κεφαλῇ τὸ
ξίφος ἐπήλασεν. ὃ δὲ προϊδόμενος ἐπέθηκε τὴν ἀσπίδα τῇ
κεφαλῇ, καὶ ταύτῃ τὴν πληγὴν ἀπεσείσατο. ἐκεῖνον μὲν οὖν
οἱ στρατιῶται συμπεσόντες κατέσφαξαν, καὶ τοὺς σὺν αὐτῷ
πάντας, εἰ μήπω γέ τινες διαδύντες συνέφυγον εἰς τὸ φρού-
ριον· δυσανασχετῶν δὲ ὁ βασιλεὺς ἐπὶ τῷ τολμήματι τὸ
φρούριον ἀνεσκόπει, καὶ ὅπου ἁλώσιμον εἴη περιιὼν ἐθεώρει.
περὶ τοῦτο δὲ ἔχοντος αὐτοῦ, τοῖς ἐν τῷ ἄλσει τῶν φοινίκων
ἐπιμείνασι στρατιώταις ὁ σουρήνας ἀπρόοπτος ἐπιφανεὶς τῶν
τε ὑποζυγίων καὶ τῆς ἀποσκευῆς κρατήσειν ἤλπισε, καὶ ἅμα
τὸν βασιλέα τοῦτο μαθόντα πάντως ἀποστήσειν τῆς τοῦ φρου-

3. ἐξεύγνοιε, ν a m. 2, V. ἐξεύγνν scribendum puto ‖ τε sup.
scr. V² ‖ 4. ὁδῶν] ἑλῶν conieci. τέλματα et ἕλη iunguntur etiam IV,
42, 2 ‖ ἐνεποίει τὸ V², ἐνεποιεῖτο V¹ ‖ 5. στρατιὰν ex στρατείαν V² ‖
6. ἐληλύθη V, corr. Bekk ‖ 9. αὐτῷ, ν a m. 2, V ‖ 12. ἄλσος V ‖ 14.
κό//μης, ο ex ω, V ‖ 16. διάγων, γα a m. 2 (?), V ‖ 17. 18. φρουρίου τινός]
'Maiozamalcha, urbs magna' Amm. XXIV, 4, 2. φρούριον est etiam
Libanio t. I p. 600, 14 R. ‖ 18. ἐμέλησε V ‖ 20. ὁ δὲ Sylb, ἐν ᾧ δὲ V ‖
προειδόμενος V ‖ 25. ἀνεσκόπει ς. τε ἀνεσκόπει V ‖ 26. ἄλσει V

ρίου πολιορκίας. ἀλλ᾽ ἐκεῖνος μὲν ἐν νῷ ταῦτα βαλόμενος
ἀμφοτέρων διήμαρτεν, ὁ δὲ βασιλεὺς ἐν πολλῷ τὴν τοῦ
5 φρουρίου καθαίρεσιν ἐποιεῖτο· πόλις τε γὰρ ἐπλησίαζεν αὐτῷ
Βησουχὶς ὄνομα, πολυάνθρωπος, καὶ ἄλλα φρούρια πλεῖστα,
ὧν συνέβαινε τοὺς οἰκήτορας ἀπολιπόντας τὰ σφέτερα ὡς οὐκ 5
ἀρκοῦντα πρὸς σωτηρίαν εἰς τὸ παρὰ τοῦ βασιλέως πολιορ-
κούμενον συνδραμεῖν, πλὴν τῶν εἰς Κτησιφῶντα διαφυγόν-
των ἢ κατὰ τὸ δασύτατον τοῦ ἄλσους ἀποκρυβέντων. ὁ μὲν
οὖν βασιλεὺς ἐνίστατο τῇ πολιορκίᾳ κατὰ τὸ καρτερόν, οἱ δὲ
ἀπολυθέντες ἐκ τῆς στρατιᾶς εἰς τὸ κατασκοπεῖν καὶ βοηθεῖν, 10
εἴ πού τι φανείη πολέμιον, οὐκ ἀπεκρούσαντο μόνον τοὺς
ἐπελθόντας αὐτοῖς, ἀλλὰ τοὺς μὲν ἀνελόντες τοὺς δὲ προτρο-
πάδην διώξαντες ἐν ἀσφαλεῖ τῷ βασιλεῖ τὰ τῆς πολιορκίας
ἐποίησαν. ἐπεὶ δὲ τῶν φευγόντων τινὲς καὶ ἐν τοῖς ὑπὸ τὸ
ἄλσος ἕλεσιν ἦσαν, οὐδὲ τούτους οἱ ἐπὶ κατασκοπῇ καταλει- 15
φθέντες ἀφῆκαν ἀθῴους, ἀλλὰ τοὺς μὲν ἔκτειναν τοὺς δὲ
αἰχμαλώτους ἀπήγαγον. (21) οἱ δὲ ἐν τῷ φρουρίῳ πολιορ-
κούμενοι βελῶν παντοίων ἀφέσει τοὺς ἐναντίους ἠμύνοντο,
λίθων δὲ οὐκ ὄντων αὐτοῖς ἔνδον ἀσφάλτῳ βώλους πεπυρω-
μένους ἠκόντιζον. ἐτύγχανον δὲ τῶν πεμπομένων αἱ βολαὶ 20
ῥᾳδίως οἷα καὶ ἐξ ὑπερδεξίου καὶ κατὰ πλήθους πεμπόμεναι.
2 ἀλλ᾽ οὐδὲ οἱ τῶν Ῥωμαίων στρατιῶται, καὶ ταῦτα ταῖς ἐξ
ὕψους βοηθείαις ἐλαττούμενοι, παρῆκαν εἶδος ἀνδρείας καὶ
πολεμικῆς ἐπιστήμης· λίθοις γὰρ χειροπληθέσιν ἔβαλλον, βέ-
λεσί τε οὐκ ἐκ τόξων μόνον ἀφιεμένοις ἀλλὰ καὶ ἐκ μηχανη- 25
μάτων, ἅπερ οὐκ ἐφ᾽ ἑνὸς μόνον ἵστατο πηγνύμενα σώματος,
3 ἀλλὰ καὶ δύο καὶ τρία καὶ πλείω διῄει. τοῦ δὲ φρουρίου
κειμένου μὲν ἐπὶ λόφου, τείχεσι δὲ δύο καὶ πύργοις ἑκκαί-
δεκα μεγάλοις ὠχυρωμένου, πέριξ τε τάφρῳ περιειλημμένου
βαθείᾳ, κατά τι μέρος ὕδωρ εἰσφερούσῃ τοῖς ἐν τῷ φρουρίῳ 30

---

1. βαλ//όμενος, λ erasa, V. et sic Bekk ediderat pro βαλλόμενος ‖
2. post πολλῷ in V ὀλίγω erasum ‖ 7. 8. διαφυγόντων V, διεκφυγόντων
ϛ ‖ 8. ἄλσους V ‖ 9. καρτερόν scripsi, κρατερόν Vϛ ‖ 10. ἀπολυθέντες ex
ἀπολ////θέντες V ‖ στρατιᾶς ex στρατείας V ‖ 15. τούτοις V ‖ 15. 16. κατα-
ληφθέντας ex καταλειφθέντες corr. V, male ‖ 18. ἠμύνοντο V, ἠμύναντο
ϛ ‖ 20. pro τῶν πεμπομένων, quod ex proximo πεμπόμεναι ortum vide-
tur, conieci πυρσῶν coll. § 4 ‖ 21. ἐξ, quod addidit Sylb, habet V ‖
23. παρῆκαν Sylb, παρῆκον V ‖ ἀνδρίας Bekk ‖ 29. ὀχυρωμένου V ‖
30. ὕδωρ sup. scr. V², om. V¹

πρὸς πότον ἐπιτήδειον, χῶμα ἐπιχέειν ὁ βασιλεὺς τῇ τάφρῳ
τοὺς στρατιώτας ἐκέλευσεν, ἕτερόν τε ἐπὶ τούτῳ πρὸς ὕψος
ἀνιστάμενον ἐξισωθῆναι τῷ πύργῳ. κατὰ δὲ μέρος ἕτερον 4
τὴν ὑπὸ τὰ τείχη γῆν ὀρύττειν ἐγνώκει, κατὰ τὸ μέσον τοῦ
ἐνδοτέρου τείχους, διὰ τοῦ ὀρύγματος ἐπιθήσεσθαι τοῖς πο-
λεμίοις πραγματευόμενος. τῶν δὲ πολεμίων τοὺς ἐγείροντας
τὸ χῶμα βολαῖς συνεχέσιν εἰργόντων, τὴν μὲν ἐν τῷ προφανεῖ
μάχην ὁ βασιλεὺς ἀνεδέξατο, πολυειδέσιν ἀμυντηρίοις κατὰ
τῶν βαλλομένων εἴτε βελῶν εἴτε πυρσῶν χρώμενος, Νευΐττα
δὲ καὶ Δαγαλαΐφῳ τά τε ὀρύγματα καὶ τὰς τῶν χωμάτων
ἐγέρσεις ἐπέτρεψεν. Οὐίκτορι δὲ παραδοὺς ὁπλίτας τε καὶ 5
ἱππέας τὰ μέχρι Κτησιφῶντος αὐτῷ διερευνᾶσθαι προσέταξεν,
ὥστε, εἴ πού τι φανείη πολέμιον ἀφελκύσαι τὸν βασιλέα τῆς
πολιορκίας πειρώμενον, τούτου διὰ τῶν ὑπ' αὐτῷ τεταγμένων
κωλυθῆναι τὴν ἐπιχείρησιν, ἅμα δὲ τὴν ὁδὸν τὴν ἐπὶ Κτησι-
φῶντα, σταδίων οὖσαν ἐνενήκοντα, γεφυρῶν τε κατασκευαῖς
καὶ ζευγμάτων αὐτῷ καὶ τῷ στρατῷ ῥᾴονα καταστῆσαι. (22)
ταύτῃ διελὼν τοῖς ἡγεμόσι τὴν ἐπιμέλειαν, αὐτὸς μὲν διὰ
τῶν σὺν αὐτῷ κριὸν μιᾷ πύλῃ προσαγαγὼν οὐ κατέσεισε μό-
νον αὐτὴν ἀλλὰ καὶ ἔλυσε, τοὺς δὲ ἐπὶ τῶν ὀρυγμάτων τε-
ταγμένους ἐκμελῶς ἰδὼν τῷ ἔργῳ χρωμένους ἐκείνους μὲν
ἀπέστησε, ταύτην αὐτοῖς ὑπὲρ τῆς ἐκμελείας τὴν ἀτιμίαν ἐπ-
αγαγών, ἑτέρους δὲ ἀντεκατέστησεν. αὐτὸς δὲ κριὸν ἕτερον 2
ἄλλῃ προσέφερε πύλῃ. καὶ ταύτης δὲ τὴν προσβολὴν οὐκ
ἐνεγκούσης, ἧκεν ἀγγελῶν τις ὡς οἱ ταχθέντες τὰ ἀπὸ τῆς
τάφρου μέχρι τῆς πόλεως αὐτῆς διορύττειν ἤδη πρὸς τέλος
ἀφίκοντο τοῦ ἔργου καὶ πρὸς τὸ ἀναδῦναι γεγόνασιν εὐτρε-
πεῖς. ἦσαν δὲ οὗτοι τρεῖς λόχοι, ματτιάριοι καὶ λαγκιάριοι

---

1. πότον V ‖ 5. ἐπιθήσεσθαι] cf. Kaelker 'de eloc. Polyb.' p. 281 ‖
7. βολ//αῖς, λ erasa, V ‖ εἰργόντων V ‖ 9. νευίττα V, νευίτα ς ‖ 10. δα-
γα-
λαΐφῳ, δα sup. scr. m. 1, V, γαδαλαΐφῳ ς ‖ ὀρύγματα (cf. vs. 20) scripsi,
χώματα Vς. 'et cuniculos quidem cum vineis Nevitta et Dagalaiphus
curabant': Amm. XXIV, 4, 13 ‖ 11. ονίκτορι (sine spir.) V, οὐίκτωρι
vel βίκτωρι ς ‖ 13. ῶστε V, ὥστ' ς ‖ 16. ante σταδίων in V erasum δ ‖
17. ῥᾳον (i. e. ῥᾴονα) V², ῥᾷον V¹ς. ῥᾴονα vel ῥᾴω voluerat iam
Sylb ‖ 18. ταύτῃ scripsi, ταύτην Vς ‖ 19. κριὸν V, κριῶν ς ‖ μιᾷ V²,
μία V¹ ‖ 21. ἐκείνους V et Sylb, ἐκείνης apographa ‖ 25. ἀγγελῶν scripsi,
ἀγγέλων V, ἀγγέλων apographa, ἀγγέλλων editores ‖ 28. λαγκιάριοι scripsi

142 — Γ —

3 καὶ βίκτορες. ὁ βασιλεὺς δὲ ταύτην μὲν τέως ἐπέσχεν αὐτῶν
τὴν ὁρμήν, πύλῃ δὲ ἑτέρᾳ θᾶττον ἐκέλευσεν εὐτρεπίζεσθαι
μηχανήν, καὶ τὴν στρατιὰν αὐτῇ πᾶσαν ἐφίστη, πείθων τοὺς
πολεμίους ὡς τῇ ὑστεραίᾳ ταύτην προσαγαγὼν ἐγκρατὴς τοῦ
φρουρίου γενήσεται. ἐποίει δὲ τοῦτο πᾶσαν ἔννοιαν τοῖς 5
4 Πέρσαις τῆς διὰ τοῦ ὀρύγματος ἀναιρῶν πολιορκίας. τῶν
ἀπὸ τοῦ φρουρίου τοίνυν ἁπάντων εἰς τὸ τὴν μηχανὴν ἀπο-
κρούσασθαι συστραφέντων, διορύξαντες τὸν ὑπόνομον οἱ ταύτῃ
ταχθέντες, εἶτα τὴν ἐπικειμένην ἄχρι τῆς ἐπιφανείας γῆν δια-
τρίψαντες, ἐφάνησαν οἰκίας ἐν μέσῳ καθ' ἣν ἔτυχέ τις ἀλε- 10
τρὶς γυνὴ νυκτὸς οὔσης ἔτι βαθείας σίτου ἄλευρα εἶναι ἐργα-
ζομένη. ταύτην μὲν οὖν ὁ πρώτως ἀναδὺς ἐκβοᾶν μέλλουσαν
παίσας ἀνεῖλεν. ἦν δὲ Σουπεράντιος, ἐν τῷ λόχῳ τῶν βικτό-
ρων οὐκ ἄσημος, ἐπὶ τούτῳ δὲ Μάγνος, καὶ τρίτος ὁ Ἰοβιανὸς
τοῦ τάγματος τῶν ὑπογραφέων προτεταγμένος, ἔπειτα δὲ 15
5 πλείους. εὐρυνομένου δὲ κατὰ βραχὺ τοῦ στομίου πάντες
ἦσαν ἐν μέσῳ. τότε δὴ λοιπὸν ἐπὶ τὸ τεῖχος ἐλάσαντες ἐπ-
έστησαν παρὰ πᾶσαν ἐλπίδα τοῖς Πέρσαις ᾄσματα λέγουσιν
ἐπιχώρια, τὴν μὲν τοῦ σφῶν βασιλέως ἀνδρείαν ὑμνοῦντα,
διαβάλλοντα δὲ τὴν τοῦ Ῥωμαίων βασιλέως ἀνέφικτον ἐπι- 20
χείρησιν· ῥᾷον γὰρ ἔφασκον αὐτὸν τὴν τοῦ Διὸς αἱρήσειν
6 αὐλὴν ἢ τὸ φρούριον. ἐπιθέμενοι δὲ τοὺς ἐν χερσὶν ἔπαιόν
τε καὶ ἐκ τοῦ τείχους ὠθοῦντες διέφθειρον, τοὺς δὲ καὶ
διώκοντες παντοδαποῖς θανάτου τρόποις ἀνῄρουν, οὔτε γυναι-
κῶν οὔτε παίδων ἀπεχόμενοι, πλὴν εἰ μή πού γέ τινας αἰχμα- 25

coll. Magno ap. Malal. p. 330, 3, λακκιάριοι V, λακκινάριοι ς. cf.
Boecking ad not. or. p. 189 || 1. βίκτορες V, βίκτωρες ς || 3. στρατιὰν
V², στρατείαν V¹ || 4. ταύτην] ταύτῃ coni. Sylb || 5. δὲ τοῦτο in ras. Vˣ ||
6. ὀρύγματος a V² || ἀναιρῶν ἀσφαλείας, in mg. V²: πολιορκίας || 8. τὸν
(et τὴν) ὑπόνομον V², τὸν ὑπὸ νόμον V¹ || ταύτῃ///, ν erasa, V || 10. οἰ-
κίας ex οἰκείας V² || 12. πρώτως] πρῶτος conieci. ὁ πρῶτος ἀναρριχό-
μενος Liban. t. I p. 601, 16 R., qui item tres fuisse primos dicit ||
13. 'Exsuperius de Victorum numero miles' Amm. XXIV, 4, 23 ||
13. 14. βικτόρων V, βικτώρων ς || 14. τούτῳ V², τοῦτο V¹ || Μάγνος] cf.
ad p. 128, 8 || ὁ Ἰοβιανὸς] Ἰοβιανὸς ὁ conieci || 15. προτεταγμένος, προ
sup. ser. V¹ || 17. ἐν μέσῳ] 'medio in oppido' Lennclavius. vitium latere
videtur || 19. ἀνδρείαν V, ἀνδρίαν ς || 21. 22. ἴσον αὐτοὺς ἡγοῦντο
ποιεῖν, ὥσπερ ἂν εἰ καὶ τὸν οὐρανὸν ἐπεχείρουν ἑλεῖν Liban. t. I
p. 601, 1 R.

λώτους αὐτοῖς ἔδοξεν ἔχειν. Ἀναβδάτης δὲ ὁ ἀρχιφύλαρχος
ἐν τῷ διαδρᾶναι τὸ φρούριον ἁλοὺς ἅμα τοῖς ἀμφ᾽ αὐτόν,
ὀγδοήκοντα τὸν ἀριθμὸν οὖσι, τῷ βασιλεῖ προσήχθη δεδε-
μένος ὀπίσω τὰς χεῖρας. κατὰ ταῦτα τοῦ φρουρίου κατὰ 7
κράτος ἁλόντος, ἡβηδὸν δὲ πάντων ὅσοι κατὰ τοῦτο ἦσαν
ἀναιρεθέντων, ἐκ παραδόξου δὲ ὀλίγων διασωθέντων, ἐφ᾽
ἁρπαγὴν ὁ στρατὸς τῶν ἀποκειμένων κτημάτων ἐχώρει. κομισα-
μένου δὲ ἑκάστου τὸ προσπεσόν, τό τε τεῖχος ἄχρις ἐδάφους
προσενεχθεισῶν αὐτῷ πλείστων μηχανῶν κατηνέχθη, καὶ τὰ
οἰκήματα πυρί τε καὶ ταῖς τῶν στρατιωτῶν χερσὶ κατε-
λύθησαν, οὕτω τε εἰς τὸ μὴ γεγενῆσθαί ποτε δοκεῖν περιέστη.

23. Τῆς δὲ ἐπὶ τὸ πρόσω πορείας ἐχόμενος διῄει μὲν
καὶ ἕτερα οὐκ ὀνομαστὰ φρούρια, παραγίνεται δὲ καὶ εἰς
περίβολον ὃν βασιλέως θήραν ἐκάλουν. ἦν δέ τι τειχίον
χωρίον ἀπειληφὸς ἔνδον πολύ, δένδρεσι πεφυτευμένον παντο-
δαποῖς. ἐν τούτῳ θηρίων παντοίων ἐναποκλειόμενα γένη
τροφῆς τε οὐκ ἠποροῦντο διὰ τὸ καὶ ταύτην αὐτοῖς ἐπεισάγε-
σθαι, καὶ παρεῖχον τῷ βασιλεῖ τοῦ θηρᾶν, ἡνίκα ἂν βουλη-
θείη, ῥᾳστώνην. τοῦτο Ἰουλιανὸς θεασάμενος διαρρήγνυσθαι 2
κατὰ πολλὰ μέρη τὸ τεῖχος ἐπέταττεν, οὗ δὴ γενομένου φεύ-
γοντα παρὰ τῶν στρατιωτῶν τὰ θηρία κατετοξεύετο. ἐν-
ταῦθά που πλησίον γενόμενος βασίλεια εἶδεν εἰς τὸν Ῥωμαϊ-
κὸν μεγαλοπρεπῶς ἐξησκημένα τύπον, καὶ μαθὼν ταῦτα ὑπὸ
Ῥωμαίων ᾠκοδομῆσθαι κατέλιπεν, οὐ συγχωρήσας τοῖς ταξι-
άρχοις λωβήσασθαί τι τῶν ἐν αὐτοῖς, αἰδοῖ τοῦ Ῥωμαίους
λέγεσθαι τοὺς ταῦτα δημιουργήσαντας.

Ἐντεῦθεν ἡ στρατιὰ φρούριά τινα παραδραμοῦσα εἰς 3
πόλιν ἀφίκετο Μείνας Σαβαθὰ καλουμένην· διέστηκε δὲ

1. 'Nabdates praesidiorum magister' Amm. § 26 ‖ ἀρχιφύλαρχος]
ἀρχιφρούραρχος coni. Lindenbrog. ad Amm. l. c., bene. infra c. 23, 4
est Ἀναβδάτης ὁ φρούραρχος ‖ 2. διαδρᾶναι V ‖ 3. 4. δεδεμμένος (sic)
ὀπίσω τὰς V, δεδεμμένος τὰς ς ‖ 5. ἡβηδὸν] 'sine sexus discrimine vel
aetatis' Amm. § 25 ‖ 7. ἐναποκειμένων coni. Sylb ‖ 11. δοκεῖᵛ, ν a m. 2,
V ‖ 17. ἀποροῦντο, ἡ a m. 2, V ‖ αὐτοῖς accessit ex V ‖ 18. καὶ in mg.
add. V² ‖ παρεῖχον ex παρεῖχε V. totum locum sic scripserim: παν-
τοίων ἦν ἀποκλειόμενα γένη, τροφῆς τε οὐκ ἀποροῦντα διὰ . . . . καὶ
παρέχοντα βασιλεῖ ‖ 20. ἐπέττατεν V ‖ 24. ᾠκοδομῆσθαι Sylb, οἰκο-
δομεῖσθαι V ‖ 27. στρατιὰ Vˣ, στρατεία V¹ ‖ 28. μείνας V¹, μίνας V².

αὕτη σταδίοις τριάκοντα τῆς πρότερον μὲν Ζωχάσης νῦν δὲ
Σελευκείας ὀνομαζομένης. καὶ ὁ μὲν βασιλεὺς πλησίον που
μετὰ τῆς πολλῆς στρατιᾶς ηὐλίσθη, προηγούμενοι δὲ οἱ κατά-
σκοποι τὴν πόλιν κατὰ κράτος αἱροῦσι. τῇ δ' ὑστεραίᾳ τὰ
τείχη ταύτης ὁ βασιλεὺς περινοστῶν ἑώρα σώματα προσηρτη- 5
μένα σταυροῖς ἔμπροσθεν τῶν πυλῶν· ταῦτα δὲ ἔφασκον οἱ
ἐπιχώριοι συγγενῶν εἶναι διαβληθέντος τινὸς ὡς προδότου
πόλεως γεγονότος, ἣν ἔτυχεν ὁ βασιλεὺς Κάρος Περσῶν
οὖσαν ἑλών. ἐνταῦθα Ἀναβδάτης ὁ φρούραρχος εἰς κρίσιν
ἤγετο, παραγαγὼν μὲν ἐπὶ πολὺ τὸν Ῥωμαίων στρατὸν ὡς 10
δὴ συντελέσων αὐτῷ πρὸς τὸν κατὰ Περσῶν πόλεμον, τότε
δὲ ἐξελεγχθεὶς ὡς ἐλοιδορεῖτο παρὰ πλείστοις Ὁρμίσδην προ-
δότην ἀποκαλῶν καὶ τῆς κατὰ Περσῶν αἴτιον ἐκστρατείας·
καὶ ἐπὶ τούτοις ἁλοὺς ἀνῃρέθη.

24. Προϊόντος δὲ περαιτέρω τοῦ στρατοῦ, τὰ ἕλη δι- 15
ερευνώμενος Ἀρινθαῖος πολλούς τε ἐν τούτοις εὑρὼν αἰχμα-
λώτους ἀπήγαγεν. ἐνταῦθα πρῶτον οἱ Πέρσαι συστραφέντες
ἐπῆλθον τοῖς τοῦ στρατοῦ προτρέχουσι κατασκόποις, ὀξέως
δὲ τραπέντες εἰς τὴν πλησίον ἀγαπητῶς συνέφυγον πόλιν.
κατὰ δὲ τὴν ἀντιπέρας ὄχθην τοῦ ποταμοῦ τοῖς ἐπιτεταγμένοις 20

Μηδίας vel Ἀρμενίας volebat Leunclavius, inepte, Πέρσαις Sudhaus p. 62, 1,
improbabiliter. 'Madain Sabat' Ritter Erdk. t. X p. 153. an Βαβυλωνίας? ||
1. αὕτη ex αὐτὴ V || Ζωχάσης] Κώχης Scaliger, Χώχης Salmasius. immo
in corrupto Ammiani loco XXIV, 5, 3 Zochasam vel Cochasam pro
Coche restituendum esse post Mannertum recte dixerunt Fabian 'de
Seleucia Babylonia' (diss. Lips. 1869) p. 9 et Sudhaus p. 61 || νῦν]
i. e. Magni aetate. 'Zochasa, quam Seleuciam nominant' Ammianus ||
2. σελευκίας V, corr. ς || 3. μετὰ τῆς πολλῆς στρατιᾶς] litterae ὰ τῆς (hoc
v. sup. vs. ser.) πολλῆς οτ in ras. circa 5 litt. m. 1, ιᾶς ex είας m. 1, V ||
4. τὴν πόλιν] i. e. Seleuciam || 8. Κάρος] Βηρσαβώρας A. Schaefer et
Sudhaus p. 63, 2, constructione nulla. ego verba ἣν ἔτυχεν — ἑλών
h. l. inepta post ὀνομαζομένης (vs. 2) collocaverim et pro πόλεως
(vs. 8) scripserim Βηρσαβώρας. a Caro captam esse Seleuciam testa-
tur Zonaras XII, 30 (κατέσχε Κτησιφῶντα καὶ Σελεύκειαν). etiam ap.
Amm. XXIV, 5, 3: 'a Caro ('sacro' codd.) principe quondam excisam'
cum Lindenbrogio scribendum puto. saepe eversa Seleucia ex parte
semper resurrexerat, etiam post Cari tempora || 9. οὖσαν ἑλὼν V², οὓς
ἀνελὼν V¹ || φρούραρχος, ρ a m. 2, V || 12. ἐξελεγχθεὶς V, et Schaefer
ap. Sudhausium p. 64, 1, ἐξενεχθεὶς ς || 20. ἐπιτεταγμένοις] ἐπιτετραμ-
μένοις conieci. cf. ad I, 65, 2

τὴν τῶν ὑποζυγίων φυλακὴν οἰκέταις, καὶ ὅσοι μετὰ τούτων
ἦσαν, ἐπελθόντες οἱ Πέρσαι τοὺς μὲν ἀπέκτειναν τοὺς δὲ
ζῶντας ἀπήγαγον, ὅπερ πρῶτον ἐλάττωμα Ῥωμαίοις συμβὰν
ἀθυμίαν ἐνεποίησε τῷ στρατεύματι.

Ἐντεῦθεν ὁρμήσαντες ἦλθον εἴς τινα διώρυχα μεγίστην, 2
ἣν ἔλεγον οἱ τῇδε παρὰ Τραϊανοῦ διωρύχθαι Πέρσαις ἐπι-
στρατεύσαντος· εἰς ἣν ἐμβαλὼν ὁ Ναρμαλάχης ποταμὸς εἰς
τὸν Τίγριν ἐκδίδωσι. ταύτην ὁ βασιλεὺς καθῆραί τε ἅμα
καὶ ἐρευνᾶν διενοήθη, πόρον τε τοῖς πλοίοις ἐπὶ τὸν Τίγρητα
παρασκευάζων, καὶ εἴ πη παρείκοι, γεφύρας τῇ τοῦ πολλοῦ
στρατοῦ διαβάσει. (25) τούτων δὲ ταύτῃ πραττομένων, ἐπὶ
τῆς ἀντικρὺ ὄχθης πλῆθος Περσῶν συνδραμὸν ἱππέων τε καὶ
πεζῶν, εἴ τις ἐπιχειρηθείη διάβασις, ἐπειρᾶτο κωλύειν. ταύ-
την ὁ βασιλεὺς τὴν παρασκευὴν τῶν πολεμίων βλέπων ἐπὶ
τὸ διαπλέειν ἐπ᾽ αὐτοὺς ἠρεθίζετο, καὶ σὺν ὀργῇ τοῖς στρα-
τηγοῖς ἐνεκελεύετο τῶν πλοίων ἐπιβαίνειν. ἐπεὶ δὲ τὴν ἀντι- 2
πέρας ὄχθην θεωροῦντες ὑψηλοτέραν καὶ ἅμα θριγκόν τινα
συμπαρατεινόμενον, εἰς ἔρυμα μὲν παραδείσου βασιλικοῦ τὴν
ἀρχὴν ᾠκοδομημένον, τότε δὲ καὶ τείχους πληροῦντα χρείαν,
δεδιέναι τὰς ἐξ ὕψους τῶν βελῶν τε καὶ πυρσῶν βολὰς
ἔλεγον. ἐγκειμένου δὲ τοῦ βασιλέως δύο νῆες ὁπλιτῶν πλή-
ρεις ἐπεραιώθησαν, ἃς εὐθὺς οἱ Πέρσαι πυροφόρων βελῶν
πλῆθος ἀφέντες κατέφλεξαν. ἐκδειματωθέντος δὲ πλέον τοῦ 3
στρατοῦ, τὴν συμβᾶσαν ὁ βασιλεὺς καταστρατηγήσας δι-
αμαρτίαν ῾περιγεγόνασι᾽ ἔφη ῾τῆς διαβάσεως, καὶ κύριοι τῆς
ὄχθης γεγόνασι· τοῦτο γὰρ δηλοῖ τὸ πῦρ τὸ ἀπὸ τῶν πλοίων

---

7. ναρμαλάχης ex ναρμάχης V¹ ‖ ποταμὸς ϛ, ὁ ποταμὸς V ‖ 8. ἐκ-
δίδωσι V et Sylb, ἐνδίδωσι apographa ‖ καθῆραι V², καθεῖραι V¹ ‖ 10.
εἴ πη Bekk, εἴ ποι V ‖ παρήκοι, ει a m. 2, V ‖ 11 sq. ipsa narratio,
ut ex Ammiano adparet, a Zosimo — cui ni mirum castellorum op-
pugnationes diligentissime narrandae fuerant — admodum breviata
est eoque obscurata. cf. Sudhaus p. 67 sq. ‖ 12. ἀντικρὺ] ἄντικρυς
conieci. cf. ad III, 14, 2 ‖ 14. βλέπων (βλέπ) V², ‖‖‖λε‖‖‖‖ (πολέ‖‖‖‖ ut
vid.) V¹ ‖ 16. ἐπεὶ] οἱ coni. Bekk. δὲ post ἐγκειμένου (21) deleri volebat
Sylb, qui signo minore post ἔλεγον distinguit ‖ 19. καὶ accessit ex V ‖
περιρουντο‖ (sic) V¹, -τα V² ‖ 21. δύο] ῾quinque᾽ Amm. XXIV, 6, 5 ‖
21. 22. πλήρεις Bekk, πλήθει V. cf. καμήλους πλήρεις οἴνου καὶ ἀφθό-
νου τροφῆς II. 27. 3

146 — Γ —

ἐξαφθέν, ὅπερ αὐτὸς ἐπέσκηψα τοῖς ἐπὶ τῶν νεῶν στρατιώ-
4 ταις σύμβολον τῆς νίκης ποιήσασθαι.᾽ τότε τοίνυν ἅπαντες,
ὡς εἶχον, εἰς τὰ πλοῖα ἐμβάντες ἐπεραιώθησαν· καὶ ὅπῃ
βάσιμον ἦν τὸ ὕδωρ ἐπιπηδήσαντες, εἴς τε τὸν ἐκ χειρὸς
ἀγῶνα καταστάντες τοῖς Πέρσαις, οὐ μόνον ἐκράτησαν τῆς
ὄχθης, ἀλλὰ καὶ τὰ πρότερον περαιωθέντα δύο πλοῖα κατα-
λαβόντες ἡμίφλεκτα τοὺς περιλελειμμένους ἔτι τῶν ἐν αὐτοῖς
5 ὁπλιτῶν περιέσωσαν. ἐπιπεσόντων δὲ λοιπὸν τῶν στρατο-
πέδων ἀλλήλοις, ἐκ μέσης νυκτὸς διέμεινε μέχρι μέσης ἡμέρας
ἡ μάχη. τέλος ἐνδόντες ἔφυγον προτροπάδην οἱ Πέρσαι,
τῆς φυγῆς ἡγησαμένων τῶν στρατηγῶν· ἦσαν δὲ οὗτοι
Πιγράξης τε, γένει καὶ ἀξιώσει προέχων ἁπάντων μετὰ τὸν
6 σφῶν βασιλέα, καὶ Ἀνάρεος καὶ ὁ σουρήνας αὐτός. φεύ-
γουσι δὲ ἐπεκδραμόντες Ῥωμαῖοί τε καὶ σὺν τούτοις οἱ Γότ-
θοι πολλοὺς μὲν ἀπώλεσαν, χρυσοῦ δὲ πολλοῦ καὶ ἀργύρου
γεγόνασιν ἐγκρατεῖς, ἔτι δὲ κόσμου παντοίου τοῖς τε ἀν-
δράσι καὶ ἵπποις περικειμένου, καὶ κλινῶν ἀργυρῶν καὶ
τραπεζῶν, ὅσαις ἐνέτυχον ὑπὸ τῶν στρατηγῶν ἐν τῷ χάρακι
7 καταλελειμμέναις. ἔπεσον δὲ καὶ ἐν τῇ μάχῃ Περσῶν μὲν
κεντακόσιοι καὶ δισχίλιοι, Ῥωμαίων δὲ οὐ πλείους πέντε
καὶ ἑβδομήκοντα. τὸν δὲ ἐπὶ τῇ νίκῃ τοῦ στρατοπέδου
παιᾶνα Βίκτωρ ὁ στρατηγὸς ἔδοξέ πως ἐλαττοῦν καταπέλτῃ
τρωθείς.

26. Τῇ δὲ ὑστεραίᾳ τὸν Τίγρητα ποταμὸν ὁ βασιλεὺς
τὸ στράτευμα ἐπὶ πολλῆς ἀδείας διαβιβάσας, τρίτῃ μετὰ τὴν
μάχην ἡμέρᾳ καὶ αὐτὸς μετὰ πάσης τῆς ἀμφ' αὐτὸν δορυ-
φορίας ἐπεραιοῦτο, καὶ πρός τι χωρίον ἐλθὼν (Ἀβουζαθὰ
τοῦτο Πέρσαι καλοῦσιν) ἡμέρας ἐν τούτῳ διέμεινε πέντε.
2 διασκοπῶν δὲ περὶ τῆς ἐπέκεινα πορείας ἄμεινον ἔχειν ᾠήθη

1. αὐτὸς V², αὐτοῖς V¹ ‖ 12. ʽcum Pigrane et surena et Narseo
potissimis ducibus᾽ Amm. § 12 ‖ 15. χρυσοῦ scripsi, χρυσίον Vς. cf. ad
II, 38, 2 ‖ 19—21. ʽut caesis Persarum plus minusve duobus milibus et
quingentis, septuaginta caderent soli nostrorum᾽ Amm. § 15. pro πέντε
καὶ V habet ῑ καὶ. fort. ἢ ἑβδ. scribendum ‖ 25. διαβιβάσας ex διαβηβ.
V² ‖ 27. Ἀβουζαθὰ] cf. Hoffmann (v. ad p. 132, 2) p. 27 ‖ 28. καλοῦσι
V ‖ ludos ad Ctesiphontem factos (Eunap. fr. 22, 2 M.) nec Ammianus
nec Zosimus norunt ‖ 29. διασκοπῶν κτἑ.] nimis haec breviavit Zosi-
mus. quid ipse Magnus — personatum enim Magnum ap. Malalam
p. 331, 4 sq. non curo — de Iuliani consiliis (cf. Sievers ʽStudien᾽ p. 257)

μηκέτι συμπαραπέμπειν τῇ ὄχθῃ τοῦ ποταμοῦ τὸν στρατόν,
ἀνιέναι δὲ ἐπὶ τὴν μεσόγειαν, ὡς οὐδενὸς ὑπολειπομένου
πλοίων εἰς χρείαν αὐτοὺς καθιστάντος. ταῦτα δὴ λαβὼν
κατὰ νοῦν εἰσηγεῖται βουλὴν τῷ στρατῷ, τὰ πλοῖα ἐμπρῆσαι
5 κελεύων. καὶ πάντα, πλὴν ὀκτωκαίδεκα Ῥωμαϊκῶν Περσι- 3
κῶν δὲ τεσσάρων, ἐδαπανήθη πυρί· ταῦτα γὰρ ἁμάξαις
φερόμενα ἠκολούθει, ταῖς ἀνακυπτούσαις ὡς εἰκὸς ὑπηρετησό-
μενα χρείαις. ὀλίγον δ᾽ ἀνωτέρω τοῦ ποταμοῦ τὸ λειπό-
μενον ἔδει ποιήσασθαι τῆς ὁδοῦ. Νοορδᾷ δὲ τῷ τόπῳ
10 προσσχόντες αὐτοῦ που κατέλυον· ἔνθα πολλοὶ πανταχόθεν
ἡλίσκοντο Πέρσαι καὶ κατεσφάζοντο. ἐλθόντες δὲ εἰς τὸν 4
Δοῦρον ποταμὸν διέβησαν τοῦτον γέφυραν ζεύξαντες. ἐπεὶ
δὲ τοὺς Πέρσας ἐθεάσαντο τὸν μὲν ἐν τῇ γῇ πάντα χιλὸν
κατακαύσαντας, ὡς ἂν τὰ ὑποζύγια τῶν Ῥωμαίων τροφῆς
15 ἀπορίᾳ πιέζοιτο, συστάντας δὲ αὐτοὺς κατὰ πολλοὺς λόχους
ἐκδέχεσθαι τοὺς Ῥωμαίους ὡς δὴ μὴ σφόδρα πολλοὺς διανο-
ουμένους, τότε δὴ συνειλεγμένους εἰς ταὐτὸν θεασάμενοι πρὸς
τὴν ὄχθην ἀπεχώρησαν τοῦ ποταμοῦ. τῶν δὲ ἡγουμένων 5
τοῦ στρατοῦ κατασκόπων εἰς χεῖρας ἐλθόντων μοίρᾳ τινὶ
20 Περσικῇ, Μακαμαῖός τις γυμνὸς ὑπὸ προθυμίας ἐπιπεσὼν
τέσσαρας μὲν ἀναιρεῖ, συστραφέντων δ᾽ ἅμα πολλῶν ἐπ᾽
αὐτὸν κατασφάττεται. Μαῦρος δὲ ἀδελφὸς ὢν αὐτοῦ, τὸ
σῶμα ἰδὼν ἐν μέσοις κείμενον Πέρσαις, ἁρπάζει τε αὐτὸ καὶ
τὸν πρῶτον παίσαντα κτείνει. καὶ οὐκ ἀπεῖπε βαλλόμενος,

tradiderit eo minus sciri potest quod in Ammiano XXIV, 7 lacuna est
praetereaque is suo iudicio uti suaque Magnianis interponere solet.
ut ne id quidem certum sit numquid de transfugis, qui Iulianum ad
naves incendendas permoverint, Magnus ipse narraverit: incompertum
id certo praeter Zosimum Libanio. scriptores autem ecclesiastici quod
famam illam militarem ad illustrandam Iuliani θευβλάβειαν maxime
idoneam susceperunt et auxerunt, nil mirum ‖ p. 146, 20. ἔχειν V et
Reitemeier, ἔχων apographa ‖ 7. ἠκολούθει ex εἰκολούθη V² ‖ 9. ἔδει
sup. scr. V². ante ὀλίγον lacuna videtur esse ‖ 11. κατεσφάζοντο V,
κατεσφάττοντο ς. forma per ζ scripta traditur etiam IV, 23, 4; 35, 6; 51, 3,
reliquis locis est ττ ‖ 13. πάντα χιλὸν corr. ex παντόχιλον V ‖ 14. κατα-
καύσαντας ex -τες corr. V (m. 2?) ‖ 17. ταυτὸν ex αὐτὸν V² ‖ 18. ἀπ-
εχώρησαν V, ἐχώρησαν ς ‖ 20. Μακαμαῖος] 'Machamaeus' Amm. XXV,
1, 2. μετὰ ἐξάρχων δύο Ἀκκαμέου (leg. Μακαμαίου) καὶ Μαύρου Magn.
ap. Malal. p. 329, 15 ‖ 21. μὲν accessit ex V ‖ δ᾽ ἅμα V², δαλμάτων
V¹ ‖ 23. τ. accessit ex V

ἄχρις ὅτε τὸν ἀδελφὸν ἔμπνουν ἔτι τῷ Ῥωμαίων στρατῷ
παρέδωκεν.

27. Ἐλθόντες δὲ εἰς πόλιν Βαρσαφθὰς τὸν χιλὸν εὗρον
ὑπὸ τῶν βαρβάρων καταπρησθέντα. μοίρας δέ τινος Περσῶν
ἅμα Σαρακηνοῖς ἐπιφανείσης, καὶ οὐδὲ ἄχρι θέας τὸν Ῥω-
μαϊκὸν στρατὸν ὑποστάσης ἀλλ' αὐτόθεν ἀφανοῦς γενομένης,
κατ' ὀλίγους εἰς ταὐτὸ συνιόντες οἱ Πέρσαι συνειλεγμένοι τε
εἰς πλῆθος ἤδη παρεῖχον ὑπόνοιαν ὡς ἐπελευσόμενοι τοῖς
ὑποζυγίοις. τότε δὴ πρῶτος ἐνδὺς τὸν θώρακα ὁ βασιλεὺς
παντὸς μὲν αὐτὸς προέδραμε τοῦ στρατεύματος, οἱ Πέρσαι
δὲ οὐχ ὑπέμειναν, ἀλλ' εἰς τοὺς αὐτοῖς ἐγνωσμένους ἀπο-
δρᾶναι διέγνωσαν τόπους. προϊὼν δὲ εἰς κώμην ἐλήλυθε
Σύμβραν, ἥτις ἐν μέσῳ δυοῖν κεῖται πόλεων, αἷς ὀνόματα
Νίσβαρα καὶ Νισχαναδάλβη. διαιρεῖ δὲ ταύτας ὁ Τίγρις,
καὶ γέφυρα ἦν, ἣ τὰς ἐπιμιξίας τοῖς ἀμφοτέρων οἰκήτορσιν
ἐδίδου ῥαδίας καὶ συνεχεῖς, ἣν οἱ Πέρσαι κατέφλεξαν, ὡς ἂν
μὴ διὰ ταύτης οἱ Ῥωμαῖοι κατ' ἐξουσίαν ἑκατέροις παρενο-
χλοῖεν. ἔνθα που λόχοι Περσῶν ἀναφανέντες ὑπὸ τῶν προ-
νομευόντων κατασκόπων ἐτράπησαν. καὶ ἅμα τροφὴν ἄφθο-
νον ὁ στρατὸς εὑρὼν ἐν ταύτῃ τῇ κώμῃ, καὶ ὅσα πρὸς
τὴν χρείαν ἧρκει λαβών, τὸ περιττὸν ὅσον ἦν ἅπαν δι-
έφθειρεν. ἐπεὶ δὲ μεταξὺ Δανάβης πόλεως καὶ Σύγκης ἐγέ-
νοντο, τοῖς φύλαξι τῆς οὐραγίας τοῦ στρατοπέδου συμπεσόντες
οἱ Πέρσαι πολλοὺς ἀπέκτειναν, πλείους δὲ ἀποβαλόντες ἐτρά-
πησαν, καὶ ἄλλως ἐλαττωθέντες· ἀνῃρέθη γὰρ ἐν ταύτῃ τῇ
μάχῃ σατράπης τις τῶν ἐπιφανῶν ὄνομα Δάκης, ὃς ἔτυχε
πρότερον ἐπὶ πρεσβείαν πρὸς τὸν βασιλέα Κωνστάντιον ἀπ-
εσταλμένος, εἰρήνης πέρι καὶ καταλύσεως τοῦ πολέμου δια-
λεξόμενος.

28. Ἰδόντες δὲ αὐτοὺς οἱ πολέμιοι πλησιάζοντας Ἀκκήτῃ
πόλει τοὺς ἐν τῇ γῇ καρποὺς ἐπυρπόλουν· οἷς ἐπιδραμόντες

1. Ῥωμαίων accessit ex V ‖ 3. βαρσαφθὰς V, βαροφθὰς ς ‖ 5. σαρα-
κηνοῖς, ρ a m. 2, V ‖ 6. γενομένης V, et sic coni. Sylb, γιν. apo-
grapha ‖ 7. συνιόντες V², συνιέντες V¹ ‖ 12. 13. 'ad Hucumbra nomine
villam' Amm. XXV, 1, 4 ‖ 14. νισχαναδαλβη///, σ erasa, acc. om., V,
νισχαναβη ς ‖ διαιρεῖται V ‖ τίγρις V¹ ex τι///ρις ‖ 17. ἑκατέροις ex
ἑκάτερος V ‖ 22. σύγκης V ‖ 26. Δάκης] 'Adaces' Amm. XXV, 1, 6 ‖
ὃς radendo ex ὣς V

οἱ Ῥωμαῖοι τὸ πῦρ κατέσβεσαν καὶ τῶν καρπῶν τοῖς λειπο-
μένοις ἐχρήσαντο. περαιτέρω δὲ προελθόντες εἰς Μάρωνσα 2
παρεγένοντο κώμην, ᾗ τοῖς τὴν οὐραγίαν τοῦ στρατοῦ φυλάτ-
τουσιν ἐπιθέμενοι Περσῶν λόχοι συνέπεσον, καὶ ἀπώλεσαν
5 ἄλλους τε στρατιώτας καὶ Βετρανίωνα τὸν ἡγεμονίαν ἔχοντα
τοῦ λόχου ..... καὶ ἀνδρείως ἀγωνισάμενον. καὶ πλοῖα δὲ·
ᾗλω κατόπιν πολὺ τοῦ στρατοπέδου τοῖς πολεμίοις περι-
πεσόντα. παραδραμόντες δὲ κώμας τινὰς εἰς Τούμμαραν ἦλθον, 3
ἔνθα μεταμέλεια πάντας εἰσῆλθε τῆς τῶν πλοίων ἐμπρήσεως·
10 τά τε γὰρ ὑποζύγια πρὸς τὴν τῶν ἐπιτηδείων κομιδὴν οὐκ
ἐπῆρκει, τοσαύτην ὁδὸν καὶ πᾶσαν διὰ πολεμίας ταλαι-
πωρούμενα, καὶ οἱ Πέρσαι τὰ γεννήματα συλλέγοντες ὅσα
οἷοί τε ἦσαν, καὶ τοῖς ὀχυρωτάτοις ἐναποκλείσαντες τόποις,
τῆς ἀπὸ τούτων χρείας τὸ Ῥωμαϊκὸν ἀφῃροῦντο στρατόπεδον.
15 ἐν τούτοις δὲ ὅμως οὖσιν αὐτοῖς ἐπεφάνη Περσικὰ τάγματα,
καὶ μάχης γενομένης ἐκράτουν τῷ πλείονι Ῥωμαῖοι, πολλοὺς
ἅμα τῶν Περσῶν ἀνελόντες.

Τῇ δὲ μετὰ ταῦτα ἡμέρᾳ περὶ πλήθουσαν ἀγορὰν οἱ 4
Πέρσαι συνταχθέντες εἰς πλῆθος τοῖς οὐραγοῖς τοῦ Ῥωμαίων
20 στρατεύματος ἀδοκήτοις ἐπέπεσον. οἳ δὲ ἀσύντακτοι τέως
ὄντες καὶ τῷ αἰφνιδίῳ τῆς ἐφόδου συνταραχθέντες ὅμως
ἀντεπιέναι προεθυμοῦντο, τοῦ βασιλέως ᾗπερ εἰώθει περι-
ιόντος καὶ εἰς θάρσος τὰς τάξεις ἐγείροντος. (29) ἐπεὶ δὲ
εἰς χεῖρας ἅπαντες ἦλθον ἀλλήλοις, ἐπιὼν τοὺς ταξιάρχους
25 καὶ λοχαγούς, ἀναμεμιγμένος δὲ τῷ πλήθει, πλήττεται ξίφει
παρ' αὐτὴν τῆς μάχης τὴν ἀκμήν, καὶ ἐπιτεθεὶς ἀσπίδι
φοράδην ἐπὶ τὴν σκηνὴν ἄγεται, μέχρι τε νυκτὸς μέσης
ἀρκέσας ἀπέθανεν, οὐ πόρρω τὴν Περσῶν ἡγεμονίαν ἀπω-
λείας καταστήσας ἐσχάτης. ἔτι δὲ τῆς τελευτῆς τοῦ βασι- 2

2. Μάρωνσα] 'ad tractum Maranga appellatum' Amm. XXV, 1,
11 ‖ 4. λοχοι///, σ erasa, acc. om., V ‖ 5. βετρανίωνα V, βρεττανίωνα ς ‖
τὸν ς, τὴν V ‖ 6. post λόχου lacunam indicavi: 'qui legionem Zian-
norum regebat' Amm. XXV, 1, 19 ‖ καὶ ανδρείως V, ἀνδρείως ς ‖ 10.
τὴν, quod addidit Sylb, habet V ‖ 12. γεννήματα Reitemeier, γενήματα
V ‖ ὡς V. ὅσ' scripsisse videtur ‖ 13. οἱοί τε ς, οἱόν τε V ‖ 15. ἐν τού-
τοις δὲ V, ἐν δὲ τούτοις ς ‖ 20. ἐπέπεσον ex ἔπεσον V ‖ 21. αἰφνηδίω
V ‖ τῆς ex τοῖς V ‖ συνταχθέντες V ‖ 22. 23. περιόντος ex -τες V ‖ 23
ἐγείροντος V et Sylb, ἀγείραντος apographa

λέως οὔσης ἀδήλου, τῶν Ῥωμαίων ὁ στρατὸς ἐπὶ τοσοῦτον
ἐκράτησεν ὥστε πεντήκοντα μὲν τῶν ἐν μεγίστῃ δυνάμει
σατράπας πεσεῖν, καὶ ἐπὶ τούτοις Περσῶν ἄπειρον πλῆθος.
ἐπεὶ δὲ ἡ τοῦ βασιλέως καταφανὴς ἐγένετο τελευτὴ καὶ ἀν-
έστρεψαν οἱ πολλοὶ ἐπὶ τὴν σκηνὴν ἔνθα νεκρὸς ἔκειτο, ἔτι 5
μὲν ἔνιοι Ῥωμαίων ἐμάχοντο καὶ τῶν πολεμίων ἐκράτουν,
λόχοι δέ τινες ἀπὸ φρουρίου Περσικοῦ τοῖς ὑπὸ Ὁρμί-
3 σδην τεταγμένοις ἐπιθέμενοι κατέστησαν εἰς χεῖρας. μάχης
δὲ καρτερᾶς γενομένης ἔπεσεν Ἀνατόλιος ὁ τῶν περὶ τὴν
αὐλὴν ἡγούμενος τάξεων, ὃν καλοῦσι Ῥωμαῖοι μάγιστρον· 10
καὶ Σαλούστιος ὁ τῆς αὐλῆς ὕπαρχος, ἐκπεσὼν τοῦ ἵππου,
μικροῦ κατεσφάγη τῶν πολεμίων ἐπικειμένων, εἰ μὴ τῶν
ὑπηρετῶν τις ἀποβὰς τοῦ ἵππου δέδωκεν αὐτῷ ῥᾳστώνην
φυγῆς, συναποκλινάντων αὐτῷ καὶ τῶν ἀμφὶ τὸν βασιλέα
4 δύο ταγμάτων, οὓς σκουταρίους προσαγορεύουσιν. ἐκ δὲ 15
τῶν εἰς φυγὴν τετραμμένων ἄνδρες ἑξήκοντα μόνοι, σφῶν
καὶ τοῦ Ῥωμαίων ἀξιώματος μεμνημένοι παραβαλλόμενοί τε
ἄχρι θανάτου, τοῦ φρουρίου γεγόνασιν ἐγκρατεῖς ἀφ᾽ οὗ τοῖς
Ῥωμαίοις ἐπεξελθόντες οἱ Πέρσαι πλεονεκτεῖν ἔδοξαν καὶ
τρεῖς ἑξῆς ἡμέρας τῶν πολεμίων ἐφεδρευόντων, οὐκ ὀλίγου 20
μέρους τοῖς πολιορκοῦσιν ἐπιθεμένου, περιεσώθησαν.

30. Τότε τοίνυν τῶν ἐν τέλει πάντων ἅμα τῷ στρατο-
πέδῳ συνειλεγμένων βουλὴ προετίθετο τίνι δέοι παραδοθῆναι
τὴν τῶν ὅλων ἡγεμονίαν, ὡς οὐχ οἷόν τε ὄντος δίχα τοῦ
πάντων ἡγησομένου τοὺς ἐπικειμένους ἐν μέσῃ τῇ πολεμίᾳ 25
κινδύνους διαφυγεῖν. καὶ ψήφῳ κοινῇ βασιλεὺς Ἰοβιανὸς

3. Περσῶν accessit ex V ‖ 4. 5. ἀνεστρεψαν^αἱ πολλοὶ ἐπὶ V, ἀν-
έστρεψαν ἐπὶ ϛ ‖ 9. Ἀνατόλιος Reitemeier, ἀντώνιος h. l. V ‖ 10. μά-
γιστρον] 'officiorum magister' Amm. XXV, 3, 14. sed Ἀνατόλιον μά-
γιστρον habet etiam Magnus ap. Malal. p. 329, 20, saepeque in sera
Graecitate 'magister' simpliciter ponitur non solum de magistro militum
sed etiam de magistro officiorum (cf. Fabroti gloss. ad Cedren. t. II
p. 918 Bk.) ‖ 11. σαλλούστιος h. l. V ‖ 13. δέδωκεν] 'rectius ἔδωκεν'
Sylb. immo hiatus ita infertur ‖ 15. σκουταρίους ex κουτ. V¹. σχο-
λαρίους Gothofredus ad cod. Theod. t. V p. 277 ed. Ritter. at cf.
Boecking ad not. occ. p. 269 sq. ‖ 19. ῥωμαίοις ex ῥωμαίων, ut vid., V
20. 21. οὐκ ὀλίγου μέρους] fort. genetivus intercidit ‖ 26. ἰοβιανὸς, οβι
in ras., V

ἀναδείκνυται, Βαρρωνιανοῦ τοῦ τῶν δομεστίκων ἡγουμένου
τάγματος παῖς.

Τὰ μὲν οὖν ἄχρι τῆς Ἰουλιανοῦ τελευτῆς τόνδε πέ- 2
πρακται τὸν τρόπον, Ἰοβιανὸς δὲ τὴν ἁλουργίδα ἐνδὺς καὶ
τὸ διάδημα περιθέμενος εἴχετο τῆς ἐπὶ τάδε πορείας. ἐπεὶ
δὲ εἰς Σοῦμα τὸ φρούριον ἦλθεν, ἐπιπεσοῦσα ἡ Περσῶν
ἵππος τοῖς ἀμφ' αὐτόν, ἐλέφαντάς τε οὐκ ὀλίγους ἐπαγαγοῦσα,
τοὺς κατὰ τὸ δεξιὸν κέρας ἐκάκουν. ἐτετάχατο δὲ ἐν τούτῳ
Ἰοβιανοὶ καὶ Ἑρκουλιανοί. ταγμάτων δὲ ταῦτα ὀνόματα,
παρὰ Διοκλητιανοῦ καὶ Μαξιμιανοῦ καταστάντα, φερόντων
τὰς τούτων ἐπωνυμίας· ὁ μὲν γὰρ Διὸς ὁ δὲ Ἡρακλέους
ἐπώνυμον εἶχε. τὸ μὲν οὖν πρῶτον ὑπὸ τῆς τῶν ἐλεφάντων 3
ἀλκῆς ἐβιάζοντο, καὶ πολλοὶ φεύγοντες ἔπεσον. ἐπελαυ-
νόντων δὲ αὐτοῖς τῶν Περσῶν πρὸς τῇ ἵππῳ καὶ τοὺς ἐλέ-
φαντας, ἦλθον εἴς τι χωρίον ἄναντες, ἐν ᾧ τοὺς τῶν Ῥω-
μαίων σκευοφόρους ἔτυχεν εἶναι. τούτων δὲ συνεπιλαβόντων
αὐτοῖς τοῦ κινδύνου καὶ ἐξ ὑπερδεξίου τοὺς Πέρσας ἀκοντι-
ζόντων, ἐτρώθησάν τινες τῶν ἐλεφάντων, καὶ ἥπερ ἦν ἔθος
αὐτοῖς, ἔφυγον ὀδυνώμενοι μετὰ βρυχηθμοῦ καὶ τὴν ἵππον
ἅπασαν συνετάραξαν, ὥστε τῇ φυγῇ καὶ ἐλέφαντας ὑπὸ τῶν
στρατιωτῶν κατασφαγῆναι καὶ πολλοὺς ἐν αὐτῇ τῇ μάχῃ
πεσεῖν. ἀπέθανον δὲ καὶ Ῥωμαίων τρεῖς λοχαγοὶ γενναίως 4
ἀγωνισάμενοι, Ἰουλιανὸς καὶ Μαξιμιανὸς καὶ Μακρόβιος.
διερευνώμενοι δὲ τοὺς κειμένους, καὶ ἐν τούτοις εὑρόντες τὸ
Ἀνατολίου σῶμα, ταφῆς ἠξίωσαν ἧς ὁ καιρὸς ἐδίδου, πο-
λεμίων πανταχόθεν ἐπικειμένων. ἡμέρας δὲ τέσσαρας προελ-

---

5 sq. proxima tam apud Ammianum XXV, 6, 2 sq. quam apud
Zosimum obscuritate laborant. cf. Sievers 'Studien' p. 264 sq. ‖ 6. 'ad
castellum Sumere nomine' Amm. XXV, 6, 4. ‖ ἦλθεν dicere non
debuit, 'tetenderunt' illuc, v. Amm. l. d. ipsa pugna acciderat, dum
ex loco ubi Iulianus ceciderat proficiscuntur; victores dum Sumere
petunt haud longe progressi Anatolii corpus inveniunt ‖ 7. αὐτὸν (ex
αὐτὸν ut vid.) V ‖ 9. ἑρκουλιανοί V ‖ 10. φερόντων ς, φέροντα V ‖ 14.
πρὸς sup. scr. V² ‖ τῇ ‖ (ν erasa) ἵππω καὶ, ω κ in ras. (ω non ex ον,
sed ante rasuram fuit iam ω) V. locus corruptus ‖ 17. ἐξ sup. scr. V² ‖
20. ὥστε] fort. ὥστ' ἐν scripsit ‖ 23. καὶ ἰουλιανὸς καὶ V ‖ Μαξιμιανὸς]
'Maximus' Ammianus ‖ 25. καιρὸς ex καῖσαρ V² ‖ 26. ἡμέρας δὲ τέσ-
σαρας κτέ.] haec nimis a Zosimo — Ioviani scilicet incurioso — breviata
sunt eoque errores illati. cf. Amm. XXV, 6, 11 sq.

θόντες καὶ πανταχόθεν ὑπὸ τῶν πολεμίων ἐνοχλούμενοι,
διωκόντων μὲν ἐπὰν ὁδεύοντας ἴδοιεν, φευγόντων δὲ ὁπότε
αὐτοῖς ἀντεπίοιεν Ῥωμαῖοι, γενομένης τινὸς εὐρυχωρίας αὐτοῖς
τὸν Τίγριν περαιωθῆναι διέγνωσαν. ἀσκοὺς τοίνυν ἀλλήλοις
συνδήσαντες καὶ ζεύγματα τρόπον τινὰ διὰ τούτων κατα-   5
σκευάσαντες ἐποχούμενοί τε τούτοις διέβησαν. ὡς δὲ τῆς
ἀντιπέρας ἐκράτησαν ὄχθης, τότε δὴ καὶ οἱ στρατηγοὶ σὺν
τοῖς λειπυμένοις ἐπ᾿ ἀδείας ἐπεραιώθησαν. οὐδὲ οὕτως δὲ
τῶν Περσῶν ἀποστάντων ἀλλὰ σὺν πολλῷ πλήθει κατὰ πᾶν
τῆς ὁδοῦ μέρος ἐπικειμένων, ἐν πᾶσιν ἦσαν οἱ Ῥωμαῖοι κιν-   10
δύνοις, ὑπό τε τῶν περιεστώτων κακῶν καὶ προσέτι ἐνδείᾳ
τροφῆς πιεζόμενοι.

31. Καίπερ οὖν ἐν τούτοις ὄντι τῷ στρατοπέδῳ περὶ
φιλίας ὅμως ἐποιοῦντο λόγους οἱ Πέρσαι, σουρήναν τε καὶ
ἄλλους τῶν ἐν δυνάμει παρ᾿ αὐτοῖς ὄντων ἐκπέμψαντες.   15
Ἰοβιανοῦ δὲ τοὺς περὶ τῆς εἰρήνης προσδεξαμένου λόγους,
στείλαντός τε Σαλούστιον τὸν τῆς αὐλῆς ὕπαρχον καὶ Ἀριν-
θαῖον σὺν τούτῳ, λόγων περὶ τούτου γενομένων αὐτοῖς πρὸς
ἀλλήλους ἐγίνοντο μὲν τριακοντούτεις σπονδαί, συνεδόκει δὲ
Ῥωμαίους τοῦ τε Ζαβδικηνῶν ἔθνους ἐκστῆναι τοῖς Πέρσαις, 20
ἔτι δὲ Καρδουηνῶν καὶ Ῥημηνῶν καὶ Ζαληνῶν τε πρὸς τού-
τοις καὶ ἐπὶ πᾶσιν τῶν περὶ αὐτὰ φρουρίων, ὄντων τὸν
ἀριθμὸν πεντεκαίδεκα, μετὰ τῶν οἰκητόρων καὶ κτημάτων

---

2. ἐπὰν . . ἴδοιεν] cf. ἐπειδὰν c. opt. II, 50, 2; IV, 48, 3; V, 18, 10;
31, 5 ‖ 7. ἐκράτησαν, ἐκρα ex corr. m. 1, V ‖ 8. οὕτως V, οὕτω ς ‖ 13. in-
cipiunt excerpta in AB: ὅτι ἐπὶ Ἰοβιανοῦ βασιλέως ῥωμαίων οἱ πέρσαι τοὺς
ῥωμαίους κατὰ πολλοὺς τρόπους ἐλαττώσαντες ὅμως ἐποιοῦντο λόγους οἱ
πέρσαι ‖ 14. 'surenam et optimatem alium' Amm. XXV, 7, 5 ‖ 15. ἐκ-
πέμψαντες περὶ διαλύσεως πολέμου AB ‖ 16. ἰοβιανοῦ A, ἰουβιανοῦ (hoc
acc.), priore υ notata, B, ἰουβιανοῦ V ‖ τῆς om. AB, bene ‖ 17. σαλούτιον
B ‖ 19. τριακοντούτης B, et A ut vid. ‖ 20. Ζαβδικηνῶν scripsi, ζαβ-
δικηνῶν AB, βαβδικηνῶν Vς ‖ 21. δὲ Καρδουηνῶν scripsi, δὲ καρδού-
ηνων V, δεκασδουηνῶν AB, δὲ καρδουήνων ς. Καρδουηνοὶ formam
etiam Petrus Patr. F. H. G. t. IV p. 189, 14 habet. 'Corduena' Amm.
XXV, 7, 9 ‖ ῥημηνῶν B, ῥημίνων Aς, ῥημηνων V. 'Rehimena' Amm.
l. c. ‖ Ζαληνῶν] 'Arzanena' Amm., Ἀρζανηνή Petrus l. c. intercidit
apud Zosimum Moxoena ‖ 21. 22. τούτοις ex τούτους V ‖ 22. πᾶσιν AB,
πᾶσι Vς ‖ τῶν accessit ex ABV. desideravit iam Syll ‖ 23. δέκα καὶ
πέντε B, ιε A

καὶ ζῴων καὶ πάσης ἀποσκευῆς, Νίσιβιν δὲ παραδοῦναι δίχα
τῶν ἐνοικούντων· ἐδόκει γὰρ τούτους, ἔνθα ἂν δόξειε Ῥω-
μαίοις, μετοικισθῆναι. προσαφείλοντο δὲ καὶ Ἀρμενίας τὸ 2
πολὺ μέρος οἱ Πέρσαι, βραχύ τι ταύτης Ῥωμαίοις ἔχειν
ἐνδόντες. ἐπὶ τούτοις αἱ σπονδαὶ γεγονυῖαι καὶ γραμμα-
τίοις ἑκατέρωθεν ἐπισφραγισθεῖσαι δεδώκασι Ῥωμαίοις εὐρυ-
χωρίαν τῆς οἴκαδε ἐπανόδου, κατὰ μηδὲν τὰ Περσῶν δια-
φθείρουσιν ὅρια, μήτε αὐτοῖς ὑπὸ Περσικῆς ἐπιβουλευομένοις
ἐνέδρας.

32. Εἰς τοῦτο τῆς ἱστορίας ἀφιγμένῳ τὸ μέρος ἐπὶ τοὺς
ἀνωτάτω μοι χρόνους ἐπῆλθεν ἀναδραμεῖν, καὶ ζητῆσαι, εἴ
ποτε Ῥωμαῖοι τῶν αὐτοῖς τι κτηθέντων ἑτέροις ὑπέστησαν
παραδοῦναι, ἢ ὅλως ἕτερον ἔχειν τι τῶν ὑπὸ τὴν ἐπικράτειαν
αὐτῶν ἅπαξ γενομένων ἠνέσχοντο. Λευκίου γὰρ Λουκούλλου 2
Τιγράνην καθελόντος καὶ Μιθριδάτην, περιποιήσαντός τε
πρώτου τῇ Ῥωμαίων ἀρχῇ τὰ μέχρις Ἀρμενίας τῆς ἐνδοτάτω
καὶ Νίσιβιν ἐπὶ τούτοις καὶ τὰ πρόσοικα φρούρια ταύτῃ,
Πομπήιος Μάγνος τοῖς τούτου κατορθώμασι τέλος ἐπιτιθεὶς
διὰ τῆς ὑπ' αὐτοῦ γενομένης εἰρήνης τὴν τούτων Ῥωμαίοις
ἐβεβαίωσε κτῆσιν. ἐπεὶ δὲ Περσῶν αὖθις κινηθέντων ἐχει- 3
ροτόνησεν ἡ γερουσία Κράσσον αὐτοκράτορα στρατηγόν, ὃ δὲ
εἰς χεῖρας ἐλθὼν αἰσχρὰν ἄχρι τοῦδε Ῥωμαίοις κατέλιπε δόξαν,
ἁλούς τε ἐν τῇ μάχῃ καὶ παρὰ Πέρσαις ἀποθανών, τότε
παραλαβὼν τὴν στρατηγίαν Ἀντώνιος, καὶ τῷ Κλεοπάτρας
ἐχόμενος ἔρωτι, τοῖς περὶ τὸν πόλεμον ἐκμελῶς καὶ ὀλιγώρως

---

1. νισιβιν sine acc. B ‖ 2. δόξειε///, ν erasa, V ‖ 2. 3. ῥωμαίους B ‖
3. πρὸς ἀφείλοντο AB ‖ 3. et 16. ἀρμενίας V ‖ 3. 4. τί πολυμέρος A, τί
πολυμερῶς B ‖ 5. ἐκδύντες AB ‖ αἱ V, δὴ AB ‖ 5. 6. γραμματίοις ABV,
γραμματιύοις Bekk ex apographo uno ‖ 6. ἐπισφαγισθῆσαι (sic) V, ἐπι-
σφραγισθεῖσα B ‖ 10. caput 32 ipsius Zosimi doctrinae deberi puto ‖
11. ἀνωτάτῳ AB ‖ 11. 12. ειποτε ex ειπωτε radendo V ‖ 12. τι sup. scr.
V¹ ‖ 13. ἔχειν τί ABV, τι ἔχειν ς ‖ ἐπικρατείαν AB ‖ 14. ἀνέσχοντο AB.
at cf. IV, 37, 2; V, 20, 2 ‖ λουκούλλου ABς, λουχόλλου V. fort. Λευ-
κόλλου scripsit ‖ 15. τιγράννην B ‖ μηθριδάτην V¹, corr. V² ‖ 16. ἀρμε-
νίας τῆς ἐνδοτάτω AB ‖ 18. ἐπιθεὶς AB ‖ 19. ὑπ' αὐτοῦ V, ὑπάτου AB ‖
γενομένης scripsi ex ABV, et sic voluit Sylb, γινομ. ς ‖ 21. κράσον A,
κράσαν B ‖ καὶ στρατηγόν Sylburg, male ‖ 22. ῥωμαίοις κατέλιπε V,
κατέλιπεν πρὸς ῥωμαίους AB ‖ 23. ἁλούς τε V, ἄλλους τε AB ‖ ἀπο-
θανὼν AB ‖ 25. ὀλιγώροις AB

προσέσχε· καὶ ἀπήλλαξε μὲν κἀκεῖνος ἀνάξια πεπραχὼς τοῦ
Ῥωμαίων ὀνόματος, Ῥωμαῖοι δὲ οὐδὲ τούτων αὐτοῖς τῶν
ἐλαττωμάτων συμβάντων ἐκπεπτώκασι τούτων τῶν τόπων τινός.
4 μεταστάντος δὲ αὐτοῖς εἰς μοναρχίαν τοῦ πολιτεύματος, καὶ
τοῦ Σεβαστοῦ στήσαντος ὅρια τῇ Ῥωμαίων ἀρχῇ Τίγριν τε
καὶ Εὐφράτην, οὐδὲ οὕτω τῆς χώρας ταύτης ἀπέστησαν. χρό-
νοις δὲ πολλοῖς ὕστερον Γορδιανοῦ τοῦ βασιλέως Πέρσαις
ἐπιστρατεύσαντος καὶ ἐν μέσῃ τῇ πολεμίᾳ πεσόντος, οὐδὲ
μετὰ ταύτην τὴν νίκην οἱ Πέρσαι παρεσπάσαντό τι τῶν ἤδη
Ῥωμαίοις ὑπηκόων γεγενημένων, καὶ ταῦτα Φιλίππου δια- 10
δεξαμένου τὴν ἀρχὴν καὶ εἰρήνην αἰσχίστην πρὸς Πέρσας θε-
5 μένου. μετ᾽ οὐ πολὺ δὲ τῇ ἑῴᾳ τοῦ Περσικοῦ πυρὸς ἐπι-
βρίσαντος, ἁλούσης δὲ κατὰ κράτος τῆς μεγάλης Ἀντιοχείας
καὶ μέχρι τῶν Κιλικείων πυλῶν τοῦ Περσικοῦ στρατεύματος
διαβάντος, Οὐαλεριανὸς αὐτοῖς ἐπιστρατεύσας ὁ βασιλεύς, καὶ 15
ὑπὸ τὰς Περσῶν γενόμενος χεῖρας, οὐδὲ οὕτω Πέρσαις ἄδειαν
6 δέδωκεν ὑφ᾽ ἑαυτοῖς τὰ χωρία ταῦτα ποιήσασθαι. μόνη δὲ
ἡ Ἰουλιανοῦ τοῦ αὐτοκράτορος τελευτὴ πρὸς τὴν τούτων ἀπ-
ώλειαν ἤρκεσεν, ὥστε ἄχρι τοῦδε μηδὲν δυνηθῆναι τούτων
τοὺς Ῥωμαίων βασιλέας ἀναλαβεῖν, ἀλλὰ καὶ προσαπολέσαι 20
κατὰ βραχὺ τὰ πλείονα τῶν ἐθνῶν, τὰ μὲν αὐτόνομα γεγο-
νότα, τὰ δὲ βαρβάροις ἐκδεδομένα, τὰ δὲ καὶ εἰς ἐρημίαν
πολλὴν περιστάντα. ταῦτα μὲν οὖν τῆς συγγραφῆς προϊούσης
ἐπὶ τῶν πραγμάτων δειχθήσεται.

33. Τῆς δὲ πρὸς Πέρσας γενομένης εἰρήνης ὃν διεξήλ- 25
θομεν τρόπον, Ἰοβιανὸς ὁ βασιλεὺς μετὰ ἀδείας ἐπανιὼν ἅμα
τῷ στρατοπέδῳ καὶ πολλαῖς περιπεσὼν δυσχωρίαις καὶ τόποις
ἀνύδροις, πολλούς τε τῆς στρατιᾶς ἀποβαλὼν ἐν τῇ διὰ τῆς

1. ἀνάξει B ‖ 4. εἰς V, ἐς A, ὡς B ‖ 5. τίγριν A BV et Reitemeier,
τίγρην apographa. Τίγρητα καὶ coni. Bekk ‖ 12. 13. ἐπιβρίσαντος A et
Bekk, ἐπιβρήσαντος V, ἐπιρρύσαντος B ‖ 13. ἀλ᾽ούσης (sic) B ‖ 14. μέχρι
κιλικιῶν πυλῶν A B ‖ 18. τοῦ αὐτοκράτορος om. AB, fort. recte ‖ 19.
τοῦδε AV, τοῦ B ‖ 20. βασιλεὺς AB ‖ 20. 21. πρὸς ἀπολέσαι καταβραχὺ AB ‖
22. καὶ accessit ex AV ‖ 23. ταῦτα — 26. ὁ βασιλεὺς] ὁ ἰοβιανὸς δὲ ὁ
βασιλεὺς ῥωμαίων μετὰ τῆς πρὸς πέρσας γενομένης εἰρήνης (sic) AB ‖
25 sq. cf. Amm. XXV, 8, 1 sq. manet fons communis, usque ad cap. 34
§ 3; breviavit tamen Magni relationem Zosimus, amplificavit et emen-
davit Ammianus ‖ 27. στρατῷ πέδῳ A ‖ 28. τε V, δὲ AB ‖ στρατιας (sine
acc.) ex στρατείας V. στρατίας A ‖ διὰ] ἰδίᾳ B

πολεμίας παρόδῳ, Μαυρίκιον μὲν τῶν λοχαγῶν ἕνα τροφὴν
ἐκ Νισίβιος ἀγαγεῖν ἐκέλευε τῷ στρατοπέδῳ, ἀπαντῆσαί ⟨τε⟩
μετὰ ταύτης ὡς ἂν οἷός τε ᾖ πορρωτάτω, κατὰ δὲ τὴν Ἰτα-
λίαν ἄλλους ἐξέπεμπε, τὴν Ἰουλιανοῦ τελευτὴν καὶ τὴν ἀνάρ-
ρησιν τὴν οἰκείαν ἀπαγγελοῦντας. μόλις δὲ σὺν πολλῇ κακο- 2
παθείᾳ τῇ Νισίβει πλησιάσας ἐπιστῆναι μὲν οὐκ ἤθελε τῇ
πόλει τοῖς πολεμίοις ἐκδεδομένῃ, καταλύσας δὲ ἔν τινι πρὸ
τῆς πύλης ὑπαίθρῳ τῇ ὑστεραίᾳ στεφάνους ἅμα καὶ ἱκεσίας
ἐδέχετο, πάντων ὅσοι κατὰ τὴν πόλιν ἦσαν ἐκλιπαρούντων
μὴ προέσθαι σφᾶς μηδὲ εἰς πεῖραν καταστῆσαι βαρβάρων
ἠθῶν, τοσαύτῃ ἐτῶν ἑκατοντὰς τοῖς Ῥωμαίων νόμοις ἐντε-
θραμμένους. αἰσχρὸν δὲ καὶ ἄλλως εἶναι Κωνστάντιον μὲν 3
τρεῖς Περσικοὺς πολέμους ἀναδεξάμενον καὶ ἐν πᾶσιν ἐλαττω-
θέντα Νισίβιος ἀντιλαβέσθαι, καὶ πολιορκουμένην αὐτὴν καὶ
εἰς ἔσχατον ἐλθοῦσαν κινδύνου διὰ πάσης περισῶσαι σπου-
δῆς, αὐτὸν δὲ μηδεμιᾶς τοιαύτης ἐπικειμένης ἀνάγκης τοῖς
πολεμίοις τὴν πόλιν ἐκδοῦναι καὶ δεῖξαι Ῥωμαίοις ἡμέραν
ἣν οὔπω τεθέανται, περιδεῖν ἀναγκαζομένοις πόλιν τοσαύτην
καὶ χώραν πολεμίοις ἐκδιδομένην. ἐπεὶ δὲ τούτων ὁ βασιλεὺς 4
ἀκούων τὰ συντεθειμένα προΐσχετο, Σαβῖνος τοῦ βουλευτικοῦ
προεστὼς καταλόγου προσετίθει τοῖς παρὰ τοῦ πλήθους εἰς
ἱκεσίαν προσενεχθεῖσιν ὡς οὔτε δαπάνης εἰς τὴν πρὸς Πέρ-
σας δεήσονται μάχην οὔτε ἐπικουρίας ἐπεισάκτου, δυνήσονται
δὲ αὐτοὶ σώμασιν οἰκείοις καὶ δαπανήμασι τὸν ἐπαχθησό-
μενον αὐτοῖς ἀποκρούσασθαι πόλεμον, κρατήσαντές τε ἔσονται
πάλιν ὑπήκοοι Ῥωμαίοις, τὰ προσταττόμενα πληροῦντες ὃν

---

1. in παρόδῳ (ἐπανόδῳ B) desinunt AB ‖ 2. τε addidi, δὲ add. ϛ ‖
3. ᾖ V ‖ 4. Ἰο/||||||νοῦ V. 'fuit in ras. βια, non υλια' Mau ‖ 5. συν ex
συμ V ‖ 11. ἑκατοντάς ϛ, ἑκατοντάσ///ι, ο ut vid. erasa, V. (σ quoque
correcta est, ut ἑκατοντάσοι ipsum ex ἑκατοντάς ortum putet Mau).
unde potius τοσαύταις ἐτῶν ἑκατοντάσι conicias quam cum Sylburgio
τοσαύτας ἐτῶν ἑκατοντάδας. (cf. IV, 59, 2: ἐκεῖνα μὲν γὰρ φυλάξαντας
ἤδη διακοσίοις καὶ χιλίοις σχεδὸν ἔτεσιν ἀπόρθητον τὴν πόλιν οἰκεῖν).
tota tamen haec ratio mihi dubia est, a Severo enim demum Nisibis
Romano imperio adiecta est (v. Mommsen h. R. t. V p. 409, 1). unde,
quamvis dubitanter, conieci ἠθῶν, τοσούτων ἐτῶν ἑκόντας τοῖς ‖ 19. ἐκ-
διδομένην V, ἐκδεδ. ϛ ‖ 20. 'Sabinus fortuna et genere inter municipes
clarus' Amm. XXV, 9, 3 ‖ 22. προενεχθεῖσι vertit Leunclavius: 'quae
prolata fuerant' ‖ 24. αὐτοὶ ex αὐτοῖς V

156   — Γ —

5 τρόπον καὶ πρότερον. τοῦ δὲ εἰπόντος οὐδὲν οἷόν τε τῶν
συντεθειμένων παραβαθῆναι, πολλάκις οἱ ἀπὸ τῆς πόλεως
ἐδεήθησαν ἱκετεύοντες μὴ στερηθῆναι τὴν Ῥωμαίων ἀρχὴν
τοῦ προτειχίσματος. (34) ἐπεὶ δ᾽ ἤνυον πλέον οὐδέν, ἀνα-
χωρήσαντος σὺν ὀργῇ τοῦ βασιλέως καὶ Περσῶν παραλαβεῖν
κατὰ τὰς σπονδὰς ἐθελόντων τά τε ἔθνη καὶ τὰ φρούρια καὶ
τὴν πόλιν, οἱ μὲν τῶν ἐθνῶν καὶ τῶν φρουρίων οἰκήτορες,
εἰ μὴ λάθρα φυγεῖν ἠδυνήθησαν, ἐνέδοσαν τοῖς Πέρσαις
πράττειν εἰς αὑτοὺς ὅ τι βούλοιντο, Νισιβηνοὶ δὲ ἀνακωχῆς
εἰς τὸ μεταστῆναι τυχόντες, οἱ μὲν πολλοὶ καὶ σχεδὸν ἅπαν- 10
τες εἰς τὴν Ἄμιδαν ἀπανέστησαν, ὀλίγοι δὲ ἑτέρας κατῴκησαν
2 πόλεις. πάντα δὲ ἦν οἰμωγῆς καὶ θρήνων μεστά, πόλεως
ἑκάστης ἐκκεῖσθαι ταῖς Περσῶν ἐφόδοις, Νισίβιος δοθείσης
αὐτοῖς, οἰομένων. Καρρηνοῖς δὲ τοσοῦτον ἐγένετο πένθος
τῆς Ἰουλιανοῦ τελευτῆς μηνυθείσης ὥστε τὸν ἀπαγγείλαντα 15
καταλεῦσαι σωρόν τε λίθων μέγιστον ἐπ᾽ αὐτὸν ἀνεγεῖραι.
τοσαύτην ἴσχυσεν ἀνδρὸς ἑνὸς τελευτὴ τοῖς κοινοῖς πράγμασιν
ἐμποιῆσαι μεταβολήν.

3   Ἰοβιανοῦ δὲ σπουδῇ τὰς πόλεις διαδραμόντος, οἷα δὴ
πένθει καὶ στυγνότητι τῶν πόλεων ἐχομένων καὶ ἱλαρὸν οὐ- 20
δὲν ἢ χάριεν ἐνδείξασθαι, καθάπερ ἦν ἔθος τοῖς αὐτόθι δή-
μοις, ὑφισταμένων, παρεγένοντο μὲν τῶν στρατιωτῶν ὅσοι
τὴν δορυφορίαν εἶχον εἰς τὴν Ἀντιόχειαν ἅμα τῷ βασιλεῖ,
4 εἵπετο δὲ καὶ ὁ στρατὸς ἅπας τῷ Ἰουλιανοῦ σώματι. καὶ
τοῦτο μὲν εἰς Κιλικίαν ἀπενεχθὲν ἔν τινι Ταρσοῦ προαστείῳ 25

4. δ᾽ ἤνυον radendo V² ex δ᾽ ἦν ὧν (?). δὲ ἤνυον ς ‖ 9. νισι-
βηνοὶ V, et sic posuit Bekk, νισιβινοὶ apographa ‖ 10. μεταστῆναι,
ταστῆ in ras. m. 2, V ‖ 14. Καρρηνοῖς] haec quae de civibus suis rettu-
lerat Magnus — ex quo etiam Libaniana t. I p. 625, 1 R. hausta puto,
ut ad Carrhenos ea referenda sint — propagare noluit Ammianus, sed
compensavit narratione prodigiorum quae Antiochiae, ipsius scilicet in
patria, accidissent (XXV, 10, 1) ‖ 16. αὐτὸν V¹, αὐτῷ V²ς ‖ 20. πένθει
V², πένθη V¹ ‖ 24. καὶ (post δὲ) delendum puto. similem famam secutus
est Zonaras XIII, 13: τὸ δὲ σῶμα αὐτοῦ ἡ στρατιὰ εἰς Ταρσὸν τῆς Κιλικίας
κομίσασα ἔθαψεν ἐν προαστείῳ τῆς πόλεως. contra sec. Ammianum
XXV, 9, 12 Procopius cum Iuliani supremis Nisibi Tarsum mittebatur,
ante profectum quidem Iovianum ut videtur. utrum § 3 et 4 ad Magnum
redeant an ex Eunapio, quem inde a cap. 35 rursus sequitur Zosimus,
sumptae sint decerni vix poterit ‖ 25. τινι V², τι V¹

βασιλικῇ ταφῇ παρεδίδοτο, καὶ ἐπίγραμμα προσεγράφετο τῷ
τάφῳ τοιόνδε

Ἰουλιανὸς μετὰ Τίγριν ἀγάρροον ἐνθάδε κεῖται,
ἀμφότερον βασιλεύς τ' ἀγαθὸς κρατερός τ' αἰχμητής.

(35) ἐχόμενος δὲ τῆς τῶν ὅλων ἀρχῆς Ἰοβιανὸς ἄλλα τε δι-
ετίθει, καὶ τοῖς ἐν Παιονίᾳ στρατοπέδοις Λουκιλλιανόν, ὄντα
κηδεστὴν αὐτῷ, καὶ Προκόπιον καὶ Οὐαλεντινιανόν, ὃς μετὰ
ταῦτα γέγονε βασιλεύς, ἐξαπέστειλε, τήν τε Ἰουλιανοῦ τελευ-
τὴν ἀπαγγελοῦντας, καὶ ὅτι περ εἴη μετ' αὐτὸν αὐτοκράτωρ
προβεβλημένος. ἀλλ' οἱ ἐν τῷ Σιρμίῳ Βατάβοι, πρὸς φυλα- 2
κὴν ἀπολελειμμένοι τῆς πόλεως, ἅμα τῇ ἀκοῇ τὸν μὲν Λου-
κιλλιανὸν ὡς τηλικούτων κακῶν ἄγγελον διεχρήσαντο, ἐν
οὐδενὶ τὸ πρὸς τὸν βασιλέα θέμενοι κῆδος, Προκόπιον δὲ
τῆς πρὸς Ἰουλιανὸν συγγενείας αἰδοῖ διαφῆκαν ἀθῷον· Οὐα-
λεντινιανὸς δὲ διαδρὰς τὸν ἐξ ἐκείνων διέφυγε θάνατον. ἐξ- 3
ορμήσαντι δὲ τῆς Ἀντιοχείας Ἰοβιανῷ καὶ ἐχομένῳ τῆς ἐπὶ
Κωνσταντινούπολιν ὁδοῦ νόσος αἰφνιδίως ἐνσκήψασα τῆς Βι-
θυνίας ἐν Δαδαστάνοις ἐπήγειρε τοῦ βίου τὸ τέλος αὐτῷ,
μῆνας μὲν ὀκτὼ βασιλεύσαντι, διαθεῖναι δέ τι τῶν κοινῶν
πραγμάτων ἐς δέον οὐ δυνηθέντι.

36. Βουλῆς δὲ ὑπὲρ τοῦ τίνα δέοι προστῆναι τοῦ πολι-
τεύματος προτεθείσης, πολλοὶ μὲν καὶ περὶ πολλῶν ἐγίνοντο
λόγοι τῷ στρατοπέδῳ καὶ τοῖς τὰς ἡγεμονίας ἔχουσι, πάντων
δὲ ἡ ψῆφος εἰς ἕνα συνῄει Σαλούστιον τῆς αὐλῆς ὕπαρχον.
τοῦ δὲ τὸ γῆρας προϊσχομένου καὶ διὰ τοῦτο φήσαντος οὐχ
οἷός τε ἔσεσθαι πεπονηκόσιν ἀρκέσειν τοῖς πράγμασι, τὸν
παῖδα γοῦν ᾔτησαν εἰς τὴν τῶν ὅλων ἀρχὴν ἐλθεῖν. τοῦ δὲ 2

---

1. Libanio — male id quidem, v. R. Foerster ann. phil. a. 1876
p 213 sq. — adscribitur titulus in A. P. VII, 747. contra Cedrenus
t. I p. 539, 6 Bk. et Zonar. XIII, 13 haec habent: Κέδνῳ ἐπ' ἀργυ-
ρόεντι, ἀπ' Εὐφρήταο ῥοάων Περσίδος ἐκ γαίης ἀτελευτήτῳ ἐπὶ ἔργῳ
κινήσας στρατιάν, τόδ' Ἰουλιανὸς λάχε σῆμα, ἀμφότερον βασιλεύς τ' ἀγα-
θὸς κρατερός τ' αἰχμητής ‖ 4. Il. 3, 179 ‖ 5. sq. certo redeunt ad Euna-
pium. huic autem quicquam necessitudinis intercedere cum Ammiano
— id quod Opitzio act. soc. Lips. t. II p. 260 aliisque visum — pror-
sus nego ‖ 7. Προκόπιον] cf. ad IV, 4, 3 ‖ 10. βατάοι, acc. sup. o ex-
puncto, V ‖ 18. ἐπήγειρε] ἐπήγαγε coni. Sylburg ‖ αὐτῷ ex αὐτοῦ V ‖
21. δέοι Bekk, δέον V ‖ 24. ⟨τὸν⟩ τῆς malim cum Bekkero. ceterum
cf. Zonar. XIII, 14 ‖ 26. πεποιηκόσιν V¹, corr. V²

καὶ νέον εἶναι καὶ οὐδὲ ἄλλως ἐπιτήδειον πρὸς τοσαύτης
ἀρχῆς ὄγκον εἰπόντος, τῆς τοῦ πάντων ἀμείνονος τῶν καθ'
ἑαυτὸν ἀνδρὸς αἱρέσεως τότε διήμαρτον, ἤνεγκαν δὲ τὴν ψῆ-
φον ἐπὶ Βαλεντινιανόν, ὃς ἐκ μὲν Κιβάλεως ὥρμητο (πόλις
δὲ αὕτη Παιονική), πολέμων δὲ μετασχὼν οὐκ ὀλίγων παι- 5
3 δεύσεως οὐδεμιᾶς μετεσχήκει. μετεπέμποντο δὲ αὐτὸν ὅμως
οὐ παρόντα, καὶ ἡμερῶν οὐ πολλῶν ἐτρίβετο χρόνος ἐν ἀν-
αρχίᾳ τοῦ πολιτεύματος ὄντος. ἐπεὶ δὲ κατέλαβε τὸ στρατό-
πεδον ἐν Νικαίᾳ πόλει τῆς Βιθυνίας, ἐκεῖσε παραλαβὼν τὴν
βασιλείαν εἴχετο τῆς ἐπὶ τὸ πρόσω πορείας.   10

Δ.

Τὰ μὲν οὖν ἄχρι τῆς Ἰοβιανοῦ τελευτῆς, μεθ' ὃν Οὐα-
λεντινιανὸς ᾑρέθη τῶν Ῥωμαϊκῶν προεστάναι πραγμάτων, ἐν
τῇ πρὸ ταύτης ἀνείληπται βίβλῳ. νόσου δὲ κατὰ τὴν ὁδὸν
ἐνσκηψάσης αὐτῷ καὶ τὸ φύσει πρὸς ὀργὴν τοῦ ἀνδρὸς ἕτοι-
μον εἰς ὠμότητα μείζονα καὶ παραφορὰν ἄκραν ἀναστησάσης, 15
ὑποψία μὲν αὐτὸν εἰσῄει ψευδὴς ὡς ἔκ τινος γοητείας ὑπὸ
τῶν Ἰουλιανοῦ φίλων αὐτῷ σκευωρηθείσης νοσοίη, κατηγο-
ρίαι δὲ κατά τινων ἦσαν ἐπιφανῶν, ἃς ἀγχινοίᾳ τε καὶ φρο-
νήσει διέλυεν ὁ τῆς αὐλῆς ὕπαρχος· ἦν δὲ ἔτι Σαλούστιος.
2 ἐνδούσης δὲ αὐτῷ τῆς νόσου, τῆς Νικαίας ἀπαναστὰς εἰς τὴν 20
Κωνσταντινούπολιν παρεγένετο. τοῦ δὲ στρατοπέδου καὶ τῶν
ἄλλως πρὸς αὐτὸν ἐπιτηδείως ἐχόντων ἑλέσθαι κοινωνὸν τῆς
βασιλείας παρακαλούντων, ὅπως εἴ τις τοῖς πράγμασι συμ-
βαίη περίστασις, ἔχοιεν τὸν ἀντιληψόμενον καὶ μὴ ταὐτὰ πά-
θοιεν οἷς ἐπὶ τῆς Ἰουλιανοῦ πεπόνθασι τελευτῆς, πείθεται τῇ 25
παραινέσει, καὶ στρέψας ἐν αὑτῷ γνώμην ἐκ πάντων ὧν ἔλαβε

---

7. 8. ἐν ἀρχίᾳ, ἀν a m. 2, V ‖ 9. ἐν Νικαίᾳ] Eunap. fr. 29 ‖ 10. 11.
ἱστοριῶν Γ ≂ ἱστοριῶν τὸ δ̅ ab ipsius V librarii manu, ut illa sit libri
tertii subscriptio, haec quarti inscriptio. rubricator postea δ̅ correxit
in Γ et in spatio vacuo posuit ΙϹΤΟΡΙΑ ΤΡΙΤΗ ‖ 11. τῆς Sylburg, τῆς
περὶ V ‖ 13. ἀνείληπται] περιείληπται coni. Reitemeier ‖ 15. ἀνασάσης,
στη a m. 1, V ‖ 17. σκαιωρηθείσης, ει ex η m. 1, V, corr. Sylb ‖ 20. Νι-
καίας] Νικομηδείας coni. Reitemeier. at ex Ammiano Zosimum cor-
rigere non licet, cf. ad p. 157, 5, quamvis flagitiosa huius sit in nar-
rando neglegentia ‖ ἀπαναστὰς ex ἐπαναστὰς V ‖ 22. ἄλλως V, ἄλλων ς

κατὰ νοῦν Οὐάλεντα τὸν ἀδελφὸν αἱρεῖται, πιστότατον αὐτῷ
πάντων ἡγησάμενος ἔσεσθαι. τοῦτον γοῦν ἀναδείκνυσι κοι-
νωνὸν τῆς ἀρχῆς.

2. Ἀμφοτέρων δὲ κατὰ τὴν Κωνσταντινούπολιν ὄντων,
οἱ τοῖς Ἰουλιανῷ γνωρίμοις ἐπιβουλεύοντες οὐ διέλειπον πρό
τε τῶν βασιλείων κατασπείροντες λόγους ὡς ἐπιβουλεύοιεν
οὗτοι τοῖς βασιλεῦσι, καὶ τὸ ἄλογον πλῆθος εἰς τοιαύτας
ἐρεθίζοντες ἐκβοήσεις. οἱ δὲ βασιλεῖς καὶ ἄλλως πρὸς τοὺς
Ἰουλιανοῦ γνωρίμους ἀπεχθῶς ἔχοντες, τότε δὴ μᾶλλον εἰς
τὸ κατ᾽ αὐτῶν ἐξανίσταντο μῖσος, καὶ κρίσεις ἐπενόουν λόγον
οὐδαμόθεν ἐχούσας. ἐμνησικάκει δὲ Οὐαλεντινιανὸς Μαξίμῳ
κατ᾽ ἐξαίρετον τῷ φιλοσόφῳ, διαβολήν τινα κατὰ νοῦν ἔχων,
ἣν ἔτυχεν ἐπὶ τῶν Ἰουλιανοῦ χρόνων κατ᾽ αὐτοῦ ποιησά-
μενος ὡς διὰ τὴν τῶν Χριστιανῶν θρησκείαν περὶ τοὺς θεί-
ους θεσμοὺς ἀσεβήσαντος. ἀλλὰ τούτων ἀφείλκυσεν αὐτοὺς
τέως ἡ περὶ τὰ πολιτικὰ καὶ στρατιωτικὰ κηδεμονία τε καὶ
φροντίς. ἐτράπησαν τοίνυν ἐπὶ τὸ διανεῖμαι τὰ ἔθνη τοῖς
ἄρχουσι, καὶ τίνας δέοι τῆς βασιλικῆς αὐλῆς ἐπιτραπῆναι τὴν
φυλακήν. οἱ μὲν οὖν ἄλλοι πάντες, ὅσοι παρὰ Ἰουλιανοῦ
διοικήσεις ἐθνῶν ἢ ἀρχὰς ἄλλας ἔτυχον ἐπιτετραμμένοι, παρ-
ελύοντο τούτων· ἐν οἷς καὶ Σαλούστιος ὁ τῆς αὐλῆς ὕπαρχος
ἦν. μόνον δὲ Ἀρινθαίου καὶ Βίκτορος αἷς εἶχον πρότερον
στρατιωτικαῖς ἐπιμεινάντων ἡγεμονίαις, παρῇσαν ἐπὶ τὰς
ἀρχάς, ὡς ἔτυχον, οἱ τούτων ἐπιθυμοῦντες τυχεῖν, ἑνὸς τού-
του δόξαντος γίνεσθαι κατὰ λόγον· εἰ γάρ τις αὐτῶν ἐπὶ
δικαίαις μέμψεσιν ἥλω, δίκην ὑπέσχε, συγγνώμης οὐδεμιᾶς
ἀξιούμενος.

3. Τούτων αὐτοῖς οὕτω διῳκημένων, ἐδόκει τῷ Οὐαλεν-
τινιανῷ, διελομένῳ πρὸς τὸν ἀδελφὸν τὴν ἀρχήν, ἐπιτρέψαι
μὲν αὐτῷ τὴν ἑῴαν ἄχρις Αἰγύπτου καὶ Βιθυνίας καὶ Θρᾴ-
κης, λαβόντα δὲ τὰς ἐν Ἰλλυριοῖς πόλεις αὐτὸν εἰς Ἰταλίαν

---

5. διέλειπον ς, διέλιπον V ‖ 6. βασιλείων] βασιλέων Leunclavius ‖
8. 9. τοὺς — γνωρίμους corr. V² ex τοῖς — γνωρίμοις ‖ 20. ἀρχὰς ἄλλας V,
ἄλλας ἀρχὰς ς ‖ 20. 21. παρελύοντο ex παρέλυον V¹ ‖ 21. Σαλούστιος]
Eunap. fr. 30 ‖ 22. ἀρινθέου h. l. V ‖ βίκτορος V, βίκτωρος ς ‖ 23. στρα-
τιωτικαῖς V, στρατιωτικαῖς ἀρχαῖς ς. ἀρχαῖς expungi volebat iam Bekk ‖
26. συγνώμης V ‖ 28. διῳκημένων V, διακειμένων ς ‖ 31. ἰταλίαν V, τὴν
ἰταλίαν ς

διαβῆναι καὶ τὰς ἐν ταύτῃ πόλεις ἔχειν ὑφ᾽ ἑαυτῷ μετὰ τῶν
ὑπὲρ τὰς Ἄλπεις ἐθνῶν Ἰβηρίας τε καὶ τῆς Βρεττανικῆς νή-
σου καὶ Λιβύης ἁπάσης. τῆς τοίνυν ἀρχῆς οὕτω διαιρεθείσης,
ὁ Οὐαλεντινιανὸς ἐμβριθέστερον τῇ ἀρχῇ προσελθὼν ἄρχον-
τάς τε ἐν κόσμῳ προῆγε, καὶ περὶ τὰς εἰσπράξεις τῶν εἰσ-
φορῶν καὶ τὰς ἐκ τούτων χορηγουμένας στρατιωτικὰς σιτήσεις
ἀκριβέστατος ἦν. ἐπεὶ δὲ καὶ νόμων εἰσφορὰς ἐγνώκει ποι-
ήσασθαι, ἀφ᾽ ἑστίας ὥσπερ ἀρξάμενος τὰς νυκτερινὰς ἐκώ-
λυσε θυσίας ἐπιτελεῖσθαι, τοῖς μυστικῶς πραττομένοις ἐμπο-
δὼν διὰ τοῦ τοιοῦδε νόμου γενέσθαι βουλόμενος· ἐπεὶ δὲ
Πραιτεξτᾶτος ὁ τῆς Ἑλλάδος τὴν ἀνθύπατον ἔχων ἀρχήν,
ἀνὴρ ἐν πάσαις διαπρέπων ταῖς ἀρεταῖς, τοῦτον ἔφη τὸν
νόμον ἀβίωτον τοῖς Ἕλλησι καταστήσειν τὸν βίον, εἰ μέλλοιεν
κωλύεσθαι τὰ συνέχοντα τὸ ἀνθρώπειον γένος ἁγιώτατα μυ-
στήρια κατὰ θεσμὸν ἐκτελεῖν, ἐπέτρεψεν ἀργοῦντος τοῦ νόμου
πράττεσθαι πάντα κατὰ τὰ ἐξ ἀρχῆς πάτρια. τῶν δὲ ὑπὲρ
τὸν Ῥῆνον βαρβάρων, ἕως μὲν Ἰουλιανὸς περιῆν, τὸ Ῥωμαίων
ὄνομα δεδιότων, ἀγαπώντων τε εἰ μηδεὶς αὐτοῖς κατὰ χώραν
μένουσιν ἐνοχλοίη, τῆς τούτου τελευτῆς ἀγγελθείσης ἀπαν-
έστησαν αὐτίκα τῶν οἰκείων ἠθῶν καὶ πρὸς τὸν κατὰ Ῥω-
μαίων παρεσκευάζοντο πόλεμον. οὕπερ αἰσθόμενος Οὐαλεν-
τινιανὸς διέταττεν, ὡς προσῆκον ἦν, τὰ στρατόπεδα πεζά τε
καὶ ἱππικὰ καὶ ψιλά, καὶ τῶν ἐπικειμένων τῷ Ῥήνῳ πόλεων
ἐποιεῖτο τὴν δέουσαν φυλακήν. ἀλλὰ ταῦτα μὲν οὐκ ἔξω
παντάπασιν ὢν πολεμικῆς πείρας Οὐαλεντινιανὸς διετύπου.

4. Οὐάλεντα δὲ πολλαὶ πανταχόθεν περιίσταντο ταραχαί,
πρότερον μὲν ἀπράγμονα τρίψαντα βίον, ἄφνω δὲ βασιλείαν
παραλαβόντα καὶ τὸν τῶν πραγμάτων ὄγκον οὐ φέροντα. οἵ τε

---

5. προῆγεν ς ‖ 8. ὥσπερ] ἀσεβείας conieci. cf. II, 29, 1. ἀφ᾽ ἑστίας
ἄρχεσθαι sine ὥσπερ etiam II, 40, 1 ‖ 8. 9. ἐκώλυσε V, ἐκώλυε ς ‖ 9. μυ-
στικῶς πραττομένοις V¹, in mg. V²: τοῖς μυσαρῶς μὲν οὖν. unde μυσα-
ρῶς μὲν οὖν πραττομένοις absurde ς. μυστικῶς recte coniecerat Reite-
meier ‖ 11. προτεξτᾶτος ex προτέξτατος V², corr. ς. de ipso homine
v. Seeck praef. Symm. p. LXXXIII sq. ‖ Ἑλλά τὴν in ras. V² ‖ 15. ἐπέ-
τρεψεν] cf. Lasaulx 'Untergang des Hellenismus' p. 84 ‖ 16. πράττε-
σθαι V et Reitemeier, πράττεσθαι δὲ apographa ‖ 22. διέττατεν V ‖
28. παραλαβόντα V, προσλαβόντα ς ‖ οἵτε V² ex οἵ////ε (2—3
litt. er.) V

γὰρ Πέρσαι τῇ διὰ τῶν ἐπὶ Ἰοβιανοῦ σπονδῶν ἐπαρθέντες
πλεονεξίᾳ, καὶ τὰς ἐφόδους ἐπ᾽ ἀδείας ποιούμενοι Νισίβιος
ὑπ᾽ αὐτοῖς γενομένης, εἶλχον πρὸς ἑαυτοὺς τὸν βασιλέα, τὰς
τῆς ἑῴας συνταράττοντες πόλεις· καὶ τῆς Κωνσταντινουπόλεως 2
ἐξορμήσαντος συμβέβηκεν ἡ κατὰ Προκόπιον ἐπανάστασις.
τούτῳ γὰρ Ἰουλιανὸς ὡς γένει συναπτομένῳ μέρος τι τῆς
δυνάμεως ἐμπιστεύσας, ἐκέλευσεν ἅμα Σεβαστιανῷ διὰ τῆς
Ἀδιαβηνῆς χωροῦντι ἀπαντῆσαί οἱ δι᾽ ἑτέρας ὁδοῦ κατὰ τῶν
πολεμίων ἰόντι, δοὺς αὐτῷ καὶ βασιλικὴν στολὴν ἔχειν δι᾽
αἰτίαν πᾶσι τοῖς ἄλλοις ἠγνοημένην. ἐπεὶ δὲ ὁ δαίμων εἰς 3
ἕτερόν τι τὴν τῶν πραγμάτων ἤγαγε τύχην καὶ μετὰ τὴν
Ἰουλιανοῦ τελευτὴν Ἰοβιανὸς εἰς τὸν βασίλειον ἀναβέβηκε
θρόνον, δραμὼν εὐθὺς ὁ Προκόπιος τὴν δεδομένην αὐτῷ
βασιλικὴν ἐσθῆτα Ἰοβιανῷ παρέδωκεν, ὑπὸ τίνος τε εἴη λα-
βὼν ὡμολόγει, καὶ ἐξελιπάρει τὸν βασιλέα τῆς τε στρατείας
αὐτὸν ἀνεῖναι καὶ ἐν ἡσυχίᾳ συγχωρῆσαι βιῶναι, γεωργίᾳ
καὶ ἐπιμελείᾳ τῶν οἰκείων ἐγκαρτεροῦντα. καὶ τούτου τυχὼν
ἐπὶ τὴν Καισάρειαν, ἣ Καππαδοκίας ἐστίν, ἅμα γυναικὶ καὶ
τέκνοις ἐχώρει, ταύτην οἰκεῖν ἐγνωκὼς οἷα ἐν αὐτῇ τὰ τίμια
κτήματα ἔχων. (5) διατρίβοντος δὲ αὐτοῦ κατ᾽ αὐτὴν αἱρε-
θέντες αὐτοκράτορες Οὐαλεντινιανὸς καὶ Οὐάλης, ἐπειδὴ καὶ
πρότερον ὑπόπτως πρὸς αὐτὸν ἔτυχον ἔχοντες, ἔστελλον παρα-
χρῆμα τοὺς συλληψομένους· ὃ δὲ παρεδίδου τούτοις ἑαυτὸν
καὶ ἄγειν ἐπέτρεπεν ὅποι βούλοιντο, πρότερον τῇ γυναικὶ δια-
λεχθῆναι καὶ τὰ τέκνα θεάσασθαι συγχωρούμενον. ἐπεὶ οὖν
ἐνδεδώκασιν, ἑστίασιν αὐτοῖς παρεσκεύαζε, καὶ οἰνωθέντας

---

1. ἐπὶ sup. scr. V¹ ‖ 3. ἑαυτοὺς V², ἑαυτὸν V¹ ‖ 4. συνταράττοντες
V, συνταράσσοντες ς ‖ 6. συγγενὴς Ἰουλιανοῦ Eunap. fr. 31 ‖ 8. ἀδια-
βηνῆς V ex -ήνης ‖ δι᾽ sup. scr. V² ‖ 12. ἀναβέβηκε V², ἀνέβηκε V¹.
ceterum incredibilis Zosimi neglegentia ex hac quoque narratione
elucet. eundem Procopium, quem hoc loco narrat a Ioviano ad regnum
evecto vitam precando impetrasse, supra (III, 35, 1) ab eodem Ioviano
ad Pannonicos exercitus missum et ab his in seditionem motis propter
Iuliani adfinitatem illaesum dimissum esse scripsit. utroque autem
loco uno est usus Eunapio. quem cur tanti peccati incusemus cum h. l.
causa nulla sit, ipse Zosimus censendus est priore loco alterum Procopium
— notarium eum quidem, v. Amm. XXV, 8, 8 — cum hoc Procopio
Iuliani cognato confudisse ‖ 18. γυναικὶ V et Reitemeier, γυναιξὶ apo-
grapha ‖ 22. ἔτυχον accessit ex V

162   — Δ —

ἰδὼν ἅμα τοῖς οἰκείοις ἅπασιν ἐπὶ τὸν Εὔξεινον ἔδραμε πόν-
τον, ἐκεῖθέν τε νεὼς ἐπιβὰς ἐπὶ τὴν Ταυριανὴν διῄει Χεῤῥό-
νησον. χρόνον δέ τινα διατρίψας αὐτόθι καὶ τοὺς οἰκήτορας
θεασάμενος οὐδεμίαν ἐν αὐτοῖς ἔχοντας πίστιν, δεδιὼς μή
ποτε τοῖς ἐπὶ ζήτησιν ἀφικνουμένοις αὐτοῦ παραδοθείη, παρα-   5
πλέουσαν ἰδὼν ὁλκάδα καὶ ταύτῃ παραδοὺς ἑαυτὸν καὶ τοὺς
οἰκείους τὴν Κωνσταντινούπολιν καταλαμβάνει νυκτὸς οὔσης
3 ἔτι. καταλύσας δὲ πρός τινα τῶν ἐκ προλαβούσης συνηθείας
ὄντων αὐτῷ γνωρίμων, κατασκεψάμενός τε ὅπως ἔχει τὰ τῆς
πόλεως μετὰ τὴν τοῦ βασιλέως ἀποδημίαν, ἐπιθέσθαι τυραν-   10
νίδι διενοεῖτο, ταύτην ἀρχὴν ποιησάμενος τῆς ἐπιθέσεως. ἦν
τις εὐνοῦχος Εὐγένιος ὄνομα, τῆς βασιλικῆς ἄρτι ἐκβεβλη-
4 μένος αὐλῆς, ὑγιῶς δὲ πρὸς τοὺς κρατοῦντας οὐκ ἔχων. τοῦ-
τον οἰκειωσάμενος ὁ Προκόπιος, ἐπειδὴ καὶ κύριον εὗρεν
ὄντα πλούτου παμπόλλου, φράζει τέως τίς εἴη καὶ κατὰ τίνα   15
ἥκοι χρείαν καὶ ὅπως δέοι τοῖς πράγμασιν ἐπιθέσθαι. τοῦ
δὲ κοινωνεῖν ἅπασι τοῖς ἐγχειρουμένοις ὁμολογήσαντος, καὶ
ἔνθα [δ'] ἂν δεήσειε χρήματα χορηγεῖν, προοίμιον ἐποιήσαντο
τῆς πράξεως τὸ διαφθεῖραι χρήμασι τὴν ἐν τῇ πόλει καθ-
εσταμένην φρουράν, ἣν τάγματα στρατιωτῶν δύο ἐπλήρου.   20
5 δούλους δὲ πρὸς τούτοις ὁπλίσαντες, καὶ σὺν οὐ πολλῷ πόνῳ
πλῆθος οὐκ ὀλίγον συναγαγόντες οἷα πολλῶν ἐν τούτοις ἑαυ-
τοὺς ἑκόντας ἐπιδιδόντων, νυκτὸς ἀωρὶ τὸ πλῆθος ἐπαφέντες
τῇ πόλει συνετάραξαν ἅπαντας· καὶ οἴκοθεν ἕκαστοι προ-
ϊόντες ἐθεῶντο Προκόπιον ὥσπερ ἀπὸ σκηνῆς βασιλέα σχε-   25
διασθέντα. (6) θορύβου δὲ μεγίστου τὴν πόλιν ἅπασαν
ἔχοντος, οὐδενός τε ὄντος ἐν ἑαυτῷ τῶν φρονεῖν τὰ δέοντα
δυναμένων διὰ τὸ τῆς ἐγχειρήσεως ἀπροσδόκητον, ἔτι τοὺς
πολλοὺς ὁ Προκόπιος λανθάνειν ἐδόκει, βεβαιώσειν ἑαυτῷ τὸ

2.3. χεῤῥόνησον, ϱ a m. 2, V ‖ 4. αὐτοῖς ex αὐτοῖς V ‖ 5. ἐπὶ ζήτησιν
V² et Sylb, ἐπιζητ////σιν, 2 litt. eras., V¹, ἐπιζητήσασιν apographa ‖
αὐτοῦ V², αὐτό/// V¹ ‖ 6. ταυτηι ex ταύτην V ‖ 7. post οἰκείους (in
extrema pagina) ca. 25 litt. in V spatium vacuum ‖ 7. 8. οὔσης ἔτι V,
ἔτι οὔσης ς ‖ 11. ταύτην] cf. Kaelker 'de eloc. Polyb.' p. 277 ‖ 12.
ὄνομα//// V ‖ 18. δ' inclusit Bekk ‖ 19. χρήμασιν V ‖ 19. 20. καθεστα-
μένην Sylb, καθισταμένην V ‖ 27. ἐν ἑαυτῷ] ἐν ἑαυτοῦ coni. Bekk. at
cf. Polyb. I, 49, 8: ταχὺ δ' ἐν αὐτῷ γενόμενος ‖ 28. τὸ sup. scr. V ‖
29. ἐδόκει] ἐγνώκει coni. Reitemeier, inutiliter

κράτος, εἰ λάθοι τέως, οἰόμενος. καὶ συλλαβὼν Καισάριον, 2
ὃν ἔτυχον οἱ βασιλεῖς πόλεως ὕπαρχον καταστήσαντες, ἔτι δὲ
καὶ Νευρίδιον, ᾧ τῆς αὐλῆς μετὰ Σαλούστιον παρέδωκαν·τὴν
ἀρχήν, γράφειν τὰ αὐτῷ δοκοῦντα τοῖς ὑπηκόοις ἠνάγκαζεν.
ἐφύλαττε δὲ ἰδίᾳ ἕκαστον, τὸ μὴ κοινωνῆσαι σκέμματος αὐτοῖς
ἀποκλείων. τούτων δὲ αὐτῷ βεβουλευμένων εἰς τὰ βασίλεια 3
προῄει λαμπρός, ἀνελθὼν δὲ εἰς τὸ πρὸ τῆς αὐλῆς βῆμα,
καὶ πληρώσας ἐλπίδων καὶ ἁδρῶν ὑποσχέσεων ἅπαντας, εἰσῄει
τῶν λοιπῶν ἐπιμελησόμενος. τῶν βασιλέων τοίνυν ἄρτι τὰ
στρατόπεδα διελομένων, ᾠήθη δεῖν ὁ Προκόπιος ἔτι τοῖς
στρατιώταις οὖσιν ἀτάκτοις, κατὰ κέλευσίν τινα τῶν βασιλέων
τόπους ἐκ τόπων ἀμείβουσιν, ἐπιπέμψαι τινάς, οἳ δυνήσονται
πάντας οὓς ἂν οἷοί τε ὦσιν ὡς αὐτὸν μεταστῆσαι. καὶ τοῦτο 4
ῥᾳδίως ἠνύετο, χρημάτων αὐτοῖς τε καὶ τοῖς τούτων ἡγου-
μένοις διαδοθέντων· συνῄει τε πλῆθος οὐκ εὐκαταφρόνητον
αὐτῷ, καὶ πρὸς ἐπίθεσιν ἀνέδην παρεσκευάζετο. πέμπει μὲν
οὖν εἰς τὴν Βιθυνίαν μετὰ δυνάμεως Μάρκελλον ἐπὶ συλ-
λήψει Σερηνιανοῦ καὶ τῶν σὺν αὐτῷ βασιλικῶν ἱππέων, ἐκ
καραδοκίας τοῦ διαφθεῖραι. συμφυγόντων ⟨δὲ⟩ αὐτῶν εἰς 5
τὴν Κύζικον, τὴν μὲν πόλιν εἷλε Μάρκελλος ναυμαχίᾳ καὶ
πεζῇ δυνάμει κρατήσας, Σερηνιανὸν δὲ διαφυγόντα καὶ εἰς
τὴν Λυδίαν ἀναχωρήσαντα συλλαβὼν διεχρήσατο. (7) τούτῳ
τῷ προτερήματι Προκόπιος ἐπαρθεὶς δυνάμεις τε κατὰ βραχὺ
περιεποιεῖτο καὶ ἦν ἤδη κατὰ τὴν τῶν πολλῶν δόξαν ἀξιό-
μαχος τοῖς βασιλεῦσι· Ῥωμαίων τε γὰρ τάγματα καὶ βαρ-
βάρων αὐτῷ πλῆθος προσετίθετο. πρὸς τοῦτο δὲ αὐτοὺς ἐπ-
εσπάσατο τῆς Ἰουλιανοῦ τοῦ βασιλέως συγγενείας τὸ κλέος
καὶ τὸ συνεστρατεῦσθαι καθ᾽ ἅπαντας τοὺς διαπονηθέντας
ἐκείνῳ πολέμους. ἤδη δὲ τῶν ἐπιφανῶν τινὰς ἔστελλε πρὸς 2
τὸν ἔχοντα τὴν τῶν ὑπὲρ τὸν Ἴστρον Σκυθῶν ἐπικράτειαν·
ὃ δὲ μυρίους ἀκμάζοντας ἔπεμπε συμμάχους αὐτῷ. καὶ ἄλλα

3. Νεβρίδιον Bekk. at cf. Wannowski 'ant. Rom.' (Regim. 1846)
p. 20, 2 ‖ 5. ἰδίᾳ ἕκαστον] ἕκαστον ἰδίᾳ propter hiatum conieci. cf. [,
14, 1: τῶν εἰς ἕκαστον ἰδίᾳ ‖ 10. in ἔτι vocabuli collocatione offendit
Sylb. at ἔτι οὖσιν vel ἔτι ἀτάκτοις propter hiatum scriptor vitavit ‖
11. τι^να V ‖ 19. τοῦ sup. scr. V ‖ δὲ 5, om. V ‖ 20. εἷλα V ‖ 30. τῶν
accessit c:

δὲ βάρβαρα ἔθνη συνῄει μεθέξοντα τῆς ἐγχειρήσεως. λαβὼν
δὲ εἰς ἔννοιαν ὡς οὐ πρὸς ἄμφω δή οἱ τοὺς βασιλέας ἀγωνι-
στέον, ἄμεινον ἔκρινεν εἶναι τῷ πλησιάζοντι διαμάχεσθαι
τέως, εἶτα σκέψασθαι τὸ πρακτέον.

3   Ἀλλὰ Προκόπιος μὲν ἐν τούτοις ἦν, ὁ δὲ βασιλεὺς
Οὐάλης τὴν ἐπανάστασιν ἐν τῇ κατὰ Φρυγίαν Γαλατίᾳ πυ-
θόμενος κατεπλάγη μὲν ἅμα τῇ ἀκοῇ καὶ ἐπίμπλατο ταραχῆς,
Ἀρβιτίωνος δὲ θαρρεῖν κελεύσαντος ἔταττε μὲν ὡς εἰς πόλεμον
τὰς οὔσας δυνάμεις, ἔστελλε δὲ πρὸς τὸν ἀδελφὸν τοὺς ἀπαγ-
4 γελοῦντας ὅσοις ὁ Προκόπιος ἐνεχείρησεν. ἀλλὰ Οὐαλεντινι-
ανὸς μὲν ἀπέγνω μὴ βοηθεῖν ἀνδρὶ πρὸς φυλακὴν οὐκ ἀρ-
κέσαντι τῆς αὐτῷ παραδεδομένης ἀρχῆς, ὁ δὲ Οὐάλης εἰς
μάχην παρεσκευάζετο, τὴν στρατηγίαν Ἀρβιτίωνος εἰς τὸν
κατὰ Προκοπίου προχειρισάμενος πόλεμον. μελλόντων δὲ
ὅσον οὐδέπω τῶν στρατοπέδων εἰς χεῖρας ἰέναι, κατεστρατήγει
τὴν τούτου προπέτειαν Ἀρβιτίων, ὑπαγόμενος ὅτι πλείστους
τῶν συστρατευομένων, καὶ παρὰ τούτων ὅσα Προκόπιος ἐβου-
λεύετο προμανθάνων. (8) ἐπεὶ δὲ ἤλαυνον ἐπ' ἀλλήλους ὅ
τε βασιλεὺς καὶ Προκόπιος, συναντῶσί πως σφίσιν εἰς
Θυάτειρα τὰ στρατεύματα. μικροῦ δὲ ἐδέησεν ἡ Προκοπίου
μερὶς ὑπερτέρα γενομένη τὴν τῶν πραγμάτων εἰς αὐτὸν
μεταθεῖναι ῥοπήν, τοῦ Ὁρμίσδου τοῦ Πέρσου παιδὸς (ὁμώ-
νυμος δὲ ἦν τῷ πατρὶ) δόξαντος ἐν τῇ μάχῃ πλεονεκτεῖν.
2 ἀλλὰ Γομάριος τῶν Προκοπίου στρατηγῶν ἅτερος, κοινωνῶν
τῆς πράξεως ἅπασιν ὅσοι Προκοπίῳ συστρατευόμενοι τὰ
βασιλέως ἐφρόνουν, ἐν αὐτῇ τῇ μάχῃ τὴν Αὐγούστου προσ-
ηγορίαν ἀναβοήσας ἅπαντας τοὺς σὺν αὐτῷ τὴν αὐτὴν ἀφ-
ιέναι φωνὴν ἔκ τινος ἐποίει συνθήματος, οὗ δὴ γενομένου

2. δή οἱ V², δ//οι V¹ ‖ 2. 3. ἀγωνιστέον V², -τέοι/// (οισ?) V¹ ‖ 5 sq.
Eunap. fr. 32. 33 ‖ 7. ἐπίπλατο V ‖ 8. Ἀρβιτίων forma etiam Eunapius
utitur ‖ 9. οὔσας ⟨αὐτῷ⟩ δυν. conieci ‖ ἔστελε V ‖ 9. 10. ἀπαγγελοῦντας
V², ἀπαγγέλοντας V¹ ‖ 12. ὁ ex ο//(οὐ ut vid.) V ‖ 13. εἰς τὸν — 14.
μελλόντων δὲ in mg. add. V² ‖ 15. ὅσον V², ὂν V¹ ‖ 17. συ//στρατευο-
μένων, ν erasa, V ‖ 17. 18. ἐβουλεύετο Leunclavius, ἐβούλετο V ‖ 20.
Θυάτει///ρα, 'a m. 2, V ‖ μικροῦ] Eunap. fr. 34 ‖ 22. μεταθῆναι V ‖ 24.
Γομάριος] eadem forma ap. Socr. h. e. IV, 5 (Sozom. VI, 8) et Philo-
storg. IX, 5 ‖ 25. ὅσοι Sylburg, οἷς οἱ V ‖ συ//στρατευόμενοι, ν erasa, V ‖
28. συνθέματος V ‖ δή V², δὲ V¹

μετεχώρουν ἅπαντες οἱ Προκοπίου στρατιῶται πρὸς Οὐάλεντα.
ὃ δὲ μετὰ τὴν νίκην ταῖς Σάρδεσιν ἐπιδημήσας κἀκεῖθεν 3
ἐπὶ Φρυγίαν ἐλάσας, εὑρὼν δὲ τὸν Προκόπιον ἐν Νακολείᾳ
τῇ πόλει, κἀνταῦθα πάλιν Ἀγίλωνος τοῦ Προκοπίου στρα-
τηγοῦ τὸ πρᾶγμα πρὸς τὸ τῷ βασιλεῖ λυσιτελοῦν διαθέντος,
ἐνίκα κατὰ κράτος ὁ Οὐάλης, ὥστε καὶ αὐτοῦ κυριεῦσαι τοῦ
τυραννήσαντος, οὐ πολλῷ δὲ ὕστερον καὶ Μάρκελλον συλ-
λαβεῖν. τούτους μὲν οὖν διεχρήσατο, εὑρὼν δὲ βασιλικήν 4
τινα παρὰ Μαρκέλλῳ στολὴν ὑπὸ Προκοπίου δεδομένην αὐτῷ,
καὶ διὰ τοῦτο μάλιστα κινηθείς, ἐπεξῄει πικρῶς ἅπασι, δι-
ερευνώμενος οὐ τοὺς συμπράξαντας τῇ τυραννίδι μόνον ἀλλὰ
καὶ τοὺς τῆς βουλῆς κοινωνήσαντας ἢ ὅλως ἀκούσαντάς τι
καὶ μὴ παραχρῆμα τὸ μελετώμενον ἀπαγγείλαντας. πολὺς δὲ 5
ἦν κατὰ πάντων σὺν οὐδεμιᾷ κρίσει δικαίᾳ χωρῶν, καὶ
παρανάλωμα τῆς τοῦ βασιλέως ὀργῆς οἵ τε τοῦ νεωτερισμοῦ
μετασχόντες καὶ οἱ κατὰ μηδὲν αἴτιοι διὰ συγγένειαν ἢ φιλίαν
ἐγίνοντο.

9. Τῶν δὲ κατὰ τὴν Οὐάλεντι νενεμημένην ἐπικράτειαν
ὄντων ἐν τούτοις, ὁ βασιλεὺς Οὐαλεντινιανὸς ἐν τοῖς ὑπὲρ
τὰς Ἄλπεις ἔθνεσι διατρίβων μεγίστων καὶ ἀπροσδοκήτων
ἐπειρᾶτο κινδύνων. τὸ γὰρ Γερμανικὸν ἅπαν, ὃν πεπόνθει
κατὰ τοὺς χρόνους ἐν οἷς Ἰουλιανὸς τὴν τοῦ Καίσαρος
εἶχεν ἀρχὴν μεμνημένον, ἅμα τῷ γνῶναι τὴν αὐτοῦ τελευ-
τὴν τὸ ταῖς αὐτῶν ψυχαῖς ἐμπεπηγὸς δέος ἀποσεισάμενοι
καὶ τὸ φύσει προσπεφυκὸς αὐτοῖς θάρσος ἀναλαβόντες
ὁμόσε πάντες τοῖς ὑπὸ τὴν Ῥωμαίων βασιλείαν ἐπῄεσαν
χωρίοις. ὑπαντήσαντος δὲ αὐτοῖς τοῦ βασιλέως μάχη συν- 2
ίστατο καρτερά, καὶ ἐνίκων οἱ βάρβαροι, τὸ Ῥωμαίων προτρο-
πάδην διώξαντες στράτευμα. Οὐαλεντινιανὸς δὲ οὐ φυγῇ
διέγνω τὸν κίνδυνον ἀποκλῖναι, ἀλλ᾽ ἐνεγκὼν τὴν τύχην

4. Ἀγίλωνος Bekk ex Ammiano, ἅπλωνος apographa, ἁπλῶν ὃς V
sed ˜ et ˆ erasa. (Ἀγγέλωνος editur in Socrate, Ἀγέλωνος in Sozomeno,
Ἀγελίου in Philostorgio) ‖ 5. πᾶγμα, ˜ ex ˊ, V ‖ 6. ὁ postea additum a
V¹ ‖ 10. ἐπεξῄει] Eunap. fr. 35 ‖ 14. κρίσει ex ῥήσει V ‖ 21 sq. cf.
Wietersheim-Dahn t. I² p. 531 sq. ‖ 21. πεπόνθει V, ἐπεπόνθει malim
cum ς ‖ 26. ὁμόσε] ὁμοῦ malebat Bekk. at cf. Krebs ‘Praepositions-
adverbien’ I (Monachii 1884) p. 43 ‖ ἐπῄεσαν V et Bekk, ἐπίεσαν
apographa

διηρευνᾶτο τοὺς τῶν ἐλαττωμάτων αἰτίους, οἵτινες ἦσαν οἱ
3 τῆς φυγῆς ἄρξαντες. ἀναζητήσας δὲ σὺν ἀκριβείᾳ, καὶ τὸ
τάγμα τῶν Βατάβων αἰτιασάμενος, ἐκέλευσε τὸ στρατόπεδον
ἅπαν ἀναλαβὸν τὴν πανοπλίαν συνελθεῖν ὡς ἀκουσόμενον
λόγων ὄφελος ἅπασι φερόντων κοινόν. τότε δὴ λόγοις ἐχρή- 5
σατο τοῖς τῆς φυγῆς ἄρξασιν αἰσχύνην εἰς ἅπαντα τὸν βίον
ἐπάγουσι, καὶ τοὺς Βατάβους προσέταττεν, ἀποθεμένους τὰ
ὅπλα, τοῖς τίμημα προσφέρουσιν οἷα δραπέτας οἰκέτας ἐπ'
4 ἐξαγωγῇ δημοσίᾳ πωλεῖσθαι. τότε τοίνυν ἅπαντες ἐπὶ γῆν
ἀνατετραμμένοι πρηνεῖς ἐλιπάρουν πάσης ἐλευθερῶσαι τὸ 10
στρατόπεδον τοιαύτης αἰσχύνης, ἄνδρες ὑπισχνούμενοι φα-
νήσεσθαι τοῦ Ῥωμαίων ὀνόματος ἄξιοι. τοῦ δὲ ἐντεῦθεν ἤδη
τοῦτο ἔργῳ δειχθῆναι κελεύσαντος, τῆς γῆς ἀναστήσαντες
ἑαυτούς, ὁπλισάμενοί τε ὃν ἔδει τρόπον, ἀνεμαχέσαντο, καὶ
τοῦ χάρακος προελθόντες τοσαύτην περὶ τὸν πόλεμον ἐπ- 15
εδείξαντο προθυμίαν ὥστε ἐξ ἀπείρου πλήθους ὀλίγους εἰς
τὰ οἰκεῖα τῶν βαρβάρων διασωθῆναι. ἡ μὲν οὖν πρὸς τὸ
Γερμανικὸν ἅπαν μάχη ταύτης ἔτυχε τότε τῆς τελευτῆς.

10. Οὐάλης δὲ ὁ βασιλεὺς πολλοὺς μετὰ τὴν Προκοπίου
τελευτὴν ἀνελών, πλειόνων δὲ τὰς οὐσίας εἰς τὸ δημόσιον 20
ἐνεγκών, ἀνεκόπτετο τῆς ἐπὶ Πέρσας ἐλάσεως, μοίρας τῶν
ὑπὲρ τὸν Ἴστρον Σκυθῶν τὰ Ῥωμαίων ὅρια ταραττούσης.
ἐφ' οὓς δύναμιν ἀρκοῦσαν ἐκπέμψας τῆς ἐπὶ τὸ πρόσω πο-
ρείας ἀνεῖχε, καὶ τὰ ὅπλα παραδοῦναι συναναγκάσας διένειμε
ταῖς παρὰ τὸν Ἴστρον αὐτοῦ πόλεσιν, ἐν ἀδέσμῳ φρουρεῖσθαι 25
παρακελευσάμενος φυλακῇ. οὗτοι δὲ ἦσαν οὓς ὁ τῶν Σκυθῶν
2 ἡγούμενος ἔτυχε Προκοπίῳ συμμάχους ἐκπέμψας. ἐπεὶ οὖν
τούτους ἀφεθῆναι παρὰ τοῦ βασιλέως ἀπῄτει κατὰ πρεσβείαν
τοῦ τότε κρατοῦντος αὐτοὺς φήσας ἐκπεπομφέναι, πρὸς οὐδὲν
αὐτῷ ὁ βασιλεὺς Οὐάλης ὑπήκουε· μήτε γὰρ πρὸς αὐτὸν τού- 30
τους ἐστάλθαι ἔλεγε, μήτε φιλίους ὄντας ἀλλὰ πολεμίους

1. διηρευνᾶτο V et Bekk, διερευνᾶτο apographa ‖ 3. βατάων V ‖ 7.
βατάους προσέτταται V ‖ 10. ἀνατετραμμένοι] ἀνατεταμένοι conieci ‖ 12.
ῥωμαίων V, ῥωμαϊκοῦ ς ‖ 20. τὰς sup. scr. V ‖ 21 sq. cf. Eunap. fr. 37 ‖
22. ταραττούσης V², ταραττους///// (ὧν ut vid.) V¹ ‖ 25. παρά] περὶ coni.
Sylb ‖ 30. αὐτῷ ὁ β. Οὐάλης] hiatus excusatione quidem non eget, at
fort. αὐτῷ Οὐάλης ὁ β. scribendo Zosimus vitavit. cf. IV, 12, 1; 13, 1 ‖
ὑπήκουε ex ὑπήκουσε V¹

ἀλῶναι. αὕτη τὸν Σκυθικὸν πόλεμον ἀνερρίπισεν ἡ αἰτία.
διανοουμένους δὲ αὐτοὺς ἐπιέναι τοῖς Ῥωμαίων ὁρίοις αἰσθό- 3
μενος ὁ βασιλεύς, καὶ πρὸς αὐτὸ ἤδη συνειλεγμένους ἅπαντας
σὺν ὀξύτητι πάσῃ, τὸ μὲν στρατόπεδον τῇ ὄχθῃ τοῦ Ἴστρου
5 συμπαρατείνας, αὐτὸς δὲ ἐπὶ τῆς Μαρκιανουπόλεως, ἣ μεγίστη
τῶν ἐν Θράκῃ πόλεών ἐστι, διατρίβων, τῆς τε τῶν στρα-
τιωτῶν ἐν ὅπλοις ἀσκήσεως ἐπιμέλειαν ἐποιεῖτο καὶ μάλιστα
τοῦ μηδεμίαν αὐτοῖς ἐπιλεῖψαι τροφήν. ὕπαρχον μὲν οὖν 4
τῆς αὐλῆς Αὐξόνιον ἀπεδείκνυ, Σαλούστιον ταύτης διὰ τὸ
10 γῆρας ἀφείς, ἤδη δεύτερον ταύτην μεταχειρισάμενον τὴν
ἀρχήν· Αὐξόνιος δέ, καίπερ ἐνεστῶτος οὕτω μεγάλου πολέμου,
περί τε τὴν τῶν εἰσφορῶν εἴσπραξιν δίκαιος ἦν, οὐδένα
βαρύνεσθαι παρὰ τὸ καθῆκον καὶ ὀφειλόμενον ἀνεχόμενος,
καὶ ὁλκάδων πλήθει τὴν στρατιωτικὴν σίτησιν διὰ τοῦ Εὐξείνου
15 πόντου ταῖς ἐκβολαῖς τοῦ Ἴστρου παραδιδούς, κἀντεῦθεν διὰ
τῶν ποταμίων πλοίων ταῖς ἐπικειμέναις τῷ ποταμῷ πόλεσιν
ἐναποτιθέμενος, ὥστε ἐξ ἑτοίμου γίνεσθαι τῷ στρατοπέδῳ
· τὴν χορηγίαν. (11) τούτων δὲ οὕτω χειμῶνος ὄντος ἔτι
διῳκημένων, ἔαρος ἀρχομένου τῆς Μαρκιανουπόλεως ὁ βασι-
20 λεὺς ἀναστὰς ἅμα τοῖς εἰς τὸν Ἴστρον φυλάττουσι στρατιώ-
ταις περαιωθεὶς ἐν τῇ πολεμίᾳ τοῖς βαρβάροις ἐπῄει. τῶν 2
δὲ στῆναι πρὸς μάχην σταδίαν οὐ θαρρησάντων, ἐγκεκρυμ-
μένων δὲ τοῖς ἕλεσι καὶ ἐκ τούτων λαθραίας ποιουμένων·
ἐπιδρομάς, τοῖς μὲν στρατιώταις κατὰ χώραν ἐπέταττε μένειν,
25 ὅσον δὲ ἦν οἰκετικὸν συναγαγών, καὶ ὅσον μέντοι τὴν τῆς
ἀποσκευῆς ἐπετέτραπτο φυλακήν, ῥητόν τι χρυσίον ὑπισχνεῖτο
δωρεῖσθαι τῷ βαρβάρου φέροντι κεφαλήν. εὐθὺς οὖν ἅπαντες 3
ἐπηρμένοι τῇ τοῦ κέρδους ἐλπίδι, ταῖς ὕλαις καὶ τοῖς ἕλεσιν
εἰσδυόμενοι τούς τε προσπίπτοντας ἀναιροῦντες, ἐπιδεικνύντες
30 τε τῶν κατασφαττομένων τὰς κεφαλὰς τὸ ταχθὲν ἐκομίζοντο.

---

1. ἀρρίπισεν, νε a m. 1, V ‖ 8. ἐπιλεῖψαι] ἐπιλείψειν conieci. de
futuro v. ad III, 21, 4 ‖ 9. Αὐξόνιον] cf. Wyttenbach ad Eunap. p. 218 ‖
10. ταύτην V², ταύτῃ V¹ ‖ μεταχειρισάμενον, alt. ι radendo ex η V ‖ 11.
στρατιωτικήν, ω in ras. 2, ut vid., litt. V ‖ 17. γίνεσθαι V, γενέσθαι ϛ ‖
19. ἔαρος] ἦρος IV, 13, 2 ‖ 20. εἰς suspectum Bekkero ‖ 22 23. ἐγκε-
κρυμένων V², ////κεκρ. (ἐκκ ut vid.) V¹ ‖ 23. 28. ἕλεσι] ὄρεσι volebat
Reitemeier propter Ammianum (XXVII, 5, 3). at cf. ad III, 35, 1 ‖ 24.
ἐπέττατε V ‖ 28. τῇ τοῦ — 29. εἰσδυόμενοι in mg. add. V² ‖ 30. ταχθὲν

πολλοῦ δὲ πλήθους τοῦτον τὸν τρόπον ἀπολομένου, περὶ
4 σπονδῶν οἱ λελειμμένοι τοῦ βασιλέως ἐδέοντο. τοῦ δὲ οὐκ
ἀποσεισαμένου τὴν αἴτησιν, ἐγίνοντο σπονδαὶ μὴ καταισχύ-
νουσαι τὴν Ῥωμαίων ἀξίωσιν· ἐδόκει γὰρ Ῥωμαίους μὲν ἔχειν
μετὰ πάσης ἀσφαλείας ὅσα πρότερον εἶχον, βαρβάροις τε 5
ἀπέγνωστο μὴ περαιοῦσθαι μηδὲ ὅλως ποτὲ τοῖς Ῥωμαίων
ἐπιβαίνειν ὁρίοις. ταύτην ποιησάμενος τὴν εἰρήνην εἰς τὴν
Κωνσταντινούπολιν ἀφικνεῖται, τελευτήσαντος δὲ τοῦ τῆς
αὐλῆς ὑπάρχου Μοδέστῳ ταύτην παραδίδωσι τὴν ἀρχήν. καὶ
ταῦτα οὕτω διοικησάμενος ἐπὶ τὸν κατὰ Περσῶν ἠπείγετο 10
πόλεμον.

12. Ὄντος δὲ ἐν παρασκευαῖς αὐτοῦ, Οὐαλεντινιανὸς ὁ
βασιλεὺς τὰ περὶ τοὺς Γερμανοὺς εὖ διαθέμενος ᾠήθη δεῖν
καὶ τῆς εἰς τὸ μέλλον ἀσφαλείας τῶν Κελτικῶν ἐθνῶν ποιήσα-
σθαι πρόνοιαν. νεολαίαν οὖν ὅτι πλείστην ἀθροίσας ἔκ τε 15
τῶν προσοικούντων τῷ Ῥήνῳ βαρβάρων καὶ ἐκ τῶν ἐν τοῖς
ὑπὸ Ῥωμαίους ἔθνεσι γεωργῶν, τοῖς στρατιωτικοῖς ἐγκατα-
λέξας τάγμασιν οὕτως αὐτοὺς ἐξήσκησε τὰ πολέμια, ὥστε
φόβῳ τῆς περὶ τὰ τοιαῦτα τῶν στρατιωτῶν μελέτης καὶ
πείρας ἐννέα τοὺς πάντας ἐνιαυτοὺς μηδένα τῶν ὑπὲρ τὸν 20
2 Ῥῆνον ταῖς ὑπὸ Ῥωμαίους πόλεσιν ἐνοχλῆσαι. κατὰ τόνδε
τὸν χρόνον Οὐαλεντινιανός, διά τινα πλημμελήματα τὴν Βρετ-
τανικὴν νῆσον οἰκεῖν κελευσθείς, ἐπιθέμενος τυραννίδι συν-
απέθετο ταύτῃ τὸν βίον. Βαλεντινιανῷ δὲ τῷ βασιλεῖ νόσος
ἐνέσκηψεν, ἥτις αὐτὸν παρὰ βραχὺ τοῦ βίου μετέστησεν. ἐπεὶ 25
δὲ ταύτην διέφυγε, συνελθόντες οἱ περὶ τὰ βασίλεια λόγον
αὐτὸν ποιήσασθαι παρεκάλουν τοῦ διαδεξομένου τὴν βασι-
λείαν, ὡς ἂν μή τινος αὐτῷ συμβαίνοντος σφαλείη τὰ τῆς
πολιτείας. πεισθεὶς δὲ τούτοις ὁ βασιλεὺς τοῖς λόγοις ἀνεῖπε
τὸν παῖδα Γρατιανὸν βασιλέα καὶ κοινωνὸν τῆς ἀρχῆς, ὄντα 30
νέον ἔτι καὶ οὔπω πρὸς ἥβην ἐλθόντα τελείαν.

13. Τῶν δὲ κατὰ τὴν ἑσπέραν ἐν τούτοις ὄντων, Οὐάλης

Leunclavius, τάχος V || 7. ὁρίοις ex ὅροις V¹ || 16. ῥήνων V || 17. γεωργῶν]
Boecking ad not. occ. p. 1057 'laetos' intellegit || 21. Ῥωμαίους Sylb,
ῥωμαίων V || 22. 'Valentinianus' est etiam Hieronymo t. II p. 197
Schoene (Iordan. Rom. § 308 M.), 'Valentinus' editur in Ammiano || 24.
βαλεντινιανῷ h. l. V || 27. διαδεξαμένου V, corr. ς || 29. πεισθεὶς corr.
ex πει////θεὶς (2 litt. ras., fort. πείρα θεὶς?) V

ὁ βασιλεύς, ἐφ' ὅπερ ἐξ ἀρχῆς ὥρμητο, κατὰ Περσῶν ἐπὶ
τὴν ἑῴαν ἐστέλλετο, προϊόν τε σχολαίως ἐβοήθει τὰ δέοντα
πρεσβευομέναις ταῖς πόλεσι, καὶ ἄλλα πολλὰ κατὰ τὸ προσ-
ῆκον ᾠκονόμει, τοῖς δίκαια αἰτοῦσι ῥᾳδίως φιλοτιμούμενος
5 τὰ αἰτούμενα. παρελθὼν δὲ εἰς τὴν Ἀντιόχειαν μετὰ πάσης 2
ἀσφαλείας τὰ τοῦ πολέμου διῴκει, τὸν μὲν χειμῶνα διατρίβων
ἐν τοῖς αὐτόθι βασιλείοις, ἦρος δὲ ἐπὶ τὴν Ἱερὰν πόλιν
ἀπιὼν κἀκεῖθεν τὰ στρατόπεδα τοῖς Πέρσαις ἐπάγων, καὶ
αὖθις ἐνισταμένου τοῦ χειμῶνος ἐπανιὼν εἰς τὴν Ἀντιόχειαν.
10 ἡ μὲν οὖν πρὸς Πέρσας οὕτως ἐτρίβετο μάχη, τοῦ δὲ βασι-
λέως κατὰ τὴν Ἀντιόχειαν ὄντος παραδόξων ἐξανίστατο πραγ-
μάτων ὑπόθεσις ἐξ αἰτίας τοιᾶσδε. ἦν τις Θεόδωρος τοῖς 3
βασιλικοῖς ὑπογραφεῦσιν ἐναριθμούμενος. τοῦτον εὖ μὲν
γεγονότα τε καὶ τραφέντα, νέον δὲ ἔτι καὶ τῷ τῆς ἡλικίας
15 θερμῷ ῥᾳδίως κολάκων θωπείαις ἐπὶ τὰ χείρονα σαλευό-
μενον περιστάντες τοιοῦτοί τινες ἀναπείθουσιν ὡς περιττοί
τινές εἰσιν ἐν παιδείᾳ καὶ τεκμήρασθαι τὸ μέλλον ἐκ τινος
κατωρθωμένης αὐτοῖς μαντείας δεινοί. πυνθανόμενοι δὲ τίς
μετὰ Οὐάλεντα βασιλεύσειεν, ἔστησαν τρίποδα τὸ μέλλον
20 αὐτοῖς διά τινος σημαίνοντα τελετῆς· φανῆναι δὲ ἐν τῷ 4
τρίποδι γεγραμμένα θῆτα καὶ εἶ καὶ οὖ καὶ ἐπὶ τούτοις τὸ
δέλτα, ταῦτα δὲ μονονουχὶ βοὴν ἀφιέναι δηλοῦντα ὡς Θεό-
δωρος τὴν βασιλείαν μετὰ Οὐάλεντα διαδέξεται. τούτοις
ἐπαρθεὶς τοῖς ὕθλοις, ὑπό τε τῆς ἄγαν ἐπιθυμίας ἀγύρταις
25 συνεχῶς καὶ γόησιν ἐντυγχάνων καὶ περὶ τοῦ πρακτέου
κοινούμενος, βασιλεῖ κατάφωρος γίνεται. καὶ αὐτὸς μὲν ἀξίαν
ἐδίδου τῆς ἐγχειρήσεως δίκην, (14) συνέβαινε δὲ ἐπὶ τούτῳ
καὶ ἕτερον. Φορτουνατιανός, τῇ τῶν βασιλικῶν ἐφεστὼς
ταμιείων φροντίδι, τῶν ὑφ' ἑαυτὸν στρατευομένων τινὰ

1. βασι^{λεύς}, λεὺς a m. 1, V ‖ 9. χειμῶνος, χει inter scribendum ex το
corr. V ‖ 12 sq. cf. Eunap. fr. 38. ex Eunapio sua hausisse videntur
etiam Socrates IV, 19 et Sozom. VI, 35 ‖ 14. τραφέντα radendo ex
γραφέντα ut vid. V ‖ 15. χείρονα ex χειρωνα (sine acc.) radendo V ‖
15. 16. σαλευόμενον ex -ος V¹ ‖ 18. κατορθωμένης V ‖ 19. ἔστησαν]
στῆσαι expectabam ‖ 21. θῆτα V ‖ εἶ καὶ οὖ (οὗ V)] cf. Blass 'Aus-
sprache d. Griech.' p. 17² ‖ 21. 22. τοῦ δέλτα V ‖ 22. βοὴν V, φωνήν ς ‖
ἀφιέναι δηλοῦντα V, ἀφιέντα δηλοῦν ς, bene ‖ 26. κονούμενος V¹, corr.
V² ‖ 28. φορτουνατιανὸς, alt. τ in ras. m. 2 (ex ν?) V

170   — Δ —

γοητείας γραφὴν φεύγοντα κρίνων ὑπέβαλλεν αἰκισμοῖς· τοῦ
δὲ τῇ τῶν βασάνων ἀνάγκῃ καὶ ἄλλους ἐξονομάσαντος ὡς
συνεπισταμένους αὐτῷ, τὰ μὲν τῆς ἐξειάσεως εἰς Μόδεστον,
ὃς τῆς αὐλῆς ὕπαρχος ἦν, μετεφέρετο οἷα προσώπων ἀχθέντων
εἰς μέσον τῇ ἀρχῇ τοῦ δικάσαντος πρότερον οὐχ ὑποκειμένων, 5
2 ἡ δὲ κρίσις διὰ πάντων ἐχώρει. πρὸς δὲ ὀργὴν ἄμετρον ὁ
βασιλεὺς ἀναστὰς ὑπόπτως εἶχε πρὸς ἅπαντας τοὺς ἐπὶ φιλο-
σοφίᾳ τηνικαῦτα διαβοήτους ἢ ἄλλως λόγοις ἐντεθραμμένους
καὶ προσέτι τῶν ἐν τῇ αὐλῇ τιμωμένων τινάς· καὶ οὗτοι γὰρ
ὡς ἐπιβουλεύοντες τῷ βασιλεῖ προσηγγέλλοντο. καὶ δὴ ἐπέμ- 10
3 ποντο πανταχόθεν οἰμωγαὶ καὶ ἁπάντων κοινὸς ὀδυρμός· ἦν
γὰρ πλήρη τὰ μὲν δεσμωτήρια τῶν μάτην οἰκούντων αὐτά,
διὰ δὲ τῶν ὁδῶν ἐφέρετο πλήθη πλείονα τῶν ἐν ταῖς πόλεσι
καταλελειμμένων. αἱ δὲ τὰς φυλακὰς τῶν μάτην ἀγομένων
ἐπιτετραμμέναι φυλαὶ πρὸς ἀσφάλειαν τῶν φυλαττομένων 15
οὐκ ἀρκεῖν ὡμολόγουν, δεδιέναι τε μή πού γε πολλῷ πλείους
4 ὄντες ἐκβιάσαιντο φυγὴν ἑαυτοῖς. καὶ οἱ μὲν συκοφάνται
δίχα παντὸς ἀνεχώρουν κινδύνου, κατηγορεῖν ἀναγκαζόμενοι
μόνον, οἱ δὲ κρινόμενοι νῦν μὲν ἐτιμῶντο θανάτου δίχα
νομίμων ἐλέγχων, οἳ δὲ τὰς οὐσίας ἀπώλλυον, παῖδας καὶ 20
γυναῖκας καὶ τὴν ἄλλην συγγένειαν ἐσχάτῃ τύχῃ καταλιπόντες·
ἦν γὰρ τὸ σπουδαζόμενον ἐκ πολυτρόπων ἀσεβημάτων συλ-
λογὴν τῷ δημοσίῳ πολλῶν γενέσθαι χρημάτων. (15) πρῶτος
μὲν οὖν τῶν ἐπὶ φιλοσοφίᾳ γνωρίμων ἀνῄρητο Μάξιμος, καὶ
μετὰ τοῦτον ὁ ἐκ Φρυγίας Ἱλάριος ὡς δὴ χρησμόν τινα 25
λοξὸν εἰς τὸ σαφέστερον ἑρμηνεύσας, καὶ Σιμωνίδης ἐπὶ
τούτῳ καὶ Πατρίκιος ὁ Λυδὸς καὶ ὁ ἐκ Καρίας Ἀνδρόνικος.
ἦσαν δὲ οὗτοι πάντες εἰς ἄκρον παιδείας ἐληλυθότες καὶ
2 φθόνῳ μᾶλλον ἢ ψήφῳ δικαίᾳ κατακριθέντες. οὕτω δὲ ὁμοῦ
πάντα συνεταράττετο ὥστε καὶ τῶν προστυχόντων τὰς οἰκίας 30

---

1. ὑπέβαλλεν V, ὑπέβαλεν ς ‖ 8. τηνικαῦτα accessit ex V ‖ ἄλλως V
et Sylb, ἄλλους apographa ‖ 9. ἐν ex μὲν V² ‖ 11. καὶ ⟨ἦν⟩ ἁπάντων
conieci ‖ 12. πλήρη ς, πλήρεις V ‖ 14 ἀγομένων] εἰργμένων conieci ‖ 15.
ἐπιτετραμμέναι, μέναι corr. V¹ ‖ ante φυλαὶ ras. 1—2 litt. in V ‖ 17. ἐκ-
βιασαῖτο, ν u m. 2, V ‖ φυγὴν Sylb, φυγεῖν V ‖ 23 sq. cf. Eunap. fr. 39.
40 M., v. philos. p. 62 sq. Boiss. ‖ 24. ἀνῄρητο] ἀνῄρηται coni Sylb ‖
25. ὡς δὴ — 26. ἑρμηνεύσας ad Maximum potius pertinent ‖ 29. κατα-
κριθέντες] κατεκρίθησαν conieci

ἐπεισιέναι μετὰ πλήθους ἀνέδην τοὺς συκοφάντας, καὶ τοὺς
ἀπαντῶντας ἁρπάζειν, ἐκδιδόναι δὲ τοῖς φονεύειν ἅπαντας
καὶ δίχα κρίσεως τεταγμένοις. τῶν δὲ ἀτοπημάτων ἦν κο-
λοφὼν Φῆστος, ὃν εἰς πᾶν εἶδος ὠμότητος πρόχειρον ὄντα
τῆς Ἀσίας ἀνθύπατον ὁ βασιλεὺς ἔστειλεν, ὡς ἂν μηδεὶς τῶν
περὶ λόγους ἐσπουδακότων ἀπολειφθείη. καὶ εἰς ἔργον ᾔει
τὸ βούλευμα· πάντας γὰρ ὁ Φῆστος ἀναζητήσας, οὓς μὲν
εὗρεν ἀκρίτως ἀπέκτεινε, τοὺς δὲ λοιποὺς ὑπερόριον ἑαυτοῖς
φυγὴν ἠνάγκασεν ἐπιθεῖναι. καὶ ἡ μὲν ἐκ τῆς κατὰ Θεό-
δωρον αἰτίας συμβᾶσα ταῖς πόλεσι συμφορὰ ταύτην ἔσχε τὴν
τελευτήν.

16. Οὐαλεντινιανὸς δὲ δόξας πως τὸν πρὸς τοὺς Γερμα-
νοὺς πόλεμον διατιθέναι μετρίως, βαρύτατος ἦν ταῖς ἀπαιτή-
σεσι τῶν εἰσφορῶν σφοδρότερον ἐπικείμενος καὶ ὑπὲρ τὸ
σύνηθες ταύτας εἰσπράττων. ἐποιεῖτο δὲ τούτου πρόφασιν
τῆς στρατιωτικῆς δαπάνης τὸ πλῆθος, ὅπερ ἠνάγκασεν αὐτὸν
ἐκδαπανῆσαι τὰ τῷ δημοσίῳ φυλαττόμενα χρήματα. εἰς μῖσος
τοίνυν ἅπαντας ἐπὶ τούτῳ κινήσας ἔτι μεῖζον ἢ πρότερον
ἐπικραίνετο, καὶ οὔτε τοὺς ἄρχοντας ἤθελεν ἐξετάζειν εἰ
κέρδους ἀπέχονται, τοῖς τε ἐκ τοῦ ζῆν ἀμέμπτως ἔχουσι
δόξαν ἐφθόνει, καὶ ἁπλῶς εἰπεῖν ἕτερός τις ἦν παρὰ τὸν ἐξ
ἀρχῆς ἐπιτηδευθέντα τρόπον αὐτῷ τῆς βασιλείας. διὰ ταῦτα
καὶ Λίβυες, οὐκ ἐνεγκόντες τὴν Ῥωμανοῦ πλεονεξίαν τοῦ
τὴν στρατιωτικὴν ἔχοντος ἐν Μαυρουσίοις ἀρχήν, Φίρμῳ
τὴν ἁλουργίδα δόντες ἀνέδειξαν βασιλέα. ὅπερ ἀπαγγελθὲν
εἰκότως Βαλεντινιανὸν συνετάραξεν· καὶ παραχρῆμα τάγματά
τινα στρατιωτικὰ τὴν ἐν Παιονίᾳ καὶ Μυσίᾳ τῇ ἄνω κατα-
λιπόντα φυλακὴν ἐπὶ Λιβύην ἐκπλεῦσαι προσέταξε. τούτου
δὴ γενομένου Σαυρομάται καὶ Κουάδοι, καὶ πρότερον ὄντες
ἔγκοτοι τῷ τὴν ἐν τούτοις ἐπιτετραμμένῳ τοῖς τόποις φυλακὴν
(ἦν δὲ Κελέστιος), μετὰ τὴν τῶν στρατιωτῶν εἰς Λιβύην

---

4. εἰς πᾶν εἶδος ὠμότητος scripsi de Sylburgii meaque coniectura,
εἰς πάντα εἶδος ὠμότητος V, εἰς πᾶσαν εἶδὼς ὠμότητα ς ‖ 6. ᾔει ex εἴη
(ut vid.) V² ‖ 9. ἐπιθῆναι V ‖ 15. τούτου ex τοῦτο V ‖ 18. ἐπὶ τούτῳ
κινήσας in lacuna c. 20 litt. V¹ ‖ 24. cf. Boecking not. occ. p. 510 ‖
26. βαλεντινιανὸν h. l. V ‖ συνετάραξε ς ‖ 27. τὴν corr. ex τῇ V ‖ 28. φυ-
λακὴν ex φυλακῇ V ‖ 30. ἔγκοτοι, τ ex ν inter scribendum corr., V ‖
31. κελέστιος corr. ex κ////λέστιος (καὶ λέστιος) V. 'Marcellianus'

172 — Δ —

ἀποδημίαν ἐπέθεντο Παίοσί τε καὶ Μυσοῖς· τοῦ γὰρ Κε-
λεστίου τὸν τούτων ἄρχοντα πίστεσιν ἐνόρκοις παραγαγόντος,
ἀνελόντος τε δόλῳ τῆς τραπέζης ἔτι προκειμένης, εἰκότως οἱ
βάρβαροι τῆς ἐφόδου ταύτην ἔχοντες πρόφασιν τοὺς περὶ τὸν
Ἴστρον ἐλήϊζοντο, πᾶν, εἴ τι τῶν πόλεων ἦν ἐκτός, διαρπά- 5
5 ξοντες. ἀλλὰ Παίονες μὲν εἰς ἁρπαγὴν τοῖς βαρβάροις προ-
έκειντο, τῶν στρατιωτῶν ἐκμελῶς πρὸς τὸ φυλάττειν τὰς πό-
λεις ἐχόντων καὶ τοῖς ἐνδοτέρω τοῦ ποταμοῦ τόποις οὐχ
6 ἧττον ἢ οἱ βάρβαροι παρενοχλούντων· Μυσία δὲ οὐδενὸς
ἐπειράθη κακοῦ, Θεοδοσίου τοῦ τὴν στρατιωτικὴν ἀρχὴν 10
ἔχοντος ἀνδρείως στάντος καὶ τοὺς ἐπιόντας ἀποδιώξαντος.
ὅθεν ἐκ ταύτης τῆς νίκης δόξαν κτησάμενος ἔτυχε μετὰ ταῦτα
τῆς βασιλείας. ἀλλὰ ταῦτα μὲν ἐν τοῖς οἰκείοις ἀφηγηθή-
σεται χρόνοις· (17) Οὐαλεντινιανὸς δὲ τὴν ἀκοὴν τῶν ἀπ-
αγγελθέντων οὐκ ἐνεγκών, ἐκ Κελτῶν ὁρμήσας ἐπὶ τὴν Ἰλλυ- 15
ρίδα διέβαινε, βουλευόμενος περὶ τοῦ πρὸς Κουάδους καὶ
Σαυρομάτας πολέμου. Μεροβαύδην δέ, στρατιωτικῶν ἔργων
ἐμπειρίαν ἔχειν παρὰ τοὺς ἄλλους δοκοῦντα, παντὸς τοῦ
2 στρατοπέδου προΐστησι. τοῦ δὲ χειμῶνος παρὰ τὸ εἰωθὸς
ἐκταθέντος, ἔστελλον πρὸς αὐτὸν οἱ Κουάδοι πρεσβείας λόγους 20
ὑπὲρ τὸ μέτρον φέροντας, ἐφ᾽ οἷς Οὐαλεντινιανὸς ἀγανακτή-
σας, καὶ ὑπὸ τῆς ἄγαν ὀργῆς παραφορᾶς οὐ πόρρω γενό-
μενος, αἵματος κάτωθεν ἀναχθέντος ἐπὶ τὸ στόμα συσχόντος
τε τὰς τῆς φωνῆς ἀρτηρίας ἐξέλιπεν, ἐν μὲν Ἰλλυριοῖς ἐννέα
μῆνας, ἐλλειπουσῶν ὀλίγων ἡμερῶν, διατρίψας, εἰς δωδέκατον 25
δὲ ἐνιαυτὸν τῆς βασιλείας προελθών.

18. Τούτου τελευτήσαντος ἐμπεσὼν τῷ Σιρμίῳ σκηπτὸς
τὰ βασίλεια κατέφλεξε καὶ τὴν ἀγοράν, ἔδοξέ τε τοῖς τὰ τοι-
αῦτα κρίνειν δεινοῖς οὐκ αἴσιον τοῖς κοινοῖς πράγμασιν εἶναι
τὸ τέρας. καὶ σεισμοὶ δὲ ἔν τισι συνηνέχθησαν τόποις. 30

Ammiano (XXIX, 6, 4) est ‖ 3. ἔτι in ras. 1—2 litt. V ‖ προ//κειμένης,
σ erasa, V ‖ 4. ταύτην ς, ταύτης V ‖ 5. Ἴστρον ⟨τόπους⟩ coni. Reite-
meier ‖ 8. τόποις V et Sylb, τρόποις apographa ‖ 9. ἢ sup. scr. V² ‖
11. στάντος] cf. στῆναι IV, 11, 2 ‖ 14. χρό οις (χρό in ras. c. 8 litt.)
V ‖ 16. τοῦ οχ τοὺς V ‖ 20. πρεσβείας] πρέσβεις conieci ‖ 21. μέτρον V¹,
μέτριον V²ς. cf. II, 29, 2; IV, 29, 1 ‖ 20. 21. πρεσβείαν λόγους ὑπὲρ τὸ
μέτριον φέρουσαν coni. Bekk ‖ 28. ἔδοξέ, ult. ε in ras. V ‖ 30. τέρας V
et Sylb, πέρας apographa

ἐσείσθη δὲ καὶ Κρήτη σφοδρότερον, καὶ ἡ Πελοπόννησος 2
μετὰ τῆς ἄλλης Ἑλλάδος, ὥστε καὶ τὰς πολλὰς διαρρυῆναι
τῶν πόλεων, πλὴν τῆς Ἀθηναίων πόλεως καὶ τῆς Ἀττικῆς.
ταύτην δὲ καὶ περισωθῆναί φασιν ἐξ αἰτίας τοιᾶσδε. Νεστό-
5 ριος ἐν ἐκείνοις τοῖς χρόνοις ἱεροφαντεῖν τεταγμένος ὄναρ
ἐθεάσατο παρακελευόμενον χρῆναι τὸν Ἀχιλλέα τὸν ἥρωα
δημοσίαις τιμᾶσθαι τιμαῖς· ἔσεσθαι γὰρ τοῦτο τῇ πόλει σω-
τήριον. ἐπεὶ δὲ ἐκοινώσατο τοῖς ἐν τέλει τὴν ὄψιν, οἳ δὲ 3
ληρεῖν αὐτὸν οἷα δὴ ὑπέργηρων ὄντα νομίσαντες ἐν οὐδενὶ
10 τὸ ῥηθὲν ἐποιήσαντο, αὐτὸς καθ' ἑαυτὸν λογισάμενος τὸ
πρακτέον καὶ ταῖς θεσειδέσιν ἐννοίαις παιδαγωγούμενος, εἰκόνα
τοῦ ἥρωος ἐν οἴκῳ μικρῷ δημιουργήσας ὑπέθηκε τῷ ἐν Παρ-
θενῶνι καθιδρυμένῳ τῆς Ἀθηνᾶς ἀγάλματι, τελῶν δὲ τῇ θεῷ
τὰ συνήθη κατὰ ταὐτὸν καὶ τῷ ἥρωϊ τὰ ἐγνωσμένα οἱ κατὰ
15 θεσμὸν ἔπραττε. τούτῳ τε τῷ τρόπῳ τῆς τοῦ ἐνυπνίου συμ- 4
βουλῆς ἔργῳ πληρωθείσης, ἐπιβρίσαντος τοῦ σεισμοῦ μόνους
Ἀθηναίους περισωθῆναι συνέβη, μετασχούσης τῶν τοῦ ἥρωος
εὐεργεσιῶν καὶ πάσης τῆς Ἀττικῆς. ὅτι δὲ τοῦτο ἀληθές
ἐστι, μαθεῖν ἔξεστι δι' ὧν ὁ φιλόσοφος Συριανὸς διεξῆλθεν,
20 ὕμνον εἰς τοῦτον τὸν ἥρωα γράφων. ἀλλὰ ταῦτα οὐκ ἀνάρ-
μοστα τοῖς προκειμένοις ὄντα παρέθηκα.

19. Οὐαλεντινιανοῦ δὲ τελευτήσαντος ὁρῶντες οἱ ταξί-
αρχοι Μεροβαύδης καὶ Ἐκίτιος Οὐάλεντα καὶ Γρατιανὸν πόρρω
που διατρίβοντας (ὃ μὲν γὰρ ἔτι κατὰ τὴν ἑῴαν ἦν, ὃ δὲ ἐν
25 τοῖς ἑσπερίοις Γαλάταις παρὰ τοῦ πατρὸς ἀπολελειμμένος),
ὑφορώμενοι μή ποτε συμβῇ τοὺς ὑπὲρ τὸν Ἴστρον βαρβάρους
ἀνάρχοις ἐπιπεσεῖν τοῖς πράγμασι, παῖδα Οὐαλεντινιανοῦ νέον,
ἐκ γαμετῆς αὐτῷ τεχθέντα τῆς πρότερον Μαγνεντίῳ συνοικη-
σάσης, οὐ πόρρω που μετὰ τῆς μητρὸς ὄντα μεταπεμψάμενοι
30 παράγουσι μετὰ τῆς ἁλουργίδος εἰς τὰ βασίλεια, πέμπτον

4 sq. de Athenis servatis narratiunculam non ex Eunapio sed ex
Syriani hymno desumpsit Zosimus (παρέθηκα vs. 21) ‖ 12 ἐν οἴκῳ
μικρῷ] cf. Iulian. p. 603, 19 H.: χαλκοῦς ἕστηκεν ἀνδριὰς (Ἕκτορος) ἐν
ναΐσκῳ βραχεῖ. ὄγκῳ coni. Lobeck Aglaoph. p. 1241, εἴδει Reitemeier ‖
13. ante Ἀθηνᾶς initium versus (c. 12 litt.) vacuum relictum in V ‖
20. ὕμνων V ‖ 23. Ἐκίτιος Sylb, Ἕκτιος V. 'auctore Equitio ac Mero-
baude' Vict. ep. 45, 10 ‖ 27. Οὐαλεντινιανοῦ ⟨Οὐαλεντινιανὸν⟩ νέον
conieci

2 ἄγοντα μόλις ἐνιαυτόν. διελομένων δὲ πρὸς ἑαυτοὺς Γρα-
τιανοῦ καὶ Οὐαλεντινιανοῦ τοῦ νέου τὴν βασιλείαν, ὡς ἐδόκει
τοῖς περὶ αὐτοὺς τὰ πράγματα κρίνουσιν (αὐτοὶ γὰρ οἱ βα-
σιλεῖς οὐκ ἦσαν κύριοι διὰ τὴν ἡλικίαν), Γρατιανῷ μὲν τὰ
Κελτικὰ φῦλα καὶ Ἰβηρία πᾶσα καὶ ἡ Βρεττανικὴ νῆσος ἀπε- 5
κληροῦτο, Οὐαλεντινιανὸν δὲ ἐδόκει τὴν Ἰταλίαν τε καὶ Ἰλλυ-
ριοὺς καὶ τὴν ὅλην ἔχειν Λιβύην.

20. Οὐάλεντα δὲ τὸν βασιλέα πολλαὶ πολλαχόθεν περι-
ειστήκεσαν πολέμων ἐπιφοραί. καὶ πρῶτον μὲν Ἴσαυροι (κα-
λοῦσι δὲ αὐτοὺς οἱ μὲν Πισίδας, οἳ δὲ Σολύμους, ἄλλοι δὲ 10
Κίλικας ὀρείους· τὸ δὲ ἀκριβέστερον, ἡνίκα εἰς τοὺς περὶ
αὐτῶν ἀφικώμεθα λόγους, δηλώσομεν) τὰς ἐν Λυκίᾳ καὶ
Παμφυλίᾳ πόλεις ἐπόρθουν, τειχῶν μὲν κρατεῖν οὐ δυνά-
2 μενοι, τὰ δὲ ἐν τοῖς ὑπαίθροις ἅπαντα διαρπάζοντες. ἐπεὶ
δὲ ὁ βασιλεὺς ἔτι κατὰ τὴν Ἀντιόχειαν διατρίβων ἔστελλεν 15
ἐπ᾽ αὐτοὺς ἀρκοῦσαν, ὡς ᾤετο, δύναμιν, οἱ μὲν Ἴσαυροι
μετὰ τῆς λείας ἁπάσης εἰς τὰ τραχύτατα συνέφευγον τῶν
ὀρῶν, οὔτε διῶξαι τῶν στρατιωτῶν δι᾽ ἐκμέλειαν δυναμένων,
οὔτε ἄλλως τὰ συμβάντα ταῖς πόλεσι δυστυχήματα θεραπεῦ-
3 σαι. τούτων δὲ ὄντων ἐν τούτοις, φῦλόν τι βάρβαρον τοῖς 20
ὑπὲρ τὸν Ἴστρον Σκυθικοῖς ἔθνεσιν ἐπανέστη, πρότερον μὲν
οὐκ ἐγνωσμένον, τότε δὲ ἐξαίφνης ἀναφανέν. Οὔννους δὲ
τούτους ἐκάλουν, εἴτε βασιλείους αὐτοὺς ὀνομάζειν προσήκει
Σκύθας, εἴτε οὓς Ἡρόδοτός φησι παροικεῖν τὸν Ἴστρον σιμοὺς
καὶ ἀσθενέας ἀνθρώπους, εἴτε ἐκ τῆς Ἀσίας εἰς τὴν Εὐρώπην 25
διέβησαν· καὶ τοῦτο γὰρ εὗρον ἱστορημένον, ὡς ἐκ τῆς ὑπὸ
τοῦ Τανάϊδος καταφερομένης ἰλύος ὁ Κιμμέριος ἀπογαιωθεὶς

---

10. μὲν πισίδας ex μεμ/////ισίδας (3—4 litt. eras.) V² ‖ 11. ὀρείους
Leunclavius, ὀρίους, ʼ ex ʼ ut vid., V ‖ 12. δηλώσομεν] non factum est ‖
13. ἐπόρθουν] cf. Eunap. fr. 45 ibique Müller ‖ 22 sq. Eunap. fr. 41,
Wietersheim-Dahn t. II² p. 14 sq. quae de Hunnorum origine profert
Zosimus, ipsa quoque ex Eunapio ἐκ τῶν παλαιῶν συντιθέντι κατὰ τοὺς
εἰκότας λογισμοὺς transcripta sunt (emendatam relationem, quam ibi-
dem promittit Eunapius, nunquam prodiisse certum est: altera enim
editio a Photio memorata sine dubio a bibliopola aliquo Christiano
profecta est) ‖ 24. εἴτε ex οὔτε V ‖ Ἡρόδοτος] cf. intp. ad Herod. V, 9 ‖
27. νάϊδος, τα sup. νά a m. 1, V. Ὑπάνιος (ʼKubanʼ fl.) aut scripsit
Zosimus aut scribere debebat. sin ipse Tanain posuit, neglegenter

Βόσπορος ἐνέδωκεν αὐτοῖς ἐκ τῆς Ἀσίας ἐπὶ τὴν Εὐρώπην
πεζῇ διαβῆναι. παρελθόντες δὲ ὅμως τοῖς ἵπποις καὶ γυναιξὶ 4
καὶ παισὶ καὶ οἷς ἐπεφέροντο, τοῖς ὑπὲρ τὸν Ἴστρον κατῳκη-
μένοις ἐπήεσαν Σκύθαις, μάχην μὲν σταδίαν οὔτε δυνάμενοι
τὸ παράπαν οὔτε εἰδότες ἐπαγαγεῖν (πῶς γὰρ οἱ μήτε εἰς γῆν
πῆξαι τοὺς πόδας οἷοί τε ὄντες ἑδραίως, ἀλλ' ἐπὶ τῶν ἵππων
καὶ διαιτώμενοι καὶ καθεύδοντες), περιελάσεσι δὲ καὶ ἐκδρο-
μαῖς καὶ εὐκαίροις ἀναχωρήσεσιν, ἐκ τῶν ἵππων κατατοξεύ-
οντες, ἄπειρον τῶν Σκυθῶν εἰργάσαντο φόνον. τοῦτο συν- 5
εχῶς ποιοῦντες εἰς τοῦτο τὸ Σκυθικὸν περιέστησαν τύχης
ὥστε τοὺς περιλελειμμένους, ὧν εἶχον ἐκστάντας οἰκήσεως,
ἐνδοῦναι μὲν τοῖς Οὔννοις ταύτας οἰκεῖν, αὐτοὶ δὲ φεύγοντες
ἐπὶ τὴν ἀντιπέρας ὄχθην διαβῆναι τοῦ Ἴστρου, καὶ τὰς χεῖ-
ρας ἀνατείναντες ἱκετεύειν δεχθῆναι παρὰ βασιλέως, ὑπ-
ισχνεῖσθαί τε πληρώσειν ἔργον αὐτῷ συμμάχων πιστῶν καὶ
βεβαίων. τῶν δὲ τὰς ἐπὶ τοῦ Ἴστρου πόλεις φρουρεῖν τεταγ- 6
μένων εἰς τὴν τοῦ βασιλεύοντος γνώμην ἀναβαλλομένων τὰ
περὶ τούτου, δέχεσθαι τούτους Οὐάλης ἐπέτρεπε πρότερον
ἀποθεμένους τὰ ὅπλα. τῶν δὲ ταξιάρχων, καὶ ὅσοι στρατιω-
τῶν ἡγεμονίαν εἶχον, διαβάντων μὲν ἐφ' ᾧτε ὅπλων δίχα
τοὺς βαρβάρους ἐπὶ τὰ Ῥωμαίων ὅρια παραπέμψαι, μηδενὸς
δὲ γενομένων ἑτέρου πλὴν γυναικῶν εὐπροσώπων ἐπιλογῆς
καὶ παίδων ὡραίων εἰς αἰσχρότητα θήρας ἢ οἰκετῶν ἢ γεωρ-
γῶν κτήσεως, οἷς τισὶ μόνοις προσσχόντες τῶν ἄλλων ὅσα
πρὸς κοινὸν ὄφελος ἔφερον ὑπερεῖδον, ὥστε ἀμέλει μετὰ τῶν
ὅπλων ἔλαθον οἱ πλείους περαιωθέντες. καὶ ἅμα τῆς ὑπὸ 7
Ῥωμαίους γῆς ἐπιβάντες οὔτε ἱκεσιῶν οὔτε ὅρκων ἐμνήσθη-
σαν, ἀλλ' ἡ Θρᾴκη τε ἅπασα καὶ ἡ Παιονία καὶ τὰ μέχρι

---

fontem, in quo erat illos olim supra Tanain habitasse (cf. Agath.
V, 11), excerpsit ‖ 1. ἐνέδωκεν ex ἀνέδ. V¹ ‖ 2. ὅμως] de usu hoc Euna-
piano v. Boiss. ad Eun. p. 212 sq. ‖ 4. σταδίαν V¹, σταδιαίαν V² ‖
5. μήτε] μηδὲ coni. Bekk ‖ 9 sq. Eunap. fr. 42. 43 ‖ 10. σκυθικὸν ex σκυ-
θηκὸν V ‖ 12. ἐνδοῦναι V, ἐκδοῦναι 5 ‖ 19. ταξιάρχων Bekk, ταξιαρχῶν
V ‖ 20. ἐφ' ᾧτε 5, ἐφότε V ‖ 21. παραπέμψαι V, διαπέμψαι 5 ‖ 22. γε-
νομένων V, γενομένου 5. γίνεσθαι τινὸς: 'aliqua re occupari' redit
V, 25, 1. cf. Wyttenbach ad Eunap. p. 66 ‖ 24. προσσχόντες 5, προ-
σχόντες V ‖ 25. ὥστε per anacoluthiam positum est ‖ 28. Παιονία] Mυ-
σία volebat Reitemeier. at nomen, ineptum sane, de suo adiecisse

Μακεδονίας καὶ Θετταλίας ἐπληροῦντο βαρβάρων τὰ προσ-
πεσόντα ληξομένων. (21) κινδύνου δὲ τοῖς ταύτῃ πράγμασιν
ἐπικειμένου μεγίστου, δραμόντες ἐπὶ βασιλέα τὸ συμβὰν ἀπ-
αγγέλλουσιν. ὁ δὲ τὰ πρὸς Πέρσας ὡς ἐνῆν διαθέμενος, ἀπὸ
τῆς Ἀντιοχείας διαδραμὼν ἐπὶ τὴν Κωνσταντινούπολιν ᾔει, 5
κἀντεῦθεν ἐπὶ Θρᾴκης ἐχώρει, τὸν πρὸς τοὺς αὐτομόλους
Σκύθας ἀγωνισόμενος πόλεμον. ἐξιόντι δὲ τῷ στρατοπέδῳ
2 καὶ αὐτῷ δὲ τῷ βασιλεῖ τέρας ὤφθη τοιόνδε. ἀνθρώπου τι
σκῆνος ἐφάνη κατὰ τὴν ὁδὸν κείμενον, τὸ μὲν ἄλλο ἅπαν
ἀκίνητον καὶ ἀπὸ κεφαλῆς μεμαστιγωμένῳ ἄχρι ποδῶν ἐοι- 10
κός, μόνους δὲ τοὺς ὀφθαλμοὺς ἀνεῳγμένους ἔχον, ἐμβλέ-
ποντας τοῖς πλησιάζουσιν. ἐπεὶ δὲ τοῖς ἐρωτῶσι τίς τε εἴη
καὶ πόθεν, ἢ παρὰ τίνος ταῦτα πάθοι, παντάπασιν οὐδὲν
ἀπεκρίνατο, τερατῶδες εἶναι νομίσαντες ἐπέδειξαν καὶ τῷ
βασιλεῖ παρόντι. τοῦ δὲ τὰς αὐτὰς πεύσεις προσαγαγόντος 15
οὐδὲν ἧττον ἄφωνος ἦν, οὔτε ζῆν νομισθεὶς διὰ τὸ πᾶν τὸ
σῶμα ἀκίνητος εἶναι, οὔτε τεθνάναι τελέως, ἐπειδὴ ἐρρῶσθαι
3 τὸ βλέμμα ἐδόκει. . . . γέγονεν ἀφανὲς ἄφνω τὸ τέρας. τῶν
οὖν περιεστώτων περὶ τὸ πρακτέον ἀπορουμένων συνέβαλλον
οἱ τὰ τοιαῦτα ἐξηγεῖσθαι δεινοὶ τὴν ἐσομένην προμηνύειν 20
τῆς πολιτείας κατάστασιν, ὅτι τε πληττόμενα καὶ μαστιγού-
μενα διατελέσει τὰ πράγματα, ψυχορραγοῦσιν ἐοικότα, μέχρις
ἂν τῇ τῶν ἀρχόντων καὶ ἐπιτροπευόντων κακίᾳ τελέως φθα-
ρείη. τοῦτο μὲν οὖν, ἐπιόντων ἡμῶν τὰ καθ᾽ ἕκαστα, σὺν
ἀληθείᾳ φανήσεται προαγορευθέν· (22) ὁ δὲ βασιλεὺς Οὐά- 25
λης ληξομένους ἤδη τὴν Θρᾴκην πᾶσαν τοὺς Σκύθας θεώ-
μενος, ἔγνω τοὺς ἐκ τῆς ἑῴας σὺν αὐτῷ παραγενομένους καὶ
μάχεσθαι μεθ᾽ ἵππων ἐμπειροτάτους τῇ τῶν Σκυθῶν ἵππῳ
2 πρότερον ἐπιπέμψαι. λαβόντες οὖν οὗτοι παρὰ τοῦ βασιλέως

videtur Zosimus, ideoque nil mutandum. ἡ Θρᾴκη πᾶσα καὶ ἡ συν-
εχὴς αὐτῇ χώρα Μακεδονία καὶ Θεσσαλία: Eunap. fr. 42 ‖ 2. Eunap.
fr. 46 ‖ 7. ἀγωνισόμενος] fort. ἀγωνιούμενος scripsit, cf. σωφρονοῦντα
I, 21, 2; κομιεῖσθαι IV, 31, 5; χαριεῖσθαι V, 22, 1 ‖ 10. ἀκίνητον V et
Reitemeier, εὐκίνητον apographa ‖ μεμαστιγωμένῳ ἄχρι] μ. μέχρι propter
hiatum conieci ‖ 11. 12. ἐμβλέποντας V², -τος V¹ ‖ 15. παριόντι Bekk ex
apographo uno ‖ προ͞αγαγόντος, σ a m. 2, V ‖ 18. γέγονεν V, καὶ γέ-
γονεν 5 ‖ 27. Saracenorum nomen intercidisse videtur ‖ 29. οὗτοι ac-
cessit e V

τὸ σύνθημα κατ᾽ ὀλίγους ἐκ τῶν τῆς Κωνσταντινουπόλεως
πυλῶν ὑπεξῄεσαν, καὶ τοὺς ἐκλείποντας Σκυθῶν τοῖς κοντοῖς
περονῶντες πολλῶν ἡμέρας ἑκάστης ἔφερον κεφαλάς. ἐπεὶ
δὲ ἡ τῶν ἵππων ταχυτὴς καὶ ἡ τῶν κοντῶν ἐπιφορὰ δύσμαχος
εἶναι τοῖς Σκύθαις ἐδόκει, καταστρατηγῆσαι τὸ Σαρακηνικὸν
διενοήθησαν φῦλον. ἐνέδραν τινὰ κοίλοις ἐναποκρύψαντες
τόποις τρεῖς ἑνὶ Σκύθας ἐπιέναι συνεῖδον Σαρακηνῷ. καὶ
ταύτης δὲ διαμαρτόντες τῆς πείρας, τῶν Σαρακηνῶν διὰ τὸ
τῶν σφετέρων ἵππων ταχὺ καὶ εὐάγωγον κατ᾽ ἐξουσίαν ἀπο-
φευγόντων, ἡνίκα ἂν πλῆθος ἐπιὸν ἴδοιεν, ἐπελαυνόντων δὲ
σχολαίοις καὶ τοῖς κοντοῖς ἀναιρούντων, τοσοῦτος ἐγένετο
Σκυθῶν φόνος ὥστε ἀπαγορεύσαντας αὐτοὺς ἐθελῆσαι περαιω-
θῆναι τὸν Ἴστρον καὶ σφᾶς ἐκδοῦναι τοῖς Οὔννοις μᾶλλον ἢ
ὑπὸ Σαρακηνῶν πανωλεθρίᾳ διαφθαρῆναι. καταλιπόντων δὲ
αὐτῶν τοὺς περὶ Κωνσταντίνου τὴν πόλιν τόπους καὶ πορρω-
τέρω προελθόντων, γέγονεν εὐρυχωρία τῷ βασιλεῖ παραγαγεῖν
εἰς τὸ πρόσω τὸ στράτευμα.

Σκοπουμένῳ δὲ αὐτῷ τίνι δέοι τρόπῳ διαθεῖναι τὸν πό-
λεμον πλήθους ἐπικειμένου τοσούτου βαρβάρων, καὶ ἅμα τῇ
τῶν ἀρχόντων βαρυνομένῳ κακίᾳ, καὶ παραλῦσαι μὲν αὐτοὺς
διὰ τὸν περιέχοντα τὰ πράγματα σάλον ὀκνοῦντος, ἀποροῦν-
τος δὲ τίσι τὰς ἡγεμονίας παραδοῦναι προσήκει μηδενὸς ἀξιό-
χρεω φαινομένου, καταλιπὼν Σεβαστιανὸς τὴν ἑσπέραν οἷα
τῶν αὐτόθι βασιλέων διὰ νεότητα φρανεῖν ταῦτα πρὸς ἑαυ-
τοὺς οὐκ ἀνεχομένων, ἀλλὰ ἐκδόντων ἑαυτοὺς εὐνούχων ἐπὶ
τῷ κοιτῶνι τεταγμένων διαβολαῖς, εἰς τὴν Κωνσταντινούπολιν

---

1. σύνθημα Sylb et Bekk, σύνθεμα V. cf. ad I, 50, 3 ‖ ἐκ acces-
sit e V ‖ 2. ὑπεξῄεσαν Sylb, ἐπεξῄεσαν V, ἐξῄεσαν ς ‖ 5. σαρᾰκηνικὸν,
ϱ sup. ser. u m. 2, η ex ι a m. 1, V. σαρρακηνικὸν ς ‖ 7. τρεῖς Vᶻ,
τρῖς V¹ ‖ συνεῖδον ex συνείδων radendo V. de ipso verbo v. Hase
ad Leon. Diac. p. 468 sq. Bonn. ‖ σαρᾰκηνῶι, ϱ sup. ser. a m. 2, V.
et sic porro. σαρρακηνῷ ς. et sic porro ‖ 8. δὲ accessit e V ‖ διαμαρ-
τόντες ς, διαμαρτάνοντες V ‖ 9. εὐάγωγον Vᶻ, εὐγα///// V¹ ‖ 10. ἂν Sylb,
δ᾽ ἂν V ‖ 15. τὴν Κωνσταντινούπολιν ceteris locis scriptor ‖ 18. σκοπου-
μένῳ δὲ αὐτῷ V, σκοπουμένου δὲ αὐτοῦ ς. σκεπτομένῳ conieci coll.
III, 12, 3. σκοπεῖν, non σκοπεῖσθαι, ceteris locis Zosimus ‖ 20. βαρυνο-
μένῳ V, βαρυνομένου ς ‖ 23. σεβαστιανὸς h. l. V. ceterum v. Eunap.
fr. 47 ‖ 24 τραυτὰ ex ταῦτα V. et sic Reitemeier. ταῦτα apographa

παρεγένετο. (23) τοῦτο μαθὼν Οὐάλης, καὶ τὰς ἐν πολέμοις
καὶ τῇ πάσῃ πολιτείᾳ τοῦ ἀνδρὸς ἀρετὰς ἐπιστάμενος, αἱρεῖται
στρατηγὸν αὐτὸν καὶ τὴν ἡγεμονίαν τοῦ παντὸς πιστεύει πο-
2 λέμου. ὁ δὲ πρὸς τὸ ἐκδεδιῃτημένον καὶ παντάπασιν ἐκμελὲς
τῶν ταξιάρχων καὶ στρατιωτῶν ἀφορῶν, καὶ ὡς εἰς φυγὴν 5
μόνον εἰσὶ γεγυμνασμένοι καὶ γυναικώδεις καὶ ἀθλίας εὐχάς,
δισχιλίους ᾔτησεν, οὓς ἂν ἕλοιτο, δοθῆναι στρατιώτας αὐτῷ·
πλήθους γὰρ ἡγεῖσθαι χαύνως ἠγμένων ἀνθρώπων μὴ ῥᾴδιον
εἶναι, παιδαγωγῆσαι δὲ ὀλίγους καὶ εἰς τὸ ἀρρενωπὸν ἐκ τοῦ
θήλεος ἀναγαγεῖν οὐ σφόδρα δύσκολον εἶναι, καὶ ἄλλως δὲ 10
λυσιτελὲς μᾶλλον ἐν ὀλίγοις ἢ παντὶ κινδυνεύειν τῷ πλήθει.
3 πείθει ταῦτα λέγων τὸν βασιλέα, καὶ λαβὼν αἵρεσιν οὐκ ἐκ
τῶν ἐντεθραμμένων δειλίᾳ καὶ πρὸς τὸ φεύγειν γεγυμνασμέ-
νων οὓς ᾔτησεν εἵλετο, νεωστὶ δέ τινας ἐναριθμηθέντας τῷ
στρατοπέδῳ καὶ σώματος ἀνατρέχοντας εὐφυΐᾳ καὶ προσέτι γε 15
τῷ φύσιν τεκμαίρεσθαι δυναμένῳ φαινομένους εἰς ὅπερ ἡρέ-
θησαν ἱκανούς. αὐτόθεν οὖν ἑκάστου τῆς φύσεως ἐπειρᾶτο,
καὶ τῇ συνεχεῖ γυμνασίᾳ τὸ ἐνδέον ἐπλήρου, πειθομένους μὲν
ἐπαινῶν·καὶ δωρεαῖς ἀμειβόμενος, ἀπειθοῦσι δὲ σφοδρὸς καὶ
4 ἀπαραίτητος εἶναι δοκῶν. οὕτω δὲ τοὺς σὺν αὐτῷ πρὸς πᾶ- 20
σαν πολεμικὴν ἐπιστήμην ἀσκήσας τὰς μὲν τειχήρεις κατελάμ-
βανε πόλεις, τῆς ἀσφαλείας ὅτι μάλιστα τοῦ στρατοπέδου
ποιούμενος λόγον, ἐνέδραις δὲ συνεχέσι τοῖς προνομεύουσι
τῶν βαρβάρων ἐπῄει, καὶ νῦν μὲν τῷ πλήθει τῶν λαφύρων
εὑρίσκων βαρυνομένους ἀνῄρει, τῆς λείας γενόμενος κύριος, 25
νῦν δὲ μεθύοντας, ἄλλους δὲ τῷ ποταμῷ λουομένους ἀπ-
5 έσφαξεν. ὡς δὲ τὸ πολὺ τῶν βαρβάρων τοῖς τοιούτοις στρα-
τηγήμασιν ἐδαπάνησε μέρος, καὶ τὸ λειπόμενον δέει τοῦ
στρατηγοῦ τοῦ προνομεύειν ἀπέσχετο, φθόνος ἐξανίσταται
κατ᾽ αὐτοῦ μέγιστος. οὗτος δὲ ἔτικτε μῖσος, ἐντεῦθέν τε 30
διαβολαὶ πρὸς τὸν βασιλέα, τῶν τοῦ ἄρχειν ἐκπεπτωκότων
τοὺς κατὰ τὴν αὐλὴν εὐνούχους παρορμώντων εἰς τοῦτο.
6 οὕτω δὴ τοῦ βασιλέως εἰς ἄλογον ὑποψίαν παρατραπέντος,
Σεβαστιανὸς μὲν ἐδήλου κατὰ χώραν μένειν τῷ βασιλεῖ καὶ

---

5. ταξιάρχων Bekk, ταξιαρχῶν V ‖ 9. εἶναι (⸱) sup. scr. (m. 2 ut
vid.) V ‖ 15. εὐφυΐα V², εὐφυῆ V¹ ‖ 16. φύσιν V, φύσει ς (unde antea
φύσεις coniiciebam) ‖ 16. 17. ἡρέθησαν Sylb, ἡρέθισαν, ᾽ m. 2 ex⸱, V ‖
21. ἐπ//ῄει V

μὴ περαιτέρω προβαίνειν· οὐδὲ γὰρ εἶναι ῥᾷστον πλήθει
τοσούτῳ πόλεμον ἐκ τοῦ προφανοῦς ἐπάγειν, ἀλλ' ἐκ περι-
δρομῆς καὶ λαθραίαις ἐπιθέσεσι τρίβειν τὸν χρόνον, ἕως ἂν
σπάνει τῶν ἐπιτηδείων ἀπειπόντες ἢ παραδοῖεν αὐτούς, ἢ
τῶν ὑπὸ Ῥωμαίους χωρίων ἀναχωρήσαιεν, τοῖς Οὔννοις ἐκ-
διδόντες τὸ καθ' ἑαυτοὺς μᾶλλον ἢ τοῖς ἐκ τοῦ λιμοῦ συμ-
βαίνειν εἰωθόσιν οἰκτροτάτοις ὀλέθροις. (24) ἀλλ' ἐκείνου
ταῦτα παραινοῦντος, οἱ τἀναντία σπουδάζοντες ἐξιέναι τὸν
βασιλέα πανστρατιᾷ παρεκάλουν ἐπὶ τὸν πόλεμον ὡς ἤδη τῶν
βαρβάρων ὡς ἐπίπαν ἀπολωλότων καὶ ἀκονιτὶ τοῦ βασιλέως
τῇ νίκῃ παρισταμένου. κρατησάσης δὲ τῆς χείρονος γνώμης,
ἐπειδὴ καὶ πρὸς τὸ χεῖρον ἦγεν ἡ τύχη τὰ πράγματα, τὸν
στρατὸν ἅπαντα σὺν οὐδενὶ κόσμῳ πρὸς τὴν μάχην ἐξῆγεν ὁ
βασιλεύς. οἷς ἀπαντήσαντες ἀπροφασίστως οἱ βάρβαροι, καὶ
παρὰ πολὺ τῇ μάχῃ κρατήσαντες, μικροῦ μὲν ἅπαντας πανω-
λεθρίᾳ διέφθειραν· σὺν ὀλίγοις δὲ πεφευγότος εἴς τινα κώμην
τοῦ βασιλέως, οὐκ οὖσαν τειχήρη, περιθέντες ὕλην παντα-
χόθεν τῇ κώμῃ καὶ πῦρ ἐνέντες τοὺς ἐν αὐτῇ συμφυγόντας
μετὰ τῶν ἐνοικούντων ἐνέπρησαν, ὡς μηδὲ τῷ τοῦ βασιλέως
σώματι δυνηθῆναί τινα παντάπασιν ἐπιστῆναι.

Τῶν δὲ πραγμάτων ἐπὶ λεπτοτάτης ἑστώτων ἐλπίδος, Βί-
κτωρ ὁ τοῦ Ῥωμαίων ἡγούμενος ἱππικοῦ, τὸν κίνδυνον ἅμα
τισὶν ἱππεῦσι διαφυγών, ἐπὶ Μακεδονίαν τε καὶ Θεσσαλίαν
ἐλάσας κἀκεῖθεν ἐπὶ Μυσοὺς καὶ Παίονας ἀναδραμών, αὐτόθι
διατρίβοντι τῷ Γρατιανῷ τὸ συμβὰν ἀπαγγέλλει καὶ τὴν τοῦ
στρατοπέδου καὶ τοῦ βασιλέως ἀπώλειαν. ὃ δὲ οὐ σφόδρα
μὲν λυπηρῶς τὴν τοῦ θείου τελευτὴν ἤνεγκεν (ἦν γάρ τις
ὑποψία πρὸς ἀλλήλους αὐτοῖς), ὁρῶν δὲ αὐτὸν οὐκ ἀρκοῦντα
πρὸς τὴν διοίκησιν, Θρᾴκης μὲν ὑπὸ τῶν ἐφεστώτων ταύτῃ
βαρβάρων κατεχομένης καὶ τῶν περὶ Μυσίαν καὶ Παιονίαν
τόπων ὑπὸ τῶν ταύτῃ βαρβάρων ἐνοχλουμένων, τῶν δὲ ὑπὲρ
τὸν Ῥῆνον ἐθνῶν ἀκωλύτως ταῖς πόλεσιν ἐπιόντων, αἱρεῖται τῆς

2. 3. ἐκ περιδρομῆς] ἐκπεριδρομαῖς conieci, vocabulo novo sed ad
analogiam formato ‖ 4. σπάνει V², σπάνη V¹ ‖ αὐτούς, 'ex', V ‖ 6. τὸ]
τὰ scribendum puto ‖ 6. 7. σβαίνειν V ‖ 8. τὸν V, μᾶλλον τὸν ς ‖ 12. καὶ
πρὸς V, πρὸς ς. πάλαι πρὸς conieci ‖ 16. κώμην ex κόμην V ‖ 17. ὕλην
V², ὕλη V¹ ‖ 24. αὐτόθι ex αὐτόθεν V ‖ 31. 32. ὑπὲρ τῶν ῥῆνον V², ὑπὲρ
τῶν ῥῆνον V¹, περὶ τὸν ῥῆνον ς ‖ 32. ἀναιρεῖτα (sic), ἀν eras., V

βασιλείας κοινωνὸν Θεοδόσιον, ἐκ μὲν τῆς ἐν Ἰβηρίᾳ Καλλεγίας,
πόλεως δὲ Καύκας ὁρμώμενον, ὄντα δὲ οὐκ ἀπόλεμον οὐδὲ ἀρχῆς
στρατιωτικῆς ἄπειρον. ἐπιστήσας δὲ τοῖς κατὰ Θρᾴκην αὐτὸν
καὶ τὴν ἑῴαν πράγμασιν αὐτὸς ἐπὶ Γαλάτας τοὺς ἑσπερίους
ἐχώρει, τὰ αὐτόθι διαθήσων, ὡς οἷός τε γένοιτο.   5

25. Θεοδοσίου δὲ τοῦ βασιλέως κατὰ τὴν Θεσσαλονίκην
διατρίβοντος, πολλοὶ πανταχόθεν κατὰ κοινὰς καὶ ἰδίας συρ-
ρέοντες χρείας τῶν προσηκόντων τυγχάνοντες ἀπηλλάττοντο.
πλήθους δὲ πολλοῦ τῶν ὑπὲρ τὸν Ἴστρον Σκυθῶν, Γότθων
λέγω καὶ Ταϊφάλων καὶ ὅσα τούτοις ἦν ὁμοδίαιτα πρότερον 10
ἔθνη, περαιωθέντων καὶ ταῖς ὑπὸ τὴν Ῥωμαίων ἀρχὴν οὔσαις
πόλεσιν ἐνοχλεῖν ἀναγκαζομένων διὰ τὸ πλῆθος Οὔννων τὰ
παρ' αὐτῶν οἰκούμενα κατασχεῖν, ὁ μὲν βασιλεὺς Θεοδόσιος
2 ἐς πόλεμον πανστρατιᾷ παρεσκευάζετο· πάσης δὲ τῆς Θρᾴκης
ὑπὸ τῶν εἰρημένων ἐθνῶν ἤδη κατειλημμένης, καὶ τῶν ἐπὶ 15
τῇ φυλακῇ τῶν πόλεων καὶ τῶν αὐτόθι φρουρίων οὐδὲ ἐπὶ
βραχὺ θαρρούντων ἔξω τῶν τειχῶν προελθεῖν, μήτι γε καὶ
ἐν τοῖς ὑπαίθροις εἰς χεῖρας ἐλθεῖν, Μοδάρης ὢν μὲν ἐκ τοῦ
βασιλείου τῶν Σκυθῶν γένους, οὐ πρὸ πολλοῦ δὲ πρὸς Ῥω-
μαίους αὐτομολήσας καὶ δι' ἣν ἐπεδείξατο πίστιν στρατιω- 20
τικῆς προβεβλημένος ἀρχῆς, ἐπί τινος ἀναβιβάσας λόφου
τοὺς στρατιώτας, ὁμαλοῦ μὲν καὶ γεώδους, ἐκτεινομένου δὲ
εἰς μῆκος καὶ πεδία μέγιστα ὑποκείμενα ἔχοντος, ἔλαθε μὲν
τοὺς βαρβάρους τοῦτο πεποιηκώς, ἐπεὶ δὲ διὰ τῶν κατα-
σκόπων ἔγνω πάντας ἐν τοῖς ὑποκειμένοις τῷ λόφῳ πεδίοις 25
τοὺς πολεμίους ἀποχρησαμένους τῇ κατὰ τοὺς ἀγροὺς καὶ τὰς
ἀτειχίστους κώμας εὑρεθείσῃ τρυφῇ κεῖσθαι μεθύοντας, ἡσυχῇ
παραγγέλλει τοῖς στρατιώταις ξίφη μόνα καὶ ἀσπίδας ἐπι-
κομιζομένοις, μείζονος δὲ ἢ βαρυτέρας ὑπεριδόντας ὁπλίσεως
καὶ τοὺς συνασπισμοὺς τοὺς συνήθεις ἐάσαντας, ἐπελθεῖν 30
3 τοῖς βαρβάροις ἤδη τῇ τρυφῇ παρειμένοις· οὗπερ γεγενη-

1. κοινωνὸν V², κοινὸν V¹ ∥ Καλλαικίας scripsit Bekk. ceterum cf.
Sievers 'Studien' p. 283 ∥ 4. πράγμασιν, πράγ ex corr. m. 1, V ∥ τοὺς
add. V² ∥ 5. ὡς V, εἰ ς ∥ 6. Θεσαλονίκην, σ a m. 2, V ∥ 8. τυγχάνοντες]
τυχόντες vertit Leunclavius, bene ∥ 22. γεώδους ς, γαιώδους V ∥ 27.
τρυφῇ V, τροφῇ ς ∥ 28. τοῖς στρατιώταις V, τοὺς στρατιώτας ς. huc
refert Mai Eunap. fr. 51 ∥ 28. 29. ἐπικομιζομένοις V, -νους ς ∥ 30.
ἐάσαντ//ς, ε erasa, V ∥ 31. ἤδη] fort. ἔτι scripsit

μένου βραχύ τι πρὸ τῆς ἡμέρας ἐπιθέμενοι τοῖς βαρβάροις
οἱ στρατιῶται πάντας κατέσφαξαν, τοὺς μὲν οὐδὲ αἰσθανο-
μένους, τοὺς δὲ ἅμα τῇ αἰσθήσει τρωθέντας, καὶ ἄλλους
ἄλλοις θανάτων τρόποις ἀναιρεθέντας. ἐπεὶ δὲ τῶν ἀνδρῶν
5 οὐδὲν ὑπελείφθη, τοὺς μὲν πεσόντας ἐσκύλευον, ἐπὶ δὲ τὰς
γυναῖκας καὶ τοὺς παῖδας ὁρμήσαντες ἁμάξας μὲν εἷλον τε-
τρακισχιλίας αἰχμαλώτους δὲ ὅσους ἦν εἰκὸς ἐπὶ τοσούτων
ἁμαξῶν φέρεσθαι, δίχα τῶν βάδην ταύταις ἀκολουθούντων
καὶ ἐξ ἀμοιβῆς, οἷα φιλεῖ γίνεσθαι, τὰς ἀναπαύσεις ἐπ' αὐτῶν
10 ποιουμένων. οὕτω τοῖς ἀπὸ τῆς τύχης πορισθεῖσι τοῦ στρα- 4
τηγοῦ χρησαμένου, τὰ μὲν τῆς Θράκης, εἰς ἔσχατον ἀπωλείας
ἐλάσειν κινδυνεύσαντα, τέως ἦν ἐν ἡσυχίᾳ παρὰ πᾶσαν ἐλπίδα
τῶν ἐν ταύτῃ βαρβάρων ἀπολομένων.

26. Τὰ δὲ κατὰ τὴν ἑῴαν οὐ πόρρω γέγονε παντελοῦς
15 ἀπωλείας ἐξ αἰτίας τοιᾶσδε. τῶν Οὔννων, ὃν τρόπον διεξ-
ῆλθον, τοῖς ὑπὲρ τὸν Ἴστρον κατῳκημένοις ἔθνεσιν ἐπελθόν-
των, οὐκ ἐνεγκόντες οἱ Σκύθαι τὰς τούτων ἐφόδους Οὐάλεντος
τηνικαῦτα βασιλεύοντος ἐδεήθησαν κατὰ τὴν Θράκην δέξασθαι
αὐτούς, συμμάχων τε καὶ ὑπηκόων πληρώσοντας χρείαν,
20 ὑπηρετησομένους δὲ πᾶσιν οἷς ἂν ὁ βασιλεὺς ἐπιτάξειεν.
τούτοις ὑπαχθεὶς τοῖς λόγοις Οὐάλης δέχεται μὲν αὐτούς, 2
οἰηθεὶς δὲ τῆς αὐτῶν πίστεως ἐχέγγυον ἀσφάλειαν ἔχειν εἰ
τοὺς αὐτῶν παῖδας εἰς ἥβην οὔπω προελθόντας ἐν ἑτέρᾳ που
διαιτᾶσθαι παρασκευάσειεν χώρᾳ, πλῆθος πολύ τι παιδαρίων
25 εἰς τὴν ἑῴαν ἐκπέμψας Ἰούλιον ἐπέστησε τῇ τούτων ἀνατροφῇ
τε καὶ φυλακῇ, τὴν ἀγχίνοιαν τοῦ ἀνδρὸς πρὸς ἑκάτερον
ἀρκεῖν ἡγησάμενος. ὁ δὲ ταῖς πόλεσιν αὐτοὺς ἐγκατένειμεν, 3
ὥστε μὴ βάρβαρον νεολαίαν, εἰς πλῆθος συνειλεγμένην το-
σοῦτον, εὐρυχωρίαν ἔχειν τοῦ νεωτερίζειν τι καὶ ἔξω τῶν
30 οἰκείων συμφρονῆσαι. τούτοις ἐνδιαιτωμένοις ταῖς πόλεσι

---

1. πρὸ accessit o V ‖ ἐπιθέμενο////, 1—2 litt. cras., V ‖ 2. οὐδε//,
ν erasa, V ‖ 4. θανάτων V, θανάτου ς ‖ 6. 7. τετρακισχιλίας V et Bekk,
-λίους apographa ‖ 10. 11. στρατηγοῦ V, στρατοῦ ς ‖ 12. τέως V², τε ως
V¹ ‖ 17. ἐνεγκόντες V², -των (ut vid.) V¹ ‖ 20. ἐπιτάξειεν V¹, ἐπιταξ//////,
4—5 litt. er., acc. om., V¹, ἐπιτάξειε ς ‖ 21. οὐάλης V, ὁ οὐάλης ς ‖
22. ει///, σ erasa, V ‖ 24. παρασκευάσειε ς ‖ 27. αὐτοὺς V², αὐτοῦ V¹ ‖
28. συνειλεγμένην V et Sylb, -μένων apographa ‖ 29. εὐρυχωρίαν V et
Sylb, -ρίας apographa

καὶ ἤδη ταῖς ἡλικίαις ἀκμάζουσι τὰ κατὰ τὴν Θρᾴκην συμ-
4 βάντα τοῖς αὐτῶν ὁμοφύλοις ἠγγέλθη· δυσχεράναντες δὲ
πρὸς τὴν ἀκοὴν ἀλλήλοις τε ὡμίλουν ὅσοι κατὰ τὴν αὐτὴν
πόλιν ἔτυχον ὄντες, καὶ τοῖς ἑτέρας πόλεις οἰκοῦσι λαθραίως
ἐδήλουν, τῇ κατὰ τῶν πόλεων ἐπιθέσει τιμωρῆσαι τοῖς σφῶν 5
5 πατράσι καὶ ὁμοφύλοις διανοούμενοι. ταύτης αἰσθόμενος ὁ
Ἰούλιος τῆς τῶν βαρβάρων ὁρμῆς, καὶ ἀπορῶν μὲν ὅ τι
πράξειε, δεδιὼς δὲ τὴν τῶν βαρβάρων ἐφ᾽ ὅπερ ἂν ὁρμήσωσι
πρόχειρον ἐπιχείρησιν, τῷ μὲν βασιλεῖ Θεοδοσίῳ δῆλον κατα-
στῆσαι τὸ μελετώμενον οὐκ ἔγνω, καὶ τοῖς περὶ Μακεδονίαν 10
ἐνδιατρίβοντι τόποις, καὶ προσέτι γε ὡς μὴ παρ᾽ αὐτοῦ παρὰ
Οὐάλεντος δὲ ταύτην ἐπιτραπεὶς τὴν φροντίδα, καὶ οὔπω
6 σχεδὸν τῷ τότε βασιλεύοντι γνωριζόμενος· τῇ δὲ κατὰ τὴν
Κωνσταντινούπολιν γερουσίᾳ γράψας ἐν παραβύστῳ, καὶ
παρὰ ταύτης ἐπιτραπεὶς ὅ τι ἂν λυσιτελεῖν ἡγήσαιτο πρᾶξαι, 15
τοιῷδέ τινι τρόπῳ τὸν ἐπηρτημένον ταῖς πόλεσιν ἀποσείεται
κίνδυνον. καλέσας ὡς ἑαυτὸν ἅπαντας ὅσοι ταγμάτων ἔτυχον
στρατιωτικῶν προεστῶτες, καὶ ὅρκοις καταλαβών, ἣν εἶχε
7 γνώμην αὐτοῖς ἐκοινώσατο. οἳ δὲ ἅπερ ἔδει πράττειν ἀκη-
κοότες, λόγους ἐνέσπειραν τοῖς ἐν ἑκάστῃ πόλει βαρβάροις, 20
ὡς ὁ βασιλεὺς ἁδραῖς σφόδρα δωρεαῖς αὐτοὺς ἀμείψασθαι
βούλοιτο καὶ διαδοῦναι πᾶσιν οὐ χρήματα μόνον ἀλλὰ καὶ
γῆν, ὡς ἂν εἰς τὴν ὑπὲρ αὐτοῦ καὶ Ῥωμαίων εὔνοιαν ἐπι-
8 δοῖεν. ἐπὶ τούτοις τε ἐκέλευον εἰς τὰς μητροπόλεις ἀγείρε-
σθαι, ῥητῆς αὐτοῖς εἰς τοῦτο δοθείσης ἡμέρας. ταύταις 25
ἐπαρθέντες οἱ βάρβαροι ταῖς ἐλπίσιν ἐχάλασαν μέν τι τοῦ
θυμοῦ καὶ τῆς κατὰ τῶν πόλεων ἀπωλείας, ἀναμείναντες δὲ
τὴν κυρίαν, οὗπερ ἑκάστοις ἦν τεταγμένον ἰέναι, συνέρρεον.
9 εἰδότες δὲ καὶ οἱ στρατιῶται τὸ σύνθημα, καταλαβόντες τὰ
ταῖς ἀγοραῖς ἐπικείμενα τέγη τοὺς βαρβάρους εἰσιόντας λίθοις 30
καὶ βέλεσι κατηκόντισαν, ἕως ἅπαντας πανωλεθρίᾳ διαφθεί-

5. τοῖς V², τὸ V¹ ‖ 8. τὴν V², τῇ V¹ ‖ ἂν sup. scr. V² ‖ 10. καὶ V¹,
καὶ ἐν V²ς ‖ 14. fort. huc pertinet Eunap. fr. 52 ‖ ἐν sup. scr. V² ‖ 18.
ὅρκοις V et Sylb, ὅρκους apographa ‖ 20. ἐνέσπειραν ex -ρον V ‖ 21.
ἁδραῖς V ‖ 23. ὡς V et Sylb, ὣ apographa ‖ 23. 24. ἐπιδοῖεν] ἐνδοῖεν
conieci ‖ 25. ταύταις (ταύτῇς) V², ταύτης V¹ ‖ 27. δὲ V², τὲ V¹ ‖ 28. κυρίαν
V², κυρείαν V¹ ‖ ἑκάστοις (sine acc.) ἦν τεταγμένον V, ἣν τεταγμένον
ἑκάστοις ς

ραντες τὰς ἐν τῇ ἑῴᾳ πόλεις τῶν ἐπικειμένων ἠλευθέρωσαν φόβων.

27. Τὰ μὲν οὖν κατὰ τὴν ἑῴαν καὶ Θρᾴκην συμπεσόντα ἐλαττώματα τῇ τῶν στρατηγῶν ἀγχινοίᾳ ταύτην ἔσχε τὴν τελευτήν. ὁ δὲ βασιλεὺς Θεοδόσιος ἐνδιαιτώμενος ἔτι τῇ Θεσσαλονίκῃ τοῖς μὲν ἐντυγχάνουσιν ἐδόκει πως εὐπρόσιτος εἶναι, τρυφὴν δὲ καὶ ἐκμέλειαν τῆς βασιλείας προοίμια ποιησά- μενος τὰς μὲν προεστώσας ἀρχὰς συνετάραξε, τοὺς δὲ τῶν στρατιωτικῶν ἡγουμένους πλείονας ἢ πρότερον εἰργάσατο· ἑνὸς γὰρ ὄντος ἱππάρχου καὶ ἐπὶ τῶν πεζῶν ἑνὸς τεταγμένου, πλείοσιν ἢ πέντε ταύτας διένειμε τὰς ἀρχάς, τούτῳ τε καὶ τὸ δημόσιον σιτήσεσιν ἐβάρυνε πλείοσιν (οὐκέτι γὰρ δύο στρατηγοῖς μόνοις ἀλλὰ πέντε καὶ πλείοσιν, ὅσην ἕκαστος τῶν δύο πρότερον εἶχεν, ἐχορηγοῦντο) καὶ τοὺς στρατιώτας τοσούτων ἀρχόντων ἐκδέδωκε πλεονεξίᾳ· τούτων γὰρ ἕκα- στος οὐ κατὰ τὸ μέρος, ἀλλὰ ὁλόκληρον, ὡς ἂν εἰ δύο μόνων ὄντων, ἐκ τῆς περὶ τὰ στρατιωτικὰ σιτηρέσια καπηλείας ἀθροί- ζειν ἐβούλετο κέρδος. καὶ οὐ τοῦτο μόνον, ἀλλὰ καὶ ἰλάρχας καὶ λοχαγοὺς καὶ ταξιάρχους εἰς πλῆθος ἤγαγε τοσοῦτον ὥστε διπλασίους ἢ πρότερον εἶχε λελεῖφθαι, τοὺς δὲ στρατιώτας τῶν ἐκ τοῦ δημοσίου δεδομένων αὐτοῖς ἔχειν οὐδέν.

28. Ἀλλὰ τοῦτο μὲν εἰς τοῦτο κατέστησεν ἡ τοῦ βασι- λέως ἐκμέλεια καὶ ἡ ἄλογος τῶν χρημάτων ἐπιθυμία, τοσαύ- την δὲ ἐπεισήγαγε τῇ βασιλικῇ τραπέζῃ δαπάνην ὥστε διὰ πλῆθος τῶν ἐδεσμάτων καὶ τῆς περὶ ταῦτα πολυτελείας τάγ- ματα πολυάνθρωπα καταστῆναι μαγείρων τε καὶ οἰνοχόων καὶ τῶν ἄλλων, οὓς εἴ τις ἐξαριθμήσασθαι βουληθείη, συγ- γραφῆς αὐτῷ πολυστίχου δεήσει. περὶ γὰρ τοῦ πλήθους τῶν περὶ τὴν βασιλικὴν θεραπείαν εὐνούχων, καὶ ὡς οἱ πλεῖστοι τούτων, ὅσοι μάλιστα τῶν ἄλλων ὥρᾳ διέφερον, ἄρχοντάς τε ὡς ἠβούλοντο παρῆγον εἰς μέσον καὶ τῆς βασιλείας ἁπάσης

9. ἐργασάμενος V, corr. Syll. ‖ 10. ἱππάρχου V et Leunclavius, ὑπάρχου apographa ‖ 13. ὅσην V², ὡς ἦν V¹, ὅσα et ὅσοις apographa 15. τούτων V², τούτω V¹ ‖ 16. οὐ κατὰ τὸ μέρος V, οὐκ αὐτὸ μέρος ς, unde οὐ κατὰ μέρος coni. Bekk. ‖ 23 sq. cf. Eunap. fr. 48. 49 ‖ 26. τε καὶ οἰνοχόων, καὶ a m. 2, V ‖ 27. 28. ∥συγγραφῆς, ἤ, ut vid., eras., V ‖ 28. δεήσει] eadem constructione IV, 51, 2; Lydus de mag. p. 224, 21 Bk. ‖ 31. τε ὡς V, τέως apographa, unde τε οὓς Reitemeier, bene

184   — Δ —

τὴν ἐπικράτειαν ἔσχον, τὴν τοῦ βασιλεύοντος εἰς ὅπερ ἐβού-
λοντο μεταφέροντες γνώμην, τί δεῖ λέγοντα μηκύνειν ἐπὶ
πλέον τὸν λόγον, δέον τὰ τῆς ἐξ ἐκείνου τῶν πραγμάτων
3 ἀπωλείας αἴτια διελθεῖν. ἐπειδὴ γὰρ ὡς ἔτυχε, καὶ περὶ τοὺς
ἀναξίους, τὰ δημόσια δαπανῶν πλειόνων εἰκότως ἐδεῖτο χρη- 5
μάτων, καὶ τὰς τῶν ἐπαρχιῶν ἡγεμονίας ὠνίους προυτίθει
τοῖς προσιοῦσι, δόξῃ μὲν ἢ βίῳ σπουδαίῳ παντάπασιν οὐ
προσέχων, ἐπιτήδειον δὲ κρίνων τὸν [ἀγρὸν ἢ] ἀργύριον
4 προσάγοντα πλέον. καὶ ἦν ἰδεῖν ἀργυραμοιβοὺς καὶ ὀβολο-
στάτας καὶ ἄλλους ἐπ' ἀγορᾶς τὰ τῶν ἐπιτηδευμάτων αἴσχρό- 10
τατα μετιόντας ἐπιφερομένους τὰ τῶν ἀρχῶν σύμβολα καὶ
τοῖς πλείονα ἔχουσι χρήματα τὰς ἐπαρχίας παραδιδόντας.
(29) οὔσης οὖν ἤδη τοιαύτης τῆς ἀμφὶ τὴν πολιτείαν ἐπὶ τὸ
χεῖρον ἐναλλαγῆς, τὸ μὲν στρατιωτικὸν ἐν ὀλίγῳ μεμείωτο
χρόνῳ καὶ εἰς τὸ μηδὲν περιίστατο, τὰς δὲ πόλεις ἐπιλελοίπει 15
τὰ χρήματα, τὰ μὲν ὑπὸ τῶν ἐπιτεθέντων εἰσφορῶν, ὑπερ-
βαινόντων τὸ μέτρον, τὰ δὲ εἰς τὴν τῶν ἀρχόντων ἐκενοῦτο
πλεονεξίαν· τοὺς γὰρ μὴ θεραπεύοντας τὴν αὐτῶν ἀπληστίαν
τοῖς ἐκ συκοφαντίας πράγμασι περιέβαλλον, μόνον οὐχὶ βο-
ῶντες ὡς ὅσα ὑπὲρ τῆς ἀρχῆς δεδώκασιν ἀνάγκη πᾶσα συν- 20
2 αγαγεῖν. ἐκ τούτου τοιγαροῦν οἱ τὰς πόλεις οἰκοῦντες πενίᾳ
τε καὶ ἀρχόντων κακίᾳ τρυχόμενοι δυστυχῆ καὶ οἴκτιστον
ἔτριβον βίον, ἱκετεύοντες τὸν θεὸν καὶ δεόμενοι τῶν τοσούτων
αὐτοῖς ἀπαλλαγὴν εὕρασθαι συμφορῶν· ἔτι γὰρ ἦν αὐτοῖς
ἄδεια τοῦ φοιτᾶν εἰς τὰ ἱερὰ καὶ τὰ θεῖα κατὰ τοὺς πατρίους 25
θεσμοὺς ἐκμειλίττεσθαι.

30. Ὁ δὲ βασιλεὺς Θεοδόσιος παρὰ πολὺ ἐλαττωθὲν τὸ
στρατιωτικὸν θεασάμενος, ἐφῆκε τῶν ὑπὲρ τὸν Ἴστρον βαρ-
βάρων τοῖς βουλομένοις ὡς αὐτὸν ἰέναι, τοὺς αὐτομόλους ἐν-
τάττειν τοῖς στρατιωτικοῖς τάγμασιν ὑπισχνούμενος. οἳ δὲ τὸ 30
σύνθημα τοῦτο δεξάμενοι ᾔεσάν τε ὡς αὐτὸν καὶ ἀνεμίγνυντο
τοῖς στρατιώταις, γνώμην ἐν ἑαυτοῖς ἔχοντες, εἰ πλείους

---

7. προσιοῦσι V², προσοιοῦσι V¹ ∥ 8. κρίνων V², κρίνω V¹ ∥ 'ἀγρὸν ἢ
enatum ex ἀργύριον' Bekk. χρυσίον ἢ coniecerat Sylb ∥ 9. πλέον scripsi,
πλεῖον V ς ∥ 15. ἐπιλελοίπει Bekk. ἀπολ. V ∥ 16. χρήματα, ⟨ὧν⟩ vel
⟨καὶ⟩ τὰ μὲν coni. Sylb. turbatus certo est locus ∥ ὑπὸ V², ὑπὲρ V¹ ∥
εἰσφορῶν] φόρων Sylb. at cf. Bekk ad h. l. et Lobeck Aglaoph. p. 216 sq. ∥
25. 26. cf. Iulian. p. 461, 22 H.: οἱ πάτριοι τῆς ἁγιστείας θεσμοί ∥ 28.
ἐφῆκε τῶν V², ἔφη κ/// τὸν V¹ ∥ 32. ἐν sup. scr. V²

γένοιντο, ῥᾷον ἐπιθέσθαι τοῖς πράγμασι καὶ κρατήσειν ἁπάν-
των. ἰδὼν δὲ τὸ πλῆθος τῶν αὐτομόλων ὁ βασιλεὺς ἤδη τὸ 2
τῶν αὐτόθι στρατιωτῶν ὑπεραῖρον, ἐν νῷ τε βαλόμενος ὡς
οὐ καθέξει τις αὐτοὺς ἕτερόν τι παρὰ τὰ συντεθειμένα φρο-
νήσαντας, ἄμεινον ᾠήθη μέρος τι τούτων τοῖς στρατευομένοις
κατὰ τὴν Αἴγυπτον ἀναμῖξαι, μέρος δὲ τῶν τὰ ἐκεῖσε τάγ-
ματα πληρούντων ὡς ἑαυτὸν ἀγαγεῖν. οὗ δὴ γενομένου, καὶ 3
τῶν μὲν ἐπ᾽ ἐκεῖνα τῶν δὲ ἐπὶ τάδε κατὰ τὸ βασιλέως σύν-
θημα προϊόντων, οἱ μὲν Αἰγύπτιοι τὴν πάροδον ἡσυχῇ ποι-
ούμενοι διὰ τῶν πόλεων τὰ ἐν χρείᾳ τιμῆς δικαίας ὠνοῦντο,
οἱ βάρβαροι δὲ σὺν οὐδενὶ κόσμῳ τῇ παρόδῳ χρώμενοι τὰ
ἐπ᾽ ἀγορᾶς ὡς ἐβούλοντο διετίθεσαν. ἐπεὶ δὲ συνέδραμον εἰς 4
τὴν Φιλαδέλφειαν, ἣ μία τῆς Λυδίας ἐστίν, οἱ μὲν Αἰγύπτιοι
πολλῷ τῶν βαρβάρων ὄντες ἐλάττους εἴχοντο τῆς στρατιωτι-
κῆς εὐταξίας, οἱ δὲ βάρβαροι πλήθει τούτους ὑπεραίροντες
ἔχειν τι πλέον ἠξίουν. καὶ ἐπειδὴ τῶν ἐπ᾽ ἀγορᾶς τις ὢν
ἀπέδοτο δοθῆναι τιμὴν ᾔτησεν, ὁ δὲ βάρβαρος τὸ ξίφος ἐπ-
ήγαγεν, εἶτα ἀναβοήσαντος ἐπλήττετο καὶ ἄλλος βοηθῆσαι
βουλόμενος, ἐλεήσαντες οἱ Αἰγύπτιοι τὸ γινόμενον ἐπιεικῶς
τοῖς βαρβάροις ἀπέχεσθαι παρῄνουν τῶν τοιούτων ἀτοπημά-
των· μὴ γὰρ εἶναι τοῦτο ἔργον ἀνθρώπων κατὰ Ῥωμαίων
νόμους ζῆν ἐθελόντων. οἳ δὲ κατ᾽ ἐκείνων ἐχρῶντο τοῖς ξί- 5
φεσιν, ἕως ἐνδόντες οἱ Αἰγύπτιοι τῷ θυμῷ συνέπεσόν τε
αὐτοῖς καὶ πλείους ἢ διακοσίους ἀνεῖλον, τοὺς μὲν πλήξαντες,
τοὺς δὲ εἰς τοὺς ὑπονόμους φυγεῖν ἀναγκάσαντες κἀκεῖσε τὸν
βίον ἀπολιπεῖν. ἐν μὲν οὖν τῇ Φιλαδελφείᾳ ταῦτα πράξαντες
ἐπὶ τοῖς βαρβάροις Αἰγύπτιοι, καὶ πείσαντες σωφρονεῖν ὡς
τῶν ἀντιστησομένων αὐτοῖς οὐκ ἐπιλειψόντων, αὐτοὶ μὲν
εἴχοντο τῆς ἐπὶ τὸ πρόσω πορείας, οἱ δὲ βάρβαροι ἐπὶ τὴν
Αἴγυπτον, οὗ τεταγμένον ἦν αὐτοῖς, προῄεσαν. ἡγεῖτο δ᾽

---

1. 2. κρατῆσαι ἁπάντων propter hiatum vitavit. non tamen ἐπι-
θήσεσθαι necessarium ‖ 2. 3. τὸ/// τῶν V ‖ 3. βα//λόμενος, λ erasa, V, et
sic Bekk, βαλλόμενος apographa ‖ 4. οὐ accessit e V ‖ 5. στρατευομένοις
ς, ἐστρατευμένοις V ‖ 8. ἐπ (sic) ἐκεῖνα V², ἐπέκει///α, 1—2 litt. eras.,
V¹ ‖ ἐπὶ τάδε V², ἔπειτα δὲ V¹ ‖ τὸ V², τοῦ V¹ ‖ 13. φιλαδελφ///ίαν ἢ V ‖
λυδίας ς, αὐδίας V ‖ 14. 15. στρατιωτικῆς Sylb, στρατηγικῆς Vς ‖ 15.
ὑπεραίροντες ς, -τ///ς V¹, -τας V² ‖ 22. fort. ⟨καὶ⟩ κατ᾽ scripsit ‖ 24. αὐ-
τοῖς V², ἑαυτοῖς V¹ ‖ 30. δ᾽ V, δὲ ς

αὐτῶν Ὁρμίσδης ὁ Πέρσης· ἦν δὲ Ὁρμίσδου παῖς τοῦ κοι-
νωνήσαντος εἰς τὸν κατὰ Περσῶν πόλεμον Ἰουλιανῷ τῷ
αὐτοκράτορι.

31. Τῶν δὲ Αἰγυπτίων εἰς Μακεδονίαν ἀφικομένων καὶ
τοῖς αὐτόθι τάγμασι συναφθέντων, τάξις μὲν ἦν τοῖς στρα-
τεύμασιν οὐδεμία, οὐδὲ Ῥωμαίου διάκρισις ἢ βαρβάρου,
πάντες δὲ ἀναμὶξ ἀνεστρέφοντο, μηδὲ ἀπογραφῆς ἔτι τῶν ἐν
τοῖς στρατιωτικοῖς ἀριθμοῖς ἀναφερομένων φυλαττομένης.
ἐφεῖτο δὲ τοῖς αὐτομόλοις, ἤδη τοῖς τάγμασιν ἐγγραφεῖσιν,
εἰς τὴν οἰκίαν ἐπανιέναι καὶ ἑτέρους ἐκπέμπειν ἀνθ᾽ ἑαυ-
τῶν, καὶ ὁπηνίκα ἂν αὐτοῖς δοκοίη, πάλιν ὑπὸ Ῥωμαίους
2 στρατεύεσθαι. τοιαύτην ὁρῶντες οἱ βάρβαροι κρατοῦσαν ἐν
τοῖς στρατιωτικοῖς τάγμασι ταραχὴν (οἵ τε γὰρ αὐτόμολοι
πάντα ἐσήμαινον αὐτοῖς καὶ ἡ τῆς ἐπιμιξίας εὐρυχωρία) και-
ρὸν ἔχειν ᾠήθησαν ἐπιθέσθαι τοῖς πράγμασιν ἐν ἀμελείᾳ
3 τοσαύτῃ κειμένοις. καὶ σὺν οὐδενὶ πόνῳ τὸν ποταμὸν δια-
βάντες καὶ μέχρι Μακεδονίας ἐλθόντες (ἐκώλυε γὰρ οὐδὲ εἷς,
ἐνδιδόντων αὐτοῖς μάλιστα τῶν αὐτομόλων ἀκώλυτον, ἐφ᾽
ἅπερ ἐβούλοντο, τὴν διάβασιν) ἐπειδὴ καὶ τὸν βασιλέα μετὰ
παντὸς αὐτοῖς ἀπαντήσαντα τοῦ στρατεύματος ᾔσθοντο, νυ-
κτὸς οὔσης ἤδη βαθείας πῦρ ἀνακαιόμενον πολὺ θεασάμενοι,
τεκμαιρόμενοί τε ὡς περὶ τὸν βασιλέα καὶ τοὺς περὶ αὐτὸν
εἴη τὸ φαινόμενον πῦρ, ἅμα δὲ καὶ παρὰ τῶν προσιόντων
αὐτοῖς αὐτομόλων οὕτως ἔχειν τοῦτο μαθόντες, δρόμον ἀφ-
ῆκαν ἐπὶ τὴν τοῦ βασιλέως σκηνήν, ὑπὸ τοῦ πυρὸς ὁδηγού-
4 μενοι. συναραμένων δὲ καὶ τῶν αὐτομόλων αὐτοῖς, μόνοι
Ῥωμαῖοι, καὶ τῶν Αἰγυπτίων ὅσοι παρῆσαν, ἀντέστησαν. ὀλί-
γοι δὲ πρὸς πολλῷ πλείονας οὐκ ἀρκέσαντες ἔδωκαν μὲν τῷ
βασιλεῖ φυγῆς εὐρυχωρίαν, αὐτοὶ δὲ ἅπαντες ἔπεσον ἀνδρείως
5 μαχόμενοι καὶ τῶν βαρβάρων πλῆθος ἄπειρον ἀνελόντες. εἰ
μὲν οὖν ἐπεξῆλθον οἱ βάρβαροι τῷ προτερήματι καὶ τοὺς ἅμα
τῷ βασιλεῖ φεύγοντας ἐδίωξαν, πάντως αὐτοβοεὶ πάντων ἂν
ἐκράτησαν. ἐπεὶ δὲ ἀρκεσθέντες τῇ νίκῃ Μακεδονίας καὶ

10. οἰκείαν V², οἰκίαν V¹ ‖ 14. ἡ τῆς] ἦν τῆς coni. Sylb, inutiliter.
cf. v. c. Liban. t. I p. 641, 11 R. ‖ 20. ἀπαντήσαντα] ἀπαντήσοντα
coni. Sylb ‖ 27. αἰγυπτίων V, αὐτομόλων ς ‖ 28. πλείονας scripsi,
πλέονας Vς

Θεσσαλίας ἐγένοντο κύριοι φυλάττοντος οὐδενός, αὐτοὶ μὲν
ἀφῆκαν τὰς πόλεις, ἄχαρι πράξαντες εἰς αὐτὰς οὐδὲ ἕν, ἐλπίδι
τοῦ φόρον τινὰ μέτριον ἐξ αὐτῶν κομιεῖσθαι· (32) μαθὼν
δὲ ὁ βασιλεὺς ὡς ἐπὶ τούτοις τὴν ἀναχώρησιν ποιησάμενοι
5 τὰ οἰκεῖα κατέλαβον, φυλακαῖς μὲν τὰ φρούρια καὶ τὰς τει-
χήρεις ἠσφαλίζετο πόλεις, αὐτὸς δὲ ἐπὶ τὴν Κωνσταντινού-
πολιν ἤλαυνε, γράμματα πρὸς Γρατιανὸν στείλας τὸν βασιλέα,
δι' ὧν τὰ συμβεβηκότα ἐδήλου, καὶ ὡς δέοι τοῖς πράγμασιν
εἰς ἔσχατον ἥκουσι κακοῦ μετὰ πάσης ἀμύνειν ταχυτῆτος. καὶ 2
10 τοὺς γραμματηφόρους ἐπὶ τούτοις ἐξέπεμπεν, αὐτὸς δέ, ὡς
οὐδενὸς λυπηροῦ ταῖς ἐν Μακεδονίᾳ πόλεσιν καὶ Θεσσαλίᾳ
συμβεβηκότος, ἐφίστη τοὺς τῶν δημοσίων πράκτορας φόρων
εἰσπράξοντας τὸ τελούμενον εἰς πᾶσαν ἀκρίβειαν. καὶ ἦν ἰδεῖν,
εἴ τι διὰ τὴν τῶν βαρβάρων φιλανθρωπίαν περιλελειμμένον
15 ἦν, ἐκφορούμενον· οὐ γὰρ χρήματα μόνον ἀλλὰ καὶ γυναι- 3
κεῖος κόσμος καὶ ἐσθὴς πᾶσα, μέχρι καὶ αὐτῆς ὡς εἰπεῖν τῆς
τὴν αἰδῶ σκεπούσης, ὑπὲρ τῶν τεταγμένων ἐδίδοτο φόρων·
καὶ ἦν πᾶσα πόλις καὶ πᾶς ἀγρὸς οἰμωγῆς καὶ θρήνων ἀνά-
μεστος, τοὺς βαρβάρους ἁπάντων ἀνακαλούντων καὶ τὴν ἐξ
20 ἐκείνων ἐπισπωμένων βοήθειαν.

33. Καὶ τὰ μὲν Θεσσαλῶν καὶ Μακεδόνων ἐν τούτοις
ἦν, ὁ δὲ βασιλεὺς Θεοδόσιος λαμπρὸς καὶ ὥσπερ ἐπὶ νίκῃ
σεμνῇ θρίαμβον ἐκτελῶν εἰς τὴν Κωνσταντινούπολιν εἰσῄει,
τῶν μὲν κοινῶν ἀτυχημάτων οὐδένα ποιούμενος λόγον, συν-
25 εκτείνων δὲ τῷ τῆς πόλεως μεγέθει τὴν τῆς τρυφῆς ἀμετρίαν.
ὁ δὲ βασιλεὺς Γρατιανὸς οὐ μετρίως ἐπὶ τοῖς ἀγγελθεῖσι συν-
ταραχθεὶς στρατιὰν ἀρκοῦσαν ἐξέπεμψεν, Βαύδωνι τῷ στρα-
τηγῷ ταύτην παραδούς, ᾧ καὶ Ἀρβογάστην συνέπεμψεν· ἄμφω 2
δὲ ἦσαν Φράγγοι τὸ γένος, εὖνοί τε σφόδρα Ῥωμαίοις καὶ
30 χρημάτων ὡς μάλιστα ἀδωρότατοι καὶ περὶ τὰ πολέμια φρο-
νήσει καὶ ἀλκῇ διαφέροντες. τούτων ἅμα τῇ στρατιᾷ τοῖς
κατὰ Μακεδονίαν καὶ Θεσσαλίαν ἐπιστάντων χωρίοις, οἱ τὰ

3. μέτριον accessit c V ‖ 7. πρὸς ς, πρὸς τὸν V ‖ 11. πόλεσι ς ‖
14. εἴ τι V, ὃ ς ‖ 25. ἀμετρίαν, ἀ ex corr. m. 2, V ‖ 27. στρατιὰν Vᵃ,
στρατιάν V¹ ‖ ἐξέπεμψε ς ‖ Βαύδωνι] Eunap. fr. 53 ‖ 28. ἀρβογάστην ς,
ἀρβοβάστην, alt. β in ras. m. 2, V ‖ 29. φράγγοι V, φράγκοι ς ‖ 30. ὡς
sup. scr. V¹. cum Eunapius dixisset πρὸς χρήματα πόλεμον πολεμῶν
ἄσπονδον, locutionem Thucydideam (II, 65, 5) praetulit Zosimus

188   ———— Δ ————

τῇδε νεμόμενοι Σκύθαι ἐκ προοιμίου τοῦ φρονήματος τῶν
ἀνδρῶν καὶ τῆς προαιρέσεως συναισθόμενοι, παραχρῆμα τῶν
τόπων ἐκείνων ἐκστάντες ἐπὶ τὴν Θράκην ἐπαλινδρόμουν πε-
πορθημένην ὑπ᾽ αὐτῶν πρότερον, καὶ ὅ τι πράξαιεν ἀποροῦν-
τες ἐπὶ τὴν ὁμοίαν τῇ πρότερον ἐφέροντο πεῖραν καὶ τοῖς   5
3 αὐτοῖς παράγειν τὸν βασιλέα Θεοδόσιον ἐπεχείρουν· αὐτο-
μόλους γὰρ ἔπεμπον ὡς αὐτὸν ἐλαχίστους, εὔνοιαν καὶ συμ-
μαχίαν καὶ πᾶν τὸ προσταττόμενον ὑπισχνουμένους. καὶ
ἐπειδὴ ταῦτα λέγουσι πιστεύσας ἐδέχετο καὶ οὐδὲ ἡ πρώτη
πεῖρα δέδωκεν αὐτῷ τὸ λυσιτελοῦν ἰδεῖν, ἐπηκολούθησαν καὶ 10
ἐπὶ τούτοις ἕτεροι, καὶ πάντας προσίετο, καὶ πάλιν ἐπὶ τοῖς
αὐτομόλοις τὰ πράγματα ἦν διὰ τὴν τοῦ βασιλέως ἠλιθιό-
τητα. ταύτην δὲ ἔτρεφεν ἡ τῆς τρυφῆς ἄσκησις ἐν αὐτῷ.
4 πάντα γὰρ ὅσα πρὸς ἠθῶν ἀρχεῖ καὶ βίου διαφθοράν, ἐπὶ
τῆς τούτου βασιλείας τοσαύτην ἐπίδοσιν ἔσχεν ὥστε πάντας 15
σχεδόν, ὅσοι τὰ τοῦ βασιλέως ἐζήλουν ἐπιτηδεύματα, τὴν ἀν-
θρωπίνην εὐδαιμονίαν ἐν τούτοις ὁρίζεσθαι. μῖμοί τε γὰρ
γελοίων καὶ οἱ κακῶς ἀπολούμενοι ὀρχησταί, καὶ πᾶν ὅ τι
πρὸς αἰσχρότητα καὶ τὴν ἄτοπον ταύτην καὶ ἐκμελῆ συντελεῖ ·
μουσικήν, ἠσκήθη τε ἐπὶ τούτου, καὶ μετὰ ταῦτα, ... 20
τὴν ἐκείνων ἄνοιαν ζηλώσαντας εἶναι, εἰς τοσαύτην κατ-
ενεχθέντος διαφθορὰν τοῦ πολιτεύματος. ἔτι τε καὶ τὰ τῶν
θεῶν ἔδη κατὰ πᾶσαν ἐπολιόρκει πόλιν καὶ χώραν, κίν-
δυνός τε πᾶσιν ἐπέκειτο τοῖς νομίζουσιν εἶναι θεοὺς ἢ ὅλως
εἰς τὸν οὐρανὸν ἀναβλέπουσι καὶ τὰ ἐν αὐτῷ φαινόμενα 25
προσκυνοῦσι.

34. Θεοδοσίου τοίνυν ὄντος ἐν τούτοις, Γρατιανὸς ὁ
βασιλεὺς ἐκπέμπει τοῖς κατὰ τὸ Ἰλλυριῶν κλίμα στρατιωτικοῖς

3. ἐκείνων accessit e V ‖ 7. ἐλαχίστους] πλαστοὺς conieci ‖ 8. προσ
ττατόμενον V ‖ 11. τούτοις ς, τούτους V ‖ 15. ἔσχεν V², ἔσχε V¹ ‖
16. ἐζήλουν V et Leunclavius, ἐζήτουν apographa ‖ 17. ἐν deleverim.
ceterum obversatus videtur Zosimo celebratus Demosthenis locus
p. 324, 25: τῇ γαστρὶ μετροῦντες καὶ τοῖς αἰσχίστοις τὴν εὐδαιμονίαν ‖
19. ἐκμελῆ, ῆ m. 1 in ras. (ει?), V ‖ 20. locus mutilus. διὰ τὸ post
ταῦτα add. ς ‖ 23. ἔδη Sylb, ἔδη V², ἔδει V¹, εἴδη apographa ‖ ἐπολιορ-
κεῖτο coni. Sylb ‖ 25. καὶ sup. scr. V² ‖ 27. incipiunt excerpta in AB:
ὅτι γρατιανὸς ὁ βασιλεὺς ἐκπέμπει τοῖς κατὰ τὸ ἰλλυρικὸν στρατιωτικοῖς
(στρατιωτοῖς B) τάγμασιν ‖ 28. ἰλλυριῶν V², ἰλλυρίων V¹. cf. II, 14, 1

τάγμασι στρατηγὸν Βιταλιανόν, ἄνδρα πεπονηκότι τοῖς πράγ-
μασι κατ᾽ οὐδὲν ἀρκέσαι δυνάμενον. τούτου δὲ ἡγουμένου 2
δύο μοῖραι τῶν ὑπὲρ τὸν Ῥῆνον Γερμανικῶν ἐθνῶν, ἡ μὲν
ἡγεμόνι Φριτιγέρνῳ χρωμένη, ἡ δὲ ὑπὸ Ἀλλόθεον καὶ Σά-
5 φρακα τεταγμένη, τοῖς Κελτικοῖς ἔθνεσιν ἐπικείμεναι κατέ-
στησαν εἰς ἀνάγκην τὸν βασιλέα Γρατιανὸν ἐνδοῦναι σφίσιν,
ἀπολιπούσαις τὰ ἐν Κελτοῖς, διὰ τοῦ Ἴστρου Παιονίαν καὶ
τὴν ἄνω Μυσίαν καταλαβεῖν· ἦν γὰρ αὐτῷ λόγος τε καὶ
σπουδὴ τέως ἀπαλλαγῆναι τῆς συνεχοῦς τούτων ἐφόδου. δια- 3
10 πλεύσαντες οὖν ἐπὶ τούτοις τὸν Ἴστρον, διανοούμενοί τε διὰ
Παιονίας ἐπὶ τὴν Ἤπειρον διαβῆναι, περαιωθῆναι δὲ τὸν
Ἀχελῷον καὶ ταῖς Ἑλληνικαῖς πόλεσιν ἐπιθέσθαι, τροφὰς
πορίσασθαι ᾠήθησαν πρότερον, Ἀθανάριχόν ⟨τε⟩ παντὸς τοῦ
βασιλείου τῶν Σκυθῶν ἄρχοντα γένους ἐκποδὼν ποιήσασθαι
15 πρὸς τὸ μηδένα κατὰ νώτου τὸν κωλύσοντα τὴν αὐτῶν ἐπι-
χείρησιν ἔχειν. ἐπιθέμενοι τοίνυν αὐτῷ σὺν οὐδενὶ πόνῳ 4
τῶν τόπων ἐν οἷς ἦν ἀπανέστησαν. ὃ δὲ ὡς Θεοδόσιον
ἔδραμεν ἀρτίως ἀπαλλαγέντα νόσου τὸν βίον αὐτῷ κατα-
στήσασης εἰς ἀμφίβολον. ὃ δὲ φιλοφρόνως μετὰ τῶν σὺν
20 αὐτῷ βαρβάρων ἐδέξατο, πόρρω που τῆς Κωνσταντινουπόλεως
προελθών, καὶ παραχρῆμα τελευτήσαντα ταφῇ βασιλικῇ περι-
έστειλε. τοσαύτη δὲ ἦν ἡ περὶ τὴν ταφὴν πολυτέλεια ὥστε 5
τοὺς βαρβάρους ἅπαντας καταπλαγέντας τῇ ταύτης ὑπερβολῇ,
τοὺς μὲν Σκύθας ἐπανελθεῖν οἴκαδε καὶ μηκέτι Ῥωμαίοις
25 παρενοχλεῖν, τὴν εὐγνωμοσύνην τοῦ βασιλέως θαυμάσαντας,

---

1. τάγμασιν AB ‖ βιταλιανὸν V, βιδιλιανὸν AB. cf. Amm. XXV,
10, 9 ‖ ἄνδρα — 2. δυνάμενον om. AB ‖ 2 sq. confuse admodum narrata
sunt, ipsius quidem Zosimi culpa, qui Alamannorum (cf. Mommsen ad
Iordan. p. 95, 9) Gallias infestantium et Gothorum res temere miscuit ‖

4. ἀλλόθεον AB, ἀλλόθεν V (o a. m. 1), ἄλλοθον ϛ. 'Alatheus' Ammiano
et Iordani ‖ 4. 5. σάφρακα V, σέφρακτα AB. 'Saphrax' Ammiano,
'Safrac' Iordani ‖ 6. ἐκδοῦναι AB ‖ 7. ἀπολιπούσαις ABVˣ, -ποῦσαι V¹ ‖
κελτικοῖς A, sed in mg. ead. m.: κελτοῖς ‖ 11. περεωθῆναι B ‖ 12. ἀχελῶν
AB ‖ 13. πορήσαντες AB ‖ ᾠήθησαν ⟨δεῖν⟩ πρ. coni. Bekk. at cf. ad
III, 15, 2 ‖ Ἀθανάριχον Sylb, ὅθεν ἄριχον V, ὅθεν ἄριχὸν (in mg. ἴσως
ἀλάριχον) AB ‖ τε ϛ, om. ABV ‖ 15. πρὸς τὸ Vˣ, πρὸς τῶ ABV¹ ‖ κατὰ
νώτου τὸν ABV², κατ ἄνω τούτον V¹ ‖ κωλύσαντα V ‖ 17. τῶν τοπῶν A,
τῷ πόνῳ B ‖ ἐπανέστησαν AB ‖ 18. ἀπαλλαγὲν AB ‖ 18. 19. κατασήσας
ἀμφίβολον AB ‖ 20. κωνσταντιτουπόλες A ‖ 21. 22. περιέστειλεν AB

ὅσοι δὲ ἅμα τῷ τελευτήσαντι παρεγένοντο, τῇ τῆς ὄχθης
φυλακῇ προσεγκαρτερήσαντας ἐπὶ πολὺ κωλῦσαι τὰς κατὰ
Ῥωμαίων ἐφόδους. ἐν ταὐτῷ δὲ καὶ ἄλλα προσεγίνετο τῷ
Θεοδοσίῳ τύχης πλεονεκτήματα· Σκύρους γὰρ καὶ Καρπο-
δάκας Οὔννοις ἀναμεμιγμένους ἠμύνατο, καὶ ἐλαττωθέντας
τῇ μάχῃ περαιωθῆναι τὸν Ἴστρον καὶ τὰ οἰκεῖα καταλαβεῖν
συνηνάγκασεν. ἐκ τούτου τοιγαροῦν ἀναθαρρῆσαι τοὺς στρατιώ-
τας συνέβη, καὶ ἔδοξέ πως βραχὺ γοῦν ἐκ τῶν προλαβόντων
δυστυχημάτων . . . ἀνενεγκεῖν, ἀνιέναι τε καὶ γεωργοῖς τὴν
τῆς γῆς ἐπιμέλειαν καὶ ὑποζυγίοις καὶ θρέμμασι νομὴν
ἄφοβον.

35. Ὁ μὲν οὖν βασιλεὺς Θεοδόσιος οὕτω πως ἔδοξεν
ἰᾶσθαι τὰ ἐλαττώματα· Πρόμωτος δὲ ὁ στρατηγὸς τῶν κατὰ
Θρᾴκην πεζῶν Οἰδοθέῳ, δύναμιν συναγαγόντι πλείστην οὐ
μόνον ἐκ τῶν τῷ Ἴστρῳ προσοίκων ἐθνῶν ἀλλὰ καὶ τῶν
πορρωτάτω που καὶ ἀγνώστων, καὶ ἐπελθόντι πανστρατιᾷ
καὶ περαιουμένῳ τὸν ποταμόν, ἀπαντήσας πεζῇ τε καὶ ποτα-
μίαις ναυσὶ τοσοῦτον εἰργάσατο φόνον ὥστε καὶ τὸν ποτα-
μὸν πλησθῆναι νεκρῶν καὶ τοὺς ἐν γῇ πεσόντας μὴ ῥᾳδίως
ἀριθμηθῆναι. τῶν δὲ κατὰ Θρᾴκην ἐν τούτοις ὄντων, οὐ
μέτριαί τινες, οὐδὲ οἷαι διαφέρειν εὐκόλως, τὸν Γρατιανὸν
περιίσταντο τύχαι. τοῖς γὰρ περὶ τὴν αὐλὴν τὰ τῶν αὐτο-
κρατόρων ἤθη διαφθείρειν εἰωθόσι πειθόμενος, Ἀλανούς τινας
αὐτομόλους δεξάμενος καὶ στρατιαῖς ἐγκαταλέξας δωρεαῖς τε
ἁδραῖς ἐτίμα καὶ θαρρεῖν ἠξίου τὰ πάντων ἀναγκαιότατα,
στρατιωτῶν λόγον ὀλίγον ποιούμενος. τοῦτο τοῖς στρατιώ-
ταις κατὰ τοῦ βασιλέως ἔτεκε μῖσος, ὅπερ ὑποτυφόμενον κατὰ
βραχὺ καὶ αὐξανόμενον εἰς νεωτέρων πραγμάτων ἐκίνησε
τοὺς στρατιώτας ἐπιθυμίαν, τούς τε ἄλλους καὶ κατ᾽ ἐξαίρετον

2. 3. προσεκαρτέρησαν. τὰς τῶν ἐθνῶν κωλῦσαι κατὰ ῥωμαίων ἐφόδους
AB, qui hic desinunt ‖ 4. Σκύρους] Σκίρους ceteri. cf. Zeuss p. 486 sq. ‖
4. 5. Καρποδάκας] Zeuss p. 699 ‖ 9. fort. τὰ πράγματα intercidit. ἀνενεγκεῖν
absolute dictum ut VI, 8, 3. cf. Boiss. ad Eun. p. 323 sq. ‖ τὴν V,
τὴν ἐκ 5 ‖ 14. οἰδοθέω ex ὀδοθέω V¹. de nominis ratione v. Zeuss
p. 421, 1, de ipsa re Sievers 'Studien' p. 303 ‖ 15. τῷ accessit e V ‖
16. πανστρατιά V, στρατιᾷ 5 ‖ 21. Γρατιανὸν] cf. Eunap. fr. 57 ‖ 22.
περὶ V², παρὰ V¹ ‖ 23. Ἀλανούς] Victor epit. 47, 6 ‖ 25. ἁδραῖς V ‖ 26.
ὀλίγον V, οὐδένα 5

τοὺς ταῖς Βρεττανικαῖς νήσοις ἐνιδρυμένους οἷα τῶν ἄλλων
ἁπάντων πλέον αὐθαδείᾳ καὶ θυμῷ νικωμένους. ἐκίνει δὲ
πρὸς τοῦτο πλέον αὐτοὺς Μάξιμος Ἴβηρ τὸ γένος, Θεοδοσίῳ
τῷ βασιλεῖ κατὰ τὴν Βρεττανίαν συστρατευσάμενος. οὗτος 4
δυσανασχετῶν ὅτι Θεοδόσιος ἠξίωτο βασιλείας, αὐτὸς δὲ οὐδὲ
εἰς ἀρχὴν ἔντιμον ἔτυχε προελθών, ἀνήγειρε πλέον εἰς τὸ
κατὰ τοῦ βασιλέως ἔχθος τοὺς στρατιώτας. οἳ δὲ ῥᾳδίως
ἐξαναστάντες ἀνεῖπον βασιλέα τὸν Μάξιμον, καὶ περιθέντες
τὴν ἁλουργίδα καὶ τὸ διάδημα, παραχρῆμα τὸν Ὠκεανὸν ναυσὶ
διαβάντες ταῖς τοῦ Ῥήνου προσωρμίσθησαν ἐκβολαῖς. τῶν
δὲ ἐν Γερμανίᾳ καὶ τοῖς μετὰ ταύτην στρατοπέδων ἀσμε-
νέστατα τῇ ἀναρρήσει θεμένων, ἀντικαθίστατο Γρατιανὸς εἰς
μάχην αὐτῷ, μέρος οὐ μικρὸν ἔτι τοῦ στρατοπέδου συναγω-
νιζόμενον ἔχων. ὡς δὲ συνῆλθον αἱ δυνάμεις ἀλλήλαις, ἀκρο- 5
βολισμοὶ μὲν ἐπὶ πέντε μόνας ἡμέρας ἐγίνοντο, θεασάμενος
δὲ ὁ Γρατιανὸς πρότερον μὲν τὴν Μαυρουσίαν ἅπασαν ἵππον
ἀποχωρήσασαν καὶ Μάξιμον ἀναβοήσαντας Αὔγουστον, εἶτα
καὶ τοὺς ἄλλους κατὰ βραχὺ τῇ μερίδι Μαξίμου θεμένους,
ἀπογνοὺς ταῖς ἐλπίσι, τριακοσίους ἱππέας ἀναλαβὼν σὺν
αὐτοῖς ἔφυγε προτροπάδην ἐπὶ τὰς Ἄλπεις. εὑρὼν δὲ ταύτας 6
ἀφυλάκτους ἐπὶ Ῥαιτίας ἐχώρει καὶ Νωρικὸν Παιονίας τε καὶ
τὴν ἄνω Μυσίαν. οὐκ ἀμελήσας δὲ τῆς αὐτοῦ φυγῆς Μά-
ξιμος τὸν ἵππαρχον Ἀνδραγάθιον, ὁρμώμενον μὲν ἀπὸ τοῦ
Εὐξείνου πόντου, δοκοῦντα δὲ εὔνουν εἶναι, μετὰ καρτερω-
τάτων ἵππων ἐκπέμπει διώξοντα. ὁ δὲ συντόνῳ ὁρμῇ διώκων,
καταλαβών τε διαβαίνειν ἐθέλοντα τὴν ἐν τῇ Σιγιδούνῳ
γέφυραν, κατασφάζει, οὕτω τε βεβαιοτέραν Μαξίμῳ τὴν βασι-
λείαν πεποίηκεν.

1. ταῖς Βρ. νήσοις] pluralis ad hiatum vitandum positus ‖ 2. κινου-
μένους coni. Reitemeier ‖ 3. πλέον, in mg. ἰ, V ‖ Θεοδοσίῳ] proxima ex-
cerpsit Ioannes Ant. ap. Cramerum An. Par. t. II p. 64, 12—16 (F. H. G.
t. IV p. 608 fr. 186, 2 ‖ 4. τῷ β.] potius Theodosio maiori ‖ συστρα-
τευσάμενος ⟨ἐν τοῖς οὐάλεντος χρόνοις⟩ Io. ‖ 5. Θεοδόσιος υπο (sic)
γρατιανοῦ βασιλείας ἠξιωθη (sine acc.) Io. ‖ 6. ἤγειρε (sine spir.) τοὺς
ἐν βρεττανίᾳ στρατιώτας εἰς τὸ κ. τ β. ἔ. Io. ‖ 11. γερμανία V², -νεία
V¹ ‖ τὴν, ταύ a m. 1, V ‖ τόποις ante στρατ. inserebat Leunclavius
21. ἀφυλάκτους] ἀφύκτους conieci. οὐκ ἀφυλάκτους coni. Sylb, εὔφυλ.
Reitemeier ‖ ῥαιτίας s, ῥατίας V ‖ 25. διώξοντα ex -αντα radendo V ‖
26. Σιγιδούνῳ] cf. Wietersheim-Dahn t. II p. 361 ‖ 27. βεβαιοτέραν V

192　　　　　Δ

36. Ἄξιον δὲ τῶν ἱστορουμένων τι μὴ παραλιπεῖν τῆς
παρούσης ἀφηγήσεως οὐκ ἀλλότριον. ἐν τοῖς κατὰ τὴν Ῥώμην
ἱερατικοῖς τέλεσιν ἔφερον οἱ ποντίφικες τὰ πρῶτα. τούτους
γεφυραίους ἄν τις καλέσειεν, εἰ πρὸς τὴν Ἑλλάδα φωνὴν ἡ
προσηγορία μετενεχθείη. ταύτης δὲ ἔτυχον τῆς ἐπικλήσεως 5
ἐξ αἰτίας τοιᾶσδε. τῶν ἀνθρώπων οὐδέπω τὴν διὰ τῶν
ἀγαλμάτων ἐπισταμένων τιμήν, ἐν Θεσσαλίᾳ πρῶτον ἐδημι-
2 ουργήθη θεῶν δείκηλα. ἑδῶν δὲ οὐκ ὄντων (ἄγνωστος γὰρ
ἦν καὶ τούτων ἡ χρεία) τὰ τῶν θεῶν ἐκτυπώματα τῇ κατὰ
τὸν Πηνειὸν γεφύρᾳ καθίδρυσαν, τοὺς ἱερᾶσθαι τοῖς θεοῖς 10
λαχόντας ἐκ τῆς πρώτης καθιδρύσεως γεφυραίους ἐξονομά-
σαντες. τοῦτο παραλαβόντες ἀφ᾽ Ἑλλήνων Ῥωμαῖοι τοὺς
τὴν πρώτην παρ᾽ αὐτοῖς ἱερατικὴν ἔχοντας τάξιν ποντίφικας
προσηγόρευσαν· οἷς συναριθμεῖσθαι τοὺς βασιλέας διὰ τὸ
3 τῆς ἀξίας ὑπερέχον ἐνομοθέτησαν. καὶ ἔτυχε τούτου Νομᾶς 15
Πομπίλιος πρῶτος, καὶ πάντες ἑξῆς, οἵ τε λεγόμενοι ῥῆγες
καὶ μετ᾽ ἐκείνους Ὀκταβιανός τε αὐτὸς καὶ οἱ μετ᾽ ἐκεῖ-
νον τὴν Ῥωμαίων διαδεξάμενοι μοναρχίαν· ἅμα γὰρ τῷ
παραλαβεῖν ἕκαστον τὴν τῶν ὅλων ἀρχὴν ἡ ἱερατικὴ στολὴ
παρὰ τῶν ποντιφίκων αὐτῷ προσεφέρετο, καὶ παραχρῆμα 20
ποντίφεξ μάξιμος ἀνεγράφετο, ὅπερ ἐστὶν ἀρχιερεὺς μέγιστος.
4 οἱ μὲν οὖν ἄλλοι πάντες αὐτοκράτορες ἀσμενέστατα φαίνονται
δεξάμενοι τὴν τιμὴν καὶ τῇ ἐπιγραφῇ χρησάμενοι ταύτῃ,
ἐπειδὴ εἰς Κωνσταντῖνον ἦλθεν ἡ βασιλεία, καὶ ταῦτα τῆς
ὀρθῆς ὁδοῦ τῆς περὶ τὰ θεῖα τραπεὶς καὶ τὴν Χριστι- 25
ανῶν ἑλόμενος πίστιν, καὶ μετ᾽ ἐκεῖνον ἑξῆς οἱ ἄλλοι καὶ
5 Οὐαλεντινιανός τε καὶ Οὐάλης. τῶν οὖν ποντιφίκων κατὰ
τὸ σύνηθες προσαγαγόντων Γρατιανῷ τὴν στολὴν ἀπεσείσατο
τὴν αἴτησιν, ἀθέμιτον εἶναι Χριστιανῷ τὸ σχῆμα νομίσας.
τοῖς τε ἱερεῦσι τῆς στολῆς ἀναδοθείσης φασὶ τὸν πρῶτον ἐν 30

2 sq. videtur Zosimus sapientiam istam de pontificibus (cf. Lyd.
de mens. III, 21) non ex Eunapio sed ex alio quopiam fonte derivasse ‖
8. ἑδῶν V², ὁδῶν V¹ ‖ 13. τὴν πρώτην scripsi de Bekkeri coni., τὴν
πρώτην τὴν V, πρώτην τὴν 5 ‖ ποντίφικας 5, ποντίφακας V ‖ 16. an ἑξῆς
οἱ λεγόμ.? ‖ 21. ποντίφεξ V, ποντίφιξ 5 ‖ 22 sq. cf. Eckhel d. n. t. VIII
p. 386 sq. ‖ 24. 'legendum videtur καὶ δὴ καὶ Κωνσταντῖνος, ἐπειδὴ εἰς
αὐτὸν ἦλθεν ἡ βασιλεία' Sylb, bene ‖ 25. 26. τὴν ⟨τῶν⟩ Χρ. coni.
Reitemeier ‖ 28. Γρατιανῷ] a. quidem 375. v. Mommsen 'Staatsrecht'
t. II p. 1054, 1

αὐτοῖς τεταγμένον εἰπεῖν 'εἰ μὴ βούλεται ποντίφεξ ὁ βασι-
λεὺς ὀνομάζεσθαι, τάχιστα γενήσεται ποντίφεξ μάξιμος.'

37. Ἡ μὲν οὖν Γρατιανοῦ βασιλεία ταύτην ἔσχε τὴν
τελευτήν, Μάξιμος δὲ τὴν βασιλείαν ἔχειν ἐν ἐχυρῷ πιστευσά-
μενος ἔστειλε πρὸς Θεοδόσιον βασιλέα πρεσβείαν οὐ συγ-
γνώμην αἰτοῦσαν ἐφ' οἷς εἰς Γρατιανὸν ἔπραξεν, ἀλλά τι
καὶ βαρύτητος ἐν ἑαυτῇ φέρουσαν. ἦν δὲ ὁ πρὸς τοῦτο 2
σταλεὶς ὁ τοὺς βασιλικοὺς φυλάττειν ἐπιτεταγμένος κοιτῶνας,
οὐκ εὐνοῦχός τις ὢν (οὐδὲ γὰρ εὐνούχους ὁ Μάξιμος ἐπι-
στῆναι τῇ τῆς αὐλῆς ἠνέσχετο φυλακῇ), πρεσβύτης δὲ τῶν
ἐκ νεότητος αὐτῷ προσεδρευσάντων. ᾔτει δὲ τὸν Θεοδόσιον
ἡ πρεσβεία σπονδὰς καὶ ὁμόνοιαν καὶ ὁμαιχμίαν κατὰ παντὸς
πολεμίου Ῥωμαίοις, ἢ ἀπειθοῦντι δυσμένειαν καὶ μάχην
προήγγελλε. Θεοδόσιος δὲ ὁ βασιλεὺς ἐδέχετό τε βασιλέα 3
Μάξιμον εἶναι, καὶ εἰκόνων αὐτῷ κοινωνεῖν καὶ βασιλέως
προσηγορίας ἠξίου, λάθρα μὲν τὸν κατ' αὐτοῦ πραγματευό-
μενος πόλεμον, παντὶ δὲ θωπείας εἴδει καὶ θεραπείας αὐτὸν
καταστρατηγῶν, ὥστε καὶ Κυνηγίῳ τῷ τῆς αὐλῆς ὑπάρχῳ
πεμπομένῳ κατὰ τὴν Αἴγυπτον, προστεταγμένῳ τε πᾶσι τὴν
εἰς τὰ θεῖα θρησκείαν ἀπαγορεῦσαι καὶ κλεῖθρα τοῖς τεμένε-
σιν ἐπιθεῖναι, τὴν εἰκόνα Μαξίμου δεῖξαι τοῖς Ἀλεξανδρεῦσιν
ἐπέταξεν, ἀναθεῖναί τε δημοσίᾳ ταύτην, καὶ ὅτι συμβασι-
λεύσειν ἔλαχεν αὐτῷ προφωνῆσαι τῷ δήμῳ. Κυνήγιος μὲν
οὖν καὶ ἐν τούτῳ τὸ προσταχθὲν ἐπλήρου καὶ τῶν κατὰ τὴν
ἑῴαν καὶ τὴν Αἴγυπτον ἅπασαν ἱερῶν καὶ αὐτὴν δὲ τὴν
Ἀλεξάνδρειαν ἀπέκλεισε τὰς εἰσόδους, θυσίας τε εἶρξε τὰς ἐξ
αἰῶνος νενομισμένας καὶ πᾶσαν πάτριον ἁγιστείαν.

38. Τὰ μὲν οὖν ἐξ ἐκείνου μέχρι τοῦδε τῇ Ῥωμαίων
ἐπικρατείᾳ συμβάντα δείξει τῶν πραγμάτων ἡ κατὰ μέρος

---

1. et 2. ποντίφεξ V, ποντίφιξ ς ‖ 2. 'duplex inest sensus, primum
enim significat Gratianum, quia nomen pontificis maximi dedignatus
sit, brevi re ipsa fore pontificem maximum suoque sanguine pontem
infecturum; deinde, quia ipse pontifex esse detrectaverit, brevi Maxi-
mum pro eo et imperatorem futurum et pontificem' Sylb ‖ 3. ταύτην V,
τοιαύτην ς ‖ 4. ἐχυρῷ ὀχυρῷ scripserim ‖ 5. ἔστειλε ς, ἔστελε V ‖ 12. ἡ
V², ἢ V¹ ‖ πρεσβεία//, σ erasa, V ‖ 14. προήγγελλε ς, προήγγελε V ‖ 21.
ἐπιθῆναι V ‖ εἰκόνα μαξίμου V, μαξίμου εἰκόνα ς ‖ 22. ἀναθῆναι V ‖
23. προφωνῆσαι ς, προσφωνῆσαι V ‖ 24. ἐν ex ἐν V

ἀφήγησις. ὑπὸ δὲ τοὺς αὐτοὺς χρόνους ἔθνος τι Σκυθικὸν
ὑπὲρ τὸν Ἴστρον ἐφάνη πᾶσιν ἄγνωστον τοῖς ἐκεῖσε νομάσιν·
ἐκάλουν δὲ Γροθίγγους αὐτοὺς οἱ ταύτῃ βάρβαροι. πλῆθος
τοίνυν ὄντες καὶ ὡπλισμένοι κατὰ τὸ δέον, καὶ προσέτι γε
ῥώμῃ διαφέροντες, ῥᾷστα διαδραμόντες τοὺς ἐν μέσῳ βαρ- 5
βάρους παρ᾽ αὐτὴν ἐληλύθασι τοῦ Ἴστρου τὴν ὄχθην, καὶ
τὴν διάβασιν αὐτοῖς ᾔτουν ἐπιτραπῆναι τοῦ ποταμοῦ. Πρό-
μωτος δὲ τὴν τῶν ἐκεῖσε στρατοπέδων ἐπιτετραμμένος ἀρχήν,
συμπαρατείνας ἐπὶ μήκιστον τῇ ᾐόνι τοῦ ποταμοῦ τὰ στρατό-
πεδα τὴν πάροδον τοῖς βαρβάροις ἀπέκλειε. ταῦτα δὲ πράτ- 10
των καὶ ἐφ᾽ ἑτέραν ὁδὸν ἦλθε τοιάνδε. συγκαλέσας τῶν
αἰσθανομένων τῆς ἐκείνων διαλέκτου τινάς, οἷς μάλιστα
ἐγνώκει τὰ τοιαῦτα θαρρεῖν, ἐπὶ προδοσίᾳ καθεῖναι λόγους
τοῖς βαρβάροις τούτοις ἀφίησιν. οἱ δὲ ὑπὲρ τοῦ δοθῆναι τὸν
Ῥωμαίων στρατηγὸν μετὰ τοῦ στρατεύματος ἁδρὸν ἀπῄτουν 15
μισθόν. τῶν δὲ βαρβάρων πρὸς τὸ τοῦ μισθοῦ πλῆθος ἀρκεῖν
οὐ φησάντων, πίστιν τοῖς οἰκείοις λόγοις ἐμποιοῦντες οἱ
ἐσταλμένοι παρὰ τοῦ στρατηγοῦ τοῖς ἐξ ἀρχῆς προταθεῖσιν
ἐπέμενον, σμικρῦναι κατά τι τὸ κέρδος οὐκ ἀνεχόμενοι. συν-
δραμόντων δὲ εἰς τι ποσὸν ἀμφοτέρων, ἐγίνοντο μὲν ἐν παρα- 20
βύστῳ περὶ προδοσίας συνθῆκαι, καὶ συνεδόκει μέρος μέν τι
τοῦ μισθοῦ παραχρῆμα κομίσασθαι τοὺς προδότας, τὸ δὲ
λειπόμενον τῷ καιρῷ φυλάξαι τῆς νίκης. ἐπεὶ δὲ καὶ ὅπως
ἀρθῆναι τὰ σημεῖα ἔδει καὶ τὸν καιρὸν ἔταξαν καθ᾽ ὃν ἐχρῆν
τὰς προδοσίας εἰς ἔργον ἐλθεῖν, ἀπαγγέλλουσι τῷ στρατηγῷ 25
τὸ συγκείμενον, καὶ ὡς νυκτὸς ἐπιγενομένης οἱ βάρβαροι
μέλλοιεν ἔργου τε ἅπτεσθαι καὶ τὴν διάβασιν κατὰ τοῦ Ῥω-
μαϊκοῦ ποιεῖσθαι στρατεύματος. οἱ μὲν οὖν βάρβαροι τὸ τῆς
δυνάμεως ἀκμαιότατον πλήθει μονοξύλων ἐμβιβάσαντες ἔταξαν
πρῶτον διαβῆναι καὶ τοῖς στρατιώταις ἔτι καθεύδουσιν ἐπελθεῖν, 30
εἶτα ἐπὶ τούτοις τοὺς ἐν ἰσχύι μέσην ἔχοντας τάξιν, ὡς ἂν
τοῖς πρώτοις ἤδη τῆς ἐπιθέσεως ἀρξαμένοις συνεπιλάβοιντο,
καὶ οὕτως ἑξῆς τὴν ἄχρηστον ἅπασαν ἡλικίαν, ἐπὶ κατωρθω-
μένοις ἤδη πράγμασιν ὠράξεσθαι μέλλουσαν. (39) ὁ δὲ

---

3. Γροθίγγους Salmasius ad v. Probi 18, 2 et Valesius ad Amm
XXXI, 3, 5, προθίγγους V. cf. Zeuss p. 407, 1 et p. 422 ‖ 4. ὁπλισμένοι
V ‖ 13 καθεῖναι V et Sylb, καθεῖλε apographa ‖ 15. ἁδρὸν V ‖ 25. τὰς
προδοσίας] τὰ τῆς προδοσίας conieci ‖ ἀπαγγέλουσι V

στρατηγὸς Πρόβατος ἐκ τῶν ἐπὶ προδοσίᾳ σταλέντων ἅπαντα ταῦτα προδιδαχθεὶς πρὸς τὰ τοῖς βαρβάροις σκεφθέντα παρεσκευάζετο, τὰς ναῦς ἀντιπρῴρους στήσας ἀλλήλαις, καὶ τὸ μὲν βάθος πλοίοις τρισὶ πληρώσας, φροντίσας δὲ μήκους ὅτι μάλιστα πλείονος ἐπὶ σταδίους εἴκοσι τοῦ ποταμοῦ τὴν ἠόνα κατέλαβε, τοῖς ἐναντίοις ἐπὶ τοσοῦτο τὴν διάβασιν ἀποκλείων, τοῖς δὲ λοιποῖς ἁπαντῶν μονοξύλοις ἤδη διαβαίνειν ἐπιχειροῦσι, καὶ οἷς ἐνετύγχανε καταδύων. ἀσελήνου δὲ τῆς νυκτὸς οὔσης ἀγνοοῦντες οἱ βάρβαροι τὴν τῶν Ῥωμαίων παρασκευὴν ἔργου τε ἥπτοντο καὶ σιγῇ καὶ ἡσυχίᾳ πολλῇ τοῖς μονοξύλοις ἐνέβαινον, ἀγνοεῖν πάντη τὰ βεβουλευμένα τοὺς Ῥωμαίους ἡγούμενοι. τῶν δὲ σημείων ἀρθέντων οἱ τὴν προδοσίαν μηχανησάμενοι, τῷ στρατηγῷ προμηνύσαντες ἕκαστα καὶ ἁρμοσάμενοι τῇ τῶν πολεμίων παρασκευῇ, ταῖς τε ναυσὶ μεγάλαις οὔσαις καὶ εἰρεσίᾳ καρτερωτάτῃ χρωμέναις ἐπέπλεον καὶ τὰ προστυγχάνοντα πάντα κατέδυον, οὐδενὸς τῶν ἀποπιπτόντων διὰ τὸ τῆς πανοπλίας βάρος οἷου τε γενομένου σωθῆναι. τὰ δὲ τοὺς ταῖς ναυσὶ περιπλέοντας διαφυγόντα μονόξυλα, καὶ τοῖς εἰς μῆκος συγκειμένοις πλοίοις περιπεσόντα, παντὶ τῷ προσπεσόντι βαλλόμενα σὺν αὐτοῖς ἀπώλετο τοῖς ἀνδράσιν, οὐδενὸς ὑπερβῆναι τὸ τῶν Ῥωμαϊκῶν πλοίων διάφραγμα δυνηθέντος. φόνου δὲ πολλοῦ γενομένου καὶ οἷος οὔπω πρότερον ἐν ναυμαχίᾳ συνέβη, σωμάτων μὲν ὁ ποταμὸς ἐπληροῦτο καὶ ὅπλων ὅσα φύσιν εἶχεν ὑπὲρ τοῦ ὕδατος αἰωρεῖσθαι, εἰ δέ που τινὲς οἷοί τε γεγόνασι διαβῆναι νηχόμενοι, τοῖς περὶ τὴν ἠόνα τοῦ ποταμοῦ πεζοῖς ἐμπεσόντες ἀπώλοντο. τοῦ δὲ ἀκμάζοντος παντὸς ἐν τοῖς βαρβάροις διαφθαρέντος, ἐπὶ τὴν λείαν ἐχώρουν οἱ στρατιῶται, παιδάρια μὲν ἀπάγοντες καὶ γύναια, καὶ τῆς ἀποσκευῆς γενόμενοι κύριοι. τότε δὴ καὶ ὁ

5. πλείονος] videtur lacuna. πλείστου πλοίοις καὶ πεζοῖς ἐπὶ conieci. πλοῖα recurrunt vs. 19, πεζοὶ vs. 26 et cap. 35, 1, ubi eadem res narratur ‖ 6. τοσοῦτο V, τοῦτο ς ‖ 7. ἁπαντῶν V ‖ 18. παραπλέοντας coni. Heyne ‖ 19. συγκειμένοις V, et Sylb qui praeterea ἠγμένοις coniecit, συγμένοις apographa ‖ 20. ἀνδράσι V ‖ 25. περὶ] παρὰ conieci ‖ 26. πεζοῖς scripsi, πεζοὶς V, παροὶς apographa. παροῦσι coni. Leunclavius, πλοίοις Sylb, παρατείνουσι σκοπέλοις Heyne, παρῶσι vel μυοπάρωσι Lobeck ad Soph. Aiac.² p. 172, 22 ‖ 28. ἐχώρουν//// οἱ, 1—2 litt. eras. (ʹτ// ?ʹ ᴹʹ·ʹ ᴹ

196   — Δ —

στρατηγὸς Πρόμωτος οὐ πόῤῥω που τὸν βασιλέα Θεοδόσιον
5 ὄντα μετακαλέσας ἐποιεῖτο μάρτυρα τοῦ κατορθώματος. ὃ δὲ
τῶν αἰχμαλώτων τὸ πλῆθος καὶ τὸν ὄγκον τῶν λαφύρων
τεθεαμένος ἀνῆκέ τε τοὺς αἰχμαλώτους ἀδέτους καὶ δωρεαῖς
ἐφιλοφρονεῖτο, διὰ τῆς τοιαύτης φιλανθρωπίας εἰς τὸ αὐτο-
μολῆσαι προτρέπων, καὶ ἄλλως εἰς τὸν κατὰ Μαξίμου συν-
οίσοντάς οἱ πόλεμον. ὁ μὲν οὖν Πρόμωτος ἐπέμενε τῇ τῆς
Θράκης ἐφεστὼς φυλακῇ καὶ πρὸς τὸν εἰρημένον πόλεμον ἐν
παραβύστῳ γινόμενος εὐτρεπής· ἕτερον δέ τι παραπλήσιον ἐν
τῷ αὐτῷ χρόνῳ συμβὰν ἄξιον ἀφηγήσασθαι.   10

40. Πόλις ἔστιν ἐν τῇ κατὰ Θρᾴκην Σκυθίᾳ Τομεὺς
ὀνομαζομένη. τῶν ἐνιδρυμένων ταύτῃ στρατιωτῶν ἡγεῖτο
Γερόντιος, ἀνὴρ καὶ ῥώμῃ σώματος καὶ μελέτῃ πρὸς πᾶσαν
πολεμικὴν χρείαν ἀρκῶν. ἦσαν δὲ πρὸ ταύτης τῆς πόλεως
ὑπὸ βασιλέως ἀριστίνδην ἐκστάντες βάρβαροι, τῇ τε τῶν σω- 15
μάτων ἀνατρέχοντες εὐφυΐᾳ καὶ ἀνδρείᾳ πολὺ τῶν ἄλλων δια-
2 φέροντες. οὗτοι καὶ σιτήσεων ὑπὲρ τοὺς στρατιώτας καὶ
ἄλλων παρὰ βασιλέως ἠξιωμένοι δωρεῶν οὐκ εὐνοίᾳ τὰς εἰς
αὐτοὺς ἀμείβεσθαι διενοοῦντο τιμὰς ἀλλὰ τῇ εἰς τὸν ἄρχοντα
ὑπεροψίᾳ καὶ τῇ περὶ τοὺς στρατιώτας καταφρονήσει. ταύτης 20
αὐτῶν αἰσθανόμενος τῆς προαιρέσεως ὁ Γερόντιος, καὶ ὡς
ἐγχειρῆσαι διανοοῦνται τῇ πόλει καὶ συνταράξαι τὰ καθεστῶτα,
κοινοῦται τῶν στρατιωτῶν τοῖς φρονήσει μάλιστα διαφέρου-
σιν, ἐπεξελθεῖν τῇ τῶν βαρβάρων ἀσελγείᾳ καὶ ὕβρει βουλό-
3 μενος. ὡς δὲ διὰ δειλίαν ἑώρα ὀκνοῦντας καὶ αὐτὸ τὸ κί- 25
νημα τῶν βαρβάρων δεδιότας, ἀναλαβὼν τὰ ὅπλα καὶ τῶν
ὑπασπιστῶν σφόδρα εὐαριθμήτους παντὶ τῷ τῶν βαρβάρων
ἀντετάττετο πλήθει, καὶ τὰς πύλας ἀναπετάσας ἀπήντα, τῶν
στρατιωτῶν ἢ καθευδόντων ἔτι καὶ τῷ ὄκνῳ πεπεδημένων ἢ
πρὸς τὸ τεῖχος ἀναδραμόντων καὶ τὰ γινόμενα θεωμένων. 30
4 τοῖς δὲ βαρβάροις ἐπῄει γελᾶν τὴν τοῦ Γεροντίου παραφρο-

---

10. τῷ αὐτῷ ς, αὐτῶ τῶι V ‖ 11. τομεὺς ς (Τομεὺς Bekk), τομεὶς
V ‖ 13. μελέτῃ accessit e V. lacunam post σώματος indicaverat iam
Sylb ‖ 15. ἐκστάντες V, ἐνστάντες ς. καταστάντες conieci ‖ 16. ἀνδρείᾳ
scripsi, ἀνδρία Vς ‖ πολὺ V et Sylb, πολλῇ apographa ‖ 25. ἑώρα ὀκνοῦν-
τας hiant. ὀκνοῦντας ἑώρα conieci ‖ 25. 26. κίνημα] ὄνομα conieci.
cf. III, 3, 2, Liban. t. I p. 593, 20 R. ‖ 29. καὶ τῷ ὄκνῳ] ἢ τῷ ὄ.
conieci

σύνην, καὶ θανατᾶν οἰόμενοι τὸν ἄνθρωπον ἐπέπεμπον αὐτῷ
τοὺς ἐν ἑαυτοῖς ἀλκῇ διαφέροντας. ὃ δὲ τῷ πρῶτον ἐπελ-
θόντι συμπλακεὶς καὶ τὴν ἀσπίδα συντόμως χειρίσας ἐμάχετο
καρτερῶς, ἄχρις ὅτε τῶν ὑπασπιστῶν τις, ἰδὼν συμπεπλεγ-
μένους αὐτοὺς ἀλλήλοις, ἀπέκοψε τῷ ξίφει τοῦ βαρβάρου τὸν
ὦμον καὶ τοῦ ἵππου κατήγαγε. καταπλαγέντων δὲ τῶν βαρ-   5
βάρων τὸ τοῦ ἀνδρὸς ἀνδρεῖόν τε ἅμα καὶ θαρραλέον, ἅμα
τε ὁ Γερόντιος ἄλλοις τῶν πολεμίων ἐπῄει, καὶ θεωροῦντες
οἱ ἐκ τοῦ τείχους τὰ πραττόμενα παρὰ τοῦ σφῶν στρατη-
γοῦντος ἀνεμνήσθησαν τοῦ Ῥωμαίων ὀνόματος, καὶ ἐπεξελ-
θόντες ἤδη καταπεπληγμένους τοὺς ἐμπεσόντας κατέσφαξαν·
τοὺς δὲ ἀποδράντας ἐδέχετο παρὰ Χριστιανῶν τιμώμενον
οἰκοδόμημα, νομιζόμενον ἄσυλον. ὁ μὲν οὖν Γερόντιος τῶν   6
ἐπηρτημένων τὴν Σκυθίαν ἐλευθερώσας κινδύνων, καὶ τῶν
ἐπαναστάντων αὐτῇ βαρβάρων ἀνδρείας ὑπερβολῇ καὶ μεγαλο-
ψυχίᾳ κρατήσας, τὰς παρὰ τοῦ βασιλεύοντος ἀμοιβὰς προσ-
εδέχετο· Θεοδόσιος δὲ ὁ βασιλεὺς οὐ μετρίως ἀγανακτήσας
ὅτι βάρβαροι τοσαύτης ἠξιωμένοι παρ' αὐτοῦ τιμῆς ἀνῃρέ-
θησαν, εἰ καὶ τοῖς πράγμασιν ἔτυχον λυμηνάμενοι, συναρπά-
ξει τε τὸν Γερόντιον παραχρῆμα καὶ λόγον τῆς ὑπὲρ Ῥω-
μαίων ἀριστείας ἀπῄτει. τοῦ δὲ καὶ τὴν κατὰ Ῥωμαίων   7
αὐτῶν ἐπανάστασιν ἐπελέγχοντος, διεξιόντος τε τὰς ἁρπαγὰς
καὶ τὴν τῶν οἰκητόρων ἀπώλειαν, τούτων μὲν οὐδενὶ προσ-
εἶχεν ὁ βασιλεύς, ἐνίστατο δὲ τῷ μὴ διὰ τὸ κοινῇ λυσιτελὲς
ἀλλ' ἐπιθυμίᾳ τῶν παρὰ βασιλέως αὐτοῖς δεδωρημένων, ὡς
ἂν μὴ ἐλεγχθείη ταῦτα κερδάνας, ἐκποδὼν αὐτοὺς ἐθελῆσαι
ποιῆσαι. τοῦ δὲ καὶ ταῦτα τῷ δημοσίῳ λέγοντος πεπομφέναι   8
μετὰ τὴν ἐκείνων ἀναίρεσιν (ἦν δὲ περιαυχένια χρυσᾶ παρὰ
βασιλέως αὐτοῖς δεδομένα πρὸς κόσμον), μόλις ἣν εἶχε δια-
νείμας τοῖς εὐνούχοις οὐσίαν οἷός τε γέγονε τῶν περιεστώ-

---

1. θανατοῤῥὴν ('ex θανατᾶν ut vid.' Mau) V ‖ ἐπέπεμπον V, et
sic coni. Bekk. ἔπεμπον 5 ‖ 2. ἐν αὐτοῖς conieci ‖ 3. συντόμως] συν-
τόνως conieci ‖ 7. θαῤᾶλέον V ‖ 8. 9. θεωροῦντες οἱ ἐκ] οἱ θ. ἐκ conieci ‖
11. καταπεπλεγμένους V, corr. Sylb. malim tamen καταπεπληγμένοις
ἐμπεσόντας V, ἐκπεσόντας 5 ‖ 12. τιμώμενον ex τιμωμένων V ‖ 13. οἰκο-
δόμ͵, μα a m. 1, V ‖ 15. ἀνδρείας scripsi, ἀνδρίας V5 ‖ 22. ἐπελέγχοντος
V, ἀπελ. 5

τῶν ἐξαιρεθῆναι κινδύνων, ἄξια τῆς εἰς Ῥωμαίους εὐνοίας
ἐκτίσας τὰ ἐπίχειρα.

41. Τῶν δὲ ὑπὸ τὴν Θεοδοσίου βασιλείαν οὕτω διεφθαρ-
μένων, καὶ σπουδαίου μὲν οὐδενὸς εἰς ἀρετὴν φέροντος ἐπ-
αινουμένου, παντὸς δὲ τρυφῆς καὶ ἀκολασίας εἴδους κατὰ 5
πῆχυν (τὸ λεγόμενον) ἐφ' ἑκάστης ἐπιδιδόντος, οἱ τὴν ἐν
Συρίᾳ μεγάλην Ἀντιόχειαν οἰκοῦντες, οὐ φέροντες τὴν ἐπὶ
τοῖς δημοσίοις φόροις ὁσημέραι παρὰ τῶν πρακτόρων ἐπι-
νοουμένην προσθήκην, εἰς στάσιν ἀνέστησαν, καὶ τοὺς ἀν-
δριάντας αὐτοῦ τε τοῦ βασιλέως καὶ τῆς τούτῳ συνοικούσης 10
αἰσχρῶς καθελόντες φωνὰς ἀφῆκαν τῶν μὲν πραττομένων οὐκ
ἀναξίας, οὐκ ἔξω μέντοι στωμυλίας καὶ τῆς συνήθους αὐτοῖς
2 ἀστειότητος. ἐπεὶ δὲ τοῖς παρ' αὐτῶν γεγενημένοις ὁ βασι-
λεὺς κινηθεὶς ἠπείλει τῷ πταίσματι δίκην ἀξίαν ἐπιθεῖναι,
δέει τῆς βασιλέως ὀργῆς ἐδόκει τῇ βουλῇ πρέσβεις ἐκπέμπειν, 15
ὑπὲρ ὧν ὁ δῆμος ἔπραξεν ἀπολογησομένους. αἱροῦνται τοί-
νυν Λιβάνιόν τε τὸν σοφιστήν, οὗ τὸ κλέος ἐκ τῶν κατα-
λελειμμένων ὑπ' αὐτοῦ κηρύττεται λόγων, καὶ Ἱλάριον γένους
3 τε λαμπρότητι καὶ παντὶ παιδείας εἴδει προήκοντα. καὶ ὁ
μὲν σοφιστὴς τὸν περὶ τῆς στάσεως αὐτῷ τε βασιλεῖ καὶ τῇ 20
γερουσίᾳ λόγον εἰπὼν ἴσχυσε τὸν βασιλέα μεταστῆσαι τῆς
κατὰ Ἀντιοχέων ὀργῆς, ὥστε ἀμέλει τούτῳ καὶ τὸν περὶ τῶν
διαλλαγῶν ἐπιθεῖναι, τελέως τοῦ βασιλέως τὸ πρὸς τὴν πόλιν
ἔχθος ἀποθεμένου· Ἱλάριος δὲ διὰ τὸ μέγεθος τῆς ἀρετῆς
ἐπαίνων ἀξιωθεὶς ἄρχειν παρὰ βασιλέως ἐτάττετο Παλαιστί- 25
νης ἁπάσης.

---

1. τῆς ς, τ///ὶς (ex τοῖς) V ‖ 4. φέροντος] cf. Wyttenbach ad Eun.
p. 141 ‖ 5. 6. κατὰ πῆχυν] cf. Eun. p. 53 Boiss.: πήχεσι δὲ ἐπὶ πᾶσαν
σοφίαν αὐξόμενος ‖ 10. αὐτοῦ ex αὐτοὐ/// V ‖ 13. παρ' αὐτῶν ς, παρ'
αὐτῶ (sine spir.) V ‖ 14. ἐπιθῆναι V ‖ 16. αἱροῦνται] ex Libanii ora-
tionis (t. I p. 626 sq. R.), quae speciem precum apud Theodosium
imp. factarum prae se fert, conformatione errorem, sive Eunapii sive
Zosimi ipsius, recte repetit Sievers 'Leben d. Libanius' p. 185. Hila-
rius tamen — pro quo Caesarium cnm Hugio 'Stud. aus d. class.
Alterth.' I (Frib. 1881) p. 170, 4 reponere non licet — unde huc
venerit plane latet ‖ 22. ὥστε (sine acc.) ex ὥς τὰ V ‖ τὸν περὶ
τ. δ.] Liban. t. I p. 653 sq. R. ‖ 25. ἐττάτετο V ‖ 26. ἁπάσης] at
cf. P. de Rohden 'de Palaestina et Arabia' diss. Berol. 1885)
p. 22 sq. 48

42. Τῶν δὲ κατὰ τὴν ἑῴαν καὶ Θρᾴκην καὶ Ἰλλυρίδα ὄντων ἐν τούτοις, Μάξιμος οὐ κατὰ τὴν ἀξίαν οἰόμενος αὐτῷ τὰ πράγματα φέρεσθαι μόνων ἄρχοντι τῶν ὑπὸ Γρατιανῷ πρότερον τεταγμένων ἐθνῶν, διενοεῖτο παραλῦσαι τὸν νέον Βαλεντινιανὸν τῆς βασιλείας, εἰ μὲν δύναιτο, πάσης, εἰ δὲ τούτου διαμάρτοι, μέρος γοῦν αὐτῆς, ὅσον ἂν οἷός τε γένοιτο, οἰκειώσασθαι. καὶ ταύτῃ κεκρατημένος τῇ γνώμῃ διαβῆναι τὰς Ἄλπεις καὶ ἐπὶ τὴν Ἰταλίαν χωρῆσαι παρεσκευάζετο. θεωρῶν δὲ ὡς διὰ στενῆς ὁδοῦ καὶ τραχυτάτων καὶ ἀβάτων ὀρῶν ἀνάγκη ποιήσασθαι τὴν ὁδοιπορίαν, διαδέχεται δὲ ταῦτα τέλματα καὶ ἕλη, ὁδοιπόροις σχολαίτερον διιοῦσιν, οὐχ ὅτι στρατιᾷ τοσαύτῃ διέξοδον ἐνδιδόντα, τὸ πρακτέον εἰς ἀμείνονα βουλὴν ἀνετίθετο. τοῦ δὲ Βαλεντινιανοῦ πρεσβείας ἐκ τῆς Ἀκυληίας χρωμένου καὶ περὶ βεβαιοτέρας εἰρήνης ἀσφάλειαν αὐτῷ δοθῆναι παρακαλοῦντος, ἐτίθετο ταῖς αἰτήσεσι Μάξιμος, δεῖσθαι τούτου καὶ αὐτὸς ὅτι μάλιστα ποιούμενος. πέμπει οὖν Δομνῖνον ἐπὶ τούτῳ Οὐαλεντινιανός, Σύρον μὲν ὄντα τὸ γένος, ἐκ δὲ τοῦ βελτίονος αὐτῷ γνώριμον ὄντα· παραδυναστεύων γὰρ αὐτῷ πίστει καὶ πραγμάτων ἐμπειρίᾳ προέχειν τῶν ἄλλων ἐδόκει· καὶ ἄλλως ὅσα ὁ βασιλεὺς οὐδενὸς εἰδότος ἄλλου πράττειν ἐβούλετο, τούτῳ κατ᾽ ἐξαίρετον ἐγνώκει θαρρεῖν. ἐλθὼν οὖν ὡς τὸν Μάξιμον ὁ Δομνῖνος, καὶ ὅσα τῆς πρεσβείας ἦν ἀπαγγείλας, ἠξιοῦτο θεραπείας καὶ φιλοφροσύνης παντοίας· τιμῆς τε γὰρ αὐτὸν ὁ Μάξιμος ὑπερβαλλούσης ἠξίου, καὶ ὄγκῳ δωρεῶν ἐπλήρου τοσοῦτον ὥστε Δομνῖνον μηδένα τοιοῦτον ἔσεσθαι τῷ βασιλεῖ Οὐαλεντινιανῷ φίλον ὑπονοῆσαι. τοσοῦτον δὲ ἴσχυσεν ὁ Μάξιμος τὸν Δομνῖνον παραγαγεῖν ὥστε καὶ μέρος ἧς εἶχε στρατιᾶς συμπαραπέμψαι, συνοῖσον εἰς ἐπικουρίαν τῷ βασιλεῖ κατὰ τῶν

---

1. Ἰλλυρίδα Bekk, Ἰλλυρι//// (ὧν eras.) V, Ἰλλυριῶν apographa 5. Οὐαλ. Bekk ‖ 6. τούτου Sylb, τοῦτο V ‖ 10. 11. τέλματα καὶ ἕλη (ἕλη V) ὁδοιπόροις ne hiarent distinctione cavi. fort. tamen ἕλη καὶ τέλματα ὁδ. scribendum ‖ 13. δὲ V et Sylb, om. apographa ‖ Οὐαλ. Bekk 14. βεβαιωτέρας V ‖ 16. δεῖσθαι τούτου V, δεῖξαι τοῦτο ς ‖ 21. ἄλλου] ἄλλου// V ‖ 25. ὄγκῳ V, ὄγκου ς ‖ ἐπλήρου] an ἐπέρου (: 'erexit')? ‖ τοσοῦτον V, τοσούτου vel τοσούτων coni. Sylb. τοσούτου scripsit Bekk. τοσοῦτον ὥστε frequentat Zosimus. cf. Eun. p. 30 Boiss.: κατεκράτει τῷ λόγῳ τοσοῦτον ὥστε ‖ 27. ἴσχυσεν V, ἴσχυεν ς

200 — Δ —

ἐπικειμένων τοῖς ὑπ' αὐτὸν Παίοσι βαρβάρων. ἐπὶ τούτοις
ἀναχωρήσαντος τοῦ Δομνίνου, καὶ ὡραζομένου τῷ πλήθει καὶ
μεγέθει τῶν δωρεῶν καὶ τῇ τῶν δεδομένων αὐτῷ συμμάχων
δορυφορίᾳ, τὴν ἀπὸ τῶν Ἄλπεων φέρουσαν ἐπὶ τὴν Ἰταλίαν
6 ὁδὸν ἔλαθε τῷ Μαξίμῳ ῥᾶονα καταστήσας. ὅπερ ὁ Μάξιμος 5
προϊδόμενος, καὶ ἐπὶ τούτῳ πάντα κατασκευάσας, ἐπηκολού-
θησε πανστρατιᾷ, μεθ' ἡσυχίας προπέμψας κατὰ τὴν ὁδὸν
φύλακας, οἳ πᾶσαν ἐποιοῦντο φροντίδα τοῦ μηδένα παραδρα-
μόντα τὴν ἐπὶ τὴν Ἰταλίαν Μαξίμου διάβασιν τοῖς ἀμφὶ Δο-
μνῖνον ἀγγεῖλαι. καὶ ἦν ἡ τοιαύτη φυλακὴ λίαν εὔκολος· 10
οὐδὲ γὰρ ἦν οἷόν τε λαθεῖν τοὺς διὰ τοῦ στενωτάτου τῶν
7 Ἄλπεων ἰόντας. ὅτε τοίνυν ἔγνω τοὺς ἀμφὶ τὸν Δομνῖνον
τὰ στενώτατα τῶν Ἄλπεων καὶ τὰ τῶν ὀρῶν ἄβατα διελθόν-
τας, ἤδη δὲ καὶ τὰ μετὰ τὰς Ἄλπεις, ὅσα ἦν ἑλώδη καὶ δυσ-
χέρειαν ἐμποιοῦντα στρατοπέδῳ πολέμιον στῖφος ἐναντιωσό- 15
μενον ἐν δυσχωρίαις εὑρήσειν ἐλπίζοντι, τότε δὴ σὺν παντὶ
τάχει τὴν Ἰταλίαν, οὐδενὸς ἐμποδὼν ὄντος, καταλαβὼν τῇ
Ἀκυληΐᾳ προσάγει.

43. Οὐαλεντινιανοῦ δὲ τῷ αἰφνιδίῳ καὶ παρὰ πᾶσαν
ἐλπίδα καταπλαγέντος, δέος εἰσῄει τοὺς ἀμφ' αὐτὸν μὴ καὶ 20
ξωγρίαν ἑλὼν ὁ Μάξιμος διαχρήσηται. τότε δὴ νεὼς ἐπι-
βὰς ἐπὶ τὴν Θεσσαλονίκην ἀπῆρε. συναπέπλει δὲ αὐτῷ καὶ
ἡ μήτηρ Ἰουστῖνα, Μαγνεντίῳ μέν, ὡς εἴρηταί μοι, πρό-
τερον συνοικήσασα, μετὰ δὲ τὴν ἐκείνου καθαίρεσιν Οὐα-
λεντινιανῷ τῷ βασιλεῖ διὰ κάλλους ὑπερβολὴν συναφθεῖσα, 25
2 καὶ τὴν θυγατέρα Γάλλαν ἐπαγομένη. διαπλεύσαντες δὴ
τὰ τοσαῦτα πελάγη καὶ τῇ Θεσσαλονίκῃ προσορμισθέντες
πρεσβείᾳ πρὸς Θεοδόσιον ἐχρῶντο τὸν βασιλέα, νῦν γοῦν
αὐτὸν τῇ κατὰ παντὸς τοῦ Οὐαλεντινιανοῦ γένους ἀσελγείᾳ
τιμωρῆσαι παρακαλοῦντες. ὁ δὲ καὶ πρὸς αὐτὴν τὴν ἀκοὴν 30

1. Ἰταλίαν Bekk, ἰδίαν V ‖ 6. προϊδόμενος Bekk, προειδ. V ‖
7. πανστρατιὰ V ‖ 14. ἑλώδη V ‖ 16. οὐχ εὑρήσειν ἐλπίζων τὶ edidit
Sylb ‖ 19. οὐαλεντινιανῶ V, corr. ⸏ ‖ 20. καταπλαγέντος Sylb, κατα-
στάντος V. fort. tamen aliud latet, velut καταστρατηγηθέντος (cf.
Krebs 'Rection der Casus' Ratisb. 1885 p. 25 sq.) ‖ 22. Θεσσαλονίκην,
ο radendo ex ω V ‖ 23. ἰουστῖνα V et Bekk, ἰουστίνα apographa. cf.
Wannowski 'antiq. Rom.' p. 101 ‖ εἴρηταί μοι] c. 19, 1 ‖ 26. δὴ
V, δὲ ⸏

ἐκπλαγεὶς λήθην μέν τινα τῆς ἄγαν ἐποιεῖτο τρυφῆς καὶ τῇ
περὶ τὰς ἡδονὰς ἐνεδίδου μανίᾳ, βουλῆς δὲ προτεθείσης ἐδόκει
τὴν Θεσσαλονίκην αὐτὸν ἅμα τισὶ τῶν ἀπὸ τῆς γερουσίας
καταλαβεῖν. οὗ δὴ γενομένου τελεία περὶ τοῦ πρακτέου προ- 3
ετίθετο γνώμη, καὶ κοινῷ δόγματι συνεδόκει τοῖς Μαξίμῳ
πεπλημμελημένοις ἐπεξελθεῖν· μὴ γὰρ εἶναι βιωτὸν ἀνθρώπῳ
Γρατιανὸν μὲν ἀνελόντι καὶ τὴν βασιλείαν οἰκειωσαμένῳ τὴν
τούτου, καὶ ἐπειδὴ τοῦτο προεχώρησεν, ὁδῷ προελθόντι καὶ
τῆς λελειμμένης ἀρχῆς τὸν ἀδελφὸν τὸν ἐκείνου παρελομένῳ.
(44) τούτοις δυσαρεστήσας ὁ Θεοδόσιος διά τε τὴν ἔμφυτον
μαλακίαν καὶ τὴν τῆς προλαβούσης διαίτης ἐκμέλειαν ὤκνει
πρὸς τὸν πόλεμον, τὰ ἐκ τῶν ἐμφυλίων κακὰ φέρων εἰς
μέσον, καὶ ὡς ἀνάγκη πᾶσα τὰ κοινὰ πλήττεσθαι καιρίαις
πληγαῖς ἀμφοτέρωθεν· ὅθεν ἔφασκε δεῖν πρότερον διακηρυ-
κεύεσθαι, καὶ εἰ μὲν ἕλοιτο Βαλεντινιανῷ Μάξιμος ἀποδοῦναι
τὴν βασιλείαν καὶ ἄγειν τὴν ἡσυχίαν, κατὰ τὸ πρότερον
σχῆμα τὴν ἀρχὴν εἰς ἅπαντας διῃρῆσθαι, πλεονεξίᾳ δὲ κρατού-
μενον αὐτὸν καταπολεμήσειν ἀπροφασίστως. τούτοις ἀντι- 2
φθέγγεσθαι μὲν οὐδεὶς τῶν ἀπὸ τῆς γερουσίας ἐθάρρει, δο-
κοῦσί πως κοινῇ τῇ πολιτείᾳ λυσιτελεῖν· Ἰουστῖνα δὲ οὔτε
πραγμάτων ἄπειρος οὖσα οὔτε πρὸς τὴν τοῦ συμφέροντος
εὕρεσιν ἄπορος, ἐπισταμένη τὸ Θεοδοσίου περὶ τὰς ἐρωτικὰς
ἐπιθυμίας ἐπιρρεπές, ἐφιστᾷ τε τὴν θυγατέρα Γάλλαν ἐξαισίῳ
διαπρέπουσαν κάλλει, καὶ τῶν γονάτων ἐπιλαβομένη τοῦ
βασιλέως ἱκέτευε μήτε τὸν Γρατιανοῦ τοῦ δεδωκότος οἱ τὴν
βασιλείαν θάνατον περιδεῖν ἀτιμώρητον, μήτε σφᾶς εἰκῇ
κειμένους ἐᾶσαι, πάσης ἐκπεπτωκότας ἐλπίδος. καὶ ταῦτα 3
λέγουσα τὴν κόρην ὀδυρομένην ἐδείκνυ καὶ τὴν ἑαυτῆς ἀπο-
κλαίουσαν τύχην. τούτων ἀκούσας ὁ Θεοδόσιος, καὶ ἅμα τῇ
θέᾳ τοῦ τῆς κόρης κάλλους ἁλούς, παρέφαινε μὲν καὶ τῷ
βλέμματι τὴν ἐπὶ τῷ κάλλει τῆς κόρης πληγήν, ἀνεβάλλετο
δὲ τὸ πρακτέον, χρηστὰς ἔχειν αὐταῖς ὑποφαίνων ἐλπίδας.
ὡς δὲ πλέον ὑπεσμύχετο τῇ τῆς κόρης ἐπιθυμίᾳ, τὴν Ἰουστῖναν

---

8. προελθόντι, θόντι a m. 2 in ras. totidem fere litt. V ‖ 9. τὸν
ἐκείνου V, ἐκείνου ς ‖ 10. τούτοις V², τούτο/// V¹ ‖ 11. ὄκνει Bekk, ὀκνεῖ
V ‖ 12. κακὰ φέρων ς, καταφέρων V ‖ 15. Οὐαλ. Bekk ‖ 16. καὶ sup.
scr. V² ‖ 22. ἐρωτικὰς, ἐ in ras. V ‖ 25. οἱ ς, σοι V, quod reciperem si
ἡμᾶς nec vero σφᾶς sequeretur ‖ 33. ὑπεσμύχετο Hemsterhus. (cf. Steph.

μετελθὼν ᾖτει τὴν θυγατέρα πρὸς γάμον οἷα Πλακίλλης τῆς
πρότερον αὐτῷ γημαμένης ἀπαλλαγείσης. οὐκ ἄλλως δὲ ἔφασκε
δώσειν, εἰ μὴ τὸν κατὰ Μαξίμου πόλεμον ἀράμενος τῇ τε
Γρατιανοῦ τιμωρήσειεν ἀναιρέσει καὶ Οὐαλεντινιανῷ πάλιν
ἀποδοίη τὴν τοῦ πατρὸς βασιλείαν. ἐπὶ τούτοις ἔτυχέ τε τοῦ
γάμου καὶ ταῖς τοῦ πολέμου παρασκευαῖς ὅλον ἑαυτὸν ἐν-
εδίδου, καὶ συνελαυνόμενος ὑπὸ τῆς γυναικὸς τό τε στρατιω-
τικὸν ἐφιλοφρονεῖτο σιτήσεων ἐπιδόσεσι, καὶ τὴν ἄλλην ἐκ-
μέλειαν ὑπὸ τῆς χρείας ἀναγκαζόμενος ἐπηνώρθου, διαθεῖναί
τε τὰ μετὰ τὴν ἀποδημίαν τὴν αὐτοῦ δεησόμενα προνοίας
ἐγνώκει.

45. Διὰ τοῦτο, ἐπειδὴ Κυνήγιος ὁ τῆς αὐλῆς ὕπαρχος
ἐπανιὼν ἐξ Αἰγύπτου κατὰ τὴν ὁδοιπορίαν ἔτυχε τεθνεώς,
ὅν τινα δέοι προστήσασθαι τῆς αὐλῆς ὕπαρχον ἀνεζήτει, καὶ
πολλοὺς πολλάκις ἀνασκοπήσας εὗρε τελευταῖον ἄνδρα πρὸς
τοῦτο ἁρμόδιον. μετακαλέσας τοίνυν ἐκ τῆς Λυκίας Τατιανόν,
ἤδη μὲν ἄλλας ἐπὶ Οὐάλεντος ἐγκεχειρισμένον ἀρχάς, ἄνδρα
δὲ ἐν πᾶσι σπουδαῖον, ἀναδεικνύει τῆς αὐλῆς ὕπαρχον ἐν τῇ
πατρίδι, καὶ τὰ τῆς ἀρχῆς σύμβολα πέμψας αὐτῷ τὸν παῖδα
τὸν αὐτοῦ Πρόκλον τῆς πόλεως ὕπαρχον κατέστησεν. ἀλλ'
ἐν τούτῳ μὲν εὖ διεγένετο, τὰς μεγίστας ἀρχὰς ἀνδράσι
τοιούτοις ἐκδεδωκὼς οἳ καὶ παρὰ τὴν βασιλέως ἀποδημίαν
τὰ τῶν ὑπηκόων ἄριστα δυνήσονται διαθεῖναι· τοῖς δὲ στρατι-
ώταις, ἱππεῦσι μὲν Πρόμωτον, πεζοῖς δὲ Τιμάσιον ἐπέστησεν.

Thes. s. v.), ἐπεσμύχετο V ‖ 1. Πλακίλλης] Eckhel d. n. t. VIII p. 164
2. ἀπαλαγείσης, λ a m. 1, V ‖ 3. πόλεμον accessit e V. desideravit iam
Sylb ‖ 7. 8. στρατιωτικὸν ex -κῶν V¹ ‖ 9. 10. ἐπηνώρθου διαθῆναι τε V ‖
10. τὰ Bekk, καὶ V ‖ 15. τελευταῖον V, τὸ τελ. ς ‖ 16. τοῦτο ς, τὸ V
Λυκίας de Reitemeieri coniectura scripsi, ἀκιλίας V, ἀκυλίας ς. cf.
Gothofredus ad cod. Theod. t. III p. 304 et Sievers 'Leben des Li-
banius' p. 266 ‖ 17. ἄλλας] cf. Seeck ap. Kaibelium ep. Gr. 919 p. 378 ‖
ἐγχειρισμένον, κε a m. 2, V ‖ 18. ἀναδεικνύει] immo ἀναδείκνυσι ‖ 18.
19. ἐν τῇ πατρίδι verba, in quibus offenderam, Mommsen ita explicat
ut Tatianus, dum Theodosius abest, praefecturae sedem non Cpli
habeat sed ἐν τῇ πατρίδι, i. e. in Lycia. ita intellegi etiam incredi-
bile odium quo non solum Tatianus ipse sed etiam Lycia apud Cpli-
tanos flagraverint, accedente praesertim Proculo, praefecto urbi, Lycio
et ipso ‖ 20. κατέστησεν V², κατ//στησ//// V¹ ‖ 22. βασιλέως V, τοῦ βασ. ς ‖
23. διαθῆναι V

ἐπεὶ δὲ πρὸς τὴν ἔξοδον οὐδὲν ἐλλείπειν ἐδόκει, λόγος ἐν- 3
έπεσε ταῖς βασιλέως ἀκοαῖς ὡς οἱ τοῖς Ῥωμαϊκοῖς τέλεσιν
ἀναμεμιγμένοι βάρβαροι δωρεῶν ὑποσχέσει μεγάλων παρὰ
Μαξίμου περὶ προδοσίας ἐδέξαντο λόγους, αἰσθόμενοι δὲ ὡς
5 περίπυστον γέγονε, περὶ τὰ τέλματα καὶ τὰς ἐν Μακεδονίᾳ
λίμνας συνέφυγον, τοῖς αὐτόθι δάσεσιν ἑαυτοὺς ἀποκρύπτον-
τες· ἐν οἷς διωκόμενοι καὶ διὰ πάσης ἀναζητούμενοι μηχανῆς
κατὰ τὸ πολὺ διεφθάρησαν μέρος, ὥστε τὸν βασιλέα τούτου
τοῦ δέους ἀπαλλαγέντα σπουδῇ πάσῃ καὶ πανστρατιᾷ κατὰ
10 Μαξίμου χωρῆσαι. Ἰουστῖναν μὲν οὖν ἅμα τῷ παιδὶ καὶ τῇ 4
θυγατρὶ ναυσὶν ἐμβαλὼν καὶ τοῖς ἀσφαλῶς παραπέμπουσι
παραδοὺς εἰς τὴν Ῥώμην ἐξέπεμπεν (ἐπεπιστεύκει γὰρ ὡς
ἀσμενέστατα Ῥωμαῖοι δέξονται τούτους, ἀλλοτριούμενοι Μαξί-
μου ταῖς γνώμαις), αὐτὸς δὲ ἅμα τῷ στρατῷ διὰ Παιονίας
15 τῆς ἄνω καὶ τῶν Ἀπεννίνων ὀρῶν ἐπὶ τὴν Ἀκυληίαν αὐτὴν
ἐλάσαι διενοεῖτο καὶ ἐπελθεῖν ἀπαρασκεύῳ τῷ πολεμίῳ.

46. Ταύτῃ τῇ πορείᾳ χρωμένου τοῦ Θεοδοσίου, πυθό-
μενος Μάξιμος ὡς ἡ Οὐαλεντινιανοῦ μήτηρ ἅμα τοῖς παισὶ
διαβαίνειν μέλλοι τὸν Ἰόνιον κόλπον, ταχυναυτοῦντα πλοῖα
20 συναγαγὼν καὶ Ἀνδραγαθίῳ παραδοὺς ἐπὶ τὴν τούτων ἔστελλε
θήραν. ὁ δὲ περιπλεύσας ἁπανταχοῦ καὶ τῆς πείρας δια-
μαρτών (ἔφθησαν γὰρ ἐκεῖνοι τὸν Ἰόνιον περαιωθῆναι πορθ-
μόν), δύναμιν ἀρκοῦσαν συναγαγὼν πάντα περιέπλει τὰ ἐκεῖσε,
ναυτικῇ δυνάμει Θεοδόσιον οἰόμενος ἐπιθήσεσθαι. ὄντος δὲ 2
25 ἐν τούτοις Ἀνδραγαθίου, διελθὼν Παιονίαν καὶ τὰς ἐν τοῖς
Ἀπεννίνοις ὄρεσι πύλας ὁ Θεοδόσιος ἀπροσδοκήτοις ἅμα καὶ
ἀφυλάκτοις οὖσι τοῖς ἀμφὶ τὸν Μάξιμον ἐπιτίθεται. μέρους
δέ τινος τοῦ στρατοπέδου σὺν ὀξυτάτῃ ῥύμῃ τοῖς τῆς Ἀκυ-
ληίας τείχεσι προσπεσόντος καὶ βιασαμένου τὴν διὰ τῶν
30 πυλῶν εἴσοδον (ἀντιστῆναι γὰρ αὐτοῖς οὐχ οἷοί τε γεγόνασιν
οἱ φυλάττοντες ὄντες ὀλίγοι) Μάξιμος μὲν ἐκ τοῦ βασιλείου

2. ὡς οἱ V², ὅσοι V¹ ‖ τέλεσιν V², ελεσιν V¹ ‖ 4. αἰσθόμενοι V²,
-νο// V¹ ‖ 5. περὶ] ἐπὶ coni. Bekk. at cf. III, 10, 3. ad ipsam rem
referunt Eun. fr. 58, nescio an falso ‖ 6. δάσεσιν V², δά////// (4—5 litt.
er.) V¹ ‖ 9. πανστρατιὰ V ‖ 10. ἰουστῖναν (hoc acc.), στ ex corr. m. 1,
V ‖ 11. παραπέμπουσιν ς. malim παραπέμψουσι ‖ 17. τοῦ Θεοδοσίου V,
Θεοδ. ς ‖ 18. παισὶν ς ‖ 23. συναγαγὼν ς, συνάγων V ‖ 27. οὖσι ac-
cessit e V

204 — Δ —

κατήγετο θρόνου, χρήματα διανέμειν τοῖς ὑπ' αὐτὸν στρατιώ-
ταις ἀρξάμενος, γυμνωθεὶς δὲ τοῦ βασιλικοῦ σχήματος Θεο-
3 δοσίῳ προσήγετο. ὃ δὲ βραχέα τῶν κατὰ τῆς πολιτείας αὐτῷ
πεπλημμελημένων ἐν ὀνείδους μέρει διεξελθὼν τῷ δημίῳ
παρέδωκε, τὴν ὀφειλομένην ἐκτίσοντα δίκην. Μαξίμῳ μὲν 5
οὖν τοῦτο τοῦ βίου καὶ τῆς τυραννίδος ἐγένετο τέλος, ἅμα
τῷ κατὰ Οὐαλεντινιανοῦ προτερήματι πᾶσαν ἕξειν ἀκονιτὶ
τῶν Ῥωμαίων ἀρχὴν ὀνειροπολήσαντι· (47) Θεοδόσιος δὲ ὁ
βασιλεὺς ἀκηκοὼς ὅτι διαβαίνων τὰς Ἄλπεις ὁ Μάξιμος Βί-
κτορα τὸν υἱὸν ἀπέλιπεν αὐτόθι τῇ τοῦ Καίσαρος ἀξίᾳ τετιμη- 10
μένον, Ἀρβογάστην ἔστειλε παραχρῆμα τὸν στρατηγόν, ὃς
παρέλυσέ τε τῆς ἀρχῆς καὶ ἀπέκτεινε τὸ μειράκιον. τούτων
ἀπαγγελθέντων Ἀνδραγαθίῳ τὰ περὶ τὸν Ἰόνιον διερευνω-
μένῳ πορθμόν, ὅτι μυρίοις περιπεσεῖται κακοῖς ἐπιστάμενος,
οὐκ ἀναμείνας τοὺς ἐπιθησομένους αὐτὸς ἑαυτῷ τὴν τιμω- 15
ρίαν ἐπέθηκεν, καθεὶς εἰς τὴν θάλασσαν τὸ σῶμα καὶ ταύτῃ
μᾶλλον ἐκδοῦναι τὰ καθ' ἑαυτὸν ἢ τοῖς ἐχθίστοις ἑλόμενος.

2 Τὴν μὲν οὖν βασιλείαν Θεοδόσιος πᾶσαν Οὐαλεντινιανῷ
παρέδωκεν, ὅσην ἔτυχεν ἔχων ὁ τούτου πατήρ, καὶ τοῦτο
περὶ τοὺς εὐεργέτας καθῆκον ἔδοξεν εἶναι· τῶν δὲ ὑπὸ Μαξίμῳ 20
στρατευσαμένων ὅσον ἦν ἐπίλεκτον μετὰ τῶν οἰκείων ἀνα-
λαβών, ἀφῆκε μὲν ἐκεῖνον τὰ περὶ τὴν Ἰταλίαν καὶ Κελτοὺς
καὶ ὅσα τῆς ἐπικρατείας ἦν τῆς αὐτοῦ διαθήσοντα. συνῆν
δὲ καὶ ἡ μήτηρ αὐτῷ, τὸ ἐλλεῖπον ἐν φρονήσει διὰ τὸ νέον
τῆς ἡλικίας, καθ' ὅσον γυναικὶ δυνατὸν ἦν, ἐκπληροῦσα. 25

48. Αὐτὸς δὲ εἰς τὴν Θεσσαλονίκην ἐπανελθὼν οὐ τὴν
τυχοῦσαν εὗρεν ἐν τοῖς Μακεδόνων πράγμασι ταραχήν. ὅσοι
γὰρ τῶν βαρβάρων ἐν τοῖς ἕλεσι καὶ ταῖς περὶ τὰς λίμνας
ὕλαις ἑαυτοὺς ἀποκρύψαντες ἐκ τῆς προτέρας τῶν Ῥωμαίων
ἐφόδου περιεσώθησαν, τῆς περὶ τὸν ἐμφύλιον πόλεμον ἀσχο- 30
λίας Θεοδοσίου τοῦ βασιλέως λαβόμενοι τὰ Μακεδόνων καὶ
2 Θεσσαλῶν ἐλήζοντο, μηδενὸς αὐτοῖς ἐναντιωθέντος. ἐπεὶ δὲ

1. θρόνου Sylb, θρόνου οὐ (οὐ V²) V ‖ 4. πεπλημμένων V, corr. ς ‖
δήμῳ, ι̅ a m. 2, V ‖ 8. τῶν] τὴν coni. Bekk ‖ 9. 10. βίκτορα V, βίκτωρα
ς ‖ 10. Καίσαρος] immo Augusti. Eckhel t. VIII p. 166 ‖ 18. Θεο-
δόσιος accessit e V ‖ 19. τοῦτο ex τούτου V ‖ 23. αὐτοῦ] Γρατιανοῦ
conieci ‖ 26 sq. quo neglegentius priora eaque satis gravia narravit eo
diligentius rem levem persequitur scriptor ‖ 28. ἕλεσι V², ἕλεσι V¹

τὰ τῆς νίκης αὐτοῖς καὶ τῆς ἐπανόδου τοῦ βασιλέως ἠγγέλϑη,
τοῖς ἕλεσιν αὖϑις ἑαυτοὺς ἐναπέκρυψαν, αὐτόϑεν τε λαϑραίως
ἐπανιστάμενοι, τὰ ἐν ποσί τε ἄγοντες καὶ φέροντες, ἡμέρας
ἐπιφαινομένης ἐπὶ τοὺς συνήϑεις τόπους ἐχώρουν, ὥστε
περιῆν τῷ βασιλεῖ λογίζεσϑαι φάσματα μᾶλλον ἢ ἀνϑρώπους
εἶναι τοὺς ἐπιόντας. ἀπορῶν τοίνυν ἐκοινώσατο μὲν οὐδενὶ 3
τὸ πρακτέον, ἀναλαβὼν δὲ ἄχρι πέντε ἱππέων τὸν ἀριϑμόν,
καὶ ἑκάστῳ τρεῖς ἵππους ἢ τέσσαρας ἕλκειν ἀπὸ ῥυτῆρος
εἰπών, ὥστε ἐπειδὰν ὁ τὸν ἱππέα φέρων ἵππος ἀπείποι τῷ
πόνῳ, μεταβαίνειν ἐπὶ τὸν ἕτερον, τούτῳ τε τῷ τρόπῳ πρὸς
πᾶσαν ἀρκέσαι τοὺς ἵππους κακοπάϑειαν ἧς κατὰ νοῦν ἔλαβεν
ἐγχειρήσεως, οὐδενὶ τῶν ϑεωμένων ὅτι βασιλεὺς εἴη διδοὺς
ὑποπτεύειν, περιενόστει τοὺς ἀγρούς, καὶ εἴ που τροφῆς ἅμα
τοῖς σὺν αὐτῷ δεηϑείη, παρὰ τῶν ἀγροίκων αὐτῶν, ἐνέτυχε
καταλύματι βραχεῖ παρὰ γραὸς οἰκουμένῳ, καὶ στέγης αὐτῷ
μεταδοϑῆναι καὶ ποτοῦ παρεκάλει. τῆς δὲ γραὸς φιλοφρόνως 4
αὐτὸν ὑποδεξαμένης, οἶνόν τε καὶ τῶν ἄλλων ὅσα ἔτυχεν
ἔχουσα μεταδούσης, ἐπειδὴ νὺξ ἐγένετο, αὐτόϑι καϑεύδειν
ἐδεῖτο. τῆς δὲ πρεσβύτιδος καὶ πρὸς τοῦτο ἐνδούσης, κεί-
μενος ὁ βασιλεὺς ἔν τινι μέρει τῆς καταλύσεως ἄνϑρωπον
ἐϑεάσατο φϑεγγόμενον μὲν οὐδὲ ἕν, ἐοικότα δὲ λανϑάνειν
ἐϑέλοντι. καὶ τοῦτο ϑαυμάσας ὡς ἑαυτὸν ἐκάλει τὴν γραῦν, 5
καὶ ἐπυνϑάνετο τίς εἴη καὶ πόϑεν. τῆς δὲ ἀγνοεῖν εἰπούσης,
καὶ κατὰ ποίαν ἀφίκετο χρείαν, τοῦτο δὲ εἰδέναι φασκούσης
ὅτι γε ἀφ' οὗ Θεοδόσιος ὁ βασιλεὺς ἐπανιέναι μετὰ τῆς στρα-
τιᾶς ἠγγέλϑη, καταλύσας παρ' αὐτῇ καὶ τὴν ὑπὲρ τῆς τρο-
φῆς τιμὴν ἑκάστης ἡμέρας ἀποδιδούς, τὴν ἡμέραν ἅπασαν τῆς
οἰκίας ἐξιών, ὅποι βούλεταί ⟨τε⟩ περινοστῶν, νυκτὸς ἐπαγο-
μένης ἐπανιὼν ὥσπερ ἐκ κόπου τροφῆς τε μεταλαμβάνει καὶ
κεῖται κατὰ τὸ νῦν ὁρώμενον σχῆμα, ταῦτα ὁ βασιλεὺς ἀκού-
σας, τεκμαιρόμενός τε ὡς οὐ προσήκει τοὺς τῆς πρεσβύτιδος
λόγους ἀνεξετάστους καταλιπεῖν, συναρπάσας τὸν ἄνϑρωπον
ὅστις εἴη λέγειν ἀπῄτει. τοῦ δὲ οὐδὲν ἀνασχομένου παντά- 6
πασιν ἀποκρίνασϑαι βάσανοι διὰ μαστίγων ἐπήγοντο. τοῦ δὲ

3. ἀπανιστάμενοι coniecit et reiecit Sylb ‖ 9. τὸν ς, τ/ν, η
erasa, V ‖ 22. ἑαυτὸν V, αὐτὸν ς ‖ 22.23. γραῦ ᵏᵃⁱ ἐπυνϑάνετο, sup. scr. m.2,
V ‖ 27. ἑκάστης Sylb, ἑκστάσης V ‖ 28. τε ς, om. V

μηδὲ τῇ διὰ τούτων ἐνδόντος ἀνάγκῃ, ξίφεσιν ἀμύττειν αὐτῷ
τὸ σῶμα τοῖς ἱππεῦσιν ἐνεκελεύετο, προσθεὶς ὅτι αὐτὸς ὁ βα-
σιλεὺς Θεοδόσιος εἴη. τοῦτο ἀκούσας ὁ ἄνθρωπος ἐξέφαινέ
τε ὅστις εἴη καὶ τῶν ἐν τοῖς ἕλεσι κρυπτομένων βαρβάρων
εἶναι κατάσκοπος ἔλεγεν, ἀπαγγέλλειν τε αὐτοῖς ὁ στρατὸς 5
7 ὅποι εἴη καὶ ποίοις ἐπιέναι τόποις ἢ ἀνδράσι προσήκει. τού-
του μὲν οὖν παραχρῆμα ἀπέτεμε τὴν κεφαλήν, ἐλάσας δὲ πρὸς
τὸ στρατόπεδον οὐ πόρρωθεν αὐλιζόμενον ἄγει τε αὐτοὺς
ἔνθα ἔγνω τοὺς βαρβάρους ἐνδιαιτᾶσθαι, σὺν αὐτοῖς τε ἐπι-
πεσὼν ἡβηδὸν πάντας διέφθειρε, τοὺς μὲν τοῖς ἕλεσι κρυπτο- 10
μένους ἐξάγων, τοὺς δὲ καὶ ἐν τοῖς ὕδασιν ἀποσφάττων, ὥστε
φόνον τῶν βαρβάρων γενέσθαι πολύν.

49. Ὁ δὲ στρατηγὸς Τιμάσιος, τοῦ βασιλέως ἀγασθεὶς
τὴν ἀνδρείαν, ἀσίτοις οὖσι τοῖς στρατιώταις καὶ οὐκέτι πρὸς
τοὺς ἐν τοῖς τέλμασι πόνους ἀρκεῖν δυναμένοις τροφῆς ἠξίου 15
συγχωρηθῆναι μεταλαβεῖν. τοῦ δὲ ἐνδόντος ἡ μὲν σάλπιγξ
ἠχοῦσα τὸ ἀνακλητικὸν ἀφίστη τοὺς στρατιώτας τοῦ ἔργου
καὶ τῆς κατὰ τῶν βαρβάρων ἐπιφορᾶς, ἀναχωρήσαντες δὲ ἐπὶ
τὴν εὐωχίαν καὶ ταύτης ἐμφορηθέντες, οἴνῳ τε καὶ πόνῳ συν-
2 ειλημμένοι, βαθύτατον ἐκάθευδον ὕπνον. ὅπερ αἰσθόμενοι 20
τῶν βαρβάρων οἱ περιλελειμμένοι, ὅπλα τε ἀνέλαβον καὶ
προσπεσόντες ὕπνῳ καὶ μέθῃ τοῖς στρατιώταις κεκρατημένοις
κατεκέντουν δόρασί τε καὶ ξίφεσι καὶ παντὶ τῷ πρὸς φόνον
ἀρκοῦντι. συνανῄρητο δ' ἂν ἁπάσῃ τῇ στρατιᾷ καὶ ὁ βασι-
λεὺς αὐτός, εἰ μή τινες τῶν οὔπω θοίνης μεταλαβόντων ἔδρα- 25
μον ἐπὶ τὴν τοῦ βασιλέως σκηνήν, τὸ συμβὰν ἐξαγγέλλοντες·
ἐφ' οἷς αὐτός τε καὶ οἱ σὺν αὐτῷ ταραχθέντες φυγῇ τὸν ἐπι-
3 κείμενον κίνδυνον ἔγνωσαν ἀποδρᾶναι. φεύγουσι δὲ αὐτοῖς
ὑπαντήσας Πρόμωτος (ἔτυχε γὰρ ὑπὸ τοῦ βασιλέως μετά-
πεμπτος γεγονώς) τὸν μὲν βασιλέα περισώζειν αὐτόν τε καὶ 30
τοὺς αὐτῷ συνόντας ἠξίου· τῶν γὰρ βαρβάρων αὐτῷ μελή-
σειν, ἀξίαν τῆς αὐτῶν ἀπονοίας ἐπιθήσοντι δίκην. καὶ ἅμα

3. τοῦτο — 4. ὅστις εἴη accesserunt e V ‖ 4. καὶ τῶν V, καὶ ὃς
τῶν Sylb, ad lacunam ni mirum sarciendam ‖ ἕλεσι V ‖ 5. ἀπαγγέλλειν,
λ a m. 2, V ‖ ὁ στρατὸς accesserunt e V ‖ 10. ἕλεσι V², ἐλ. V¹ ‖ 14. ἀν-
δρίαν Bekk ‖ 15. δυναμένοις V², -νους V¹ ‖ 22. μέθει V ‖ 26. ἐξαγγέλ-
λοντες V. ἐξαγγελοῦντες scripserim

ταῦτα λέγων ἐπήει, καὶ εὑρὼν ἔτι τοῖς καθεύδουσιν ἐγκει-
μένους ἐπῆλθέ τε μετὰ πάσης ὀξύτητος, καὶ τοσούτους ἀνεῖλεν
ὥστε ἢ οὐδένα ἢ σφόδρα ὀλίγους εἰς τὰ ἕλη συμφυγόντας
περισωθῆναι.

5   50. Τὰ μὲν οὖν συνενεχθέντα τῷ βασιλεῖ Θεοδοσίῳ
μετὰ τὴν Μαξίμου καθαίρεσιν ἐπανιόντι τοιάδε πως ἦν· εἰς
δὲ τὴν Κωνσταντινούπολιν ἐπανελθὼν ἐπὶ μὲν τῷ κατὰ Μα-
ξίμου τροπαίῳ μέγα ἐφρόνει, τοῖς δὲ ὑπὸ τῶν ἐν τοῖς τέλ-
μασι βαρβάρων εἰς αὐτόν τε καὶ τὸ στρατόπεδον ἅπαν γεγο
10 νόσι συνεσταλμένος πολέμοις μὲν ἀπειπεῖν ἐγνώκει καὶ μάχαις,
ἐπιτρέψας τὰ περὶ ταῦτα Προμώτῳ, αὐτὸς δὲ τῆς προτέρας
ἀνεμιμνῄσκετο διαίτης, πολυτελῆ δεῖπνα δειπνῶν καὶ πολυ-
πραγμονῶν ἐν ταῖς ἡδοναῖς καὶ τοῖς θεάτροις καὶ ἱπποδρο-
μίαις ἐναβρυνόμενος, ὥστε ἔπεισί μοι θαυμάζειν τούτου τοῦ
15 ἀνδρὸς τὴν ἐφ' ἑκάτερα τοῦ βίου ῥοπήν. φύσει γὰρ ὢν ἐκ-
μελής, ῥᾳθυμίᾳ τε πάσῃ καὶ οἷς προεῖπον ἐκκείμενος, λυπη-
ροῦ μὲν αὐτὸν οὐδενὸς ἢ δέος ἐπάγοντος ἐνοχλοῦντος ἐνεδί-
δου τῇ φύσει, καθιστάμενος δὲ εἰς ἀνάγκην σαλεύειν κατά τι
τὰ καθεστῶτα προσδοκωμένην ἀπετίθετο μὲν τὴν ῥᾳθυμίαν,
20 καὶ τῇ τρυφῇ χαίρειν εἰπὼν εἰς τὸ ἀνδρωδέστερον καὶ ἐπί-

2. ἐπῆλθέ τε V², ἔπεσέ τε (ut vid.) V¹, ἐπῆλθε ς. ἐπέπεσέ τε
fort. scribendum ‖ 3. ἕλη V², ἔλη V¹ ‖ 5 sq. habet Suidas v. Θεοδόσιος ‖
10. συνεστᾰμένος, λ a m. 1, V ‖ 11. τὰ V Suid., δὲ τὰ ς ‖ αὐτὸς δὲ V
Suid., αὐτὸς ς. ceterum quod Philostorgius quoque (XI, 2) in Theo-
dosio ἀκρασίαν βίου καὶ τρυφῆς ἀμετρίαν notavit, ex Eunapio hoc ha-
buerit non oportet (Icep ann. phil. suppl. t. XIV p. 57). immo popu-
larem uterque secutus esse potest famam, gentilium Eunapius Arianorum
Philostorgius, qui utrique satis causae habebant cur Theodosio ὁμοο-
υσιαστῇ infensi essent (cf. Richter 'd. westroem. Reich' p. 527 sq.) ‖
13. ἐν om. Suid. ‖ 14. ὥστε — 15. ἀνδρὸς] θαυμάζω δὲ τούτου Suid. ‖
15. 16. ὅτι καὶ Θεοδόσιος ὁ βασιλεὺς ἐκμελὴς ἦν καὶ πάσῃ ῥᾳθυμίᾳ ἐκκεί-
μενος Suid. v. ἐκμελές, quae verba Boissonadium p. 508 secuti C. Mueller
et L. Dindorf perperam inter fragmenta Eunapii (49) rettulerunt ‖
16. καὶ οἷς προεῖπον om. utrobique Suid. ‖ ἐκκείμενος] ἐγκείμενος scri-
bendum puto. cf. V, 25, 3 (I, 12, 2 ἐγκεῖσθαι recte ς) ‖ 17. ἢ V²,
ἢ//// (1—2 litt. er.) V¹. ἢ δέος ἀπάγοντος καὶ ἐνοχλοῦντος in Suida ex
cod. A edidit Bernhardy, qui ipse οὐδενὸς ἡδονῶν ἀπάγοντος coniecit.
mihi tradita scriptura quamvis scabra teneri posse videtur ‖ 18. et 20.
ἐς Suid. ‖ 18. κατά τινα Suidae optimi libri ‖ 19. προσδοκωμένη͗, ν
a m. 2, V

πόνον καὶ τληπαθὲς ἀνεχώρει. τοιοῦτος ἐξ αὐτῆς ἀποδεδειγ-
μένος τῆς πείρας, ἐπειδὴ πάσης ἦν ἀπηλλαγμένος φροντίδος,
ταῖς αὐτῷ φύσει προσούσαις ἐκμελείαις ἐδούλευε.

51. Τῶν δὲ τὰς ἀρχὰς ἐπιτετραμμένων ἐν τιμῇ κατ᾽ ἐξ-
αίρετον ἤγετο Ῥουφῖνος, Κελτὸς τὸ γένος, μάγιστρος τῶν ἐν
τῇ αὐλῇ τάξεων καταστάς· τούτῳ γὰρ πάντα ὁ βασιλεὺς κατ-
εθάρρει, τῶν ἄλλων ὀλιγωρῶν. ὅπερ ἐκίνει Τιμάσιον καὶ
Πρόμωτον μετὰ τοσούτους ὑπὲρ τῆς πολιτείας κινδύνους ἐν
δευτέρᾳ τάξει κειμένους. ἐφ᾽ οἷς ὁ Ῥουφῖνος ὠραξόμενος καὶ
ἀναβεβηκὼς τῷ φρονήματι σκέμματος κοινοῦ προκειμένου
2 θρασύτερόν τι ῥῆμα εἰς τὸν Πρόμωτον ἀπέρριψεν. ὁ δὲ οὐκ
ἐνεγκὼν ἐπήγαγε τῷ προσώπῳ τὴν χεῖρα καὶ ἔπληξεν. ὁ δὲ
εἰσελθὼν καὶ τῷ βασιλεῖ τὸ πρόσωπον δείξας τοσοῦτον ἐξ-
ανέστησεν εἰς ὀργὴν ὥστε εἰπεῖν, εἰ μὴ τὸν κατὰ Ῥουφίνου
φθόνον ἀπόθοιντο, ταχέως αὐτὸν ὄψονται βασιλεύοντα. ταῦτα
ὁ Ῥουφῖνος ἀκηκοώς, ἐπειδὴ καὶ ἄλλως ἦν ἅπασιν ἔγκοτος
διὰ φιλοπρωτείας ὑπερβολήν, ἀναπείθει τὸν βασιλέα κελεῦσαι
τῶν βασιλείων ἔξω που διατρίβειν Προμώτῳ καὶ τῇ περὶ τὰ
3 πολέμια μελέτῃ τοὺς στρατιώτας ἀσκεῖν. καὶ ἐπειδὴ τοῦτο
κατέπραξε, καθίζει λόχον αὐτῷ βαρβάρων ποιουμένῳ τὴν ἐπὶ
Θρᾴκην ὁδοιπορίαν. οἳ δὲ τὸ σύνθημα δεξάμενοι, μηδὲν
προϊδομένῳ τοιοῦτον ἐπιθέμενοι, κατασφάζουσιν ἄνδρα πλού-
του μὲν κρείττονα γεγονότα, χρησάμενον δὲ τῇ πολιτείᾳ καὶ
τοῖς βασιλεῦσιν εἰλικρινῶς, ἄξια δὲ τῆς προαιρέσεως ἐπίχειρα
κομισάμενον, ὅτι τοῖς οὕτως ἐκμελῶς καὶ ἀσεβῶς τὰ κοινὰ
πράγματα διαθεῖσιν ὑπηρετήσατο.

52. Ταύτης διαβοήτου τῆς πράξεως ἐν ἅπασι γενομένης
καὶ ἐν τοῖς ἁπάντων στόμασιν οὔσης, παντός τε σωφρονοῦν-
τος ἐπὶ τοῖς τοσούτοις ἀτοπήμασι σχετλιάζοντος, αὐτὸς μὲν
Ῥουφῖνος ὥσπερ τι σεμνὸν ἐργασάμενος ὕπατος ἀνεδείκνυτο,
Τατιανῷ δὲ καὶ τῷ τούτου παιδὶ Πρόκλῳ, Ῥουφίνῳ προσ-
κεκρουκόσι δι᾽ οὐδὲν ἕτερον ἢ ὅτι τὰς ὑπάρχους ἔχοντες ἐξ-
ουσίας, ὃ μὲν τῆς αὐλῆς ὃ δὲ τῆς πόλεως, ἀδωρότατα καὶ

4. 5. ἀρχὰς μετιόντων κατ᾽ ἐξαίρετον ἐν τιμῇ ἤγετο Suid ‖ 6. βουλῇ
Suid. ‖ in καταστάς desinunt Suidiana ‖ 8. πρόμωτον, π ex μ inter scrib.
corr. V¹ ‖ τοσούτους ex τούτους V¹ ‖ 14. ρουφίνου V², ῥουφῖνον V¹ ‖
16. ἀκηκοὼς V², ἀκηκοὸς V¹ ‖ 22. προϊδομένῳ Bekk, προειδ. V ‖ 26.
ὑπηρετίσατο V

ὡς ἔνι μάλιστα δεόντως αὐτὰς διετίθεσαν, ἐπήγετο πράγματα
λόγον οὐκ ἔχοντα. καὶ ἵνα εἰς ἔργον ἀχθείη τὰ κατ᾽ αὐτῶν 2
βουλευόμενα, πρότερον ἀπετίθετο Τατιανὸς τὴν ἀρχὴν καὶ
ἤγετο εἰς κρίσιν, ὑπάρχου τῆς αὐλῆς ἀποδεδειγμένου Ῥουφί-
νου. καὶ τῷ μὲν φαινομένῳ κοινωνεῖν ἐτάχθησαν ἕτεροι
Ῥουφίνῳ τῆς κρίσεως, ἐκεῖνος δὲ μόνος εἶχε τῆς ψήφου τὸ
κῦρος. ἐπεὶ δὲ Πρόκλος αἰσθόμενος τῆς ἐπιβουλῆς ἔλαθεν 3
ἑαυτὸν ἀποκρύψας, ὑφορώμενος ὁ Ῥουφῖνος τὸ δραστήριον
τοῦ ἀνδρός, δεδιὼς δὲ μὴ νεώτερόν τι φρονήσας συνταράξῃ
τινὶ τὰ κατ᾽ αὐτὸν μηχανῇ, μετελθὼν ἀπάτῃ τὸν πατέρα καὶ
ὅρκοις, καὶ τὸν βασιλέα πείσας ὑποφῆναι καὶ αὐτῷ καὶ τῷ
παιδὶ μεγίστας ἐλπίδας, τούτῳ τε τῷ τρόπῳ μεταγαγὼν ἐκ
τῆς ἀληθοῦς ὑπονοίας εἰς ματαίους ὀνείρους, ἀναπείθει Τα-
τιανὸν γράμμασι τὸν παῖδα μετακαλέσασθαι. Πρόκλον μὲν 4
οὖν ἅμα τῷ φανῆναι συναρπασθέντα τὸ δεσμωτήριον δέχεται,
Τατιανοῦ δὲ τῇ τῆς πατρίδος οἰκήσει παραδοθέντος ἀκροάσεις
συνεχεῖς ἐπὶ τῇ Πρόκλου συνῄεσαν κρίσει, καὶ τελευτῶντες
οἱ δικασταὶ κατὰ τὸ Ῥουφίνῳ συγκείμενον ἀπάγεσθαι τοῦτον
ἐν Συκαῖς τῷ προαστείῳ τὴν ἐπὶ θανάτῳ προσέταττον. οὗ-
περ αἰσθόμενος ὁ βασιλεὺς ἔστελλε μὲν δῆθεν τὸν ἀνακαλε-
σόμενον ἐκ τοῦ τραχήλου τὸ ξίφος· ὁ δὲ συνθήματι Ῥου-
φίνου πειθόμενος σχολαίτερον ἀπιών, ἔφθασεν ἤδη πεσοῦσαν
τὴν κεφαλήν.

53. Ἐν δὲ τῷ ταῦτα πράττεσθαι Οὐαλεντινιανὸς ὁ βασι-
λεὺς ἀγγέλλεται τελευτήσας. ὁ δὲ τῆς τελευτῆς τρόπος ἐγέ-
νετο τοιόσδε. Ἀρβογάστης ἐκ τοῦ Φράγγων ὁρμώμενος ἔθνους,

1. ἐπήγετο, η in ras., V ‖ 3. ἀπετίθετο] ἀπεδύετο conieci ‖ 7. 8.
ἔλαθεν ἑαυτὸν ἀποκρύψας accessere e V ‖ 9. δεδιὼς δὲ V, καὶ δεδιὼς
ς ‖ 10. τινὶ — μηχανῇ mihi dubia. an συντ. τινὶ (i. e. Rufino) τὰ κατ᾽
αὐτοῦ μηχανόμενα? ‖ μετ.] Eun. fr. 59 ‖ 17. πρόκλου V, τοῦ πρόκλου ς ‖
19. συκαῖς τῷ V², συκα τω ('sine acc. ut vid.' Mau) V¹. cf. Chron.
Pasch. t. I p. 565, 3 Bonn. ‖ τὴν ἐπὶ θανάτῳ] ἐπὶ τὸν θάνατον coni.
Reitemeier coll. V, 34, 5 ‖ προσέττατον V ‖ 21. 22. ῥουφίνου V², -νω
V¹ ‖ 22. ⟨οὐκ⟩ ἔφθασεν coni. Reitemeier, male ‖ 24 sq. cf. Ioannes Ant.
ap. Cramerum An. Par. t. II p. 65, 11 sq. (F. H. G. t. IV p. 608, 187),
qui ex Eunapio, sive ipse sive intercedente aliquo fonte medio, sua
hausit. v. Koecher 'de Io. Ant.' p. 32 sq. (de Philostorgio tamquam
Ioannis fonte cogitare noli: quod enim Icep ann. phil. suppl. t. XIV
p. 57 ex Eunapio Philostorgium Theodosii res hausisse contendit, in-

Βαύδωνι δὲ ὑποστρατηγεῖν ὑπὸ Γρατιανοῦ βασιλεύοντος τε-
ταγμένος, ἐκείνου τελευτήσαντος τῷ δραστηρίῳ τεθαρρηκὼς
τὴν στρατιωτικὴν ἀρχὴν εἰς ἑαυτὸν περιέστησε βασιλέως οὐ
δεδωκότος, κατάλληλος δὲ τοῖς ὑποτεταγμένοις αὐτῷ στρα-
τιώταις ὀφθεὶς διά τε ἀνδρείαν καὶ πολεμικὴν ἐπιστήμην καὶ 5
χρημάτων ὑπεροψίαν ἐπὶ μέγα προῆλθε δυνάμεως, καὶ τοσοῦ-
τος ἦν ὥστε καὶ πρὸς τὸν βασιλέα παρρησιάζεσθαι, καὶ ὅσα
2 μὴ καλῶς αὐτῷ μηδὲ προσηκόντως ἔχειν ἐδόκει κωλύειν. πρὸς
ταῦτα δυσανασχετῶν ὁ Οὐαλεντινιανὸς ἀντέτεινε μὲν πολ-
λάκις, ἤνυε δὲ οὐδέν· ὠχύρωτο γὰρ ὁ Ἀρβογάστης τῇ τῶν 10
στρατιωτῶν ἁπάντων εὐνοίᾳ. ὑποτετάχθαι δὲ τούτῳ περαι-
τέρω μὴ φέρων, ἐπειδὴ καθήμενος ἐπὶ τοῦ βασιλείου θρόνου
τὸν Ἀρβογάστην ἐθεάσατο προσιόντα, δριμύτερον ὑποβλέπων
3 δέδωκεν αὐτῷ γράμματα τῆς ἀρχῆς παραλύοντα. ὁ δὲ ἀναγνοὺς
'οὔτε δέδωκάς μοι' φησί 'τὴν ἀρχὴν οὔτε ἀφελέσθαι δυνήσῃ'. 15
καὶ ταῦτα εἰπών, διαρρήξας τε τὸ γραμμάτιον καὶ ἐπὶ τῆς
γῆς ἀφείς, ἀπιὼν ᾤχετο. τότε δὴ λοιπὸν οὐκ ἐν ἀπορρήτῳ
τὰ τῆς ὑποψίας ἐτρέφετο, φανερὰ δὲ παρὰ πᾶσι τὰ τῆς πρὸς
4 ἀλλήλους αὐτοῖς ἐγίνετο δυσμενείας. καὶ ὁ μὲν Οὐαλεντι-
νιανὸς συνεχέσι πρὸς τὸν βασιλέα Θεοδόσιον γράμμασιν ἐχρῆτο, 20
τὴν κατὰ τῆς βασιλείας ἀλαζονείαν τἀνδρὸς ἐξαγγέλλων, καὶ
βοηθεῖν παρεκάλει, δραμεῖσθαι πρὸς αὐτόν, εἰ μὴ τάχιστα
τοῦτο ποιήσειεν, ἐπομνύμενος· Ἀρβογάστῃ δὲ τὸ πρακτέον
ἀνασκοποῦντι γνώμη τις ἐπῄει τοιαύτη. (54) ἦν τις ἐν τοῖς
βασιλείοις ἀναστρεφόμενος Εὐγένιος ὄνομα, παιδείᾳ προήκων 25
ἐπὶ τοσοῦτον ὥστε καὶ ῥητορικὸν ἐπανελέσθαι βίον καὶ προ-
εστάναι διδασκαλείου. πρὸς τοῦτον ὁ Ῥιχομήρης οἷα σφόδρα
χαρίεντα καὶ ἀστεῖον ἔχων οἰκείως Ἀρβογάστῃ συνίστησιν,

certa admodum ea est coniectura. velut de exitu Valentiniani II
prorsus discrepat Philost. XI, 1 a Zosimo Ioanneque) ‖ 26. φράγγων V,
φράγκων ς ‖ 3. εἰς ἀρχὴν ἑαυτὸν edidit Bekk, operarum puto errore ‖
4. κατάλληλος ex καταλλήλοις (ut vid.) radendo V¹ ‖ αὐτῷ accessit e
V ‖ 5. ἀνδρίαν Bekk ‖ 6. προῆλθε V², προῆλ//θε V¹ ‖ 15. φησὶ V², φ//σὶ
V¹ ‖ δυνήσῃ V², δυνήσει V¹ ‖ 17. ἀπῄει πρόκωπον ἔχων τὸ ξίφος Ioannes ‖
23. ἐπομνύμενος V² in mg., ὑπισχνούμενος V¹. fort. ἰσχυριζόμενος pri-
mitus fuit ‖ 27. Ῥιχομήρης Bekk, ῥιχομέρης h. l. V. Ῥιχομήριος Ioannes
ex certa Mülleri emendatione. de ipso homine v. Sievers 'Leben d.
Libanius' p. 157

ἔχειν ἐν τοῖς συνήθεσι καὶ φίλοις αἰτήσας ὡς οὐκ ἐσόμενον
ἄχρηστον, εἴ ποτε πρᾶγμα φιλίας ἀληθοῦς δεόμενον ἀνακύψειε.
Ῥιχομήρους τοιγαροῦν ὡς τὸν βασιλέα Θεοδόσιον ἐκδημή- 2
σαντος, ἡ συνεχὴς συνουσία φίλον Ἀρβογάστῃ τὸν Εὐγένιον
5 ἐς τὰ μάλιστα πεποίηκε, καὶ οὐδὲν ἦν ὃ μὴ ἐθάρρει τῶν
σπουδαίων αὐτῷ. τότε δὴ τὸν Εὐγένιον τοῦτον λαβὼν κατὰ
νοῦν, καὶ ὅτι διὰ παιδείας ὑπερβολὴν καὶ τὴν ἄλλην τοῦ
βίου σεμνότητα πρὸς ἀγαθὴν βασιλείαν ἁρμοδιώτατος ἔσται,
κοινοῦται μὲν αὐτῷ τὰ βεβουλευμένα, δυσαρεστοῦντα δὲ τοῖς
10 λεγομένοις ἰδὼν ἐπέμενε θεραπεύων καὶ μὴ ἀποσείσασθαι τὰ
δωρούμενα παρὰ τῆς τύχης αἰτῶν. ἐπεὶ δὲ ἔπεισεν, ἄμεινον 3
ἔχειν ᾠήθη Οὐαλεντινιανὸν ἐκποδὼν πρότερον καταστῆσαι
καὶ οὕτως Εὐγενίῳ παραδοῦναι τὴν μοναρχίαν. τῷ βασιλεῖ
τοίνυν ἐν Βιέννῃ Κελτικῇ πόλει τὰς διατριβὰς ποιουμένῳ καὶ
15 περὶ τὸ ταύτης τεῖχος ἅμα τισὶ τῶν στρατιωτῶν παιδιαῖς
ἐνασχολουμένῳ καὶ μηδὲν τοιοῦτον ἔχοντι κατὰ νοῦν ἐμπεσὼν
παίει καιρίαν καὶ διαφθείρει. πάντων δὲ σιωπῇ τὸ τολμηθὲν 4
ἐνεγκόντων διά τε τοῦ ἀνδρὸς τὸ ἀξίωμα καὶ τὴν ἐν πολέμοις
ἀνδρείαν, καὶ προσέτι γε ὅτι πολλὴν αὐτῷ διὰ τὸ χρημάτων
20 ὑπερορᾶν οἱ στρατιῶται συνεισέφερον εὔνοιαν, ἀναδείκνυσιν
Εὐγένιον βασιλέα, πᾶσιν ἐπ' αὐτῷ χρηστὰς ἔχειν δεδωκὼς
ἐλπίδας διὰ τὰ τῷ ἀνδρὶ προσόντα πλεονεκτήματα.

55. Τούτων τῷ βασιλεῖ Θεοδοσίῳ συναγγελθέντων συν-
ετάραξεν ἡ τούτου γαμετὴ Γάλλα τὰ βασίλεια, τὸν ἀδελφὸν
25 ὀλοφυρομένη. πολλῇ δὲ καὶ ὁ βασιλεὺς λύπῃ τε ἅμα καὶ
φροντίδι κατείχετο, κοινωνοῦ μὲν τῆς ἀρχῆς ἐκπεσὼν καὶ
νέου καὶ ἀγχιστείᾳ συναπτομένου, περιπεσὼν δὲ ἀνδράσιν
ἀλλοτρίως τε πρὸς αὐτὸν ἔχουσι καὶ ἄλλως οὖσιν ἀμάχοις
διά τε τὴν Ἀρβογάστου θρασύτητι μεμιγμένην ἀνδρείαν καὶ
30 τὰς Εὐγενίῳ προσούσας μετὰ παιδεύσεως ἀρετάς. καίπερ οὖν 2
ταῦτα λέγων τε καὶ ἀνακινῶν τῷ λογισμῷ πολλάκις, ἀναρ-

4. εὐγένιον V², -νειον V¹ ‖ 7. καὶ ὅτι] ὅτι καὶ coni. Reitemeier ‖
14. βιέννη V², βιεννῆ V¹. πρός τι πολισμάτιον Ἰταλικόν, Βέρναν λεγό-
μενον Ioannes errore, vel proprio vel exempli sui ‖ 15. παιδιαῖς ς,
παιδιᾶς V², παιδείας V¹ ‖ 16. μηδὲ, ν a m. 2, V ‖ 18. τὸ (ante ἀξίωμα)
sup. scr. V² ‖ 19. ἀνδρίαν Bekk ‖ 20. εὔνοιαν ex ἔννοιαν V ‖ 21.
εὐγέν‖ιον, ε erasa, V ‖ 27. ἀγχιστία V ‖ 29. θρασύτητι V², -τα V¹.
ἀνδρίαν Bekk ‖ 30. προσούσας V et Sylb, πρεπούσας ς ‖ 31. ἀνακινῶν]
14

ῥῖψαι τὸν ὑπὲρ πάντων ὁμοῦ τῶν πραγμάτων κύβον ἐγνώκει,
παντοίαις παρασκευαῖς εἰς τὸν πόλεμον χρώμενος. καὶ τὰ
μὲν ἱππικὰ τάγματα Ῥιχομήρει καταπιστεῦσαι διενοεῖτο, τῆς
ἀνδραγαθίας τἀνδρὸς ἐκ πολλῶν ἤδη πολέμων πεπειραμένος,
ἑτέρους δὲ τοῖς ἄλλοις τέλεσιν ἐπιστῆσαι τοὺς ἡγουμένους·
3 Ῥιχομήρους δὲ κατὰ καιρὸν τῆς περὶ ταῦτα βουλῆς νόσῳ
τελευτήσαντος, εἰκότως ἐφ' ἑτέρας ἡγεμόνων αἱρέσεις ἐτράπετο.
γνώμης οὖν ἔτι περὶ τούτου ταῖς τοῦ βασιλέως ἐννοίαις
ὑποκειμένης, ἀπηγγέλλετο πρεσβεία παρὰ Εὐγενίου, πυν-
θανομένη τοῦ βασιλέως Θεοδοσίου πότερον τίθεται τῷ βασι-
4 λεύειν αὐτὸν ἢ ἀποσείεται τὴν ἀνάρρησιν. ὁ δὲ τῇ πρεσβείᾳ
διακονούμενος ἦν Ῥουφῖνος Ἀθηναῖος, Ἀρβογάστου μήτε
γράμματα κομίσας μήτε ἄλλην αὐτοῦ τινα ποιησάμενος μνή-
μην. τοῦ δὲ βασιλέως εἰς τὸ διασκέψασθαι καὶ προσηκόντως
ἀποκρίνασθαι τοῖς πρέσβεσιν ἀναβαλλομένου, καὶ ἕτερόν τι
τοιόνδε συνέπεσε πραχθῆναι.

56. Ἅμα τῷ παραλαβεῖν τὴν βασιλείαν Θεοδόσιος βαρ-
βάρους τινὰς εἰς φιλίαν καὶ ὁμαιχμίαν ἐδέξατο, ἐλπίσιν
αὐτοὺς καὶ δωρεαῖς ἄλλαις τιμήσας· εἶχε δὲ ἐν θεραπείᾳ
πάσῃ καὶ τοὺς ἑκάστης φυλῆς ἡγουμένους καὶ τραπέζης ἠξίου
2 κοινῆς. οὗτοι διέστησαν ταῖς γνώμαις ἔριδος ἐν αὐτοῖς κι-
νηθείσης· οἳ μὲν γὰρ ἔφασκον ἄμεινον εἶναι καταφρονῆσαι
τῶν ὅρκων, οὓς ἔτυχον δεδωκότες ὅτε Ῥωμαίοις ἑαυτοὺς
ἐνεδίδοσαν, οἳ δὲ τοὐναντίον κατὰ μηδένα τρόπον ἐναντιω-
θῆναι τοῖς συγκειμένοις. ἦν δὲ ὁ μὲν πατῆσαι τὴν πίστιν
ἐθέλων καὶ πρὸς τοῦτο τοὺς ὁμοφύλους παρακαλῶν Ἐρίουλφος,
3 Φράουιττος δὲ ὁ τοῖς ὀμωμοσμένοις ἐμμεῖναι φιλονεικῶν. καὶ
ἐπὶ πολὺ μὲν ταύτην ἔχοντες ἐν ἑαυτοῖς τὴν ἔριν ἐλάνθανον·
ἐπεὶ δὲ τραπέζης ἠξιωμένοι βασιλικῆς, ἐκτεινομένου τοῦ πό-

ἀνακυκλῶν coni. Sylb. si quid mutandum, malim ἀνακρίνων ‖ 3. ῥιχο-
μήρει ex -ρω V¹ ‖ 5. ἐπιστῆσαι V², ἐπίστασθαι (ut vid.) V¹ ‖ ἡγουμένους,
ον et ους ex corr, V ‖ 11. ἀποσείεται V, ἀποτίθεται ς ‖ 13. ποιησά-
μενος] ποιησόμενος conieci ‖ 17 sq. cf. Eun. fr. 60 ‖ 18. ἐλπίσιν V, καὶ
ἐλπίσιν ς ‖ 19. ἄλλαις] ἀδραῖς coni. Sylb, bene ‖ δὲ ἐν V, δὲ καὶ ἐν ς ‖
21. ἐν accessit e V ‖ 25. τοῖς sup. scr. V² ‖ 26. Ἐρίουλφος scripsi, ρίουλφος
h. l. V, et ς ‖ 27. Φράουιττος scripsi, φραούϊτος V, Φραούϊτος Heyne,
Φραουῖτος Bekk, Φραούστιος ς. Φράβιθος editur in Eunapio. Φρα-
βῖτος C. I. L. V, 2 p. 1060 ‖ 29. ἠξιωμένοι/// V

του παρετράπησαν καὶ εἰς ὀργὴν ἐξενεχθέντες ἣν εἶχον ἐξ-
έφηναν γνώμην, ὁ μὲν βασιλεὺς τῆς ἑκάστου προαιρέσεως
αἰσθόμενος διέλυσε τὴν ἑστίασιν, ἀναχωρήσαντες δὲ τῶν
βασιλείων εἰς τοσοῦτον ἐξέστησαν ἕως οὐκ ἐνεγκὼν ὁ Φρά-
ουιττος εἵλκυσέ τε τὸ ξίφος καὶ τὸν Ἐρίουλφον παίσας
ἀνεῖλεν. ὡς δὲ ἐπελθεῖν οἱ τούτου στρατιῶται τῷ Φραυίττῳ
διενοήθησαν, ἐν μέσῳ στάντες οἱ βασιλικοὶ δορυφόροι περαι-
τέρω προελθεῖν τὴν στάσιν ἐκώλυσαν.

57. Ἀλλὰ ταῦτα μὲν ὁ βασιλεὺς ἀκηκοὼς ἤνεγκέ τε με-
τρίως καὶ ἐν αὐτοῖς δαπανᾶσθαι δυσμεναίνοντας συνεχώρησε,
τοὺς δὲ πρέσβεις δώροις τε καὶ λόγοις ἀπαγαγὼν τὸ μέτριον
ἐν ἑαυτοῖς ἔχειν δοκοῦσιν ἔπεμπεν ἐπ᾿ οἴκου, καὶ μετὰ τὴν
ἐκείνων ἀποδημίαν τῶν τοῦ πολέμου παρασκευῶν εἴχετο.
κεφάλαιον δὲ τῆς παρασκευῆς, ὥσπερ οὖν ἔστιν, οἰόμενος εἶναι 2
τὴν τῶν στρατηγῶν αἵρεσιν, τῶν μὲν Ῥωμαϊκῶν στρατο-
πέδων ἔταξεν ἡγεῖσθαι Τιμάσιον καὶ ἐπὶ τούτῳ Στελίχωνα
(συνῴκει δὲ οὗτος Σερήνῃ Θεοδοσίου τοῦ βασιλέως ἀδελφοῦ
θυγατρί), τοὺς δὲ συμμαχοῦντας αὐτῷ βαρβάρους ὑπὸ Γαΐνῃ
ἔταξε καὶ Σαούλ. ἐκοινώνει δὲ τῆς ἀρχῆς αὐτοῖς καὶ Βα- 3
κούριος, ἕλκων μὲν ἐξ Ἀρμενίας τὸ γένος, ἔξω δὲ πάσης
κακοηθείας ἀνὴρ μετὰ τοῦ καὶ τὰ πολεμικὰ πεπαιδεῦσθαι.
ἡ μὲν οὖν ἀρχαιρεσία τοῦτον αὐτῷ διετέθη τὸν τρόπον, ἤδη
δὲ αὐτῷ πρὸς τὴν ἔξοδον ἐπειγομένῳ συμβέβηκε Γάλλαν τὴν
γαμετὴν ἐν ταῖς ὠδῖσιν αὐταῖς τελευτῆσαι, σὺν τῷ βρέφει
καὶ τὸν βίον ἀποθεμένην. ταύτην μὲν οὖν κατὰ τὸν Ὁμηρι- 4
κὸν νόμον ὁ βασιλεὺς ἐπ᾿ ἤματι δακρύσας ἀπεχώρει σὺν τῷ
στρατῷ τὰ κατὰ τὸν πόλεμον διαθήσων, ἀπολιπὼν Ἀρκάδιον
τὸν υἱόν, ἤδη πρὸ τούτου βασιλέα καθεσταμένον. ἐπεὶ δὲ

1. καὶ εἰς V, εἰς ϛ ‖ ἣν V, καὶ ἣν ϛ ‖ 4. ⟨ἐκεῖνοι⟩ εἰς malebat
Sylb ‖ 4. 5. φραούϊστος V, φραούστιος ϛ ‖ 5. τε accessit c V ‖ ἐρίουλφον
V, πρίουλφον ϛ ‖ 6. στρατιῶται] στασιῶται conieci ‖ φρανίτῳ V, φρα-
ουστίῳ ϛ ‖ 10. ⟨τοὺς⟩ δυσμεναίνοντας conieci ‖ 11. ἀπαγαγὼν V, ἐπαγαγὼν ϛ.
παραγαγὼν coni. Bekk, bene. cf. Ioannes: ποικίλοις διακρουσάμενος
λόγοις καὶ φιλανθρώποις ἀποκρίσεσι δελεάσας ‖ 17. σερήνη h. l. V ‖ ἀδελφοῦ
Leunclavius, ἀδελφῆς V ‖ 18. 19. Γαΐνῃ ἔταξε] mirum ni Γαΐνην ἔ.
scripsit ‖ 25. 26. κατὰ τὸν Ὁμηρικὸν νόμον (λόγον coni. Reitemeier)]
Il. XIX, 229. cf. Eun. fr. 61 ‖ 28. καθεσταμένον Sylb, καθεστάμενον,
accentu eraso et rursus scripto, V, καθιστάμενον apographa ‖ ἐπεὶ δὲ ϛ,
ἐπειδὴ V

νέος ἦν ἔτι, τὸ λεῖπον εἰς φρόνησιν αὐτῷ διὰ τὴν νεότητα
θεραπεύων ἀπέλιπεν αὐτόθι Ῥουφῖνον, ἅμα τε τῆς αὐλῆς
ὕπαρχον ὄντα καὶ ἐς πᾶν ὁτιοῦν ἕτερον τῆς ἑαυτοῦ κυριεύ-
οντα γνώμης, πράττοντά τε ὅσα βασιλεῖ δίδωσιν ἡ τῆς ὑπερ-
οχῆς ἐξουσία.   5

58. Ταῦτά τε διαθείς, καὶ τὸν νεώτερον τῶν παίδων
Ὁνώριον ἅμα ἑαυτῷ συνεξαγαγών, τὰ ἐν μέσῳ πάντα διέδραμεν
ἔθνη, καὶ τῆς διὰ τῶν Ἄλπεων παρόδου κρατήσας παρὰ πᾶσαν
2 ἐλπίδα τοῖς πολεμίοις ἐπέστη. καὶ τὸν μὲν Εὐγένιον τῷ
παραλόγῳ κατέπληξεν· οἰηθεὶς δὲ ἄμεινον εἶναι τὸ βάρβαρα 10
τάγματα τοῖς ἐναντίοις καθεῖναι καὶ τούτοις πρότερον δια-
κινδυνεύειν, Γαΐνην ἔταξε σὺν τοῖς ὑπ᾽ αὐτὸν ἔθνεσιν ἐπ-
ελθεῖν, ἑπομένων αὐτῷ καὶ τῶν ἄλλων ἡγεμόνων, ὅσοι τῶν
βαρβαρικῶν ἔλαχον ἐξηγεῖσθαι ταγμάτων, ἱππέων τε ὁμοῦ
3 καὶ ἱπποτοξοτῶν καὶ πεζῶν. ἀντεπεξελθόντος δὲ Εὐγενίου 15
παντὶ τῷ στρατεύματι συμπεσόντων ἀλλήλοις τῶν στρατο-
πέδων, ἡλίου μὲν ἔκλειψιν ἐν αὐτῷ τῷ καιρῷ τῆς μάχης
συνέβη γενέσθαι τοιαύτην ὥστε νύκτα εἶναι μᾶλλον ἐπὶ πλείονα
νομίζεσθαι χρόνον, νυκτομαχοῦντα δὲ τρόπον τινὰ τὰ στρατεύ-
ματα τοσοῦτον ἐργάσασθαι φόνον ὥστε κατ᾽ αὐτὴν τὴν ἡμέραν 20
τὸ μὲν πολὺ μέρος τῶν Θεοδοσίῳ τῷ βασιλεῖ συμμαχούντων
ἀποθανεῖν, καὶ τῶν στρατηγῶν Βακούριον ἀνδρειότατα τῶν
σφετέρων προκινδυνεύσαντα, τοὺς δὲ ἄλλους παραλόγως ἅμα
4 τοῖς περιλειφθεῖσι διαφυγεῖν. ἐπεὶ οὖν νυκτὸς γενομένης
ἐφ᾽ ἑαυτῶν ἐγίνετο τὰ στρατόπεδα, ὁ μὲν Εὐγένιος ἐπαρθεὶς 25
τῷ προτερήματι δῶρά τε διένειμε τοῖς ἠριστευκόσι καὶ ἐν-
εδίδου δειπνεῖν, ὡς δὴ μηδενὸς ἔτι μετὰ τοσοῦτον ἐλάττωμα
πολέμου γενησομένου· τῶν δὲ ἐπὶ τὸ ἑστιᾶσθαι τραπέντων,
ὁ βασιλεὺς Θεοδόσιος ὄρθρον ἤδη μέλλοντα θεασάμενος ἐπ-
έπεσε σὺν παντὶ τῷ στρατεύματι κειμένοις ἔτι τοῖς πολεμίοις, 30
5 καὶ οὐδενὸς ὧν ἔπασχον αἰσθανομένους ἀπέσφαττε. προ-

4. πράττοντα V², πράττων V¹ ‖ 7. ὀνώριον V ‖ συνεξαγαγών scripsi,
συνεξαγων V, συναπαγαγὼν ϛ. ceterum contrarium refert Philost.
XI, 2 ‖ 11. καθεῖναι] καθιέναι coni. Sylb ‖ 15 sq. cf. Sievers 'Studien'
p. 326 sq. et A. Morpurgo 'Arbogaste e l' impero romano' (Tergeste
1883) p. 29 sq. ‖ 16. καὶ ante παντὶ inserunt apographa, ante συμπε-
σόντων Bekk ‖ 22. τῶν στρατηγῶν V, τὸν στρατηγὸν ϛ ‖ ἀνδρειότατων
ex ἀνδρειοτάτων V ‖ 28. ἑστιᾶσθαι V², ἐσθιᾶσθαι V¹

ἐλθὼν δὲ καὶ μέχρι τῆς Εὐγενίου σκηνῆς καὶ τοῖς ἀμφ᾽ αὐτὸν
ἐπιθέμενος ἀνεῖλε τοὺς πλείονας. ἔνιοι δὲ τῇ καταπλήξει
διεγερθέντες καὶ ὁρμήσαντες εἰς φυγὴν ἥλωσαν· ἐν οἷς καὶ
αὐτὸς Εὐγένιος ἦν, ὃν συναρπάσαντες καὶ τὴν κεφαλὴν
5 ἀφελόμενοι κοντῷ τε διαπείραντες μακροτάτῳ πᾶν περιέφερον
τὸ στρατόπεδον, δεικνύντες τοῖς ἔτι τἀκείνου φρονοῦσιν ὡς
προσήκει Ῥωμαίους ὄντας ὡς τὸν βασιλέα ταῖς γνώμαις
ἐπανελθεῖν, ἐκποδὼν μάλιστα τοῦ τυράννου γεγενημένου. πάν- 6
τες μὲν ⟨οὖν⟩ ὡς εἰπεῖν οἱ μετὰ τὴν νίκην ὑπολειφθέντες
10 ἐπὶ τὸν βασιλέα δραμόντες τοῦτόν τε Αὔγουστον ἀνεβόησαν
καὶ ἐπὶ τοῖς ἡμαρτημένοις ἠξίουν ἔχειν συγγνώμην, καὶ ὁ
βασιλεὺς ῥᾷον ἐπένευεν· Ἀρβογάστης δὲ τυχεῖν ὑπὸ Θεο-
δοσίου φιλανθρωπίας οὐκ ἀξιώσας ἐπὶ τὰ τραχύτατα συνέφυγε
τῶν ὀρῶν, αἰσθόμενος δὲ ὡς πάντα περινοστοῦσι τόπον οἱ
15 τοῦτον ἐπιζητοῦντες ἑαυτὸν ὑπέσχε τῷ ξίφει, τὸν ἑκούσιον
θάνατον τῆς ὑπὸ τῶν ἐχθρῶν συλλήψεως προτιμήσας.

59. Τῶν δὲ πραγμάτων ὧδε τῷ βασιλεῖ Θεοδοσίῳ προ-
χωρησάντων, ἐπιδημήσας τῇ Ῥώμῃ τὸν υἱὸν Ὀνώριον ἀνα-
δείκνυσι βασιλέα, Στελίχωνα στρατηγόν τε ἀποφήνας ἅμα
20 τῶν αὐτόθι ταγμάτων καὶ ἐπίτροπον καταλιπὼν τῷ παιδί.
συγκαλέσας δὲ τὴν γερουσίαν τοῖς ἄνωθεν παραδεδομένοις

---

6. τἀκείνου V et Sylb, κἀκείνου apographa ‖ 9. οὖν ς, om. V ‖ 10.
τοῦτόν τε ς, τόν τε V ‖ 13. τραχύτατα V², ///ραχύτατα V¹ ‖ 15. τῷ ex
τὸ V¹ ‖ 17. δὲ sup. scr. V² ‖ βασιλεῖ Θεοδοσίῳ, εἴ θε in ras. V² ‖ 18.
ἐπιδημήσας τῇ Ῥώμῃ] cf. V, 2, 3: ἐπιδημήσας τῇ πόλει (Ἀντιοχείᾳ). in-
certissimam illam de Theodosii itinere Romano famam, quam recte
respuerunt Tillemont t. V p. 386 sq., 767 sq., Sievers 'Studien' p. 331 sq.
aliique, repetit Zosimus infra (V, 38, 2) — item ex Eunapio ut vide-
tur. verbis Στελίχωνα — ταγμάτων significari puto Stilichonem tum
a Theodosio magistrum utriusque militiae per Occidentem factum esse,
cf. ad V, 4, 2. ἐπιδημήσων coni. L. Ieep praef. ad Claudian. t. I p. XIV,
verba στρατηγὸν κτέ. ad exercitum ad Mediolanum tendentem referens.
quod nullo modo fieri potest, cum nihil omnino de Mediolano habeat
Zosimus. ut αὐτόθι non possit non spectare ad Romam. atque re
vera haec omnia ex Zosimi — qui ni mirum ad narratiunculam de
veteris cultus abolitionem properans rerum veritatem non curabat —
opinione Romae acta esse ipsa senatus mentio insuper docet ‖ ὀνώριον
V ‖ 20. καταλιπὼν] dictum quasi Theodosius in Occidente Honorium
cum Stilichone relicturus fuerit, ipse Cplim reversurus ‖ 21. συγκαλέσας]
proxima habet Suid. v. Θεοδόσιος ‖ δὲ/// τὴν. τῇ eras.. V ‖ 21. 216. l. τοῖς

ἐμμένουσαν πατρίοις καὶ οὐχ ἑλομένην ἔτι συνενεχθῆναι τοῖς
ἐπὶ τὴν τῶν θεῶν ἀποκλίνασι καταφρόνησιν, λόγους προσῆγε,
παρακαλῶν ἀφιέναι μὲν ἣν πρότερον μετήεσαν, ὡς αὐτὸς
ἔλεγε, πλάνην, ἑλέσθαι δὲ τὴν τῶν Χριστιανῶν πίστιν, ἧς
ἐπαγγελία παντὸς ἁμαρτήματος καὶ πάσης ἀσεβείας ἀπαλλαγή. 5
2 μηδενὸς δὲ τῇ παρακλήσει πεισθέντος, μηδὲ ἑλομένου τῶν
ἀφ' οὗπερ ἡ πόλις ᾠκίσθη παραδεδομένων αὐτοῖς πατρίων
ἀναχωρῆσαι καὶ προτιμῆσαι τούτων ἄλογον συγκατάθεσιν
(ἐκεῖνα μὲν γὰρ φυλάξαντας ἤδη διακοσίοις καὶ χιλίοις σχεδὸν
ἔτεσιν ἀπόρθητον τὴν πόλιν οἰκεῖν, ἕτερα δὲ ἀντὶ τούτων 10
ἀλλαξαμένους τὸ ἐκβησόμενον ἀγνοεῖν), τότε δὴ ὁ Θεοδόσιος
βαρύνεσθαι τὸ δημόσιον ἔλεγε τῇ περὶ τὰ ἱερὰ καὶ τὰς θυσίας
δαπάνῃ, βούλεσθαί τε ταῦτα περιελεῖν, οὔτε τὸ πραττόμενον
ἐπαινοῦντα, καὶ ἄλλως τῆς στρατιωτικῆς χρείας πλειόνων
3 δεομένης χρημάτων. τῶν δὲ ἀπὸ τῆς γερουσίας μὴ κατὰ 15
θεσμὸν εἰπόντων πράττεσθαι τὰ τελούμενα μὴ δημοσίου τοῦ
δαπανήματος ὄντος, διὰ τοῦτο τότε τοῦ θυηπολικοῦ θεσμοῦ
λήξαντος καὶ τῶν ἄλλων ὅσα τῆς πατρίου παραδόσεως ἦν ἐν
ἀμελείᾳ κειμένων, ἡ Ῥωμαίων ἐπικράτεια κατὰ μέρος ἐλατ-
τωθεῖσα βαρβάρων οἰκητήριον γέγονεν, ἢ καὶ τέλεον ἐκ- 20
πεσοῦσα τῶν οἰκητόρων εἰς τοῦτο κατέστη σχήματος ὥστε
μηδὲ τοὺς τόπους ἐν οἷς γεγόνασιν αἱ πόλεις ἐπιγινώσκειν.
4 ἀλλὰ ταῦτα μὲν εἰς τοῦτο τύχης ἐνεχθέντα δείξει σαφῶς ἡ
κατὰ μέρος τῶν πραγμάτων ἀφήγησις· ὁ δὲ βασιλεὺς Θεο-
δόσιος τὰ κατὰ τὴν Ἰταλίαν ἔθνη καὶ Ἴβηρας καὶ Κελτοὺς 25

πατρίοις ἐμμένουσαν ἔθεσι Suid. ‖ 1. οὐχ' ἑλομενην, χ' ┴ in ras. m. 2, V ‖
ἔτι συνενεχθῆναι] ἐνεχθῆναι Suidae codd. ἔτι abesse malim ‖ 2. ἐπὶ
(vel εἰς) Heyne, περὶ V et Suid. πρὸς coni. Bernhardy ‖ προσῆγε V et
Suid., προῆγε ς ‖ 3. 4. πρότερον εἵλοντο πλάνην Suid. ‖ 8. συ///τάθεσιν V¹,
corr. V². προτιμῆσαι τούτων τὰ Χριστιανῶν Suid. ‖ 9. γὰρ et ἤδη om.
Suid. ‖ 10. ἔτεσιν V², ἔτεσι V¹ ‖ 11. ὁ Θεο in ras. V². ἀγνοεῖν· ὁ δὲ
βαρύνεσθαι Suid. ‖ 12. ἔλεγε τὸ δημόσιον Suid. ‖ 16. μὴ] μήτε Suid., ut
fort. alterum μήτε interciderit. quamquam mihi probabilius videtur
μὴ quidem recte se habere, sed intercidisse post ὄντος enuntiatum
principale. Heyne turbatum locum ita redintegrabat: χρημάτων, τῶν
ἀπὸ . . . ὄντος. διὰ τοῦτο δὲ τοῦ θυηπ. ‖ 17. διὰ τοῦτο τότε V, διὰ
τοῦτό τε ς, διὰ τοῦτο Suid. ‖ 18. in λήξαντος ἡ Ῥωμαίων ἐπικράτεια
κατὰ μέρος ἠλαττώθη desinit Suid. ‖ 20. γέγονε V ‖ 23. ἐνεχθέντα V,
κατενεχθέντα ς

καὶ προσέτι γε Λιβύην ἅπασαν Ὀνωρίῳ τῷ παιδὶ παραδούς,
αὐτὸς εἰς τὴν Κωνσταντινούπολιν ἐπανιὼν ἐτελεύτησε νόσῳ,
καὶ τὸ τούτου σῶμα ταριχευθὲν τοῖς ἐν τῇ Κωνσταντινου-
πόλει βασιλικοῖς τάφοις ἐναπετέθη.

E.

Τῆς δὲ τῶν ὅλων ἀρχῆς εἰς Ἀρκάδιον καὶ Ὀνώριον περι-
στάσης ἄχρι μὲν ὀνόματος ἐδόκουν ἔχειν τὸ κράτος, ἡ δὲ
πᾶσα τῆς ἀρχῆς δύναμις ἦν κατὰ μὲν τὴν ἑώαν παρὰ Ῥου-
φίνῳ, κατὰ δὲ τὴν ἑσπέραν ἐν τῇ Στελίχωνος γνώμῃ. δίκαι
τε πᾶσαι παρ' αὐτοῖς κατ' ἐξουσίαν ἐκρίνοντο, καὶ ἀπῄει
κεκρατηκὼς ὁ χρημάτων τὴν ψῆφον ὠνούμενος ἢ ἄλλως οἰκειό-
τητι τὴν τοῦ δικάζοντος ἐπισπώμενος εὔνοιαν. κτήματα δὲ 2
ὅσα τοὺς κυρίους ἐν τοῖς ἁπάντων ἐποίει στόμασιν εὐδαί-
μονας ὀνομάζεσθαι, μετήει πρὸς τούτους, τῶν μὲν δωρεαῖς
θεραπευόντων καὶ τούτῳ τὸ συκοφαντεῖσθαι διαφευγόντων,
ἑτέρων δὲ τὰ οἰκεῖα προεμένων ὑπὲρ τοῦ τυχεῖν ἀρχῆς ἢ
ἄλλον τινὰ πρίασθαι τῶν πόλεων ὄλεθρον. παντὸς δὲ εἴδους 3
πονηρίας ταῖς πόλεσιν ἐπιπολάζοντος, ὁ μὲν ἁπανταχόθεν
πλοῦτος εἰς τὴν Ῥουφίνου καὶ Στελίχωνος οἰκίαν εἰσέρρει, ἡ
δὲ πενία κατὰ πάντα τόπον ἐπενέμετο τὰς τῶν πάλαι πλου-
τούντων οἰκίας. ᾐσθάνοντο δὲ τῶν γινομένων οἱ βασιλεῖς
οὐδενός, ἀλλὰ ἔγραφον μόνον ὅσα Ῥουφῖνος ἐπέταττε καὶ

---

1. ὀνωρίῳ V ‖ 3. τὸ τού σῶμα V², τὸ τοῦ σώματ//// V¹ ‖ 4. in V
libro quarto ipse librarius subscripsit τύχη αγαθὴ δ' quintoque prae-
scripsit ε', postea rubricator libro quinto praescripsit ἱστορία Δ' ‖
5. ὀνώριον V. et hoc spiritu semper ‖ 5 sq. cf. Eunap. fr. 62. 63 (ex fr.
63 neglegenter excerptum comma ap. Vales. exc. Peir. p. 849 sive
F. H. G. t. IV, p. 610, 188. ubi quod excerptor rotundandae orationis
causa addidit ἑκάτερός τε αὐτῶν τὴν βασιλείαν περιεσκόπει, inde Ieep
ann. phil. suppl. t. XIV p. 59 concludere non debebat Eunapium simi-
liter atque Philostorgium — qui ex Iepii opinione ipso Eunapio usus
est — non Rufino solum sed etiam Stilichoni regni adfectandi cupidi-
tatem tribuisse) ‖ 6. ὅτι ἐπὶ Ἀρκαδίου καὶ Ὀνωρίου, τούτων ἄχρι ὀνο-
μάτων ἐχόντων τὸ κράτος, ἡ πᾶσα ἀρχὴ καὶ δύναμις — p. 218, 2 ὀνειρο-
πόλει habet Suid. v. Ῥουφῖνος ‖ 8. ἐν τῇ] ἐπὶ Suid. ‖ 10. ἢ ἄλλως]
πολλῶν ἢ (ἢ om. optimi codd.) Suid. ‖ 14. διαφυγόντων deteriores
Suidae libri ‖ 18. ἐς Suid. ‖ ἐσέρρει Suid. ‖ 18. 19. ἡ δὲ πενία Bekk cum
Suida, καὶ ἡ πενία V ‖ 21. ἔγραφον μόνον V et Suid., ἄγραφον νόμον
apographa ‖ ἐπέτταττε V

4 Στελίχων· ἐπεὶ δὲ ἄπλετος ἦν αὐτοῖς πλοῦτος συνειλεγμένος,
ἤδη καὶ τὴν βασιλείαν ἑαυτῷ μνᾶσθαι Ῥουφῖνος ὠνειροπόλει,
διανοούμενος, ἣν εἶχε θυγατέρα γάμων ὡραίαν, κατεγγυῆσαι
τῷ βασιλεῖ, ὅπερ εἰσδύσεως πρόφασιν εἶχε. καὶ δὴ καθίησι
περὶ τούτου λόγους ἐν παραβύστῳ διά τινων ἐπὶ τῇ βασιλικῇ 5
θεραπείᾳ τεταγμένων, αὐτὸς μὲν οἰόμενος μηδένα παντάπασι
τὴν σκέψιν εἰδέναι, τῆς δὲ φήμης ἄχρι τοῦ δήμου τὸ μελετώ-
5 μενον ἐνεγκούσης· ἐκ γὰρ τοῦ τῆς ὑπεροψίας ὄγκου καὶ τῆς
ὁσημέραι προστιθεμένης ἀλαζονείας τὴν περὶ τούτου ἔννοιαν
ἅπαντες ἐτεκμαίροντο, καὶ τὸ κατ' αὐτοῦ κοινὸν ηὐξάνετο 10
μῖσος. ὃ δέ, ὥσπερ τὰ μετριώτερα πλημμελήματα μείζοσιν
ἀτοπήμασιν ἐξεπίτηδες ἀποκρύψαι βουλόμενος, ἕτερον ἐτόλ-
μησε τοιόνδε.

2. Φλωρεντίῳ τῆς αὐλῆς ἐν τοῖς ὑπὲρ τὰς Ἄλπεις ἔθνεσιν
ὑπάρχῳ γενομένῳ κατὰ τοὺς χρόνους ἐν οἷς Ἰουλιανὸς ὁ 15
μέγας τὴν τοῦ Καίσαρος εἶχε τιμήν, Λουκιανὸς ἦν υἱός.
οὗτος ἐχρῆτο προστάτῃ Ῥουφίνῳ, τὰ τιμιώτατα τῶν ὄντων
αὐτῷ κτημάτων εἰς ἐκεῖνον μετενεγκών· ἐφ' οἷς ὁμολογῶν
χάριτας ὁ Ῥουφῖνος τῷ νεανίσκῳ διετέλεσεν, ἐπαίνους αὐτοῦ
2 παρὰ τῷ βασιλεῖ Θεοδοσίῳ διεξιών. ὃ δὲ κόμητα τῆς ἑῴας 20
πεποίηκεν· αὕτη δὲ ἡ ἀρχὴ βούλεται τὸν προβεβλημένον
αὐτῆς ἐφεστάναι πᾶσι τοῖς τὰς τῆς ἑῴας ἐπαρχίας ἰθύνουσι
καὶ ἐπὶ τοῖς οὐ κατὰ ⟨τὸ⟩ δέον πραττομένοις εὐθύνειν. ὁ
Λουκιανὸς τοίνυν πᾶσαν ἀρχικὴν ἀρετὴν εἰς τοὺς ἀρχομένους
ἐπιδεικνύμενος ἐπὶ δικαιοσύνῃ καὶ σωφροσύνῃ καὶ πᾶσι τοῖς 25
ἄρχοντας κοσμεῖν δυναμένοις διαβόητος ἦν, οὔτε προσώπων
διαφορὰν οὔτε ἕτερόν τι κατὰ νοῦν ἔχων, πλὴν ὧν ⟨ὁ⟩ νόμος

1. ἄπλετος Bekk ex apographo uno, ἄπληστος V, ἄσπετος (ἄπιστος
cod. A) editur in Suida ‖ 2. ὁ Ῥουφῖνος Suid. ‖ 3. ἦν ex ἤ V ‖ 9. περὶ
accessit e V. cf. Krebs ap. Schanzium 'Beitr. z. hist. Synt.' t. I p. 100.
τούτου Sylb, ἐπὶ τούτου apographa ‖ ἔννοιαν V², ἐ///νοιαν V¹ ‖ 17. προ-
στα//τῃ, υ erasa, V ‖ τὰ ς, τά τε V ‖ 19. αὐτοῦ ς, αὐτῷ V ‖ 20. Ἀρκαδίῳ
Sylb. quando Lucianus comes Orientis factus sit constare non videtur,
v. Sievers 'Leben d. Liban.' p. 202 ‖ 20 sq. habet Suid. v. Λουκιανός ‖
20. κόμητα V², κόμιτα V¹ ‖ ἑῴας V et Suid, ἑσπέρας apographa ‖ 21.
ἐβούλετο Suid. ‖ 22. πᾶσι ex πάσῃ V ‖ 23. τὸ Suid., om. V. cf. I, 5, 3;
IV, 38, 1 ‖ ἰθύνειν Suid. ‖ 23. 24. οὗτος τοίνυν Suid. ‖ 26. ἄρχοντας V et
Suid., ἄρχοντα ς ‖ 27. ὧν ὁ νόμος Suid., ὦ" νομος (sine acc.), ν a m. 2, V

ὑπηγόρευεν. ὥστε ἀμέλει καὶ τὸν τοῦ βασιλέως θεῖον Εὐχέριον, 3
αἰτοῦντά τι παρὰ τὸ προσῆκον, ἀποσεισάμενος εἰς τοσοῦτον
ἐκίνησεν ὥστε πρὸς τὸν βασιλέα διαβαλεῖν. ἐπεὶ δὲ ὁ βασι-
λεὺς αἴτιον εἶπεν εἶναι Ῥουφῖνον ἀνδρὶ τοιούτῳ τοσαύτην
5 ἀρχὴν δεδωκότα, λαβὼν πρόφασιν ὁ Ῥουφῖνος, καὶ ἐφ' οἷς
ἐμέμψατο βασιλεὺς δῆθεν ἀγανακτῶν, οὐδενὶ τὴν γνώμην ἣν
εἶχεν ἐκφήνας, ἅμα σφόδρα ὀλίγοις ἐπὶ τὴν Ἀντιόχειαν ἵεται,
νυκτός τε βαθείας ἐπιδημήσας τῇ πόλει τὸν Λουκιανὸν συν-
αρπάσας εἰς εὐθύνας ἄγει, κατηγοροῦντος παντάπασιν οὐδε-
10 νός. σφαίραις δὲ μολιβδίναις αὐτὸν κατὰ τοῦ τένοντος ἐν- 4
εκελεύετο παίεσθαι, καὶ διαλιπόντα παραχρῆμα φέρεσθαι
φορείῳ κεκαλυμμένον ἐποίει, διδοὺς ἅπασιν ὑπονοεῖν ὡς οὐ
τεθνηκὼς εἴη, τεύξεται δὲ πάντως φιλανθρωπίας. καὶ ἡ μὲν
πόλις ἐπὶ τῷ παραλόγῳ τοῦ δράματος ἐδυσχέραινεν· ὃ δὲ τι-
15 θασσεύων τὸν δῆμον βασιλικὴν ᾠκοδόμει στοάν, ἧς οὐδὲ ἓν
ἡ πόλις ἔχει διαπρεπέστερον οἰκοδόμημα.

3. Καὶ ἐπὶ τούτοις ἐπανελθὼν εἰς τὴν Κωνσταντινού-
πολιν τὰ περὶ τὴν βασιλέως κηδείαν ἐπραγματεύετο, σπεύδων
ὅσον οὐδέπω τὴν θυγατέρα τούτῳ συνάψαι. τύχης δέ τινος
20 ἕτερόν τι παρὰ τὸ προσδοκώμενον ἐκείνῳ πρυτανευούσης, δι-
ήμαρτε τῆς ἐλπίδος ὁ Ῥουφῖνος ἐξ αἰτίας τοιᾶσδε. ἤστην δύο 2
παῖδε Προμώτῳ, Θεοδοσίου περιόντος ἔτι τοῖς αὐτοῦ παισὶ
συναναστρεφόμενοι· τούτων δ' ἅτερος εἶχε παρ' ἑαυτῷ παρ-
θένον κάλλει λάμπουσαν ἐξαισίῳ. ταύτην Εὐτρόπιος, εἷς τῶν
25 περὶ τὴν βασιλικὴν θεραπείαν εὐνούχων, ἀγαγέσθαι παρῄνει
τῷ βασιλεῖ, τὰ περὶ τοῦ κάλλους διεξιών. ἐπεὶ δὲ τοὺς λό- 3
γους ἡδέως ἑώρα δεχόμενον, ἔδειξε τῆς κόρης εἰκόνα, ταύτῃ
τε πρὸς μείζονα τὸν Ἀρκάδιον ἐγείρας ἐπιθυμίαν ἔπεισε τὸν

---

2. ἐς Suid. ‖ 3. ἐκίνησε͂, ν a m. 2, V ‖ 5. in ὁ Ῥουφῖνος τὸν Λου-
κιανὸν σφαίραις μολιβδίναις ᾔκίσατο κατὰ τοῦ τένοντος desinunt Sui-
diana ‖ 6. ἐμέμψατο ex ἐπέμψατο V¹ ‖ βασιλεὺς V, ὁ βασ. ς ‖ 7. ἵεται
V ‖ 10. δὲ ex τε V¹ ‖ τέναντος V ‖ 12. φορίῳ V ‖ 18 sq. cf. Ioannes
Ant. ap. Cramerum An. Par. t. II p. 67, 28 — 68, 21 (F. H. G. t. IV
p. 610, 190), ubi Eunapii de Rufino narratio in epitomen coacta est ‖
18. βασιλέως V, τοῦ β. ς ‖ 22. προμάτω V², πρόμω τῶ V¹ ‖ Θεοδοσίου///
V ‖ 23. συναναστρεφόμενοι ex συναναστρ. V. συνανατρεφ. praetulit Leun-
clavius, contra quem recte dixit Sievers 'Studien' p. 339 ‖ δ' ἅτερος]
θάτερος conieci ‖ 24 εὐτρόπιος V². εὐτρέπιος (ut vid.) V¹

220 — E —

ταύτης γάμον ἑλέσθαι, Ῥουφίνου μηδὲν ἐπισταμένου τῶν
πραττομένων, οἰομένου δὲ ὅσον οὐδέπω τὴν αὑτοῦ θυγατέρα
τῷ βασιλεῖ συνοικήσειν, κοινωνήσειν τε αὐτῷ μετ᾽ οὐ πολὺ
4 τῆς τῶν ὅλων ἀρχῆς. ὡς δὲ τὴν ἐπὶ τῷ γάμῳ πρᾶξιν ἐθεά-
σατο κατωρθωμένην ὁ εὐνοῦχος αὐτῷ, χορεύειν τῷ δήμῳ καὶ 5
στεφανηφορεῖν ὡς ἐπὶ βασιλικοῖς ἐκέλευε γάμοις, ἐσθῆτα δὲ
βασιλεῖ πρέπουσαν καὶ κόσμον ἐκ τῶν βασιλείων λαβών, ταύ-
την τε φέρειν δοὺς βασιλικοῖς ὑπηρέταις, ἦγε διὰ μέσης τῆς
5 πόλεως ἡγουμένου τοῦ δήμου. πάντων δὲ οἰομένων τῇ Ῥου-
φίνου ταῦτα δοθήσεσθαι θυγατρὶ καὶ συμπαρατρεχόντων 10
τοῖς φορεῦσιν, ἐπειδὴ προϊόντες ἐγένοντο τῆς Προμώτου πλη-
σίον οἰκίας, εἰσῆεσάν τε μετὰ τῶν ἕδνων καὶ ἀποδόντες τῇ
παρὰ τῷ Προμώτου παιδὶ τρεφομένῃ παρθένῳ τὴν τῷ βασιλεῖ
6 συνοικεῖν μέλλουσαν ἔδειξαν. οὕτως ὁ Ῥουφῖνος τῆς ἐλπίδος
ἀποκρουσθείς, ἐπειδὴ συνοικοῦσαν ἄλλην ἑώρα, τὸ λειπόμενον 15
ἐσκόπει, πῶς ἂν καὶ τὸν Εὐτρόπιον ἐκποδὼν ποιήσειε. καὶ
τὰ μὲν ὑπὸ τὴν Ἀρκαδίου βασιλείαν ἐν τούτοις ἦν.

4. Στελίχων δὲ τῆς κατὰ τὴν ἑσπέραν βασιλείας ἐπιτρο-
πεύων ἐκδίδωσι πρὸς γάμον Ὁνωρίῳ τῷ βασιλεῖ τὴν ἀπὸ
Σερήνας οὖσαν αὐτῷ θυγατέρα· Σερήνα δὲ ἦν παῖς Ὁνω- 20
ρίου, ὃς Θεοδοσίῳ τῷ τῶν βασιλευόντων πατρὶ γέγονεν ἀδελ-
2 φός. ὀχυρώσας δὲ τῇ πρὸς τὸν βασιλέα κηδείᾳ τὴν δύναμιν,
καὶ ἄλλως ἅπαν σχεδὸν τὸ Ῥωμαίων στρατόπεδον ὑπήκοον
εἶχε· τελευτήσαντος γὰρ μετὰ τὴν Εὐγενίου καθαίρεσιν ἐν
Ἰταλίᾳ Θεοδοσίου, στρατηγὸς ὢν τοῦ παντὸς στρατεύματος ὁ 25
Στελίχων, εἴ τι δυνατὸν αὐτοῦ καὶ πολεμικώτατον ἦν, τοῦτο
κατέσχε, τὸ δὲ ἀπεσκληκὸς καὶ ἀπόβλητον χωρεῖν ἐπὶ τὴν
3 ἑῴαν ἠφίει. καὶ ταῦτα διαθείς, ἔχων τε πρὸς Ῥουφῖνον
ἐγκότως οἷα δύναμιν αὐτῷ ἀντίρροπον κατὰ τὴν ἑῴαν ἔχειν
βουλόμενον, ὡς Ἀρκάδιον ἰέναι διενοεῖτο, διαθεῖναι κατ᾽ ἐξ- 30
ουσίαν καὶ τὰ κατ᾽ ἐκεῖνον ἐθέλων· ἔλεγε γὰρ ἐπιτετράφθαι

8. τε ς, δὲ V ‖ 9. οἰομένων accessit e V. lacunam post θυγατρὶ
statuerat Sylb ‖ 12. ἀποδόντες ς, ἀποδοθέντες V ‖ 25. στρατηγὸς ὢν
τοῦ παντὸς στρατεύματος] esse 'utriusque militiae magistrum' recte
dixit R. Keller 'Stilicho' (Berol. 1884) p. 25, in eo tamen cum aliis
errans quod Stilichonem solum magistrum militum in Occidente fuisse
putavit. cf. ad V, 32, 4 ‖ 26. πολεμικώτατον] πολέμοις ἁρμόδιον
coni. Sylb

παρὰ Θεοδοσίου τελευτᾶν μέλλοντος τὰ κατ᾽ ἄμφω τοὺς βα-
σιλέας ἔχειν ἐν πάσῃ φροντίδι. (5) τούτων ὁ Ῥουφῖνος αἰσθό-
μενος ἐκ πάσης ἐβουλεύετο μηχανῆς ἐκποδὼν γενέσθαι τῆς
Στελίχωνος ἐπὶ τὴν ἑῴαν ὁρμῆς, καταλῦσαι δὲ οὐδὲν ἧττον
καὶ ἀσθενεστέραν τὴν οὖσαν Ἀρκαδίῳ στρατιωτικὴν δύναμιν
καταστῆσαι. ταῦτα δὴ πάντα πραγματευόμενος ἄνδρας εὗρε
πρὸς ταῦτα πονηροτέρους ἤπερ ἐβούλετο, οἷς χρησάμενος με-
γάλων ἦρξε τῇ Ῥωμαίων ἐπικρατείᾳ κακῶν. τὸ δὲ ὅπως ἐρῶ.
Μουσώνιος, Ἕλλην ἀνὴρ καὶ παιδείας ἥκων εἰς ἄκρον, τριῶν 2
ἐγένετο παίδων πατήρ, οἷς ὀνόματα ἦν Μουσώνιος καὶ Ἀντί-
οχος καὶ Ἀξίοχος. ἀλλὰ Μουσώνιος μὲν καὶ Ἀξίοχος παιδείᾳ
καὶ καλοκἀγαθίᾳ τὰς τοῦ πατρὸς ἐπεθύμουν παραδραμεῖν
ἀρετάς, Ἀντίοχος δὲ πᾶσιν ἐνηβρύνετο τοῖς ἐναντίοις, αὐτὸ
πονηρίας ὄργανον ὤν. τοῦτον ἁρμόδιον οἷς ἐβούλετο Ῥου- 3
φῖνος εὑρὼν ἀνθύπατον καθίστησι τῆς Ἑλλάδος, ἕτοιμον
ἐθέλων τοῖς ἐπιοῦσι βαρβάροις ποιῆσαι τὴν αὐτῆς ἀπώλειαν,
Γεροντίῳ τὴν ἐν Θερμοπύλαις παραδοὺς φυλακήν, ὑπηρετη-
σομένῳ ταῖς αὐτοῦ κατὰ τῆς πολιτείας ἐννοίαις. ταῦτα Ῥοῦ- 4
φῖνος πονηρευσάμενος, ἐπειδὴ στασιάζοντα καὶ ἀλλοτριώσαντα
τῶν νόμων ἑαυτὸν ἐθεώρησεν Ἀλάριχον (ἠγανάκτει γὰρ ὅτι
μὴ στρατιωτικῶν ἡγεῖτο δυνάμεων ἀλλὰ μόνους εἶχε τοὺς
βαρβάρους, οὓς Θεοδόσιος ἔτυχεν αὐτῷ παραδοὺς ὅτε σὺν
αὐτῷ τὴν Εὐγενίου τυραννίδα καθεῖλε), τότε τοίνυν ἐσήμαινε
δι᾽ ἀπορρήτων αὐτῷ προσωτέρω τοὺς σὺν αὐτῷ βαρβάρους
ἢ ἄλλως σύγκλυδας ὄντας ἐξαγαγεῖν, ὡς ἑτοίμων ἁπάντων
εἰς ἅλωσιν ἐσομένων. ἐπὶ τούτοις Ἀλάριχος τῶν Θρᾴκης ἀπ- 5
ανίστατο τόπων, καὶ ἐπὶ Μακεδονίαν προῄει καὶ Θεσσαλίαν,
πάντα καταστρεφόμενος τὰ ἐν μέσῳ. γενόμενος δὲ Θερμο-

1. κατ᾽ ἄμφω, φω add. m. 2 in fine versus, V ‖ 3. 4. τῆς . . .
ὁρμῆς scripsi, τῆ/// ('eras. vid. σ' Mau) . . . ὁρμ/// (sic m. 1, ὁρμῆ
m. 2) V, τὴν . . . ὁρμήν ς ‖ 7. π///ρὸς V¹ ‖ ἐνουλεύετο V¹, sup. scr. m. 2
ἐβούλετο ‖ 9. Μουσώνιος] Eun. fr. 45 ‖ 13. αὐτὸ V², αὐτῷ V¹, αὐτὸς ς ‖
14 εὐούλετο V ‖ 17. γεροντίω V, καὶ γερ. ς ‖ 19. πονηρευσάμενος, νηρ
ex corr. m. 1, V ‖ 20. Alarichum ex Eunapii narratione (Zos. IV, 57,
Ioann. Ant. fr. 187) non videri Theodosii expeditionis Italicae parti-
cipem fuisse contra Wietersheimium (t. II² p. 112) recte, puto, dixit
Sievers 'Studien' p. 340 ‖ 25. σύγκλυδας V², συγκλύδας V¹ ‖ 26. ///ἐπὶ
τούτοις V ‖ 27. καὶ (ante ἐπὶ) in mg. V postea additum ‖ 28. p. 222, l. 9.
Θερμοπυλῶν V², -ύλων V¹

πυλῶν πλησίον ἔπεμπε λάθρα πρὸς Ἀντίοχον τὸν ἀνθύπατον
καὶ Γερόντιον τὸν ἐφεστηκότα τῇ Θερμοπυλῶν φυλακῇ τοὺς
6 τὴν ἔφοδον ἀγγελοῦντας. καὶ ὃ μὲν ἀπεχώρει μετὰ τῶν φυ-
λάκων, ἐνδιδοὺς ἐλευθέραν καὶ ἀκώλυτον τὴν ἐπὶ τὴν Ἑλλάδα
πάροδον τοῖς βαρβάροις· οἳ δὲ ἐπὶ λείαν ἕτοιμον τῶν ἀγρῶν   5
καὶ παντελῆ τῶν πόλεων ἀπώλειαν ἐχώρουν, τοὺς μὲν ἄνδρας
ἡβηδὸν ἀποσφάττοντες, παιδάρια δὲ καὶ γυναῖκας ἀγεληδὸν
7 ἅμα τῷ πλούτῳ παντὶ ληϊζόμενοι. καὶ ἡ μὲν Βοιωτία πᾶσα,
καὶ ὅσα μετὰ τὴν ἀπὸ Θερμοπυλῶν εἴσοδον Ἑλληνικὰ ἔθνη
διῆλθον οἱ βάρβαροι, ἔκειντο τὴν ἐξ ἐκείνου μέχρι τοῦ νῦν   10
καταστροφὴν διδόντα τοῖς θεωμένοις ὁρᾶν, μόνων Θηβαίων
διὰ τὸ τῆς πόλεως ὀχυρὸν περισωθέντων, καὶ ὅτι σπεύδων
τὰς Ἀθήνας ἑλεῖν Ἀλλάριχος οὐκ ἐπέμεινε τῇ τούτων πολι-
8 ορκίᾳ. Θηβαίων τοίνυν διὰ τοῦτο ἐκπεφευγότων ἐπὶ τὰς
Ἀθήνας ἐχώρει, ῥᾷστα τὴν πόλιν οἰόμενος ἑλεῖν διὰ τὸ μέ-   15
γεθος παρὰ τῶν ἔνδον φυλαχθῆναι οὐ δυναμένην, καὶ προσ-
έτι τοῦ Πειραιῶς ἐχομένου σπάνει τῶν ἐπιτηδείων μετ' οὐ
πολὺ τοὺς πολιορκουμένους ἐνδώσειν. ἀλλ' ὁ μὲν Ἀλλάριχος
ἐν ταύταις ἦν ταῖς ἐλπίσιν, ἔμελλε δὲ ἡ τῆς πόλεως ἀρχαιό-
της καὶ ἐν οὕτω δυσσεβέσι καιροῖς θείαν τινὰ πρόνοιαν ὑπὲρ   20
ἑαυτῆς ἐπισπᾶσθαι καὶ μένειν ἀπόρθητος. (6) ἄξιον δὲ μηδὲ
τὴν αἰτίαν δι' ἣν ἡ πόλις περιεσώθη, θεοπρεπῆ τινὰ οὖσαν
καὶ εἰς εὐσέβειαν τοὺς ἀκούοντας ἐπικαλουμένην, σιωπῇ δι-
ελθεῖν. ἐπιὼν Ἀλλάριχος πανστρατιᾷ τῇ πόλει τὸ μὲν τεῖχος
ἑώρα περινοστοῦσαν τὴν πρόμαχον Ἀθηνᾶν, ὡς ἔστιν αὐτὴν   25
ὁρᾶν ἐν τοῖς ἀγάλμασιν, ὡπλισμένην καὶ οἷον τοῖς ἐπιοῦσιν
ἀνθίστασθαι μέλλουσαν, τοῖς δὲ τείχεσι προεστῶτα τὸν Ἀχιλ-

---

2. θερμοπυλῶν V ‖ 3 sq. videtur Eunapius quae de monachis
Thermopylas aperientibus v. Max. p. 53 scripserat in Historiarum
parte altera, post a. 414 edita (fr. 87), correxisse ‖ 13. ἑλεῖν ς, ἐλ///εῖν
(: ἐλθεῖν) V ‖ ἀλλάριχος V, et sic plerumque postea. ἀλάριχος ς ‖ ἐπ-
έμεινε V, ἐπέμενε ς ‖ 16. παρὰ accessit e V ‖ 17. ἐχομένου//, α crasa,
V ‖ 18. τοὺς accessit e V ‖ 20. καιροῖς V, κακοῖς ς ‖ 21. ἐπισπᾶσθαι V,
ἐπισπάσασθαι ς ‖ 23. ἐπικαλουμένειν, σιωπῇ/// V ‖ 24. πανστρατιὰ V ‖
26. οἷον e p. 223, 1 hnc illatum putat Sylb ‖ 27. ἀνθίστασθαι V, ἐν-
ίστασθαι ς ‖ τοῖς δὲ τείχεσι προεστῶτα corrupta puto, vix tamen sana-
bilia, cum τείχεσι ex priore τεῖχος iterasse videatur librarius. sententia
postulat: τῆς δὲ παρατάξεως (vel sim.) προεστῶτα (aut, si dativum re-
tinere males, τοῖς δὲ στίφεσι (πλήθεσι vel sim.) παρεστῶτα)

λέα τὸν ἥρω τοιοῦτον οἷον αὐτὸν τοῖς Τρωσὶν ἔδειξεν Ὅμη-
ρος, ὅτε κατ' ὀργὴν τῷ θανάτῳ τοῦ Πατρόκλου τιμωρῶν
ἐπολέμει. ταύτην Ἀλλάριχος τὴν ὄψιν οὐκ ἐνεγκὼν πάσης 2
μὲν ἀπέστη κατὰ τῆς πόλεως ἐγχειρήσεως, ἐπεκηρυκεύετο δέ.
6 .... προσδεξαμένων τοὺς λόγους, ὅρκους τε λαβόντων καὶ
δόντων, εἰσῄει σὺν ὀλίγοις Ἀλλάριχος εἰς τὰς Ἀθήνας. τυχὼν
δὲ φιλοφροσύνης ἁπάσης, λουσάμενός τε καὶ κοινωνήσας
ἑστιάσεως τοῖς ἐν τῇ πόλει λογάσι, καὶ προσέτι γε δῶρα λα-
βών, ἀπεχώρει τήν τε πόλιν ἀβλαβῆ καὶ τὴν Ἀττικὴν πᾶσαν
10 καταλιπών. καὶ ἡ μὲν Ἀθηναίων πόλις ἐν τῷ κατὰ τὴν Οὐά- 3
λεντος βασιλείαν γενομένῳ σεισμῷ, πᾶσαν κατασείσαντι τὴν
Ἑλλάδα, μόνη περιεσώθη κατὰ τὸν εἰρημένον μοι τρόπον ἐν
τῷ προλαβόντι βιβλίῳ, καὶ νῦν εἰς ἔσχατον ἐλθοῦσα κινδύνου
διέφυγεν· Ἀλλάριχος δὲ τὴν Ἀττικὴν πᾶσαν ἀπόρθητον ἀπο-
15 λιπὼν δέει τῶν φανέντων φασμάτων ἐπὶ τὴν Μεγαρίδα παρ-
ῄει, καὶ ταύτην ἑλὼν ἐξ ἐπιδρομῆς τῆς ἐπὶ τὴν Πελοπόννησον
ἐλάσεως εἴχετο, μηδεμιᾶς πειρώμενος ἀντιστάσεως. ἐνδόντος 4
δὲ αὐτῷ Γεροντίου τὸν Ἰσθμὸν διαβῆναι, πάντα λοιπὸν ἦν
αὐτῷ δίχα πόνου καὶ μάχης ἁλώσιμα, τῶν πόλεων σχεδὸν
20 ἁπασῶν διὰ τὴν ἀσφάλειαν ἣν ὁ Ἰσθμὸς παρεῖχεν αὐταῖς
ἀτειχίστων οὐσῶν. εὐθέως οὖν ἡ Κόρινθος πρώτη κατὰ κρά-
τος ἡλίσκετο καὶ ⟨τὰ⟩ πρόσοικα ταύτῃ πολίχνια καὶ ἐπὶ ταύτῃ
τὸ Ἄργος καὶ ὅσα ἦν αὐτῆς τε καὶ Λακεδαίμονος ἐν μέσῳ
χωρία. καὶ αὐτὴ δὲ ἡ Σπάρτη συναπήγετο τῇ κοινῇ τῆς 5
25 Ἑλλάδος ἁλώσει, μήτε ὅπλοις ἔτι μήτε ἀνδράσι μαχίμοις τε-
τειχισμένη διὰ τὴν τῶν Ῥωμαίων πλεονεξίαν, ἀλλ' ἄρχουσιν
ἐκδεδομένη προδόταις καὶ τῇ τῶν κρατούντων ἡδονῇ προ-
θύμως ὑπηρετουμένοις εἰς ἅπαντα τὰ πρὸς κοινὸν ὄλεθρον
φέροντα.
30   7. Ῥουφῖνος μὲν οὖν, ἀγγελθέντος αὐτῷ τοῦ περὶ τὴν

---

1. ἥρω] ἥρωα IV, 18, 2 ‖ 1. 2. Ὅμηρος] Il. XX, 164 sq. (Reite-
meier) ‖ 3. ταύτην V, ταύτην ὁ ϛ ‖ 5. lacunam indicavi. καὶ ante προσ-
δεξαμ. inscritur a ϛ ‖ 9. ἀπεχώρει V, ἀνεχώρει ϛ ‖ 10. ἐν τῷ] ἐν τε τῷ
coni. Bekk. at codici si fides, saepius τε omisit Zosimus ubi ex com-
muni usu expectabatur. de Polybii simili ratione v. Kaelker p. 287 sq. ‖
11. κατασείσαντι V, -τος ϛ ‖ 12. 13. cf. IV, 18, 2 ‖ 18. τὸν sup. ser. V¹ ‖
19. 20. σχεδὸν ἁπασῶν accesserunt o V ‖ 22. τὰ ϛ, om. V ‖ 24. αὐτὴ ϛ,
αὗτη V¹, αὐτὴ V² ‖ 27. τῇ V², ἡ V¹

Ἑλλάδα πάθους, ἐπίδοσιν ἐλάμβανεν ἧς εἶχε περὶ τὴν βασι-
λείαν ἐπιθυμίας· συνταραττομένου γὰρ τοῦ πολιτεύματος
οὐδὲν ἐμποδὼν ᾤετο αὐτῷ φανήσεσθαι πρὸς τὴν τοιαύτην
ἐπιχείρησιν· Στελίχων δὲ ναυσὶ στρατιώτας ἐμβιβάσας τοῖς
κατὰ τὴν Ἀχαΐαν δυστυχήμασιν ὥρμητο βοηθεῖν, καὶ τῇ Πε- 5
λοποννήσῳ προσσχὼν εἰς Φολόην συμφυγεῖν τοὺς βαρβάρους
2 ἠνάγκασε. καὶ ῥᾷστα διέφθειρεν ἂν αὐτοὺς σπάνει τῶν ἐπι-
τηδείων, εἰ μὴ τρυφῇ καὶ μίμοις γελοίοις ἥκιστά τε αἰσχυνο-
μέναις γυναιξὶν ἐκδοὺς ἑαυτὸν ἀφῆκε τοὺς στρατιώτας, ὅσα
καταλελοίπασιν οἱ βάρβαροι, ἁρπάζειν, τοῦ τε δοῦναι τοῖς 10
πολεμίοις εὐρυχωρίαν ἀναχωρήσασι τῆς Πελοποννήσου μετὰ
πάσης τῆς λείας εἰς τὴν Ἤπειρον διαβῆναι καὶ τὰς ἐν ταύτῃ
3 λήσασθαι πόλεις. ὅπερ αὐτοὺς ὁ Στελίχων πεποιηκότας ἰδὼν
ἄπρακτος ἐπὶ τὴν Ἰταλίαν ἀπέπλευσε, μείζονα καὶ χαλεπώτερα
τοῖς Ἕλλησι κακὰ δι' ὧν ἐπήγετο στρατιωτῶν ἐπιθείς. ἐπεὶ 15
δὲ παρεγένετο, παραχρῆμα θάνατον ἔγνω Ῥουφίνῳ κατασκευ-
άσαι τρόπῳ τοιῷδε. πρὸς τὸν βασιλέα ποιεῖται λόγους Ὁνώ-
ριον ὡς προσήκει τέλη τινὰ στρατιωτικὰ στεῖλαι πρὸς Ἀρκά-
διον τὸν ἀδελφόν, ἐπαμυνοῦντα τοῖς ἐν τῇ ἐπικρατείᾳ τῇ
4 τούτου κεκακωμένοις ἔθνεσι. καὶ ὅπερ ἐγνώκει πράττειν ἐπι- 20
τραπεὶς ἔταττε τοὺς ἐπὶ τούτῳ σταλησομένους, Γαΐνην δὲ
αὐτοῖς ἐπιστήσας ἡγεμόνα, ὅσα ἐπὶ Ῥουφίνου διενοεῖτο ἐξεῖπε.
τῶν δὲ στρατιωτῶν ἤδη πλησίον τῆς Κωνσταντινουπόλεως
ὄντων, φθάσας ὁ Γαΐνης ἀπήγγειλεν Ἀρκαδίῳ τῷ βασιλεῖ τὴν
αὐτῶν παρουσίαν, καὶ ὡς παραγένοιντο τοῖς πράγμασι πε- 25
5 πονηκόσιν ἐφιέμενοι βοηθεῖν. τοῦ δὲ βασιλέως ἡσθέντος ἐπὶ
τῇ τούτων ἀφίξει, ὑπαντῆσαι τοῖς στρατιώταις εἰσιέναι μέλ-
λουσι παρεκάλει τὸν βασιλέα Γαΐνης· ταύτης γὰρ τῆς τιμῆς
ἠξιῶσθαι τοὺς στρατιώτας ἔλεγε σύνηθες εἶναι. πεισθέντος
δὲ τοῦ βασιλέως καὶ πρὸ τῆς πόλεως ὑπαντήσαντος, εἵπετο 30

6. προσχὼν V, corr. ς ‖ 8. 9. ἥκιστά τε αἰσχ. γυν. sumpsit e Iuliano
(Misop. p. 445, 24 H., ubi etiam μῖμοι). non nimis igitur res premenda,
recteque non pressit Rosenstein 'Forsch. z. deutschen Gesch.' t. III
(a. 1863) p. 177 ‖ 10. τοῦ τε] ὥστε coni. Bekk, bene ‖ 15. 16. ἐπεὶ δὲ
ς, ἐπειδὴ V ‖ 17 sq. cf. Ioannes Ant. fr. 190 ‖ 18. τέλη V², τέλει V¹ ‖
21. ἔτατε, ut solet, V. ἐξέτατε coni. Heyne ‖ τούτῳ V, τοῦτο ς ‖
28. παρεκάλει V, παρεκάλεσε ς ‖ 29. ἠξιῶσθαι] ἀξιοῦσθαι conieci. de
re v. Vales. ad Amm. XX, 4, 12 ‖ 30. εἵπετο — p. 225, 1. ὕπαρχος
accessere e V

καὶ ὁ Ῥουφῖνος, οἷα τῆς αὐλῆς ὕπαρχος. ἐπεὶ δὲ προσκυνή-
σαντες τῆς προσηκούσης ἠξιώθησαν παρὰ τοῦ βασιλέως φιλο-
φροσύνης, δόντος Γαΐνου τὸ σύνθημα πάντες ὁμοῦ τὸν Ῥου-
φῖνον ἀπολαβόντες ἐν μέσῳ τοῖς ξίφεσι παίουσι· καὶ ὁ μὲν 6
ἀφῄρητο τῆς δεξιᾶς, ὃ δὲ τὴν ἑτέραν ἔκοπτεν, ὃ δὲ τὴν κε-
φαλὴν τοῦ τραχήλου χωρίσας ἀπῄει, παιᾶνας ᾄδων ἐπινικίους.
ἐς τοσοῦτον δὲ ἐπετώθασαν ὥστε τὴν χεῖρα πανταχῇ τῆς πό-
λεως περιάγειν, αἰτεῖν τε ἀργύριον δοῦναι τῷ ἀπλήστῳ τοὺς
προστυγχάνοντας.

8. Ῥουφῖνος μὲν οὖν ἰδίᾳ τε πολλοῖς κακῶν ἀφορήτων
γενόμενος αἴτιος καὶ τῇ πολιτείᾳ λυμηνάμενος ἁπάσῃ δίκην
ἐξέτισε τῶν πεπονηρευμένων ἀξίαν, Εὐτρόπιος δὲ πρὸς πάντα
Στελίχωνι συνεργήσας τὰ κατὰ τούτου βεβουλευμένα τῶν ἐν
τῇ αὐλῇ πραττομένων κύριος ἦν. καὶ τὴν μὲν Ῥουφίνου 2
περιουσίαν κατὰ τὸ πλέον ἐσφετερίζετο, καὶ ἑτέρους ἐνδιδοὺς
ἐκ ταύτης οἰκειοῦσθαι τὰ ὁπωσοῦν ἄξια τῆς αὐτοῦ κτήσεως
νομιζόμενα· τῆς δὲ Ῥουφίνου γαμετῆς σὺν τῇ θυγατρὶ τῇ
τῶν Χριστιανῶν ἐκκλησίᾳ προσδραμούσης δέει τοῦ μὴ συν-
απολέσθαι τῷ ἀνδρί, πίστιν δοὺς ὁ Εὐτρόπιος ἐφῆκεν αὐταῖς
εἰς τὴν κατὰ Ἱεροσόλυμα πόλιν ἐκπλεῦσαι, πάλαι μὲν οἰκη-
τήριον Ἰουδαίων οὖσαν, ἀπὸ δὲ τῆς Κωνσταντίνου βασιλείας
ὑπὸ Χριστιανῶν τιμωμένην οἰκοδομήμασιν. ἐκεῖναι μὲν οὖν 3
αὐτόθι τὸν λειπόμενον τοῦ βίου διέτριψαν χρόνον· Εὐτρό-
πιος δὲ πάντας, ὧν εἴη τις λόγος, ἐκποδὼν καταστῆσαι βου-
λόμενος, ὡς ἂν μηδεὶς ἕτερος πλὴν αὐτοῦ βασιλεῖ παραδυνα-
στεύοι, καὶ ἐπὶ Τιμασίῳ στρατιωτικῶν ἡγησαμένῳ ταγμάτων
ἀπὸ τῶν Οὐάλεντος χρόνων καὶ πολλῶν μετασχόντι πολέμων
ἐπιβουλὴν ἵστησιν, οὐδεμιᾶς αἰτίας ὑπούσης. ἦν δὲ ἡ συκο-

---

1. ἐπεὶ δὲ V, ἐπειδὴ ς ‖ 3. γαϊ///νοῦ V ‖ 6. παιᾶνας V ‖ 12. Εὐτρό-
πιος] Eun. fr. 66 (v. de Boor Herm. t. XXI p. 15, 1). 69 ‖ 15. ἑτέρους]
immo ἑτέροις. cf. I, 32, 3; II, 48, 3; III, 31, 2; 34, 1; IV, 20, 3; 31, 2;
V, 6, 4; 9, 5; 46, 5; VI, 3, 2. ἑταίρους vel ἑταίροις coni. Reitemeier ‖
16. ἄξια] ἀνάξια cum Tillemontio t. V p. 429, 2 scribendum puto
(minus bene idem μὴ ἑτέροις pro καὶ ἑτέρους coniecit) ‖ αὐτοῦ] αὐτῶν
apographum unum in mg., quod praeferebat Heyne ‖ 17. 18. τῇ ἐκκλ.]
cf. V, 18, 1 ‖ 22. χρι//στιανῶν, ι ex η, V ‖ 24. εἴη Heyne, εἰ V. ἦν coni.
Sylb ‖ 25. 26. παραδυναστεύοι V, -εύῃ ς ‖ 26. Τιμασίῳ] Eun. fr. 70 ‖
27. χρόνωι

ZOSIMUS.

φαντία τοιάδε. (9) Βάργος ἐκ τῆς ἐν Συρίᾳ Λαοδικείας ὁρ-
μώμενος, ἀλλᾶντας ὠνίους ἐπ᾽ ἀγορᾷ προτιθείς, ἐπί τισιν
ἑλοὺς ἐτυπήμασιν ἀπὸ τῆς Λαοδικείας εἰς τὰς Σάρδεις ἦλθε
φυγάς, εἶτα κἀκεῖσε φανεὶς οἷος ἦν, ἐπὶ πονηρίᾳ διεβεβόητο.
τοῦτον ὁ Τιμάσιος ταῖς Σάρδεσιν ἐπιδημήσας, στωμύλον ἰδὼν 5
δεινόν τε κολακείᾳ ῥᾳδίως ὑπαγαγέσθαι τοὺς προστυγχάνον-
τας, ᾠκειώσατό τε καὶ παραχρῆμα στρατιωτικοῦ τέλους ἔταξεν
ἄρχειν· καὶ οὐ τοῦτο μόνον, ἀλλ᾽ ἤδη καὶ εἰς τὴν Κων-
2 σταντινούπολιν ἑαυτῷ συναπήγαγεν. οὐκ ἐπαινούντων δὲ τῶν
ἐν τέλει τὸ γεγονός (ἔτυχε γὰρ πρότερον ὁ Βάργος διά τινα 10
πονηρεύματα τῆς ἐν Κωνσταντινουπόλει διατριβῆς ἀποκεκλει-
σμένος) ὄργανον ἐπιτήδειον Εὐτρόπιος εἰς τὴν κατὰ Τιμασίου
συκοφαντίαν τὸν ἄνδρα τοῦτον εὑρὼν ἵστησι κατήγορον αὐτῷ,
γραμμάτια δεικνύντα ψευδῆ, βασιλείας ἐπιθυμίαν ἐπιφέροντα
Τιμασίῳ. καὶ ὁ μὲν βασιλεὺς προυκάθητο δικαστής, Εὐτρό- 15
πιος δὲ παρεστώς, ἐπειδὴ καὶ τὴν ἡγεμονίαν πάντων τῶν
3 βασιλικῶν εἶχε κοιτώνων, τῆς πάσης ψήφου κύριος ἦν. πάν-
των δὲ δυσανασχετούντων ἐφ᾽ οἷς ἀλλαντοπώλης ἄνθρωπος
τὸν ἐν ἀρχαῖς καὶ ἀξίαις διαπρέψαντα τοσαύταις ἵστατο κρί-
νων, ἀνεχώρει μὲν τῆς κρίσεως ὁ βασιλεύς, ἐπέτρεπε δὲ ταύ- 20
την Σατουρνίνῳ καὶ Προκοπίῳ. τούτοιν δὲ ὁ μὲν εἰς εἰς
γῆρας ἦν βαθὺ προελθὼν καὶ μεγάλαις τετιμημένος ἀξίαις,
οὐκ ἔξω δὲ κολακείας, ἀλλ᾽ εἰωθὼς ἐν ταῖς κρίσεσι τὰς τῶν
βασιλεῖ παραδυναστευόντων θεραπεύειν ὁρμάς τε καὶ γνώμας·
ὁ δὲ Προκόπιος τοῦ μὲν βασιλέως ἐγεγόνει Οὐάλεντος κηδε- 25
στής, σκαιὸς δέ τις ὢν καὶ ἀνάγωγος ἔν τισιν ἐδόκει τἀληθῆ
4 μετὰ παρρησίας ἐκφαίνειν. ὥστε ἀμέλει καὶ τότε συνενεχθεὶς
εἰς τὴν κατὰ Τιμασίου ψῆφον τῷ Σατουρνίνῳ τοῦτο προσ-
έθηκεν, ὡς οὐκ ἔδει Τιμασίου Βάργον εἶναι κατήγορον, οὐδὲ
τὸν τοσαύταις ἀρχαῖς διαπρέψαντα καὶ ἀξίαις εὐτελοῦς ἀνθρώ- 30
που καὶ ἀνασεσυρμένου συκοφαντίαις ἁλῶναι, καὶ ὅπερ ἦν

2. ἀλλ//άντας, λ erasa, V ‖ ῾usitatius ἐπ᾽ ἀγορᾶς. sed cf. VI, 11, 1᾽
Bekk ‖ 6. κολακεία//, σ erasa, V ‖ 16. τῶν sup. scr. V² ‖ 18. ἀλλαντο-
πώλεις V ‖ 21. εἰς cum apographo uno omiserunt Reitemeier et Bekk,
non recte ‖ 22. γῆρας ἦν βαθὺ V, εἰς βαθὺ γῆρας ἦν ς ‖ 25. Προκόπιος]
Πετρώνιος coni. Valesius ad Amm. XXVI, 6, 7, κηδεστὴς de ῾socero᾽
interpretans. at ῾generum᾽ esse recte dixit Tillemont t. V p. 132
28. 29. προσέθηκεν] προὔθηκεν coni. Reitemeier, male

ἀτοπώτατον, εὐεργέτην ὑπὸ τοῦ παθόντος εὖ πράγματα πά-
σχειν. ὤνησε δὲ οὐδὲν ταύτῃ χρησάμενος τῇ παρρησίᾳ Προ- 5
κόπιος, ἀλλ᾽ ἡ μὲν Σατουρνίνου ψῆφος ἐκράτει σφόδρα
ἐπαινεθεῖσα, Τιμάσιος δὲ τῇ Ὀάσεως οἰκήσει παραδοθεὶς ἀπ-
ηλαύνετο, φυλακῆς αὐτὸν δημοσίας παραπεμπούσης. τόπος δὲ
ἦν οὗτος λυπρότατος καὶ οὐδενὶ τῶν αὐτῷ παραδιδομένων
ἀναχωρεῖν ἐνδιδούς· ἥ τε γὰρ ἐν μέσῳ γῆ ψαμμώδης οὖσα 6
καὶ παντάπασιν ἔρημος καὶ ἀοίκητος ἀφαιρεῖται τῆς γνώσεως
τοὺς ἐπὶ τὴν Ὄασιν ἀπιόντας, τῶν ἀνέμων τοῖς ἴχνεσι τὴν
10 ψάμμον ἐπιφερόντων, καὶ τῷ μήτε φυτὸν μήτε οἴκησιν εἶναι,
γνώρισμα εἰς εἰκασίαν τι καταλιπεῖν τοῖς ὁδοιποροῦσι δυνά-
μενα. φήμη δὲ ὅμως εἰς ἅπαντας ᾔει παρὰ Συαγρίου τοῦ 7
παιδὸς ἡρπάσθαι Τιμάσιον λέγουσα, διαφυγόντος τοὺς ἐσταλ-
μένους εἰς ἀναζήτησιν αὐτοῦ καὶ διά τινων ἁρπάσαντος τὸν
15 πατέρα λῃστῶν. ἀλλ᾽ εἴτε ἀληθῆ ταῦτα ἦν εἴτε Εὐτροπίῳ
χαριζόμενοι ταῦτα ἐν τῷ πλήθει διέσπειραν, οὐκ ἔγνω τις τὸ
σαφές, πλὴν ὅτι περ οὔτε Τιμάσιος οὔτε Συάγριος ἐξ ἐκείνου
πεφήνασιν.

10. Ὁ δὲ Βάργος, ὡς ἔξω πάσης ὑποψίας καταστήσας
20 Εὐτρόπιον οὐκέτι τὴν Τιμασίου δυσμένειαν ὑφορώμενον, ἠξι-
οῦτο στρατιωτικοῦ τέλους ἀρχῆς χρήματα φέρειν αὐτῷ κομψὰ
δυναμένης, καὶ ἀνεχώρει μειζόνων ἐλπίσι δωρεῶν βουκολού-
μενος· ἠγνόει γὰρ ὡς Εὐτρόπιος τοιοῦτον αὐτὸν φανέντα
περὶ Τιμάσιον τὸν εὐεργέτην καὶ περὶ αὑτὸν ὅμοιον φανή-
25 σεσθαι προσεδόκησεν. ἐκδημήσαντος γοῦν τῆς ἀρχῆς ἕνεκα 2
Βάργου, τὴν τούτῳ συνοικοῦσαν γυναῖκα διά τινας αἰτίας
ἀπεχθῶς πρὸς αὐτὸν ἔχουσαν πείθουσι γραμματεῖα προσδοῦ-
ναι τῷ βασιλεῖ κατηγορίας φέροντα πλείστας εἰς τὰ μέγιστά
τε τῶν ἐγκλημάτων τὸν Βάργον ἀγούσας. ἅπερ ἀκηκοὼς Εὐ- 3
30 τρόπιος εὐθὺς ἦγεν εἰς κρίσιν τὸν ἄνθρωπον καὶ ἁλόντα
παρεδίδου τιμωρίᾳ πρεπούσῃ, μεθ᾽ ἣν ἅπαντες θαυμάζοντες
ἅμα καὶ ἀνυμνοῦντες τὸν τῆς Ἀδραστείας ὀφθαλμὸν διετέ-
λεσαν, ὃν οὐχ οἷόν τέ τινα τῶν ἠσεβηκότων κατά τι λαθεῖν.

3. ψῆφος V¹ ex ///ῆφος ‖ 12. ᾔει V², εἴη V¹ ‖ 13. διαφυγόντος V²,
-τα V¹ ‖ 17. οὔτε τιμάσιος ς, οὐ τιμ. V ‖ 19 sq. cf. Eun. fr. 71 ‖ 24. 25.
φανήσασθαι V ‖ 27. ἀπεχθῶς V², α///// (c. 4 litt. er.) V¹ ‖ γραμματεῖα]
γραμμάτια ceteris locis ‖ 27. 28. προσδοῦναι V et Leunclavius, προ-
δοῦναι ς ‖ 32. Ἀδραστείας , vel π ατος, V ‖ 33. λαθεῖν, ἢ in

4   Μεθύων δὲ ἤδη τῷ πλούτῳ καὶ ὑπὲρ τὰ νέφη τῇ φαν
τασίᾳ φέρεσθαι δοκῶν ὁ Εὐτρόπιος ἐν ἅπασι σχεδὸν τοῖς
ἔθνεσιν εἶχε τοὺς τὰ πραττόμενα πολυπραγμονοῦντας, καὶ
ὅπως ἕκαστος ἔχοι τύχης· καὶ οὐδὲν ἦν καθάπαξ ὃ μὴ χρη
μάτων αὐτῷ κέρδος ἐπῆγεν. ἄγει τοίνυν αὐτὸν καὶ κατὰ 5
5 Ἀβουνδαντίου φθόνος τε ὁμοῦ καὶ πλεονεξία. ἦν δὲ Ἀβουν
δάντιος ἀπὸ τῆς ἐν τῇ Θρᾴκῃ Σκυθίας, ἐκ δὲ τῶν Γρατιανοῦ
στρατευσάμενος χρόνων καὶ ἐπὶ Θεοδοσίου τιμῶν μεγίστων
ἐπιβάς, ἤδη δὲ καὶ στρατηγὸς καὶ ὕπατος ἀποδεδειγμένος.
ἐπεὶ δὲ καὶ τοῦτον Εὐτρόπιος ἠβουλήθη τῆς οὐσίας τε ὁμοῦ 10
καὶ πάσης τιμῆς ἐκπεσεῖν, ἔγραψε μὲν ταῦτα ὁ βασιλεύς,
ἀπηλαύνετο δὲ Ἀβουνδάντιος τῶν βασιλείων, οἴκησιν τὴν
ἐν Φοινίκῃ Σιδῶνα λαχὼν καὶ ἐν ταύτῃ τὸν λοιπὸν χρόνον
βεβιωκώς.

11. Εὐτρόπιος τοίνυν ἐν μὲν τῇ Κωνσταντινουπόλει 15
παντάπασιν ἔχων οὐδένα τὸν ἀντιβλέπειν τολμῶντα, μόνον δὲ
Στελίχωνα τῶν κατὰ τὴν ἑσπέραν κυριεύοντα πραγμάτων
κατὰ νοῦν ἔχων, ἀνελεῖν αὐτῷ διενοεῖτο τὴν ἐπὶ Κωνσταν
τινούπολιν ἄφιξιν. ἀναπείθει δὴ τὸν βασιλέα, τέως συναγα
γόντα τὴν γερουσίαν, κοινῷ δόγματι τῆς βασιλείας αὐτὸν 20
2 πολέμιον προσειπεῖν. οὗ δὴ γενομένου Γίλδωνα παραχρῆμα
πάσης τῆς ὑπὸ Καρχηδόνα Λιβύης ἔχοντα τὴν ἡγεμονίαν
οἰκειωσάμενος, ἀφίστησι διὰ τούτου τὴν χώραν τῆς Ὀνωρίου
βασιλείας καὶ τῇ Ἀρκαδίου προστίθησιν. ἐπὶ τούτῳ δυσ
χεραίνοντι καὶ λίαν ἀπορουμένῳ Στελίχωνι συνήρατο τὸ ἀπὸ 25
3 τῆς τύχης αὐτόματον. ἀδελφὸν γὰρ ἔχων ὁ Γίλδων ᾧ Μα
σκέλδηλος ἦν ὄνομα, καὶ τούτῳ διὰ βαρβαρικὴν μανίαν ἐπι
βουλεύσας ἠνάγκασεν εἰς τὴν Ἰταλίαν ὡς Στελίχωνα πλεῦσαι

ras. m. 2, ('eras. vid. ευ' Mau) V ‖ 1 sq. cf. Eun. fr. 67 ‖ 4. οὐδὲν
Reitemeier, οὐδὲ V ‖ ὁ ex ω V ‖ 5. ἄγει ς, ἄγοι V ‖ 6. Ἀβουνδαντίου]
Eun. fr. 72 ‖ 10. ἐπεὶ δὲ scripsi de Bekkeri coniectura, ἐπειδὴ Vς.
ἐπεὶ δὴ coni. Sylb ‖ 12. ἀβουνδάτιος h. l. V ‖ 13. at cf. Sievers 'Studien' p. 350 ‖ 17. τῶν V et Sylb, τὸν apographa ‖ 20. 21. αὐτὸν πολέ
μιον V, πολέμιον αὐτὸν ς ‖ 21. προσειπεῖν] προειπεῖν coni. Bekk, bene ‖
Γίλδωνα] γιάδωνα V, et sic constanter ‖ 22. ἔχοντα in ς post πάσης
ponitur. fuit Gildo per aliquot annos 'comes et magister utriusque
militiae per Africam': c. Th. IX, 7, 9 ‖ 26. 27. Μασκέλδηλος] 'Mascezel'
vel 'Mascizel' Latini

καὶ ὅσα παρὰ τἀδελφοῦ πέπονθεν ἐξειπεῖν. ὃ δὲ δυνάμεις
ἁδρὰς αὐτῷ παραδοὺς καὶ πλοῖα χορηγήσας ἀρκοῦντα, πολε-
μήσοντα τῷ Γίλδωνι παραπέμπει. οὗτος ἀποβὰς ἔνθα δια- 4
τρίβοντα τὸν ἀδελφὸν ἠκηκόει, καὶ ἀπαρασκεύῳ μετὰ τῆς
στρατιᾶς ἐπιπεσών, μάχης καρτερᾶς γενομένης τοσοῦτον ἐκρά-
τησεν ὥστε Γίλδωνα τὸν βίον ἀπολιπεῖν ἀπαγξάμενον· τοῦτο
γὰρ εἵλετο μᾶλλον ἢ ὑπὸ τοῖς πολεμίοις γενέσθαι. καὶ ὁ μὲν
Γίλδωνος ἀδελφὸς ἀποδοὺς τῇ Ὀνωρίου βασιλείᾳ Λιβύην εἰς
Ἰταλίαν ἐπανῄει νενικηκώς· Στελίχων δὲ νεμεσήσας ἐπὶ τῷ
κατορθώματι θεραπεύειν ὅμως προσεποιεῖτο, χρηστὰς ὑπο-
φαίνων ἐλπίδας. ἐπεὶ δὲ προϊὼν ἐπί τι προάστειον ἐπὶ πο- 5
ταμοῦ γεφύρας ἐγένετο, μετὰ δὲ τῶν ἄλλων εἵπετο καὶ ὁ
Μασκέλδηλος αὐτῷ, σύνθημα πρὸς τούτου δεδομένον αὐτοῖς
οἱ δορυφόροι πληροῦντες ὠθοῦσι κατὰ τοῦ ποταμοῦ. καὶ ὁ
μὲν Στελίχων ἐγέλα, τὸ δὲ ῥεῦμα συναρπάσαν ἀποπνίγει τὸν
ἄνθρωπον.

12. Ἐντεῦθεν ἡ μὲν Εὐτροπίου δυσμένεια καὶ Στελί-
χωνος ἀνεκαλύπτετο καὶ ἐν τοῖς ἁπάντων στόμασιν ἦν· ἀλλο-
τρίως δὲ πρὸς ἑαυτοὺς ἔχοντες ἐπὶ πάσης ἀδείας τοῖς τῶν
ἀρχομένων κακοῖς ἐνετρύφων, ὁ μὲν ἤδη τὴν θυγατέρα Μα-
ρίαν Ὀνωρίῳ τῷ βασιλεῖ γαμετὴν δεδωκώς, ὁ δὲ κυριεύων
Ἀρκαδίου καθάπερ βοσκήματος. εἴτε γὰρ κτῆμα περίβλεπτον 2
ἦν τινὶ τῶν ὑπηκόων, εἰς θατέρου τούτων μετετίθετο δε-
σποτείαν, καὶ χρυσὸς δὲ καὶ ἄργυρος ἅπας ἐκ τῶν πρό-
τερον ἐχόντων εἰς αὐτοὺς ἔρρει· πολὺς γὰρ ἦν ὁ τῶν
πανταχοῦ συκοφαντούντων ἑσμός, οἷς ἐπετέτακτο τοιαῦτα
καταμηνύειν.

13. Τῆς δὲ βασιλείας ἑκατέρωθεν οὔσης ἐν τούτοις,
ἅπαντες μὲν οἱ τὴν γερουσίαν πληροῦντες ἐπὶ τῇ τῶν πραγ-
μάτων ἐδυσχέραινον κακουχίᾳ, οὐχ ἥκιστα δὲ Γαΐνης, οὔτε
τῆς πρεπούσης στρατηγῷ τιμῆς ἀξιούμενος, οὔτε δωρεαῖς
ἀπληστίαν ἐμπλῆσαι βαρβαρικὴν δυνάμενος. ἀπέκναιε δὲ πλέον
αὐτὸν εἰς τὴν Εὐτροπίου χρήματα πάντα οἰκίαν εἰσρέοντα.

2. ἁδρὰς V ‖ 3. ἀποβὰς V, ἀναστὰς apographa, ἀναβὰς aut ἐπι-
στὰς Heyne ‖ 10. ante κατορθώματι in V erasum κα///ὼ ‖ 26. πανταχοῦ
V, ἀπανταχοῦ ς ‖ 30. ἐδυσχέραινον, ραι in ras. m. 2, V ‖ 31. τῆς V, τῆς
πρεσβυτέρῳ ς ‖ δωρεαῖς V², δωρεά/// V¹ ‖ 32. δυνάμενος] δυναμέναις
θεραπευόμενος coni. Sylb. bene ‖ 33. χρήματα πάντα οἰκίαν V, οἰκίαν

2 ἐπὶ τούτοις ἀχθόμενος κοινωνὸν ποιεῖται Τριβίγιλδον τῆς
σκέψεως. ἦν δὲ οὗτος ἀνὴρ φιλοκίνδυνος καὶ πρὸς πᾶσαν
ἀπόνοιαν ἑτοιμότατος, ἦρχε δὲ οὐ Ῥωμαϊκῶν ἰλῶν ἀλλὰ βαρ-
βάρων ἐνιδρυμένων τῇ Φρυγίᾳ, παρὰ βασιλέως τὴν τούτων
3 λαβὼν ἐπιμέλειαν. οὗτος ἐπὶ τὴν Φρυγίαν ἐθέλειν ἐκδημῆσαι 5
ποιούμενος, ὅπως ἂν ἐπισκέψαιτο τοὺς ὑπ' αὐτῷ τεταγμένους
βαρβάρους, ἐπὶ τούτῳ τε τῆς Κωνσταντινουπόλεως ἐξορμήσας
ἐχώρει. παραλαβὼν δὲ τοὺς βαρβάρους ὧν τὴν ἡγεμονίαν
εἶχεν, ἅπαντα ἐπῄει τὰ ἐν μέσῳ, φόνου μὲν ἀνδρῶν ἢ γυναι-
κῶν ἢ παιδαρίων οὐκ ἀπεχόμενος, τὰ δὲ ἐν ποσὶ ληϊζόμενος· 10
4 ἐν ὀλίγῳ χρόνῳ τοσοῦτο πλῆθος συνήγαγεν οἰκετῶν καὶ ἄλλως
ἀπερριμμένων ἀνθρώπων ὥστε εἰς ἔσχατον κίνδυνον τὴν
Ἀσίαν ἅπασαν ἀπαγαγεῖν. ἥ τε γὰρ Λυδία πάσης ἐπέπληστο
ταραχῆς, πάντων ὡς εἰπεῖν ἐπὶ τὰ θαλάσσια φυγόντων καὶ
ἅμα τοῖς σφετέροις ἅπασιν ἐπὶ τὰς νήσους ἢ ἄλλοθί ποι δια- 15
πλεόντων· καὶ ἡ πάραλος δὲ Ἀσία τὸν κίνδυνον ὅσον οὐδέπω
θεωρήσειν ἐπιστησόμενον αὐτῇ προσεδόκα. (14) ἀλλ' ἐπειδὴ
ταῦτα τῷ βασιλεύοντι συνηγγέλθη, λόγον μὲν οὐδένα τῆς
κοινῆς ἐποιεῖτο συμφορᾶς (οὐδὲ γὰρ οἷός τε ἦν συνιδεῖν τὸ
πρακτέον ἐσχάτως ἀνόητος ὤν), Εὐτροπίῳ δὲ τὴν πᾶσαν 20
ἔδωκε τῆς βασιλείας οἰκονομίαν. ὃ δὲ Γαΐνην αἱρεῖται καὶ
Λέοντα στρατηγούς, τὸν μὲν εἰς τὴν Ἀσίαν ἐκπέμψων ἐπελευ-
σόμενον τοῖς κατατρέχουσι ταύτην βαρβάροις ἢ ἄλλως μιγάσιν
ἀνθρώποις, Γαΐνην δὲ διὰ τῆς Θρᾴκης καὶ τῶν τοῦ Ἑλλησ-
πόντου στενῶν ἀπαντήσοντα τοῖς πολεμίοις, εἰ καὶ τοῖς τόποις 25
2 ἐκείνοις ἐνοχλοῦντας θεάσοιτο. Λέων μὲν οὖν ὁ τοῖς κατὰ
τὴν Ἀσίαν συμβεβηκόσι βοηθῆσαι ταχθεὶς ἀρετῆς μὲν οὐδ'
ἡστινοσοῦν μετείληφει στρατηγικῆς, οὐδ' ἄλλου τινὸς ἀξίου
πρὸς τοῦτο τύχης αὐτὸν ἀγαγεῖν, πλὴν ὅτι πρὸς Εὐτρόπιον

χρήματα πάντα ς ‖ 1. Τριβίγιλδον] Eun. fr. 75, 1. 2 ‖ 6. ποιούμενος V,
προσποιούμενος ς ‖ 10. παιδαρίων V, παιδίων ς ‖ 11. ⟨καὶ⟩ ἐν ὀλ. vel
ἐν ὀλ. ⟨τε⟩ coni. Sylb, ⟨καὶ⟩ φόνου (vs. 9) Bekk ‖ ἄλλως contra Syl-
burgii ἄλλων recte defendit Reitemeier ‖ 12. ἀπερριμμένων V ‖ κίνδυνον
V, κινδύνου ς ‖ 13. ἐπέπληστο V, ἐνεπέπληστο ς ‖ 15. ἄλλοθί ποι] cf.
V, 31, 6: ἑτέρωθί που μετατιθείς· Porphyr. v. Pythag. p. 48, 18 Nauck²:
ἑτέρωθί που (ἑτέρωσέ ποι Cobet) βάδιζε ‖ 22. Λέοντα] Eun. fr. 76 ‖
23. κατατρέχουσι V, κατέχουσι ς ‖ 26. θεάσοιτο V, θεάσαιτο ς. cf.
V, 37, 1: ὡς ἂν κοινωνήσοι· 47, 3: μή ποτε προκαλέσοιτο

εἶχεν οἰκείως· Γαΐνης δὲ τὴν ἐπὶ Θρᾴκην ἐστέλλετο, κω-
λύσων τὴν δι' Ἑλλησπόντου τῶν ἅμα Τριβιγίλδῳ διάβασιν,
ναυμαχήσων τε αὐτοῖς, εἰ καὶ τούτου γένοιτο χρεία. ταύτῃ
διαταχθέντες οἱ στρατηγοὶ τὰς δυνάμεις ἀπῆγον, οὗπερ ἕκα-
στος ἔλαχε. Γαΐνης δέ, ἃ συνέκειτο πρὸς Τριβίγιλδον αὐτῷ 3
λαβὼν κατὰ νοῦν, καὶ ὡς ἐνέστηκεν ὁ καιρὸς ἀντιλαβέσθαι
κελεύων τῆς ἐγχειρήσεως, ἐπὶ τὸν Ἑλλήσποντον ἄγειν Τριβι-
γίλδῳ τὴν στρατιὰν ἐκέλευεν. εἰ μὲν οὖν ἅπερ ἐφρόνει κατὰ
τῆς πολιτείας ἐταμιεύσατο καὶ ἡσυχῇ μετὰ τῶν σὺν αὐτῷ
βαρβάρων τῆς Κωνσταντινουπόλεως ἔτυχεν ἐξορμήσας, πάν-
τως ἂν ἐξέβαινεν αὐτῷ τὸ βεβουλευμένον εἰς τέλος, καὶ ἥ τε
Ἀσία πᾶσα κατείληπτο καὶ συναπολέσθαι ταύτῃ τὴν ἑῴαν
οὐδὲν ἦν τὸ κωλῦον. ἀλλ' ἐπειδὴ τῇ Ῥωμαίων ἐπικρατείᾳ 4
φυλάττεσθαι τὰς πόλεις ἐβούλετο τέως ἡ τύχη, Γαΐνης μὲν
τῷ προσόντι φύσει θερμῷ καὶ μανιώδει τοῖς βαρβάροις ἐξ-
ενεχθεὶς ἀπεχώρει τῆς Κωνσταντινουπόλεως, ὅλην ὡς εἰπεῖν
τὴν ἐξουσίαν τοῦ πολέμου παραλαβών, οὔπω δὲ σχεδὸν εἰς
τὴν Ἡράκλειαν ἀφιγμένος τῷ Τριβιγίλδῳ τὸ πρακτέον ἐσή-
μαινεν. ὃ δὲ ἐπὶ τὸν Ἑλλήσποντον οὐκ ἔγνω χωρεῖν δέει 5
τοῦ μὴ περιπεσεῖν ταῖς αὐτόθι καθεσταμέναις δυνάμεσι, πᾶ-
σαν δὲ καταστρεψάμενος τὴν Φρυγίαν προσέβαλλε καὶ Πισί-
δαις, καὶ κωλύματος οὐδενὸς πειραθεὶς ἀπῄει πάντα πορθῶν.
τούτων δὲ ἀπαγγελλομένων ὁ μὲν Γαΐνης οὐδένα τῶν πολε-
μουμένων ἐποιεῖτο λόγον, οἷα δὴ κατὰ νοῦν ἔχων ὅσα πρὸς
αὐτὸν Τριβιγίλδῳ συνέκειτο, (15) Λέων δὲ τοῖς περὶ τὸν
Ἑλλήσποντον διέτριβε τόποις, οὔτε συμπεσεῖν ἐς μάχην Τρι-
βιγίλδῳ θαρρῶν, καὶ ἅμα δεδιέναι φάσκων μή ποτε δι' ἑτέ-
ρας ὁδοῦ μέρος τι τῆς στρατιᾶς ἐκπέμψας Τριβίγιλδος τὰ περὶ
τὸν Ἑλλήσποντον λάθῃ χωρία καταστρεψάμενος. συνέβαινε 2
τοίνυν, ὄντος οὐδενὸς ἐμποδίου τῷ Τριβιγίλδῳ, πᾶσαν μὲν

---

1. Θρᾴκης V. Θρᾴκην tamen ο ς retinui, coll. I, 4, 1; 43, 1;
V, 15, 4 ‖ 2. τριβιγίλδῳ ex τριβιλίλδῳ V¹ ‖ 5. τιγίβιλδον V ‖ 7. 8. τριγί-
βιλδῳ V ‖ 11. βεβουλευμένον ς, βεβουλημένον V ‖ ἤ τε V³, ⫽⫽ τ⫽⫽ V¹ ‖
19. ἐπὶ ⟨μὲν⟩ τὸν coni. Bekk, inutiliter ‖ 22. ἀπῄει ἐπῄει conieci ‖
23. 24. πολεμουμένων ς, πολεμωμένων V. τολμωμένων conieci ‖ 24. 25.
ἃ συνέκειτο πρὸς Τριβίγιλδον αὐτῷ melius c. 14, 3 ‖ 26. ⟨ἐν⟩διέτριβε
vel ⟨ἐν⟩ τοῖς περὶ coni. Sylb. at cf. Hultsch quaest. Polyb. I p. 19 sq.
27. δεδιέναι V³, δ⫽⫽διέναι V¹

κατὰ κράτος ἁλίσκεσθαι πόλιν, ἀναιρεῖσθαί τε πάντας τοὺς
οἰκήτορας ἅμα τοῖς στρατιώταις, βάρβαρον δὲ σύμμαχον Ῥω-
μαίων εἶναι οὐδένα· τοῖς γὰρ ὁμοφύλοις ἐν ταῖς συμβολαῖς
ἀναμιγνύμενοι κατὰ τῶν Ῥωμαίοις ὑπηκόων ἐχώρουν. ὁ δὲ
Γαΐνης ἐπὶ ταῖς Ῥωμαίων ἄχθεσθαι δοκῶν συμφοραῖς, θαυ- 5
μάζειν ὅμως ἐποίει τὰ Τριβιγίλδου στρατηγήματα, καὶ ἀναντα-
γώνιστον ἔλεγεν εἶναι, φρονήσει καὶ ἀγχινοίᾳ μᾶλλον ἢ δυ-
3 νάμει πλεονεκτοῦντα. περαιωθεὶς δὲ εἰς τὴν Ἀσίαν ἐπεξήει
μὲν οὐδενί, περιεώρα δὲ τὴν τῶν πόλεων καὶ τῆς χώρας ἀπ-
ώλειαν· ἐπακολουθῶν δὲ μόνον καὶ τὰ γινόμενα τρόπον 10
τινὰ θεωρῶν ἐκαραδόκει τὴν ἐπὶ τὴν ἑῴαν τοῦ Τριβιγίλδου
διάβασιν, ἐκπέμπων μὲν αὐτῷ λάθρα δυνάμεις συνεπιλαμβα-
νομένας οἷς ἐπεχείρει, μήπω δὲ τὴν ἑαυτοῦ περὶ τὰ πράγ-
4 ματα προαίρεσιν ἐπιδείξας. εἰ μὲν οὖν ἐπελθὼν τὴν Φρυ-
γίαν ὁ Τριβίγιλδος μὴ τὴν ἐπὶ Πισιδίαν ἀλλ' εὐθὺς ἐπὶ 15
Λυδίαν ἐχώρησεν, οὐδὲν ἂν ἐκώλυσε ταύτης ἀκονιτὶ κατὰ
κράτος αἱρεθείσης συναπολέσθαι καὶ τὴν Ἰωνίαν αὐτῇ, κἀκεῖ-
θεν αὐτὸν ἐπὶ τὰς νήσους σκάφεσι διαβάντα, καὶ ναυτικὸν
ὅσον ἐβούλετο πορισάμενον, ἅπασάν τε τὴν ἑῴαν διαδραμεῖν
καὶ μέχρις Αἰγύπτου πάντα λῄσασθαι, μηδεμιᾶς ἀξιομάχου 20
5 δυνάμεως οὔσης. ἐπεὶ δὲ ταῦτα μὲν οὐκ ἔλαβε κατὰ νοῦν,
ἔγνω δὲ τῇ Παμφυλίᾳ Πισίδαις ὁμορούσῃ τὰς δυνάμεις ἐπ-
αγαγεῖν, ὁδοῖς μὲν ἐνέτυχε δυσεμβάτοις καὶ ἱππασίᾳ παντά-
πασιν ἀπροσίτοις, στρατοπέδου δὲ οὐδενὸς ἐναντιουμένου
Οὐαλεντῖνός τις τὴν Σέλγην οἰκῶν (πολίχνη δ' αὕτη Παμ- 25
φυλίας ἐστίν, ἐπὶ λόφου κειμένη) παιδείας μετρίως ἡμμένος

---

6. ὅμως ἐποίει V, ὅπως ἐποίει apographa, unde προσεποιεῖτο Leun-
clavius. ὅμως ἐποίει, si genuinum est, ita intellegendum ut Gainas
aulam Tribigildi fortia facta admirantem fecerit (ἐξαίρων εἰς ὕψος τὰ
τούτου τῷ βασιλεῖ κατορθώματα c. 17, 3). de ποιεῖν voc. cf. V, 21, 3:
βραχὺ τῆς γῆς ποιεῖ προελθεῖν τὰς ναῦς. contra si 'simulandi' notio-
nem praeferas, scribendum ὅμως ἐποιεῖτο ∥ 7. ἔλεγεν ς, ἔλεγεγεν (sic) V.
ἔλεγέ τιν' conieci. cf. V, 45, 3: φαῦλός τις εἶναι δόξας ∥ 10. δὲ ac-
cessit e V ∥ 11. ἑῴαν] Εὐρώπην expectabat Reitemeier. at cf. vs. 19.
iusto tamen brevius scriptor locutus est ∥ 14. προαίρεσιν V, γνώμην
Sylb, om. apographa ∥ 14. 15. ἐπελθὼν ἐπὶ τὴν Φρυγίαν Sylb et Reite-
meier ex apographo uno ∥ 16. Λυδίαν] Eun. fr. 75, 3 ∥ 23. ἐνέτυχε V,
et sic voluit Sylb, ἔτυχε ς ∥ 25. 26. Παμφυλίας] Hierocl. syneed. p. 395, 17
Bk. ∥ 26. ἡ//μένος V

καὶ πείρας οὐκ ἔξω τυγχάνων πολεμικῆς, συναγαγὼν οἰκετῶν
πλῆθος καὶ γεωργῶν, ταῖς πρὸς τοὺς γειτνιῶντας λῃστὰς συν-
εχέσι μάχαις γεγυμνασμένους, εἰς τοὺς ὑπερκειμένους τῶν
παρόδων ἔστησε λόφους, ὡς ἂν θεωροῦντες ἅπαντας τοὺς διὰ
τῆς ὁδοῦ πορευομένους αὐτοὶ μὴ φαίνοιντο, κἂν εἰ ἡμέρας
οὔσης οἱ ἐναντίοι διαβαίνοιεν. (16) τοῦ δὲ Τριβιγίλδου διὰ
τῆς ὁμαλωτέρας ὁδοῦ μετὰ τῶν σὺν αὐτῷ βαρβάρων ἐπὶ τὰ
κάτω μέρη τῆς Παμφυλίας ἐλάσαντος, ἐλθόντος ⟨τε⟩ ἔτι
νυκτὸς οὔσης εἰς τοὺς ὑποκειμένους τῇ Σέλγῃ τόπους, ἐβάλ-
λοντο σφενδόναις οἱ βάρβαροι συνεχέσιν, ἀφιεμένων πέτρων
χειροπληθῶν καὶ ἔτι μειζόνων· ἦν γὰρ ἐξ ὑπερδεξίων ῥᾳδία
καὶ ἡ τῶν ἁδροτέρων ἄφεσις λίθων. ἀποφυγῆς δὲ οὐκ οὔ-
σης — ἦν γὰρ κατὰ μὲν τὸ ἕτερον τῆς ὁδοῦ μέρος λίμνη
βαθεῖα καὶ τέλματα, κατὰ δὲ τὸ ἕτερον ἄνοδος στενή, δυοῖν
μόλις ἀνδράσι πάροδον ἐνδιδοῦσα· κυκλοειδῆ δὲ τὴν ἄνοδον
οὖσαν οἱ ἐπιχώριοι καλοῦσι κοχλίαν, τῇ θέσει τοῦ ζῴου παρ-
εμφερῶς. τοῦτον ἐφύλαττε τὸν τόπον Φλωρέντιός τις, συμ-
μάχους ἔχων εἰς τὸ κωλῦσαι τοὺς πειρωμένους διαβαίνειν
ἀρκοῦντας. ἐν τούτοις ἀπειλημμένοι τοῖς τόποις οἱ βάρβαροι
καὶ τῷ πλήθει καὶ μεγέθει τῶν λίθων βαλλόμενοι κατὰ τὸ
πολὺ διεφθείροντο μέρος· κατὰ στενοχωρουμένων γὰρ αὐτῶν
οἱ λίθοι πίπτοντες οὐ διημάρτανον φόνου. πολλῆς τοίνυν
ἐχούσης αὐτοὺς ἀπορίας, οἱ μὲν πλείους εἰς τὴν λίμνην ἑαυ-
τοὺς μετὰ τῶν ἵππων ἀφῆκαν, καὶ τὸν ἀπὸ τῶν πέτρων φεύ-
γοντες θάνατον ἐν τοῖς τέλμασι διεφθάρησαν, Τριβίγιλδος δὲ
ἅμα τριακοσίοις ἀναβὰς ἐπὶ τὸν κοχλίαν, καὶ χρήμασιν ὅτι
πλείστοις τὸν Φλωρέντιον καὶ τοὺς σὺν αὐτῷ φύλακας ὑπ-
ελθών, ὠνεῖται τὴν πάροδον· καὶ τούτῳ τῷ τρόπῳ διαφυγὼν
τοὺς λοιποὺς ἅπαντας περιεῖδεν ἄρδην ἀπολουμένους.

Τοῦτον δὴ τὸν τρόπον οἰηθεὶς ὁ Τριβίγιλδος τὸν ἐπ-
αχθέντα παρὰ Οὐαλεντίνου κίνδυνον αὐτῷ διαπεφευγέναι,
τῶν πρότερον οὐκ ἐλάττοσι καθίστατο κινδύνοις περιπετής.
ἅπαντες γὰρ ὡς εἰπεῖν οἱ τῶν πόλεων οἰκήτορες, τοῖς παρα-

7. ὁμαλοτέρας V ‖ 8. τε ς, om. V. nisi forte ἔτι mutandum in τε.
cf. I, 51, 2: οὔσης νυκτὸς ‖ 10. et 24. πέτρων scripsi, πετρῶν Vς ‖ 12.
καὶ in mg. V postea additum ‖ 13. ἕτερον in mg. add. V² ‖ 17. τόπον
ex πότον V ‖ 21. κατὰ στεν. V² et Bekk, καταστεν. V¹ ‖ 29. ἀπολου-
μένους] ἀπολλυμένους conieci. cf. II, 44, 3; III, 33, 3

234 — E —

τυχοῦσιν ἐξοπλισάμενοι, συνέκλεισαν αὐτὸν ἅμα τοῖς συμ-
φυγοῦσι τριακοσίοις ἐν μέσῳ τοῦ Μέλανος ποταμοῦ καὶ τοῦ
Εὐρυμέδοντος, ὧν ὃ μὲν ἐπέκεινα διαβαίνει τῆς Σίδης, ὃ δὲ
διαρρεῖ τῇ Ἀσπένδῳ. στενοχωρούμενος δὲ καὶ ἀπορῶν ὅ τι
πράξειε, πρὸς τὸν Γαΐνην διεπρεσβεύετο. ὃ δὲ δυσχεραίνων
ἐπὶ τοῖς συμβεβηκόσιν, οὔπω δὲ ἦν εἶχε περὶ τὴν ἐπανάστασιν
γνώμην ἐμφαίνων, Λέοντα τὸν ὑποστρατηγοῦντα βοηθήσοντα
τοῖς κατὰ Παμφυλίαν ἐξέπεμπεν, ἐπιθησόμενον τοῖς ἀμφὶ
Τριβίγιλδον ἅμα Οὐαλεντίνῳ καὶ οὐ συγχωρήσοντα τοὺς πο-
ταμοὺς διαβῆναι. ὃ δὲ ἀνειμένος ὢν φύσει καὶ τρυφῇ πάσῃ
τὸν βίον ἐκδεδωκὼς ὅμως ἐποίει τὸ κελευόμενον. (17) ὃ δὲ
Γαΐνης δεδιὼς μή ποτε πανταχόθεν ὁ Τριβίγιλδος πολιορ-
κούμενος, οὐκ ἔχων ἀξιόμαχον δύναμιν, ἄρδην ἀπόλοιτο, τῶν
συνόντων αὐτῷ βαρβάρων λόχους ἄλλους ἐπ᾽ ἄλλοις ἔπεμπε
τοῖς Ῥωμαϊκοῖς στρατοπέδοις, ὅπως αὐτά τε κατὰ βραχὺ δια-
φθείροιντο καὶ Τριβιγίλδῳ φυγῆς εὐρυχωρία δοθείη. συν-
έπιπτον τοίνυν οἱ παρὰ Γαΐνου δεδομένοι Λέοντι πρὸς βοή-
θειαν βάρβαροι Ῥωμαίων παντί, καὶ τὴν μὲν χώραν ἐλήϊζοντο,
τοὺς δὲ στρατιώτας ἀνῄρουν. καὶ οὐκ ἀνῆκαν ἅπαντα ἐπ-
ιόντες, ἕως ὅτε τὴν ὑπὸ Λέοντι σὺν αὐτῷ τῷ στρατηγῷ
κατεδαπάνησαν δύναμιν καὶ πᾶσαν ὡς εἰπεῖν τὴν χώραν ἔρη-
μον πεποιήκασιν, ὥστε καὶ τὸ τῷ Γαΐνῃ σπουδαζόμενον εἰς
ἔργον ἐκβῆναι· διαφυγὼν γὰρ ἐκ τῆς Παμφυλίας ὁ Τριβί-
γιλδος χαλεπωτέρας τῶν προτέρων ταῖς ἐν Φρυγίᾳ πόλεσιν
ἐπέθηκε συμφοράς. ὃ δὲ Γαΐνης ἐξαίρων εἰς ὕψος τὰ τούτου
τῷ βασιλεῖ κατορθώματα, τοσοῦτον ἐνέθηκεν αὐτοῦ φόβον τῇ
γερουσίᾳ καὶ τοῖς περὶ τὴν αὐλὴν ἅπασιν, ὥστε ἠπείλει καὶ
τοῖς καθ᾽ Ἑλλήσποντον αὐτὸν ἐπελεύσεσθαι τόποις καὶ ὅσον

4. διαρρεῖ] παραρρεῖ scripsit Bekk ‖ τῇ Ἀσπένδῳ] τὴν Ἄσπενδον
conieci. cf. V, 26, 1 ‖ ἀπορ̄ (sic) V ‖ 7. 'frequentius dicit ἐκφαίνειν
vel ἀποφαίνειν τὴν γνώμην' Reitemeier ‖ 9. συγχωρήσοντα (sine acc.)
ex -σαντα V ‖ 14. ἄλλους sup. scr. V² ‖ ἔπεμπε] ἐπέπεμπε coni. Bekk,
bene ‖ 18. παντί V, καὶ παντί ς. cf. V, 24, 2: παντὶ τῶν οἰκητόρων.
τῷ παντί coni. Sylb, στρατῷ παντί dubitanter Heyne. de συνέπιπτον
verbo cf. III, 20, 3: ἐκεῖνον μὲν οὖν οἱ στρατιῶται συμπεσόντες κατ-
έσφαξαν et III, 27, 4: τοῖς φύλαξι συμπεσόντες οἱ Πέρσαι πολλοὺς ἀπ-
έκτειναν ‖ 22. πεποιήκασιν ex π///ποιήκ., 2 litt. er., V ‖ 23. 24. ὁ τριβίγιλ-
δος in mg. add. V²

οὐδέπω πάντα ἄνω καὶ κάτω ποιήσειν, εἰ μὴ τὰ σπουδαζό-
μενα τῷ πολεμίῳ τῆς παρὰ βασιλέως ἀξιωθείη προνοίας. ταῦτα 4
δὲ ὁ Γαΐνης ἐμηχανᾶτο λανθάνειν τε αὐτὸν ἐθέλων ὅπως
ἐφρόνει, καὶ διὰ τῶν εἰς Τριβίγιλδον ἀναφερομένων τοῖς αὐτῷ
5 κατὰ νοῦν οὖσιν ἔργον ἐπιθεῖναι βουλόμενος· ἀπέκναιε γὰρ
αὐτὸν οὐ τὸ παρορᾶσθαι τοσοῦτον ὅσον Εὐτρόπιος εἰς ἀκρό-
τατον ἥκων ἤδη δυνάμεως, ὥστε καὶ εἰς ὑπάτους ἀναρρηθῆ-
ναι καὶ τῷ χρόνῳ φέρεσθαι τὴν τούτου προσηγορίαν καὶ
τιμηθῆναι τῇ τῶν πατρικίων ἀξίᾳ. ταῦτα μάλιστα τὸν Γαΐ- 5
10 νην ἐκίνησεν εἰς τὴν τῶν κοινῶν ἐπανάστασιν. παρασκευα-
ζόμενος δὲ τῇ γνώμῃ πρὸς τοῦτο πρότερον Εὐτροπίῳ θάνατον
ἔγνω βουλεῦσαι· καὶ κατὰ τὴν Φρυγίαν ἔτι διατρίβων ἐκ-
πέμπει πρὸς βασιλέα λέγων ὡς ἀπείρηκοι τῇ περὶ τὰ πολέμια
Τριβιγίλδου δεινότητι, καὶ ἄλλως οὐχ οἷόν τε φέρειν τὴν
15 τούτου μανίαν οὐδὲ τὴν Ἀσίαν τῶν ἐπικειμένων αὐτῇ κιν-
δύνων ἐλευθερωθῆναι, πλὴν εἰ μὴ ταῖς αἰτήσεσιν αὐτοῦ βα-
σιλεὺς ἐνδοῦναι πεισθείη. τὰ δὲ τῶν αἰτήσεων εἶναι τὸν
τῶν πάντων κακῶν αἰτιώτατον Εὐτρόπιον ἐκδοθῆναί οἱ πρὸς
τὸ πράττειν εἰς αὐτὸν ὅ τι βούλοιτο. (18) ταῦτα ὁ βασιλεὺς

---

2. βασιλέως V, τοῦ β. ς ‖ 8. cf. Io. Lyd. de mag. p. 173, 13 Bk.:
(ἡ ὕπατος τιμὴ) τῷ χρόνῳ τὴν προσηγορίαν χαρίζεται ‖ 10. τὴν τῶν κοι-
νῶν ἐπανάστασιν] cf. I, 17, 1: τῆς τοῦ βασιλέως ('erga regem') εὐνοίας
ἀλλοτριωθέντις ‖ 15. τούτου, alt. τ in ras. m. 1, V ‖ 16. 17. αὐτοῦ ⟨ὁ⟩
β. coni. Sylb, male ‖ 18. Εὐτρόπιον] Philostorgii (XI, 6) de Eutropii
exitu narrationem — quam ab aliis discrepare ipse animadvertit Pho-
tius — cum Icepio ann. phil. suppl. t. XIV p. 59 ex Eunapio derivari
posse nego. nam et causa exitii plane diversa est et tempora dis-
crepant, cum Philostorgius, aeque ac Socrates (VI, 5), ante Gainae
Tribigildique tumultum Eutropium mortuum ponat. nec Tillemontio
(t. V p. 779) pugnantia inter se componere conanti res cessit. contra
in ipsis Gainae Tribigildique rebus narrandis fieri potest ut Philo-
storgius in summa re Eunapium secutus sit. quamquam plane latet
qui factum sit ut aliis de rebus, velut de Cpli mirabiliter servata,
conveniat inter Philostorgium (XI, 8) et Socratem (VI, 6), dissentiente
Eunapio, aliis de rebus, velut de Gainae exitu, conveniat inter Philo-
storgium et Eunapium, dissentiente Socrate, aliis denique de rebus,
de quibus Philostorgiana non extant, concordia sit inter Socratem et
Eunapium, velut de Arcadio et Gaina in Euphemiae ecclesia con-
gressis. Eusebii Scholastici Gainea (Socr. VI, 6) si superesset, multae
sine dubio dubitationes tollerentur

Ἀρκάδιος ἀκηκοὼς ἅμα τε εἰσκαλεῖ τὸν Εὐτρόπιον καὶ τῆς
ἀξίας παραλύσας ἀφῆκεν. ὃ δὲ δρομαῖος ἐπὶ τὴν τῶν Χρι-
στιανῶν ἐχώρησεν ἐκκλησίαν, ἔχουσαν ἐξ ἐκείνου τὸ ἄσυλον.
ἐπεὶ δὲ πολὺς ἦν ὁ Γαΐνης οὐκ ἄλλως ἀνήσειν λέγων τὸν
Τριβίγιλδον, εἰ μὴ Εὐτρόπιος ἐκποδὼν γένοιτο, καὶ παρὰ τὸν   5
ἐπὶ τῷ ἀσύλῳ τῶν ἐκκλησιῶν τεθέντα νόμον ἐξαρπάσαντες
αὐτὸν εἰς τὴν Κύπρον ἐκπέμπουσιν, ὑπὸ φυλακὴν ἀκριβῆ
2 καταστήσαντες. ἐπικειμένου δὲ Γαΐνου καὶ πρὸς τὴν ἀναίρεσιν
αὐτοῦ τὸν Ἀρκάδιον συνελαύνοντος, σοφιζόμενοι τὸν ὅρκον
οἱ τὰ περὶ βασιλέα διατιθέντες ὃν ἔτυχεν Εὐτρόπιος εἰληφὼς   10
ἡνίκα τῆς ἐκκλησίας ἐξείλκετο, μετάπεμπτον μὲν ἐκ τῆς Κύ-
πρου ποιοῦνται, ὥσπερ δὲ ὀμωμοκότες ὄντι κατὰ τὴν Κων-
σταντινούπολιν αὐτῷ θάνατον μὴ ἐπάγειν, εἰς Χαλκηδόνα
3 πέμψαντες ἀποσφάττουσιν. Εὐτροπίῳ μὲν οὖν ἡ τύχη κατ᾽
ἀμφότερα παραλόγως ἐχρήσατο, πρὸς ὕψος ἄρασα τοσοῦτον   15
ἐς ὅσον οὐδὲ εἷς πώποτε τῶν εὐνούχων ἀνεβιβάσθη, θάνα-
τόν τε ἐπαγαγοῦσα διὰ τὸ μῖσος ὃ πρὸς αὐτὸν οἱ τῇ πολιτείᾳ
πολεμοῦντες ἔλεγον ἔχειν.

4   Ὁ δὲ Γαΐνης ἤδη πᾶσιν ὢν πρόδηλος ὡς εἰς νεωτερισμὸν
φέρεται, λανθάνειν ὅμως ἐνόμιζε· καὶ τῆς Τριβιγίλδου γνώ-   20
μης κύριος ὢν οἷα καὶ δυνάμει προέχων καὶ ἀξιώσει, τὸ τού-
του πρόσωπον ὑποδυόμενος σπονδὰς πρὸς τὸν βασιλέα ποι-
εῖται, καὶ ὅρκους ὑποσχὼν καὶ λαβὼν διὰ Φρυγίας ἀνέστρεψε
καὶ Λυδίας. ἐφείπετο δὲ αὐτῷ καὶ ὁ Τριβίγιλδος, διὰ τῆς
ἄνω Λυδίας ἄγων τοὺς ὑπ᾽ αὐτὸν τεταγμένους, ὥστε μηδὲ   25
5 θεάσασθαι τὰς Σάρδεις, ἣ τῆς Λυδίας ἐστὶ μητρόπολις. ἐπεὶ
δὲ εἰς Θυάτειρα συνέμιξαν ἀλλήλοις, μετέμελε τῷ Τριβιγίλδῳ
τὰς Σάρδεις ἀπορθήτους ἀφέντι ῥᾴδιον ὂν τὴν πόλιν ἑλεῖν
πάσης ἔρημον οὖσαν ἐπικουρίας. ἀναστρέφειν οὖν ἔγνω σὺν

        3. ἐξ ἐκείνου] solitam Zosimi neglegentiam recte agnovit Sievers
'Studien' p. 359 ‖ 4. ἐπεὶ δὲ ⊊, ἐπειδὴ V ‖ οὐκ ἄλλως Sylb, οὐ καλῶς
V, οὐ καλῶς apographa ‖ 10. διατιθέντες radendo ex διατεθ. V ‖ 12.
ὄντι////, 1—2 litt. er., V ‖ 14. ἡ sup. scr. V² ‖ 16. ἐς accessit e V ‖
17. ἐπαγάγουσα V², ἐπάγουσα V¹ ‖ 19. Γαΐνης] Eun. fr. 75, 6. 7 ‖
20. φέρεται V et Bekk, φέρηται apographa ‖ τῆς accessit e V ‖ 25. αὐ-
τὸν V et Sylb, αὐτῶν apographa. αὐτῷ ex altera Sylburgii coni.
scripsit Bekk ‖ 27. μετέμελε ⊊, μετίμελλε ex μετέβαλλε, ut vid., V ‖
28. ἀφέντι, φ in ras., V ‖ 29. οὖσαν V², οὖσ//// V¹ ‖ ἐπικουρίας, ουρία
in ras., V

τῷ Γαΐνῃ καὶ τὴν πόλιν κατὰ κράτος ἑλεῖν· κἂν εἰς ἔργον
αὐτοῖς ἡ γνώμη προῆλθεν, εἰ μὴ γενόμενος ὄμβρος ἐξαίσιος,
καὶ τήν τε γῆν ἐπικλύσας καὶ τοὺς ποταμοὺς καταστήσας
ἀπόρους, ταύτην αὐτῶν ἐνέκοψε τὴν ὁρμήν. διελόμενοι δὲ 6
5 τὴν ὁδὸν ἦγον τὰς δυνάμεις ὁ μὲν Γαΐνης ἐπὶ τὴν Βιθυνίαν,
ἄτερος δὲ ἐπὶ τὸν Ἑλλήσποντον, τὰ ἐν ποσὶ πάντα τοῖς ἑπο-
μένοις σφίσι βαρβάροις ἐκδόντες εἰς ἁρπαγήν. ὡς δὲ ὁ μὲν
τὴν Χαλκηδόνα κατέλαβεν ὁ δὲ τὰ περὶ τὴν Λάμψακον εἶχε,
τὴν μὲν Κωνσταντινούπολιν καὶ αὐτὴν τὴν Ῥωμαίων ἐπι-
10 κράτειαν ἔσχατος περιίστατο κίνδυνος, ὁ δὲ Γαΐνης αὐτὸν
ᾔτει τὸν βασιλέα πρὸς ἑαυτὸν ἥκειν· οὐ γὰρ ἂν ἑτέρῳ παρὰ
τοῦτόν τινι διαλέξασθαι. καὶ πρὸς τοῦτο δὴ τοῦ βασιλέως 7
ἐνδόντος, ἐγίνετο μὲν ἡ σύνοδος ἔν τινι πρὸ τῆς Χαλκη-
δόνος τόπῳ, καθ' ὃν ὁσίας Εὐφημίας μαρτύριον ᾠκοδόμητο,
15 τιμῆς διὰ τὴν περὶ τὸν Χριστὸν θρησκείαν ἀξιωθείσης, ἐδόκει
τε τὸν Γαΐνην καὶ Τριβίγιλδον ἀπὸ τῆς Ἀσίας ἐπὶ τὴν Εὐ-
ρώπην περαιωθῆναι, κομιζομένους ἐκδότους ἐπὶ θανάτῳ τοὺς
ἐξέχοντας τοῦ πολιτεύματος ἄνδρας· οὗτοι δὲ ἦσαν Αὐρη 8
λιανὸς ὁ τὴν ὕπατον ἔχων ἐν ἐκείνῳ τῷ ἔτει τιμὴν καὶ Σα-
20 τουρνῖνος ἐναριθμηθεὶς ἤδη τοῖς ὑπάτοις καὶ Ἰωάννης ἐπὶ
τούτοις, τὰ ἀπόρρητα πάντα παρὰ βασιλέως τεθαρρημένος,
ὃν ἔλεγον οἱ πολλοὶ καὶ τοῦ Ἀρκαδίου παιδὸς εἶναι πατέρα.
ὁ μὲν οὖν βασιλεὺς καὶ ταύτην αὐτοῦ τὴν τυραννικὴν αἴτη- 9
σιν ἀπεπλήρου, Γαΐνης δὲ τοὺς ἄνδρας παραλαβών, καὶ τὸ
25 ξίφος αὐτοῖς ἄχρι ψαῦσαι μόνον τοῦ σώματος ἐπιθείς, ἠρκέ-
σθη τούτους ζημιωθῆναι φυγῇ. περαιωθεὶς δὲ ἐπὶ τὴν Θρά-
κην, ἀκολουθῆσαί οἱ Τριβιγίλδῳ κελεύσας, ἀπέλιπε τὴν Ἀσίαν
ἀναπνεύσασάν πως καὶ τῶν περιστάντων ἀπαλλαγεῖσαν κιν-
δύνων. ἐν δὲ τῇ Κωνσταντινουπόλει διατρίβων τοὺς μὲν ὑπ' 10
30 αὐτῷ τεταγμένους στρατιώτας ἄλλους ἀλλαχῇ διέσπειρεν,
ὥστε καὶ αὐτῶν τῶν ἐν τῇ αὐλῇ δορυφόρων γυμνῶσαι τὴν

---

4. αὐτῶν (vel αὐτοῖς) Sylb, αὐτῷ V ‖ ἐνέκοψε] fort. ἀνέκοψε scri-
psit. cf. V, 27, 3: τῆς ὁρμῆς ἀνακοπεὶς (IV, 10, 1: ἀνεκόπτετο τῆς
ἐλάσεως; ἀνακόψαι θρασύτητα V, 23, 5) ‖ 5. βι//θυνίαν, ι ex η, V ‖
12. διαλέξ//σθαι, α erasa, V ‖ 14. ὁσίας suspectum Reitemeiero ‖ 15. τὴν
ex τ//ν V ‖ 21. βασιλέως V, τοῦ β. 5 ‖ 25. ἄχρι ψαῦσαι] cf. Krebs
'Praepositionsadverbien' I p. 53 sq. ‖ 29. Eun. fr. 79 ‖ 30. αὐτῷ ex
αὐτὸ V

πόλιν, τοῖς δὲ βαρβάροις ἐδίδου λάθρα συνθήματα, παρ-
εγγυῶν, ἐπειδὰν ἴδοιεν ἐξελθόντα λάθρα τῆς πόλεως, ἐπι-
θέσθαι αὐτῇ παραχρῆμα τῆς ἀπὸ τῶν στρατιωτῶν οὔσῃ βοη-
θείας ἐρήμῳ, καὶ τὴν πᾶσαν ἐπικράτειαν αὐτῷ παραδοῦναι.
(19) ταῦτα τοῖς ὑπ᾿ αὐτὸν ἐπισκήψας πρᾶξαι βαρβάροις ἔξῄει 5
τῆς πόλεως, μαλακῶς ἔχειν εἰπὼν αὐτῷ τὸ σῶμα τοῖς ἐν τῷ
πολέμῳ πόνοις, δεῖσθαί τε ῥαστώνης, ἧς οὐκ ἂν τύχῃ μὴ
2 παραδοὺς ἑαυτὸν φροντίδας οὐκ ἐχούσῃ διατριβῇ. καταλιπὼν
οὖν ἐν τῇ πόλει βαρβάρους πολλῷ τῷ μέτρῳ τὸν ἀριθμὸν
ὑπεραίροντας τῶν ἐπὶ φυλακῇ τῆς αὐλῆς τεταγμένων, εἴς τι 10
προάστειον ἀνεχώρει τεσσαράκοντα σταδίοις τῆς πόλεως δι-
εστώς, αὐτόθεν προσδεχόμενος ἐπιθήσεσθαι, τῶν ἐν ταύτῃ
βαρβάρων κατὰ τὰ συγκείμενα πρώτων ἐπιθεμένων. ἀλλ᾿
ἐν ταύταις ἦν ὁ Γαΐνης ταῖς ἐλπίσι· καὶ εἰ μὴ θερμότητι
παραφερόμενος βαρβαρικῇ τὸν ἁρμόδιον καιρὸν προκατείλη- 15
φεν, οὐδὲν ἂν ἐκώλυσεν ἐπὶ τοῖς βαρβάροις γενέσθαι τὴν
3 πόλιν. ἐπεὶ δὲ οὐκ ἀναμείνας τὸ σύνθημα τῷ τείχει προσ-
ήγαγε, καταπλαγέντες οἱ φύλακες ἀνεβόησαν, θορύβου δὲ
πᾶσιν ἐγγενομένου θρῆνος ἐξηκούετο γυναικῶν, οἰμωγὴ δὲ
ἦν παμμιγὴς ὡς ἤδη τῆς πόλεως ἐχομένης, ἕως σύνδρα- 20
μόντες ἅπαντες κατὰ τῶν ἐν τῇ πόλει βαρβάρων συνέστησαν,
τούτους τε ἀνελόντες ξίφεσί τε καὶ λίθοις καὶ πᾶσι τοῖς εἰς
χεῖρας ἐλθοῦσιν ἐπὶ τὸ τεῖχος ἀνέδραμον, ἅμα δὲ τοῖς φύλαξι
τοὺς ἀμφὶ τὸν Γαΐνην ἀκοντίζοντες παντὶ τῷ προσπίπτοντι
τῆς ἐπὶ τὴν πόλιν ὁρμῆς ἀνεχαίτισαν. 25
4 Ἀλλὰ τῆς πόλεως τρόπῳ τοιῷδε τὸν κίνδυνον διαφυ-
γούσης, βάρβαροι ⟨παρὰ⟩ τῶν ἔνδον ἀπειλημμένοι, πλέον ἢ

---

2. λάθρα accessit e V. sine dubio tamen locus est corruptus,
ut etiam Sievers 'Studien' p. 362. 363 vidit. ἐξελθόντας recte vertit
Leunclavius: 'ubi milites egressos urbe conspexissent'. pro λάθρα
conieci ἀθρόους ‖ 7. τύχῃ] τέχοι conieci ‖ 9. πολλῷ τῷ μέτρῳ] cf. Iulian.
p. 564, 14 H. πολλῷ I, 34, 3 ‖ 11. in τεσσαράκοντα haesit Sylb. sec.
Socr. VI, 6 (Soz. VIII, 4) proficiscebatur in ecclesiam S. Ioannis: ἑπτὰ
δὲ σημείοις ἀπέχει τῆς πόλεως ‖ 13. ἐπιθεμένων V, ἐπιτιθεμένων ς ‖
15. παραφερόμενος V, φερόμενος ς ‖ βαρικῇ V ‖ 27. βάρβαροι V, οἱ
β. ς ‖ παρὰ cum Sylburgio addidi. οἱ βάρβαροι οἱ ἔνδον coni. Bekk ‖
ἀπειλημμ᾿ (eras. vid. οι) V ‖ πλέον Sylb, πλὴν V. πλεῖν coni. Boiss. ad
Eun. p. 588, sicut II, 22, 1

ἑπτακισχίλιοι, τὴν τῶν Χριστιανῶν ἐκκλησίαν, ἣ πλησίον ἐστὶ
τῶν βασιλείων, κατέλαβον, ταύτῃ τὸ ἄσυλον αὐτοῖς ἐπὶ τῇ
σωτηρίᾳ περιποιοῦντες· οὓς ὁ βασιλεὺς κἀνταῦθα διαφθείρε-
σθαι παρεκελεύετο, μηδὲ ἀρκέσαι τὸν τόπον αὐτοῖς εἰς ἀπο-
5 φυγὴν τῆς κατὰ τὴν ἀξίαν ὧν ἐτόλμησαν δίκης. καὶ ὁ μὲν 5
βασιλεὺς ταῦτα ἐκέλευεν, ἐθάρρει δὲ οὐδὲ εἰς χεῖρας ἐπαγαγεῖν
καὶ τῶν ἀσύλων αὐτοὺς ἐξελκύσαι δέει τοῦ τινὸς ἀντιστάσεως
ὑπ' αὐτῶν πειραθῆναι. ἐδόκει τοίνυν τὴν ὑπερκειμένην τῆς
τραπέζης τοῦ λεγομένου θυσιαστηρίου στέγην γυμνωθεῖσαν
10 . . . . . ἐνδοῦναι τοῖς εἰς τοῦτο τεταγμένοις ξύλα πεπυρωμένα
κατὰ τούτων ἀφιέναι καὶ τοῦτο συνεχέστερον ποιοῦσιν ἄρδην
ἅπαντας καταφλέξαι. καὶ τοῦτο γενόμενον τοὺς μὲν βαρ-
βάρους ἀνεῖλεν, ἔδοξε δὲ παρὰ τοῖς σφόδρα χριστιανίζουσι
μέγα μύσος ἐν μέσῃ τετολμῆσθαι τῇ πόλει.

15 Γαΐνης μὲν οὖν τῆς οὕτω μεγίστης ἐγχειρήσεως ἀπο- 6
σφαλεὶς ἤδη προφανῶς τὸν κατὰ τῆς πολιτείας ἀνερρίπιζε
πόλεμον, ἐπιὼν δὲ τοῖς ἐν Θράκῃ χωρίοις τὰς μὲν πόλεις
ἑώρα καὶ τείχεσι πεφραγμένας καὶ τὴν παρὰ τῶν ἀρχόντων
καὶ οἰκητόρων ἐχούσας φυλακήν· ἤδη γὰρ ἐκ τῶν προλαβου-
20 σῶν ἐφόδων οὐκ ἀμελέτητοι πολέμων γεγονότες παντὶ σθένει
πρὸς τὸ πολεμεῖν ὥρμηντο. καὶ Γαΐνης οὐδὲν ἕτερον ἔξω 7
τειχῶν περιλελειμμένον θεώμενος πλὴν πόαν (ἐμέλησε γὰρ
ἅπασι συγκομίσαι καρπούς τε παντοίους καὶ ζῷα καὶ παν-
τοίαν ἀποσκευὴν) ἔγνω τὴν Θράκην ἀπολιπὼν δραμεῖν ἐπὶ τὴν
25 Χερρόνησον καὶ εἰς τὴν Ἀσίαν · παλινδρομῆσαι διὰ τῶν τοῦ
Ἑλλησπόντου στενῶν. (20) ὄντος δὲ ἐν τούτοις αὐτοῦ, κοινῇ
ψήφῳ βασιλεύς τε καὶ ἡ γερουσία στρατηγὸν ἐπὶ τῷ κατὰ
Γαΐνην αἱροῦνται πολέμῳ Φράουιττον, ἄνδρα βάρβαρον μὲν

2. ταύτῃ V, ταύτης ς ‖ 7. δέει τοῦ ⟨μὴ⟩ τ. conieci ‖ 8. 9. offendit
Sievers 'Studien' p. 366. cf. de Eutropio supplice Socr. VI, 5: ὑπὸ
τὸ θυσιαστήριον κειμένου = Sozom. VIII, 7: ὑπὸ τὴν ἱερὰν τράπεζαν
κειμένου ‖ 9. 10. post γυμνωθεῖσαν lacunam indicavi, sic fere explendam:
γυμνωθεῖσαν ⟨ῥῖψαι κατὰ τῶν βαρβάρων καὶ⟩ ἐνδοῦναι. cf. Marcellin.
chron. ad a. 399 (Migne patr. Lat. t. 51 p. 921): 'caeteri fugientes ec-
clesiae nostrae succedunt, ibique retecto (al. 'detecto') ecclesiae cul-
mine iactisque desuper lapidibus obruuntur'; quae eodem ex fonte atque
Eunapiana a Zosimo expressa hausta esse videntur ‖ 10. τοῖς εἰς τοῦτο

τετ.] II, 4, 1 ‖ ξύλα V, καὶ ξύλα ς ‖ 16. ἀνερρίπιζε V ‖ 25. χερόνησον V |
28. Γαΐνην] Γαΐνου malebat Svlb. hiatum inferens ‖ φοαουίττον V.

τὸ γένος, Ἕλληνα δὲ ἄλλως οὐ τρόπῳ μόνον ἀλλὰ καὶ προ-
αιρέσει καὶ τῇ περὶ τὰ θεῖα θρησκείᾳ. τούτῳ τοίνυν ἤδη
πολλαῖς διαπρέψαντι στρατηγίαις, καὶ τὴν ἑῴαν ἅπασαν ἀπὸ
Κιλικίας ἄχρι Φοινίκης καὶ Παλαιστίνης τῆς ἀπὸ τῶν λῃστῶν
2 λύμης ἐλευθερώσαντι, παραδεδώκασι τὰς δυνάμεις. ὃ δὲ 5
ταύτας παραλαβὼν ἀντικάθητο τῷ Γαΐνῃ, τὴν διὰ τοῦ Ἑλλησ-
πόντου κωλύων τῶν βαρβάρων ἐπὶ τὴν Ἀσίαν διάβασιν.
παρασκευαζομένου δὲ Γαΐνου πρὸς μάχην, ἀργούντων οὐκ
ἠνείχετο τῶν στρατιωτῶν ὁ Φράουιττος, ἀλλὰ μελέταις συνεχέ-
σιν ἐξήσκει, καὶ ἐπὶ τοσοῦτον ταῖς γυμνασίαις ἐπέρρωσεν 10
ὥστε ἀντὶ τῆς πρὸ τούτου ῥᾳστώνης τε καὶ ἐκμελείας, ἐφ'
οἷς ὁ Γαΐνης μέλλειν ἐδόκει πρὸς τὸν πόλεμον, δυσχεραίνειν.
3 Φράουιττος μὲν οὖν κατὰ τὴν Ἀσίαν ἐν τούτοις ἦν, νύκτωρ
καὶ μεθ' ἡμέραν τό τε στρατόπεδον τὸ οἰκεῖον ἐπισκοπῶν καὶ
τὰς τῶν ἐναντίων ἀποθεωρῶν ἐγχειρήσεις. ἐπεμελεῖτο δὲ καὶ 15
τοῦ ναυτικοῦ· πλοῖα γὰρ ἦν αὐτῷ πρὸς ναυμαχίαν ἀρκοῦντα,
Λίβερνα ταῦτα καλούμενα, ἀπό τινος πόλεως· ἐν Ἰταλίᾳ κει-
μένης ὀνομασθέντα, καθ' ἣν ἐξ ἀρχῆς τούτων τῶν πλοίων
4 τὸ εἶδος ἐναυπηγήθη. δοκοῦσι δέ πως τὰ πλοῖα ταῦτα
ταχυναυτεῖσθαι πεντηκοντόρων οὐχ ἧττον, κατὰ πολὺ τῶν 20
τριηρικῶν ἐλαττούμενα, πλείστοις ἔτεσι πρότερον τῆς τούτων
ἐκλιπούσης δημιουργίας, εἰ καὶ Πολύβιος ὁ συγγραφεὺς ἐκ-
τίθεσθαί πως ἔδοξε τῶν ἑξηρικῶν πλοίων τὰ μέτρα, οἷς φαί-
νονται πολλάκις Ῥωμαῖοι καὶ Καρχηδόνιοι πολεμήσαντες πρὸς
ἀλλήλους. (21) ὁ δὲ Γαΐνης ἐκβιασάμενος τὴν διὰ τοῦ 25

Φραΰοντον Sylb, Φραυνῖτον Bekk. cf. ad IV, 56, 2 ∥ p. 239, 28. ἄνδρα
κτέ.] cf. Eun. fr. 60. Philost. XI, 8: Γότθος μὲν τὸ γένος, Ἕλλην δὲ
τὴν δόξαν. cf. Iulianus p. 474, 18 H.: ἐμαυτὸν δέ, εἰ καὶ γένος ἐστί
μοι Θρᾴκιον, Ἕλληνα τοῖς ἐπιτηδεύμασιν ὑπελάμβανον ∥ 1. 2. προαιρέσει
V, τῇ πρ. ϛ ∥ 4. λῃστῶν] cf. Eun. fr. 80, ubi etiam Ἕλλην τὴν θρησκείαν
dicitur ∥ 6. ἀντικάθητο V, ἀντικαθίστατο ϛ. ἀντεκάθητο conieci, coll.
II, 22, 4: ἀντεκαθέξιτο ∥ 8. πρὸς ⟨τὴν⟩ μάχην malebat Sylb ∥ 9. 13.
φραΰοττος V ∥ 9. ad Fravittam fort. spectant Eunapii fragmenta 103.
104 ∥ 10. ταῖς γυμνασίαις V, τοῖς γυμνασίοις ϛ ∥ 11. πρὸ τούτου] cf.
Kaelker 'de eloc. Polyb.' p. 276 ∥ 17. Λίβερνα] Eun. fr. 81. de re
v. Marquardt 'Staatsverw.' t. II² p. 496. 509 ∥ 20. ταχυναυτεῖσθαι πεντη-
κοντόρων] ταχυναυτεῖν τῶν π. conieci. cf. II, 26, 1; IV, 46, 1 ∥ 21.
πρότερον accessit e V ∥ 22. Πολύβιος] loco deperdito (fr. 63 p. 1375
Hultsch) ∥ 24. πολλάκις ⟨κεχρῆσθαι⟩ Ῥωμαῖοι Sylb ∥ 25. ἐκβιασάμενος
scripsi, εἰσβιασ. V, βιασ. ϛ

Μαχροῦ τείχους ἐπὶ τὴν Χερρόνησον εἴσοδον, ἐξέτασσε τοὺς
βαρβάρους παρὰ πᾶσαν τὴν Θρακίαν ὀφρὺν τὴν ἀντιπαρατεί-
νουσαν τοῖς ἀπὸ τοῦ Παρίου μέχρι Λαμψάκου καὶ Ἀβύδου
καὶ τῶν ποιούντων τὴν στενὴν θάλασσαν τόπων. ὁ μὲν οὖν 2
5 Ῥωμαίων στρατηγὸς ταῖς ναυσὶ περιέπλει τὰ κατὰ τὴν Ἀσίαν
χωρία, νύκτωρ τε καὶ μεθ᾽ ἡμέραν τὰ ἐγχειρήματα τῶν βαρ-
βάρων ἀποσκοπῶν· ὁ δὲ Γαΐνης ἀπορίᾳ τῶν ἐπιτηδείων ἐπὶ
τῇ τριβῇ δυσανασχετῶν, ἐκ τῆς κατὰ τὴν Χερρόνησον ὕλης
ξύλα τεμὼν καὶ ταῦτα συγκολλήσας ἀλλήλοις πρὸς πᾶσαν
10 ἀκρίβειαν, ἐπιτήδειά τε πρὸς ὑποδοχὴν ἀνδρῶν τε καὶ ἵππων
ἀποτελέσας, ἐνεβίβασε τούτοις μετὰ τῶν ἵππων τοὺς ἄνδρας
καὶ ἀφῆκε φέρεσθαι κατὰ ῥοῦν· οὔτε γὰρ κώπαις ἰθύνεσθαι
οἷά τε ἦν οὔτε ἄλλως κυβερνητῶν ἀνέχεσθαι τέχνης, σὺν
οὐδεμιᾷ τέχνῃ βαρβαρικῇ δὲ ἐπινοίᾳ σχεδιασθέντα. μείνας 3
15 δὲ αὐτὸς ἐπὶ τῆς χέρσου κοινωνήσειν ὅσον οὐδέπω τῆς νίκης
ἤλπισεν, ὡς οὐδαμοῦ τῶν Ῥωμαίων αὐτοῖς ἀξιομάχων φανησο-
μένων. τοῦτο οὐκ ἔλαθε τὴν τοῦ στρατηγοῦ τῶν Ῥωμαίων
ἀγχίνοιαν, ἀλλὰ τὸ ἐγχειρούμενον τεκμηράμενος βραχὺ τῆς
γῆς ποιεῖ προελθεῖν τὰς ναῦς, ὡς δὲ εἶδε τὰς τῶν βαρ-
20 βάρων σχεδίας πρὸς τὸ τῷ ῥεύματι δοκοῦν φερομένας, αὐτὸς
πρότερον ἐπεφέρετο τῷ κατὰ πρώτην τάξιν ἀπαντήσαντι ξύλῳ·
πλοῖον δὲ χαλκέμβολον ἔχων ⟨ἐξ⟩ ὑπερδεξίων ἐπῄει, καὶ
ὠθῶν ἅμα καὶ βελῶν ἀφέσει τοὺς ἐμπλέοντας βάλλων αὐταν-
δρον καταδύει. θεασάμενοι δὲ τὸν στρατηγὸν οἱ τῶν ἄλλων 4
25 νεῶν ἐπιβάται καὶ μιμησάμενοι τοὺς μὲν κατεκέντησαν, τοὺς
δὲ τῶν ξύλων ἐκπεσόντας εἶχεν ἡ θάλασσα, μηδενὸς ὡς
εἰπεῖν διαφυγεῖν τὸν θάνατον δυνηθέντος. ἐπὶ τούτῳ βαρυνό-
μενος ὁ Γαΐνης τῷ ἐλαττώματι καὶ ἀπορῶν ἐπὶ τοσούτων
συμμάχων ἀποβολῇ, ὀλίγον ἀναχωρήσας τῶν ἐν Χερρονήσῳ
30 τόπων ἐπὶ τὴν ἔξω Θράκην ἀπέτρεχε. Φράουιττος δὲ διώκειν
τέως οὐκ ἔγνω φεύγοντα τὸν Γαΐνην, ἀλλὰ κατὰ χώραν τὴν

    1. 8. χερύνησον, ν a m. 2, V ‖ 4. τὴν θάλασσαν στινὴν vel στενὴν
τὴν θάλ. conieci ‖ 8. τὴν accessit e V ‖ 9. συγκολήσας V ‖ 12. γὰρ sup.
scr. V ‖ 16. 17. φανησο//μένων, ο radendo ex α, V ‖ 19. προ//ελθεῖν V ‖
20. τὸ V et Sylb, om. apographa ‖ 22. ἐξ add. Sylb ‖ 23. ὤθων V ‖ 25.
κατεκέντησαν] κατηκόντισαν coni. Th. Smith ‖ 26. ἐκπεσόντας V, et sic
voluit Sylb, ἐκπεσόντων ς ‖ 29. χερυνήσῳ V ‖ 30. ἔξω] ἔσω conieci ‖
φραΐουττος V ‖ ‖ ‖ Bar. 6 ‖ 33

δύναμιν ἀνελάμβανε, τῷ δεδομένῳ παρὰ τῆς τύχης ἀρχού-
5 μενος προτερήματι. πάντων δὲ ὡς εἰπεῖν αἰτίας ἐπιφερόντων
Φραουίττῳ, ὅτι διῶξαι φεύγοντα Γαίνην οὐκ ἠθέλησεν,
φεισαμένῳ δὲ ὡς ὁμοφύλων αὐτοῦ τε Γαίνου καὶ τῶν ἅμα
τούτῳ διαφυγόντων, οὐδὲν τοιοῦτον ἑαυτῷ συνεπιστάμενος 5
ἐπανῄει πρὸς βασιλέα, μέγα φρονῶν ἐπὶ τῇ νίκῃ καὶ μετὰ
παρρησίας τοῖς παρ᾽ αὐτοῦ τιμωμένοις θεοῖς ταύτην ἀνα-
τιθείς· οὐδὲ γὰρ ἠσχύνετο καὶ αὐτοῦ τοῦ βασιλέως ἀκούοντος
ὁμολογεῖν ὅτι σέβοιτο καὶ τιμῴη θεοὺς κατὰ τὰ πάτρια καὶ
οὐκ ἀνέξεται κατὰ τοῦτο τοῖς ἀπὸ τοῦ πλήθους ἀκολουθῆσαι. 10
9 Φραόυιττον μὲν οὖν ἀποδεξάμενος ὁ βασιλεὺς ὕπατον εἶναι
κατέστησε· Γαίνης δὲ τὸ πολὺ τῆς δυνάμεως μέρος ἀπο-
βαλὼν ᾗπερ εἴρηται, μετὰ τῶν λειπομένων ἐπὶ τὸν Ἴστρον
ἀπέτρεχε, πεπορθημένην δὴ τὴν Θρᾴκην ἐκ τῶν προλαβουσῶν
ἐφόδων εὑρών, τὰ δὲ ἐν ποσὶ ληξόμενος. δεδιὼς δὲ μή ποτε 15
στρατόπεδον ἕτερον Ῥωμαϊκὸν ἐπακολουθῆσαν ἐπίθοιτο τοῖς
σὺν αὐτῷ βαρβάροις οὐ πολλοῖς οὖσιν, οὐκ ἔξω δὲ ὑποψίας
ἔχων τοὺς ἑπομένους αὐτῷ Ῥωμαίους, ἐκείνους μὲν οὐ προ-
ϊδομένους τὸ βούλευμα πάντας ἀπέκτεινεν, ἅμα δὲ τοῖς βαρ-
βάροις ἐπεραιώθη τὸν Ἴστρον, εἰς τὰ οἰκεῖα ἐπανελθεῖν 20
διανοούμενος, αὐτόθι δὲ τοῦ λοιποῦ βιοτεύειν.

22. Ἀλλ᾽ ὁ μὲν Γαίνης ἐν τούτοις ἦν· Οὔλδης δὲ ὁ
τὴν Οὔννων ἔχων κατ᾽ ἐκείνους τοὺς χρόνους ἡγεμονίαν,
οὐκ ἀσφαλὲς ἡγησάμενος εἶναι βαρβάρῳ στρατόπεδον οἰκεῖον
ἔχοντι συγχωρῆσαι πέραν τοῦ Ἴστρου τὴν οἴκησιν ἔχειν, ἅμα 25
δὲ καὶ τῷ Ῥωμαίων οἰόμενος βασιλεῖ χαριεῖσθαι τοῦτον ἀπο-
διώκων, εἰς μάχην αὐτῷ καταστῆναι παρεσκευάζετο καὶ συν-
2 αγαγὼν τὴν δύναμιν ἀντετάττετο. καὶ Γαίνης δὲ οὔτε πρὸς
Ῥωμαίους ἐπανελθεῖν ἔτι δυνάμενος οὔτε ἄλλως τὴν ἀπειλου-
μένην ἔφοδον διαφυγεῖν, ὁπλίσας τοὺς σὺν αὐτῷ τοῖς Οὔννοις 30

1. ἀνελάμβανεν ς ‖ 3. ὅτι sup. scr. V² ‖ ἠθέλησεν V², -σαν V¹,
-σε ς ‖ 6. βασιλέα V, τὸν β. ς ‖ 7. θεοῖς accessit e V ‖ 11. φραΐουττον
V ‖ 11. 12. εἶναι κατέστησε] cf. Bachr ad Herod. V, 25 ‖ 14. δὴ] μὲν
coni. Sylb, ἤδη Bekk ‖ 17. ἔξω δὲ V, ἔξω τε ς ‖ 18. 19. προϊδομένους
Bekk, προειδ. V ‖ 22. Οὔλδης] Οὔλδις Sozom. IX, 5, ‘Vldin’ Oros.
VII, 37, 12 Z., ‘Huldin’ Iordan. p. 41, 20 M. Hunnis Zosimi et Philo-
storgii Romanos substituit Socrates ‖ 28. ἀντεττάτετο, priore ε in ras.
a m. 1, V

ἀπήντα. συμπλακέντων δὲ τῶν στρατοπέδων οὐχ ἅπαξ ἀλλὰ καὶ πολλάκις ἀλλήλοις, ἀντέσχε μὲν εἴς τινας μάχας ἡ Γαΐνου μερίς, ἐπεὶ δὲ πολλοί τε ἐξ αὐτῶν ἔπεσον, ἀνῃρέθη καὶ αὐτὸς Γαΐνης, καρτερῶς καὶ γενναίως ἀγωνισάμενος.

5 Τοῦ πολέμου τῇ Γαΐνου τελευτῇ πέρας λαβόντος, Οὔλδης 3 ὁ τῶν Οὔννων ἡγούμενος τὴν τούτου κεφαλὴν Ἀρκαδίῳ τῷ βασιλεῖ πέμψας δωρεὰν ἠξιοῦτο καὶ ἐπὶ τούτοις σπονδὰς πρὸς Ῥωμαίους ἐτίθετο. τῶν δὲ πραγμάτων σὺν οὐδενὶ λόγῳ φερομένων οἷα τοῦ βασιλέως φρονήσεως ἐστερημένου, 10 τὰ ἐν τῇ Θρᾴκῃ συνεταράττετο· φυγάδες γὰρ οἰκέται καὶ ἄλλως τὰς τάξεις ἀπολιπόντες, Οὔννους ἑαυτοὺς εἰπόντες εἶναι, τὰ ἐν τοῖς ὑπαίθροις διήρπαζον, ἕως ὁ Φράουιττος ἐπιστρατεύσας, καὶ ὅσοις ἐνέτυχεν ἀνελών, ἔξω φόβου πεποίηκε τοὺς οἰκήτορας

15 (23) λίαν ἔγνωκε διαβῆναι, δεδιότες μή ποτε κακῶς διατεθεῖεν τούτῳ περιπεσόντες, ἀπέβησαν τῆς νεὼς ἐν τοῖς περὶ τὴν Ἤπειρον τόποις, καὶ περὶ τῆς σφῶν βουλευόμενοι σωτηρίας (ἐποίει γὰρ αὐτοῖς ταύτην ἐπισφαλῆ τὸ τοῦ πλημμελήματος ὑπερβάλλον) καιρὸν δεδώκασι τοῖς παρ' αὐτῶν φυλαττομένοις φυγῆς. ἕτεροι 20 δέ φασιν ὡς χρημάτων αὐτοῖς τὴν ἄφεσιν ἐφιλοτιμήσαντο. οἳ 2 δέ, ὅπως ποτὲ διέφυγον, ἐπὶ τὴν Κωνσταντινούπολιν ἐπαν-

---

3. ἐπεὶ δὲ V, ἐπειδὴ δὲ 5 ‖ τε vel expungebat vel in τινὲς muta-bat Sylb, nisi forte lacuna esset ‖ 11. ἄλλως] ἄλλοι vel ⟨οἳ⟩ ἄλλως coni. Sylb, contra quem recte dixit Reitemeier ‖ 13. ὅσοις V, ὅσοις ἄλλοις 5 ‖ 14. in οἰκήτορας verbo fol. 128ᵛ in V desinit. in ima pagina rubrica s. XV scriptum: ἐνταῦθα λείπει ἓν φύλλον. et quidem folium unum excisum est. interciderunt res annis 401 et 402 gestae. cf. Tillemont t. V p. 841 sq. ‖ 15 sq. sermo est de Aureliano, Saturnino, Ioanne (comite largitionum a. 404: Tillemont t. V p. 788) ex exilio reversis. (idem videtur Ioannes ap. Eun. fr. 85. qui quod illic ἱερα-κοτρόφος dicitur, duplex fortasse inest sensus, ut cum ceteri aulici rapaces notentur tum Hierax ille ap. Eun. fr. 83. 86, cuius mortem ut narraret Eunapius usque ad Pulcheriae tempora digressionem fecit (fr. 87). Hieracis igitur Ioannes fuerit patronus indeque explicandum, quod in Eun. fr. 85 aulici Ioannem σφῶν αὐτῶν προστησάμενοι, in fr. 87 Hierax Fravittae caedis auctores extitisse dicuntur. nullo autem pacto fieri potest ut cum Maio is credatur Hierax, γραμμάτων τῶν πεζῶν διδάσκαλος, qui a. 415 Cyrillo episcopo studebat (Socr. VII, 13)) 15. λίαν Sylburgio videtur esse 'finale fragmentum nominis Θεσσαλία vel παραλία' ‖ 20. ἐφιλοτιμήσατο, ν a m. 1, V

ελθόντες παρὰ πᾶσαν ἐλπίδα τῷ τε βασιλεῖ καὶ τῇ γερουσίᾳ
καὶ πᾶσι τοῖς ἄλλοις ἐφάνησαν. ἐντεῦθεν ηὐξήθη τῇ συνοι-
κούσῃ τῷ βασιλεῖ τὸ κατὰ Ἰωάννου τοῦ τῶν Χριστιανῶν
ἐπισκόπου μῖσος, χαλεπαινούσῃ πρότερον μὲν αὐτῷ κωμῳδεῖν
εἰωθότι κατὰ τὰς συνόδους αὐτὴν ἐν ταῖς πρὸς τὸ πλῆθος 5
ὁμιλίαις· τότε δέ, μετὰ τὴν Ἰωάννου καὶ τῶν ἄλλων ἐπάνοδον,
3 εἰς τὴν κατ’ αὐτοῦ δυσμένειαν ἐμφανῶς ἐξανέστη. πράττουσα
δὲ πάντα κατ’ ἐξουσίαν ἐκίνει τοὺς πανταχόθεν ἐπισκόπους
εἰς τὴν Ἰωάννου καθαίρεσιν, ὧν ἦν πρῶτος καὶ κορυφαῖος
ὁ τῆς Ἀλεξανδρείας τῆς ἐν Αἰγύπτῳ Θεόφιλος, ὁ πρῶτος 10
ἀρξάμενος τῆς κατὰ τῶν ἱερῶν καὶ τῶν ἐξ αἰῶνος πατρίων
ἐπιβουλῆς. προτεθείσης δὲ κρίσεως, ὁρῶν ὁ Ἰωάννης οὐκ ἐξ
ἴσης αὐτῷ τὰ πράγματα προβαίνοντα ψήφου τῆς Κωνσταντινου-
4 πόλεως ἑκὼν ἀνεχώρει. τοῦ δὲ πλήθους ἐπὶ τούτῳ συνταρα-
χθέντος (ἦν γὰρ ὁ ἄνθρωπος ἄλογον ὄχλον ὑπαγαγέσθαι 15
δεινός) θορύβου μὲν ἦν πλήρης ἡ πόλις, ἀπείληπτο δὲ ἡ
τῶν Χριστιανῶν ἐκκλησία ὑπὸ τῶν λεγομένων μοναχῶν. οὗτοι
δὲ γάμοις τοῖς κατὰ νόμον ἀπαγορεύουσι, συστήματα δὲ
πολυάνθρωπα κατὰ πόλεις καὶ κώμας πληροῦσιν ἀνθρώπων
ἀγάμων, οὔτε πρὸς πόλεμον οὔτε πρὸς ἄλλην τινὰ χρείαν 20
ἀναγκαίαν τῇ πολιτείᾳ, πλὴν ὅτι προϊόντες ὁδῷ μέχρι τοῦ
νῦν ἐξ ἐκείνου τὸ πολὺ μέρος τῆς γῆς ᾠκειώσαντο, προφάσει
τοῦ μεταδιδόναι πάντων πτωχοῖς πάντας ὡς εἰπεῖν πτωχοὺς
5 καταστήσαντες. οὗτοι δὲ τὰς ἐκκλησίας ἀπολαβόντες ἐκώλυον
τὰ πλήθη ταῖς συνήθεσιν εὐχαῖς προσιέναι. πρὸς ὃ δυσ- 25
χεραίνοντες δημοτικοί τε ὁμοῦ καὶ στρατιῶται τὴν τῶν μο-
ναχῶν ᾔτουν ἀνακόψαι θρασύτητα. δοθέντος δὲ αὐτοῖς ἐπὶ
τοῦτο συνθήματος ἐχώρουν ἀνέδην καὶ σὺν οὐδεμιᾷ κρίσει
πάντας ἀπέσφαττον, ἕως τὴν μὲν ἐκκλησίαν ἐπλήρωσαν νεκρῶν,
τοὺς δὲ ἀποδράντας διώξαντες κατεκέντησαν ἅπαντας ὅσοι 30

---

3. τὸ κα/κατὰ V ‖ 4. χαλεπαινούσῃ V, -νούσης ς ‖ 9. εἰς τὴν V,
πρὸς τὴν ς ‖ 10. Θεόφιλος] Eun. v. Aedes. p. 44 Boiss. ‖ 11. πατρίων
V²; πατριῶν V¹ ‖ 16. ἀπείληπτο V², ἀπήλειπτο V¹ ‖ 20. καὶ post ἀγάμων
addidit Sylb, resecuit Bekk ‖ 21. ἀναγκαίαν] ἀν. ⟨ὠφελίμων, ἐπιτη-
δείων⟩ (vel sim.) Leunclavius. malim cum Sylburgio ἀναγκαίων ‖ 22.
ἐξ^{κεί}είνου, κεί a m. 1, V ‖ 23. πάντας V, et sic edidit Bekk ex apographi
unius margine, πάντων apographa ‖ 24. δὲ sup. ser. V¹

φαιαῖς ἔτυχον ἐσθῆσιν ἠμφιεσμένοι· οἷς συναπολέσθαι συνέβη 6
πολλοὺς ἢ διὰ πένθος ἢ διά τινα ἑτέραν περιπέτειαν ἐν
ἱματίοις εὑρεθέντας τοιούτοις. Ἰωάννης δὲ αὖθις ἐπανελθὼν
τῶν αὐτῶν ἐπειρᾶτο, τοὺς ὁμοίους ἀνακινῶν ἐν τῇ πόλει
θορύβους.

24. Τὸ δὲ τῶν συχοφαντῶν ὡς οὔπω πρότερον ἐπι-
πολάσαν καὶ τοὺς περὶ τὴν αὐλὴν εὐνούχους ἀεὶ περιέπον,
εἴ πού τις τῶν πλουσίων ἀπέθανεν, ὡς οὐκ ὄντων παίδων
ἢ συγγενῶν ἐμήνυον τὰς οὐσίας, καὶ τοῦ βασιλέως ἐφέρετο
γράμματα τοῦδε τὴν οὐσίαν τῷδε παραδοθῆναι κελεύοντα,
καὶ παρεδίδοντο τοῖς ᾐτηκόσιν οἱ κλῆροι παίδων ἑστώτων
καὶ τοὺς πατέρας μετὰ οἰμωγῆς ἀνακαλουμένων. καὶ ἁπλῶς 2
οὐδὲν ἦν ὃ μὴ θρήνων ἐπλήρου τὰς πόλεις, παντὶ τῶν οἰκη-
τόρων ἄλογον ζημίαν ἐπάγον· τοῦ γὰρ βασιλεύοντος ἐσχάτως
ἀνοηταίνοντος, ἡ τούτῳ συνοικοῦσα πέρα τῆς φύσεως αὐθα-
διζομένη, πανταχόθεν τε εὐνούχων ἀπληστίᾳ καὶ τῶν περὶ
αὑτὴν γυναικῶν, αἳ μάλιστα ταύτης ἐκράτουν, ἐκδεδομένη,
πᾶσιν ἀβίωτον καθίστη τὸν βίον, ὥστε θανάτου τοῖς μέτρια
φρονοῦσιν οὐδὲν ἦν αἱρετώτερον. ὡς οὐκ ἀρκούντων δὲ 3
τούτων, ἐπηνέχθη τῇ Κωνσταντινουπόλει πάσης ὑπερβολῆς
ἐπέκεινα κίνδυνος ἔκ τινος τοιαύτης αἰτίας. Ἰωάννης, ἥπερ
εἴρηταί μοι, μετὰ τὴν φυγὴν ἐπανελθὼν καὶ τοῖς συνήθεσιν
ἱεροῖς σοβῶν κατὰ τῆς βασιλίδος τὸ πλῆθος, ἐπειδὴ καὶ τοῦ
θρόνου τῆς ἐπισκοπῆς ἑώρα καὶ τῆς πόλεως ἑαυτὸν ἐξωθού-
μενον, αὐτὸς μὲν ἀπέλιπε τὴν πόλιν νεὼς ἐπιβάς, οἱ δὲ τούτῳ
σπουδάζοντες, μηδένα μετὰ τοῦτον ἐπίσκοπον γενέσθαι τῇ
πόλει πραγματευόμενοι, πυρὶ τὴν πόλιν ἔγνωσαν ἀπολέσαι.
λάθρᾳ τοίνυν φλόγα τῇ ἐκκλησίᾳ νυκτὸς ἐμβαλόντες, καὶ περὶ 4

---

1. φαιαῖς ἐσθῆσιν] cf. Eun. v. Aedes. p. 45, v. Max. p. 53 Boiss.
fr. 55 Muell. ‖ 6 sq. huc pertinere videntur Eun. fr. 83 (de Hierace,
cf. ad p. 243, 15) et fr. 85 (de Fravittae — quem illic loquentem induci
puto — caede. quam mirum sane est quod Zosimus praeteriit) ‖ 7.
περιέπον (sine acc.) V radendo ex περιεπων ‖ 8. πλουσίων ς, πλησίων
V ‖ 20. τῇ// V ‖ 22. 23. τοῖς συνήθεσιν ἱεροῖς] 'sacris sermonibus' esse
posse Heynio non credo. expectari puto verbum probrosum contra
Ioannem reginam κωμῳδεῖν εἰωθότα κατὰ τὰς συνόδους ἐν ταῖς πρὸς
τὸ πλῆθος ὁμιλίαις: V, 23, 2, et tum quoque καταφορικῇ τῇ γλώσσῃ
χρησάμενον: Socr. VI, 18. unde τοῖς συνήθεσι λήροις conieci ‖ 25. τούτῳ
ex τοῦτο V¹

τὸν ὄρθρον ἔξω καταστήσαντες ἑαυτούς, καὶ τούτῳ λαθόντες
οἵ τινές ποτε εἶεν, ἡμέρας γενομένης ἐσχάτως ἤδη τὴν πόλιν
ἅπασιν ἔδειξαν κινδυνεύουσαν· ἥ τε γὰρ ἐκκλησία κατεφλέγετο
πᾶσα, συνεδαπανᾶτο δὲ ταύτῃ καὶ τὰ ἐχόμενα τῶν οἰκοδομη-
μάτων, καὶ μάλιστα ὅσοις τὸ πῦρ ἐπῆγεν ἡ τοῦ γενομένου 5
5 πνεύματος καταιγίς. ἐνέπεσε δὲ τὸ πῦρ καὶ εἰς τὸν εἰωθότα
δέχεσθαι τὴν γερουσίαν οἶκον, πρὸ τῶν βασιλείων ὄντα, εἰς
πᾶν κάλλος καὶ φιλοτιμίαν ἐξησκημένον· ἀγάλμασι γὰρ κεκαλ-
λώπιστο τεχνιτῶν τὸ ἀξιοπρεπὲς ἐξ αὐτῆς τῆς θέας παρεχο-
μένοις, καὶ μαρμάρων χροιαῖς αἳ κατὰ τοὺς νῦν οὐ μεταλ- 10
6 λεύονται χρόνους. φασὶ δὲ ὡς καὶ τὰ δείκηλα τὰ ἐν τῷ
Ἑλικῶνι τὴν ἀρχὴν καθιδρυθέντα ταῖς Μούσαις, μέρος καὶ
αὐτὰ τῆς κατὰ πάντων ἱεροσυλίας ἐν τοῖς Κωνσταντίνου
γενόμενα χρόνοις, ἀνατεθέντα τούτῳ τῷ τόπῳ τῇ διὰ τοῦ
πυρὸς ὑπήχθη διαφθορᾷ, σαφέστερόν πως τὴν καθέξουσαν 15
ἅπαντας ἀμουσίαν μηνύοντα. θαύματος δέ τινος τηνικαῦτα
7 γενομένου ἄξιον οὐ προσήκει παραδραμεῖν σιωπῇ. τοῦτο τῆς
γερουσίας τὸ τέμενος, οὗπερ ἕνεκα ταῦτα διέξειμι, Διὸς καὶ
Ἀθηνᾶς ἀγάλματα πρὸ τῶν θυρῶν εἶχεν, ἐπί τινων βάσεων
λιθίνων ἑστῶτα, καθ᾽ ὃ καὶ νῦν ἔστιν αὐτὰ θεάσασθαι σχῆμα· 20
φασὶ δὲ τὸ μὲν τοῦ Διὸς εἶναι τοῦ Δωδωναίου, τὸ δὲ τὸ ἐν
τῇ Λίνδῳ πάλαι καθιδρυμένον. τοῦ πυρὸς τοίνυν ἐπινεμη-
θέντος ἅπαν τὸ τέμενος, ὁ μὲν ἐπικείμενος τῷ τέγει μόλιβδος
ἔρρει τηκόμενος κατὰ τῶν ἀγαλμάτων, ἐφέροντο δὲ καὶ οἱ
τῆς οἰκοδομίας λίθοι κατὰ τούτων, ἀντέχειν τῇ τοῦ πυρὸς 25
8 φύσει μὴ δυνηθέντες. εἰς χώματος δὲ σχῆμα τοῦ παντὸς
κάλλους μεταβληθέντος, ἡ μὲν κοινὴ δόξα καὶ ταῦτα ἐτόπαζε
κόνιν καὶ αὐτὰ γενέσθαι, καθαιρόμενος δὲ ὁ τόπος καὶ πρὸς
ἀνανέωσιν γενόμενος εὐτρεπὴς ἔδειξε τὰ τῶν θεῶν τούτων

1. τούτῳ ex τοῦτο V¹ ‖ 14. τ//όπῳ, ϱ ut vid. er., V ‖ 15. διαφορᾷ
V², διαφόρᾳ V¹ ‖ 17. προσήκει accessit e V. pro τινος γενομένου scri-
bendum puto τι γενόμενον. ἀξίαν ('maiestatem' vel 'dignitatem') οὐ
προσήκει volnerat Sylb ‖ 18. τέμενος] cf. Themist. p. 277, 32 Dind.:
τὸν νεὼν τὸν βουλαῖον, p. 429, 17: ὧν (Μουσῶν) καλῶς ποιοῦντες νεὼν
ἀπεδείξατε τὸ βουλευτήριον ‖ 18. 19. Διὸς καὶ Ἀθηνᾶς] cf. Codin. or.
Cpl. p. 16, 2 Bk. ‖ 22. τῇ Sylb, τῷ V ‖ 22. 23. ἐπι////νεμηθέντος, 1—2
litt. er., V ‖ 25. τῆς V, ἐκ τῆς ϛ ‖ 27. 28. καὶ ταῦτα ... καὶ αὐτὰ] ditto-
graphia videtur subesse

ἀγάλματα μόνα κρείττονα τῆς παντελοῦς ἐκείνης γεγονότα
φθορᾶς· ὅπερ ἅπασι τοῖς χαριεστέροις ἀμείνους ἐπὶ τῇ πόλει
δέδωκεν ἔχειν ἐλπίδας, ὡς δὴ τῶν θεῶν τούτων ἔχεσθαι τῆς
ὑπὲρ αὐτῆς ἀεὶ βουλομένων προνοίας. ἀλλὰ ταῦτα μέν,
5 ὅπῃ τῷ θείῳ δοκεῖ, πάντα προΐτω.

25. Πάντων δὲ δυσχεραινόντων ἐπὶ τῇ τῆς πόλεως συμ-
φορᾷ καὶ αἰτίαν οὐκ ἄλλην ἢ τὴν ὄνου λεγομένην σκιὰν
εὑρισκόντων, ἐγίνοντο μὲν οἱ περὶ τὸν βασιλέα τῆς τῶν
ἐφθαρμένων ἀνανεώσεως, ἠγγέλθη δὲ τοῖς περὶ τὴν αὐλὴν
10 ὡς τὸ τῶν Ἰσαύρων πλῆθος, ὑπερκείμενον Παμφυλίας καὶ
Κιλικίας, ἐν τοῖς ἀβάτοις τοῦ Ταύρου καὶ τραχυτάτοις ὄρεσιν
ἀεὶ βιοτεῦον, εἰς τάγματα διανεμηθὲν ληστικὰ τὴν ὑποκει-
μένην ἐπέρχεται χώραν, πόλεσι μὲν τετειχισμέναις προσάγειν
οὔπω δυνάμενοι, κώμας δὲ ἀτειχίστους καὶ πάντα τὰ ἐν
15 ποσὶν ἐπέτρεχον. ἐποίει δὲ ῥᾳδίας αὐτοῖς τὰς ἐπιδρομὰς ἡ 2
προλαβοῦσα τῆς χώρας ἐκείνης ἅλωσις, ἣν ἡ Τριβιγίλδου καὶ
τῶν σὺν αὐτῷ βαρβάρων πεποίηκεν ἐπανάστασις. τούτων
ἀπαγγελθέντων Ἀρβαζάκιος ἐκπέμπεται στρατηγὸς ὡς δὴ τοῖς
ἐν Παμφυλίᾳ πράγμασι πονοῦσιν ἐπικουρήσων. δύναμιν δὲ
20 ἀρκοῦσαν λαβών, καὶ τοὺς ληστεύοντας ἐν τοῖς ὄρεσι συμ-
φυγόντας ἐπιδιώξας, κώμας τε αὐτῶν εἷλε πολλὰς καὶ ἀνδρῶν
οὐκ ὀλίγον ἀπέσφαξε πλῆθος. ῥᾷστά τε ἂν τέλεον ἐκράτησεν 3
αὐτῶν καὶ τελείαν τοῖς οἰκοῦσι τὰς πόλεις ἀσφάλειαν ἐν-
εποίησεν, εἰ μὴ τρυφῇ καὶ ἀτόποις ἐγκείμενος ἡδοναῖς ἐχάλασε
25 μὲν πολὺ τῆς σφοδρότητος, χρήμασι δὲ τὰς χεῖρας ὑποσχὼν
τῆς κοινῆς ὠφελείας τὸ πλουτεῖν ἔμπροσθεν ἐποιήσατο. τῆς
μὲν οὖν προδοσίας ἕνεκα ταύτης μετάπεμπτος εἰς τὰ βασί-
λεια γενόμενος εἰς κρίσιν προσεδοκᾶτο καθίστασθαι· μέρος 4
δὲ ὧν εἰλήφει παρὰ τῶν Ἰσαύρων τῇ βασιλίδι προσαγαγὼν
30 τήν τε κρίσιν διέφυγε καὶ τὸν πλοῦτον περὶ τὴν ἐνθάδε

---

4. αὐτῆς (sine spir.) ex αὐτοῖς V ‖ βουλομένων V et Reitemeier,
βουλευομένων apographa ‖ 5. πάντα ς, quod retinui, ταῦτα V. fort.
ταύτῃ scripsit ‖ 7. ὄνου V, τοῦ ὄνου ς ‖ 8. ἐγίνοντο] εἴχοντο Sylb. at
cf. ad IV, 20, 6 ‖ 10. πλῆθος] ἔθνος coni. Sylb ‖ 15. ἐπέτρεχον] ἐπι-
τρέχοντες conieci ‖ 18. Ἀρβαζάκιος] Eun. fr. 84. 'Narbazaicus' Mar-
cellino comiti (et Iordani) est, 'Artabazacus' Synesio ep. 135 Herch.
(Narbazaicum huc non admittit Tillemont t. V p. 788) ‖ 26. ἐποιήσατο
V et Sylb. ποιησάμενος apographa

τρυφὴν ἐδαπάνα. τὰ μὲν οὖν τῶν Ἰσαύρων ἐν λαθραίαις
ἦν ἔτι λῃστείαις, οὔπω πρὸς φανερὰν ἐπανάστασιν κατὰ τῶν
πλησιαζόντων ἐθνῶν ἀναστάντα. . . . .

26. Πᾶσαν δὲ τὴν Ἑλλάδα λῃσάμενος Ἀλάριχος ἀνε-
χώρησεν, ᾗ προείρηταί μοι, τῆς τε Πελοποννήσου καὶ τῆς   5
ἄλλης ὁπόσην ὁ Ἀχελῷος ποταμὸς διαρρεῖ, διατρίβων δὲ ἐν
ταῖς Ἠπείροις, ἣν οἰκοῦσι Μολοττοί τε καὶ Θεσπρωτοὶ καὶ
ὅσοι τὰ μέχρις Ἐπιδάμνου καὶ Ταυλαντίων οἰκοῦσι χωρία,

1. οὖν τῶν V, οὖν ς ‖ 2. οὔπω] id factum est proximis annis:
Tillemont p. 475. mala Pamphylis ab Hierace illata (Eun. fr. 86) num
Zosimus memoraverit dubium est propter lacunam proximam ‖ 3. post
ἀναστάντα lacunam indicavi (vulgo nil nisi pauca de Alaricho verba
ante ἀνεχώρησεν intercidisse putant). Photio (bibl. cod. 77) teste
Eunapius ἀποτελευτᾷ εἰς τὴν Ὀνωρίου καὶ Ἀρκαδίου τῶν Θεοδοσίου
παίδων βασιλείαν, ἐκεῖνον τὸν χρόνον τέλος τῆς ἱστορίας ποιησάμενος,
ὃν Ἀρσάκιος μὲν τοῦ χρυσοῦ τῆς ἐκκλησίας στόματος Ἰωάννου ἀπε-
λαθέντος εἰς τὸν ἀρχιερατικὸν θρόνον ἀνηγμένος ἱεράτευεν, ἡ δὲ τοῦ
βασιλεύοντος Ἀρκαδίου γυνὴ κατὰ γαστρὸς ἔχουσα καὶ ἀμβλώσασα τὸν
βίον ἀπέλιπεν (i. e. d. 6. m. Octobris a. 404). res autem in occidente
interim gestas — veluti primam Alarichi in Italiam incursionem —
sicut Eunapius — qui incertae fidei eas putaverit, v. fr. 74 — omisit
etiam Zosimus. contra ubi inde a cap. 26 novum fontem, Olympiodori
silvam (Phot. bibl. 80), sequi coepit, rerum occidentalium solarum curiosus
est. iudicium quoque cum fonte mutavit: nam cui, dum Eunapium sequi-
tur, Stilicho homo avarus dolosusque erat (V, 1, cf. Eun. fr. 62), ei
postquam Olympiodoreas Stilichonis laudes legit, idem visus est πάν-
των ὡς εἰπεῖν τῶν ἐν ἐκείνῳ δυναστευσάντων τῷ χρόνῳ μετριώτερος
(V, 34, 5). etiam annorum 405 et 406 res ab Olympiodoro, quamvis
plenam historiam ab a. 407 demum exorso, breviter tractatas esse
epitome Photiana docet. — usus est Olympiodoro praeter Zosimum
etiam Sozomenus; id quod post Tillemontium t. V p. 656 et Reite-
meierum singillatim demonstravit I. Rosenstein 'Forsch. z. deutschen
Geschichte' t. I (Getting. 1862) p. 167 sq. praeterea Philostorgium
plurima ex Olympiodoro hausisse contendit Icep ann. phil. suppl. t. XIV
p. 73 sq. at in ea quidem Olympiodori parte quam Zosimus excerpsit
gravissimae inter Philostorgium et Olympiodorum sunt discrepantiae
— velut de Stilichonis moribus et consiliis deque Saro —, consensus
autem non maior quam qui non potest non intercedere inter duos
scriptores aequales eisdem de rebus scribentes ‖ 4. πᾶσαν δὲ τὴν Ἑλλάδα
λῃσάμενος Ἀλάριχος accesserunt e V ‖ 5. ᾗ πρ. μοι] V, 7, 2. ni mirum
egregius historicus, ne sibi recurrendum sit ad res ante a. 401 ab
Alaricho gestas, hunc fingit inde ab a. 396 in Epiro morantem ‖ τε
accessit e V ‖ 6. δὲ accessit e V ‖ 7. ταῖς ς, τοῖς V

τὸ παρὰ Στελίχωνος ἀνέμενε σύνθημα τοιόνδε πως ὄν. τοὺς 2
τὴν Ἀρκαδίου βασιλείαν οἰκονομοῦντας ὁρῶν ὁ Στελίχων
ἀλλοτρίως πρὸς αὑτὸν ἔχοντας διενοεῖτο, κοινωνῷ χρησά-
μενος Ἀλλαρίχῳ, τῇ Ὁνωρίου βασιλείᾳ τὰ ἐν Ἰλλυριοῖς ἔθνη
πάντα προσθεῖναι, συνθήκας τε περὶ τούτου πρὸς αὐτὸν
ποιησάμενος εἰς ἔργον ἄγειν ὅσον οὐδέπω τὴν ἐπιχείρησιν
προσεδόκα. προσδεχομένου δὲ Ἀλλαρίχου τῷ παραγγέλματι 3
πειθαρχήσειν, Ῥοδογαΐσος ἐκ τῶν ὑπὲρ τὸν Ἴστρον καὶ τὸν
Ῥῆνον Κελτικῶν τε καὶ Γερμανικῶν ἐθνῶν ἐς τεσσαράκοντα
συναγαγὼν μυριάδας εἰς τὴν Ἰταλίαν ὥρμητο διαβῆναι. οὗ 4
προσαγγελθέντος ἡ μὲν πρώτη πάντας κατέπληξεν ἀκοή· τῶν
δὲ πόλεων ταῖς ἐλπίσιν ἀπεγνωκότων, καὶ αὐτῆς δὲ τῆς
Ῥώμης εἰς ἔσχατον οὔσης κινδύνου συνταραχθείσης, ἀνα-
λαβὼν ὁ Στελίχων ἅπαν τὸ ἐν τῷ Τικήνῳ τῆς Λιγυστικῆς
ἐνιδρυμένον στρατόπεδον (ἦν δὲ εἰς ἀριθμοὺς συνειλεγμένον
τριάκοντα) καὶ ὅσον οἷός τε γέγονε συμμαχικὸν ἐξ Ἀλανῶν
καὶ Οὔννων περιποιήσασθαι, τὴν ἔφοδον τῶν πολεμίων οὐκ
ἀναμείνας αὐτὸς ἐπεραιώθη τὸν Ἴστρον ἅμα παντὶ τῷ στρατεύ-
ματι, καὶ τοῖς βαρβάροις ἀπροσδοκήτοις ἐπιπεσὼν ἅπαν τὸ 5
πολέμιον πανωλεθρίᾳ διέφθειρεν, ὥστε μηδένα σχεδὸν ἐκ
τούτων περισωθῆναι, πλὴν ἐλαχίστους ὅσους αὐτὸς τῇ Ῥω-
μαίων προσέθηκεν συμμαχίᾳ. ἐπὶ ταύτῃ μέγα φρονῶν ὁ Στε-
λίχων εἰκότως τῇ νίκῃ, μετὰ τοῦ στρατοπέδου παρὰ πάντων

---

1. ἀνέμενε V et Sylb, ἀνέμεσι ἀpographa ‖ 1 sq. cf. Olympiod.
fr. 3 ‖ 4. ἀλλαρίχω V, et sic fero porro, Ἀλαρίχῳ Bekk ‖ Ἰλλυριοῖς V²,
-ίοις V¹ ‖ 7. προσδεχομένου] δεχομένου conieci (ut προσ ex praecedente
verbo adhaeserit) ‖ 8. Ῥοδογαΐσος] Olympiod. fr. 9 (quod tamen male
excerptum videtur). de re v. Zeuss 'd. Deutschen' p. 417 sq. et Wieters-
heim-Dahn t. II² p. 134 sq. ‖ 9. ἐς V, εἰς ς ‖ 12. ἀπεγνωκότων] cf. ad IV,
29, 1 (ἐπιτεθέντων εἰσφορῶν). haeserunt editores ante Bekkerum ‖ 13.
οὔσης accessit e V. fort. ⟨ὡς⟩ εἰς scribendum: 'tamquam'. (εἰς, non
ἐν, propter hiatum posuit, sicut V, 31, 1: εἰς τὴν Ῥάβενναν ἦν al.) ‖ 14.
Λιγυστικῆς Sylb, λιβυστικῆς V ‖ 15. ἀριθμοὺς] cf. Mommsen Herm.
t. XIX p. 220 ‖ 18. Ἴστρον] Ἄρνον coni. Leunclavius, Ἠριδανὸν Reite-
meier. Zosimi ipsius errorem esse cum Tillemontio t. V p. 807 et
Rosensteinio l. d. p. 181 credo. ni mirum Zosimus, quae in Olympio-
doro — quem inspectum ab illo esse non debebat negare Rosenstein —
de origine barbarorum legerat, ad pugnae locum transtulit. cf. ad I,
23, 1 ‖ 22. προσέθηκε ς

ὡς εἰπεῖν στεφανούμενος ἐπανήξει, παρὰ πᾶσαν ἐλπίδα τῶν
προσδοκηθέντων κινδύνων τὴν Ἰταλίαν ἐλευθερώσας.

27. Ἐν δὲ τῇ Ῥαβέννῃ (μητρόπολις δὲ Φλαμινίας, πόλις
ἀρχαία, Θεσσαλῶν ἀποικία, Ῥήνη κληθεῖσα διὰ τὸ πανταχόθεν
ὕδασι περιρρεῖσθαι, καὶ οὐχ ὡς Ὀλυμπιόδωρος ὁ Θηβαῖος 5
φησι, διὰ τὸ Ῥῶμον, ὃς ἀδελφὸς γέγονε Ῥωμύλῳ, τῆς πόλεως
ταύτης οἰκιστὴν γεγονέναι· Κουαδράτῳ γάρ, οἶμαι, θετέον,
ἐν τῇ κατὰ τὸν βασιλέα Μάρκον ἱστορίᾳ τοῦτο περὶ τῆς πό-
λεως ταύτης διεξελθόντι) ἐν τῇ Ῥαβέννῃ τοίνυν ταύτῃ παρα-
σκευαζομένῳ Στελίχωνι ταῖς Ἰλλυριῶν πόλεσι μετὰ στρατεύ- 10
ματος ἐπιστῆναι, καὶ σὺν Ἀλλαρίχῳ παρασπάσασθαι μὲν αὐτὰς
Ἀρκαδίου περιποιῆσαι δὲ τῇ Ὁνωρίου βασιλείᾳ, δύο κωλύ-
ματα συνέβη παρεμπεσεῖν, φήμη τε ὡς Ἀλλάριχος τεθνεὼς
εἴη διαδραμοῦσα, καὶ ἐκ τῆς Ῥώμης Ὁνωρίου γράμματα τοῦ
βασιλέως ἀποδοθέντα, δι' ὧν ἐδηλοῦτο ὡς Κωνσταντῖνος ἐπι- 15
θέμενος εἴη τυραννίδι καὶ ἐκ τῆς Βρεττανικῆς νήσου περαιω-
θεὶς ἐν τοῖς ὑπὲρ τὰς Ἄλπεις ἔθνεσι παραγένοιτο, τὰ βασι-
λέως ἐν ταῖς πόλεσι πράττων. ἀλλ' ὁ μὲν περὶ τῆς Ἀλλαρίχου
τελευτῆς λόγος ἀμφίβολος ἔδοξεν εἶναι, πρίν τινας παρα-
γεγονότας ὅ τι περ εἴη δηλῶσαι· τὰ δὲ περὶ τῆς ἀναρρήσεως 20
Κωνσταντίνου λεγόμενα παρὰ πᾶσιν ἐκράτει. διὰ ταῦτα τῆς
ἐπὶ Ἰλλυριοὺς ὁρμῆς ὁ Στελίχων ἀνακοπεὶς εἰς τὴν Ῥώμην
ἀφίκετο, κοινολογήσασθαι περὶ τοῦ πρακτέου βουλόμενος.

28. Τριβέντος δὲ τοῦ φθινοπώρου καὶ τοῦ χειμῶνος
ἐπιλαβόντος ὕπατοι μὲν ἀνεδείχθησαν Βάσσος καὶ Φίλιππος, 25

---

4. Ῥήνη Sylb ex apographo uno, ῥόνη V ‖ 6. διὰ τὸ sup. scr. V² ‖
ὃς sup. scr. V² ‖ 7. κουαδράτω V et Sylb, κουαστράτω apographa ‖ οἶμαι
θετέον Hemsterhusius ad Thom. Mag. p. 444 ed. Bern., οιμεθετέον
(sic) V, οἱ μεθετέον apographa. Asinii Quadrati haec mentio ex ipsa
fluxerit Zosimi lectione an adsumpta sit ex Olympiodoro incertum: hoc
tamen ut in re levi potius crediderim. saepissime certe veteres, si
quem refutare volunt, testimoniis ab eo ipso a quo dissident adlatis
reiectisque tamquam a se repertis contrariam in sententiam utuntur ‖
9. 10. παρασκευαζομένῳ V, παρεσκευασμένῳ ς ‖ 10. Ἰλλυριῶν ex -ίων
V¹ ‖ 11. παρασπάσασθαι, πά inter scrib. ex τησ ut vid. corr., V ‖ 12.
περιποιῆσαι V, περιποιήσασθαι ς ‖ 13. 14. 'congruentius φήμην — δια-
δραμοῦσαν' Sylb ‖ 19. πρίν τινας sup. scr. V² ‖ 22. Ἰλλυριοὺς V², -ίους
V¹ ‖ 23. dativum (βασιλεῖ) ad κοινολογήσασθαι pertinentem inter-
cidisse puto. cf. p. 253, 10. 11

ὁ δὲ βασιλεὺς Ὀνώριος, οὐ πρὸ πολλοῦ Μαρίας αὐτῷ τελευ-
τησάσης τῆς γαμετῆς, τὴν ταύτης ἀδελφὴν Θερμαντίαν ᾔτει
οἱ δοθῆναι πρὸς γάμον. ἀλλ' ὁ μὲν Στελίχων . . ἐνδώσειν
πρὸς τοῦτο, Σερῆνα δὲ ἐνέκειτο, πραχθῆναι βουλομένη τὸν
5 γάμον τοιᾶσδε ἕνεκεν αἰτίας. τοῦ γάμου τοῦ πρὸς Μαρίαν 2
Ὀνωρίῳ συνισταμένου, γάμων ὥραν οὔπω τὴν κόρην ἄγουσαν
ἡ μήτηρ ὁρῶσα, καὶ οὔτε ἀναβαλέσθαι τὸν γάμον ἀνεχομένη,
καὶ τὸ παρ' ἡλικίαν εἰς μῖξιν ἐκδοῦναι φύσεως ἀδικίαν καὶ
οὐδὲν ἕτερον εἶναι . ., γυναικὶ τὰ τοιαῦτα θεραπεύειν ἐπι-
10 σταμένῃ περιτυχοῦσα πράττει διὰ ταύτης τὸ συνεῖναι μὲν
τὴν θυγατέρα τῷ βασιλεῖ καὶ ὁμόλεκτρον εἶναι, τὸν δὲ μήτε
ἐθέλειν μήτε δύνασθαι τὰ τῷ γάμῳ προσήκοντα πράττειν. ἐν 3
τούτῳ τῆς κόρης ἀπείρου γάμων ἀποθανούσης, εἰκότως ἡ Σε-
ρῆνα βασιλείου γονῆς ἐπιθυμοῦσα δέει τοῦ μὴ τὴν τοσαύτην
15 αὐτῇ δυναστείαν ἐλαττωθῆναι, τῇ δευτέρᾳ θυγατρὶ συνάψαι
τὸν Ὀνώριον ἔσπευδεν. οὗ δὴ γενομένου τελευτᾷ μὲν ἡ κόρη
μετ' οὐ πολύ, ταὐτὰ τῇ προτέρᾳ παθοῦσα.

29. Στελίχων δέ, ἀγγείλαντος αὐτῷ τινὸς ὡς τὰς Ἠπεί-
ρους Ἀλλάριχος καταλιπών, ὑπερβάς τε τὰ διείργοντα στενὰ
20 τὴν ἀπὸ Παιονίας ἐπὶ Οὐενετοὺς διάβασιν, τὰς σκηνὰς εἰς
Ἡμῶνα πόλιν ἐπήξατο, μεταξὺ Παιονίας τῆς ἀνωτάτω καὶ
Νωρικοῦ κειμένην, — ἄξιον δὲ μὴ παραδραμεῖν ὅσα τῆς πό-

---

1. οὐ πρὸ πολλοῦ V, ἀπὸ πολλοῦ ς. cf. Tillemont t. V p. 557
2. Θερμαντίαν Reitemeier, ἑρμαντίαν V, ἑρματίαν ς. cf. Olympiod.
fr. 2 ‖ 3. ⟨οὐκ ἐδόκει, οὐκ ἔμελλε⟩ vel sim. ante ἐνδώσειν supplebat Sylb.
ego pro ἐνδώσειν scripserim ἐνεδοίαξεν ‖ 4. Σερῆνα] Σερῆνα editur in
Olympiodoro, rectius ut videtur. cf. Wannowski 'ant. Rom.' p. 101 ‖
πραχθῆναι] 'consummari'. quippe nepotis, βασιλείου γονῆς — quae
verba cum Ieepio ann. phil. suppl. t. XIV p. 75 de ipso Honorio ac-
cipi nullo modo possunt — Serena ἐπεθύμει (vs. 14). quae de arti-
bus a Serena olim adhibitis — vix quidem eis necessariis — a Zosimo
secundum Olympiodorum narrantur, ad ipsum Stilichonem, quem om-
nino calumniis ac conviciis prosequitur, transfert Philostorgius XII, 2 ‖
5. ἕνεκεν V, ἕνεκα ς ‖ 5. 6. τοῦ γάμου τοῦ πρὸς μαρίαν ὀνωρίῳ (hoc
spir.) συνισταμένου V, τοῦ γάμου πρὸς τὴν μαρίαν ὀνωρίου ἐνισταμένου
ς ‖ 9. εἶναι ⟨νομίζουσα⟩ Leunclavius ‖ 17. ante, non post, μ. οὐ πολύ com-
mate distinxit Reitemeier, male ‖ ταὐτὰ ς, ταῦτα V ‖ 21. Ἡμῶνα scripsi,
ἡμωνα Vς. cf. ad V, 37, 2 ⟨Κρεμῶνα⟩ ‖ μεταξὺ κτέ.] offendit Valesius
ad Ammian. XXVIII, 1, 45. at cf. Mommsen C. I. L. III, 1 p. 489 (de
Ptolem. II. 14. 5 v. Detlefsen Herm. t. XXI p. 554)

2 λεώς ἐστι ταύτης, καὶ ὅπως τὴν ἀρχὴν ἔτυχεν οἰκισμοῦ. τοὺς
Ἀργοναύτας φασὶν ὑπὸ τοῦ Αἰήτου διωκομένους ταῖς εἰς τὸν
Πόντον ἐκβολαῖς τοῦ Ἴστρου προσορμισθῆναι, κρῖναί τε καλῶς
ἔχειν διὰ τούτου πρὸς ἀντίον τὸν ῥοῦν ἀναχθῆναι καὶ μέχρι
τοσούτου διαπλεῦσαι τὸν ποταμὸν εἰρεσίᾳ καὶ πνεύματος ἐπι- 5
τηδείου φορᾷ, μέχρις ἂν τῇ θαλάττῃ πλησιαίτεροι γένοιντο.
3 πράξαντες δὲ ὅπερ ἔγνωσαν, ἐπειδὴ κατὰ τοῦτον ἐγένοντο
τὸν τόπον, μνήμην καταλιπόντες τῆς σφετέρας ἀφίξεως τὸν
τῆς πόλεως οἰκισμόν, μηχαναῖς ἐπιθέντες τὴν Ἀργὼ καὶ τε-
τρακοσίων ὁδὸν σταδίων ἄχρι θαλάσσης ἑλκύσαντες οὕτως 10
ταῖς Ἰταλῶν ἀκταῖς προσωρμίσθησαν, ὡς ὁ ποιητὴς ἱστορεῖ
Πείσανδρος ὁ τῇ τῶν ἡρωικῶν θεογαμιῶν ἐπιγραφῇ πᾶσαν
4 ὡς εἰπεῖν ἱστορίαν περιλαβών. ἐκ δὲ τῆς Ἠμῶνος προελθὼν
καὶ τὸν Ἄκυλιν περαιωθεὶς ποταμὸν τῷ Νωρικῷ προσέβαλεν,

---

2. ἀργο//ναύτας, ν erasa, V. ex Olympiodoro fabulam tam a Zo-
simo quam a Sozomeno I, 6 desumptam esse recte vidit Reitemeier.
(ex Sozomeno Niceph. Call. h. e. VII, 50). Olympiodorus autem aperte
eam hausit e Pisandro. quem non esse Pisandrum illum veterem Ca-
mirensem — id quod post alios (cf. Bernhardy hist. litt. Gr. t. II³, 1
p. 375) putavit Ieep 'quaest. Frideric.' (Aug. Taur. a. 1881) p. 16 sq.
(sive rivista di filol. class. X p. 387 sq.) et ann. phil. suppl. t. XIV
p. 153 — ex ipsa Emonae mentione adparet. quippe ab Augusto de-
mum Emona condita est. vetustior fabulae conformatio (ap. Plin n. h.
III, 128) pro Emona habuit Nauportum (cf. Mommsen l. c. p. 483).
Pisander igitur argumentum quidem e vetustiore aliquo historiae fa-
bularis scriptore vel poeta sumpsit, sed pro Nauporto urbe s. III p. Chr.
prope modum obsoleta Emonam vicinam florentissimamque substituit ||
5. διαπλεῦσαι ς, διαπλῆσαι V || 6. θαλάττῃ V, θαλάσσῃ ς || 10. ὁδὸν
σταδίων V, σταδίων ὁδὸν ς || οὕτω ς || 11. Ἰταλῶν ἀκταῖς e Sozomeno
corr. Ieep, Θεσσαλῶ ἀκταῖς, ῖ ' a m. 2, V. (ceterum accuratius Soz.:
ἀμφὶ τοὺς τετρακοσίους σταδίους ὑπὸ μηχανῆς ἕλκοντες τὴν Ἀργὼ διὰ
γῆς, ἐπὶ τὸν Ἄκυλιν ποταμὸν ἤγαγον, ὃς τῷ Ἠριδανῷ συμβάλλει· Ἠρι-
δανὸς δὲ εἰς τὴν κατὰ Ἰταλοὺς θάλασσαν τὰς ἐκβολὰς ἔχει || προσορμί-
σθησαν V || 12. Πείσανδρος ς, πίσανδρος V || ἡρωικῶν] Ἡραϊκῶν cum
Suida (v. Πείσανδρος) volebat Fabricius. rectius Flach 'Hesych. onom.'
p. 166 Suidam e Zosimo correxit || θεογαμιῶν V², -μίων V³ || 13. ἱστο-
ρίαν] fabularem ni mirum. cf. Macrob. sat. V, 2, 5 — qui tamen miro
errore Vergilium e Pisandro pendentem facit — et Duebner adp. ad
Hesiodum Didotianum p. 8 sq. fort. μυθικὴν post ἱστορίαν intercidit
ἤμωνος Vς || 14. Ἄκυλις fl. quis sit nescio. fluvium Frigidum ('Wippach')
cum Detlefseno (in Bursiani Jahresb. 1880 III p. 97, 2) intellegi posse

ἤδη τῶν Ἀπεννίνων ὀρῶν ἔξω γενόμενος. ὁρίζει δὲ ταῦτα
τὰς Παιονίας ἐσχατιάς, στενοτάτην ὁδὸν διδόντα τοῖς ἐπὶ τὸ
Νωρικὸν ἔθνος διαβαίνειν ἐθέλουσι, καὶ πρὸς ἣν ὀλίγοι φύ-
λακες ἦρχουν, εἰ καὶ πλῆθος τὴν πάροδον ἐβιάζετο. διαβὰς 5
5 δὲ ὅμως ὁ Ἀλλάριχος ἐκ τοῦ Νωρικοῦ πρὸς Στελίχωνα πρε-
σβείαν ἐκπέμπει, χρήματα αἰτῶν ὑπέρ τε τῆς ἐν ταῖς Ἠπείροις
τριβῆς, ἣν ἔλεγεν αὐτῷ Στελίχωνι πεισθέντι γενέσθαι, καὶ
τῆς εἰς τὴν Ἰταλίαν καὶ τὸ Νωρικὸν εἰσβολῆς. ὁ δὲ Στελί-
χων τὴν πρεσβείαν δεξάμενος καὶ ἐν τῇ Ῥαβέννῃ τοὺς πρέσβεις
10 ἐάσας εἰς τὴν Ῥώμην ἀφίκετο, κοινώσασθαι τῷ βασιλεῖ καὶ
τῇ γερουσίᾳ περὶ τοῦ πρακτέου βουλόμενος. συνελθούσης δὲ 6
τῆς γερουσίας εἰς τὰ βασίλεια καὶ βουλῆς περὶ τοῦ πολεμεῖν
ἢ μὴ προτεθείσης, ἡ μὲν τῶν πλειόνων εἰς τὸ πολεμεῖν ἐφέ-
ρετο γνώμη, μόνος δὲ Στελίχων σὺν ὀλίγοις, ὅσοι φόβῳ συγ-
15 κατετίθεντο, τὴν ἐναντίαν ἐχώρουν, εἰρήνην πρὸς Ἀλλάριχον
ποιεῖσθαι ψηφιζόμενοι. τῶν δὲ τὸν πόλεμον αἱρουμένων ἀπ- 7
αιτούντων Στελίχωνα λέγειν ἀνθ᾽ ὅτου μὴ πολεμεῖν μᾶλλον
ἀλλ᾽ εἰρήνην αἱρεῖται, καὶ ταύτην ἐπ᾽ αἰσχύνῃ τοῦ Ῥωμαίων
ἀξιώματος ἀνέχεται χρημάτων ὠνήσασθαι, ᾽διὰ γὰρ τὸ τῷ
20 βασιλεῖ συνοῖσον᾽ ἔφη ᾽τοσοῦτον ἐν ταῖς Ἠπείροις διέτριψε
χρόνον,᾽ ὡς ἂν ἅμα οἱ τῷ τῆς ἑῴας βασιλεύοντι πολεμήσας
Ἰλλυριοὺς ἐκείνης παρέληται τῆς ἀρχῆς καὶ τῇ Ὁνωρίου

non credo, nee magis cum Mommseno (C. I. L. V, 1 p. 75) Timavum
potius Zosimus nomen mythicum a Pisandro usurpatum (cf. Soz. l. c.)

perperam retinuerit ‖ 1. ἀπενίων, ν a m. 2, V. quod a ϛ recte emen-
datum esse nec vero corruptelam latere docet IV, 45, 4 ubi sec. Zosi-
mum Theodosius διὰ Παιονίας τῆς ἄνω καὶ τῶν Ἀπεννίνων ὀρῶν ἐπὶ
τὴν Ἀκυληίαν αὐτὴν ἐλάσαι διενοεῖτο, cf. ib. 46, 2 ‖ 2. στενωτάτην scri-
psit Bekk ‖ διδόντα V radendo ex διδόναι τὰ ‖ 4. incipiunt excerpta in
A B: Ὅτι ἀλάριχος ὁ τύραννος πολλὰ λῃσάμενος καὶ τὰς τῆς προνίας
(in mg. B: ἴσως παιωνίας) ἐσχατιᾶς (τέσχατιᾶς, sed τ notata, B) διαβὰς
ἐκ τοῦ νωρικοῦ ‖ 6. τῆς V, ταῖς A B ‖ 8. τὸν νωρικὸν V ‖ 9. ῥαουβένῃ A,
ῥαουβένῃ (sic ov notatum) B ‖ 11. γερουσίᾳ] cf. Richter ᾽d. westroem.
Reich᾽ p. 385 sq. ‖ 13. 14. ἐφέρετο] ἔφερε conieci. cf. Thuc. I, 79, 2
unde locutio sumpta: τῶν μὲν πλειόνων ἐπὶ τὸ αὐτὸ αἱ γνῶμαι ἔφερον ‖
14. 15. συγκατετίθετο A B ‖ 16. 17. ἀπαντούντων B ‖ 17. ἀνθ᾽ οὗ τὸ μὴ
A B ‖ 18. ἀλλ᾽ A B, ἀλλὰ V ϛ ‖ αἱρεῖται A B V¹, ἄγειν αἱρεῖται V²ϛ ‖ 20. ἐν-
διέτριψε A B ‖ 21. ἅμα οἱ τῷ τῆς V, ἅμα οὕτω τῆς A B ‖ 22. Ἰλλυριοὺς
ex Ἰλλυρίους V² ‖ ὀωρίου A, νωρίου B

8 προσθείη. τοῦτο δ' ἂν εἰς ἔργον ἤδη προῆλθεν, εἰ μὴ τοῦ
βασιλέως Ὀνωρίου φθάσαντα γράμματα τὴν ἐπὶ τὴν ἑῴαν ἔλα-
σιν αὐτοῦ διεκώλυσεν, ἣν ἐκδεχόμενον Ἀλλάριχον αὐτόθι
χρόνον δαπανῆσαι πολύν. καὶ ταῦτα λέγων ὁ Στελίχων ἅμα
καὶ τὴν ἐπιστολὴν ἐδείκνυ, καὶ τὴν Σερήναν αἰτίαν ἔλεγεν ₅
εἶναι τὴν ἀμφοτέρων τῶν βασιλέων ὁμόνοιαν ἀδιάφθορον
9 φυλάττεσθαι βουλομένην. πᾶσι τοίνυν δόξαντος δίκαια λέγειν
Στελίχωνος, ἐδόκει τῇ γερουσίᾳ χρυσίου τετρακισχιλίας ὑπὲρ
τῆς εἰρήνης Ἀλλαρίχῳ δίδοσθαι λίτρας, τῶν πλειόνων οὐ
κατὰ προαίρεσιν ἀλλὰ τῷ Στελίχωνος φόβῳ τοῦτο ψηφισα- ₁₀
μένων, ὥστε ἀμέλει Λαμπάδιος γένους καὶ ἀξιώματος εὖ ἔχων,
τῇ πατρίῳ φωνῇ τοῦτο ὑποφθεγξάμενος 'non est ista pax
sed pactio servitutis', ὃ δηλοῖ δουλείαν μᾶλλον ἤπερ εἰρήνην
εἶναι τὸ πραττόμενον, ἅμα τῷ διαλυθῆναι τὸν σύλλογον, δέει
τοῦ μὴ παθεῖν τι διὰ τὴν παρρησίαν, εἴς τινα πλησιάζουσαν ₁₅
τῶν Χριστιανῶν ἀπέφυγεν ἐκκλησίαν.

30. Ὁ μὲν οὖν Στελίχων τὴν πρὸς Ἀλλάριχον εἰρήνην
τοιῷδε τρόπῳ καταπραξάμενος ἐπὶ τὴν ἔξοδον ὥρμητο, τοῖς
αὐτῷ δόξασιν ἔργον ἐπιθήσων· ὁ δὲ βασιλεὺς ἐθέλειν ἔφασκεν
ἐκ τῆς Ῥώμης εἰς τὴν Ῥάβενναν παραγενέσθαι θεάσασθαί τε ₂₀
τὸ στρατόπεδον καὶ φιλοφρονήσασθαι, πολεμίου μάλιστα τοι-
2 ούτου τῆς Ἰταλίας ἐντὸς διαβάντος. ἔλεγε δὲ ταῦτα οὐκ
οἴκοθεν κινούμενος, ἀλλὰ συμβουλῇ Σερήνας πειθόμενος·
ἐβούλετο γὰρ αὐτὸν ἀσφαλεστέραν πόλιν οἰκεῖν, ἵνα εἰ τὴν
εἰρήνην πατήσας Ἀλλάριχος ἐπέλθοι τῇ Ῥώμῃ, μὴ κυριεύσῃ ₂₅
καὶ τοῦ βασιλέως· ἦν γὰρ αὐτῇ σπουδὴ περισώζεσθαι τοῦτον,
ὡς καὶ αὐτῆς τὴν ἀσφάλειαν διὰ τῆς ἐκείνου σωτηρίας ἐχούσῃ.

1. προσθείη ex προσθοίη V¹ ‖ τοῦᵀᴼ V ‖ 2. ὀνωρίου φθάσαν τὰ
γράμματα AB ‖ 2. 3. αὐτοῦ ἔλασιν διεκώλυσεν· ἣν ἐχόμενον AB ‖ 5. σε-
ρήναν V², σερῆνα V¹, βερήναν AB ‖ 8. τετρακισχιλίας V, τετρακοσίας
AB. μ΄ κεντηνάρια μισθὸν ἔλαβε τῆς ἐκστρατείας: Olympiod. fr. 5. cf.
Wietersheim-Dahn t. II² p. 374 ‖ 10. τῷ accessit θ ABV ‖ τοῦτο om.
AB ‖ 12. τῇ om. AB ‖ τούτῳ AB, qui Latina omittunt ‖ 13. ὃ V², ὅ //
(1 litt. er.) V¹ ‖ 14. τῶ ABV et Sylb, τοῦ apographa ‖ λυθῆναι AB ‖
15. παρουσίαν AB ‖ 16. ἀπέφυγεν ABV, ἀπέφευγεν ς ‖ ἐκκλησίαν. καὶ
ὁ στελίχων AB ‖ 19. δόξασιν τέλος ἐπιθήσων AB, qui hic desinunt ‖
23. οἴθεν, κο a m. 1, V ‖ 25. ἐπέλθοι ex ἐπέλθῃ V¹. ἐπέλθῃ ς (ἐπέλθοι
voluit iam Sylb) ‖ 26. αὐτῇ V², αὕτη V¹ ‖ 27. αὐτῆς — ἐχούσῃ scripsi,

τῆς δὲ τοῦ βασιλέως ἐπὶ τὴν Ῥάβενναν ὁρμῆς ἀποθυμίου τῷ 3
Στελίχωνι φανείσης, ἐπενοεῖτο πολλὰ ταύτης κωλύματα. τοῦ
δὲ βασιλέως οὐκ ἐνδιδόντος ἀλλ' ἐχομένου τῆς ὁδοιπορίας,
Σάρος βάρβαρος μὲν τὸ γένος, ἐν δὲ τῇ Ῥαβέννῃ στίφους
5 βαρβάρων ἡγούμενος, γνώμῃ Στελίχωνος ἐκίνει πρὸ τῆς πό-
λεως θορύβους, οὐχ ὡς τῷ ὄντι συνταράξαι τὰ καθεστῶτα
βουλόμενος, ἀλλ' ὡς ἂν ἐκφοβήσοι τὸν βασιλέα καὶ τῆς ὁδοῦ
τῆς ἐπὶ τὴν Ῥάβενναν ἀποστρέψειε. τοῦ δὲ οὐκ ἀποστάντος 4
ἧς εἶχε γνώμης, Ἰουστινιανὸς ἐν τῷ τῶν συνηγόρων κατὰ
10 τὴν Ῥώμην ἐπιτηδεύματι διαπρέψας, αἱρεθεὶς δὲ παρὰ Στελί-
χωνος πάρεδρός τε ὁμοῦ καὶ σύμβουλος, ὑπὸ τῆς ἄγαν ἀγχι-
νοίας φαίνεται τὰ τῆς βασιλικῆς ὁδοῦ τεκμαιρόμενος, καὶ ὡς
ἀλλοτρίως ἔχοντες πρὸς Στελίχωνα οἱ ἐν τῷ Τικίνῳ στρα-
τιῶται τοῦ βασιλέως ἐπιδημήσαντος εἰς τὸν ἔσχατον αὐτὸν
15 καταστήσουσι κίνδυνον. διετέλει τε παραινῶν ἐκστῆναι τὸν 5
βασιλέα τῆς τοιαύτης ὁρμῆς. ὁρῶν δὲ ἀπειθοῦντα τοῖς Στε-
λίχωνος λόγοις ἀπιὼν ᾤχετο, δέει τοῦ μὴ διὰ τὴν οἰκειότητα
συγκατενεχθῆναι τῇ Στελίχωνος τύχῃ.

31. Φήμης δὲ πρότερον εἰς τὴν Ῥώμην ἐλθούσης ὡς
20 Ἀρκάδιος ὁ βασιλεὺς τελευτήσειε, κυρωθείσης τε μετὰ τὴν
Ὀνωρίου τοῦ βασιλέως εἰς τὴν Ῥάβενναν ἄφιξιν, ἐπειδὴ Στε-
λίχων μὲν εἰς τὴν Ῥάβενναν ἦν, ὁ δὲ βασιλεὺς ἐπέστη Βο-
νωνίᾳ τῇ πόλει, μιᾷ τῆς Αἰμιλίας οὔσῃ, διεστηκυίᾳ δὲ τοῖς
καλουμένοις μιλίοις ἑβδομήκοντα τῆς Ῥαβέννης, μετάπεμπτος
25 γίνεται Στελίχων οἷα στρατιωτῶν κατὰ τὴν ὁδὸν πρὸς ἀλλή-
λους στασιασάντων, ἐφ' ᾧ σωφρονισμὸν αὐτοῖς ἐπαχθῆναι.
Στελίχωνος ⟨οὖν⟩ συναγαγόντος τοὺς στασιάσαντας, καὶ οὐχ 2

αὐτὴ — ἐχούσῃ V, αὐτῆς — ἐχούσης 5 ‖ 2. ἐπενοεῖτο] ἐπενόει conieci. cf.
II, 40, 2; IV, 2, 1 ‖ 4. ῥαβένῃ V ‖ 8. ἀποστρέψειε] ἀποτρέψειε conieci ‖
11 sq. in eis quae de Iustiniano narrantur merito haesit Wietersheim
t. II² p. 375   videtur Zosimus uberiorem Olympiodori narrationem
male excerpsisse ‖ 13. τικήνω V¹, τικηνῶ V² ‖ 15. ἐκστῆναι κτέ.] sen-
tentia requirere videtur ut Iustinianus Stilichonem admonuerit ut regi
Ravennam ire cupienti morem gereret, Stilicho autem id concedere
noluerit. unde ἐκστῆναι τῷ βασιλεῖ et ἀπειθοῦντα Στελίχωνα τοῖς λόγοις
aut scripsisse Zosimum aut scribere debuisse putaverim ‖ 19. δὲ ⟨τῆς⟩
voluit Sylb, male ‖ 21. ἄφιξιν non 'adventus' h. l. est, sed 'profectio'.
erravit Tillemont t. V p. 559 ‖ 22. 23. βονωρίᾳ V ‖ 23. οὔσῃ V², οὔσῃ ‖
V¹ ‖ 24. καταλουμένοις V, corr. 5 ‖ εβδομηκοντα (sine acc.) V ‖ 27. οὖν

ὅτι σωφρονισθῆναι μόνον αὐτοὺς ὁ βασιλεὺς κελεύσειεν εἰπόν-
τος, ἀλλ' ὅτι κατὰ δεκάδα τὸν αἰτιώτατον ἕνα θανάτῳ ζημιω-
θῆναι προσετέτακτο, τοσοῦτον αὐτοῖς ἐνέθηκε φόβον ὥστε
δάκρυα πάντας ἀφιέντας εἰς ἔλεον τὸν στρατηγὸν ἐπισπάσα-
3 σθαι καὶ ὑποσχέσθαι τὴν τοῦ βασιλέως εὐμένειαν. ἐπεὶ δὲ
οὐκ ἔσφηλεν αὐτὸν ὁ βασιλεὺς τῆς ὑποσχέσεως, εἰς τὴν περὶ
τῶν κοινῶν* ἐτράπησαν σκέψιν· ὅ τε γὰρ Στελίχων εἰς τὴν
ἑῴαν ἐβούλετο διαβῆναι καὶ τὰ κατὰ τὸν Ἀρκαδίου παῖδα
Θεοδόσιον διαθεῖναι, νέον ὄντα καὶ κηδεμονίας δεόμενον, ὅ
τε βασιλεὺς Ὀνώριος αὐτὸς στέλλεσθαι τὴν ὁδὸν ταύτην δι-
ενοεῖτο, καὶ ὅσα πρὸς ἀσφάλειαν τῆς τοῦ νέου βασιλείας οἰκο-
4 νομῆσαι. δυσαρεστήσας ἐπὶ τούτῳ Στελίχων τὸν ὄγκον τῶν
περὶ τὴν ὁδὸν ἐσομένων δαπανημάτων ἄγων εἰς μέσον ἀπο-
τρέπει τὸν βασιλέα ταύτης τῆς ἐγχειρήσεως. ἔλεγε δὲ μηδὲ
τὴν ἐπανάστασιν Κωνσταντίνου συγχωρεῖν αὐτῷ τῆς περὶ τὴν
Ἰταλίαν καὶ τὴν Ῥώμην αὐτὴν ἀποστῆναι φροντίδος, ἤδη
Κωνσταντίνου τοῦ τυράννου τὴν Γαλατίαν πᾶσαν διαδρα-
5 μόντος καὶ ἐν τῇ Ἀρελάτῳ διατρίβοντος. προσεῖναι δὲ τού-
τοις, καίπερ οὖσιν ἱκανοῖς εἰς τὸ δεῖσθαι τῆς τοῦ βασιλέως
παρουσίας τε καὶ προνοίας, καὶ τὴν Ἀλλαρίχου μετὰ τοσούτου
στρατοπέδου βαρβάρων ἐπιδημίαν, ἀνθρώπου βαρβάρου καὶ
ἀπίστου καὶ ἐπειδὰν εὕροι τὴν Ἰταλίαν βοηθείας ἔρημον ἐπ-
ελευσομένου. γνώμην δὲ ἀρίστην εἶναι καὶ τῇ πολιτείᾳ λυσι-
τελοῦσαν Ἀλλάριχον μὲν ἐπιστρατεῦσαι τῷ τυράννῳ, τῶν τε
σὺν αὐτῷ βαρβάρων ἄγοντα μέρος καὶ τέλη Ῥωμαϊκὰ καὶ
ἡγεμόνας, οἳ κοινωνήσουσιν αὐτῷ τοῦ πολέμου, τὴν ἑῴαν δὲ
αὐτὸς καταλήψεσθαι βασιλέως κελεύοντος καὶ γράμματα περὶ
6 τοῦ πρακτέου διδόντος. ἀλλ' ὁ βασιλεὺς μὲν ὀρθῶς ἅπαντα
εἰρῆσθαι τῷ Στελίχωνι κρίνας, τά τε γράμματα δοὺς πρὸς
τὸν τῆς ἑῴας βασιλέα καὶ πρὸς Ἀλλάριχον τῆς Βονωνίας ἐξ-
ήλαυνε· Στελίχων δὲ κατὰ χώραν ἔμενε τέως, οὔτε ἐπὶ τὴν
ἑῴαν προϊὼν οὔτε ἕτερόν τι τῶν βεβουλευμένων ἄγων εἰς

addidi (vel δή), δὲ add. Heyne ‖ 9. διαθῆναι V ‖ 20. τε sup. scr. V² ‖
23. γνώμην V², γνώμη V¹ ‖ 24. ἐπιστρατεῦσαι] 'mittere' h. l. est, non
'proficisci'. cf. II, 11; VI, 4, 3 et v. Krebs 'Rection d. Casus' (Ratisb.
1885) p. 8 ‖ 25. ἄγοντα ς, ἄγοντι V ‖ 26. κοινωνήσωσιν, ου a m. 2, V ‖
30. βονωρίας V ‖ 31. ἐπὶ] τὴν ἐπὶ coni. Sylb

ἔργον, ἀλλ' οὔτε μέρος τῶν ἐν τῷ Τικήνῳ στρατιωτῶν εἰς
τὴν Ῥάβενναν ἢ ἑτέρωθί που μετατιθείς, ὡς ἂν μὴ τῷ βασιλεῖ
κατὰ πάροδον ὑπαντήσαντες εἴς τινα κατ' αὐτοῦ τὸν βασιλέα
κινήσειαν πρᾶξιν.

32. Ἀλλὰ Στελίχων μὲν οὐδὲν συνεπιστάμενος ἀπηχὲς
ἢ κατὰ τοῦ βασιλέως ἢ κατὰ τῶν στρατιωτῶν βεβουλευμένον
ἐν τούτοις ἦν· Ὀλύμπιος δέ τις, ὁρμώμενος μὲν ἐκ τοῦ Εὐ-
ξείνου πόντου, λαμπρᾶς δὲ στρατείας ἐν τοῖς βασιλείοις ἠξι-
ωμένος, ἐν δὲ τῇ φαινομένῃ τῶν Χριστιανῶν εὐλαβείᾳ πολ-
λὴν ἀποκρύπτων ἐν ἑαυτῷ πονηρίαν, ἐντυγχάνειν εἰωθὼς δι'
ἐπιεικείας προσποίησιν τῷ βασιλεῖ πολλὰ κατὰ τὸν ποιητὴν
θυμοφθόρα τοῦ Στελίχωνος κατέχεε ῥήματα, καὶ ὡς διὰ τοῦτο
τὴν ἐπὶ τὴν ἑῴαν ἀποδημίαν ἐπραγματεύσατο, ὡς ἂν ἐπιβου-
λεύσας ἀναίρεσιν Θεοδοσίῳ τῷ νέῳ . . . . . Εὐχερίῳ τῷ παιδὶ
παραδοίη. ἀλλὰ ταῦτα μὲν εὐρυχωρίας αὐτῷ οὔσης κατὰ τὴν
ὁδὸν κατέχεε τοῦ βασιλέως· ἤδη δὲ αὐτοῦ ὄντος κατὰ τὸ
Τίκηνον, τοὺς νοσοῦντας ἐπισκεπτόμενος τῶν στρατιωτῶν ὁ
Ὀλύμπιος (ἦν γὰρ αὐτῷ καὶ τοῦτο τῆς ἐπικεκαλυμμένης με-
τριότητος τὸ κεφάλαιον) τοιουτώδεις κἀκείνοις ἐνέσπειρεν
ἐπῳδάς. τετάρτης δὲ μόνης ἡμέρας ἐξ οὗπερ ἐπεδήμησεν ὁ
βασιλεὺς τῷ Τικήνῳ διελθούσης, μετακληθέντων εἰς τὰ βασί-
λεια τῶν στρατιωτῶν ἐφαίνετό τε αὐτοῖς ὁ βασιλεὺς καὶ εἰς
τὸν κατὰ Κωνσταντίνου τοῦ τυράννου παρεθάρσυνε πόλεμον.
περὶ δὲ Στελίχωνος οὐδενὸς κινηθέντος ἐφαίνετο νεύων τοῖς
στρατιώταις Ὀλύμπιος καὶ ὥσπερ ἀναμιμνήσκων ὧν ἔτυχεν

---

1. ἀλλ' οὔτε] ἀλλ' οὐδὲ conieci ‖ 2. ἑτέρωθί που] cf. ad V, 13, 4 ‖
5. οὐδὲν ⟨οἱ⟩ συνεπ. conieci ‖ 7. Ὀλύμπιος] Olympiod. fr. 2. 8 (absol-
vunt scelere Olympium cum ceteri scriptores ecclesiastici tum Philo-
storgius XII, 1: ὅτι Φιλοστόργιος — διατρίβοντος. quae secuntur in
Philostorgii epitome Photiana: ἄλλοι δὲ — τῷ Στελίχωνι, non ex Philo-
storgio sed ex Olympiodoro a Photio excerpta sunt. cf. praef. huius
edit.) ‖ 8. στρατείας V², στρατιᾶς V¹ ‖ 9. εὐλαβείᾳ] cf. Iulian. p. 554, 20 H.:
τὴν εἰς τοὺς θεοὺς εὐλάβειαν ‖ 11. κατὰ τὸν ποιητὴν] Hom. Il. VI, 169 |
13. ἀποδημίαν V, ἐπιδημίαν ς ‖ 14. indicavi lacunam. τὴν βασιλείαν
post παιδὶ add. ς. nisi forte in τῷ νέῳ latet τὰ ἑῷα vel τὴν ἕω. cf.
Sozom. IX, 4: ὕποπτος ὢν ὡς Εὐχέριον τὸν υἱέα τὸν ἑαυτοῦ σπουδάζων
ἀναγορεῦσαι βασιλέα κατὰ τὴν ἕω ‖ 16. τοῦ βασιλέως V², τὸν βασιλέα
V¹ ‖ 17. ὁ accessit e V ‖ 19. τὸ κεφ.] τι κεφ. conieci. nisi forte unum
vocabulu . . .

4 αὐτοῖς ἐν παραβύστῳ διαλεχθείς· οἳ δὲ τρόπον τινὰ παρά-
φοροι γεγονότες Λιμένιόν τε τὸν ἐν τοῖς ὑπὲρ τὰς Ἄλπεις
ἔθνεσιν ὄντα τῆς αὐλῆς ὕπαρχον ἀποσφάττουσι, καὶ ἅμα
τούτῳ Χαριοβαύδην τὸν στρατηγὸν τῶν ἐκεῖσε ταγμάτων·
ἔτυχον γὰρ διαφυγόντες τὸν τύραννον καὶ ὑπαντήσαντες κατὰ 5
τὸ Τίκηνον τῷ βασιλεῖ. ἐπισφάττονται δὲ τούτοις Βικέντιός
τε καὶ Σάλβιος, ὃ μὲν τῶν ἱππέων ἡγούμενος, ὃ δὲ τοῦ τῶν
5 δομεστίκων τάγματος προεστώς. ἐπεὶ δὲ τῆς στάσεως αὐξη-
θείσης ὅ τε βασιλεὺς ἀνεχώρησεν ἐπὶ τὰ βασίλεια καὶ τῶν
ἀρχόντων ἔνιοι διαφυγεῖν ἠδυνήθησαν, ἐπὶ τὴν πόλιν ἅπασαν 10
οἱ στρατιῶται διασπαρέντες ὅσους ἐδυνήθησαν τῶν ἀρχόντων
ἀνεῖλον, ἐξελκύσαντες τῶν οἰκημάτων ἐν οἷς ἔτυχον ἀπο-
δράντες, τὰ δὲ τῆς πόλεως διήρπασαν χρήματα. προϊόντος δὲ
εἰς ἀνήκεστον τοῦ κακοῦ, χιτώνιον ὁ βασιλεὺς περιβαλόμενος
χλαμύδος δίχα καὶ διαδήματος, φανείς τε ἐν μέσῃ τῇ πόλει, 15
σὺν πολλῷ πόνῳ μόλις οἷός τε γέγονε τὴν τῶν στρατιωτῶν
6 ἀναστεῖλαι μανίαν. ἀνῃρέθησαν δὲ τῶν ἀρχόντων ὅσοι καὶ
μετὰ τὴν φυγὴν ἥλωσαν, ὅ τε τῶν ἐν τῇ αὐλῇ τάξεων μά-
γιστρος Ναιμόριος καὶ Πατρώινος ὁ τῶν θησαυρῶν προεστὼς
καὶ . . . . ὁ τῶν ἀνηκόντων ἰδίᾳ τῷ βασιλεῖ ταμιείων προ- 20
βεβλημένος, καὶ ἐπὶ τούτοις Σάλβιος ὁ τὰ βασιλεῖ δοκοῦντα
τεταγμένος ὑπαγορεύειν, ὃν κοιαίστωρα καλεῖν οἱ ἀπὸ Κων-

---

1. 2. παράφο//ροι, ο ex ω, V ‖ 2. τὸν ϛ, τῶν ex τὸν V¹ ‖ ἐν τοῖς,
ν το ex corr. V¹ ‖ 4. et 6. fuerunt igitur praeter Stilichonem, utriusque
militiae magistrum, Chariobaudes magister equitum per Gallias et
Vincentius magister equitum praesentalis. Vincentio successit Turpilio,
Stilichoni ipsi Varanes, sed ita ut simplex fieret magister peditum,
non magister utriusque militiae (V, 36, 3. quippe hic titulus honori-
ficus in Occidente illa aetate fuisse videtur, qui magistris peditum
non conferretur nisi postquam bene de re publica meruissent). fugit
hic Io us Seeckium de Notitia disputantem (diss. Berol. a. 1872 p.9 sq.) ‖
6. βικέντιος V et apographa, βιγκέντιος corr. Sylb. at nil est nisi di-
versa idem nomen scribendi ratio, v. C. I. G. 9645 coll. 9559, et C. I. L.
V, 2 p. 1060 ‖ 7. τοῦ accessit e V ‖ 12. οἰκημάτων V, οἰκοδομημάτων ϛ ‖
14. περιβαλόμενος V et Bekk, περιβαλλόμενος apographa ‖ 17. καὶ ac-
cessit e V ‖ 19. πατρώινος V et Seeck praef. ad Symm. p. CXC adn. 965,
πατρώνιος ϛ. (eadem nominis forma extat C. I. G. 5973 c sive ep.
Gr. Kaibel. 1026, Πατρόϊνος C. I. G. 6649) ‖ 20. indicavi lacunam. fort.
Ursicinus, qui a. 405 comes rerum privatarum erat (v. Seeck l. d.),
a. 408 dignitatem adhuc retinebat ‖ 22. κοιαίστωρα V et apographa,

σταντίνου δεδώκασι χρόνοι· τούτῳ γὰρ οὐδὲ τὸ τῶν ποδῶν
ἀντιλαβέσθαι τοῦ βασιλέως ἤρκεσε πρὸς ἀποφυγὴν τοῦ θα-
νάτου. τῆς δὲ στάσεως ἄχρι δείλης ὀψίας ἐπιμεινάσης, καὶ 7
τοῦ βασιλέως μή τι καὶ εἰς αὐτὸν γένοιτο δείσαντος καὶ διὰ
τοῦτο ὑποχωρήσαντος, εὑρόντες ἐν μέσῳ Λογγινιανόν, ὃς τῆς
κατὰ τὴν Ἰταλίαν αὐλῆς ὕπαρχος ἦν, ἀναιροῦσι καὶ τοῦτον.
ἀλλ' οὗτοι μὲν ἀρχῶν προβεβλημένοι τῆς τῶν στρατιωτῶν
ἔργον γεγόνασιν ἀπονοίας· ἀπώλετο δὲ καὶ τῶν παρατυχόντων
πλῆθος ὅσον ἀριθμῷ μὴ ῥάδιον εἶναι περιλαβεῖν.

    33. Ταῦτα προσαγγελθέντα Στελίχωνι κατὰ τὴν Βο-
νωνίαν ὄντι, πόλιν οὖσαν, ὡς εἴρηται, τῆς Αἰμιλίας, οὐ
μετρίως αὐτὸν ἐτάραξε. καλέσας τε ἅπαντας ὅσοι συνῆσαν
αὐτῷ βαρβάρων συμμάχων ἡγούμενοι, βουλὴν περὶ τοῦ πρα-
κτέου προυτίθει. καὶ κοινῇ πᾶσι καλῶς ἔχειν ἐδόκει τοῦ μὲν
βασιλέως ἀναιρεθέντος (ἔτι γὰρ τοῦτο ἀμφίβολον ἦν) πάντας
ὁμοῦ τοὺς συμμαχοῦντας Ῥωμαίοις βαρβάρους κοινῇ τοῖς
στρατιώταις ἐπιπεσεῖν καὶ τοὺς ἄλλους ἅπαντας διὰ τούτου
καταστῆσαι σωφρονεστέρους, εἰ δὲ ὁ μὲν βασιλεὺς φανείη
περισωθείς, ἀνῃρημένοι δὲ οἱ τὰς ἀρχὰς ἔχοντες, τηνικαῦτα
τοὺς τῆς στάσεως αἰτίους ὑπαχθῆναι τῇ δίκῃ. τὰ μὲν οὖν 2
Στελίχωνι καὶ τοῖς σὺν αὐτῷ βαρβάροις βεβουλευμένα τοιαῦτα
ἦν· ἐπεὶ δὲ ἔγνωσαν ἀπηχὲς οὐδὲν εἰς τὴν βασιλείαν γενό-
μενον, οὐκέτι πρὸς τὸν κατὰ τοῦ στρατοπέδου σωφρονισμὸν
ἐδόκει Στελίχωνι χωρεῖν ἀλλ' ἐπὶ τῆς Ῥαβέννης ἀναχωρεῖν·
τό τε γὰρ τῶν στρατιωτῶν πλῆθος ἐλάμβανε κατὰ νοῦν, καὶ
προσέτι γε τὴν τοῦ βασιλέως περὶ αὐτὸν γνώμην οὐχ ἑώρα

---

pro quo Sylb ceterique male κοαίστωρα scripserunt. cf. locos ab Hert-
leinio ad Iulian. p. 594, 1, Wannowskio 'ant. Rom.' p. 162 Fabrotioque
gloss. ad Cedren. t. II p. 911 Bk. allatos ‖ 1. δεδώκασι] εἰώθασι coni.
Reinesius, male ‖ οὐδὲ Bekk, οὔτε V ‖ 2. ἤρκησε V ‖ 5. τῆς ex τις V
(a m. 2?). de ipso homine v. Seeck praef. ad Symm. p. CLXXXVIII ‖
8. ἔργον γεγ.] cf. Wyttenbach ad Iulian. p. 176 ed. Schaefer ‖ 9. ἀριθμῷ
V corr. (a m. 2?), ἀριθμὸν V¹ ‖ 10. τὴν accessit e V ‖ 10. 11. βονωρίαν V ‖
16. ὁμοῦ ex μὲν V¹ ‖ 16. 17. τοῖς ⟨ἐν τῷ Τικήνῳ⟩ στρατιώταις expectabam.
οἱ ἄλλοι ἅπαντες sunt exercitus Romani — barbaris infensi — aliis in
locis constituti ‖ 20. τῇ δίκῃ] δίκῃ I, 38, 1. κολάσεσιν ὑπάγεσθαι I, 56, 3 ‖
22. εἰς τὴν βασιλείαν] εἰς τὸν βασιλέα coni. Reitemeier ‖ 25. γὰρ, quod
recte desideravit Bekk. accessit e V

βεβαίως ἑστῶσαν, καὶ ἐπὶ τούτοις ἐπαφεῖναι Ῥωμαϊκῷ στρατο-
πέδῳ βαρβάρους οὔτε ὅσιον οὔτε ἀσφαλὲς ᾤετο εἶναι.

34. Ἐπὶ τούτοις ἀπορουμένου Στελίχωνος, οἱ σὺν αὐτῷ
βάρβαροι τὰ πρότερον αὐτοῖς ἐσκεμμένα κρατεῖν ἐθέλοντες
ἀφέλκειν μὲν αὐτὸν ὧν μετὰ ταῦτα ἔκρινεν ἐπεχείρουν· ὡς
δὲ οὐκ ἔπειθον, οἱ μὲν ἄλλοι πάντες ἔν τισι χωρίοις ἔκριναν
ἐπιμεῖναι, μέχρις ἂν ἣν εἶχεν ὁ βασιλεὺς περὶ Στελίχωνος
γνώμην σαφέστερον ἐπιδείξειε, Σάρος δὲ καὶ σώματος ῥώμῃ
καὶ ἀξιώσει τῶν ἄλλων συμμάχων προέχων, μετὰ τῶν ὑπ᾽
αὐτὸν τεταγμένων βαρβάρων ἀνελὼν καθεύδοντας ἅπαντας
οἳ Στελίχωνι προσεδρεύοντες ἔτυχον Οὖννοι, καὶ τῆς ἑπο-
μένης αὐτῷ πάσης ἀποσκευῆς γενόμενος ἐγκρατὴς ἐπὶ τὴν
τούτου σκηνὴν ἐχώρει, καθ᾽ ἣν διατρίβων ἀπεσκόπει τὰ συμ-
βησόμενα. Στελίχων μὲν οὖν καὶ τῶν σὺν αὐτῷ βαρβάρων
διαστάντων ἐπὶ τὴν Ῥάβενναν ἀπιὼν παρεγγυᾷ ταῖς πόλεσιν,
ἐν αἷς βαρβάρων ἔτυχον οὖσαι γυναῖκες καὶ παῖδες, μηδένα
δέχεσθαι βαρβάρων αὐταῖς προσιόντα· τῆς δὲ τοῦ βασιλέως
γνώμης ἤδη κύριος Ὀλύμπιος γεγονὼς τοῖς ἐν τῇ Ῥαβέννῃ
στρατιώταις ἔστελλε βασιλικὰ γράμματα κελεύοντα συλλη-
φθέντα Στελίχωνα τέως ἐν ἀδέσμῳ παρ᾽ αὐτῶν ἔχεσθαι
φυλακῇ. τοῦτο μαθὼν ὁ Στελίχων ἐκκλησίαν τινὰ τῶν
Χριστιανῶν πλησίον οὖσαν νυκτὸς οὔσης ἔτι κατέλαβεν. ὅπερ
οἱ συνόντες αὐτῷ βάρβαροι καὶ ἄλλως οἰκεῖοι τεθεαμένοι,
μετὰ οἰκετῶν ὡπλισμένοι τὸ ἐσόμενον ἀπεσκόπουν. ἐπεὶ δὲ
ἡμέρα ἦν ἤδη, παρελθόντες εἰς τὴν ἐκκλησίαν οἱ στρατιῶ-
ται, καὶ ὅρκοις πιστωσάμενοι τοῦ ἐπισκόπου παρόντος ὡς
οὐκ ἀνελεῖν αὐτὸν ἀλλὰ φυλάξαι μόνον παρὰ βασιλέως ἐτά-
χθησαν, ἐπειδὴ τῆς ἐκκλησίας ὑπεξελθὼν ὑπὸ τὴν τῶν στρα-
τιωτῶν ἦν φυλακήν, ἀπεδίδοτο δεύτερα γράμματα παρὰ τοῦ
κεκομικότος τὰ πρότερα, θανάτου τιμώμενα τὰ κατὰ τῆς
πολιτείας ἡμαρτημένα Στελίχωνι. Εὐχερίου δὲ τοῦ τούτου
παιδὸς ἐν τῷ ταῦτα γενέσθαι πεφευγότος καὶ εἰς τὴν Ῥώμην
ἀναχωρήσαντος, ἤγετο Στελίχων ἐπὶ τὸν θάνατον. τῶν δὲ

περὶ αὐτὸν βαρβάρων καὶ οἰκετῶν καὶ ἄλλως οἰκείων (ἦσαν
γὰρ πλῆθος οὐ μέτριον) ἀφελέσθαι τῆς σφαγῆς αὐτὸν ὁρμη-
σάντων, σὺν ἀπειλῇ πάσῃ καὶ φόβῳ ταύτης αὐτοὺς Στελίχων
ἀποστήσας τῆς ἐγχειρήσεως τρόπον τινὰ τὸν τράχηλον αὐτὸς
5 ὑπέσχε τῷ ξίφει, πάντων ὡς εἰπεῖν τῶν ἐν ἐκείνῳ δυναστευ-
σάντων τῷ χρόνῳ γεγονὼς μετριώτερος. Θεοδοσίου γὰρ τοῦ
πρεσβυτέρου συνοικῶν ἀδελφιδῇ καὶ ἀμφοῖν αὐτοῦ τοῖν παί-
δοιν τὰς βασιλείας ἐπιτραπείς, τρεῖς δὲ πρὸς τοῖς εἴκοσιν
ἐνιαυτοὺς ἐστρατηγηκὼς οὐκ ἐφάνη ποτὲ στρατιώταις ἐπὶ
10 χρήμασιν ἄρχοντας ἐπιστήσας ἢ στρατιωτικὴν σίτησιν εἰς
οἰκεῖον παρελόμενος κέρδος. πατὴρ δὲ παιδὸς ἑνὸς γεγονὼς
ἔστησεν αὐτῷ τὴν ἀξίαν ἄχρι τοῦ λεγομένου νοταρίου τρι-
βούνου, μηδεμίαν αὐτῷ περιποιήσας ἀρχήν. ὥστε ⟨δὲ⟩ μηδὲ
τὸν χρόνον ἀγνοῆσαι τοὺς φιλομαθοῦντας τῆς αὐτοῦ τελευτῆς,
15 Βάσσου μὲν ἦν ὑπατεία καὶ Φιλίππου, καθ' ἣν καὶ Ἀρκάδιος
ὁ βασιλεὺς ἔτυχε τῆς εἱμαρμένης, τῇ πρὸ δέκα καλανδῶν
Σεπτεμβρίων ἡμέρᾳ.

35. Στελίχωνος δὲ τελευτήσαντος τὰ ἐν τοῖς βασιλείοις
ἅπαντα κατὰ τὴν Ὀλυμπίου διετίθετο βούλησιν, καὶ αὐτὸς
20 μὲν τὴν τοῦ μαγίστρου ⟨τῶν ὀφφικίων⟩ ἀρχὴν παρελάμβανε,
τὰς δὲ ἄλλας διένεμεν ὁ βασιλεὺς οἷς Ὀλύμπιος ἐμαρτύρει.
πανταχόθεν δὲ τῶν Στελίχωνος οἰκείων ἢ ἄλλως τὰ τούτου
φρονεῖν δοκούντων ἐρευνωμένων, εἰς κρίσιν ἤγοντο Δευτέριος
ὁ τῆς φυλακῆς τοῦ βασιλικοῦ κοιτῶνος προεστὼς καὶ Πέτρος
25 ὁ τοῦ τάγματος τῶν ὑπογραφέων ἡγούμενος, καὶ δημοσίαν
ὑποστάντες ἐξέτασιν ἠναγκάζοντό τι περὶ Στελίχωνος λέγειν.

2. ἀφελ.] cf. Krabinger ad Synes. de prov. p. 93 B Pet. ‖ 4. τὸν τρ.
αὐτὸς V, αὐτ. τ. τρ. ς ‖ 5. ὑπέσχε V et Bekk, ὑπέσχετο apographa ‖ 9. ἐνι-
αυτοὺς V², -τοῖς V¹ ‖ 12. νοταρίου V, νοταρίων ς. Eucherius igitur
nil fuit nisi vulgaris notarius (et) tribunus (cf. Gothofr. ad c. Theod.
t. II p. 89). primicerius notariorum tum erat Petrus (c. 35, 2) ‖ 13.
περιποιήσας V et Heyne, περιποιῆσαι apographa ‖ ὥστε δὲ scripsi (cf.
IV, 26, 3), ὥστε V, ὡς δὲ ς ‖ 15. ὑπατεία ς, ὑπατία V, ut II, 7, 2 ‖ 16.
τῇ V, τῇ δὲ ς ‖ 18. δὲ accessit e V ‖ 20. τῶν ὀφφικίων verba — per se
quidem non necessaria, cf. ad III, 29, 3 — h l. propter hiatum abesse
non poterant, itaque ex Olympiod. fr. 8 addidi. (nisi forte males τῶν
μαγίστρων, cf. ad V, 44, 2) ‖ 21. διένεμεν V, διένειμεν ς ‖ 23. φρονεῖν,
φρον in ras. m. 2, V ‖ ⫽δοκούντων, 1 litt. er., δ ex ρ, V ‖ ερευνωμένῳ
(sic) V, διερευνωμένων ς. cf. III, 24, 2

ὡς δὲ οὔτε καθ᾽ ἑαυτῶν οὔτε κατ᾽ ἐκείνου διδάσκειν εἶχον
οὐδέν, διαμαρτὼν ὁ Ὀλύμπιος τῆς σπουδῆς ῥοπάλοις παίε-
3 σθαι αὐτοὺς παρεσκεύαζεν ἄχρι θανάτου. πολλῶν δὲ καὶ
ἄλλων ὥς τι συνεπισταμένων Στελίχωνι πρὸς δίκην ἀχθέν-
των, εἰπεῖν τε μετὰ βασάνων ἀναγκασθέντων εἴ τινα τούτῳ 5
συνίσασι βασιλείας ἐπιθυμίαν, ὡς οὐδεὶς ἔφη τι τοιοῦτον
εἰδέναι, τῆς μὲν τοιαύτης ἐγχειρήσεως οἱ ταῦτα πολυπραγμο-
νοῦντες ἀπέστησαν, ὁ δὲ βασιλεὺς Ὀνώριος τὴν μὲν γαμετὴν
Θερμαντίαν παραλυθεῖσαν τοῦ βασιλείου θρόνου τῇ μητρὶ
προσέταττε παραδίδοσθαι, μηδὲν διὰ τοῦτο ὑφορωμένην, τὸν 10
δὲ Στελίχωνος υἱὸν Εὐχέριον ἀνιχνευθέντα πανταχόθεν ἀναιρε-
4 θῆναι. καὶ τοῦτον ἔν τινι τῶν κατὰ τὴν Ῥώμην ἐκκλησιῶν
πεφευγότα εὑρόντες διὰ τὴν τοῦ τόπου τιμὴν εἴασαν· ἐν δὲ
τῇ Ῥώμῃ Ἡλιοκράτης ἄρχειν ἐπιτεταγμένος τοῦ ταμιείου,
γράμμα βασιλικὸν ἐπικομιζόμενος, ὅπερ ἐβούλετο πάντων ὅσοι 15
κατὰ τοὺς Στελίχωνος χρόνους ἔτυχόν τινος ἀρχῆς δημοσίας
γίνεσθαι τὰς οὐσίας, ἔργον ἐπετίθετο τῷ ταμιείῳ χρημάτων.
5 ὥσπερ δὲ τούτων οὐκ ἀρκούντων ἐμπλῆσαι τὸν τότε συνέ-
χοντα δαίμονα, τῆς τῶν ἀλιτηρίων ὄντα σειρᾶς καὶ ἐν ἐρημίᾳ
τοῦ θείου πάντα συνταράττοντα τὰ ἀνθρώπινα, καὶ ἕτερόν 20
τι προσετέθη τοῖς προλαβοῦσι τοιοῦτον. οἱ ταῖς πόλεσιν ἐν-
ιδρυμένοι στρατιῶται, τῆς Στελίχωνος τελευτῆς εἰς αὐτοὺς
ἐνεχθείσης, ταῖς καθ᾽ ἑκάστην πόλιν οὔσαις γυναιξὶ καὶ παισὶ
βαρβάρων ἐπέθεντο, καὶ ὥσπερ ἐκ συνθήματος πανωλεθρίᾳ
6 διαφθείραντες, ὅσα ἦν αὐτοῖς ἐν οὐσίᾳ διήρπασαν. ὅπερ 25
ἀκηκοότες οἱ τοῖς ἀνῃρημένοις προσήκοντες καὶ πανταχόθεν
ἐς ταὐτὸ συνελθόντες, σχετλιάσαντες ἐπὶ τῇ τοσαύτῃ Ῥω-
μαίων κατὰ τῆς τοῦ θεοῦ πίστεως ἀσεβείᾳ πάντες ἔγνωσαν

5. τούτωι ex τούτων V corr. (a m. 1 ut vid.), τούτων apographa,
quod in τούτῳ corr. Sylb ‖ 6. ὡς δὲ οὐδεὶς V ‖ 10. προσέττατε V ‖ ὑφορω-
μένην, ω ex ου, V ‖ 11. ἀνιχ//ευθέντα, ν a m. 2 (ᶜeras. vid. θ᾽ Mau), V ‖
14. ἄρχειν ἐπιτεταγμένος bis scripta in V, sed semel notata ‖ 17. ἔργον
— χρημάτων] aut corrupta aut, id quod Bekk putat, mutila ‖ 18. 19.
τὸν τότε συν.] τὸν τὰ ὅλα σ. vel τὸν ⟨τὰ ὅλα⟩ τότε σ. conieci, cum
συνέχειν verbum obiecto carere non possit. ὁ τὰ ἀνθρώπινα λαχὼν
ἀλιτήριος δαίμων V, 41, 5 ‖ 19. τῆς τῶν ἀλιτηρίων ὄντα σειρᾶς V, ταῖς
τῶν ἀλιτηρίων σειραῖς ς. Neoplatonicorum de daemonibus haec re-
ferunt doctrinam ‖ 21. πόλεσιν V², πόλεις V¹ ‖ 22. τελευτῆς εἰς αὐτοὺς
V, εἰς αὐτοὺς τελευτῆς ς ‖ 28. τῆς sup. scr. V¹ ‖ τοῦ θεοῦ πίστεως] cf.

Ἀλλαρίχῳ προσθέσθαι καὶ τοῦ κατὰ τῆς Ῥώμης αὐτῷ κοινω
νῆσαι πολέμου· καὶ συναχθεῖσαι πρὸς τοῦτο πλείους ὀλίγῳ
τριῶν μυριάδες, ἐφ' ὅπερ ἐδόκει συνέθεον.

36. Ἀλλάριχος δὲ οὐδὲ παρὰ τούτων ἐρεθιζόμενος ᾑρεῖτο
τὸν πόλεμον, ἀλλὰ ἔτι τὴν εἰρήνην ἔμπροσθεν ἐποιεῖτο, τῶν
ἐπὶ Στελίχωνος σπονδῶν μεμνημένος. στείλας δὲ πρέσβεις
ἐπὶ χρήμασιν οὐ πολλοῖς εἰρήνην ᾔτει γενέσθαι, λαβεῖν τε
ὁμήρους Ἀέτιον καὶ Ἰάσονα, τὸν μὲν Ἰοβίου γενόμενον παῖδα
τὸν δὲ Γαυδεντίου, δοῦναι δὲ καὶ αὐτὸς τῶν παρ' αὑτῷ
τινὰς εὖ γεγονότας, καὶ ἐπὶ τούτοις ἄγειν τὴν ἡσυχίαν,
μεταστῆσαί τε εἰς Παιονίαν ἐκ τοῦ Νωρίχου τὸ στράτευμα.
ἐπὶ τούτοις Ἀλλαρίχου τὴν εἰρήνην αἰτοῦντος, ὁ βασιλεὺς 2
ἀπεσείετο τὰ αἰτούμενα. καίτοι γε δυοῖν ἐχρῆν θάτερον πρά
ξαντα τὸ παρὸν εὖ διαθεῖναι· ἢ γὰρ ἀναβαλέσθαι τὸν πό
λεμον ἔδει, σπονδὰς ποιησάμενον ἐπὶ μετρίοις τισὶ χρήμασιν,
ἢ πολεμεῖν αἱρούμενον πάντα συναγαγεῖν ὅσα στρατιωτῶν
τάγματα ἦν, καὶ ταῖς παρόδοις τῶν πολεμίων ἐγκαταστῆσαι,
καὶ ἀποκλεῖσαι τὸν βάρβαρον τῆς ἐπὶ τὸ πρόσω πορείας,
ἡγεμόνα τε καταστῆσαι καὶ στρατηγὸν τοῦ πολέμου παντὸς
Σάρον, ὄντα μὲν καθ' ἑαυτὸν ἄξιον καταπλῆξαι τοὺς πολε
μίους διά τε ἀνδρείαν καὶ πολεμικὴν ἐμπειρίαν, ἔχοντα δὲ
καὶ βαρβάρων πλῆθος ἀρκοῦν εἰς ἀντίστασιν. ἀλλ' οὔτε τὴν 3
εἰρήνην δεξάμενος οὔτε τὴν Σάρου φιλίαν ἐπισπασάμενος
οὔτε τὸ Ῥωμαϊκὸν συναγαγὼν στρατόπεδον, τῶν δὲ Ὀλυμπίου
τὰς ἐλπίδας ἀναρτήσας εὐχῶν, τοσούτων αἴτιος ἐγένετο τῷ
πολιτεύματι συμφορῶν. στρατηγούς τε γὰρ ἐπέστησε τῷ

Thuc. V, 30, 4: θεῶν πίστεις ὀμόσαντες ‖ 4. incipiunt excerpta in AB:
Ὅτι οἱ παραβλαπτόμενοι ἐν ταῖς γυναιξὶν αὐτῶν ὅσοι προσήκοντες ἦσαν
στελίχωνι (στελίχων B) ἐβούλοντο ἀλαρίχῳ προσθέσθαι. ἀλάριχος δὲ
οὐδὲ παρὰ ‖ οὐ δὲ V ‖ 5. ἔμπροσθεν — 7. εἰρήνην om. AB ‖ 7. λύσειν pro
λαβεῖν AB ‖ 8. ἄτιον V, δέτιον AB, corr. ς ‖ 9. γαυδετίου AB ‖ δὲ καὶ
V, τε AB ‖ 11. τε] τι B ‖ νωρίχου AB ‖ 13. ἀπεσείετο V, ἀπεδίδοτο
(ἀδίδοτο B) AB ‖ θάτερον ABV, et sic voluit Sylb, θάτερα apographa.
sententia Polybiana est ‖ 14. διαθῆναι AB ‖ ἀναβαλέσθαι V², ἀνα‖αλέ
σθαι (ἀναλαβέσθαι?) V¹, ἀναβάλεσθαι AB ‖ 18. ἀποκλεῖσαι τοῖς βαρ
βάροις τὴν . . . πορείαν AB, bene ‖ τῆς V², τὸν V¹ ‖ 20. Σάρον] cf.
Olympiod. fr. 3 ‖ καθ' ABV¹, καὶ καθ' V² ‖ ἄξιον ABV¹, ἀξιόλογον
V²ς ‖ 21. ἀνδρίαν Bekk ‖ 22. ἀλλ' οὐδὲ AB ‖ 25. ἀναστήσας AB

στρατεύματι καταφρόνησιν ἐμποιῆσαι τοῖς πολεμίοις ἀρκοῦν-
τας, Τουρπιλλίωνα μὲν τοῖς ἱππεῦσιν, Οὐαράνην δὲ τοῖς
πεζοῖς ἐπιστήσας καὶ τῇ τῶν δομεστίκων ἴλῃ Βιγελάντιον, καὶ
τὰ λοιπὰ τούτοις ὁμολογοῦντα, ὧν ἕνεκα ταῖς ἐλπίσι πάντες
ἀπεγνωκότες ἐν ὀφθαλμοῖς ἔχειν ἐδόκουν τὴν τῆς Ἰταλίας ₅
ἀπώλειαν.

37 Ἀλλὰ τούτων οὕτω διῳκημένων ἐπὶ τὴν κατὰ τῆς
Ῥώμης ἔφοδον Ἀλλάριχος ὡρμήθη, γελάσας τὴν Ὀνωρίου
παρασκευήν. ἐπεὶ δὲ μεγίστοις οὕτως πράγμασιν οὐκ ἐκ τοῦ
ἴσου μόνον ἀλλὰ καὶ ἐκ μείζονος ὑπεροχῆς ἐγχειρῆσαι διε- ₁₀
νοεῖτο, μεταπέμπεται τὸν τῆς γαμετῆς ἀδελφὸν Ἀτάουλφον ἐκ
τῆς ἀνωτάτω Παιονίας, ὡς ἂν αὐτῷ κοινωνήσοι τῆς πράξεως,
2 Οὔννων καὶ Γότθων πλῆθος οὐκ εὐκαταφρόνητον ἔχων. οὐκ
ἀναμείνας δὲ τὴν αὐτοῦ παρουσίαν, ἀλλ' εἰς τὸ πρόσω προ-
ελθὼν Ἀκυληίαν μὲν παρατρέχει καὶ τὰς ἑξῆς ταύτῃ πόλεις ₁₅
ἐπέκεινα τοῦ Ἠριδανοῦ ποταμοῦ κειμένας (φημὶ δὴ Κον-
κορδίαν καὶ Ἄλτινον καὶ ἐπὶ ταύτῃ Κρεμῶνα), καὶ περαιωθεὶς
τὸν ποταμόν, ὥσπερ ἐν πανηγύρει, πολεμίου μηδενὸς ἀπαντή-
σαντος εἴς τι τῆς Βονωνίας ὁρμητήριον ἦλθεν, ὃ καλοῦσιν
3 Οἰκουβαρίαν. ἐντεῦθεν Αἰμιλίαν ἅπασαν παραμείψας καὶ ₂₀
καταλιπὼν ὀπίσω τὴν Ῥάβενναν εἰς Ἀρίμηνον ἀφίκετο, πόλιν
τῆς Φλαμινίας μεγάλην. εἶτα καὶ ταύτην παραδραμὼν καὶ
τὰς ἄλλας ὅσαι τῆς αὐτῆς ἐπαρχίας ἦσαν, εἰς τὸ Πίκηνον
παρεγένετο· τοῦτο δὲ ἔθνος ἐστὶν ἐν ἐσχάτῳ που τοῦ Ἰονίου
4 κείμενον κόλπου. ἐντεῦθεν ἐπὶ τὴν Ῥώμην ὁρμήσας πάντα ₂₅
τὰ ἐν ποσὶν ἐλήιζετο φρούριά τε καὶ πόλεις, ὥστε εἰ μὴ πρὸ
τῆς τῶν βαρβάρων εἰς τούτους τοὺς τόπους ἀφίξεως διαδράντες

---

1 in στρατεύματι φρονίμους (sic) desinunt A B ‖ 2 sq cf ad c. 48, 1 ‖
3. ἐπιστήσας delendum puto ‖ 9 οὕτω ς ‖ 11. Ἀτάουλφον] Ἀδαοῦλφος
(Ἀδάουλφος editur in Sozomeno IX, 8) Olympiodoro est ‖ 15. ταύτῃ
accessit e V ‖ 16. 17 κογκορδίαν Bekk ‖ 17 Κρεμῶνα scripsi, et Wan-
nowski 'ant. Rom.' p. 45, κρέμονα V, Κρέμωνα ς ipsum vero iter
valde mirum est, cum ei qui recta via Altino Bononiam peteret Pata-
vium Ateste Anneianum Hostilia transeunda essent, nec vero Cremona
longe illinc distans. nec iuvat Maffei coniectura (ap. Boeckingium
not. occ p. 313) Veronam (i. e. Οὐηρῶνα) reponentis. Olympiodorus
ipse num forte copiosius Alarichi iter descripserit definiri iam non
potest ‖ 21. ὀπίσω accessit e V ‖ ἀρίμηνον ex ἀρίμ//νον V ἀρίμινον ς ‖
23. Πίκηνὸν scribendum puto

ἔφθησαν Ἀρσάκιός τε καὶ Τερέντιος οἱ εὐνοῦχοι, καὶ τὸν
Στελίχωνος υἱὸν Εὐχέριον εἰς τὴν Ῥώμην εἰσήγαγον κατὰ
πρόσταγμα τοῦ βασιλέως ἀποθανούμενον, καὶ ἔργον οἷς βασι-
λεὺς ἐκέλευσεν ἐπετέθη, πάντως ἂν ὁ νέος εἰς χεῖρας ἐλθὼν
5 Ἀλλαρίχου περιεσώθη. πληρώσαντες δὲ ἐπί τε τούτῳ τὸ προσ- 5
ταχθὲν οἱ εὐνοῦχοι καὶ Θερμαντίαν τὴν Ὀνωρίου γαμετὴν
τῇ μητρὶ παραδόντες, οὐ δυνηθέντες ἐπανελθεῖν διὰ τῆς αὐ-
τῆς ὁδοῦ πρὸς τὸν βασιλέα, νεὼς ἐπιβάντες ὡς ἐπὶ Κελτοὺς
καὶ Γαλάτας ἀπέπλευσαν· προσορμισθέντες δὲ Γενούᾳ, Λιγυ-
10 στικῇ πόλει, διεσώθησαν εἰς τὴν Ῥάβενναν, ᾗ καὶ ὁ βασιλεὺς 6
ἐνεδήμει. ὄφελος δὲ μέγα τῆς πολιτείας ὁ βασιλεὺς ἡγησά-
μενος εἰ τοὺς εὐνούχους ἀποδόντας Θερμαντίαν τῇ μητρὶ καὶ
ἀνελόντας Εὐχέριον ὑπὲρ τούτων ἀμείψαιτο τῶν ἀνδραγαθη-
μάτων, Τερέντιον μὲν ἔταξεν ἄρχειν τοῦ βασιλικοῦ κοιτῶνος,
15 Ἀρσακίῳ δὲ τὴν μετὰ τοῦτον ἔδωκε τάξιν. ἀνελὼν δὲ Βαθα-
νάριον τῶν ἐν τῇ μεγάλῃ Λιβύῃ στρατιωτῶν .., Στελίχωνος
ἀδελφῆς ἄνδρα γενόμενον, Ἡρακλειανῷ παρέδωκε τὴν ἀρχήν,
- αὐτόχειρι Στελίχωνος ὄντι καὶ ταύτην ἔπαθλον τὴν τιμὴν
δεξαμένῳ.
20 38. Ἤδη δὲ Ἀλλαρίχου περὶ τὴν Ῥώμην ὄντος καὶ κατα-
στήσαντος εἰς τὴν πολιορκίαν τοὺς ἔνδον, ἐν ὑποψίᾳ ἔλαβε
τὴν Σερήναν ἡ γερουσία, οἷα τοὺς βαρβάρους κατὰ τῆς πό-
λεως ἀγαγοῦσαν, καὶ ἐδόκει κοινῇ τε τῇ γερουσίᾳ πάσῃ καὶ

---

1. ἔφθησαν, priore ϑ ut vid. mutila, V ‖ 2. Εὐχέριον] Olympiod.
fr. 6 (ex hoc qui Philostorgii narratio (XII, 3) prorsus discrepans cum
Icepio derivari possit non video) ‖ εἰσήγαγον] merito offendit Reite-
meier, cum Eucherius ex Zosimi quidem narratione (c. 34, 5; 35, 4)
Romam post patrem occisum statim defugerit. unde ἀνήγαγον ille
coniecit ut abstractus illine reductusque dicatur. mihi lacuna videtur
esse, sic fere explenda: εἰς τὴν Ῥώμην ⟨ὄντα ἔτι τῶν ἀσύλων (cf.
V, 19, 5)⟩ ἐξήγαγον ‖ 3. 4. ⟨ὁ⟩ βασ. coni. Sylb, inutiliter ‖ 5. τούτῳ
Bekk, τούτων V ‖ 9. προσορμισθέντες — 10. ῥάβενναν accesserunt e V ‖
15. τὴν — τάξιν] i. e. primicerii sacri cubiculi ‖ 16. ἡγούμενον supplevit
Leunclavius. Bathanarius comes Africae fuit. cf. Boecking ad not.
occ. p. 511 sq. ‖ 21. τὴν fort. delendum. cf. I, 33, 2; VI, 2, 3 ‖ ἐν
ὑποψίᾳ ἔλ. si ipse posuit scriptor, nec vero ὑποψίαις, pro locutione
continua habuit ‖ 22. Σερήναν] Olympiod. fr. 6 ‖ 23. τῇ accessit e V.
sed malim: κοινῇ τῇ τε γερουσίᾳ κτέ. cf. V, 20, 1: κοινῇ ψήφῳ βασι-
λεύς τε καὶ ἡ γερουσία

Πλακιδίᾳ τῇ ὁμοπατρίᾳ τοῦ βασιλέως ἀδελφῇ ταύτην ἀναιρε-
θῆναι τῶν περιεστώτων κακῶν οὖσαν αἰτίαν· καὶ Ἀλλάριχον
γὰρ αὐτὸν Σερήνας ἐκποδὼν γενομένης ἀναχωρήσειν τῆς
πόλεως οἷα μηδενὸς ὄντος ἔτι τοῦ προδώσειν τὴν πόλιν ἐλπι-
2 ζομένου. ἦν μὲν οὖν ἡ ὑποψία τῷ ὄντι ψευδής (οὐδὲν γὰρ
ἡ Σερήνα τοιοῦτον ἔλαβε κατὰ νοῦν), δίκην δὲ τῶν εἰς τὰ
θεῖα δέδωκε δυσσεβημάτων ἀξίαν, ὡς αὐτίκα μάλα ἔρχομαι
λέξων. ὅτε Θεοδόσιος ὁ πρεσβύτης, τὴν Εὐγενίου καθελὼν
τυραννίδα, τὴν Ῥώμην κατέλαβε καὶ τῆς ἱερᾶς ἁγιστείας ἐν-
εποίησε πᾶσιν ὀλιγωρίαν, τὴν δημοσίαν δαπάνην τοῖς ἱεροῖς
χορηγεῖν ἀρνησάμενος, ἀπηλαύνοντο μὲν ἱερεῖς καὶ ἱέρειαι,
3 κατελιμπάνετο δὲ πάσης ἱερουργίας τὰ τεμένη. τότε τοίνυν
ἐπεγγελῶσα τούτοις ἡ Σερήνα τὸ μητρῷον ἰδεῖν ἐβουλήθη,
θεασαμένη δὲ τῷ τῆς Ῥέας ἀγάλματι περικείμενον ἐπὶ τοῦ
τραχήλου κόσμον τῆς θείας ἐκείνης ἄξιον ἁγιστείας, περι-
ελοῦσα τοῦ ἀγάλματος τῷ ἑαυτῆς ἐπέθηκε τραχήλῳ· καὶ
ἐπειδὴ πρεσβῦτις ἐκ τῶν Ἑστιακῶν περιλελειμμένη παρθένων
ὠνείδισεν αὐτῇ κατὰ πρόσωπον τὴν ἀσέβειαν, περιύβρισέ τε
4 καὶ ἀπελαύνεσθαι διὰ τῶν ἑπομένων ἐκέλευσεν. ἡ δὲ κατ-
ιοῦσα, πᾶν ὅ τι ταύτης ἄξιον τῆς ἀσεβείας, ἐλθεῖν αὐτῇ Σε-
ρήνᾳ καὶ ἀνδρὶ καὶ τέκνοις ἠράσατο. ἐπεὶ δὲ οὐδενὸς τού-
των ποιησαμένη λόγον ἀνεχώρει τοῦ τεμένους ἐγκαλλωπιζομένη
τῷ κόσμῳ, πολλάκις μὲν ἐπεφοίτησεν ὄναρ αὐτῇ καὶ ὕπαρ
τὸν ἐσόμενον θάνατον προμηνύον, ἐθεάσαντο δὲ καὶ ἄλλοι
πολλοὶ τὰ παραπλήσια. καὶ τοσοῦτον ἴσχυσεν ἡ τοὺς ἀσεβεῖς
μετιοῦσα Δίκη δρᾶσαι τὸ οἰκεῖον, ὥστε οὐδὲ μαθοῦσα τὸ
ἐσόμενον ἐφυλάξατο, ὑπέσχε δὲ τῇ ἀγχόνῃ τὸν τράχηλον ᾧ
5 τὸν τῆς θεοῦ κόσμον ἔτυχε περιθεῖσα. λέγεται δὲ καὶ

1. ὁμοπατρίᾳ apographi unius margo, ὁμομητρίᾳ V. Placidiae
Galla, Honorio Flaccilla mater erat ‖ 6 sq. δίκην κτέ.] quae de Serenae
et Stilichonis flagitiis olim commissis narrantur, non ex Olympiodoro
sed ex Eunapio fluxisse puto. ut enim ille ad a. 394 regressus sit,
improbabile tamen eum, pariter atque Eunapium, incertissimam illam
(cf. ad IV, 59, 1) de Theodosii itinere Romano famam secutum esse ‖
8. ὁ πρεσβύτης] opponitur Θ. ὁ νέος (V, 32, 1, si lectio certa) ‖ 17. Ἑστι-
ακῶν] 'Ἑστιάδων usitatius' Bekk ‖ 21. δὲ sup. scr. V¹ ‖ 22. ἐγκαλλω-
πιζομένου V, corr. ς ‖ 23. ἐπεφοίτησε V ‖ 24. ἐσόμενον V, ἑπόμενον ς ‖
προμηνύον, ον ex ω V¹

— E — 267

Στελίχωνα δι' ἑτέραν οὐ πόρρω ταύτης ἀσέβειαν τῆς Δίκης
τὰ ἀπόρρητα μὴ διαφυγεῖν· καὶ οὗτος γὰρ θύρας ἐν τῷ τῆς
Ῥώμης Καπιτωλίῳ χρυσίῳ πολὺν ἕλκοντι σταθμὸν ἠμφιεσμένας
ἀπολεπίσαι προστάξαι, τοὺς δὲ τοῦτο πληρῶσαι ταχθέντας
εὑρεῖν ἔν τινι μέρει τῶν θυρῶν γεγραμμένον misero regi
servantur, ὅπερ ἐστίν 'ἀθλίῳ τυράννῳ φυλάττονται'. καὶ εἰς
ἔργον ἐξέβη τὸ γεγραμμένον· ἀθλίως γὰρ καὶ ἐλεεινῶς τὸν
βίον ἀπέλιπεν.

39. Ἀλλ' οὐδὲ ἡ Σερήνας ἀπώλεια τῆς πολιορκίας ἀπ-
έστησεν Ἀλλάριχον, ἀλλ' αὐτὸς μὲν κύκλῳ περιεῖχε τὴν πόλιν
καὶ τὰς πύλας ἁπάσας, καταλαβὼν δὲ τὸν Θύβριν ποταμὸν
τὴν διὰ τοῦ λιμένος τῶν ἐπιτηδείων ἐκώλυε χορηγίαν. ὅπερ
οἱ Ῥωμαῖοι θεασάμενοι διακαρτερεῖν ἔγνωσαν, οἷα ὡς εἰπεῖν
ἑκάστης ἡμέρας ἐκ τῆς Ῥαβέννης ἐλεύσεσθαι τῇ πόλει προσ-
δοκῶντες ἐπικουρίαν. ὡς δὲ οὐδενὸς ἀφικνουμένου τῆς ἐλπί-
δος ἀπεσφάλησαν, ἐδόκει τὸ μέτρον ἐλαττωθῆναι τοῦ σίτου
καὶ τὸ ἥμισυ πέττεσθαι μόνον τοῦ πρότερον ἑκάστης ἡμέρας
δαπανωμένου, εἶτα τῆς ἐνδείας ἐπιτεινομένης τὸ τρίτον. καὶ
ἐπειδὴ μηδεμία τῆς τοῦ κακοῦ θεραπείας ἦν μηχανή, τὰ δὲ
τῇ γαστρὶ βοηθοῦντα πάντα ἐπέλιπε, λιμῷ κατὰ τὸ εἰκὸς ἐπ-
ῄει λοιμὸς καὶ πάντα ἦν νεκρῶν σωμάτων μεστά. τῆς δὲ
πόλεως ἔξω θάπτεσθαι τῶν σωμάτων οὐ δυναμένων (πᾶσαν
γὰρ ἔξοδον ἐφύλαττον οἱ πολέμιοι) τάφος ἦν ἡ πόλις τῶν
τεθνεώτων, ὥστε καὶ ἄλλως εἶναι τὸ χωρίον ἀοίκητον, ἀρ-
κεῖν τε, εἰ καὶ μὴ τροφῆς ἦν σπάνις, εἰς σωμάτων διαφθο-

1. Στελίχωνα] Στελίχων malim cum Bekk. alioqui proximum
enuntiatum constructione careret ‖ 2. οὗτος V², οὕτως V¹ ‖ 3. χρυσίῳ]
χρυσῷ scribendum puto ‖ 10. incipiunt excerpta in MN: περὶ πρέσβεων
ῥωμαίων πρὸς ἐθνικούς: ἐκ τῆς ἱστορίας ζωσίμου ἀσκαλωνίτου. λόγος ε̅ος.
Ὅτι ἀλλάριχος παραγενόμενος εἰς τὴν ῥώμην κύκλω περιεῖχε ‖ 10. 11.
τὴν πόλιν καὶ accesserunt e MN ‖ 11. πάσας MN ‖ Θύβριν MN, Θ//ύβριν
V, θίμβριν ς ‖ 14. ῥαουέννης M, ῥαουένης N ‖ 14. 15. προσδοκοῦντες
MN ‖ 15. ἀφικομένου MN ‖ 16. ἐπεσφάλησαν M¹, corr. m. aequalis
17. πέT/τεσθαι, T in fine vs. a m. 2, V ‖ μόνος Mᵃ ‖ 18. δαπανομένου
MN ‖ 18. 19. καὶ ἐπιδημία τῆς κακοῦ θεραπείας οὐκ ἦν ἢ μηχανὴ MN ‖
20. βοηθοῦντα ἐπέλιπε (ὑπέλιπε M) πάντα καὶ λιμὸς (λοιμὸς M) ἦν καὶ
λοιμὸς (λιμὸς M) καὶ πάντα MN ‖ ἐπέλιπε NV et Bekk, ἀπέλιπε apo-
grapha ‖ ἐπέλιπε πάντα malim cum MN ‖ 21. τῆς τε MN

4 ρᾶν τὴν ἀπὸ τῶν νεκρῶν ἀναδιδομένην ὀσμήν. ἐπήρκουν δὲ
πολλοῖς εἰς τὸ μεταδιδόναι τῶν ἀναγκαίων Λαῖτα ἡ Γρατιανοῦ
τοῦ βασιλεύσαντος γαμετὴ καὶ Τισαμενὴ ἡ μήτηρ ταύτης· τοῦ
γὰρ δημοσίου βασιλικῆς αὐταῖς τραπέζης ἐπιδιδόντος παρα-
σκευήν, ἀπὸ Θεοδοσίου ταύτην ἐχούσαις τὴν δωρεάν, οὐκ ὀλί-   5
γοι διὰ τὴν τῶν γυναικῶν φιλανθρωπίαν τὸν λιμὸν ἐκ τῆς
αὐτῶν οἰκίας παρεμυθοῦντο.

40. Ὡς δὲ εἰς ἔσχατον τοῦ κακοῦ προϊόντος καὶ εἰς
ἀλληλοφαγίαν ἐλθεῖν ἐκινδύνευσαν, τῶν ἄλλων ἁπάντων ὅσα
ἐξάγιστα εἶναι τοῖς ἀνθρώποις ἐδόκει πεπειραμένοι, πρεσβείαν   10
ἔγνωσαν στεῖλαι πρὸς τὸν πολέμιον, ἀπαγγελοῦσαν ὅτι καὶ
πρὸς εἰρήνην εἰσὶν ἕτοιμοι τὸ μέτριον ἔχουσαν καὶ πρὸς πό-
λεμον ἑτοιμότεροι, τοῦ Ῥωμαίων δήμου καὶ ἀναλαβόντος ὅπλα
καὶ τῇ συνεχεῖ περὶ ταῦτα μελέτῃ μηκέτι πρὸς τὸ πολεμεῖν
2 ἀποκνοῦντος. αἱρεθέντος δὲ πρεσβευτοῦ Βασιλείου, τὸ μὲν   15
γένος ἕλκοντος ἐξ Ἰβήρων ὑπάρχου δ᾽ ἀξίᾳ τετιμημένου, συν-
εξῄει τούτῳ καὶ Ἰωάννης τῶν βασιλικῶν ὑπογραφέων, οὓς
τριβούνους καλοῦσιν, ἄρχων γεγενημένος, οἷα γνώριμος Ἀλλα-
ρίχῳ καὶ πρόξενος. οἱ γὰρ ἀπὸ τῆς Ῥώμης ἠπίστουν εἰ αὐ-
τὸς Ἀλλάριχος ἔτι πάρεστι καὶ αὐτὸς ὁ τὴν Ῥώμην εἴη πο-   20
λιορκῶν· ἐκ γὰρ τῆς προλαβούσης ἐβουκολοῦντο φήμης, ὡς
ἕτερος εἴη τῶν τὰ Στελίχωνος φρονούντων αὐτὸν ἐπαγαγὼν

---

2. γραῖτα MN ‖ ἡ τοῦ γρατιανοῦ MN ‖ 3. τοῦ βασιλεύσαντος V², τοῦ
βασιλεύοντος V¹, βασιλεύσαντος ς, τοῦ βασιλέως N, βασιλέως M ‖ Τισα-
μενὴ scripsi, τ//ισαμένη, τ ex π, V, τισαμένεια MN, πισσαμένη ς ‖ ἡ μή-
τηρ MN et Bekk, μήτηρ V ‖ 5. 6. ὀλίγοις N ‖ 6. τὴν om. N ‖ 7. παρεμυ-
θοῦντο ex -μυθούντων N¹ ‖ 8. καὶ om. MN ‖ 9. ἀλληλοφαγίαν] Olymp.
fr. 4 ‖ 11. πολέμιον V², πόλεμον V¹ ‖ ἀπαγγελοῦσαν V², ἀπαγγέλουσαν
V¹, ἀπαγγέλλουσαν MN ‖ 12. ἕτοιμοι τὸ om. N¹, in mg. add. N² ‖ μέτριον
MNV², μέτρον V¹ ‖ 13. δήμου καὶ V, δήμου MN ‖ 14. συνεχῆ M ‖ 15.
ἀποκνοῦντας N, ἀποκινοῦντας M ‖ 16. ὑπάρχοῦ (sic) N, ἐπάρχου VMς,
qua forma Zosimus non utitur. ceterum post ἀξίᾳ intercidisse puto
παρὰ Θεοδοσίου. Basilius per paucos annorum 394 et 395 menses
praefecturam urbis administraverat (v. Seeck praef. Symm. p. LXVII).
a. 408 fuisse praefectum urbis Pompeianum ipse Zosimus dicit c. 41 ‖
δ᾽ MN, δὲ Vς ‖ 17. Ἰωάννης] cf. Seeck praef. Symm. p. CXCVII ‖
18. τριβούνου (sic) N. ὃν τριβοῦνον καλοῦσιν coni. Sylb. at cf. Gotho-
fredus ad cod. Theod. t. II p. 89 ‖ γνώριμα^{ος} M ‖ 20. πάρεστιν M ‖ ὁ τὴν
V, ὃς τὴν MN ‖ 22. τῶν ἀστελίχωνος MN ‖ αὐτὸν ἐπαγαγὼν V, αὐτὸν

τῇ πόλει. οἱ δὲ πρέσβεις ὡς αὐτὸν ἀφικόμενοι κατεδύοντο
μὲν ἐπὶ τῇ χρόνον τοσοῦτον κατασχούσῃ τοὺς Ῥωμαίους
ἀγνοίᾳ, τὰ δὲ τῆς γερουσίας ἀπήγγελον. ὧν Ἀλλάριχος ἀκού-
σας, καὶ ὅτι μεταχειριζόμενος ὁ δῆμος ὅπλα παρεσκεύασται
5 πολεμεῖν, 'δασύτερος ὢν ὁ χόρτος' ἔφη 'τέμνεσθαι ῥᾷον ἢ
ἀραιότερος', καὶ τοῦτο φθεγξάμενος πλατὺν τῶν πρέσβεων
κατέχεε γέλωτα. ἐπειδὴ δὲ εἰς τοὺς περὶ τῆς εἰρήνης ἐληλύ-
θασι λόγους, ἐχρῆτο ῥήμασιν ἐπέκεινα πάσης ἀλαζονείας βαρ-
βαρικῆς· ἔλεγε γὰρ οὐκ ἄλλως ἀποστήσεσθαι τῆς πολιορκίας,
10 εἰ μὴ τὸν χρυσὸν ἅπαντα, ὅσον ἡ πόλις ἔχει, καὶ τὸν ἄργυ-
ρον λάβοι, καὶ πρὸς τούτοις ὅσα ἐν ἐπίπλοις εὕροι κατὰ τὴν
πόλιν καὶ ἔτι τοὺς βαρβάρους οἰκέτας. εἰπόντος δὲ τῶν πρέ-
σβεων ἑνὸς 'εἰ ταῦτα λάβοις, τί λοιπὸν ἔτι τοῖς ἐν τῇ πόλει
καταλιμπάνεις'; 'τὰς ψυχὰς' ἀπεκρίνατο. ταύτην οἱ πρέσβεις
15 δεξάμενοι τὴν ἀπόφασιν ᾔτησαν τοῖς ἐν τῇ πόλει κοινώσασθαι
τὸ πρακτέον. ἐνδοσίμου δὲ τυχόντες τοὺς ἐν τῇ πρεσβείᾳ
γενομένους ἀπήγγειλαν λόγους. τότε δὴ πεισθέντες Ἀλλάρι-
χον εἶναι τὸν πολεμοῦντα, καὶ πᾶσι τοῖς εἰς ἀνθρωπίνην
ἰσχὺν φέρουσιν ἀπογνόντες ἀνεμιμνήσκοντο τῆς ἐπιφοιτώσης
20 πάλαι τῇ πόλει κατὰ τὰς περιστάσεις ἐπικουρίας καὶ ὡς παρα-
βάντες τὰ πάτρια ταύτης ἔρημοι κατελείφθησαν.

41. Περὶ δὲ ταῦτα οὖσιν αὐτοῖς Πομπηιανὸς ὁ τῆς πό-
λεως ὕπαρχος ἐνέτυχέ τισιν ἐκ Τουσκίας εἰς τὴν Ῥώμην
ἀφικομένοις, οἳ πόλιν ἔλεγόν τινα Ναρνίαν ὄνομα τῶν

ἐπαγαγόντων ΜΝ. ὁ τὸν στρατὸν ἐπαγαγὼν legendum puto praeterea-
que ἔτι (vs. 20) delendum ‖ 1. δὲ om. Μ ‖ 3. ἀπήγγελον ΜΝV, ἀπ-
ήγγελλον ς ‖ 4. 5. ὅπλα πρὸς πόλεμον παρεσκεύασται δασύτερος ΜΝ ‖
5. ἔφη om. ΜΝ ‖ ῥάων V², ῥᾷον V¹ΜΝ ‖ 7. ἐπεὶ δὲ εἰς ΜΝ ‖ 9. ἀπο-
ρήσεσθαι Μ ‖ 10. ἔχει ΜΝ, ἔχοι V ς ‖ 11. ἐνεπίπλοις V², ἐνόπλοις V¹,
ἐν ὅπλοις ΜΝ ‖ 16. τὸ πρακτέον] περὶ τοῦ πρακτέον expectabat Reite-
meier. at cf. IV, 48, 3 ‖ ἐνδοσίμου τε Μ, ἐνδόσιμόν τε Ν ‖ τυχόντος
Μ ‖ 17. ἐπήγγειλον ΜΝ ‖ δὴ ΜΝV², δ// V¹ ‖ 18. πᾶσιν Ν ‖ ἀνθρωπίνης,
sed ς ut vid. corr. in ν, Μ ‖ 19. φέρουσι V¹, corr. V² ‖ 20. κατὰ τὰς
περιστάσεις scripsi, κατὰ τὰς////στάσεις (3—4 litt. er.) V, κατὰ τὰς
στάσεις ς, καταστάσεις Ν, καταστάσης Μ ‖ 22. κομπιανὸς ΜΝ. de ipso
homine v. Seeck praef. Symm. p. CCIII ‖ 23. τισι Ν ‖ 23. et p. 270, 14.
τουσκίας ΜΝV², τουσ///κ//ίας V¹ ‖ 24. ἀφικομεναις ex -νοις (sine acc.)
V ‖ Ναρνίαν cum C. O. Muellero 'd. Etrusker' t. II² p. 18 adn. 66
aliisque scripsi (Λαονίαν Sozomeni IX. 6 editiones). νεονίαν VN, γερ-

περιστάντων ἐλευθερῶσαι κινδύνων, καὶ τῇ πρὸς τὸ θεῖον εὐχῇ
καὶ κατὰ τὰ πάτρια θεραπείᾳ βροντῶν ἐξαισίων καὶ πρηστή-
ρων ἐπιγενομένων τοὺς ἐπικειμένους βαρβάρους ἀποδιῶξαι.
2 τούτοις διαλεχθεὶς ἔπεισεν ὅσα ἐκ τῶν ἱερατικῶν ὄφελος. ἐπεὶ
δὲ τὴν κρατοῦσαν κατὰ νοῦν ἐλάμβανε δόξαν, ἀσφαλέστερον 5
ἐθέλων πρᾶξαι τὸ σπουδαζόμενον ἀνατίθεται πάντα τῷ τῆς
πόλεως ἐπισκόπῳ· ἦν δὲ Ἰννοκέντιος. ὃ δὲ τὴν τῆς πόλεως
σωτηρίαν ἔμπροσθεν τῆς οἰκείας ποιησάμενος δόξης λάθρα
3 ἐφῆκεν ποιεῖν αὐτοῖς ἅπερ ἴσασιν. ἐπεὶ δὲ οὐκ ἄλλως ἔφασαν
τῇ πόλει τὰ γενόμενα συντελέσειν, εἰ μὴ δημοσίᾳ τὰ νομιζό- 10
μενα πραχθείη, τῆς γερουσίας εἰς τὸ Καπιτώλιον ἀναβαινούσης,
αὐτόθι τε καὶ ἐν ταῖς τῆς πόλεως ἀγοραῖς ὅσα προσήκει πρατ-
τούσης, οὐκ ἐθάρρησεν οὐδεὶς τῆς κατὰ τὸ πάτριον μετασχεῖν
ἀριστείας, ἀλλὰ τοὺς μὲν ἀπὸ τῆς Τουσκίας παρῆκαν, ἐτρά-
πησαν δὲ εἰς τὸ θεραπεῦσαι τὸν βάρβαρον καθ' ὅσον ἂν 15
4 οἷοί τε γίνωνται. πέμπουσι τοίνυν καὶ αὖθις τοὺς πρέσβεις,
καὶ λόγων ἑκατέρωθεν πλείστων γεγενημένων ἐδόκει δοθῆναι
παρὰ τῆς πόλεως πεντακισχιλίας μὲν χρυσοῦ λίτρας, τρισ-
μυρίας τε πρὸς ταύταις ἀργύρου, σηρικοὺς δὲ τετρακισχιλίους
χιτῶνας, ἔτι δὲ κοκκοβαφῆ τρισχίλια δέρματα καὶ πέπερι 20
σταθμὸν ἕλκον τρισχιλίων λιτρῶν. οὐκ ὄντων δὲ τῇ πόλει
δημοσίων χρημάτων, πᾶσα ἦν ἀνάγκη τοῖς ἀπὸ τῆς γερουσίας,

νίαν M, ιεβηῆαν ς. 'Nepet' voluerat Sylb ‖ 1. περιστάτων M ‖ ἐλευθε-
ρωθῆναι MN ‖ καὶ τῇ V, τῇ MN ‖ θεῖον εὐχῇ καὶ ηὔχοντο καὶ οἱ ῥω-
μαῖοι, ἀλλ' οὐχὶ κατὰ τὰ πάτρια καὶ τοὺς ἀπὸ τουσκίας (vs. 14) mediis
omissis MN ‖ εὐχῇ V et Sylb, ἀρχῇ apographa ‖ 2. τὰ sup. scr. V¹ ‖
βροτῶν, ν a m. 2, V ‖ 4. ἔπεισεν manifesto corruptum. expectatur
'sentiendi', 'intellegendi' verbum. ἐπῄισεν conieci. cf. Herod. IX, 93:
ὃ δὲ ὡς ἐπῄισε. volebant ἐποίησεν Leunclavius, ἔπραξεν Sylb, ἐπείσθη
Reitemeier ‖ 8. 9. λάθρα ἐφ.] λαθραίως ἐφ. propter hiatum conieci. cf.
IV, 26, 4 ‖ 9. ποιεῖν αὐτοῖς V, αὐτοῖς ποιεῖν ς ‖ ἅπερ ἴσασιν V et Bekk
(ἅπερ συνίσασιν coni. Sylb), ἅπασιν ἴσασιν apographa ‖ 11. ἀναβαινούῃ
νούσης V ‖ 16. γίνωνται N, γίνυνται M, γένωνται Vς ‖ πέμπουσιν M,
sed ν notata ‖ 18. πετάκις χιλίας N ‖ χρυσοῦ MN, χρυσίον Vς ‖ λίτρας
N ‖ 18. 19. τρεῖς δὲ μυριάδας πρὸς MN ‖ 19. ταύταις NV²ς, ταῦτα⁵ V¹,
ταύτας M ‖ ἀργύρου MNV, ἀργυρίου ς ‖ δὲ sup. scr. V², om. MN ‖
τετρακισχιλίους V] τρισχιλίους M, τρισχίλιον N. qui numerus si verus
est, scribendum erit σηρικοὺς τε τρισχ. et vs. 18. 19. τρισμυρίας δὲ ‖
21. ἕλκοντι MN ‖ τρισχιλίων, ω in ras., acc. om., V ‖ τρισχιλίων τρισ
λιτρῶν, sed τρισ notatum, M ‖ 22. πᾶσα∥ V

ὅσοι τὰς οὐσίας εἶχον, ἐκ καταγραφῆς ταύτην ὑποστῆναι τὴν
εἰσφοράν. ἐπιτραπεὶς δὲ Παλλάδιος τῇ δυνάμει τῆς ἑκάστου 5
περιουσίας τὸ δοθησόμενον συμμετρῆσαι, καὶ ἀδυνατήσας εἰς
ὁλόκληρον ἅπαντα συναθροῖσαι, ἢ τῶν κεκτημένων μέρος τι
τῶν ὄντων ἀποκρυψάντων ἢ καὶ ἄλλως πως εἰς πενίαν τῆς
πόλεως ἐλθούσης διὰ τὰς ἐπαλλήλους τῶν κρατούντων πλεο-
νεξίας, ἐπὶ τὸν κολοφῶνα τῶν κακῶν ὁ τὰ ἀνθρώπινα λαχὼν
ἀλιτήριος δαίμων τοὺς ἐν τῇ πόλει τότε τὰ πράγματα πράτ-
τοντας ἤγαγεν. τὸ γὰρ ἐλλεῖπον ἀναπληρῶσαι διὰ τοῦ κόσμου 6
τοῦ περικειμένου τοῖς ἀγάλμασιν ἔγνωσαν, ὅπερ οὐδὲν ἕτερον
ἦν ἢ τὰ τελεταῖς ἁγίαις καθιδρυθέντα καὶ τοῦ καθήκοντος
κόσμου τυχόντα διὰ τὸ φυλάξαι τῇ πόλει τὴν εὐδαιμονίαν
ἀΐδιον, ἐλαττωθείσης κατά τι τῆς τελετῆς ἄψυχα εἶναι καὶ
ἀνενέργητα. ἐπεὶ δὲ πανταχόθεν ἔδει τὰ φέροντα πρὸς ἀπ- 7
ώλειαν τῆς πόλεως συνδραμεῖν, οὐκ ἀπεκόσμησαν τὰ ἀγάλ-
ματα μόνον, ἀλλὰ καὶ ἐχώνευσάν τινα τῶν ἐκ χρυσοῦ καὶ
ἀργύρου πεποιημένων, ὧν ἦν καὶ τὸ τῆς ἀνδρείας, ἢν κα-
λοῦσι Ῥωμαῖοι VIRTVTEM· οὗπερ διαφθαρέντος, ὅσα τῆς
ἀνδρείας ἦν καὶ ἀρετῆς παρὰ Ῥωμαίοις ἀπέσβη, τοῦτο τῶν
περὶ τὰ θεῖα καὶ τὰς πατρίους ἁγιστείας ἐσχολακότων ἐξ
ἐκείνου τοῦ χρόνου προφητευσάντων.

42. Τὰ μὲν οὖν χρήματα τοῦτον συνεκομίσθη τὸν τρό-
πον, ἐδόκει δὲ πρὸς τὸν βασιλέα πρεσβείαν σταλῆναι κοινω-
σομένην αὐτῷ περὶ τῆς ἐσομένης εἰρήνης, καὶ ὡς οὐ τὰ χρήματα
μόνον Ἀλλάριχος ἀλλὰ καὶ παῖδας τῶν εὖ γεγονότων ὁμήρους
ἐθέλοι λαβεῖν ἐφ' ᾧ δὴ μὴ μόνον εἰρήνην ἀλλὰ καὶ ὁμαιχμίαν

---

1. ἐκ τὰ καταγραφῆς, sed τὰ notatum, N ‖ 3. τὸ δυνησόμενον N ‖
5. καὶ postea add. V¹ ‖ 8. τοὺς ἐν τῇ πόλει τότε τὰ MN, τὰ V¹ς, τοὺς
τὰ V², et sic voluit Bekk ‖ 9. ἤγαγεν MN, ἤγαγε Vς ‖ ἀνεπλήρωσαν
(ἐνεπλήρωσαν M) ἐκ τῶν ἀναθημάτων χωνεύσαντες· ἐδόκει δὲ πρὸς τὸν
βασιλέα (vs 23) mediis omissis MN ‖ 10. ὅπ͞ V ‖ 14. ἐπεὶ δὲ V², ἐπειδὴ V¹ ‖
17. ὧν sup. scr. V² ‖ ἀνδρίας Bekk ‖ 18. VIRTVTEM in V monstris
potius latet quam elementa Graeca cum ς ‖ οὗπερ V² et Sylb, οὕπερ
(ut vid.) V¹, ὅπερ apographa ‖ διαφθαρέντος V et Sylb, διαφθαρέντες
apographa ‖ 19. ἀνδρίας Bekk ‖ καὶ sup. scr. V¹ ‖ τοῦτο τῶν V² et Sylb,
τούτων V¹, τοῦ τε apographa ‖ 23. 24. κοινω////σομένην, 1—2 litt. er., V ‖
24. οὐ om N ‖ χρήματα MN et Sylb, χρήσιμα V ‖ 26. ἐφ' ᾧ δὴ N, ἐφ' ᾧ
τε δὴ Vς, ἐφ' ᾧ M, bene: cf. II, 20, 1; III, 7, 7; V, 31, 1 (ἐφ' ὅτε ..
ἀποδοῦναι) 68, 3)

πρὸς τὸν βασιλέα ποιήσασθαι, χωρήσειν τε ὁμόσε Ῥωμαίοις
2 κατὰ παντὸς ἐναντία τούτοις φρονεῖν βουλομένου. ἐπεὶ δὲ
καὶ τῷ βασιλεῖ τὴν εἰρήνην ἐπὶ τούτοις ἐδόκει γενέσθαι, τὰ
μὲν χρήματα τοῖς βαρβάροις ἐδόθη, τριῶν δὲ ἀγορὰν ἡμερῶν
τοῖς ἀπὸ τῆς πόλεως Ἀλλάριχος ἀνῆκεν, ἄδειαν ἐξόδου διά   5
τινων πυλῶν αὐτοῖς δεδωκώς, ἐπιτρέψας δὲ καὶ τὸν ἐκ τοῦ
λιμένος ἀνάγεσθαι σῖτον. ἀναπνευσάντων δὲ τῶν πολιτῶν,
ἀποδομένων τε ὅσα ἦν αὐτοῖς περιττά, καὶ τὰ ἐνδέοντα πρια-
μένων ἢ ἐξ ἀμοιβῆς ἄλλων πραγμάτων πορισαμένων, ἀνε-
χώρουν τῆς Ῥώμης οἱ βάρβαροι, καὶ τὰς σκηνὰς ἔν τισι περὶ   10
3 τὴν Τουσκίαν ἐπήγνυντο τόποις. καὶ οἱ μὲν οἰκέται σχεδὸν
ἅπαντες, οἳ κατὰ τὴν Ῥώμην ἦσαν, ἑκάστης ὡς εἰπεῖν ἡμέρας
ἀναχωροῦντες τῆς πόλεως ἀνεμίγνυντο τοῖς βαρβάροις, εἰς
τεσσάρων που μυριάδων πλῆθος συνειλεγμένοις· ἀλώμενοι
δέ τινες τῶν βαρβάρων τοῖς ἐπὶ τὸν λιμένα κατιοῦσι καὶ   15
ἀνακομίζουσί τι τῶν ἐπιτηδείων ἐπήεσαν, ὅπερ μαθὼν Ἀλλά-
ριχος ὡς μὴ κατὰ γνώμην αὐτοῦ γινόμενον ἐκκόπτειν ἐσπού-
δαξε. δοκούσης δὲ εἶναι τῶν κακῶν μετρίας ἀνακωχῆς, ἐν
μὲν τῇ Ῥαβέννῃ πρόεισιν ὁ βασιλεὺς Ὀνώριος ὕπατος, ὀκτάκις
ἤδη τῆς τιμῆς ταύτης τυχών, κατὰ δὲ τὴν ἑῴαν Θεοδόσιος   20
τὸ τρίτον ὁ βασιλεύς.

43. Ἐπὶ τούτῳ τε Κωνσταντῖνος ὁ τύραννος εὐνούχους
πρὸς Ὀνώριον ἔστελλε, συγγνώμην αἰτῶν ἕνεκα τοῦ τὴν βασι-
λείαν ἀνασχέσθαι λαβεῖν· μηδὲ γὰρ ἐκ προαιρέσεως ἑλέσθαι
ταύτην, ἀλλὰ ἀνάγκης αὐτῷ παρὰ τῶν στρατιωτῶν ἐπαχθείσης.   25
2 ταύτης ἀκηκοὼς ὁ βασιλεὺς τῆς αἰτήσεως, θεωρῶν τε ὡς οὐ
ῥᾴδιον αὐτῷ τῶν σὺν Ἀλλαρίχῳ βαρβάρων οὐ πόρρω ὄντων
περὶ πολέμων ἑτέρων διανοεῖσθαι, καὶ προσέτι γε λόγον
ποιούμενος συγγενῶν οἰκείων παρὰ τοῦ τυράννου κατεχο-

---

2. δὲ om. N ‖ 6. 7. ἐπιτρέψας τε καὶ εἰς τὸν λιμένα MN, male ‖ 7.
ἀναπνεύσαντες M ‖ 8. ἀδομένων (sine acc.) πο a m. 2, V ‖ ἐνδέοντα
N ‖ 11. τνσκίαν M ‖ 12. οἳ NV, ὅσοι M ‖ 14. που accessit e MN ‖ συνει-
λεγμένοι cum Leunclavio Bekk, vix recte, si quidem omnes fere servi
ad barbaros defugisse dicuntur. unde multo maior numerus ex-
pectandus esset ‖ ἀλώμενοι MN et Leunclavius, ἀλλόμενοι V¹, ἁλιώ-
μενοι V²ϛ ‖ 15. κατιοῦσι καὶ ϛ, κατιοῦσιν V, κατιοῦσιν (ν in M deleta)
ἢ MN ‖ 16. ἀνακομίζουσι V, ἀναγκάζουσι MN ‖ 17. γινομένων MN ‖ 17.
18. ἐσπούδαξε (-ξεν M). καὶ ἐγένετο τῶν κακῶν μετρία τίς ἀνακωχή
MN, qui hic desinunt ‖ 22. cf. Olympiod. fr. 12 ‖ 23. ἔστελλε, λ a m. 2, V

μένων (οὗτοι δὲ ἦσαν Βερηνιανὸς καὶ Δίδυμος), ἐνδίδωσι
ταῖς αἰτήσεσιν, ἐκπέμπει δὲ αὐτῷ καὶ βασιλικὴν ἐσθῆτα. τῶν
μὲν οὖν συγγενῶν ἕνεκα ματαίαν εἶχε φροντίδα, πρὸ ταύτης
τῆς πρεσβείας ἀποσφαγέντων, τοὺς δὲ εὐνούχους ἐπὶ τούτοις
ἀπέπεμπεν.

44. Οὔπω δὲ τῆς πρὸς Ἀλλάριχον βεβαιωθείσης εἰρήνης
οἷα τοῦ βασιλέως οὔτε τοὺς ὁμήρους παραδόντος οὔτε τὰ
αἰτούμενα πάντα πληρώσαντος, ἐπέμποντο παρὰ τῆς γερουσίας
εἰς τὴν Ῥάβενναν πρέσβεις Καικιλιανὸς καὶ Ἄτταλος καὶ
Μαξιμιανός, οἳ πάντα ἀποδυρόμενοι τὰ συμβάντα τῇ Ῥώμῃ
καὶ τὸ πλῆθος τῶν ἀπολωλότων ἐκτραγῳδήσαντες ἤνυσαν
πλέον οὐδέν, Ὀλυμπίου συνταράττοντος πάντα καὶ τοῖς κα-
λῶς ἔχειν δοκοῦσιν ἐμποδὼν γινομένου. ταύτῃ τοι τοὺς 2
πρέσβεις ἐάσας ἀπράκτους ἐφ᾽ οἷς ἐληλύθασι, παραλύσας
Θεόδωρον τῆς τῶν ὑπάρχων ἀρχῆς Καικιλιανῷ ταύτην παρέ-
δωκεν, Ἄτταλον δὲ προεστάναι τῶν θησαυρῶν ἔταξεν. ἔργου
δὲ οὐδὲν ἕτερον ἔχοντος Ὀλυμπίου ἢ τὸ πανταχόθεν τοὺς
Στελίχωνι συνεπίστασθαί τι λεγομένους ἰχνεύειν, ἤχθησαν
εἰς κρίσιν ἐπὶ τῇ τοιαύτῃ συκοφαντίᾳ Μαρκελλιανὸς καὶ Σα-
λώνιος, ὄντες ἀδελφοὶ καὶ ἐν τῷ τάγματι τῶν βασιλικῶν ὑπο-
γραφέων ἀναφερόμενοι· καὶ τούτους γὰρ Ὀλύμπιος τῷ τῆς
αὐλῆς παρέδωκεν ὑπάρχῳ, καὶ αἰκισμοῦ παντὸς εἴδει τὸ σῶμα
ξανθέντες τῶν Ὀλυμπίῳ σπουδαζομένων εἶπον οὐδέν.

<hr/>

1. Βερην.] Βερενιανὸν editur in Sozomeno, 'Verinianus' in Orosio
(p. 550, 13 Zang.) ‖ Δίδυμος scripsi cum Sozomeno IX, 11 (cf. Zangem.
ad Oros. l. d.), διδύμιος V ϛ. et sic infra ‖ 5. ἀπέπεμπεν, α in ras. m. 1
V ‖ 6. οὔπω] incipiunt excerpta in AB (in mg.: ζῆ ἐν τῷ περὶ στρατηγη-
μάτων) ‖ 7. παραδόντας A ‖ 9. ῥαεβένναν A, ῥαβένναν B ‖ καικιλιανὸς
AB (in B και ex και corr.), κεκιλ. V ϛ ‖ 10. Μαξιμιανὸς] Symm. ep.
VIII, 24. erat filius Marciani (Zos. VI, 7, 2; Seeck praef. Symm.
p. CXCII) ‖ 12. συνταράσσοντος ϛ ‖ τὰ πάντα AB ‖ 13. ἐμποδὼν, μ in
ras. m. 1, V ‖ γινομένου ABV et Bekk, γενομένου apographa ‖ ταύτῃ
τοι τοὺς V, ταύτῃ τοὺς A, ταύτῃ τοὺς B ‖ 14. ἐληλύθασιν AB ‖ 15. Θεό-
δωρος AB. de ipso homine v. Seeck praef. Symm. p. CLI ‖ ὑπάρχων
ex ὑπάτων V¹, ὑπάτων AB. erat pr. pr. Italiae. pluralis, in quo post
alios offendens τοῦ ὑπάρχου voluit Reitemeier, ex hiatus fuga natus
est ‖ καικιλιανῷ AB, κεκιλ. V ϛ ‖ 15. 16. in παρέδωκε desinunt AB ‖
17. ὀλυμπίου V, τοῦ ὀλ. ϛ ‖ τὸ V², το/// V¹ ‖ 19. μαρκελιανὸς V, corr. ϛ ‖
22. παντὶ εἴδει coni. Bekk, hiatum inferens ‖ εἴδει V et Sylb, ἤδη apo-

45. Τῶν δὲ κατὰ τὴν Ῥώμην ἐν οὐδεμιᾷ τύχῃ βελτίονι
καταστάντων, ἔδοξε τῷ βασιλεῖ πέντε τῶν ἀπὸ Δελματίας
στρατιωτικὰ τάγματα, τῆς οἰκείας μεταστάντα καθέδρας, ἐπὶ
φυλακῇ τῆς Ῥώμης ἐλθεῖν. τὰ δὲ τάγματα ταῦτα ἐπλήρουν
ἄνδρες ἑξακισχίλιοι, τόλμῃ καὶ ῥώμῃ τοῦ Ῥωμαϊκοῦ στρατεύ- 5
2 ματος κεφάλαιον ὄντες. ἡγεῖτο δὲ αὐτῶν Οὐάλης πρὸς πάντα
κίνδυνον ἑτοιμότατος, ὃς οὐκ ἀξιώσας δι᾽ ὁδῶν ἃς οὐκ ἐφύ-
λαττον οἱ πολέμιοι διελθεῖν, καραδοκήσαντος Ἀλλαρίχου τὴν
πάροδον ἐπιπεσόντος τε σὺν παντὶ τῷ στρατεύματι πάντας
ὑπὸ ταῖς τῶν πολεμίων πεποίηκε γενέσθαι χερσί, καὶ μόλις 10
διέφυγον ἄνδρες ἑκατόν, ⟨ἐν⟩ οἷς καὶ ὁ τούτων ἡγούμενος
ἦν· οὗτος γὰρ ἅμα Ἀττάλῳ τῷ ὑπὸ τῆς γερουσίας σταλέντι
πρὸς τὸν βασιλέα οἷός τε γέγονεν εἰς τὴν Ῥώμην εἰσελθὼν
3 διασωθῆναι. κακῶν δὲ μειζόνων ἀεὶ τοῖς οὖσι προστιθε-
μένων, ἐπιστὰς Ἄτταλος τῇ Ῥώμῃ παραλύει τῆς φροντίδος 15
Ἡλιοκράτην, ἣν ὁ βασιλεὺς ἦν αὐτῷ παραδοὺς Ὀλυμπίῳ
πειθόμενος. ἐτέτακτο γὰρ τὰς οὐσίας τῶν δεδημευμένων διὰ
τὴν Στελίχωνος οὐσίαν διερευνῆσαι καὶ ταύτας τοῦ δημοσίου
ποιεῖν· ἀλλ᾽ ἐπειδὴ μέτρια φρονῶν τὸ τοῖς δυστυχοῦσιν
ἐπεμβαίνειν ἐν ἀσεβείας ἐτίθετο μέρει, καὶ οὔτε πρὸς ἀκρί- 20
βειαν τὰ πράγματα ἀνεξήτει, πολλοῖς δὲ καὶ ἀποκρύπτειν ἃ
δύναιντο λάθρα ἐδήλου, φαῦλός τις εἶναι διὰ τοῦτο δόξας
εἰς τὴν Ῥάβενναν ἤγετο, τῆς περὶ τοὺς ἀτυχήσαντας φιλαν-
4 θρωπίας ἕνεκεν δίκην ἐκτίσων. καὶ πάντως ἂν ἐτιμήθη θα-
νάτου διὰ τὴν τότε κρατοῦσαν ὠμότητα, εἰ μή τινα τῶν 25
Χριστιανῶν ἐκκλησίαν ἔτυχε τηνικαῦτα καταλαβών. Μαξι-

grapha ‖ 1.·δὲ sup scr V² ‖ βελτίονι ex βελτίωνι radendo V ‖ 2 δελ-
ματίας V¹, δαλμ V²ς ‖ 9 τε σὺν ς, δὲ σὺν V, ın ınıtıo paginae ‖ 11.
ἐν add Sylb ‖ 13 εἰσελθὼν V, ἐλθὼν ς ‖ 15. ἄταλλος V ‖ 17 δεδημευ-
μένων V et Leunclavıus, δεδευμένων ς ‖ 18 οὐσίαν ex prıore οὐσίας
a lıbrarıo perperam repetıtum   συνουσίαν conı· Gothofredus ad cod
Theod t III p 379 posteaque Heyne, οἰκείωσιν Leunclavıus, γνῶσιν
Sylb, οἰκειότητα ego ‖ διερευνῆσαι] διερευνᾶσθαι conıecı coll. II, 16, 1;
III, 21, 5; 24, 1; 30, 4; IV, 8, 4; 9, 2; 47, 1; V, 46, 1. contra ἐρευνᾶν
III, 24, 2 et passıve V, 35, 2 ‖ 19 τὸ V², τ/// V¹ ‖ 20 ἐπεμβαίνειν V et
Bekk, ἐνεπεμβαίνειν apographa (in V lıtterae πεμβ in rasura quıdem
sunt, sed fortuıtam vıderı laesıonem dıcıt Mau) ‖ 22 λάθρα ἐδήλου]
λαθραίως ἐδ. propter hıatum conıecı cf IV, 26, 4 ‖ 24. ἕνεκεν V,
ἕνεκα ς ‖ 25 μήτινα V², μήτινα V¹ ‖ 26 καταλαβὼν V², λαβὼν V¹

μιλλιανὸς δὲ τοῖς πολεμίοις περιπεσὼν ἀπεδόθη Μαριανιανῷ
τῷ πατρὶ τρισμυρίων ὑπὲρ αὐτοῦ δοθέντων χρυσῶν· ὡς γὰρ
ἀναβαλομένου τὴν εἰρήνην τοῦ βασιλέως καὶ μὴ πληρώσαντος
τὰ συγκείμενα τοῖς ἁλισκομένοις . . . . τῶν εὖ γεγονότων,
5 οὐκ ἦν ἔτι τοῖς Ῥωμαίοις ἡ τῆς πόλεως ἔξοδος ἐλευθέρα.
ἀλλὰ τῆς μὲν εἰρήνης ἕνεκα καὶ αὖθις ὡς βασιλέα πέμπει
πρέσβεις ἡ γερουσία, καὶ τοῦ τῆς Ῥώμης ἐπισκόπου τοῖς
πρέσβεσι συναπάραντος· ἦσαν δὲ σὺν αὐτοῖς καὶ βαρβάρων
τινὲς ὑπ᾽ Ἀλλαρίχου σταλέντες, ὡς ἂν περισώζοιεν αὐτοὺς
10 ἐκ τῶν ἐνοχλούντων ταῖς ὁδοῖς πολεμίων. ἀλλὰ τούτων ἐς
τὸν βασιλέα κεχωρηκότων, Ἀτάουλφος γενόμενος ὑπ᾽ Ἀλλαρίχου
μετάπεμπτος, ὡς ἐν τοῖς ἀνωτέρω διεξῆλθον, ἐπεραιώθη τὰς
Ἄλπεις τὰς ἀπὸ Παιονίας ἐπὶ τὴν Οὐενετίαν φερούσας. ὅπερ
ὁ βασιλεὺς ἀκηκοώς, μὴ πολλήν τε δύναμιν εἶναι αὐτῷ, τοὺς
15 στρατιώτας πάντας, ἱππέας τε καὶ πεζούς, ὅσοι κατὰ τὰς πό-
λεις ἦσαν, ἀπαντῆσαι τούτῳ διέταξεν ἅμα τοῖς σφῶν ἡγε-
μόσιν. Ὀλυμπίῳ δὲ τῶν ἐν τῇ αὐλῇ τάξεων ἡγουμένῳ τοὺς
ἐν τῇ Ῥαβέννῃ δέδωκεν Οὕννους, τριακοσίους ὄντας τὸν
ἀριθμόν, οἵτινες ἐπειδὴ τοὺς ἐληλυθότας . . . . Πείσας αὐτὴν
20 ὀνομάζουσιν, ἐπιθέμενοι καὶ συμπεσόντες ἀναιροῦσι μὲν τῶν
Γότθων ἑκατὸν καὶ χιλίους, ἑπτακαίδεκα μόνοι πεσόντες· ὡς

p. 274, 26. 275, 1. Μαξιμιλλιανὸς] offendere plures, cum eundem hominem putarent ac Maximianum qui ad Honorium legatus erat (c. 44, 1), ideo-que alterum utrum nomen utroque loco scribi volebant. at diversos esse ipse Zosimus docere poterat: hic enim Maximilianus non rediens Romam sed exiens (ἔξοδος v. 5) captus est. ceterum de patre filioque v. Seeck praef. Symm. p. CXXVII ∥ 3. ἀναβαλ∥ομένου V ∥ 4. τοῖς ἁλισκο-μένοις τῶν εὖ γεγονότων habet V, omisit cum apographo uno post Leunclavium Bekk. patet autem lacunam inesse, quam sic fere ex-pleverim: τοῖς ἁλισκομένοις ⟨πρὸς Ἀλλάριχον περὶ ὁμηρείας παί⟩δων εὖ γεγονότων. cf. c. 42, 1; 44, 1 ∥ 5. τοῖς ῥωμαίοις, ς ῥωμαίοις in ras. m. 2, V ∥ 7. τοῖς V¹, τ∥∥∥, e. 3 litt. eras., V¹ ∥ 10. ὁ/δοῖς V², ὁ/∥∥ V¹ ∥ πολεμίων, εμίων in ras. m. 2, V ∥ 11. τάουλφος h. l. V ∥ 12. ἐν τοῖς ἀνωτέρω] c. 37, 1 ∥ 12. 13 ∥∥∥ τὰς ἄλπεις (eras. αὖ) V ∥ 13. τὴν ac-cessit e V ∥ οὐεντίαν V, corr. ϛ ∥ 14. ἀκηκοώς V¹ ex -οὺς ∥ 19. lacunam sic fere expleverim: ἐληλυθότας ⟨σὺν Ἀταούλφῳ Γότθους κατέλαβον ἐστρατοπεδευμένους περὶ πόλιν τινὰ Ἰταλίας,⟩ Πείσας ∥ 21. ἑπτ. ⟨δὲ add. ϛ) μόνοι πεσόντες] ἑπτακαίδεκα μόνον ἀπολέσαντες conieci. ἑπτ. δὲ μόνους ἀποβαλόντες voluit Reitemeier ∥ 21. — p. 276, 2. ὡς — δείσαντες accesserunt e V

δὲ τὸ πᾶν ἐπιὸν ἐθεάσαντο πλῆθος, μὴ κυκλωθεῖεν ὑπὸ τῶν
πολλῶν δείσαντες, εἰς τὴν Ῥάβενναν ἐσώθησαν.

46. Ὀλύμπιον δὲ οἱ περὶ τὴν αὐλὴν εὐνοῦχοι πρὸς τὸν
βασιλέα διαβαλόντες ὡς αἴτιον τῶν οὐ δεξιῶς συμβεβηκότων
τῷ πολιτεύματι, παραλυθῆναι τῆς ἀρχῆς πεποιήκασιν. ὁ δὲ 5
μὴ καὶ ἕτερόν τι πάθοι δεδιώς, φυγῇ χρησάμενος τὴν Δαλ-
ματίαν κατελάμβανεν. ὁ δὲ βασιλεὺς ὕπαρχον μὲν τὸν Ἄτταλον
εἰς τὴν Ῥώμην ἐκπέμπει, πολὺν δὲ ποιούμενος λόγον τοῦ μὴ
λαθεῖν τι τῶν εἰς τὸ ταμιεῖον ἐλθόντων, ἐκπέμπει Δημήτριον
ἣν εἶχεν Ἄτταλος φροντίδα πληρώσοντα καὶ διερευνησόμενον 10
2 τὰς οὐσίας ὅσαι τοῦ δημοσίου γεγόνασι. πολλὰ ⟨δὲ⟩ περὶ
τὰς ἀρχὰς καὶ ἄλλα καινοτομήσας, καὶ τοὺς μὲν πρότερον
καταδυναστεύοντας ἐκβαλών, ἄλλοις δὲ τὰς ἀρχὰς παραδούς,
ἔταξε καὶ Γενέριδον τῶν ἐν Δαλματίᾳ πάντων ἡγεῖσθαι,
ὄντα στρατηγὸν καὶ τῶν ἄλλων ὅσοι Παιονίαν τε τὴν ἄνω 15
καὶ Νωρικοὺς καὶ Ῥαιτοὺς ἐφύλαττον, καὶ ὅσα αὐτῶν μέχρι
τῶν Ἄλπεων. ἦν δὲ ὁ Γενέριδος βάρβαρος μὲν τὸ γένος,
τὸν δὲ τρόπον εἰς πᾶν ἀρετῆς εἶδος εὖ πεφυκώς, χρημάτων
3 τε ἀδωρότατος. οὗτος ἔτι τοῖς πατρῴοις ἐμμένων καὶ τῆς
εἰς θεοὺς θρησκείας ἐκστῆναι οὐκ ἀνεχόμενος, ἐπειδὴ νόμος 20
εἰσήχθη τοῖς οὐκ οὖσι Χριστιανοῖς ζώνην ἐν τοῖς βασιλείοις
ἔχειν ἀπαγορεύων, τούτου τοῦ νόμου τεθέντος ἀρχῆς ἐν τῇ
Ῥώμῃ στρατιωτικῆς προεστὼς ὁ Γενέριδος ἔμεινεν ἐπ᾽ οἴκου,
τὴν ζώνην ἀποθέμενος. ἐπεὶ δὲ ὁ βασιλεὺς οἷα δὴ τοῖς

2. πολλῶν] fort. πολεμίων scripsit ‖ 4. διαβαλόντες, βαλ in ras.
m. 2, V ‖ 5. παραλυθῆναι τ. ἀ.] cf. Olympiod. fr. 8 ‖ 9. ἐλθόντων] ἀν-
ηκόντων expectabam. 'ne quid rerum ad fiscum pertinentium occul-
taretur' Leunclavius ‖ 10. διερευνησο//μινον, ο ex α, ult. ν in ras. m. 2,
acc. omisso V ‖ 11. ὅσαι V et Bekk, om. apographa ‖ δὲ ς, om. V ‖ 14.
ἔταξε κτέ.] comes Illyrici Generidus factus est, nec vero, ut Boeckingio
visum (ad not. occ. p. 717) magister militum ‖ δαματία, λ a m 1, V ‖
15. ὅσοι ς, ὅσαι V, quod si genuinum est, pro ἄλλων scribendum ἴλων
(sensu generali: 'copiae', sicut V, 13, 2: ἦρχε δὲ οὐ Ῥωμαϊκῶν ἴλων
al.) ‖ παιονίας τε τὰς ἄνω V, quod cum sensu careat — neque enim
Pannoniae superioris in Pannoniam primam et Saviam divisio (v. Mommsen
C. I. L. t. III p. 482) hic advocari potest —, retinui ς. nisi forte παιονίας
τε τὰ ἄνω scripsit ‖ 17. ὁ γερέντιος h. l. V ‖ 18. εὖ ex ἐ//// V ‖ 19. πα-
τρῴοις] πατρίοις scribendum puto ‖ 21. οὐκ οὖσι V², οἰκοῦσι V¹ ‖ 24.
ἐπειδὲ ex ἐπειδὴ V¹

ἄρχουσι συναριθμούμενον ἀπῄτει προϊέναι κατὰ τὴν οἰκείαν
τάξιν εἰς τὰ βασίλεια, νόμον ἔφησεν εἶναι κωλύοντα ζώνην
αὐτὸν ἔχειν ἢ ὅλως τοῖς ἄρχουσι καταλέγεσθαι τοὺς τὴν Χρι-
στιανῶν μὴ τιμῶντας θρησκείαν. τοῦ δὲ βασιλέως εἰπόντος 4
ὡς ἐπὶ μὲν τοῖς ἄλλοις ἅπασι τὸν νόμον κρατεῖν, ἐπ' αὐτοῦ
δὲ οὐκέτι τοσαῦτα τῆς πολιτείας προκινδυνεύσαντος, ταύτης
οὐκ ἀνέχεσθαι τῆς τιμῆς εἶπεν, εἰς ὕβριν πάντων φερούσης
τῶν ὅσοι τῆς στρατείας διὰ τὸν νόμον διήμαρτον. καὶ οὐκ
ἄλλως ἀντελάβετο τῆς ἀρχῆς, ἕως ὁ βασιλεὺς αἰδοῖ τε ἅμα
καὶ χρείᾳ συνωθούμενος ἔπαυσεν ἐπὶ πᾶσι τὸν νόμον, ἀπο-
δοὺς ἑκάστῳ τῆς αὐτοῦ ὄντι δόξης ἄρχειν τε καὶ στρατεύεσθαι.
ἀπὸ ταύτης ὁρμώμενος τῆς μεγαλοφροσύνης Γενέριδος συν- 5
εχέσι τοὺς στρατιώτας ἐπαίδευε γυμνασίαις, ἐπιδιδούς τε
τὰς σιτήσεις αὐτοῖς παραιρεῖσθαι τούτων οὐδενὶ κατὰ τὸ
σύνηθες ἐνεδίδου, καὶ αὐτός, ἐξ ὧν αὐτῷ τὸ δημόσιον ἐδί-
δου, τὰ πρέποντα τοῖς πλέον πονοῦσι φιλοτιμούμενος. καὶ
τοιοῦτος φανεὶς τοῖς τε πλησιάζουσι βαρβάροις ἐπίφοβος ἦν,
καὶ πᾶσαν ἀσφάλειαν τοῖς ἔθνεσιν, ὅσα φυλάττειν ἔλαχεν,
ἐνεποίει.

47. Κατὰ δὲ τὴν Ῥάβενναν εἰς στάσιν ἀναστάντες οἱ
στρατιῶται τὸν ταύτης λιμένα καταλαμβάνουσι, σὺν οὐδενὶ
κόσμῳ βοῶντες καὶ τὸν βασιλέα φανῆναι σφίσιν αἰτοῦντες.
τοῦ δὲ φόβῳ τῆς στάσεως ἀποκρυβέντος, προελθὼν εἰς μέσον
Ἰόβιος ὁ τῆς αὐλῆς ὕπαρχος, ἅμα καὶ τῇ τοῦ πατρικίου τετι-
μημένος ἀξίᾳ, ποιούμενος ἀγνοεῖν τὴν αἰτίαν τῆς στάσεως
(καίτοι γε αὐτὸς ἐλέγετο ταύτης αἴτιος εἶναι, κοινωνὸν ἔχων
Ἀλλόβιχον εἰς τοῦτο τὸν τῶν ἱππέων ἡγούμενον δομεστίκων)

---

3. αὐτὸν delendum puto ‖ τὴν V, τὴν τῶν 𝖘 ‖ 5. in ὡς offendit
Sylb. at cf. Krebs ap. Schanzium 'Beitraege' t. I p. 18 sq. ‖ 5. 6. 'ex-
pectabam ἐπ' αὐτῷ δὲ: sequitur tamen προκινδυνεύσαντος' Heyne ‖
6. οὐκέτι] cf. III, 18, 6: τὰ Περσικῇ μόνον ἁρμόδια χρῆσι, αὐτοῖς δὲ
οὐκέτι (volebam aliquando: οὗ, τοσαυτάκις τῆς) ‖ 7. ἀνέχεσθαι V et
Sylb, ἀνέχεται apographa ‖ 11. αὐτοῦ ex αὐτῇ// V. αὐτοῦ scripsi ‖
24. Ἰόβιος] Ἰοβιανὸς editur in Olympiodoro; at Ἰόβιος est etiam Sozo-
meno ‖ 26. ταύτης αἴτιος V, αἴτιος ταύτης 𝖘 ‖ 27. Ἀλλόβιχον scripsi,
quod servatum c. 48, 1, ἐλλέβιχον h. l. V, ἐλλέβιχον 𝖘. cf. Olympiod.
fr. 13. 14, et Sozom. IX, 12 ubi Ἀλάβιχος editur ‖ δομεστίχων Leun-
clavius, δομέστιχον V. eodem modo comes domesticorum a Sozomeno
IX, 8 (ex Olympiodoro) dicitur ἡγεμὼν τῶν ἱππέων δομεστίχων καλουμένων

2 ἀπῄτει λόγον αὐτοὺς ἀνθ' ὅτου πρὸς τοῦτο ἐξήχθησαν. ὡς
δὲ παρὰ τῶν στρατιωτῶν ἤκουεν ὡς πᾶσα ἀνάγκη Τουρπιλ-
λίωνα καὶ Βιγελάντιον αὐτοῖς ἐκδοθῆναι τοὺς στρατηγοὺς καὶ
μετὰ τούτων Τερέντιον τὸν τῶν βασιλικῶν προεστῶτα κοι-
τώνων καὶ Ἀρσάκιον τὸν μετὰ τοῦτον τῇ τάξει καλούμενον, 5
δείσαντος δὴ τοῦ βασιλέως τὴν τῶν στρατιωτῶν ἐπανάστασιν,
κατὰ μὲν τῶν στρατηγῶν ἀειφυγίας ἐκφέρεται ψῆφος καὶ ἐμ-
βληθέντες πλοίῳ παρὰ τῶν ἀπαγόντων ἀναιροῦνται (τοῦτο
3 γὰρ ἦν αὐτοῖς κελεύσας Ἰόβιος· ἐδεδίει γὰρ μή ποτε ἐπανελ-
θόντες καὶ τὴν κατὰ σφῶν γνόντες ἐπιβουλὴν εἰς τὴν κατ' 10
αὐτοῦ τὸν βασιλέα προκαλέσοιντο τιμωρίαν), Τερέντιος δὲ εἰς
τὴν ἑῴαν ἐκπέμπεται, καὶ Ἀρσάκιος τὴν Μεδιόλανον οἰκεῖν
ἐκληρώσατο.

48. Καταστήσας δὲ ὁ βασιλεὺς Εὐσέβιον μὲν ἀντὶ Τε-
ρεντίου φύλακα τοῦ κοιτῶνος, Οὐάλεντι δὲ τὴν ἀρχὴν ἣν 15
εἶχε Τουρπιλλίων παραδούς, καὶ μετὰ Βιγελάντιον Ἀλλόβιχον

---

1. λόγον V¹ ex λέγων ‖ ἐξήχθησαν] ἐξηνέχθησαν conieci. cf. I, 5, 3;
IV, 56, 3; V, 14, 4 ‖ 3. βηγελάντιον V ‖ 6. δὴ ς, δὲ V ‖ 7. στρατηγῶν
V¹ ex -γοὺς ut vid. ‖ 10. γνόντες, ὸν m. 1 ex ῶ, V ‖ 12. Μεδιόλανον
scripsi, μεδολιανὸν V¹, -άνον V², Μεδιολανὸν Sylb ‖ 15. Οὐάλεντι] esse
eum Valentem cum Reinesio puto, qui Novembri m. a. 408 comes do-
mesticorum erat (cod. Theod. XVI, 5, 42); ut extremo a. 408 collega
Vigilantii (Zos. V, 36, 3) in comitiva domesticorum fuerit ‖ 15. 16. ἀρ-
χὴν — Τουρπιλλίων] post Stilichonis mortem magistrum equitum Tur-
pilionem factum esse scriptor narravit V, 36, 3. at hoc magisterio
fungens occubuisse non potest: Vigilantius enim quoque ἵππαρχος di-
citur. ni mirum Zosimi festinatio in culpa est, qua mutationes et
promotiones post Olympii ruinam factae (V, 46, 2) praetermissae sunt.
ni fallor, res ita componi possunt. post Stilichonis ceterorumque ducum
caedem facti sunt Varanes magister peditum, Turpilio magister equi-
tum, Vigilantius et Valens (v. adn. praec.) comites domesticorum (cf.
V, 36, 3). postea abiectus est Varanes, Turpilio ad magisterium pe-
ditum promotus, Vigilantius a comitiva domesticorum — ut saepe
factum, v. Iullian 'de protectoribus et domesticis Augustorum' (Pari-
siis a. 1883) p. 74 sq. — promotus ad magisterium equitum, Helle-
bichus Vigilantii in locum comes domesticorum factus, Valente collega
manente. iam igitur seditione effectum est ut Turpilionis loco Valens
fieret magister peditum (quod quidem munus bene ab eo administratum
esse existimatum est, quippe iam a. 410 utriusque militiae magistri
titulo Valens designatur: Olympiod. fr. 13), Hellebichus alter comes domes-
ticorum Vigilantio in magisterio equitum succederet ‖ 16. βηγελάντιον V

ἵππαρχον καταστήσας, τὴν μὲν τῶν στρατιωτῶν παύειν πως
ἔδοξε στάσιν, Ἰόβιος δὲ ὁ τῆς αὐλῆς ὕπαρχος, πᾶσαν εἰς
αὐτὸν τὴν παρὰ βασιλεῖ δύναμιν περιστήσας, ἔγνω πρέσβεις
ἐκπέμψαι πρὸς Ἀλλάριχον, ἄχρι τῆς Ῥαβέννης αὐτὸν παρα-
5 γενέσθαι σὺν Ἀταούλφῳ παρακαλοῦντας ὡς δὴ τῆς εἰρήνης
αὐτόθι γενησομένης. πεισθέντος δὲ τοῖς τοῦ βασιλέως καὶ 2
τοῖς Ἰοβίου γράμμασιν Ἀλλάριχου, παραγενομένου τε εἰς τὴν
Ἀρίμηνον Ῥαβέννης ἀφεστῶσαν μιλίοις τριάκοντα, συνδραμὼν
κατὰ ταύτην Ἰόβιος, ἅτε ἐν ταῖς Ἠπείροις πρόξενος καὶ φίλος
10 Ἀλλαρίχῳ γεγενημένος, τοὺς περὶ τῶν συνθηκῶν ἐποιήσατο
λόγους. ἀπῄτει δὲ Ἀλλάριχος χρυσίου μὲν ἔτους ἑκάστου 3
δίδοσθαί τι ῥητὸν καὶ σίτου τι χορηγεῖσθαι μέτρον, οἰκεῖν
δὲ αὐτὸν ἅμα τοῖς σὺν αὐτῷ πᾶσι Βενετίας ἄμφω καὶ Νω-
ρικοὺς καὶ Δελματίαν. ταῦτα ἐναντίον Ἀλλαρίχου γράψας
15 Ἰόβιος ἐκπέμπει τῷ βασιλεῖ, δοὺς καὶ ἴδια πρὸς αὐτὸν γράμ-
ματα παραινοῦντα καταστῆσαι δυνάμεως ἑκατέρας στρατηγὸν
Ἀλλάριχον, ὥστε ταύτης αὐτὸν τυχόντα τῆς θεραπείας χαλά-
σαι τι τῆς βαρύτητος τῶν συνθηκῶν καὶ ἐπὶ φορητοῖς καὶ
μετρίοις ποιήσασθαι τὰς σπονδάς. ταύτην δεξάμενος ὁ βασι- 4
20 λεὺς τὴν ἐπιστολὴν καταγινώσκει μὲν τῆς Ἰοβίου προπετείας,
γράμμασι δὲ ἐχρῆτο πρὸς αὐτὸν δι' ὧν ἐδήλου χρυσίου μὲν
καὶ σίτου μέτρον αὐτὸν ὁρίσαι προσήκειν οἷα τῆς αὐλῆς ὕπ-
αρχον ὄντα καὶ τὴν τῶν δημοσίων φόρων ἐπιστάμενον

---

1. ἵππαρχον V et Valesius ad Sozom. IX, 12, ὕπαρχον apographa ‖
2. incipiunt excerpta in MN: ὅτι Ἰόβιος ὁ τῆς αὐλῆς ὕπαρχος πᾶσαν
τὴν τοῦ ὀνωρίου τοῦ βασιλέως δύναμιν εἰς αὐτὸν (αὐτὸ M) περιστήσας
πρέσβεις ἀποστέλλει πρὸς ἀλλάριχον, παραγενέσθαι εἰς τὴν ῥανένην.
ἀφικομένου δὲ ἀλλαρίχου, ἐποιήσαντο τοὺς περὶ τῶν συνθηκῶν λόγους·
ἀπῄτει δὲ ἀλλάριχος (vs. 11) ‖ 5. σὺν ἀταούλφῳ (ἀτταούλφῳ h. l. codex)
accesserunt e V ‖ 8. ἀρίμηνον V, ἀρίμινον ⸤ ‖ ἧκεν εἰς Ἀρίμηνον πόλιν,
δέκα (immo μ') καὶ διακοσίοις σταδίοις τῆς Ῥαβέννης ἀφεστῶσαν So-
zom. IX, 7 ‖ 11. δὲ MN ⸤, τὲ V ‖ 12. σῖτον τί M ‖ 13. βενετίας V, βητίας
MN. in Venetiarum (cf. Boecking ad not. oec. p. 354) nomine non
recte offendens voluit Παιωνίας Sylb. Βενετίαν καὶ ἄμφω Νωρικοὺς
coni. Wesseling ad Itin. Hierosol. p. 561 coll. cap. 50, 3, item inuti-
liter ‖ 13. 14. νωρικοὺς V, μερικοὺς MN ‖ 14. δελματίαν VMN, δαλμ.
Reitemeier ‖ 15. ὁ Ἰόβιος MN ‖ ἴδια] fort. ἰδία praestat ‖ 17. 18. χαλά-
σας N ‖ 18. φορητοῖς M, φορικοῖς N ‖ 22. προσή//////κειν, ras. 3—4 litt.,
ϱο in ras. m. 1, V

δύναμιν, ἀξίαν δὲ ἢ στρατηγίαν μή ποτε Ἀλλαρίχῳ δώσειν ἢ
τισι τῶν τῷ γένει προσηκόντων. (49) ταύτην δεξάμενος
Ἰόβιος τὴν ἐπιστολὴν οὐ καθ᾽ ἑαυτὸν ἀνελίξας ἀνέγνω ταύ-
την ἀλλ᾽ εἰς ἐπήκοον Ἀλλαρίχου. καὶ τὰ μὲν ἄλλα μετρίως
ἤνεγκεν· ὡς δὲ ἀρνηθεῖσαν εἶδεν ἑαυτῷ τε καὶ ⟨τῷ⟩ γένει 5
τὴν τῆς στρατηγίας ἀρχήν, ἀναστὰς εἰς ὀργὴν αὐτόθεν ἐπὶ
τὴν Ῥώμην ἐλαύνειν τοὺς σὺν αὐτῷ βαρβάρους ἐκέλευσεν
ὡς αὐτίκα τὴν εἰς αὐτὸν καὶ τὸ γένος ἅπαν ἀμυνούμενος
ὕβριν. Ἰόβιος δὲ ἀπορηθεὶς ἐπὶ τῷ παραλόγῳ τῶν τοῦ βα-
σιλέως γραμμάτων εἰς τὴν Ῥάβενναν ἐπανήει. βουλόμενος 10
δὲ τῆς μέμψεως αὐτὸν ἀπολῦσαι κατέλαβεν ὅρκοις Ὁνώριον,
ἦ μὴν εἰρήνην μή ποτ᾽ ἔσεσθαι πρὸς Ἀλλάριχον, ἀλλ᾽ ἄχρι
παντὸς αὐτῷ πολεμήσειν. ὤμνυ δὲ καὶ αὐτὸς ὅρκον τῆς βα-
σιλέως ἁψάμενος κεφαλῆς, καὶ τοὺς ἄλλους οἳ τὰς ἀρχὰς εἶχον
ταὐτὸν ποιῆσαι παρασκευάσας. 15

50. Τούτων δὲ πραχθέντων ὁ βασιλεὺς ὡς δὴ πολε-
μήσων Ἀλλαρίχῳ μυρίους εἰς συμμαχίαν Οὔννους ἐπεκαλεῖτο·
τροφὴν δὲ τούτοις ἕτοιμον εἶναι παροῦσι βουλόμενος, σῖτον
καὶ πρόβατα καὶ βόας τοὺς ἀπὸ τῆς Δελματίας εἰσφέρειν
ἐκέλευεν. ἔπεμπε δὲ τοὺς κατασκοπήσοντας ὅπως τὴν ἐπὶ τὴν 20
Ῥώμην ὁδὸν Ἀλλάριχος ποιεῖται, καὶ πανταχόθεν τὰς δυνά-
μεις συνήθροιζεν. Ἀλλάριχος δὲ εἰς μετάμελον ἐλθὼν ἐπὶ τῇ
κατὰ τῆς Ῥώμης ὁρμῇ, τοὺς κατὰ πόλιν ἐπισκόπους ἐξέπεμπε

---

1. δύναμιν ἀξίαν. στρατηγίαν δὲ μή ποτε MN male. ἀξίας δὲ οὐ
ποτε μεταδώσειν αὐτῷ ἐντεδήλωσεν: Soz. IX, 7 ‖ μήποτε V ‖ 2. τισι V,
τινί MN ‖ τῶν τῷ γένει προσηκόντων. αὐτῷ ταύτην MN. τισι (vel τινι)
τῶν γένει προσηκόντων αὐτῷ. ταύτην conieci. cf. I, 10, 1; 63, 2;
II, 45, 2; IV, 4, 2; VI, 4, 3 ‖ 3. Ἰόβιος MN, ὁ Ἰόβ. VⱾ ‖ οὐ καθ᾽ ἑαυτὸν
V¹ ex οὐκ ἀθεαστὸν ut vid. ‖ 4. ἀλλ᾽ MN, ἀλλὰ VⱾ ‖ 5. τῷ γένει Ȿ, γένει
MNV ‖ 7. ἐκέλευε MN ‖ 8. ἅπαν ἀμυνούμενος V², ἀπ//// ἀμυνόμενος V¹,
ἀπαμυνόμενος (-νον M) MN ‖ 10. ῥαοένναν MN ‖ 11. αὐτὸν V², αὐτον
(sine acc.) V¹, ἑαυτὸν MN ‖ κατελάμβανεν MN ‖ ///ὅρκοις, 2 litt. eras.,
᾽ ex ᾽ m. 2, V ‖ 12. μή ποτ᾽ NⱾ, μή ποτε MV ‖ ἀλλ᾽ ἄχρι V, ἀλλὰ χρὴ
M, ἀλλὰ N ‖ 13. αὐτῷ accessit e MNV (in V αὐτὸν m. 1 ex αὐτὸν) ‖
πολεμήσειν MNⱾ, πολεμῆσαι V ‖ ὤμνυ V, ὤμνυε MN ‖ 13. 14. βασιλέως
MNV, βασιλείας Ȿ ‖ 15. ταὐτὸν V, τοῦτο MN ‖ 16. δὲ accessit e MN ‖
ὁ om. M ‖ 17. κυρίους M ‖ εὔνους N ‖ 18. παροῦσι MN, περιοῦσι V,
παριοῦσι Ȿ ‖ 19. δαλματίας Ȿ ‖ 20. ἐκέλευε MN ‖ κατασκοπήσοντας MⱾ,
-σαντας NV

πρεσβευσομένους ἅμα καὶ παραινοῦντας τῷ βασιλεῖ μὴ περι
ιδεῖν τὴν ἀπὸ πλειόνων ἢ χιλίων ἐνιαυτῶν τοῦ πολλοῦ τῆς
γῆς βασιλεύουσαν μέρους ἐκδεδομένην βαρβάροις εἰς πόρθη
σιν, μηδὲ οἰκοδομημάτων μεγέθη τηλικαῦτα διαφθειρόμενα
5 πολεμίῳ πυρί, θέσθαι δὲ τὴν εἰρήνην ἐπὶ μετρίαις σφόδρα
συνθήκαις. οὔτε γὰρ ἀρχῆς ἢ ἀξίας δεῖσθαι τὸν βάρβαρον,
οὔτε τὰς πρότερον ἐπαρχίας ἔτι πρὸς οἴκησιν βούλεσθαι καὶ
ἐπὶ τοῦ παρόντος λαβεῖν, ἀλλὰ μόνους ἄμφω Νωρικούς, ἐν
ταῖς ἐσχατιαῖς πού τοῦ Ἴστρου κειμένους, συνεχεῖς τε ὑφι
10 σταμένους ἐφόδους καὶ εὐτελῆ φόρον τῷ δημοσίῳ εἰσφέροντας,
καὶ σῖτον ἐπὶ τούτοις ἔτους ἑκάστου τοσοῦτον ὅσον ἀρκεῖν ὁ
βασιλεὺς οἰηθείη. συγχωρεῖν δὲ καὶ τὸ χρυσίον, εἶναί τε
φιλίαν καὶ ὁμαιχμίαν αὐτῷ καὶ Ῥωμαίοις κατὰ παντὸς αἴρον
τος ὅπλα καὶ πρὸς πόλεμον κατὰ τῆς βασιλείας ἐγειρομένου.
15 (51) ταῦτα ἐπιεικῶς καὶ σωφρόνως Ἀλλαρίχου προτεινομένου,
καὶ πάντων ὁμοῦ τὴν τοῦ ἀνδρὸς μετριότητα θαυμαζόντων,
Ἰόβιος καὶ οἱ τῷ βασιλεῖ παραδυναστεύοντες ἀνήνυτα ἔφασκον
τὰ αἰτούμενα εἶναι, πάντων ὅσοι τὰς ἀρχὰς εἶχον ὀμωμοκότων
μὴ ποιεῖσθαι πρὸς Ἀλλάριχον εἰρήνην. εἰ μὲν γὰρ πρὸς τὸν
20 θεὸν τετυχήκει δεδομένος ὅρκος, ἦν ἂν ὡς εἰκὸς παριδεῖν ἐν
διδόντας τῇ τοῦ θεοῦ φιλανθρωπίᾳ τὴν ἐπὶ τῇ ἀσεβείᾳ συγ
γνώμην· ἐπεὶ δὲ κατὰ τῆς τοῦ βασιλέως ὠμωμόκεσαν κεφαλῆς,
οὐκ εἶναι θεμιτὸν αὐτοῖς εἰς τὸν τοσοῦτον ὅρκον ἐξαμαρτεῖν.
τοσοῦτον ἐτύφλωττεν ὁ νοῦς τῶν τότε τὴν πολιτείαν οἰκονο
25 μούντων, θεοῦ προνοίας ἐστερημένων.

1. 2. περιιδεῖν V, ὑπεριδεῖν MN ‖ 3. ἐκδεδομένην VN, ἐκδεδυ
μένην M, ἐκδιδομένην 5, fort. recte cum sequatur διαφθειρόμενα. praeterea cf. ad V, 16, 3 ‖ 6. 7. οὔτε . . . . . οὔτε V, οὐδὲ . . . . . οὐδὲ MN ‖
6. ἢ ἀξίας MNV et Bekk, ἀξίας apographa ‖ 10. εὐτελῆ V, ἐντελεῖ
MN ‖ φόρον V², φόρῳ V¹ τῷ δημοσίῳ εἰσφέροντας hiant. aut τοῖς δη
μοσίοις aut φέροντας scripserim ‖ 12. συγχωρεῖν NV², συγχῶ V¹, συγ
χωρῶν M ‖ 13. 14. αἴροντας M ‖ 18. ὀμωμοκότων—19. Ἀλλάριχον om. M ‖
20. θεὸν om. MN ‖ τετυχήκοι coni. Sylb ‖ 20. 21. ἐνδιδόντας MN5, -τος
V ‖ 22. ὠμωμόκεσαν V, ὁμωμ. MN5 ‖ 24. ἐτύφλωττεν MNV, et sic coni.
Bekk, ἐφέλαττεν apographa ‖ 25. ἐστερημένος M ‖ in V librarius ipse
nec subscriptione quintum nec praescriptione sextum librum insignivit,
sed nil posuit nisi ∼ 2 2 2 2 2 2 ∼ 2 2 2 2 2 2 ∼ 2 2 2 2 2 2 ∼ 2 2 2 2 2 2.
postea rubricator sexto libro praescripsit ἱστορία πέμπτη et quod in
mg. al. quaedam manus scripserat ἱστο ʒ (i. e. ἕκτη) mutavit in ε (i. e.
πέμπτη)

ς.

Ἀλλάριχος μὲν οὖν ἐπὶ ταῖς οὕτω μετρίαις αἰτήσεσι περι-
υβρισθεὶς ἐπὶ τὴν Ῥώμην ἤλαυνε πανστρατιᾷ, τῇ κατ' αὐτῆς
πολιορκίᾳ προσκαρτερήσων. ἐν τούτῳ δὲ παρὰ Κωνσταντίνου
τοῦ τυραννήσαντος ἐν Κελτοῖς ἀφίκετο πρὸς Ὀνώριον κατὰ
πρεσβείαν Ἰόβιος, παιδείᾳ καὶ ταῖς ἄλλαις ἀρεταῖς διαπρέπων, 5
βεβαιωθῆναι τὴν πρότερον ὁμολογηθεῖσαν εἰρήνην, καὶ ἅμα
συγγνώμην ἕνεκα τῆς ἀναιρέσεως Διδύμου καὶ Βερηνιανοῦ
τῶν συγγενῶν Ὀνωρίου τοῦ βασιλέως αἰτῶν· ἀπελογεῖτο γὰρ
2 λέγων ὡς οὐ κατὰ προαίρεσιν ἀνήρηνται Κωνσταντίνου. συν-
τεταραγμένον δὲ τὸν Ὀνώριον θεασάμενος, εὔλογον ἔφασκεν 10
εἶναι ταῖς περὶ τὴν Ἰταλίαν ἐνασχολουμένῳ φροντίσιν ἐνδοῦ-
ναι· συγχωρούμενος δὲ πρὸς Κωνσταντῖνον ἐκδημῆσαι καὶ
τὰ συνέχοντα τὴν Ἰταλίαν ἀγγεῖλαι, μετ' οὐ πολὺ καὶ αὐτὸν
ἄξειν ἅμα παντὶ τῷ ἐν Κελτοῖς καὶ ἐν Ἰβηρίᾳ καὶ ἐν τῇ Βρε-
ταννικῇ νήσῳ στρατεύματι, ταῖς κατὰ τὴν Ἰταλίαν καὶ τὴν 15
Ῥώμην βοηθήσοντα περιστάσεσιν. καὶ ὁ μὲν Ἰόβιος ἐπὶ τού-
τοις ἀναχωρεῖν ἐπετράπη· τὰ δὲ ἐν Κελτοῖς οὔπω τῆς προσ-
ηκούσης ἀφηγήσεως ἀξιωθέντα δίκαιον ἄνωθεν, ὡς ἕκαστα
ἐπράχθη, διεξελθεῖν.

2. Ἔτι βασιλεύοντος Ἀρκαδίου, καὶ ὑπάτων ὄντων 20
Ὀνωρίου τὸ ζ καὶ Θεοδοσίου τὸ β̅, οἱ ἐν τῇ Βρεττανίᾳ
στρατευόμενοι στασιάσαντες ἀνάγουσι Μάρκον ἐπὶ τὸν βα-
σίλειον θρόνον, καὶ ὡς κρατοῦντι τῶν αὐτόθι πραγμάτων

1. in ἀλλάριχος οὖν ἐπὶ ταῖς μικραῖς αἰτήσεσιν περιυβρισθεὶς ἤλαυ-
νεν ἐπὶ ῥώμην desinunt MN ‖ 2. πανστρατιὰ V ‖ 3. incipiunt excerpta
in AB: Ὅτι παρὰ Κωνσταντίνου τοῦ τυράννου τοῦ ἐν (om. B) κελτοῖς
ἀφίκετο κατὰ πρεσβείαν ἰόβιος ‖ παρὰ V et Sylb, περὶ apographa ‖
5. ταῖς om. AB ‖ 7. συγγνώμην αἰτῶν ἕνεκα AB ‖ Διδύμου scripsi, δι-
δυμίου Vς. cf. ad V, 43, 2 ‖ βηνιανοῦ AB ‖ 8. αἰτῶν om. AB ‖ 9. ὡς
ΑΒV et Sylb, om. apographa ‖ 9. 10. συντεταγμένον AB ‖ 12. κων-
στάντιον V, κωνσταντίνου AB ‖ 13. ἀναγγεῖλαι AB ‖ 14. ἄξειν V, ἄγειν
AB, ἥξειν ς ‖ ἅμα παντὶ τῷ V, συνπαντὶ τῷ AB. cf. V, 26, 4: ἐπεραι-
ώθη τὸν Ἴστρον ἅμα παντὶ τῷ στρατεύματι ‖ 15. στρατεύματι Sylb, στρα-
τιόταις ΑΒV¹, στρατιότας V² ‖ 15. 16. καὶ τὴν ῥώμην AB, καὶ ῥώμην
Vς ‖ 16. βοηθήσοντας B ‖ περιστάσεσιν AB, -σι Vς ‖ 17. in ἐπετράπη
desinunt AB ‖ 20 sq. cf. Olympiod. fr. 12 et Sozom. IX, 11 ‖ 21. ζ̅ et β̅
V, ἕβδομον et δεύτερον ς

ἐπείθοντο. ἀνελόντες δὲ τοῦτον ὡς οὐχ ὁμολογοῦντα τοῖς
αὐτῶν ἤθεσιν, ἄγουσι Γρατιανὸν εἰς μέσον, καὶ ἁλουργίδα
καὶ στέφανον ἐπιθέντες ἐδορυφόρουν ὡς βασιλέα. δυσαρεστή- 2
σαντες δὲ καὶ τούτῳ τέτταρσιν ὕστερον μησὶ παραλύσαντες
5 ἀναιροῦσι, Κωνσταντίνῳ παραδόντες τὴν βασιλείαν. ὃ δὲ
Ἰουστινιανὸν καὶ Νεβιογάστην ἄρχειν τῶν ἐν Κελτοῖς τάξας
στρατιωτῶν ἐπεραιώθη, τὴν Βρεττανίαν καταλιπών· ἐλθὼν
δὲ εἰς Βονωνίαν (πρώτη δὲ αὕτη πρὸς θαλάττῃ κεῖται, Γερ-
μανίας οὖσα πόλις τῆς κάτω) καὶ ἐν ταύτῃ διατρίψας ἡμέρας
10 τινάς, πάντα τε οἰκειωσάμενος τὰ στρατεύματα μέχρι τῶν
Ἄλπεων ὄντα τῶν ὁριζουσῶν Γαλατίαν καὶ Ἰταλίαν, ἀσφαλῶς
ἔχεσθαι τῆς βασιλείας ἐδόκει. κατὰ δὲ τούτους τοὺς χρόνους 3
Σάρον τὸν στρατηγὸν ἐκπέμπει μετὰ στρατεύματος κατὰ Κων-
σταντίνου Στελίχων. ὃ δὲ Ἰουστινιανῷ τῷ στρατηγῷ μετὰ
15 τῆς σὺν αὐτῷ δυνάμεως ἀπαντήσας αὐτόν τε ἀναιρεῖ καὶ τῶν
στρατιωτῶν τὴν πλείονα μοῖραν· καὶ λείας πολλῆς γενόμενος
κύριος, ἐπειδὴ Κωνσταντῖνον αὐτὸν ἔγνω πόλιν καταλαβόντα
Βαλεντίαν, ἀρκοῦσαν αὐτῷ πρὸς ἀσφάλειαν, εἰς πολιορκίαν
κατέστησε. Νεβιογάστου δὲ τοῦ λειπομένου στρατηγοῦ λόγους 4
20 τῷ Σάρῳ περὶ φιλίας προσάγοντος ἐδέχετο μὲν ὡς φίλον τὸν
ἄνδρα, δοὺς δὲ καὶ λαβὼν ὅρκους ἀναιρεῖ παραχρῆμα, μηδένα

---

3. ἐπιθέντες] περιθέντες VI, 7, 1 ‖ 4. δὲ add. V² ‖ τέτταρσιν V,
τέσσαρσιν ς ‖ 6. Ἰουστῖνος Olympiodoro ‖ Νεβιογάστην Bekk, νεβιγάστιον
h. l. V. Νεοβιγάστην Olympiod. Νεβιόγαστον posuit Reitemeier ‖
8. θαλάττῃ V, τῇ θαλάσσῃ ς ‖ 8. 9. Γερμανίας] fuit Belgicae secundae
(not. Gall. p. 266, 13 Seeck). Γαλατίας voluit Reitemeier propter
Olympiodorum (πρώτην ἐν τοῖς τῶν Γαλλιῶν ὁρίοις κειμένην) et Sozo-
menum (πόλιν τῆς Γαλατίας παρὰ θάλασσαν κειμένην). at cf. ad III,
9, 1 ‖ 9. κάτω Sylb, ἄνω V ‖ 10. 11. male haec a Zosimo conformata esse
docent Olympiodorus: ὅλον τὸν Γάλλον καὶ Ἀκυτανὸν στρατιώτην ἰδιο-
ποιησάμενος, κρατεῖ πάντων τῶν μερῶν τῆς Γαλατίας μέχρι τῶν Ἄλπεων
τῶν μεταξὺ Ἰταλίας τε καὶ Γαλατίας, et Sozomenus: προσηγάγετο τοὺς
παρὰ Γαλάταις καὶ Ἀκουτανοῖς στρατιώτας· καὶ τοὺς τῇδε ὑπηκόους
περιεποιήσεν ἑαυτῷ, μέχρι τῶν μεταξὺ Ἰταλίας καὶ Γαλατίας ὁρῶν, ἃς
Κοττίας Ἄλπεις Ῥωμαῖοι καλοῦσι. nisi forte ὄντα delendum et comma
post Ἰταλίαν tollendum est ‖ 11. ἀσφαλῶς ς, καὶ ἀσφαλῶς V ‖ 14. ἰουστι-
νιανῷ, ἰουστινια, in ras. totidem fere litt. m. 2, V ‖ 14. 15. μετὰ τῆς σὺν
αὐτῷ δυνάμεως ἀπαντήσας V, μετὰ τῆς δυνάμεως τῆς σὺν αὐτῷ ἀπαν-
τήσας ς ‖ 20. τῷ V², τ// V¹ ‖ προσάγοντος V² ex προσαγόντος. fort.
προσαγαγόντος scripsit.

τῶν ὅρκων ποιησάμενος λόγου. Κωνσταντίνου δὲ στρατηγὸν
καταστήσαντος Ἐδόβιγχον, Φράγγου ὄντα τὸ γένος, Γεροντιόν
τε ἀπὸ τῆς Βρεττανίας ὁρμώμενον, δείσας ὁ Σάρος τὴν τῶν
στρατηγῶν τούτων περὶ τὰ πολέμια πεῖραν ὁμοῦ καὶ ἀνδρείαν
ἀνεχώρησε τῆς Βαλεντίας, ἑπτὰ πολιορκήσας ταύτην ἡμέρας. 5
5 καταδραμόντων δὲ αὐτοῦ τῶν Κωνσταντίνου στρατηγῶν μετὰ
μεγίστης δυναστείας, σὺν πολλῷ διεσώθη πόνῳ, τὴν λείαν
ἅπασαν δωρησάμενος τοῖς περὶ τὰς Ἄλπεις ἀπαντήσασιν αὐτῷ
Βακαύδαις, ὅπως εὐρυχωρίας παρ' αὐτῶν τύχῃ τῆς ἐπὶ τὴν
6 Ἰταλίαν παρόδου. Σάρου τοιγαροῦν οὕτως εἰς τὴν Ἰταλίαν 10
διασωθέντος, συναγαγὼν ὁ Κωνσταντίνος τὴν δύναμιν ἅπα-
σαν ἔγνω φυλακὰς ἀρκούσας ἐγκαταστῆσαι ταῖς Ἄλπεσιν.
ἦσαν δὲ αὗται τρεῖς, αἱ τὰς ἐπὶ τὴν Ἰταλίαν ἀπὸ Κελτῶν
κἀκεῖθεν ἐπέκεινα ὁδοὺς ἀποκλείουσαι, Κοττία Ποινίνα Μαρι-
τίμα. ταῦτα δὲ δι' αἰτίαν τοιάνδε τῆς εἰρημένης μοι προ- 15
νοίας ἠξίωσεν. (3) ἐν τοῖς προλαβοῦσι χρόνοις, ἕκτον ἤδη
τὴν ὕπατον ἔχοντος ἀρχὴν Ἀρκαδίου καὶ Πρόβου, Βανδίλοι
Συήβοις καὶ Ἀλανοῖς ἑαυτοὺς ἀναμίξαντες τούτους ὑπερ-
βάντες τοὺς τόπους τοῖς ὑπὲρ τὰς Ἄλπεις ἔθνεσιν ἐλυμή-
ναντο, καὶ πολὺν ἐργασάμενοι φόνον ἐπίφοβοι καὶ τοῖς ἐν 20
Βρεττανίαις στρατοπέδοις ἐγένοντο, συνηνάγκασαν δέ, δέει
τοῦ μὴ κἀπὶ σφᾶς προελθεῖν, εἰς τὴν τῶν τυράννων ὁρμῆσαι
χειροτονίαν, Μάρκου λέγω καὶ Γρατιανοῦ καὶ ἐπὶ τούτοις
2 Κωνσταντίνου· πρὸς ὃν μάχης καρτερᾶς γενομένης ἐνίκων

2. ἐδόβιγχον V (Ἐδόβιγχον Bekk)] verum hominis nomen dubium,
cf. Vales. ad Sozom. IX, 13 ‖ φράγγον V, φράγκον 5 ‖ 3. τε coni. Sylb,
δὲ V5 ‖ δὲ ante ὁ expunctum in V ‖ 4. ἀνδρίαν Bekk ‖ 6. αὐτοῦ V, αὐ-
τὸν 5 ‖ 9. Βακαύδαις] de varia nominis scriptura v. Diefenbach 'orig.
Europ.' (Francof. 1861) p. 237 sq. ‖ ἐπὶ Bekk, περὶ V ‖ 10. τοιγαροῦν
V, τοίνυν 5 ‖ 14. ὁδοὺς Bekk, τὰς ὁδ. V ‖ 14. 15. κοττία ποιενίνα (sic)
μαριτιμα‖ (ι erasa, acc. om.) V, κοττίαι, ποινίναι, μαριτίμαι 5 ‖ 16 sq.
admodum confuse narrata sunt. videtur Zosimus partis Radagaisi co-
piarum ex Italia discessum et Vandalorum Alanorumque Rheno tra-
iecto in Galliam invasionem (Zeuss p. 449 sq.) in unum conflasse ‖
16. ἕκτον (sic) V², ἐκ τῶν V¹ ‖ 18. Συήβοις Sylb, σύνβοις ('ν non η'
Mau), ' a m. 2, V ‖ ἑαυτοὺς ex ἑαυτοῖς V ‖ 19. τὰς, quod iam deside-
ravit Reitemeier, accessit e V ‖ 21. Βρεττανίαις] Βρεττανίᾳ malebat
Bekk. at cf. Marquardt 'Staatsverwaltung' t. I² p. 287 ‖ 22. κἀπὶ Bekk,
καὶ V. καὶ εἰς coni. Sylb ‖ 24. πρὸς ὃν] merito offendit Rosenstein

μὲν οἱ Ῥωμαῖοι, τὸ πολὺ τῶν βαρβάρων κατασφάξαντες μέρος,
τοῖς δὲ φεύγουσιν οὐκ ἐπεξελθόντες (ἢ γὰρ ἂν ἅπαντας παν-
ωλεθρίᾳ διέφθειραν) ἐνέδωκαν αὐτοῖς ἀνακτησαμένοις τὴν
ἧτταν καὶ βαρβάρων πλῆθος συναγαγοῦσιν αὖθις ἀξιομάχοις
5 γενέσθαι. διὰ ταῦτα τοίνυν τούτοις τοῖς τόποις φύλακας 3
ἐγκατέστησε Κωνσταντῖνος, ὡς ἂν μὴ τὴν εἰς Γαλατίαν ἀν-
ειμένην ἔχοιεν πάροδον. ἐγκατέστησε δὲ καὶ τῷ Ῥήνῳ
πᾶσαν ἀσφάλειαν, ἐκ τῶν Ἰουλιανοῦ βασιλέως χρόνων ῥᾳθυ-
μηθεῖσαν.

10 4. Οὕτω τὰ κατὰ τὴν Γαλατίαν πᾶσαν οἰκονομήσας,
Κώνσταντι τῷ πρεσβυτέρῳ τῶν παίδων τὸ τοῦ Καίσαρος
σχῆμα περιθεὶς ἐπὶ τὴν Ἰβηρίαν ἐκπέμπει, καὶ τῶν αὐτόθι
πάντων ἐθνῶν ἐγκρατὴς γενέσθαι βουλόμενος, ὥστε καὶ τὴν
ἀρχὴν αὐξῆσαι καὶ ἅμα τὴν τῶν Ὀνωρίου συγγενῶν αὐτόθι
15 δυναστείαν ἐκκόψαι· δέος γὰρ αὐτὸν εἰσῄει μή ποτε δύναμιν 2
συναγαγόντες τῶν αὐτόθι στρατιωτῶν αὐτοὶ μὲν αὐτῷ δια-
βάντες τὴν Πυρήνην ἐπέλθοιεν, ἀπὸ δὲ τῆς Ἰταλίας ὁ βασι-
λεὺς Ὀνώριος ἐπιπέμψας αὐτῷ τὰ στρατόπεδα τῆς τυραννίδος,
κύκλῳ πανταχόθεν περιλαβών, παραλύσειεν. ἐπὶ τούτοις ὁ
20 Κώνστας εἰς τὴν Ἰβηρίαν διέβη, στρατηγὸν μὲν Τερέντιον
ἔχων, Ἀπολινάριον δὲ τῆς αὐλῆς ὕπαρχον, τῶν δὲ ἐν τῇ
αὐλῇ τάξεων . . . . . . ἄρχοντάς τε πολιτικοὺς ἅμα καὶ στρα- 3
τιωτικοὺς καταστήσας, ἄγει διὰ τούτων ἐκείνους οἳ γένει τῷ
βασιλεῖ Θεοδοσίῳ προσήκοντες τὰ τῆς Ἰβηρίας συνετάραττον
25 πράγματα, πρότερον μὲν πρὸς αὐτὸν Κώνσταντα διὰ τῶν ἐν

'Forsch. z. d. Gesch.' t. I p. 183. fort. πρὸς οὓς (sc. βαρβάρους) scri-
bendum, quamquam ita ambigua fit oratio. v. tamen ad c. 7, 6 ‖ 4. ἀξιο-
μάχοις V, -χους 5 ‖ 11. 12. Καίσαρος σχῆμα] Olympiod. fr. 12, Sozom.
IX, 11 ‖ 17. τυῤῥηνὴν, ϱ a m. 2, V, corr. 5 ‖ 20. Τερέντιον] Γερόντιον
cum Bekkero scribendum puto ‖ 21. Ἀπολλινάριον Bekk ‖ post ὕπαρχον
commate, non puncto, distinxi ‖ 22. lacunam indicavi. post τάξεων
patet intercidisse ἡγεμόνα (cf. II, 25, 2) vel ἡγούμενον (cf. III, 29, 3)
vel μάγιστρον (cf. IV, 51, 1; V, 32, 6) praetereaque ipsum magistri
officiorum nomen (fuit Decimius Rusticus sec. Renatum Profuturum ap.
Gregor. Turon. h. Fr. II, 9 p. 76, 4 ed. Arndt). praeterea pro ἄγει
(vs. 23) scribendum puto αἱρεῖ vel ζωγρεῖ coll. Sozom. IX, 11 sq. (〈ἐπ'〉
ἐκείνους Sylb) quod autem oratio male procedit — verba enim διὰ
τούτων referenda sunt ad ἄρχοντάς . . . στρατιωτικούς —, cf. ad c. 7, 6 ‖
καὶ sup. scr. V² ‖ 24. συνετάραττον V, συνεταράττοντο 5

τῇ Λυσιτανίᾳ στρατοπέδων ἀράμενοι πόλεμον, ἐπεὶ δὲ πλεο-
νεκτεῖσθαι συνῄσθοντο, πλῆθος οἰκετῶν καὶ γεωργῶν ἐπι-
στρατεύσαντες καὶ παρὰ βραχὺ καταστήσαντες αὐτὸν εἰς μέ-
4 γιστον κίνδυνον. ἀλλὰ κἀνταῦθα τῆς ἐλπίδος διαμαρτόντες
Κώνσταντι σὺν ταῖς σφῶν γυναιξὶν ἦσαν ἐν φυλακῇ· ὅπερ 5
ἀκηκοότες οἱ τούτων ἀδελφοὶ Θεοδοσίολός τε καὶ Λαγόδιος,
ὃ μὲν εἰς τὴν Ἰταλίαν διέφυγεν, ὃ δὲ εἰς τὴν ἑῴαν διασωθεὶς
ἀνεχώρησε.

5. Ταῦτα κατὰ τὴν Ἰβηρίαν ὁ Κώνστας διαπραξάμενος
ἐπανῆλθε πρὸς τὸν πατέρα ἑαυτοῦ Κωνσταντῖνον, ἐπαγόμενος 10
Βερηνιανὸν καὶ Δίδυμον, καταλιπὼν δὲ αὐτόθι τὸν στρατη-
γὸν Γερόντιον, ἅμα τοῖς ἀπὸ Γαλατίας στρατιώταις, φύλακα
τῆς ἀπὸ Κελτῶν ἐπὶ τὴν Ἰβηρίαν παρόδου, καίτοι γε τῶν ἐν
Ἰβηρίᾳ στρατοπέδων ἐμπιστευθῆναι κατὰ τὸ σύνηθες τὴν
φυλακὴν αἰτησάντων, καὶ μὴ ξένοις ἐπιτραπῆναι τὴν τῆς χώ- 15
2 ρας ἀσφάλειαν. Βερηνιανὸς μὲν οὖν καὶ Δίδυμος ὡς Κων-
σταντῖνον ἀχθέντες ἀνῃρέθησαν παραχρῆμα, Κώνστας δὲ αὖθις
ὑπὸ τοῦ πατρὸς εἰς τὴν Ἰβηρίαν ἐκπέμπεται, Ἰοῦστον ἐπαγό-
μενος στρατηγόν. ἐφ᾽ ᾧ Γερόντιος ἀχθόμενος, καὶ τοὺς
αὐτόθι περιποιησάμενος στρατιώτας, ἐπανίστησι Κωνσταντίνῳ 20
τοὺς ἐν Κελτοῖς βαρβάρους. πρὸς οὓς οὐκ ἀντισχὼν ὁ Κων-
σταντῖνος ἅτε δὴ τοῦ πλείονος τῆς δυνάμεως μέρους ὄντος
ἐν Ἰβηρίᾳ, πάντα κατ᾽ ἐξουσίαν ἐπιόντες οἱ ὑπὲρ τὸν Ῥῆνον
βάρβαροι κατέστησαν εἰς ἀνάγκην τούς τε τὴν Βρεττανικὴν
νῆσον οἰκοῦντας καὶ τῶν ἐν Κελτοῖς ἐθνῶν ἔνια τῆς Ῥω- 25
μαίων ἀρχῆς ἀποστῆναι καὶ καθ᾽ ἑαυτὰ βιοτεύειν, οὐκέτι τοῖς
3 τούτων ὑπακούοντα νόμοις. οἵ τε οὖν ἐκ τῆς Βρεττανίας ὅπλα
ἐνδύντες καὶ σφῶν αὐτῶν προκινδυνεύσαντες ἠλευθέρωσαν
τῶν ἐπικειμένων βαρβάρων τὰς πόλεις, καὶ ὁ Ἀρμόριχος ἅπας
καὶ ἕτεραι Γαλατῶν ἐπαρχίαι, Βρεττανοὺς μιμησάμεναι, κατὰ 30

---

6. Θεοδοσίολε//ς (ω an α fuerit dubium) V¹, Θεοδοσιόλός V², Θεο-
δόσιός ς. Θεοδοσίωλος est etiam Sozomeno IX, 12, quapropter hanc
formam ponendam putavi ‖ 7. διέφυγε V¹, corr. V² ‖ 9. ὁ κωνστάντιος
V ‖ 11. καὶ sup. ser. V² ‖ διδύμιον V ς ‖ δὲ V, τε ς ‖ 16. διδύμιος V ς ‖
20. κωνσταντίω V ‖ 26. ἑαυτὰ V, et sic voluit Sylb, ἑαυτὸν apographa ‖
27. ὑπακούοντα V et Sylb, ἐπακούοντα apographa ‖ 29. ὁ Ἀρμόριχος]
cf. Boecking ad not. occ. p. 817 sq. ‖ 30. ἕτεραι V², ἑτ///ραι, αἳ ut vid.
er., V¹ ‖ γάλα τῶν corr. m. 1 ut vid. ex γα//α// V

τὸν ἴσον σφᾶς ἠλευθέρωσαν τρόπον, ἐκβάλλουσαι μὲν τοὺς
Ῥωμαίων ἄρχοντας, οἰκεῖον δὲ κατ' ἐξουσίαν πολίτευμα καθ-
ιστᾶσαι.

6. Καὶ ἡ μὲν τῆς Βρεττανίας καὶ τῶν ἐν Κελτοῖς ἐθνῶν
5 ἀπόστασις, καθ' ὃν ἐτυράννει χρόνον ὁ Κωνσταντῖνος, ἐγέ-
νετο τῶν βαρβάρων ἐπαναβάντων τῇ ἐκείνου περὶ τὴν ἀρχὴν
ἐκμελείᾳ· κατὰ δὲ τὴν Ἰταλίαν Ἀλλάριχος οὐ τυχὼν ἐφ'
οἷς ᾔτει τῆς εἰρήνης, οὐδὲ ὁμήρους λαβών, αὖθις ἐπῄει τῇ
Ῥώμῃ, κατὰ κράτους αὐτὴν αἱρεῖν ἀπειλῶν, εἰ μὴ συμφρονή-
10 σαντες αὐτῷ κατὰ τοῦ βασιλέως Ὀνωρίου χωρήσαιεν. καὶ 2
ἐπειδὴ πρὸς τὴν αἴτησιν ὤκνουν, τὴν μὲν πόλιν ἐπολιόρκει,
τὸν δὲ λιμένα καταλαβὼν καὶ ἡμέρας τινὰς ἐγκαρτερήσας τῇ
τούτου πολιορκίᾳ τελευτῶν κύριος τούτου κατέστη. πᾶσαν
δὲ αὐτόθι τὴν τῆς πόλεως τροφὴν ἀποκειμένην εὑρὼν δαπα-
15 νήσειν αὐτὴν ἠπείλει περὶ τὸ οἰκεῖον στρατόπεδον, εἰ μὴ
θᾶττον οἱ Ῥωμαῖοι τὰ προτεινόμενα πράξαιεν. συνελθοῦσα 3
τοίνυν ἡ γερουσία πᾶσα καὶ περὶ τοῦ πρακτέου βουλευσα-
μένη πᾶσιν ἐνέδωκεν οἷς Ἀλλάριχος ἐκέλευσεν· οὐδὲ γὰρ ἦν
ἀποφυγὴ θανάτου μηδεμιᾶς τροφῆς διὰ τοῦ λιμένος τῇ
20 πόλει χορηγουμένης. (7) κατὰ ταῦτα δεξάμενοι τὴν Ἀλλα-
ρίχου πρεσβείαν ἐκάλουν αὐτὸν πρὸ τῆς πόλεως· καὶ κατὰ
τὸ κελευόμενον Ἄτταλον, ὄντα ὕπαρχον τῆς πόλεως, εἰς
τὸν βασίλειον ἀναβιβάζουσι θρόνον, ἁλουργίδα καὶ στέφα-
νον περιθέντες. ὁ δὲ παραχρῆμα Λαμπάδιον μὲν τῆς αὐλῆς 2
25 ἀναδείκνυσιν ὕπαρχον, Μαρκιανὸν δὲ τῆς πόλεως ἔταξεν
ἄρχειν· τὰς δὲ τῶν δυνάμεων στρατηγίας αὐτῷ τε Ἀλλα-
ρίχῳ καὶ Οὐάλεντι παραδέδωκεν (οὗτος δὲ ἦν ὁ πρότερον
τῶν κατὰ Δελματίαν ταγμάτων ἡγούμενος), καὶ τοῖς ἄλλοις
ἑξῆς τὰς ἀρχὰς ἐνεχείρισεν. ἀναζεύξας δὲ μετὰ τῆς βασι- 3

2. ῥωμαίων V, ῥωμαίους ς ‖ 2. 3. καθιστᾶσαι V², καθίστασθαι
V¹ ‖ 4. τῆς accessit e V ‖ 6. ἐπαναβάντων] ἐπιμβάντων conieci. cf.
V, 45, 3 ‖ 7. οὐ V², ὁ V¹ ‖ 9. αὐτὴν αἱρεῖν V, αἱρεῖν αὐτὴν ς ‖ 12. κατα-
λαβὼν] aut adiectivum intercidit aut vocabulum corruptum est, fort.
ex περιλαβὼν ‖ 16. προτεινόμενα] προσταττόμενα conieci. illud cum
πράττειν verbo iungi nequit ‖ 20. 21. ἀλαρίχου h. l. V ‖ 24. Λαμπάδιον]
v. Seeck praef. ad Symm. p. CC sq. ‖ 26. 27. Ἀλλαρίχῳ] χειροτονεῖται
Ἀλάριχος στρατηγὸς ἑκατέρας δυνάμεως: Sozom. IX, 8 ‖ 27. οὗτος]
V, 45, 2 ‖ 28. δελματίαν V, δαλμ. ς ‖ 29. ἐνεχείρι//σεν, ι ex η, V

λικῆς δορυφορίας ἐχώρει πρὸς τὰ βασίλεια, πολλῶν αὐτῷ
γενομένων οὐκ ἐπιτηδείων συμβόλων. τῇ δὲ ἑξῆς παρελθὼν
εἰς τὴν γερουσίαν λόγον ἀλαζονείας γέμοντα διεξῄει, τήν τε
γῆν ἅπασαν Ῥωμαίοις περιποιήσειν μεγαλαυχούμενος καὶ ἄλλα
τούτων ὑπέρτερα, ἐφ᾽ οἷς ἴσως νεμεσήσειν αὐτῷ τὸ θεῖον 5
ἔμελλε καὶ μετ᾽ οὐ πολὺ καθαιρήσειν.

4   Οἱ μὲν οὖν κατὰ τὴν Ῥώμην ἦσαν ἐν εὐφροσύνῃ πολλῇ,
τῶν τε ἄλλων ἀρχόντων οἰκονομῆσαι καλῶς ἐπισταμένων τε-
τυχηκότες καὶ ἐπὶ τῇ τοῦ Τερτύλλου ὑπάτῳ τιμῇ σφόδρα
εὐφραινόμενοι. μόνον δὲ τὸν τῶν λεγομένων Ἀνικίων οἶκον 10
ἐλύπει τὰ κοινῇ δοκοῦντα πᾶσι λυσιτελεῖν, ἐπειδὴ μόνοι τὸν
πάντων ὡς εἰπεῖν ἔχοντες πλοῦτον ἐπὶ ταῖς κοιναῖς ἐδυσχέ-
ραινον εὐπραγίαις.

5   Ἀλλαρίχου δὲ συμβουλεύσαντος ὀρθῶς Ἀττάλῳ πέμψαι
μετρίαν δύναμιν ἐπὶ Λιβύην καὶ Καρχηδόνα, διὰ ταύτης τε 15
παραλῦσαι τῆς ἀρχῆς Ἡρακλειανόν, ὡς ἂν μὴ καὶ ἐξ αὐτοῦ
τὰ Ὀνωρίου φρονοῦντος κώλυμά τι τοῖς ἐγχειρουμένοις συμ-
βαίη, ταῖς τοιαύταις παραινέσεσιν Ἄτταλος οὐκ ἐτίθετο, ταῖς
δὲ ἐπὶ τοῖς μάντεσιν ἐλπίσιν ἑαυτὸν ἐκδοὺς, καὶ ἀμαχητὶ
περιποιήσασθαι Καρχηδόνα καὶ τὰ περὶ Λιβύην ἅπαντα πε- 20
6 πεισμένος, Δρούμαν μὲν οὐκ ἐκπέμπει μεθ᾽ ἧς εἶχε βαρβάρων
δυνάμεως ῥᾷστα δυνησόμενον Ἡρακλειανὸν τῆς ἀρχῆς ἐκ-
βαλεῖν, ἐν δευτέρῳ δὲ τὴν Ἀλλαρίχου βουλὴν ποιησάμενος
Κώνσταντι παραδίδωσι τῶν ἐν τῇ Λιβύῃ στρατιωτῶν τὴν
ἡγεμονίαν, οὐδεμίαν αὐτῷ δύναμιν ἀξιόμαχον συνεκπέμψας. 25
ἀλλὰ τῶν ἐν τῇ Λιβύῃ ἐν ἀδήλῳ κειμένων, ἐπιστρατεύει τῷ

3. τε V et Sylb, γε apographa ǁ 8. τε sup. scr. V² ǁ 9. ὑπάτῳ
Sylb, ὑπάτου V. cf. V, 18, 8; VI, 3, 1. ceterum a. 410 demum Ter-
tullus consulatum gessit ǁ 10. ἐν//ικίων, o erasa, V. 'Aniciana domus'
C. I. L. VI 1753. cf. Seeck l. d. p. XC sq. ǁ 11. τὸν add. V². τῶν coni.
Sylb ǁ 14 sq. cf. Sozom. IX, 8 ǁ 17. κώλυμά τι V² ex κωλύματι ǁ 19. ἐκ-
δοὺς V, ἐκδιδοὺς ε ǁ 20. περιποιήσεσθαι inde a Sylburgio editores. at
cf. IV, 41, 2 (ἠπείλει ἐπιθεῖναι); VI, 11, 1 al., et v. Stich act. Erlang.
t. II (a. 1882) p. 177 sq. ǁ 21. Δρούμαν] is quis fuerit cap. 12, 1 de-
mum dictum. omnino videtur scriptor sexto huic libro manum ultimam
non imposuisse, morte ni mirum interceptus. unde offensiones multae
explicandae ǁ 23. ἐν add. V² ǁ βουλὴν] συμβουλὴν scriptor alias ǁ 24.
Κώνσταντι Reitemeier coll. VI, 9, 1 et Sozom., κωνσταντίνῳ V ǁ λιβύῃ
ex λιβύι V¹ ǁ 26. ἐπιστρατεύει τῇ Ῥαβέννῃ Sozom.

βασιλεῖ κατὰ τὴν Ῥάβενναν ὄντι. (8) τοῦ δὲ συνταραχθέντος
τῷ δέει καὶ πρέσβεις ἐκπέμψαντος καὶ κοινὴν ἀμφοτέροις
γενέσθαι τὴν βασιλείαν αἰτοῦντος, Ἰόβιος ὁ τῆς αὐλῆς ὕπαρχος
παρὰ Ἀττάλου καθεσταμένος οὐδὲ ὄνομα καταλείψειν Ὁνωρίῳ
βασιλείας ἔλεγεν Ἄτταλον, ἀλλ' οὐδὲ ὁλόκληρον ἕξειν τὸ
σῶμα, νῆσόν τε αὐτῷ δώσειν εἰς οἴκησιν, πρὸς τῷ καὶ μέρος
αὐτῷ τι τοῦ σώματος καταστήσειν πεπηρωμένον. ἐκπλαγέν-
των δὲ πάντων ἐπὶ τῇ τῶν λόγων ἀλαζονείᾳ, καὶ τοῦ βασι-
λέως Ὁνωρίου πρὸς φυγὴν ὄντος ἑτοίμου καὶ ἐπὶ τούτῳ
πλῆθος πλοίων οὐ μέτριον εἰς τὸν τῆς Ῥαβέννης λιμένα
συναγαγόντος, ἓξ τάγματα στρατιωτῶν προσωρμίσθησαν, πά-

3. Ἰόβιος] cf. Olympiod. fr. 13. ceterum proxima plena sunt erro-
rum. Iovius — Ἰοβιανὸς editur in Olympiodoro — ab Honorio, cuius
etiamtum erat ἔπαρχος καὶ πατρίκιος (Olympiod.), ad Attalum tunc missus
erat, ut de regno partiendo cum Attalo pacisceretur. quo in negotio
cum ab Attalo in partes suas tractus esset, ne incolumitatem quidem
corporis Honorio concedendam esse censuit; quo verbo — secreto ni
mirum prolato — vel Attali, qui omnem cultum imperatorium Honorio
in insulam relegato servari volebat (Sozom. IX, 8), in reprehensionem
incurrebat. deinde cum aliquotiens inter Honorium et Attalum ultro
citroque frustra commeasset, postremo apud Attalum remansit et ab
hoc patricius factus est (Olympiod.), sed mox de nova proditione cogi-
tare coepit. ergo nec Attali tunc erat pr. pr. — Lampadium fuisse
ipse Zosimus modo dixerat c. 7, 2 — sed Honorii, nec verbum illud
insolens ab eo palam dictum est sed secreto, nec condicio ea ad
Honorium perlata et ab hoc cum pavore excepta, sed humaniores
Attali condiciones (Olymp. et Sozom. IX, 8. contra sec. Philostorgium
XII, 3 ipse Attalus Honorio pro vita ἀκρωτηριασμὸν proposuit). la-
cunam autem cum Heynio, cui adsensus est Roseustein 'Forsch. z. d.
Gesch.' t. I p. 174, non statuerim. quam indicari vel verbis Ἰόβιος
κατὰ πρεσβείαν, ὡς διεξῆλθον ἤδη, πρὸς Ὁνώριον ἐκπεμφθεὶς (c. 9, 1)
quod ille putavit, ego novum hic latere puto scriptoris errorem: quippe
hunc Iovium et alterum Iovium, qui a Constantino tyranno ἀφίκετο
πρὸς Ὁνώριον κατὰ πρεσβείαν (VI, 1, 1), in unam personam conflavit.
ceterum cf. ad p. 288, 21 ‖ 4. καθεσταμένος Sylb, καθεστάμενος V, καθιστά-
μενος apographa ‖ 5. βασιλείας ἔλεγεν ἄτταλον V, ἔλεγεν om. apographa,
unde ἔφη ante Ὁνωρίῳ add. Sylb ‖ ἕξειν] ἰάσειν conieci. ceterum quod
Bekk propter ultimum enuntiatum πρὸς τῷ κτέ. comma ἀλλ' οὐδὲ
— σῶμα deleri et οὔτε ὄνομα pro οὐδὲ ὄ. scribi malebat, ego nihil muta-
verim, sed genuinam esse dittographiam puto. cf. ad p. 288, 21 ‖ 6. εἰς V,
et sic coni. Sylb, καὶ 5 ‖ τῷ Sylb, τὸ V ‖ 7. πεπηρωμένον V², πεπειρ.
V¹ ‖ 11. τάγματα V², ταγμάτων V¹

λαι μὲν ἔτι περιόντος Στελίχωνος προσδοκώμενα, τότε δὲ
πρὸς συμμαχίαν ἐκ τῆς ἑῴας παραγενόμενα, χιλιάδων ἀριθμὸν
3 ὄντα τεσσάρων. ἀνενεγκὼν δὲ ὥσπερ ἐκ κάρου βαθέος Ὀνώ-
ριος τοῖς μὲν ἐκ τῆς ἑῴας ἀφιγμένοις τὴν τῶν τειχῶν ἐπί-
στευε φυλακήν, ἐγνώκει δὲ τέως ἐπιμεῖναι τῇ Ραβέννῃ, μέχρις 5
ἂν ἀκριβέστερον τὰ κατὰ τὴν Λιβύην αὐτῷ δηλωθείη, καὶ εἰ
μὲν Ἡρακλειανὸς ὑπέρτερος γένοιτο, τῶν αὐτόθι πραγμάτων
ὄντων ἐν ἀσφαλεῖ παντὶ τῷ στρατεύματι πολεμεῖν Ἀττάλῳ
καὶ Ἀλλαρίχῳ, τῶν δὲ εἰς τὴν Λιβύην παρ᾽ αὐτοῦ πεμφθέντων
ἐλαττωθέντων ταῖς οὔσαις αὐτῷ ναυσὶ πρὸς Θεοδόσιον εἰς 10
τὴν ἑῴαν ἐκπλεῦσαι καὶ τῆς τῶν ἑσπερίων βασιλείας ἐκστῆναι.

9. Καὶ Ὀνώριος μὲν ἐν τούτοις ἦν, Ἰόβιος δὲ κατὰ
πρεσβείαν, ὡς διεξῆλθον ἤδη, πρὸς Ὀνώριον ἐκπεμφθεὶς εἰς
ἔννοιαν ἔρχεται προδοσίας, Ὀνωρίου διά τινων αὐτὸν ὑπελ-
θόντος. καὶ πρὸς μὲν τὴν γερουσίαν παραιτεῖται πληρῶσαι 15
τὴν πρεσβείαν, ἀφεὶς πρὸς αὐτὴν ἀπρεπῆ τινὰ ῥήματα, καὶ
ὡς προσήκει, τῶν ἐν Λιβύῃ σταλέντων διαμαρτόντων, εἰς τὸν
κατὰ Ἡρακλειανοῦ πόλεμον χρῆναι βαρβάρους ἐκπέμψαι· σαλεύ-
εσθαι γὰρ αὐτοῖς τὴν ἐκεῖθεν ἐλπίδα Κώνσταντος ἀναιρε-
2 θέντος. κινηθέντος δὲ πρὸς ὀργὴν Ἀττάλου καὶ δι᾽ ἑτέρων 20
τὸ πρακτέον μηνύσαντος, πέμπονται κατὰ τὴν Λιβύην ἕτεροι
μετὰ χρημάτων τοῖς αὐτόθι βοηθήσοντες πράγμασιν. ὅπερ

---

2. 3. 'quattuor milia' recte vertit Leunclavius, confirmatque Sozo-
menus (ἐν ἓξ ἀριθμοῖς ἀμφὶ τετρακισχίλιοι στρατιῶται). μυριάδων —
τεσσάρων V, μυριάδες — τέσσαρες (τεσσάρων apographa) ς ‖ 3. δὲ] δὴ
malebat Sylb ‖ 6. ἀκρι//βέστερον V ‖ 9. ἀλαρίχῳ h. l. V ‖ αὐτοῦ V²,
αὐτῷ V¹ ‖ 11. τῆς, quod recte desideravit Sylb, accessit e V ‖ 13. ὡς
διεξῆλθον ἤδη] VI, 1, 1. cf. ad VI, 8, 1 ‖ 16. post ῥήματα secuntur
in V verba: κινηθέντος — μηνύσαντος. quae post ἀναιρεθέντος (vs. 19. 20)
ponenda esse vidit Leunclavius. ceterum ne sic quidem expedita est
narratio, cum verba παραιτεῖται πληρῶσαι τὴν πρεσβείαν in praece-
dentibus non habeant quo referantur. 'negat obiturum se amplius
legationem' vertit Leunclavius, idque fere expectabamus ‖ 18. χρῆναι
e V addendum censui, quando quidem haec omnia ultimam limam
non experta sunt. ceterum contulit Bekk IV, 18, 2: παρακελευόμενον
χρῆναι τιμᾶσθαι, aliaque minus similia ‖ 19. αὐτοῖς coni. Sylb, αὐτῷ V,
αὐτῶν Bekk ex apographi unius margine ‖ κωνσταντο V (fuit -τ8, ex
-τ/// a m. 1, mox factum radendo -το) ‖ 21. aut τὸ deleverim aut τὸ
⟨σκεφθὲν⟩ (vel sim.) πρακτέον scripserim

μαθὼν Ἀλλάριχος, καὶ ἀπαρεσθεὶς τῷ γενομένῳ, τοῖς κατὰ
τὸν Ἄτταλον ἀπεγνώκει, φρενοβλαβείᾳ καὶ σὺν οὐδενὶ κόσμῳ
τοῖς ἀλυσιτελέσι ῥᾳδίως ἐπιχειροῦντα. ταῦτα δὲ λαβὼν κατὰ 3
νοῦν ἀναχωρεῖν ἔκρινε τῆς Ῥαβέννης, καίτοι γε ἐνστῆναι τῇ
ταύτης πολιορκίᾳ διανοούμενος ἄχρις ἁλώσεως· Ἰόβιος γὰρ
αὐτῷ τοῦτο παρῄνει, ὃς ἐπειδὴ τῶν ἐν Λιβύῃ διαμαρτεῖν
ἔγνω τὸν ὑπὸ Ἀττάλου σταλέντα, τέλεον εἰς τὸ τὰ Ὁνωρίου
πράττειν ἐτράπη, κακηγορῶν τε Ἄτταλον Ἀλλαρίχῳ διετέλει,
πείθειν σπουδάζων ὡς, ἐπειδὰν κρατήσειε τῆς βασιλείας, αὐτῷ
πρῶτον ἐπιβουλεύσοι καὶ πᾶσι τοῖς κατὰ γένους ἀγχιστείαν
προσήκουσιν. (10) Ἀλλαρίχου δὲ τέως ἐμμένειν τοῖς πρὸς
Ἄτταλον ὅρκοις ἐθέλοντος, ἀναιρεῖται μὲν Οὐάλης ὁ τῆς
ἵππου στρατηγός, εἰς προδοσίας ἐμπεσὼν ὑποψίαν, ἐπῄει δὲ
ταῖς Αἰμιλίας πόλεσιν Ἀλλάριχος ἁπάσαις, ὅσαι τὴν Ἀττάλου
βασιλείαν ἑτοίμως δέξασθαι παρῃτήσαντο. καὶ τὰς μὲν ἄλλας 2
σὺν οὐδενὶ παρεστήσατο πόνῳ, Βονωνίαν δὲ πολιορκήσας,
ἀνασχομένην ἡμέραις πολλαῖς οὐ δυνηθεὶς ἑλεῖν, ἐπὶ Λίγυας
ἐχώρει, κἀκείνους Ἄτταλον δέξασθαι βασιλέα συναναγκάζων.
Ὀνωρίου δὲ γράμμασι πρὸς τὰς ἐν Βρεττανίᾳ χρησαμένου
πόλεις φυλάττεσθαι παραγγέλλουσι, δωρεαῖς τε ἀμειψαμένου

2. φρενοβλαβειά (sic), altera ε in ras. m. 2, V ‖ 4. ἀναχωρεῖν
ἔκρινε τ. Ῥ. κτέ.] omittit haec Sozomenus (IX, 8). plane autem discre-
pat Philostorgius XII, 3, a Saro — quem post Stilichonis mortem
magisterium militum ab Honorio accepisse temere refert — victum ac
Ravenna depulsum esse Alarichum scribens. Sarum tum demum, cum
Alarichus post depositum Attalum Ravennae adpropinquaret ut pacem
cum Honorio faceret, Honorio accessisse cum Zosimus testatur (c. 13, 2)
tum sequitur e Sozomeno IX, 9 et ipsius Olympiodori fr. 3. itaque haec
qui cum Iccpio ann. phil. suppl. t. XIV p. 76 efficiam Philostorgium
sua debere Olympiodoro (ceterum de magistris militum post Stilichonis
mortem revera constitutis v. ad V, 48, 1) ‖ 6. διαμαρτεῖν V² ex δια-
μάρτω‖ ‖ 7. τὸν V² ex τῶν ut vid. ‖ σταλέντα V², σαλέντο/// V¹ ‖ 10. ἐπι-
βουλεύσοι ex ἐπιβουλεῦσαι V¹. ἐπιβουλεύσει Sylb, ἐπιβουλεῦσαι apo-
grapha ‖ γένους V², γένος V¹ ‖ ἀγχιστείαν V², ἀγχιστεία V¹ ‖ 14. αἰμιλίᾳ//ς,
ι erasa, V, et sic corr. Heyne, αἰμιλίαις apographa ‖ 17. λίγυας V et
Heyne, λίγγυας apographa ‖ 18. συναναγκάσων coni. Sylb, bene ‖ 19.
Βρεττανίᾳ] Βρουττίᾳ coni. Gothofredus ad cod. Th. t. IV p. 212,
Βρεττιανῇ Reitemeier. recte testimonium, parum id quidem definitum,
de Honorii rerum Britannicarum cura tenuerunt Tillemont t. V p. 585
et Wietersheim Dahn t. II² p. 166 ‖ 20. παραγγέλλουσι ... ? ... V

τοὺς στρατιώτας ἐκ τῶν παρὰ Ἡρακλειανοῦ πεμφθέντων χρη-
μάτων, ὁ μὲν Ὁνώριος ἦν ἐν ῥαστώνῃ πάσῃ, τὴν τῶν ἀπαν-
ταχοῦ στρατιωτῶν ἐπισπασάμενος εὔνοιαν· (11) Ἡρακλειανοῦ
δὲ τοὺς ἐν Λιβύῃ πάντας λιμένας φυλακῇ παντοίᾳ κατα-
λαβόντος, καὶ μήτε σίτου μήτε ἐλαίου μήτε ἄλλου τινὸς τῶν
ἐπιτηδείων εἰς τὸν τῆς Ῥώμης κομιζομένου λιμένα, λιμὸς
ἐνέσκηψε τῇ πόλει χαλεπώτερος τοῦ προτέρου, τῶν ἐπ᾽ ἀγορᾷ
τὰ ὤνια προτιθέντων, ὅσα ἦν αὐτοῖς, ἀποκρυπτόντων ἐλπίδι
τοῦ τὰ πάντων οἰκειώσασθαι χρήματα, τῆς κατ᾽ ἐξουσίαν
ὁριζομένης τιμῆς αὐτοῖς διδομένης. εἰς τοσοῦτόν τε ἦλθεν
ἡ πόλις στενοχωρίας ὥστε ἐλπίσαντας καὶ ἀνθρωπίνων ἅπτε-
σθαι σωμάτων τοιαύτην φωνὴν ἐν τῇ ἱπποδρομίᾳ ἀφιέναι
'PRETIVM INPONE CARNI HVMANAE', τοῦτο δέ ἐστιν
'ὅρισον τῷ ἀνθρωπίνῳ κρέει τιμήν'.

12. Ἐπὶ τούτοις Ἄτταλος καταλαβὼν τὴν Ῥώμην συν-
άγει τὴν γερουσίαν, καὶ βουλῆς προτεθείσης ἅπαντες μὲν ὡς
εἰπεῖν ἐδοκίμαζον καὶ βαρβάρους χρῆναι μετὰ τῶν στρατιω-
τῶν εἰς τὴν Λιβύην ἐκπέμψαι, παραδοῦναί τε Δρούμα τὴν
τούτων ἡγεμονίαν, ἀνδρὶ πλεῖστα ἤδη πίστεως καὶ εὐνοίας
ἐπιδείξαντι δείγματα, μόνος δὲ Ἄτταλος σὺν ὀλίγοις τῇ τῶν
πολλῶν οὐκ ἐτίθετο γνώμῃ, βαρβάρων οὐδένα τῷ στρατοπέδῳ
συνεκπέμψαι βουλόμενος. ἐντεῦθεν Ἀλλάριχος εἰς τὴν Ἀττάλου
καθαίρεσιν εἶδεν, Ἰοβίου πρὸ πολλοῦ ταῖς συνεχέσι διαβολαῖς
ἑτοιμότερον εἰς τοῦτο κατασκευάσαντος. καὶ τὸ βούλευμα εἰς

6. λ//ιμὸς, o erasa, V ‖ 9. οἰκειώσεσθαι inde a Sylburgio editores.
at cf. ad VI, 7, 5 ‖ 10. διδομένης V¹ ex -νοις ‖ τοσοῦτον· V, τοῦτο ς ‖
τε sup. scr. V² ‖ 12. τοιαύτη φωνην (sic) corr. (m. 1?) ex τοιαύτη////ωνην
V (φ, ut videtur, etiam ante rasuram fuerat) ‖ ἐν τῇ ἱπποδρομίᾳ ἀφ.]
ἐν ταῖς ἱπποδρομίαις ἀφ. aut scripsit (cf. IV, 50, 1: ἱπποδρομίαις ἐν-
αβρυνόμενος) aut, si librum relegisset, scripturus fuisset ‖ ἀφιέναι V¹,
αφιέναι V², ἀφεῖναι ς ‖ 13. Latina litteris capitalibus in V scripta ‖
INPONE V, pone ς, bene ‖ humanae ς, NOMINO V. in mg. V al. m.
rec.: pretium impone carni hominis ‖ 14. ἀνθρωπίνω V, ἀνθρωπείω ς.
cf. Sozom. IX, 8: ὡς ὑπονοηθῆναι τινὰς καὶ ἀνθρωπίνων ἀπογεύσασθαι
κρεῶν ‖ 'κρέει pro κρέᾳ' Sylb. κρέως II, 9, 3 ‖ 17. καὶ βαρβάρους]
πεντακοσίους (φ') βαρβάρους Sozom. ‖ 20. ἐπιδείξαντι] ἐπιδειξαμένω
expectabam (ἀποδείκνυσθαι δείγματα II, 25, 1) ‖ 22. cf. Olympiod.
fr. 13 ‖ ἀλάριχος V. et sic simplici λ p. 293, 19; 294, 3. 4 ‖ 23. διαβολλαῖς V

ἔργον ἄγων, πρὸ τῆς Ἀριμήνου, καθ᾽ ἣν τότε διέτριβεν,
ἐξαγαγὼν τὸν Ἄτταλον, περιελὼν τὸ διάδημα καὶ τῆς ἁλουργί-
δος ἐκδύσας ταῦτα μὲν ἔπεμψεν Ὀνωρίῳ τῷ βασιλεῖ, τὸν δὲ
Ἄτταλον ταῖς πάντων ὄψεσιν ἰδιώτην ἀπέδειξε, κατασχὼν 3
5 παρ᾽ ἑαυτῷ μετὰ τοῦ παιδὸς Ἀμπελίου, μέχρις ἂν πρὸς
Ὀνώριον εἰρήνης γενομένης ἀσφάλειαν αὐτοῖς τοῦ βίου περι-
ποιήσειεν. ἔμεινε δὲ καὶ ἡ τοῦ βασιλέως ἀδελφὴ Πλακιδία
παρ᾽ αὐτῷ, ὁμήρου μὲν τρόπον τινὰ τάξιν ἐπέχουσα, πάσης
δὲ ἀπολαύουσα τιμῆς καὶ βασιλικῆς θεραπείας.
10   13. Καὶ τὰ μὲν κατὰ τὴν Ἰταλίαν ἐν τούτοις ἦν· Κων-
σταντῖνος δὲ τῷ παιδὶ Κώνσταντι διάδημα περιθεὶς καὶ ἀντὶ
τοῦ Καίσαρος βασιλέα πεποιηκώς, Ἀπολινάριον παραλύσας
τῆς ἀρχῆς ἕτερον ἀντ᾽ αὐτοῦ τῆς αὐλῆς ὕπαρχον ἀπέδειξεν.
Ἀλλαρίχου δὲ ἐπὶ τὴν Ῥάβενναν ὡρμηκότος ὡς δὴ βεβαίως
15 αὐτῷ πρὸς Ὀνώριον ἐσομένης εἰρήνης, ἕτερόν τι παρ᾽ ἐλπίδα
ἐμπόδιον εὗρεν ἡ τύχη, πρὸς τὰ συμβησόμενα τοῖς τῆς πολι-
τείας πράγμασιν ὁδῷ προϊοῦσα. Σάρου μετὰ βαρβάρων εὐ- 2
αριθμήτων ἐν τῷ Πικήνῳ διατρίβοντος καὶ μήτε Ὀνωρίῳ τῷ
βασιλεῖ μήτε Ἀλλαρίχῳ προσθεμένου, δυσμενῶς ἔχων πρὸς
20 αὐτὸν Ἀτάουλφος ἔκ τινος προλαβούσης ἀλλοτριότητος ἐπ-
έρχεται πανστρατιᾷ τοῖς τόποις ἐν οἷς τὸν Σάρον συνέβαινεν

---

1. ἀριμήνου V, ἀριμίνου ς. πρὸ τῆς πόλεως Sozomenus IX, 8 ubi
nomen intercidit (πρὸ τῆς Ἄφρων πόλεως corrupte Niceph. Call. h. e.
XIII, 35 t. II p. 1044 Migne). sec. Philostorgium portu capto, Romae
ni mirum ‖ 3. ἔπεμψεν ex ἔπεμπεν V¹ ‖ 4. ὄψεσι V ‖ 7. Πλακιδία]
Olympiod. fr. 3. ceterum erravit Zosimus: expugnata enim demum
urbe Placidia capta est ‖ 10. τὰ V² (ταῦτὰ), ταῦτα V¹ ‖ 11. Κώνσταντι
coni. Bekk, κώνστα. τὸ V¹, κώνσται τὸ V², κώνστᾳ τὸ ς ‖ 12. ἀπολι-
νάριον V, ἀπολλιν. ς ‖ 13. τῆς αὐλῆς accesserunt e V ‖ 16. συμβησό-
μενα Bekk, συμβαινόμινα V ‖ 17. Σάρου] Olympiod. fr. 3. secundum
Sozomenum IX, 9 cum trecentis suis militibus ipse Sarus Gothos
aggressus est, ne hos inter et Romanos pax fieret. utrum Zosimus
an Sozomenus verum habeat decerni iam non potest. (quod Philo-
storgius XII, 3 dicit Sarum apud Honorium effecisse ut Alarichus
foedus offerens non audiretur (: ὑπὸ τοῦ προειρημένου διεκρούσθη
Σάρου), conexum est cum Philostorgii illa opinione qua Sarum a. 408
Stilichoni in magisterio militum successisse temere sibi persuasit.
cf. ad p. 291, 4) ‖ 18. Πικήνῳ] Πικηνῷ scripserim ‖ 19. προσθεμένῳ V,
corr. ς ‖ 20. ἀτάουλφος, ᾽ a m. 2, V ‖ 21. πανστρατιὰ V

εἶναι. ταύτης αἰσθόμενος τῆς ἐφόδου, πρὸς μάχην τε ἀρ-
κέσειν οὐκ οἰηθεὶς μόνων αὐτῷ τριακοσίων συνόντων ἀνδρῶν,
ἔγνω δραμεῖν πρὸς Ὁνώριον καὶ κοινωνῆσαι τοῦ πρὸς Ἀλλά-
ριχον πολέμου.

4. 'Photii etiam tempore hic desiisse Zosimi exemplaria, patet
e iudicio eius de Zosimo. ut dubium sit morte auctoris an tempo-
rum iniuria suppressa sit historiae continuatio' Sylburg. illud verum
esse, non hoc, ex ipsa sexti libri condicione efficitur, cf. ad p. 288, 21.

Index nominum.

Equitius IV, 19, 1
Eriulphus IV, 56 (bis)
Eros I, 62, 1 (v. adn.)
Erythraea (Sibylla) II, 36, 2
Etruria V, 41 (bis); 42, 2
Eucherius Arcadii propatruus V, 2, 3
Eucherius Stilichonis f. V, 32, 1;
    34, 5; 35 (bis); 37 (ter)
Eugenius eunuchus IV, 5, 3
Eugenius tyrannus IV, 54, 1—58,
    5; V, 4, 2; 5, 4; 38, 2
Euphemia martyr V, 18, 7
Euphrates I, 55 (bis); III, 12 (ter);
    13, 1; 15 (bis); 16, 1; 32, 4
Europa I, 2, 2; 27, 1; 28, 1; 30, 1;
    60, 1; 63; 64, 2; IV, 20, 3; V,
    18, 7
Eurymedon fl. V, 16, 4
Eusebia Constantii imp. uxor III,
    1, 1; 2, 3
Eusebius praepositus sacri cubiculi
    V, 48, 1
Eutropia Constantini M. soror II,
    43, 2
Eutropius eunuchus V, 3, 2 sq.; 8,
    1—18, 3
Euxinus pontus I, 32, 2; 34, 2;
    III, 10, 2; IV, 5, 2; 10, 4; 35,
    6; V, 32, 1

Fausta Maximiani f. Constantini M.
    uxor II, 10, 6; 11; 29, 2; 39, 1
Felix Valeriani dux I, 36, 1
Festus Asiae proconsul IV, 15, 2. 3
Firmus tyrannus IV, 16, 3
Flaccilla Theodosii uxor IV, 44, 3
Flaminia regio V, 27, 1; 37, 3
Flavianus pr. pr. I, 11, 2
Florentius consul III, 10, 4
Florentius pr. pr. Galliarum V, 2, 1
Florentius Selgensis V, 16, 2. 3
Florianus imp. I, 63, 1 sq.
Fortunae templum II, 13, 1; For-
    tuna urbis Romae II, 31, 3
Fortunatianus comes rei privatae
    IV, 14, 1
Franci I, 68, 1; 71, 2; III, 1, 1;
    6, 2; 33, 2; VI, 2, 4
Fravitta IV, 56 (bis); V, 20, 1 sq.
Fritigernus IV, 34, 2

Gainas barbarus IV, 57, 2; V, 7
    (bis); 13—22
Gaiso II, 42, 5
Gaius imp. (Caligula) I, 6, 2
Galatia I, 50, 1; IV, 7, 3

Galerius Maximianus imp. II, 8, 1;
    10—11; 12, 1
Galla Valentiniani f. IV, 43, 1; 44,
    2; 55, 1; 57, 3
Galli I, 64, 1; II, 17, 2; 53, 3; IV,
    19, 1; 24, 4; V, 37, 5; VI, 5, 3;
    Gallicus II, 54, 1; III, 5, 2; Gal-
    lia II, 14, 1; III, 8, 1; V, 31, 4;
    VI, 2, 2; 3, 3; 4, 1; 5, 1. v. etiam
    Germani
Gallienus imp. I, 30 sq.; 37, 2—
    40, 3; 41
Gallus imp. I, 23, 2—28, 3
Gallus Caesar II, 45, 1; 55 (bis);
    III, 1 (bis)
Gaudentius V, 36, 1
Gaza opp. I, 4, 2
Generidus comes per Illyricum V,
    46, 2 sq.
Genua V, 37, 5
Germani I, 28, 3; II, 15, 1; 17, 2;
    III, 3, 5; IV, 12, 1; 16, 1; Ger-
    mania I, 67, 1; III, 5, 2; 9, 1;
    IV, 35, 4; VI, 2, 2; Germanicus
    I, 30 (bis); 37, 2; 67, 3; III, 4,
    1; IV, 9 (bis); 34, 2; V, 26, 3.
    v. etiam Celtae et Galli
Gerontius Theodosii dux IV, 40,
    1 sq.
Gerontius Arcadii dux V, 5 (bis);
    6, 4
Gerontius Constantini tyranni dux
    VI, 2, 4; 5 (bis)
Geta imp. I, 9; II, 4, 3
Gildo comes et magister utrius-
    que militiae per Africam V, 11,
    2 sq.
Gomarius Procopii dux IV, 8, 2
Gordianus (I) I, 14, 1 sq.
Gordianus (II) I, 14, 1 sq.
Gordianus (III) I, 16, 1—19, 1; III,
    14, 2; 32, 4
Gotthi I, 27, 1; 31, 1; 42, 1; III,
    25, 6; IV, 25, 1; V, 37, 1; 45, 6
Graecia I, 2, 3; 8, 1; 29 (bis); 30,
    2; 39, 1; 43, 2; 71, 2; II, 22, 3;
    33, 2; III, 2, 1; 11, 1; IV, 3, 3;
    18, 2; V, 5, 6; 6, 5; 7, 1; Grae-
    cus Graeci I, 1, 1; 2 (ter); 3, 1;
    IV, 3, 3; 34, 3; 36 (bis); V, 5
    (bis); 7, 3; 20, 1
Gratianus imp. IV, 12, 2; 19 (bis);
    24, 3; 32, 1; 33, 1; 34, 1—35,
    6; 36, 5; 37, 1; 42, 1; 43, 3; 44
    (bis); 53, 1; V, 39, 4
Gratianus tyrannus VI, 2, 1; 3, 1

CPSIA information can be obtained at www.ICGtesting.com
Printed in the USA
BVOW09s1333140116

432922BV00014B/65/P